환상
강의

환상 강의

초판 1쇄 발행   2019년 5월 25일

원제   Interpretation of Visions
지은이   칼 구스타프 융
옮긴이   정명진
펴낸이   정명진
디자인   정다희
펴낸곳   도서출판 부글북스
등록번호   제300-2005-150호
등록일자   2005년 9월 2일

주소   서울시 노원구 공릉로 63길 14(하계동 청구빌라 101동 203호)
                (01830)
전화   02-948-7289
전자우편   00123korea@hanmail.net
ISBN   979-11-5920-105-9 03180

환
상
강
의

Interpretation of visions

칼 구스타프 융은 1930년 가을부터 1934년 봄까지 '사이콜로지 클럽 취리히'(Psychology Club Zurich: 1916년에 칼 융 부부와 맥코믹 록펠러(McCormick-Rockfeller)부부에 의해 창설)에서 환자들과 제자들을 대상으로 매주 한 차례 세미나를 열었다. '환상 해석'(Interpretation of Visions)이라는 제목으로 영어로 진행된 이 세미나의 내용은 참가자들에게만 공개하는 것으로 엄격히 제한되었으나 1957년에 최종적으로 일반에 공개되었다. 당시 세미나에 참석했던 사람은 영국인과 미국인, 독일인, 스위스인 등 30명 내지 40명이었다.

이 세미나는 칼 융이 환자가 의식과 무의식의 통합을 통해 개성화를 이뤄가도록 돕는 과정을 그대로 보여준다. 분석 대상이 된 환자는 미국의 화가이자 심리학자인 크리스티아나 모건(Christiana

Morgan: 1897-1967)이다. 모건이 칼 융과 함께 분석 작업을 벌이는 과정에 경험한 꿈과 공상, 환상 등이 세미나 자료로 쓰이고 있다. 원형과 자기, 아니마, 아니무스, 그림자, 페르소나 등 칼 융의 주요 개념들이 두루 소개된다. 인간의 무의식 안에서 상징이 어떤 식으로 작용하는지를 엿보게 한다.

칼 융의 다른 저서와 마찬가지로, 이 책에서도 동서양의 신비주의와 철학, 인류학, 역사 분야에 대한 융의 해박한 지식이 유감없이 발휘되고 있다.

칼 융의 '환상 해석' 원고는 방대하다. 이번에 번역 소개되는 『환상 강의』는 『환상 해석』과 『환상 분석』에 이은 것으로, 영어로 된 '환상 해석'의 마지막 부분에 해당한다.

옮긴이

차례

이 책에 대하여 ...4

1강	1933년 5월 3일	...9
2강	1933년 5월 10일	...31
3강	1933년 5월 17일	...57
4강	1933년 5월 24일	...87
5강	1933년 5월 31일	...113
6강	1933년 6월 7일	...133
7강	1933년 6월 14일	...153
8강	1933년 6월 21일	...173
9강	1933년 10월 4일	...191
10강	1933년 10월 11일	...217
11강	1933년 10월 18일	...247
12강	1933년 10월 25일	...269
13강	1933년 11월 8일	...291

14강 1933년 11월 15일 *...319*

15강 1933년 11월 29일 *...339*

16강 1933년 12월 6일 *...353*

17강 1933년 12월 13일 *...367*

18강 1934년 1월 24일 *...391*

19강 1934년 1월 31일 *...419*

20강 1934년 2월 7일 *...445*

21강 1934년 2월 14일 *...471*

22강 1934년 2월 21일 *...499*

23강 1934년 2월 28일 *...525*

24강 1934년 3월 7일 *...549*

25강 1934년 3월 14일 *...575*

26강 1934년 3월 21일 *...603*

1933년 5월 3일

지난번 세미나는 끔찍하게 생긴 어머니 여신이 등장하는 환상에 대해 설명하다가 끝났다. 다른 우상 안에 들어 있던, 가슴을 여럿 가진 아주 원시적인 우상 말이다. 우리 환자는 그 형상을 어떻게 다뤄야 하는지 몰랐지만, 최종적으로 자신의 안내자에게 그냥 지나칠 것이라고 말했다. 그녀는 이어 가파르고 좁은 길을 내려갔다. 그러다 그녀는 낭떠러지에 닿아 "계곡 아래에서 전차(戰車)를 탄 남자들이 또 다른 절벽 위로 광적으로 돌진하고, 남자들과 말들이 거대한 허공으로 떨어지는 것을 보았다". 이 사건을 완전히 설명하지 못했다. 다소 이상한 그 어머니 형상을 아직 충분히 다루지 못했기 때문이다. 나는 세미나에 참석하고 있는 사람들 모두가 그 형상의 의미를 명쾌하게 파악했을 것이라고는 생각하지 않는다. 물론 이론적으로는 이해가 가능하다. 남자가 무의식 속에 일종의 케케묵은 아버지의 이미지를 갖고 있듯이, 여자도 마찬가지로 케케묵은 어머니의 이미지를 갖고 있을 수 있는 것이다. 물론 남자도 그런 어머니의 이미지를 갖고 있을 수 있다. 아버지와 어머니가 똑같이 원형적인 형상이기 때문이다. 그렇다면 그런 케케묵은 어머니 형상은 남자의 무의식에도 흔히 있는가, 아니면 여자의 심리에만 특징적으로 있는가?

나는 이것이 매우 어려운 질문이라는 점을 인정해야 한다. 아시다시피, 이런 것들은 아득히 먼 곳에 있는 것들이다. 그런 상징은 너무나 아득하다. 그것은 시계(視界)의 경계선상에 있다. 내가 알기론, 그것은 우리의 의식적인 삶과 거의 아무런 관계가 없다. 그래서 그것에 대해 판단을 내리는 것은 극히 어려운 일이다. 남자가 아니마를 갖거나 여자가 아니무스를 갖는다는 것을 이해하기는 그보다 훨씬 더 쉽다. 그것은 인간 경험의 한계 안에 있기 때문이다. 사람들은 그 예를 실제로 많이 볼 수 있다. 그러나 그런 형상은 아니무스와 아니마의 차원 그 너머에 서 있다. 왜냐하면 그것이 어머니이기 때문이다. 비록 아니무스와 아니마가 처음에 아버지와 어머니에게로 투사된다 하더라도 말이다. 어린 소녀의 내면에서 아니무스 형상은 아버지와 동일하다. 아버지가 훗날 아니무스라고 불릴 존재를 처음으로 대표하는 존재인 것이다. 이는 소년에게 어머니가 아니마의 첫 번째 표상인 것과 똑같다. 그러나 그 특성은 대체로 곧 사라진다. 물론 어떤 남자들은 평생 동안 어머니의 형태로 아니마 형상을 간직하지만, 그들은 바로 그 점 때문에 유치하고 신경증 환자이다. 아니무스 형상을 아버지의 형태로 갖고 있는 여자들이 아니무스에 홀려 있고 신경증 환자이듯이. 그러나 이 경우엔 여자 환자의 환상에 나타난 어머니 형상이다. 이 어머니 형상을 어떤 여자의 아니마로 볼 수도 있지만, 그 형상은 너무 원시적이다. 고대적인 성격이 너무나 강하게 강조되고 있다. 그래서 그것은 대단히 원시적인, 거의 인간의 경험을 초월하는 무엇임에 틀림없다는 인상을 강하게 풍긴다. 반면에 아니마는 인간의 경험을 초월하지 않는다. 만약에 어떤 여자의 내면에 아니마라고 부를 수 있는 것이 있다면, 그것은 표면 가까이에 있을 것이며, 이 우상만큼 전적으로 원시적이지 않을 것이며, 그보다 훨씬 더 발달하고 더 분화되어 있을 것이다.

아마 당신은 박물관에서, 예를 들어 브리티시 박물관에서 그런 원시적인 어머니 형상을 보았을 것이다. 또 원시 부족들 사이에서도 그런 형상이 발견된다. 이 형상들은 언제나 특이하게 외설스럽거나, 기괴하거나, 기이한 특성을 보인다. 가슴이 여럿이고, 몸 전체에 동물과 벌들이 새겨져 있는 에페소스의 아르테미스 여신만큼 기이하다. 에페소스의 아르테미스 여신의 경우에 그 동물들과 벌들의 이미지는 그녀의 속성을 나타낸다. 그렇다면 이 형상들은 대단히 이상하고 아득히 먼 무엇인가를 암시하고 있다. 어떤 특별한 상태에 있지 않고는, 개인은 절대로 경험할 수 없는 그런 것이라는 점을 암시한다. 그러나 인간이 그런 것을 갖고 어떤 정신적 요소를 적절히 표현할 수 있다는 직감을 품지 않았다면, 그것들이 신전 안에서 발견되지도 않았을 것이고 그것들 주변에서 숭배도 일어나지 않았을 것이다. 그러나 그 형상들의 기괴한 특성은 그것들이 우리 현대인의 분화된 심리와 맞지 않다는 것을 뜻한다. 그 특성은 너무나 역설적이며, 설명이 불가능하거나 이해가 불가능하다. 따라서 그런 형상을 실제적인 심리적 사실로 환원시키려 노력할 때, 우리는 그와 똑같이 시기적으로 아득히 멀고 이해 불가능한 특성을, 심지어 외설성까지 갖춘 경험들에 의지해야 한다. 그런 심리적 사실이라면 어떤 것이 있을까? 혹시 당신에게도 그런 경험이 있는가? 만약에 당신의 심리에서 이와 비슷하거나 이것과 연결되는 무엇인가를 찾아내지 못한다면, 당신은 이 환상을 절대로 이해하지 못할 것이다. 여기서 만약에 내가 당신의 심리에 아니무스나 아니마와 비슷한 것이 있는지 묻는다면, 당신은 있다고 대답할 것이다. 당신은 아니무스나 아니마가 무엇을 의미하는지 알고 있다. 아니무스나 아니마는 명확한 어떤 경험을 나타낸다. 하지만 이 이미지는 어떤 명확한 경험을 나타내고 있는가?

이 케케묵은 어머니 형상의 심리적 내용을 규명하는 것은 대단히 어려운 작업이다. 생물학적으로 말한다면, 그 형상은 동물적인 속성들의 마지막 잔재라고 할 수 있다. 예를 들어, 아르테미스의 추종자들이 동물이었고 그 신자들은 스스로를 곰이라는 뜻으로 '아르크토이'(arktoi)라 부르고, 키르케의 추종자들이 돼지로 변했듯이 말이다. 이 형상은 단순히 대단히 파괴적이었던 동물적인 모성 본능을 감추었던 그런 어머니 숭배의 오래된 잔재이다. 그런 파괴적인 모성 본능은 돼지들 사이에서 관찰된다. 만약에 어린 새끼들이 태어난 직후에 보호를 받지 못하게 되면, 어미 돼지가 새끼들을 먹어치울 것이다. 만약에 어린 새끼들이 출생 후 한동안 어미의 파괴적인 본능으로부터 보호를 받는다면, 어미는 그 새끼들을 받아들일 것이지만 처음에는 그렇지 않다. 범죄 성향이 있는 인간 존재들에게도 그런 현상이 관찰된다. 아기가 출생한 직후에 어머니에게 살해당하는 사건이 간혹 일어나지만, 시간이 조금 지나면 어머니가 아기를 죽이는 것은 불가능해진다.

어미가 갓 태어난 새끼를 죽이는 행위의 뒤에 아기가 해를 입을 수 있다는 두려움이 작용하고 있을 수 있지만, 그렇다고 해서 새끼들이 어미에게 먹힌다는 사실이 지워지는 것은 아니다.

내가 기르던 개가 발견한 고슴도치 새끼들이 기억난다. 당시에 나는 고슴도치 새끼들이 해를 입을 수 있겠다는 생각이 들어서 그것들을 위해 특별히 둥지를 만들어준 다음에 가만 내버려두었다. 고슴도치 새끼들은 완벽하게 자유로웠으며, 나는 단지 개로부터 그들을 보호했을 뿐이었지만 다음날 아침에 새끼들이 모두 먹힌 것으로 확인되었다. 새끼들의 꼬리만 남아 있었으니 말이다. 아마도 둥지가 방해를 받았다는 사실이 어미의 마음에 공황을 야기했을 것이다. 그래서 어미는 전체 상황을 파괴하고 더 나은 기회를 기다리는 쪽을 택했을 것이다. 그러나 중요한 사실은 어미가 새끼를 먹어치웠다는 것이다.

아프리카에 머물 때, 나는 아프리카 동부의 어느 부족에 대해 흥미로운 이야기를 들었다. 아시다시피, 얼마 전까지만 해도 거기선 노예 사냥이 이뤄지고 있었다. 아비시니아(Abyssinia)[1] 강도들이 케냐 북부를 습격해서 흑인을 붙잡아 아랍인들에게 노예로 팔았다. 사실 그런 습격을 조직하는 사람들은 대체로 아랍의 지도자들이었다. 케냐가 영국의 지배를 받게 된 이후로 노예 사냥이 중단되긴 했지만, 그렇게 된 것은 겨우 얼마 전의 일이었다. 어느 습격에서, 흑인 마을의 주민들이 강도들이 오고 있다는 소식을 들었다. 그래서

1 에티오피아가 1931년까지 사용한 옛 국명.

14

주민들은 울창한 정글로 몸을 숨겼다. 발각될 확률이 거의 없는 곳이었다. 그러나 강도들도 자신의 이익을 챙기는 데는 놀라운 능력을 발휘하는 존재들이었다. 강도들은 흑인들을 찾으면서 흑인들이 숨은 곳 바로 옆을 지나갔다. 그때 흑인 어머니들은 자신들을 보호하기 위해 여차하면 아이들의 목을 조를 준비를 하고 있었다. 아이가 울기라도 하면, 어머니들은 아이의 목을 졸라 그 자리에서 죽였다. 어머니들이 그런 짓을 했던 것이다. 아시다시피, 이런 행위는 어머니에 의해 저질러지기 때문에 더욱더 놀라운 일로 다가온다. 만약에 아버지가 그랬다면, 그래도 이해해줄 만할 것이다. 그러나 어머니가 그런 짓을 한다는 것은 큰 충격이다. 바로 그런 것이 기괴함이다.

어떤 면에서 보면 여자가 아이를 죽이는 것이 더 쉬울 수 있지만, 여기서 우리가 관심을 두고 있는 것은 아이의 경험이다. 그 어머니 형상은 어머니에게는 똑같이 보이지 않을 것이다. 내 말은, 만약에 첫번째 어머니 같은 것이 있다 하더라도 그녀는 그 같은 이미지를 갖지 않겠지만 첫번째 아이는 그런 이미지를 갖게 될 것이라는 뜻이다. 어머니들이 대단히 부드럽다는 사실은 모두가 잘 알고 있다. 그러나 어머니들은 동물처럼 대단히 사납고 잔인하기도 하다. 어린 암컷 호랑이들은 꽤 끔찍한 어머니의 이미지를 품고 있을 것이라고 나는 확신한다. 왜냐하면 처음에 호랑이 어미가 놀랄 정도로 부드럽기 때문이다. 호랑이 어미들은 경이로운 어머니들이지만, 새끼들이 다 자라고 나면 돌연 새끼들을 향해 으르렁거리고 새끼들이 먹이를 먹으려 들면 물어서 먹이로부터 떼어놓는다. 호랑이 어미는 새끼들을 상대로 꽤 심술궂게 싸운다. 그러면 호랑이 새끼들은 그때와는 완전히 다른 어머니의 그림을 기억하게 된다. 그런 것이 이런 끔찍한 이미지를 야기하는 충격이다.

인간 존재들도 마찬가지이다. 얼마 전에 나는 자신을 두 명의 자식과 거의 동일시하던 어머니를 보았다. 그녀는 아이들을 대단히 헌신적으로 키웠다. 그래서 나는 딸을 어머니로부터 자유롭게 풀어놓기까지 정말 애를 먹었다. 어머니가 딸을 놓아주려 들지 않았던 것이다. 그러다 마침내 내가 딸을 어머니로부터 떼어 놓는 데 성공했을 때, 어머니는 무너지면서 지독한 신경증 증세를 보였다. 나는 그녀가 딸의 상실에 마음을 다친 탓에 나에게 저항하고 있을 것이라고 짐작했다. 그러나 그렇지 않았다. 그녀는 이렇게 말했다. "당신은 나의 딸을 위해 너무나 훌륭한 일을 했어요. 나에게도 똑같이 해주시길 바랍니다. 아이들이 지긋지긋해요. 이제 내 인생을 살고 싶어요." 그것으로 그녀는 완전히 치료되었다. 반년 전만 해도 오로지 아이들과 사랑, 헌신밖에 모르던 사람이 말이다.

출생 직후 아이를 죽인 죄가 그 후의 살인보다 다소 가벼운 처벌을 받는 것은 출산 직후에 여자의 정신 상태가 장애를 일으킬 수 있다는 가정에 근거한 것이다. 여자가 저지르는 절도의 경우에 생리 기간에 일어났는지 여부가 중요해진다. 생리 기간에 저지른 절도에 대해서는 책임을 약하게 묻는다. 그러나 나는 입법자들이 고대의 파괴적인 어머니를 고려했다고는 생각하지 않는다.

아이를 잡아먹는 도깨비는 호메로스(Homer)가 전하는 전설에서 오디세우스를 잡기만 하면 그를 먹어치우겠다고 나서는 키클롭스[2] 같은 존재이다. 그것은 파괴적인 아버지의 그림이지 파괴적인

----

2 그리스 신화에 등장하는 외눈박이 거인.

어머니의 그림이 아니다. 아버지도 당연히 똑같이 파괴적일 수 있다. 그리스 신화 속의 크로노스와 우라노스가 그런 예들이다. 파괴적인 아버지들도 자식을 먹는다. 그것은 남자의 내면에 있는 부정적이고 원시적인 아버지의 이미지이다. 다른 신화에도 마찬가지로 그런 이야기가 많다. 바알(Baal)[3]과 아스타르테(Astarte)[4]에겐 아이들이 바쳐졌다. 그래서 그들도 파괴적인 아버지와 어머니일 것이다. 카르타고에 있는 아스타르테 신전 터를 발굴했을 때, 거기 단지에서 불에 탄 아이들의 뼈가 수백 개 나왔다. 그것은 자연히 첫 번째 아이를 먹는 어머니의 행위였을 가능성이 크다. 그렇다고 어머니 본인이 아이를 먹는다는 뜻은 아니다. 어머니가 아이를 여신에게 바친다는 뜻이다.

우리 환자가 이 형상을 만나려고 노력하는 것은 절대로 아니다. 그 형상이 그냥 그녀에게 나타난다. 당연히 그녀의 그림자는 경험의 전체 영역을 가리고 있지만, 이 이미지는 그림자 그 너머에 있다. 상징적인 어떤 형상으로 나타나는 그림자는 정상적인 인격에 훨씬 더 가까운 반면에, 이것은 지금까지 들어보지 못한 것이며 특별한 상황에서만 존재하는 그 무엇이다.

그림자가 하나의 가리개가 될 것이라는 점을 나는 말해야 한다. 그림자는 어두운 세계의 시작이고, 개인적이며, 당신이 동의할 수 있는 그 무엇이고, 심지어 당신이 자각할 수 있는 그 무엇이다. 약간의 자기비판 능력만 갖추고 있다면, 당신은 당연히 그림자를 이해할 것이지만 이 어머니를 이해하지는 못할 것이다. 어떤 아버지

....

3 고대 셈 족의 신화에 나오는 신으로, 자연의 생산력을 상징했다.

4 고대 근동 지방의 '위대한 어머니' 신.

가 사람을 잡아먹는 도깨비를 안에 품고 있다는 것을 이해하지 못하는 것이나 마찬가지이다.

물론 이 형상도 긍정적일 수 있지만, 부정적인 측면이 훨씬 더 강하다. 아마 이 형상이 대단히 긍정적인 측면을 갖고 있다는 점이 확인될 것이다. 예를 들면, 에페소스의 아르테미스는 긍정적이고 이로운 다산의 여신이다.

우리 환자가 이 형상을 그냥 지나친 직후에, 그녀는 남자들과 말들이 절벽을 내달리다가 거대한 허공으로 떨어지는 환상을 보았다. 이것은 무슨 의미인가? 남자들과 군인들은 언제나 아니무스 형상이다. 이 경우에 말을 탄 남자들과 말, 전차가 파괴되고 있다. 절벽을 내달리는 말과 남자들은 놀란 양떼와 비슷하다. 그것은 일종의 궤주(潰走)이며, 그녀의 아니무스가 달아나고 있다. 그것은 전형적인 아니무스 공황(恐慌)이다. 아니무스 공황은 매우 구체적인 경험이며, 매우 전형적이다.

이 경우에 아니무스 형상들이 스스로를 파괴하고 있다. 그런 것이 아니무스 공황의 전형이며, 아니무스 공황은 쓸모없이 끝난다. 예를 들어 보자. 만약에 나 자신이 말의 뜻을 평상시처럼 명확하게 전달하지 못하거나 나의 환자가 나의 말을 제대로 알아듣지 못하는 상황이라면, 나는 그 자리에서 "오늘은 상태가 별로 좋지 않아요. 다음 주 화요일에 다시 보지요."라고 말한다. 그러면 여자 환자는 다음 시간에 조금 더 나아진 상태에서 나를 찾는다. "지난 시간에는 내가 정말 바보처럼 굴었어요. 상담이 어떻게 시작되었는지 도무지 모르겠어요. 집에 도착할 때까지 줄곧 화가 나 있었어요. 그러다가 내가 화를 내고 있는 대상이 뭐지, 라고 자문해 보았어요.

그랬더니 아무것도 아니라는 생각이 들더군요." 그런 것이 아니무스 공황이지만, 사람이 지나치게 진지하게 받아들이면, 그것도 마치 중요한 것처럼 보인다. 그럼에도 사람이 진지하게 받아들이지 않으면, 그것은 더욱 나빠질 것이다. "당신이 나를 진지하게 받아들이지 않는단 말이지!" 여기서 지금 우리는 아니무스 공격의 매우 좋은 예를 보고 있다. 아니무스 공격은 우리 환자가 그 우상을 그냥 지나쳤다는 사실에서 비롯된다. 그녀가 그것을 지나친 것은 그것이 형용할 수 없을 만큼 추하고, 그녀가 그것을 혐오하고 아마 은근히 두려워하고 있었기 때문일 것이다. 그래서 사람이 불필요하게 두려워할 때 그 두려움이 투사되고, 그러면 사람은 당연히 그것에 대해 그릇된 의견을 품게 되며, 그 결과 나타나는 것이 바로 아니무스 공황이다. 그리고 남자들도 아니마 공황에 빠지지만, 그런 경우에 공황은 무엇인가에 대한 부정적인 아니마 감정이나 직관에서 생겨나는 일종의 우울보다 덜 극적이다. 물론, 사람이 그 문제에 대해 주의 깊게 생각하는 수고를 감수한다면, 아니마 공황이나 아니무스 공황은 일어나지 않을 것이다. 그러나 그날 아침 7시 30분에 왠지 울적한 기분이 들고, 그러면 그것 자체가 2주일 동안의 우울을 의미할 것이다. 그런데 그 같은 기분은 아무런 근거가 없는 것으로 드러난다.

이제 다음 환상을 보도록 하자. 이 환상은 두 번째 순환이다. 그녀는 이렇게 말한다.

나는 공포에 휩싸인 채 거대한 바위벽에 막혀 뒷걸음질을 쳤다. (이것은 이전의 환상의 연속이지만 새로운 주제를 담고 있다.) 나는 시선을 위로 향하다가 초록색 눈을 가진 늙은 여자 마술사처럼 생긴 바위를 보았다. 그 여자 마법사가 말했다. "마침내 너를 만났구나. 너는 계곡으로 더 이상 가지 못해. 내가 너를 파괴하고 너의 가슴에 있는 불꽃까지 꺼버릴 거야." 그래서 나는 "나는 전혀 무섭지 않아. 난 당신 속으로 들어갈 거야."라고 말했다. 그러자 바위가 열렸다가 닫혔다. 내가 들어간 곳은 컴컴한 석굴이었다.

이 모험은 무엇인가? 그녀가 거부한 여자가 다른 형태로 나타난 것이 이 여자 마술사이다. 그 우상은 땅 내부의 여신이었으며, 지하의 요소가 아주 강한 형상이었다. 지하의 요소가 강한 여신들은 모두 불가해성과 기괴함, 부조리 등의 요소를 갖고 있다. 그건 남신도 마찬가지다. 나는 콘스탄티노플의 박물관에서 경이로운 아니무스 형상을 하나 발견했다. 이 방의 천장보다 더 큰 조각상으로, 꽤 거대했다. 그것은 시리아 버전의 이집트 베스(Bes)[5] 신이었다. 키가 작은 신 베스는 턱수염을 길렀으며, 어깨와 팔이 매우 강하고, 대체로 외설스러워 보인다. 베스는 호루스의 선생이며 언제나 어머니 여신과 연결된다. 이집트 카르나크에 가면, 무트(Mut)[6]의 신전 입구에 베스 형상이 양쪽에 하나씩 놓여 있는데, 그는 어머니의 아니무스이다. 바를라흐(Ernst Barlach)[7]가 쓴 일종의 신화극인 '죽은 날'(Der Tote Tag)을 읽었다면, 당신은 '엉덩이 턱수염'이라는 뜻의 슈타이스바르트(Steissbart)라는 기괴한 이름으로 불리는 어떤

....
5 이집트 신화 속의 아이와 순산(順産)의 신.
6 고대 이집트의 어머니 여신.
7 독일의 조각가 및 극작가(1870-1938).

형상을 만날 것이다. 그는 어머니의 난쟁이 같은 마음이기도 하다. 이 형상이 가장 두드러진 지하의 신이다. 혼합주의 시대와 프톨레마이오스(Ptolemy) 왕조 시대에 그런 신이 아주 많았다. 그리고 원시 부족들의 신들은 대체로 부조리하고 역설적이다. 그 신들이 땅의 요소를 표현하고 있기 때문이다.

지금 그 우상, 즉 원시적인 어머니는 인간이 땅에서 기원한다는 것을 표현하고 있다. 그래서 공상의 다음번 변화에서 그녀가 바위로 변한다. 따라서 바위가 초록 눈을 가진 늙은 여자 마술사처럼 생겼다. 왜 초록색 눈인가?

초록은 초목의 색깔이며, 그것은 마찬가지로 악령들도 포함하고 있다. 그런 초록색 눈을 가진 존재는 누구든 악령일 것이다. 이 경우에 초록은 아마 초목의 초록이겠지만, 부정적인 악령의 측면을 보이고 있다. 물론, 긍정적일 것 같은 상징도 부정적일 수 있다. 베스 같은 불가사의한 신이 호의적일 수 있는 것과 같은 이치이다. 사람들은 종종 그런 기괴한 신들에 관한 이야기에 놀란다. 그 신들이 끔찍하고 무서워 보이다가 꽤 호의적인 것으로 드러나기 때문이다. 그림(Grimm) 형제의 동화에 나오는 난쟁이들은 가축들에게 마법을 걸거나 우유에 독을 넣으면서 온갖 사악한 짓을 하며 교활한 모습을 보임에도 불구하고 오히려 이로운 편이다. 그렇듯 베스는 매우 의문스런 존재이다.

그렇다면 이 바위는 늙은 여자로 인격화된 땅이다. 그것은 우리 환자가 앞서 그냥 지나쳤던 그 여신이다. 지금 우리 환자는 그 여신에게 붙잡혔다. 이것은 그녀가 땅으로부터 분리될 수 없다는 것을 의미한다. 그녀는 아니무스 공격으로부터 회복되어 땅의 권력으로 떨어진다. 늙은 여자 마법사는 "넌 더 이상 계곡으로 가지 못해."라고 말한다. 그래서 그녀가 앞으로 나아가는 것은 당분간 불가능하다. 그녀는 땅의 사실을 받아들여야 한다. 이 어머니 대지는 지금 화가 나 있다. 어머니 대지가 "난 너를 파괴할 것이고 너의 가슴의 불꽃까지 꺼뜨릴 거야."라고 할 때, 그녀는 선한 의도를 전혀 품고 있지 않다. 이것은 다시 파괴적이고 끔찍한 어머니이다. 그녀가 지금 땅인데 그렇게 파괴적으로 나오는 이유가 무엇인가? 땅은 파괴적이지 않다. 그런데 이 어머니 대지가 지금 여기서 부정적인 측면을 드러내는 이유는 무엇인가?

환자가 어머니 여신을 진정으로 두려워하고 있기 때문이다. 우리 환자는 그녀를 무시하면서 그냥 통과했다. 그녀는 어떤 식으로든 어머니 여신에게 제물을 바치려고 들지 않았으며 여신을 달래려는 노력을 보이지 않았다. 그런 경우에 부정적인 내용물이 더욱 부정적이게 된다. 지하의 요소를 무시하는 사람들은 바로 그 지하의 요소에 의해 상처를 입는다. 이 말은 아주 추상적으로 들리지만, 지하의 요소를 무시하다가 그것에 의해 상처를 입을 경우에 현실 속에서 어떤 일이 벌어지는가?

육체적으로 아프게 된다. 예를 들면, 매우 직관적인 사람들의 경우에 그런 예가 자주 보인다. 직관적인 사람들은 언제나 자신의 능력 범위를 벗어나서 살고 싶은 유혹에 시달린다. 왜냐하면 그들이 너무나 많은 가능성들을 알고 있는 탓에 실제의 가능성을, 그러니까 현실의 사실들을 무시하면서 거의 그 가능성들 속에서 살 수 있기 때문이다. 그래서 직관적인 사람들의 전형적인 병은 복부에 나타난다. 복부가 땅에 해당하기 때문이다. 만약에 당신이 땅을 무시한다면, 그것은 복부를 무시하는 것이나 마찬가지이다. 그러면 당신은 예를 들어 위궤양을 앓을 것이다. 육체는 무시당할 경우에 반드시 보복하게 되어 있다. 그래서 사람들이 지하의 신들에게 제물을 바치는 행위를 통해 표현했던 그 사상이 오늘날엔 사람이 육체 안에서 살고 있다는 사실을 확인하고 지하의 요소를 보살피는 것으로 나타나고 있다.

원시인에게 육체는 악마 같은 요소이고 초자연적인 요소이다. 우리 현대인은 지금 그것을 이해하지 못한다. 이유는 우리가 원시인이 겪는 것과 똑같은 위협에 처하지 않고 있기 때문이다. 원시인은 허약한 의식을 갖고 있으며, 그래서 원시인의 의식은 언제든 꺼질 수 있고 육체와 꽤 동일하다. 그런 상황에서 육체에 어떤 일이라도 일어난다면, 의식의 불은 꺼질 것이며, 원시인은 그런 가능성을 아주 무서워한다. 그래서 원시인은 자신이 그런 식의 영향을 받을 수 있는 상황이라면 무조건 피하려 들면서 우리 현대인이라면 완전히 무시할 그런 가능성들에 지대한 관심을 기울인다.

원시인은 자신의 육체에 어떤 일이 일어나기라도 하면 육체만 아니라 정신도 동시에 부상을 입는다고 느낀다. 육체적 사건의 충격으로 인해 원시인의 의식이 꺼질 수 있다는 점에서 본다면 원시인의 느낌이 맞다. 그래서 원시인은 지하의 신들을 달래기 위해 그들을 숭배한다. 그러면 그가 입는 부상은 어떤 것이든 평범한 부상이 되고, 그의 영혼까지 다치는 그런 마법의 부상은 아니게 된다. 만약에 원시인이 지하의 신들을 숭배하지 않는다면, 그 부상은 마법이 되어 그를 죽이거나 아니면 적어도 평범한 상처보다 훨씬 더 심각한 장애를 안길 것이다.

우리는 또 단순한 질병과 복합적인 질병에 대해서도 알고 있다. 예를 들어, 감기는 단순한 질병이다. 그것이 감기인 것이 분명하고, 조금 귀찮긴 하지만 감기는 나름의 경로를 밟아야 한다는 것을 우리가 알고 있기 때문이다. 쉽게 감기에 걸리지만, 감기는 적어도 복합적이지는 않다. 그러나 만약에 사람이 스스로에게 '내가 지금 이 상황에서 감기에 걸리는 이유가 뭐야?'라고 묻는다면, 거기엔 '상황이 달랐다면 감기에 걸리지 않았을 텐데.'라는 뜻이 담기면서 어떤 심리적 합병증이 따르게 된다. 그런 의문이 깊어질수록, 그 사람은 자신에게 더 깊은 해를 입히게 된다. 사람은 그런 식의 정신적 합병증만으로도 병세를 크게 악화시킬 수 있다. 이 같은 합병증은 결코 날조한 것이 아니다. 질병이나 부상이 정신적 장애의 표현인 경우가 종종 있다. 그런 질병은 아무리 하찮을지라도 심리적으로 대단한 중요성을 지닌다. 사람이 그런 질병 때문에 깊은 고민에 빠지거나, 그 질병이 기이한 방식으로 사람에게 해를 입힐 수 있는 것이다. 의사들은 그런 예를 종종 본다. 비교적 사소한 병도 그런 식의 정신적 합병증 때문에 위험스러워 보이고 놀라운 성격의 어떤 가능성을 지닌 것처럼 보인다. 그때 만약에 의사가 평범한 전염일 뿐이며 심각한 병은 아니라는 식으로 말한다면, 그 즉시 병의 성격이 바뀐다. 맥박도 개선되고, 호흡도 한결 부드러워지고, 열도 떨어진다. 환자의 전체 상태가 의사의 차분한 의견 하나 때문에 상당히 호전되는 것이다.

물론 정반대의 효과도 나타날 수 있다. 질병이 악의적인 의견 때문에 악화될 수 있는 것이다. 그래서 원시인은 그릇된 생각이나 상상에서 비롯되는 이런 합병증을 피하기 위해서 지하의 신들을 달

램으로써 마음의 평안을 얻는다. 그런 상태에서 부상이 일어나면, 원시인은 "오, 이건 화살로 인해 일어난 단순한 부상에 지나지 않지만, 내가 신들에게 검정 수탉을 한 마리 바쳤으니 괜찮을 거야. 신들이 나를 잘 돌봐주고 있으니까."라고 말할 것이다. 원시인은 아래쪽의 신들뿐만 아니라 위쪽의 신들에게도 제물을 바쳐야 한다. 원시인은 신들과 평화롭게 지내야 한다. 그가 차분한 상태를 유지할 때, 일들이 훨씬 더 부드럽게 돌아간다. 불행하게도, 우리 현대인은 더 이상 지하의 신들을 믿지 못하며, 그래서 우리는 지하의 신들에게 제물을 바치지 못한다. 우리는 지하의 신들을 지나치게 심리학적으로 이해하고 있으며, 그러다 보니 심리적 기능들에게 제물을 바칠 수 있는 방법을 보지 못하게 되었다.

지금 이 바위 여신은 "나는 너도 파괴하고 너의 가슴에 있는 불꽃도 꺼뜨릴 거야."라고 말한다. 이 작은 불꽃에 대해서는 지금까지 길게 설명해 왔다. 여신이 그녀를 파괴할 것이라고 말하는 것은 그녀의 정신과 육체, 의식, 그러니까 그녀의 모든 것을 파괴할 것이라는 뜻이다. 특히 그녀의 가슴에 있는 불꽃을 파괴하겠다는 뜻이 강하다. 이 불꽃은 무엇인가?

그것은 '자기'이고 푸루샤이다. 그것은 그녀의 가슴에 있는 센터인 아나하타의 한가운데에 있는 삼각형의 아래쪽 꼭지에 있는 그 작은 불꽃이다. 탄트라 요가에서, 그것은 푸루샤의 환상 또는 유령이다. 아나하타 센터는 판단이 시작되는 센터이다. 그리고 사람이 무의식으로부터, 사물과의 동일시로부터, 신비적 참여로부터 분리될 수 있다는 사실에서, 독립적인 '자기'가 최초로 모습을 드러내고 있는 것이 보인다. 거기서 당신은 '나 자신을, 나의 의식을, 나의 삶을, 나의 육체를, 꽤 무의식적일 수 있는 모든 것을' 볼 수 있다. 그러므로 사람은 타인을 만날 때면 언제나 그 사람이 그런 불꽃을 갖고 있는지 여부를 파악할 수 있어야 한다. 왜냐하면 그 불꽃이 없을 경우에 그 사람은 횡격막 아래에, 그러니까 마니푸라 센터나 스바디스타나 센터에 있기 때문이다. 그 불꽃이 존재한다면, 적어도 아나하타 심리에 도달했다고 보면 된다. 거기엔 이미 푸루샤에 대한 인식이 존재한다. 환상 속의 발언을 통해서, 우리는 이 여자가 아나하타 심리의 단계에 이르렀으며 그녀의 가슴에 작은 불꽃을 싯고 있다는 것을 알 수 있다. 그렇다면 이 어머니 대지는 그 작은 불꽃을 꺼뜨리지 않고 그녀를 파괴할 수는 없는가?

그녀가 아나하타에서 다시 아래로 내려가면, 불꽃이 파괴된다. 왜냐하면 어머니 대지가 물라다라이기 때문이다. 그리고 만약에 어머니 대지가 그녀를 아래로 데려간다면, 그녀는 자연히 다시 마니푸라로 미끄러질 것이고, 마니푸라에서 스바디스타나로, 마지막엔 물라다라의 바닥에 이를 것이며, 그러면 불이 꺼질 것이다.

불꽃이 파괴되는 것이 아니라 불꽃과 그녀의 연결이 끊어질 뿐이라는 의견도 있지만, 그렇지 않다. 어머니 대지는 육체를 의미한다. 만약에 육체가 '노'라고 말한다면, 정신은 더 이상 나아가지 못할 것이다. 나는 어느 수준에 갇힌 환자의 예를 많이 보았다. 그런 환자들은 앞으로 나아갈 수 있을 것인지가 의문스러워 보이거나 나아갈 수 없는 것이 꽤 분명한 상황이었다. 어떤 의미에서 보면 그런 일은 모두에게 일어나고 있다. 육체는 우리가 어느 한계까지만 나아가도록 허용한다. 만약에 지나치게 멀리 나아간다면, 우리는 육체를 치료해야 하는 상황에 처할 것이다. 육체적 병이 생기거나, 죽음을 맞을 수 있다는 뜻이다. 아니면 그것이 뇌의 파괴를 야기할 수도 있다. 그런 가능성이 탄트라 요가에 지적되고 있으며, 그것은 전적으로 진실이다.

사람의 육체가 어느 정도 버틸 수 있는가 하는 것은 매우 중요한 질문이다. 사람은 언제나 육체의 반응을 고려해야 한다. 물론, 사람의 정신은 다소 무한하게 나아갈 수 있다고 단정할 수 있지만, 육체가 그것을 허락하는가 하는 문제는 아주 중요하다. 만약에 누군가가 위대한 어머니를 그냥 지나치면서 너무 멀리 나아간다면, 그 사람을 아주 효과적인 방식으로 정지하도록 하는 사태가 벌어질 가능성이 아주 커진다. 그 사람이 병에 걸려 능력을 상실하거나 실성하거나 죽거나 할 것이고, 그러면 불꽃이 영원히 꺼질 것이다. 푸루샤, 즉 절대적인 존재는 시간과 공간을 초월하며 파괴 불가능하지만, 문제는 그것이 존재하는지 여부가 아니라 우리가 그 조건에 닿을 수 있는지 여부이다. 만약에 우리가 그 조건에 닿지 못한다면, 우리에게 그것은 존재하지 않는 것이나 마찬가지이다. 우리가 닿지 못하는 계곡에 금이 무진장 묻혀 있다 한들 그게 무슨 소용이 있겠는가? 혹은 달이나 땅의 중심부에 있는 금이 무슨 소용이란 말인가? 그 금은 우리에게 전혀 아무런 도움을 주지 못한다. 그렇기 때문에 푸루샤가 영원히 살아 있는 불꽃인가 아니면 꺼질 수 있는 불꽃인가 하는 것은 심리적인 질문일 뿐이다.

환자는 이 상황이 꽤 심각하다는 것을 분명히 느끼고 있다. 그녀는 거기서 물러날 수 없다. 그래서 그녀는 상황에 굴복하면서 무섭지 않다고 말한다. 물론 그녀는 그 상황을 두려워하고 있지만, 그 상황을 최대한 이용하면서 바위 안으로 들어간다. 땅 속으로 들어가는 것은 실제 심리에서 무엇을 의미하는가?

아시다시피, 땅 속으로 들어가는 것은 아주 위대한 모험이다. 그녀는 지금 자신의 육체 속으로 돌아가고 있다. 마치 그때까지 한 번도 자신의 육체 안에 없었던 것처럼. 틀림없이, 자기 자신이 자신의 육체 안에 있는지 밖에 있는지를 확실히 모르는 사람들이 많다. 자기 자신과 육체의 관계의 병리학을 공부하다 보면 아주 흥미로운 사실들이 발견된다. 어떤 사람들은 자신의 행동에 대해 전혀 자각하지 못한다. 예를 들면, 그들은 움직이는 방법을 모른다. 혹은 호흡의 자연스런 리듬을 느끼지 않는 사람도 있다. 그런 사람들은 그 리듬을 인위적으로 배워야 한다. 혹은 근육들의 집단을 자각하지 못하는 사람들도 있다. 이 같은 사실은 히스테리를 앓는 사람의 경우에 넓은 범위에 걸쳐서 피부 감각이 사라지는 것에 의해 확인된다. 아마 하지의 피부가 감각을 완전히 잃거나 부분적으로 잃을 것이다. 아니면 일부 근육 집단들의 감각이 무디어지고, 그 결과 특별한 행동에 그 영향이 나타난다. 그런 사람들은 아마 걷지는 못해도 춤을 출 수는 있을 것이다. 아니면 그들은 눈의 기능에 장애를 겪을 수 있다. 눈의 중심부를 통해서는 볼 수 있어도 주변부를 통해서는 보지 못할 수 있다. 아니면 사물들의 특정 부분을 보지 못할 수 있다. 예를 들면, 머리를 보지 못할 수 있다. 그런 사람들은 거리를 걸으면서도 사람들이 머리가 없는 상태에서 걷는 것을 보게 될 것이다. 그것에 대한 설명은 눈의 구조를 근거로 해서는 꽤 불가능하다. 그것은 지각을 제거하는 정신적 장애 때문이다. 물론 그 장애는 육체에 대한 특별한 저항에 따른 것이다.

우리 환자는 간혹 또는 습관적으로 육체 밖에 있는 사람들의 집단에 속한다. 그녀는 지금 육체와 익숙해져야 하고, 진정으로 육체 안에 있으면서 육체와 연결되어야 한다. 당신도 잘 알겠지만, 육체는 그 사람의 심리에 특별한 영향을 미친다. 왜냐하면 육체 밖에 있을 때 사람이 현실의 일부 영역을 무시하게 되기 때문이다. 자신의 복부를 의식하지 않는 사람들은 적절히 소화시키지 못하며, 그들은 배가 고픈 때나 음식을 충분히 먹은 때를 모른다. 혹은 자신의 호흡이나 심장의 기능을 확인할 수 있을 만큼 그런 것들과 충분히 친숙하지 않은 사람들은 장기에 부담을 줄 수 있다. 그런 사람들은 육체에 육체가 결코 생산할 수 없는 것들을 요구하고 있는 셈이다. 그런 상태에서 비롯되는 전형적인 병이 많다. 나는 육체적 병에서 종종 그런 예를 목격한다.

결코 정신이 이상하지 않았던 어느 젊은 여자가 기억난다. 그녀는 길을 걸을 때 자신의 걸음걸이를 느끼지 못한다는 사실 때문에 고민이 많다고 나에게 털어놓았다. 그녀는 스물여덟 살이었다. 그녀는 진단 과정에 자신의 육체를 한 번도 본 적이 없다고 말했다. "하지만 목욕은 할 테고, 그때 당신의 몸을 보지 않을 수 없지요." "아뇨, 몸을 보지 않기 위해 욕조를 덮어요." 그래서 나는 그 여자에게 집에 가서 옷을 벗고 자신의 몸을 살펴보라고 일러주었다. 이어서 그녀는 자신이 기구(氣球) 꼭대기에 앉아 있고 내가 그녀를 아래로 끌어내리는 꿈을 꾸었다. 그녀는 대단히 직관적인 유형이었다. 우리 환자도 직관적이다. 그렇다면 우리 환자가 땅 속으로 내려가는 것은 그녀가 육체라는 것이 존재한다는 사실을 인정하고, 그녀의 육체가 하는 것과 그녀의 육체가 버틸 수 있거나 복종해야 하는 것을 인식한다는 뜻이다.

2강

1933년 5월 10일

이런 질문이 제기되었다. "부활절 휴가 전의 마지막 세미나에서 황금 자웅동체 형상 아래에서 발견된 원시적인 신에 대해 논하면서, 선생님께선 오늘날 세계 상황에 빗대어 설명한 바 있습니다. 그때 선생님은 그 중대한 소요(騷擾)가 무의식에서 수행되고 있는 어떤 활동 때문이라고 했지요. 또 그 활동이 의식의 차원에서는 자각되지 않는다고 했습니다. 군축 회의가 아무리 자주 열려도, 무의식에서 일어나고 있는 이 활동이 표현의 기회를 얻을 때까지는 어떠한 도움도 되지 않을 것이라고 했지요. 그렇다면 선생님에겐 독일 혁명[8]이 무의식의 이 힘들을 다루려는 시도로 보인다는 뜻인가요, 아니면 퇴행적인 움직임, 말하자면 많은 방관자들의 눈에 비치는 것처럼 '신성모독적인 역행적 이해'(sacrilegious backward grasp)

....

8 1918년 1월에 발생한 혁명. 이로 인해 독일 제국이 무너지고 공화국이 탄생했다.

로 보입니까?"

'신성 모독적인 역행적 이해'는 물론 니체(Friedrich Nietzsche)
가 개인이 가족 안에서 일어나는 신비적 참여로부터, 특히 프로이
트(Sigmund Freud)가 무의식적 근친상간 공상이라고 부른 것을
통해 어머니에게 고착하는 것으로부터 해방되는 것에 대해 논할
때 쓴 표현을 암시한다. 이것은 중요한 질문이며, 우리가 지금 다루
고 있는 상징적 표현과 무관하지 않다. 지금 우리는 "선조들의 배
(腹)"라는 제목이 붙은 환상에 관심을 쏟고 있으며, 구체적인 상황
은 늙은 여자 마법사의 모습을 하고 있는 바위가 우리 환자를 붙잡
아서 안으로 잡아당기고 있는 것이다. 그것은 그 앞의 환상에서 다
른 형태로 만났던 그 원시적인 신, 즉 어머니 대지이다. 대지 자체
는 문명화된 문화적 의식을 갖고 있으며, 의식적인 인격이 부분적
으로 지하의 무의식에 의해 압도되고 있는 상태이다.

독일을 실제로 지배하고 있는 심리 상태와 이 특이한 상징적 표
현 사이에 비슷한 점을 끌어낼 수 있다. 그 같은 공적인 움직임의
총체적 증상을 연구하는 방법은 의사가 어떤 질병의 총체적 증상
을 연구하는 방법과 똑같다. 국민은 한 사람의 개인과 비슷하며, 전
체 국민은 특이한 심리적 발작에 흔들리고 있는 한 사람의 인간 존
재와 비슷하다. 어떤 신경증을 보면, 증후들이 간혹 매우 모순적이
고 기괴하며, 그 증후들은 온갖 장소에서 예상하지 않은 방식으로
나타나고 서로 모순된 모습을 보이며 심지어 해부학적 가능성과도
모순을 일으킨다. 그래서 보통 사람에게만 아니라 의사들 중에서
비전문가들에게도 신경증의 전체 증후를 그림으로 그리는 것은 종
종 대단히 어려운 작업이 된다. 국민을 연구하는 것도 마찬가지이

다. 자신이 관찰하는 특징들을 그 국민의 정상적인 특성으로 돌려야 하는지 신경증으로 돌려야 하는지를 아는 것이 보통 어려운 일이 아니다. 어떤 특성들은 다소 지역적인 성격을 지니는 특이성처럼 보이며, 그런 경우에 그것을 평가하는 방법을 알기가 어렵다. 따라서 나는 이 질문에 대한 대답을 망설이지 않을 수 없다. 현재 우리 코앞에서 벌어지고 있는 사건들에 대해 판단하는 것은 대단히 어려운 일이다. 그런 경우에 판단을 제대로 하기가 결코 쉽지 않다. 그러나 나는 당연히 그 상황에 대해 어느 정도 알고 있으며, 강조할 수 있는 증후들도 실제로 있다.

예를 들면, 세계를 가장 놀라게 만든 것은 유대인 박해이다. 확실히, 소동의 가장 두드러진 특징 하나는 부정적인 감정의 폭발이며, 나는 반유대인 시위가 명확히 퇴행적인 형태를 취하고 있다는 점에 대해 진정으로 말해야 한다. 반유대인 시위는 매우 중세적인 성격을 띠고 있다. 당신도 신문을 통해서 학생들이 유대인의 문학 작품들을 불태웠다는 내용을 읽었다. 예를 들면, 마그누스 히르슈펠트(Magnus Hirschfeld)[9]의 모든 저작물이 태워졌다. 이 대목에서 나는 실소를 참지 못한다. 왜냐하면 나 자신이 어쩌다 히르슈펠트의 글 일부를 알게 되었기 때문이다. 나는 학생들이 그의 저작을 태웠다는 사실에 대해서는 별로 신경을 쓰지 않는다. 그러나 학생들이 그것을 공개적으로 태웠다는 사실은 매우 놀라운 일이다. 500년 내지 600년 전에 그랬던 것과 똑같이 말이다. 책을 태우는 행위에서 마녀를 태우는 행위까지, 그 거리는 그리 멀지 않다. 그것은 분명히 하나의 증후이다.

....
9 독일의 유대인 의사이자 성문제 전문가(1868-1935).

나는 한 유대인 친구로부터 독일 어딘가에 사는 훌륭한 유대인 상인에 관한 이야기를 들었다. 아주 재미있는 내용이었다. 그는 역사적 지식에는 아는 바가 전혀 없는 사람인데, 나치가 그의 가게에 들이닥쳐 '탈무드'를 갖고 있는지 여부를 협박조로 물었다는 것이다. 그것은 유대인들이 기독교인들을 박해하면서 당신의 집에 『헤르마스의 목자』(The Shepherd of Hermas)를 두고 있는지를 묻는 것과 다를 바가 없다. 중세에 사람들은 무수히 많은 '탈무드'를 불태웠다. 당시 사람들은 특히 예수에 관한 이야기를 담고 있는 어느 책을 표적으로 삼았다. 거기에 담긴 이야기들이 기독교 전통에 거북한 내용이었기 때문이다.

당신은 또 독일인들이 기독교를 자발적으로 받아들였는지 아니면 어쩔 수 없이 받아들였는지, 말하자면 독일인들이 칼과 창의 협박 아래에 기독교를 강제로 받아들였는지 아니면 기쁜 마음으로 받아들였는지를 놓고 이미 토론이 베를린에서 벌어졌다는 내용을 신문에서 읽었다. 어떤 교수들이 토론을 주도했는데, 한 교수는 독일인들이 그 약을 매우 기쁜 마음으로 삼켰다는 견해를 옹호하고, 다른 교수는 정반대의 견해를 제시했다. 그 점에서 샤를마뉴(Charlemagne)[10]가 옛날의 독일인들을 매우 거칠게 다뤘으며, 독일인들로서는 선택권이 전혀 없었다는 사실이 현재 잘 알려져 있다. 영국인들이 기독교를 받아들인 방식과 똑같았다. 기독교는 로마 군단의 창칼 아래에 그저 영국인에게 주어졌을 뿐이다. 그렇다 보니 그들은 자연히 기독교에 대해 다시 생각하지 않을 수 없었다. 그

....
10   서로마 제국이 붕괴한 이후 서유럽을 처음으로 통치한 황제(742-814)로, 라틴어 이름은 카롤루스(Carolus)이다.

러나 "로만"이라는 단어를 포함해 로마에서 오는 모든 것은 로마 군단과 거의 동일시되었기 때문에 영국인들은 그것을 삼키는 데 주저하지 않았다.

나는 그 같은 사실을 아프리카에서도 확인할 수 있었다. 아프리카의 가엾은 흑인들에게 선교사들은 식민 정부의 자동 소총과 완전히 동일시되었다. 흑인들은 선교사의 비위를 건드리지 못한다. 소총에는 맞설 수 없기 때문이다. 그래서 그들은 그 약을 삼킨다. 그것은 그 옛날에 독일인들이 기독교의 철학적 및 형이상학적 가치와 관련해 겪었던 것과 정확히 일치했다. 당시에 독일인들은 기독교의 가치에 대해 오늘날 아프리카의 흑인들만큼이나 이해를 하지 못했다. 미션 스쿨에 다니는 아프리카 청년들에게 기독교에 대해 물어 보라. 그러면 그들은 형제애에 대해 우스운 이야기를 들려줄 것이다. "나는 당신의 형제이고 당신은 나의 형제이다. 우리 모두는 예수와 요한, 마가, 누가처럼 서로 훌륭한 동료들이다." 이것이 아프리카 사람들의 인식이다. 기독교 신자인 푸에블로 인디언들이 오랜 세월에 걸쳐 가톨릭으로 개종했다. 그들은 기독교 이름을 갖고 있으며, 기독교 의식에 따라 기독교 교회에서 세례를 받았으며, 멕시코의 기독교 성직자가 두 달에 한 번씩 그들을 위해 미사 의식을 행하러 왔다. 그러나 내가 그들에게 교회에 나가는 이유와 그리스도에 대해 묻자, 그들은 이렇게 대답했다. "그들이 하는 행위를 지켜보는 걸 좋아하지만, 우리는 그런 것들에 대해 많이 알지 못해요." 모르는 것이 당연하다. 그렇듯, 모피를 걸치고 창과 뿔피리를 가진 상태에서 숲에서 춤을 추던 초기의 그 독일인들도 기독교에 대해 전혀 아는 것이 없었다. 로마의 선교사들이 그들에게 말해주었으며, 선교사들이 로마에서 왔다는 사실 하나만으로도 충분했다. 그 같은 사실은 설득력을 완벽하게 발휘했다. 전 세계에 걸쳐서 진정한 논거(論據)는 대포와 자동소총이라는 것을 사람들이 확인하고 있다.

똑같은 토론이 지금도 벌어지고 있다. 국가사회주의(National Socialist) 운동은 매우 이상한 방법으로, 예를 들면 '청년 운동'(Jugend Bewegung)으로 시작했다. 그리고 하지(夏至)에 그들은 산 정상에서 오딘(Odin)[11]의 업적을 기렸다. 그들은 정말로 양을 제물로 바쳤다. 피가 흐르는 제물을 바친 것이다. 그것은 터무니없는 감상적인 행위였지만, 그것도 하나의 증후였으며 과거를 향하려는 시도였다. 또 나는 브레멘의 어느 집 창문이 십자가에 못 박힌 남자의 형상으로 장식되었다는 소리도 들었다. 그런데 십자가의 가지들의 길이가 똑같았으며 그것은 결코 십자가가 아니었으며 그 위의 형상은 오딘이었다. 그리스도의 운명과 매우 비슷한 형이상학적인 운명이 오딘에게 떨어졌다. 오딘도 십자가와, 아니 나무와 상징적인 관계를 가졌다. 그래서 중세 독일에 그리스도는 십자가가 아니라 생명의 나무에 매달린 것으로 그려졌다. 옛날의 전설에 따르면, 십자가를 만드는 데 쓰인 나무는 생명의 나무였다. 당신도 화랑에서 그런 그림을 보았을 것이다. 거길 보면 그리스도는 가지와 잎이 있는 살아 있는 나무에 매달린 것으로 묘사된다.

베를린에서 북유럽 종교의 유물들을 전시하는 행사가 실제로 추진되고 있다. 그것은 게르만 민족의 종교적 뿌리를 되살리려는 경향을 암시한다. "독일 기독교인들"은 '구약 성경'을 폐기하길 원하

....
11 북유럽 신화 속의 전쟁의 신.

고 있는 것이다.

겉보기에 관계가 별로 없어 보이는 또 다른 증후는 대단히 암시적인 단어인 '제3 왕국'(dritte Reich)이다. 당신은 'Reich'라는 단어가 반드시 제국을 의미하지는 않는다는 것을 알고 있다. 영어 단어 'reach'가 'Reich'에 해당하는데, 'Reich'는 원주(圓周)도 뜻한다. 이 단어는 왕국으로도 번역될 수 있으며 아울러 제국이라는 의미도 갖고 있다. 이 단어는 라틴어 단어 '임페리움'(imperium)에서 나왔으며, 'imperium'은 명령을 의미하고 인간의 말이 닿을 수 있는 최대한의 범위//사시 명령을 내릴 수 있는 권위를 의미한다. 그것이 'Reich'라는 개념이다. 제3 왕국이라는 개념은 표면적으로는 예를 들어 프랑스 역사에서 '제2 제국'이라고 부르는 것과 비슷하다. 그것은 정치적이고 역사적인 어떤 명칭이다. 그러나 동시에 그것은 매우 신비주의적인 개념이다.

히틀러(Adolf Hitler)가 등장하기 오래 전부터, 사람들은 이 '제3 왕국'에 대해 이야기했다. 그것은 성령의 왕국이다. 제1 왕국은 '구약 성경'과 동일한 아버지의 왕국이고, 그 다음에 아들의 왕국인 그리스도의 시대가 왔고, 신비주의의 예상에 따르면 지금 성령의 왕국인 제3 왕국의 때가 왔다. 그렇다면 그 정치적 용어는 아주 불가사의한 방식으로 성령의 왕국이라는 개념과 일치한다. 새로운 왕국이 왔고, 새로운 정신이 예상되고 있다. 그것이 가장 두드러진 상징이다. 일종의 슬로건인 이 용어가 그런 놀라운 효과를 발휘하는 이유는 많은 사람들이 이미 제3 왕국에 대해 들었기 때문이다. 그 단어에는 뭔가가 있다. 신지론자들과 점성술사들을 포함한 온갖 부류의 사람들이 제3 왕국을 암시했으며, 겉보기에 꽤 합리적이면서도 이런 사상들과 일치하는 무엇인가가 지금 세상에 나타났다.

게다가, 유대인이 아닌 독일인들과 대화해 보면 특이한 열정이 느껴질 것이다. 그 열정은 1914년 8월 초 며칠 동안 독일 국민을 훑고 지나갔던 그 거대한 물결과 비교할 만하다. 물론, 주변의 모든 국가들은 당시 독일에 팽배했던 분위기가 단지 전쟁에 지나지 않는다는 오해에 넘어갔다. 나는 그 점에 의문을 품고 있다. 나는 전쟁이 발발하던 때에 독일을 통과하면서 그것을 달리 느꼈다. 당시에 나는 독일에서 1주일 이상 지냈다. 전쟁이 발발할 당시, 나는 인버네스[12]에 있었으며, 네덜란드와 독일을 통해 스위스로 돌아왔다. 나는 서쪽으로 향하고 있던 군대를 거슬러 돌아왔으며, 그 과정에 나는 독일 전역에서 사랑의 축제라고 부를 만한 그런 감정을 느꼈다. 모든 것이 꽃으로 장식되었으며, 그것은 사랑의 분출이었으며, 사람들은 서로를 사랑했으며 모든 것이 아름다웠다. 정말이지, 전쟁은 중요하고 큰 문제였지만, 중요한 것은 나라 전체에 걸친 형제애였다. 모든 사람은 나머지 모든 사람의 형제였으며, 사람은 다른 사람이 소유한 모든 것을 가질 수 있었다. 소유물은 중요하지 않았다. 농민들은 지하 저장실의 문을 활짝 열고 소유한 것을 모두 내놓았다. 기차역의 식당과 뷔페에서조차도 그런 일이 벌어졌다. 나는 배가 아주 고픈 상태였다. 24시간 동안 거의 아무것도 먹지 못했다. 그런데 식당에 샌드위치가 몇 개 남아 있었다. 그래서 값을 물었더니, 사람들은 "오, 돈을 받지 않아요. 그걸 갖도록 하세요!"라고 말했다. 내가 처음에 국경을 넘어 독일로 들어갔을 때, 나를 포함한 여행객들은 맥주와 소시지, 빵과 치즈가 가득 쌓인 거대한 텐트로

....
12　스코틀랜드 북서부 하일랜드 주의 주도.

안내를 받았다. 우리는 돈을 한 푼도 내지 않았다. 그것은 위대한 사랑의 축제였다. 나는 그냥 어리둥절할 뿐이었다.

지금 벌어지고 있는 것이 그때와 똑같다. 독일 밖의 사람들은 그것이 전쟁이라고 생각한다. 아마 당신도 '펀치'(Punch) 잡지에 실린 만화를 보았을 것이다. 창과 뿔피리를 가진 어떤 남자가, 횃불과 이글거리는 눈을 가진 튜턴족[13] 같은 사람이 이미 족쇄들 중 하나를 끊은 모습이다. 그러나 그것은 오해이다. 위대한 사랑의 축제가 계속되고 있을 뿐이며 전쟁은 아니다. 물론 사람들이 그런 분위기에 빠져 있을 때, 그들은 광기를 보이지만 그것은 심리학적으로 보면 부차적으로만 중요하다. 그것은 주변 국가들에게 큰 문제가 될 수 있지만, 독일 주변의 사람들이 정신을 제대로 차린다면, 그것이 반드시 전쟁으로 이어지지는 않을 것이다. 왜냐하면 전체 일이 결혼식 같은 성격을 띠고 있기 때문이다. 그것은 같은 민족의 결혼 잔치이며, 그래서 감상성이 두드러지게 나타나고 감정이 격류를 이루고 있는 것이다. 고위 관리들과 다양한 계급들이 노동자들과 나란히 걸을 수 있다는 것은 경이롭다. 그들은 모두 함께 행진했다. 우리의 생각은 그들이 그렇게 하지 않을 수 없었으며, 그들이 강제로 그렇게 했다는 것이다. 그러나 그렇지 않다. 그들은 5월 첫날에 행진을 열렬히 좋아했다. 그것은 정말로 새로운 정신의 분출이며, 물론 이런 현상은 외적으로 아주 불쾌한 결과를 낳을 수 있다. 당신이 거리의 사람들에게 말을 걸든, 대학 교수에게 말을 걸든, 거기서 얻는 결과는 똑같다. 그들은 민족의 뿌리로, 심리적 뿌리로 돌아가려고 노력하고 있으며, 그 목적을 이루기 위해선 퇴행이 반드시 필요

....
13   B.C. 4세기에 살았던 게르만 족의 한 부족.

하다. 당신은 독일이 받아 온 압박을, 엄청난 압박을 알고 있다. 거기엔 의문의 여지가 전혀 없다. 그 압박이 독일인들의 머리 위로 산과 같은 무게로 작용하고 있다.

이 같은 상황은 『역경』의 26번 괘인 '대축'(大畜) 괘에 표현되어 있는 조건과 일치한다. 위는 산이 짓누르고 있고, 아래는 양의 원리인 '하늘'(天)이다. 말하자면, 남성의 창조적인 원리가 억눌려 있는 형국이다. 이 괘는 이렇게 시작한다. "집에서 먹지 않는 것은 좋은 일이다." 확장하고, 밖으로 나가고, 바깥 세계를 보는 것은 좋은 일이라는 뜻이다. "그리고 큰 강을 건너는 것은 유익한 일이다." 이것은 위대한 모험에 나서는 것이 좋은 일이라는 뜻이다. 원시적인 조건에서 큰 강을 건너는 것은 언제나 위험한 모험이다. 산이 하늘 위에 있는 것은 위대한 존재의 길들여진 힘을 이미지로 보여준다. 다시 말하면, 적극적인 창조의 원리가 땅의 무게에 눌려 있을 때, 그 탁월한 인간이 과거의 말을 많이 배운다는 뜻이 담겨 있다. 독일어 단어로는 'Vorzeit'가 있다. 오래 전의 시대를 의미하는 시적인 단어이다. 그렇다면 그런 상황에 처한 탁월한 인간은 과거의 말과 행동을 배우고, 따라서 자신의 성격을 굳히는 방법을 배우게 된다.

아시다시피, 지금 독일을 지배하고 있는 상황이 꼭 그렇다. 사람들은 산에 눌려 지내고 있으며, 따라서 안에 있는 것을, 말하자면 과거를 어쩔 수 없이 다시 되살리지 않을 수 없다. 그들은 과거의 행동을 다시 배우고 있다. '펀치'에 실린 만화는 어떤 측면에서 보면 아주 적절하다. 단지 그 만화의 의미가 독일인들과 주변 국가의 국민들에게 서로 다르게 다가올 뿐이다. 개인의 삶도 마찬가지이다. 어떤 사람이 나름대로 아주 기이한 경험인 분석을 받고 있다면,

그 사람은 친척과 친구들에게 분석을 받는 것에 대해 어떻게 생각하는지를 묻곤 한다. 그러면 다양한 의견이 나온다. 밖에서 보면 분석 자체가 완전히 다른 모습으로 비칠 수도 있는 것이다. 그렇다면 산이 우리 환자의 위에 있을 때, 그녀는 그녀가 표현하는 그대로 조상들의 배 속에 있으며, 과거의 많은 말에 익숙해질 것이다.

독일의 상황이 꼭 그렇다. 독일 혁명의 매우 부정적인 측면까지도 달리 설명될 수 있는 것이다. 독일 혁명은 하나의 퇴행이고 부당한 행위이다. 그 점에는 이의가 전혀 없다. 그러나 만약에 그들 사이에 이방인이 끼어 있다면, 그들은 하나의 국민으로 결합하지 못하고 사랑의 잔치를 축하하지 못한다. 당연히, 유대인들이 희생양이라고 할 수 있다. 물론 유대인들은 희생양이지만, 다른 사람들, 개인들도 그와 똑같이 한다. 예를 들어, 사람들은 개성화 과정에 많은 것을 배제하고, 친척들을 팽개칠 수 있다. 이런 행위는 부당하거나 잔인하거나 어리석지만, 그것은 개성화라는 목적에, 통합이라는 목적에 이바지한다.

그런 역사적인 운동의 종국적 결과가 어떤 식으로 나올 것인지에 대해 아무도 장담하지 못한다. 역사를 보면 흐지부지 끝난 위대한 운동이 있어 왔지만, 새로운 의식의 상태에 이르게 되고 최종적으로 무엇인가가 일어나는 경우도 가끔 있다. 나는 어떠한 것이든 역사적 전개에 대해 특별히 낙관하지 않는다. 나는 진보와 형제애 같은 것을 그다지 믿지 않는다. 그렇지만 나는 간혹 무엇인가가 일어나고, 의식이 정말로 어느 정도까지 발달한다는 점을 인정하지 않을 수 없다. 그러나 진보라고 해서 반드시 완전히 선한 그 무엇인가를 의미하지는 않는다. 이 혁명도 예외가 아니다. 그것은 매우 야만

스런 결과를 낳고 있으며, 또 많은 사람들의 정신적 태도에 엄청난 제한을 가하고 있다. 예를 들면, 언론 자유의 억압을 낳고 있다. 어느 누구도 자신이 생각하는 바를 솔직히 표현하지 못하고 있다. 토론도 허용되지 않고 있다. 어느 한 민족에게 일종의 효소 같은 것으로서 대단히 소중한 사람들이 추방되고 있으며, 그것은 명백한 상실이고 유감스러운 일이 아닐 수 없다. 이는 독일 정신의 추가적 발달에도 매우 나쁜 영향을 끼칠 것이다. 왜냐하면 사람들이 세상으로부터 스스로를 고립시키고 있고, 독일 정신의 구성 요소로서 중요한 많은 것들이 결여되어 있기 때문이다. 소금이 전혀 들어 있지 않은 수프의 맛이 좋을 수는 절대로 없다. 그런 수프도 좋은 재료로 만들어졌을지 몰라도, 당신은 소금을 넣지 않은 수프를 먹지 않을 것이다. 그런 것들은 곧 이 운동의 최종적 패배를 의미한다. 그럼에도 우리는 당분간 판단을 보류해야 한다. 독일 혁명은 긍정적인 측면과 부정적인 측면을 모두 보이고 있다. 독일 혁명은 똑같은 상징적 표현을 포함하고 있는 이 환상과 우연히 일치하고 있다는 점에서만 우리에게 흥미롭게 다가온다.

지금 우리 환자는 시커먼 바위 동굴 안에 있다. 이미 말한 바와 같이, '대축' 괘에 표현된 상황과 똑같다. 이 괘는 언제나 내면의 발달을 말해주는 괘이다. 무의식에 있는 역사적 사실들과의 결합을 의미한다. 왜냐하면 산이 당신을 누르고 있는 까닭에 당신의 생명을 밖으로 표현하지 못하는 상황에서 당신은 반드시 안으로 어떤 활동을 발달시켜야 하기 때문이다. 안에서 일어나는 발달은 오직 안에서 발견되는 것들을 통해서만 이뤄질 수 있으며, 『역경』은 그것들을 과거의 잔존물이라고 부른다. '대축' 괘에 사람이 그런 상황에서 취할 태도에 대해 어떤 식으로 적어놓았는지 보는 것도 이롭다. 첫 행은 이렇다. "위험이 있을 것이니, 멈추는 것이 이롭다." 그런 상황은 위험하다. 압력과 억압이 있고, 따라서 화산처럼 폭발할 가능성이 있기 때문이다. 그래서 어떠한 모험도, 어떠한 외적 시도도 피하는 것이 이롭다. 두 번째 행도 그것과 일치한다. "수레의 굴대가 빠졌다." 수레에서 굴대가 빠지면, 당신은 그것을 타고 밖으로 나가지 못한다. 수레가 꼼짝 못하고 있다. 세 번째 행은 이렇다. "훌륭한 말이 다른 말들을 따르고 있으니, 위험을 의식하고 이로운 깃들을 추구한다. 날마다 수레를 달리는 것을 연습하고 무기로 보호하고, 갈 곳을 두는 것이 이로울 것이다."

독일의 실제 징후들과 아주 비슷하다. 독일인들은 지금 보호를 위해 군사력을 증강하고 있으며, 무기 사용을 연습하고 있으며, 차를 몰고 있다. 차의 원시적인 형태가 수레가 아닌가. 이것은 조상들의 행위를 흡수하는 예비적인 활동이다. 무의식에서 발견되는 조상들의 삶의 잔재는 곧 조상들이 한 것들이다. 수레를 타고, 무기를 사용한 기억이 있다. 그래서 사람은 조상들의 기억을 현실로 실천하기 위해서 그와 비슷한 일을 반드시 해야 한다. 그렇게 하지 않으면 압박이 증대되고 폭발의 위험이 커질 것이다. 더욱이, "갈 수 있는 어떤 장소를 갖는 것은 이로운 일이다". 그 장소는 곧 고향을, 나라를, 자신이 주인인 그런 상황을 의미한다. 그러면 사람은 무한한 세계 속으로 어쩔 수 없이 나가지 않아도 될 것이다. 만약에 어떤 폭발이 위협적이라면, 그때 사람은 자신이 속한 곳으로 갈 수 있어서 중심을 잃고 허공에 떠돌지 않아도 좋을 것이다. 예전에 그런 폭발은 종종 전쟁과 이주로 이어졌다. 그래서 역사 속에 민족의 대이동이 있었고, 원시 부족의 이동도 있었다. 사람들은 한동안 존재하지 않는 듯 지내다가 돌연 전면으로 폭발해 나오며 이주를 했다. 이슬람의 폭발이 한 예이다. 그 사람들은 눈에 전혀 두드러지지 않는 상태에서 별을 숭배하던 베두인족이었다. 아무도 그들에 대해 듣지 못했다. 그런 상태에서 돌연 그런 폭발이 일어났고, 그들은 전 세계로 이동했다. 그들은 유럽을 위협하고, 멀리 빈까지, 심지어 스위스까지 퍼져나갔다. 세계대전 기간에 독일인들의 폭발도 그것과 비슷했다. 그러나 지금 그 위험은 덜하며, 따라서 실제 혁명을 긍정적으로 해석하는 것이 허용된다면 그들이 그곳에 닿기 위해서 자신이 가진 것을 찾고 있다는 짐작도 가능하다. 『역경』에 따르면, 갈곳을 두고 있는 것이 이롭기 때문이다.

네 번째 행은 이렇다. "어린 수소를 보호하는 널빤지." 그것은 어린 수소가 위험에 덜 노출되도록 하고, 어린 수소를 저지하기 위해 수소의 머리 앞에 붙인 널빤지이다. 그래서 이 널빤지는 어린 수소뿐만 아니라 다른 존재들에게도 보호의 장치가 된다. 길들이기의 또 다른 신호는 동물들의 거세이다. 다음 행은 "거세된 돼지의 이빨"이다. 이빨은 무기이지만, 그것이 거세된 동물의 이빨이라는 것은 방어의 수단뿐만 아니라 길들이기까지 의미할 것이다.

이어서 마지막 문장이 온다. 괘마다 마지막 행은 앞의 나머지 행과 크게 다를 수 있다는 점에 대해 설명해야 한다. 마지막 문장에서 긍정적인 쪽으로나 부정적인 쪽으로 변화가 시작하기 때문이다. 예상이 최종적으로 다소 부정적일 만큼 전반적으로 불길한 성격의 괘가 있을 수 있으며, 그런 경우에 마지막 문장은 다음과 같은 방식으로 끝난다. 일들이 실제로 괘에 암시된 것처럼 전개되면, 이 모든 것이 재앙으로 이어질 것이다. 그러나 만약에 괘를 놓고 깊이 생각한다면, 말하자면 괘를 연구하고 그것으로부터 결론을 끌어낸다면, 나쁜 결과를 막을 수 있다. 그런 경우에 마지막 행은 전혀 중요하지 않다. 마지막 행은 오직 그 앞에 설명한 조건이 그대로 유지된다는 가정 하에서만 유효하기 때문이다. 그 조건이 그대로 팽배한 상태라면 당연히 재앙이 일어날 것이다. 혹은 괘가 전반적으로 불리한데도 마지막 행이 과도하게 좋을 수 있다. 예를 들면, 이 괘는 오히려 불리하고 위험과 의심으로 가득하지만, 마지막 행은 "하늘의 길을 얻고, 성공을 이룰 것이다."라고 되어 있다. 여기서 하늘의 길이 곧 도(道)이다. 인간의 외적 활동, 의식적인 활동이 억제되고 있고, 그런 활동들이 땅에 의해 덮여 있다. 땅의 내장 속에 산 채로 매장되어 있는 것과 비슷한 상황이다. 땅의 내장 안에 갇힌 사람을 해방시킬 수 있는 유일한 방법은 폭발, 즉 사방으로 죽음과 재앙을 퍼뜨리는 강력한 폭발뿐이다. 그러나 그런 상황에서 하늘의 길, 즉 도를 발견하는 것이 가능하다. 말하자면, 자신의 의식적인 세계의 목적과 경향들을 조상들의 삶의 잔존물과 연결시키는 위대한 기술을 배울 수 있다는 뜻이다. 두 가지가 하나가 되도록, 미래로 나아가는 당신의 개인적인 길이 조상의 삶과 일치하도록, 또 조상의 영혼이 합류하며 동행할 수 있도록 말이다. 그렇게 할 경우에 사람이 도에 이를 확률이 가장 높아진다.

선하다는 집단적인 생각이 우리 환자가 땅에 갇혀 있는 이유이며, 어두운 측면은 무시당하고 있으며 따라서 자신의 역할을 더욱 강하게 요구하고 있다. 땅이 자신의 역할을 챙기려 나서고 있는 것이다. 땅이 그녀를 잡고 있으며, 따라서 그녀는 자유를 잃고 지금 어두운 동굴 안에 있다. 이어서 그녀는 이렇게 말한다.

> 제단 위에 어떤 인디언이 누워 있었다. 인디언의 양 옆으로 두 명의
> 철인(鐵人)이 지키고 있었다. 나는 철인들에게 "당신들은 뭐죠?"라
> 고 물었다. 그러자 그들은 이렇게 대답했다. "우리는 어느 민족의 위
> 대한 의지이다. 인디언은 죽었다. 우리는 지금 그가 다시 살아나지
> 않도록 지키고 있다."

인디언은 억압되어야 한다는 것이 어느 민족의 위대한 의지였다.
이것은 그녀의 안에서 원시적인 측면이나 지하의 측면을 억누르
고 있는 것이 그 민족의 위대한 의지라는 뜻이다. 그녀가 그 민족의
일원이기 때문이다. 그리고 그것은 집단적인 의지이기 때문에 극
복 불가능할 만큼 강하다. 당신도 그런 나라에 산다면 그곳의 관습
을 따라야 한다. 당신은 전반적인 정신적 분위기에 전염된다. 그래
서 당신은 당신 자신 안에 있는 원시인을 억압해야 한다. 당신이 속
한 환경 안에 당신이 원시인을 동화시키는 일을 도와줄 것은 아무
것도 없다. 이 환상은 문제가 그녀 개인의 문제일 뿐만 아니라 국가
의 문제이기도 하다는 점을 그녀에게 설명하고 있다. 그리고 환상
속의 이 말은 오늘 우리가 말하고 있는 내용과 일치한다. 만약에 앞
으로 내가 공시성(synchronicity)[14]에 대해 다시 말한다면, 오늘 이
예를 꼭 기억해주길 바란다. 독일 혁명과, 우리가 실제로 이 환상에
서 도달하고 있는 지점, 그리고 우리의 논의가 서로 잘 맞아떨어지
고 있다. 환상에서 벌어지고 있는 모든 일이 현실에서 일어나고 있

....
14 '의미가 있는 우연의 일치'라는 뜻.

으며 시대 상황과 일치하고 있다. 그것이 중국인들이 옳은 길로, 하늘의 길로 알고 있는 바로 그것이다. 여기서 말하는 하늘의 길은 서양인들이 알고 있는 그런 천상의 거주지와는 아무런 상관이 없다. 하늘의 길은 조화의 개념이다. 그렇다면 이 문제는 동시에 독일 민족의 문제이다. 독일 민족을 그 자체로 전부인 그런 것으로 생각해서는 안 된다. 그곳에서 일어나고 있는 것은 전반적으로 인류 전체에 일어나고 있는 것을 보여주는 징후이다. 만약에 독일 민족이 그런 식으로 행동하고 있다면, 그런 신경증 혹은 문제는 도처에 있다. 문세가 가장 급박하게 돌아가는 곳에서, 압박이 가장 심하게 작용하고 있는 곳에서, 징후가 가장 먼저 표면으로 드러나고 있지만, 문제 자체는 어디나 있다. 모두가 그 문제를 함께 공유하고 있는 것이다. 프랑스도 그와 비슷한 수준의 압박을 겪고 있지만, 거기선 아직 징후가 겉으로 드러나지는 않고 있다. 당연히 거기엔 명백한 이유들이 있다.

인디언을 지키고 있는 것이 철인인데, 여기서 철인은 불변성을 의미하는 것 같다. 그녀는 이렇게 말한다.

> 나는 말했다. "당신들은 철로 만들어졌는데도 관절이 약하고 유연하
> 지 않아." 나는 그들의 머리를 반대 방향으로 돌리고 발로 차버렸다.
> 그들은 무릎 관절이 전혀 없었던 탓에 일어설 수 없었다. 이어서 인
> 디언이 일어났다.

그녀는 과거와 땅과 연결된 원시적인 심리를 억누르고 있는 강한 의지를 깨부수고 있다. 이처럼 매우 격한 그녀의 방식에 대해 어떻

게 생각하는가? 그녀도 철인들과 똑같은 기술을 적용하고 있다. 아마 철인들도 인디언을 힘으로 누르고 있을 것이다. 그래서 그녀도 그들을 똑같이 다루고 있다. 그러나 한 민족의 의지를 그런 식으로 다루는 것은 꽤 큰 과제이다. 그래서 이 대목에서 의심을 품지 않을 수 없다. 꿈이나 공상에서 대체로 상황이 다소 불확실한 때에 그런 폭력적인 표현이 나온다. 사람이 어떤 일을 하며 어려움을 겪고 있으면서도 그것이 아주 쉽다고 주장하는 때처럼 말이다. 혹은 어떤 사람이 정직을 입에 달고 사는 경우에 오히려 그 사람에 대한 의심이 생긴다. 신뢰나 이타심에 대한 언급이 지나치게 많은 상황에서, 사람이 자신의 지갑을 챙기며 사기를 당할지 모른다고 조심하게 되기 때문이다. 그래서 그녀는 아주 대담하고 아주 강하게 나오고 있다.

여기서 인디언에 대해 감상적인 감정을 느낄 필요는 없다. 그가 아마 제단 위에서 대단히 불쾌한 상황에 처해 있었을 것이지만, 우리는 지금 인디언 부족의 불행한 운명에 대해 이야기하고 있지 않으며, 그는 그들 모두를 위한 희생자이고 일종의 십자가형이다. 또 우리는 인구 중 취약한 부분이 언제나 희생양이 되는 그런 식민지화의 힘의 심리학에 대해 논하고 있지 않다. 그런 나라에서 나쁜 일이 일어나면, 그것은 언제나 검은 사람 때문이다. 우리도 마찬가지이다. 만약에 무엇인가를 도둑맞았는데 이웃에 사는 사람이 교도소에 갔다 온 사람이라면, 우리는 당연히 그가 도둑일지 모른다고 생각한다. 그런 강한 표현은 단지 그 일이 정말로 성공할 것인지에 대한 의심이 있다는 것을 의미한다. 그 일이 너무나 훌륭해서 사실이라고 믿기 어렵다는 뜻이다. 지금 그녀는 이렇게 말한다.

인디언이 일어났다. 그는 나의 가슴 위에 있는 불을 보고 "불을 갖고 있군요."라고 말하면서 내 쪽으로 다가왔다. 나는 손으로 불을 가리면서 말했다. "그래요. 하지만 그것은 당신의 불이 아니야. 당신은 이해하지 못해. 당신의 피와 힘줄을 나에게 주고 나를 믿으시오."

호기심을 자극하는 내용이다. 지금 그녀는 어떤 태도를 취하고 있는가? 그녀는 인디언의 육체적 힘을 원하고 있고, 그와 똑같이 원시적이기를 원하고 있다. 하지만 그가 피와 힘줄을 주고 그녀를 믿어야 하는 이유는 무엇인가? 그녀가 원시적인 남자에게 요구하는 것은 그가 몸을 찢고 피와 힘줄을 달라고 하는 것이나 마찬가지이다. 달리 표현하면, 그녀가 그를 몽땅 먹고 삼킬 것이라는 뜻이다. 더욱이, 그는 그녀를 믿어야 한다. 하지만 그녀가 과연 그 원시인 남자보다 더 나은가? 팽창이 보인다. 그러나 그런 약한 불꽃과 동일시하는 것이 팽창이어야 하는 이유는 무엇인가? 작은 불꽃이 푸루샤이기 때문이다. 푸루샤, 즉 신인(神人)은 불꽃으로 상징되며, 여기서 그녀는 불과 자신을 동일시하고 있다. 그리고 그녀는 인디언을 삼키려 들고 있으며, 그래서 그는 나쁜 상황에서 더 나쁜 상황으로 떨어지고 있다. 동굴에 있을 때에 인디언은 그래도 제단 위에 있었으며 사람들이 그를 편안하게 내버려 두었다. 그러나 지금 그는 삼켜지고 사라질 위기에 처해 있다. 그녀의 말은 이런 식으로 이어진다.

인디언이 몸을 숙여 절을 했다. 그는 빠져나갈 길을 찾았다. (충분히 이해할 수 있는 행동이다.) 동굴 바닥과 벽 사이에 좁은 틈이 있었다.

그 틈으로 햇빛이 비치고 차가운 공기가 들어왔다. 거기서 나갈 수 있는 길은 절대로 없을 것 같았다. 두 개의 커다란 기둥이 동굴 지붕을 떠받치고 있었다. 내가 말했다. "꼭 늙은 여자의 배 같군. 아마 기둥들은 그 여자의 내장일 거야. 기둥들을 파괴하도록 해. 그러면 여자가 죽을 거야." 인디언은 바위를 들어 올려 기둥 쪽으로 던졌다. 기둥이 부서졌다. 형체 없는 남녀 육체들이 떨어지며 바닥 위에 쌓였다. 우리는 몸을 뒤로 뺐다. 인디언이 두 번째 기둥을 깨부수었다. 거기서 날카로운 창들과 끓는 물이 쏟아졌다.

인디언이 등장하는 상황은 한동안 해결되지 않은 상태로 남아 있다. 그가 정말로 그녀가 계획하고 있는 식인 잔치에 진정으로 동의할 것인지 우리는 아직 모른다. 그는 빠져나갈 길을 찾고 있으며, 그들은 좁은 틈만 발견했을 뿐이다. 그 틈으로 외부 세계와 햇살, 차가운 공기가 들어오고 있다. 그녀의 추정은 그들이 위대한 어머니의 배 안에 갇혔다는 것이다. 그 같은 사실을 우리는 이미 알고 있다. 지금 세부 사항이 드러나고 있다. 이 기둥들이 어머니 대지의 내장이라는 생각이 표현되고 있다. 이것은 어떤 전형적인 상황인가? 인디언은 이 기둥을 깨뜨릴 수 있었다.

밤의 바다 여행에서 벌어지는 영웅의 모험이다. 영웅이 고래용(龍)의 배 안에 있을 때, 그는 언제나 거기서 벗어날 길을 찾지만 뾰족한 수가 없다. 그래서 영웅은 괴물을 안쪽에서 죽이면 거기서 해방될 수 있다는 사실을 깨닫는다. 이어서 영웅은 간의 큰 조각을 떼어내거나 대동맥을 훼손하거나 괴물의 배 안에 불을 질러 괴물을 죽인다. 이것은 그와 똑같은 생각이다. 인디언은 그 감옥에서 벗어나기 위해 어머니 대지의 장기를 훼손시킨다. 여기서 인디언은 영웅 역할을 하고 있다. 당신은 환상들의 시리즈 전체가 아니무스 영혼의 인도자로, 그러니까 그녀가 해야만 하는 모험적인 행동을 대신 수행하는 아니무스로 등장하는 인디언의 이야기로 시작했다는 것을 기억하고 있다. 그녀가 해야 하는 것이면 무엇이든, 이 인디언이 먼저 나서서 그녀를 대신해 해 준다. 무의식이 미래의 의식적인 행동을 예고하고 있는 셈이다. 여기서 인디언은 그녀가 나중에 해야 할 일을 예고하고 있다. 그가 위대한 어머니의 장기들을 파괴하고 있는 것이다. 그가 기둥 하나를 파괴할 때, 남녀 육체들이 거기서 떨어진다. 이들은 누구인가?

영웅이 괴물을 죽이는 데 성공한 뒤에 괴물의 안에서 발견하게 되는 것은 그의 부모이다. 죽은 것으로 믿고 있었던 부모가 사실은 괴물에게 삼켜진 것으로 드러나는 것이다. 그리고 영웅은 다른 사람들과 동물, 심지어 숲과 언덕 같은 것을 발견한다. 원시인의 전설을 통해 내려오는 이런 사실들은 괴물이 과거나 죽음, 또는 모든 것을 삼키는 시간을 통한 파괴를 상징한다는 점을 보여주고 있다. 그러나 만약에 당신이 시간의 배 속으로 내려갈 수 있다면, 당신은 전체 과거를, 무엇보다도 먼저 당신의 부모를 발견할 것이다. 이것은 『역경』과 비슷한 또 다른 예이다. 당신이 산 아래에 있다고 상상해 보라. 그러면 당신은 과거의 말과 행동을 기억하고 당신의 예전 삶을 기억할 것이다. 당신은 조상들의 배 안에 있고, 당신은 조상들의 삶을 기억할 것이다. 물론 조상들의 삶 자체가 아니라 조상들의 삶의 심리를 기억할 것이다. 그렇다면 남녀 육체들의 해방은 영웅의 경력에 두드러지게 나타나는 특징이다. 영웅은 해방자이고, 영웅은 지고의 노력을 통해 사람들을 죽음으로부터 해방시킨다. '만물 회복설'은 성 바오로의 편지에서 족쇄에 묶여 탄식하는 만물의 해방을 뜻하는 용어로 쓰이고 있다. 성 바오로는 묶여 구속되어 있는 모든 생명체들이 하느님의 자식들의 출현을 기다리고 있다고 말했다. 그 시대가 올 때, 잃어버리고 묻힌 모든 것이 완전히 구원을 받을 것이라는 뜻이다. 구원이라는 교리의 뜻은 잃어버린 피조물을 창조자에게로, 샤크티를 시바에게로, 마야를 잠자는 창조자에게로 완전히 되돌려준다는 것이다.

이와 똑같은 생각이 '이사야서'에도 담겨 있다. 하늘의 왕국을 기다리는 대목에서다. 기독교의 초기 사상에 따르면, '파루시아' (Parousia)는 그리스도의 즉시적 재림을 의미한다. 그리스도의 예언은 그가 비교적 짧은 시간 안에 돌아올 것이며, 그때 살고 있던 사람은 그가 올 때에도 여전히 살고 있을 것이라는 것이었다. 사람들은 세상의 종말이 가까이 다가와 있기를, 그래서 그리스도가 자신들이 세상을 떠날 때 모든 것을 깨끗이 정리하고 떠나도록 도와줄 수 있기를 기대했다. 우리 환자가 이 환상의 의미를 이해한다고 가정할 경우에, 지금 영웅 신화의 이 부분과 전반적인 구원이라는 사상이 심리적으로 그녀에게 어떤 의미를 지닐까?

그녀는 그런 환상을 통해서 우리가 사람들이 실제로 그런 경험을 하는 시대에, 천국이 가까워서 언제든 구원이 일어날 수 있는 시대에 살고 있다는 생각을 품을 수 있다. 환상 속에 그런 감정이 슬쩍 비치고 있다. 왜냐하면 이것이 대단히 집단적인 이미지이기 때문이다. 사람은 집단적인 성격을 지니는 상징을 경험할 때마다 대단히 중요한 무엇인가가 일어났다는 감정을 느낀다. 개인적인 이미지라면, 특별한 의미를 전혀 지니지 않을 것이다. 그 사람 개인에게만 아니라 인류 전체는 아니더라도 적어도 어느 한 민족에게 의미를 지니는 이미지라야만 의미를 지닌다고 할 수 있다.

지금 인디언은 두 번째 기둥을 깨뜨렸으며, 그 기둥으로부터 예리한 창과 끓는 물이 쏟아졌다. 이것은 무엇을 암시하는가? 이런 것을 해석할 때에는 꽤 순진하게 접근해야 한다. 당신이 어떤 동굴 안에서 인디언 친구 옆에 서 있는 상황에서 그가 기둥을 파괴했는데 거기서 창이 나온다고 가정해 보라. 그 앞에서 당신이라면 무슨 밀을 할 것 같은가?

뜨거운 물로 들어가는 것은 매우 거북한 상황을 의미한다. 물에 델 수도 있고, 창은 당신에게 상처를 입힐 것이다. 그렇다면 그녀가 다양한 종류의 부상에 노출될 위험이 있다. 그녀의 인디언 친구는 구세주이고 구원자이다. 이 경우에 자기 민족의 구원자가 아니라, 그 특별한 백인 심리의 구원자이다. 그는 만물의 구원을 끌어내기 위해 땅의 내장 깊은 속에서 활동하기 시작한다. 그것은 불쾌한 것들의 구원일 것이다. 시간이 삼켜버린 부모와 많은 다른 사람들을 불러내는 것이 매우 멋진 일처럼 들리지만, 그들이 다시 살게 된다면, 당신은 그들과 함께 살아야 하는데 그것은 절대로 간단한 일이 아니다. 아마 끝없이 문제를 일으킬 것이다. 당신은 매우 사랑스런 부모를 갖게 되겠지만, 만약에 당신이 앞으로 평생 다시 그 문제를 겪어야 한다고 생각한다면, 당신은 망설여질 것이다. 그것만이 아니다. 두 번째 기둥이 창과 끓는 물까지 쏟아내고 있다.

인디언이 그녀를 위해 만물의 구원을 실현한다면, 과거가 다시 살아날 것이고, 그것은 곧 과거의 전체 무게를 의미한다. 지금 우리는 과거와의 관계에서 어디 서 있는가? 우리는 완전히 다른 관점을 갖고 있다. 과거와의 무서운 갈등이 있을 것이고, 만약에 그런 갈등이 팽배해진다면, 우리는 다시 삼켜지고 원시적인 경향에 짓밟힐 것이다. 그렇게 되면 갈등은 더 이상 내면에 있지 않고 밖으로 터져 나올 것이다. 한번 시도해 보라. 순진하려고 노력하고, 원시적인 입장을 취하려고 노력하면서 24시간 동안 진실을 말하도록 노력해 보라. 그러면 창과 끓는 물이 의미하는 바가 무엇인지를 느끼게 될 것이다. 이 상징이 암시하고 있는 것처럼, 당신은 과거를 자신의 삶으로 끌어들이는 것이 대단히 어렵다는 것을 깨닫게 될 것이다.

3강

1933년 5월 17일

미스 한나의 질문이 있다. "괴물을 죽이는 것은 그 상황을 남성적으로 다루는 방식이 아닌가요? 인디언이 겉보기에 그녀에게 복종하고 있을지라도, 환자는 아니무스를 이용하면서 여전히 아니무스의 영향 하에 있지 않습니까? 그녀 자신을 자유롭게 할 의식적인 방법을 찾는 문제라면, 그 방법은 남성적인 방법을 베끼는 것이 아니라 그녀의 여성적인 본성과 조화를 이루는 방법이어야 하지 않습니까?"

그런 환상 속에서 남성 형상이 그 일을 하고 있는 한, 그것은 반드시 환자 대신에 나선 아니무스이다. 헤르메스 사이코폼포스의 역할을 맡은 아니무스라는 뜻이다. 아니무스는 언제나 앞서 나아가며, 직감적으로 또는 잠재적으로 일을 처리한다. 그것은 마법의 예언이나 어린이들의 놀이와 비슷하다. 병정놀이를 하는 어린 소년들이 미래의 모험, 아마 전쟁을 예고하는 것이 될 수 있듯이. 비나 농작물, 부족의 건강을 기원하는 원시인들의 주술적 의식은 모두 미리 예상하는 것이다. 원시인들은 비를 내리게 하기 위해서 마른 씨앗을 담은 나무통을 흔든다. 지붕이나 마른 잎에 떨어지는 빗소리를 흉내 내는 것이다. '리그베다' 중에서 가장 오래된 부분은 소위 개구리 노래로 이뤄져 있다. 성직자들이 비를 부르는 주문(呪文)으로 부른 노래인데, 비가 내릴 때 늪지의 개구리 울음소리처럼 들린다. 또 다른 마법은 바닥에 우유를 뿌림으로써 비를 흉내 내는 것이다. 또 바람이 잠잠해 배가 나아가지 못하게 될 때, 선원들은 바람이 일도록 하기 위해 휘파람으로 바람 소리를 낸다. 우리 환자의 심리에도 이와 똑같은 일이 일어나고 있다. 그녀가 자신의 태도를 바꿔야 할 때마다, 혹은 어떤 상징적인 행위가 실행되어야 할 때마다, 아니무스가 그녀의 지시를 받거나 스스로의 결정으로 끼어들며 그녀를 대신해서 행동하면서 그녀가 스스로 처리할 수 있는 그런 분위기를 유도한다. 지금 여기선 괴물을 안쪽에서 파괴하는 영웅적인 과업이 펼쳐지고 있다. 그 유명한 신화적인 상황이다. 환상에 따르면, 그녀는 그 일을 영웅에게 넘기고 있다.

종교 교리에서도 우리는 이와 똑같이 하고 있다. 우리의 영웅은 그리스도이다. 그는 우리를 위해서 안쪽에서 괴물을 죽이면서 지옥을 극복한다. 그리스도는 자신의 죽음을 통해 인류를 구원하는 희생을 치른다. 여자의 심리라는 측면에서 본다면, 그리스도는 아니무스이고, 남자의 측면에서 본다면 그는 탁월한 인간이다. 『역경』에서도 인류를 위해 영웅적인 행동을 하는 사람을 탁월한 인간이라고 부른다. 그런 예상에 의해 실제로 이뤄진 것은 아무것도 없다는 점을 우리는 언제나 잊기를 좋아한다. 그런 예상은 그 유명한 실천인 '그리스도를 본받아'(imitatio Christi)를 통해 똑같은 효과를 일으킬 수 있는 분위기를 야기할 수 있을 뿐이다. 대체로 우리는 그 가르침을 잊으면서, 그리스도가 그런 것을 했기 때문에 그것이 자동적으로 효력을 발휘할 것이라는 식으로 생각해 버린다. 당신도 알고 있는지 모르지만, 이런 터무니없는 미신이 교회의 지지를 받아왔다. 우리는 그 영웅이 그런 것을 했고, 그가 안으로부터 괴물을 죽였기 때문에 우리도 당연히 구원을 받게 되어 있다고 믿었다. 그것은 단지 미신일 뿐이고 마법일 뿐이다. 마법은 비도덕적이다. 왜냐하면 당신이 당신의 것이 아닌 마법을 통해서 어떤 이점을 얻기 때문이다. 마법이 당신의 것이 될 수 있는 경우는 마법이 하는 것을 당신이 직접 할 수 있을 때뿐이다. 마법은 오직 마법적으로만 작동한다. 말하자면 마법은 당신에게 이롭게 작용하는 어떤 분위기를 야기할 뿐이라는 뜻이다. 마법이 당신을 당신의 능력 그 너머까지 밀어붙일 수 있지만, 당신이 직접 그것을 하지 않는다면 당신은 하나의 구르는 돌에 지나지 않으며 그렇게 해서는 어떤 업적도 이루지 못한다. 무엇이든 당신이 직접 해야 당신의 것이 될 수 있다. 그렇다면 당신 자신이 모험이 되고 그리스도가 되는 것이 불가피하다고 할 수 있다. 그러나 그런 결론은 모두를 떨게 만들 것이며, 그같은 반응도 합당하다. 왜냐하면 그런 식의 접근이 대단히 거북하기 때문이다. 사람은 그런 식의 접근을 좋아하지 않으며 단지 선한 기독교인이 되는 쪽을 선호한다.

그래서 만약에 우리 환자가 아니무스가 큰 일을 대신해 주기를 원한다면, 그녀는 선한 기독교인이 될 것이며 당연히 그녀도 그렇게 되기를 원할 것이다. 무엇보다, 그런 방법이 아주 고상하고 또 매우 단순하다. 영웅이 그 과업을 수행하고, 괴물은 죽고, 그러면 우리 모두는 구조될 것이다. 이런 환상들의 경우에 사람들이 "문제가 해결됐어. 이젠 아무것도 남지 않았어."라는 식으로 생각할 위험이 언제나 있다. 그 일이 일어났고, 따라서 자신은 구원을 받았을 것이라고 쉽게 판단해 버리는 것이다. 실제 분석 과정에도 이런 일이 종종 일어난다. 아주 인상적인 환상을 경험할 경우에, 환자는 모든 일이 잘 돌아가고 있다는 식으로 믿으려고 애를 쓴다. 거기서 어리석음이나 소심함 같은 것을 암시하는 것은 보려 하지 않는 것이다. 그러면 환자가 영웅이 한 것과 같은 근본적인 과제를 피할 수 있기 때문이다. 우리 환자가 괴물을 죽이는 일을 직면할 때, 그녀는 당연히 자신만의 방식으로 그 일을 처리해야 하며, 그녀의 방식은 비교적 원시적인 인디언의 방식과 다르다. 왜냐하면 그녀는 원시적인 인디언이 아니고 문명 속에서 살고 있기 때문이다. 그래서 그녀의 방식은 꽤 다르고 아마 훨씬 더 어려울 것이다.

뱃사람이 휘파람을 불어 바람을 일으키는 것 같은 일은 물론 현실 속에서 두드러지게 보이지 않는다. 선원들은 휘파람을 불어 바람을 부른다. 충분히 오랫동안 휘파람을 불 경우에 결국엔 바람이 일 것이기 때문이다. 자오저우만(膠州灣) 조차지의 기우사처럼 말이다. 그는 비가 내리지 않을 수 없게 될 때까지 그냥 기다리기만 했다. 실용 심리학에서, 그것은 아마 이런 식일 것이다. 당신이 해야 할 어려운 과제가 있다고 가정해 보자. 그런데 당신은 그것을 성취할 수 있을지 확신하지 못하고 있으며 또 그런 노력을 펴고 싶은 생각이 별로 없다. 그런 경우에 당신은 명상하며 깊이 생각하기 시작한다. 그러면서 마음 속으로 그 일에 대해 모든 방향에서 살피고, 최종적으로 당신 자신이 그 일의 분위기 속에 젖어든다. 그러면 당신은 그것이 진짜 가능하다는 느낌을 더 강하게 받게 된다. 그런 상황에서 당신이 자신의 공상을 면밀히 관찰한다면, 당신은 자신이 이미 그 일을 하는 방법을 상상하고 있다는 것을, 당신이 서서히 문제 해결 쪽으로 다가서고 있다는 것을 확인할 것이다. 가끔 당신은 공상 속에서 실패하고, 이어서 다시 시도한다. 그러다 보면 당신은 자신을 그 분위기 속으로 몰아넣음으로써 당신 자신을 그 과제의 성취에, 그것을 처리하는 방법에 더 익숙해지도록 할 것이다.

예를 들어, 원시인들은 우리 현대인과 같은 방식으로 일을 처리하지 못한다. 현대인의 경우에는 '이젠 일을 해야겠어.'라고 말하고 일을 시작한다. 말도 언제나 마차에 매어 있고, 우리는 그냥 마차를 달리기만 하면 된다. 그러나 원시인의 말은 언제나 멀리서 풀을 뜯고 있다. 원시인은 심지어 말들이 어디에 있는지조차 모른다. 원시인은 먼저 말을 찾으러 나서야 하고, 휘파람을 불어야 한다. 원시인은 어떤 일을 놓고 깊이 생각하지 못한다. 깊이 생각하려 노력하다 보면, 아마 잠들고 말 것이다. 그러면 어떤 꿈이 그를 도울 수 있지만, 대체로 보면 원시인은 '시작 의식'(rite d'entrée)에 의지해야 한다. 사냥도 예외가 아니다. 먼저 춤이 있다. 사냥을 춤으로 추고, 자신을 사냥의 분위기 속으로 몰아넣어야 한다. 그러다 보면 사냥이라는 생각으로 완전히 충만한 때가 온다. 원시인은 또 사냥할 동물과 자신을 동일시한다. 원시인은 자신의 들소가 됨과 동시에 사냥꾼이 된다. 미국 인디언들은 들소 가죽을 걸치는데, 그들이 곧 들소이다. 미국 인디언들은 스스로 초원에서 풀을 뜯고 있는 들소들을 자처하지만, 이 들소들은 저마다 자신을 쏠 화살을 갖고 다닌다. 말하자면 미국 인디언들은 사냥꾼이자 사냥 당할 동물인 셈이다. 그래서 미국 인디언들은 상황의 모든 부분에 완전히 빠져들며, 그러면 그들은 사냥의 상황에 지나지 않게 된다. 따라서 그 춤은 매우 격렬하며, 결코 장난이 아니다.

전쟁 춤도 마찬가지이다. 원시인들은 결코 전쟁을 원하지 않는다. 그래서 그들은 분노하고 피를 갈구하고 두려워하도록 만들어져야 한다. 그들이 전쟁에 나설 수 있게 될 때까지 온갖 감정을 불어넣어야 한다.

수사슴 댄스의 경우에 남자 한 사람이 수사슴이 되고 나머지는 사냥꾼이 된다. 사냥꾼들은 수사슴 가죽과 뿔을 쓰고 이리저리 돌아다니며 사슴 역할을 하는 남자를 향해 끝이 뭉툭한 화살을 쏜다. 사슴이 된 남자가 지쳐 쓰러지면 다른 남자가 그 역할을 이어받는다. 무아지경의 상태에 이를 때까지 춤은 이어진다. 그런 다음에 그들은 사냥에 나선다. 이런 과정이 적절히 이뤄진 경우에 사냥이 쉬워진다.

사냥을 끝낸 뒤에도 그들은 '마무리 의식'(rite de sortie)을 갖는다. 그들이 사냥이나 전쟁 분위기에서 벗어나도록 하는 것이다. 이 의식은 절대로 자발적이지 않으며 아주 엄격하게 치러진다. 전사가 살기가 등등한 가운데 전쟁에서 돌아오면, 사람들이 그를 오두막에 가두고 두 달 동안 채소만 먹인다. 피에 대한 욕망을 제거하기 위해서이다. 그것은 전쟁에서 돌아오는 사람들이 다시 공동체와 조화를 이루도록 감정을 약화시키는 방법으로 아주 적절하다. 그렇게 하지 않으면 원시인들은 춤추는 전쟁을 계속하며 아무나 죽일 것이다. 그들이 전쟁 분위기에 젖어 있기 때문이다. 이는 원시인들이 간혹 저지르는 무시무시한 살육에 대한 설명이 될 것이다. 그것은 잔인성이 아니라, 춤을 계속하는 것이나 마찬가지이다. 그런 일이 '성경' 속에서도 일어나고 있다. 예를 들어, 유대인들이 가나안 사람과 필리스티아 사람을 죽인 방식이 그렇다. 그러나 그것은 단순히 그런 분위기의 연장이었다. 지금 우리가 바로 그런 분위기에 말려들고 있다.

마법은 실제로 그런 식으로 작동한다. 마법이 일어날 때까지 공상을 지속적으로 강화하는 것이다. 그렇기 때문에 원시적인 정신에 어떤 일이 마법에 의해 일어나는 것처럼 보인다. 시간이 지나도 원시인들은 자신이 어떻게 그걸 할 수 있었는지 이해하지 못한다. 당신도 사람이 적절한 분위기에 젖어들 경우에 놀라운 일을 해낼 수 있다는 사실을 알고 있다. 따라서 하루 온 종일 잔치를 벌인 뒤의 부정적인 분위기 속에서 사람은 자신이 이런저런 말이나 행동을 했다는 것을 거의 믿지 못한다. 그러나 적절한 분위기에 다시 젖게 되면 사람은 똑같은 것을 다시 할 것이다.

나는 당신이 아니무스의 이런 특징에 관심을 가져준 데 대해 고맙게 생각한다. 환자가 그 괴물을 직접 제압하지 않고 그것이 자신을 위해 제압되도록 내버려두는 것이 다시 이 환상의 약점이다. 그것도 가치 있는 일이긴 하지만 충분히 가치 있는 것은 아니다. 그래서 그것이 후에 다른 어려움으로 이어질 것이다. 기독교 신화를 단순히 믿거나 모방해서는 우리가 아무것도 얻지 못하거나 거의 아무것도 얻지 못하는 것처럼 말이다. 만약에 우리가 그런 것으로 혜택을 누릴 수 있었다면, 군축 회의 같은 것은 필요하지도 않았을 것이다. 지금 인디언은 동굴의 천장을 떠받치고 있는 기둥들을 부수는 데 성공했으며, 그 다음에 일어난 일은 그녀가 그에게 말을 건다는 사실이다.

> "아마 당신이 누워 있던 제단은 약한 곳일 거야. 그러니 창을 집어서
> 그것을 부수도록 요!"

그렇다면 상황은 여전히 괴물의 안이다. 동굴의 지붕을 떠받치고 있던 두 개의 기둥을 파괴했지만, 분명히 괴물은 아직 죽지 않았다. 파괴되지 않은 중요한 장기가 아직 남아 있다. 그러나 영웅은 괴물이 죽었다는 것을 어떻게 알 수 있는가?

아마 영웅이 거기서 빠져나오고, 상황이 변할 것이다. 고래용의 신화를 보면, 영웅은 대체로 괴물의 심장이나 간의 중요한 부위 또는 대동맥을 자를 경우에 괴물이 죽었다고 느낀다. 괴물에게 더 이상 어떠한 움직임도 없다고 느끼고, 괴물의 무릎이 해안에 무너져 내리는 것을 느끼는 것이다. 왜냐하면 괴물이 죽는 순간에 해가 떠오르는 동쪽 해안에 닿기 때문이다. 괴물은 이제 죽었기 때문에 입구를 닫지 못한다. 그래서 영웅은 입 밖으로 기어 나오거나 그냥 배를 가르고 낮의 빛 속으로 나온다. 영웅은 괴물이 죽었다는 신호를 대체로 알고 있으며 자신에게 열린 길이 있다는 것을 안다. 그 신호는 안에서 느끼는 무엇인가가 될 수도 있다. 예를 들면, 새들이 해안에 죽어 누워 있는 괴물을 쪼아서 찢어놓을 수 있다. 그러나 이 경우에는 기둥 두 개가 무너졌는데도 상황에 아무런 변화가 없었다. 따라서 파괴해야 할 중요한 신체기관이 여전히 안에 남아 있다

고 짐작할 수 있다. 그녀는 그것이 인디언이 누워 있었던 제단이라고 짐작한다. 왜 제단일까? 이 상징을 설명하기 위해서 당신은 제단이라는 단어에서 단서를 끌어내려 할 것이 아니라 상황 자체로, 괴물의 배로 돌아가야 한다. 제단은 심리적으로 무엇인가?

무의식이다. 무의식은 거대한 바다이지만, 당신은 이와 완전히 다른 상태에서도 무의식에 빠질 수 있다. 예를 들어, 당신은 더없이 신기한 빛 속에 있거나 강 위의 보트 안에 있거나 동물이나 원형적인 형상과 함께 있을 수도 있다. 환상 속의 철인이 기독교 사상을 의미하는 것은 맞지만, 그런 상징적인 상황은 다른 집단적인 종교에서도 똑같이 발견될 수 있다. 이 경우에 우리는 기독교 교회라고 말하는데, 그 이유는 그 환상이 기독교 교회를 암시해서가 아니라 백인 여성이라면 과거에 그런 기독교적인 상황에 처했을 것이기 때문이다. 그것은 현실 속의 삶뿐만 아니라 영혼의 삶이라는 개념의 핵심을 표현하는 상징이다. 따라서 종말론적인 사상을 갖고 있지 않은 종교는 하나도 없다. 말하자면, 상징으로 표현한 지배적인 사상인 종국적 현실에 관한, 완벽한 현실에 관한 개념이 없는 종교는 없는 것이다.

우리 환자는 그렇게 생각하지 않을지라도, 지금 이곳의 분위기는 분명히 기독교의 분위기이다. 그러나 그녀가 교회에 나가는 기독교인이 아니라는 사실이 추상적이고 일반적인 동굴의 상징을 야기하고 있다. 환상에는 제단이 교회 안에 있다는 내용이 없다. 제단은 미트라교의 작은 석굴에도 있을 수 있으며, 다른 곳에도 있을 수 있다. 또 제단은 원시적인 숭배의 일부일 수도 있다. 그녀에게 제단은 단순히 그녀가 갇혀 있는 과거의 분위기이며, 당연히 제단은 언제나 중심적인 장소로서 신들이 거주하는 장소이다. 가톨릭교회에서 신은 제단 위에 놓여 있는 오스티아에 거주한다. 가톨릭교회의 다른 형식과 관습에도 그런 사상이 표현되고 있다. 예를 들면, 교회는 신의 집이며, 신은 그 집에서 산다. 그래서 성지 순례 중에 기차가 교회가 있는 마을을 지나칠 때면, 가톨릭 신자들은 성호를 긋고 지주처럼 자기 집에 살고 있는 신에게 인사를 올려야 한다. 신이 교회에 거주한다는 사상은 매우 구체적이고 실질적인 것으로 이해되고 있다. 제단은 중앙이며, 모든 종교적 숭배의 기본적인 장소이다. 바로 그 위에 인디언이 마치 공물처럼 누워 있었다. 이것은 무슨 의미인가?

그것은 원시적인 것을 제물로 바친다는 뜻이다. 고도로 분화된 종교 형식인 기독교에서, 원시적인 것이 제물이 된다. 그것은 죽여서 신들에게 바쳐져야 할 공물이다. 달리 말하면, 그것이 무의식에게 다시 주어진다는 뜻이다. 왜냐하면 신들이 무의식의 막강한 요소들이기 때문이다. 그래서 그들은 모든 사람의 안에 있는 원시인을 무의식에 바치고 있다. 원시인은 보다 높은 형태의 존재를 위해 죽음을 당해야 한다. 따라서 플라톤년의 어떤 달들을 나타내는 별자리들의 동물들이 기독교 숭배에서 제물로 바쳐지게 되었다. 제물로 바쳐진 어린양은 양자리 시대를 나타냈고, 수소 제물은 그보다 앞서는, B.C. 4300년경부터 B.C. 2200년경까지의 황소자리 시대를 나타냈다. 초기 기독교인들의 물고기 식사에도 똑같은 사상이 담겨 있다. 그 별자리의 표시는 두 마리의 물고기이며, 당시의 성찬은 포도주와 빵으로 하는 지금의 형식과 달리 물고기였다. 기독교인들은 양으로 불렸을 뿐만 아니라 물고기로도 불렸다. 그들은 작은 물고기 한 마리 또는 여러 마리가 새겨진 반지를 꼈다. 교황의 반지는 기적처럼 물고기를 많이 포획한 그물이 새겨진 보석을 포함하고 있다. 물론, 이 반지는 사람들을 교회로 끌어들이는 목자 또는 어부를 상징한다. 물고기 식사는 결코 기독교에만 있었던 것은 아니다. 기독교가 수많은 신비 숭배들의 하나에 지나지 않았던 시대에 다른 숭배에도 물고기 식사가 행해졌다.

지금 이 여자는 인디언에게 그 초기 분위기 또는 그 역사적인 조건의 근본적인 부분을 파괴해야 한다고 암시한다. 왜냐하면 거기에 어느 인종의 원초적 본능들을 포함하고 있는 원시인이 제물로 누워 있기 때문이다. 바꿔 말하면, 그 원시인이 생명을 다시 얻어 그녀의 안에서 살게 될 것이라는 뜻이다. 그녀가 인디언에게 "당신의 피와 힘줄을 나에게 주고 나를 믿어라."라고 말한 것을 당신도 기억하고 있다. 그 말은 곧 그녀와 하나가 되고, 그녀 자신이 되라는 말이다. 그렇다면 이것은 원시인과 함께 하는 일종의 신비의 식사이다. 원시인이 그녀에게 주는 피는 그리스도를 대신하는 원시인의 피다. 그것은 일종의 성찬이며, 그녀는 그를 통합시킬 것이다. 말하자면, 그녀가 그를 통째로 먹을 것이라는 뜻이다. 살점과 머리카락을 포함해 그의 모든 것을 말이다. 이것은 반(反)기독교적인 식사이다. 말하자면 기독교식 성찬이긴 하지만 순서가 뒤집어진 그런 식사이다. 동화시켜야 할 것이 앞에 있거나 위에 있는 것이 아니라, 그러니까 더 위대하거나 더 분화되었거나 더 높은 것이 아니라, 더 낮고 덜 분화되고 더 고대적인 것이다. 이것은 다시 통합되고, 따라서 다시 생명을 얻게 될 것이다. 그 목적은 우리가 기독교 시대라고 부르는, 고도로 분화된 역사적인 조건을 파괴하는 것이다. 이어서 그녀는 제단이 취약한 곳이라고 말한다. 당연히 그 말은 사실이다. 제단은 근본적인 장소이고, 진정한 중심이다. 성직자가 신과 교감하는 곳인 것이다. 만약에 그곳이 파괴된다면, 그것은 그야말로 완전한 파괴이다. 따라서 '구약성경'에 어떤 부족 또는 민족의 제단을 파괴했다는 식으로 전개되는 이야기는 곧 그 민족을 완전히 죽이고 파멸시켰다는 뜻이다. 선교사들이 원시 부족들의 종교를 파괴하는데 성공하자, 원시 부족들은 실제로 완전히 망가졌다.

예를 들어 보자. 푸에블로 인디언들과 함께 지낸 적이 있었는데, 그때 나는 그 부족의 의례를 담당하던 장관에게 어떤 일이 있어도 종교적 비밀을 누설해서는 안 된다는 점을 부족 구성원들에게 각인시켜야 한다고 일러주었다. 종교적 비밀의 공개는 곧 푸에블로 인디언들의 해체를 의미할 것이기 때문이다. 푸에블로 인디언들은 흥미로운 전설을 갖고 있었다. 이 전설도 당연히 투사(投射)이다. 만약에 그들이 예를 들어 록펠러(John D. Rockefeller) 같은 사람이나 침례교 선교단의 방해로 자신들의 종교를 실천하지 못하게 된다면, 10년 안에 태양이 다시 뜨지 않게 될 것이라는 이야기였다. 이유는 그들이 태양의 아들이고, 그들의 의식(儀式)이 태양을 다시 뜨게 하고 위대한 아버지가 지평선 너머로 올라오면서 세상에 빛과 풍요를 안겨주도록 돕는 목적을 갖고 있기 때문이다. 그들은 미국인들이 그렇게 근시안적이고 어리석은 이유를, 또 미국인들이 우주 전체를 이롭게 하는 푸에블로 인디언들이 아버지가 다시 뜨도록 돕는 일을 하지 못하도록 막으려 드는 이유를 이해할 수 없었다. 그것은 매우 중요한 투사이다. 왜냐하면 그들이 신비를 공개적으로 드러내야 하는 상황에 처할 경우에 자신들의 존재에 종지부를 찍게 되고 그들의 빛이 꺼질 것이기 때문이다.

아프리카에서도 그런 예가 확인된다. 선교사가 와서 원시인의 신앙을 파괴한 곳마다, 밤이 시작된다. 그곳 원주민들은 그냥 쇠퇴해 버리고, 모든 면에서 망가진다. 미션 스쿨을 다닌 원주민들은 더 이상 선하지 않았으며, 평범한 소년들만도 못했다. 당신이라면 아마 미션 스쿨을 나온 소년을 고용하는 것은 꿈도 꾸지 않을 것이다. 그 소년들은 거짓말을 일삼고 훔치고 속인다. 이유는 그들이 백인의 형제이기 때문이다. 그러나 원시적인 신앙을 그대로 간직할 경우에 그들은 서로 매우 먼 사촌이다. 오직 바보 같은 백인들만이 원시인들을 세련되게 향상시켜야 한다고, 그들을 사랑의 정신으로 키울 수 있다고 생각할 것이다. 당신도 아프리카에 거주해 보았다면 아마 나처럼 분노할 것이다. 나는 그런 어리석음을 볼 때마다 화를 느꼈다.

그렇다면 원시적인 것을 제물로 희생시키는 것은 전적으로 필요한 일이다. 당신이 생명을 포함하는 어떤 형태를 형성하고 원시적인 방식을 포기할 수 있는 그런 이해력 또는 의식의 단계에 이를 때, 그것은 훌륭한 일일 뿐만 아니라 불가피한 일이기도 하다. 그러나 당신이 원시적인 신앙을, 생명을 허용하지 않고 무의식의 에너지에 적절한 형태를 부여하지 않는 그런 것으로 대체한다면, 그것은 단지 살아야만 하는 무엇인가를 죽이는 행위에 지나지 않는다. 이 대목에서 우리는 당연히 기독교 안에서 가능한 어떤 형태를 발견할 수 있다고 단정할 수 있다. 왜냐하면 기독교가 지금까지 살아남았을 뿐만 아니라 지금도 살아 있으며, 그 같은 사실이 기독교가 원시적인 에너지를 받아들일 수 있다는 점을 증명하고 있기 때문이다. 그리고 가톨릭교회의 보편적인 교리에서, 모든 것을 이해하고 모든 것을 표현하려는 노력이 늘 있어 왔다는 것이 확인된다. 이런 교리를 충분히 이해하는 사람은 그 교리가 인기를 누리는 이유와 그것이 무의식의 에너지를 취하면서 지금까지 어느 정도 살아 있는 이유를 이해할 수 있다. 그러나 이 교리 그 이상을 이해한다면, 당신은 그것의 단점이 무엇인지를 알게 될 것이다. 그러면 당신은 종교개혁이 불가피했던 이유를 이해하게 될 것이고, 또 보편적인 교리에 대한 항의조차도 더 이상 살아 있는 형태가 아니게 된 현대적 상황을 더 잘 이해하게 될 것이다.

프로테스탄티즘은 교회의 분열이 시작되고 있다는 것을 보여주는 징후였으며, 우리의 환상은 그 분열 과정이 일어나고 있던 때를 반영하는 내용을 포함하고 있다. 그런 분열의 시대에, 동굴은 안으로 무너지거나 감옥이 된다. 왜냐하면 동굴이 우리가 달아나야 하는 대상이기 때문이다. 그러면 당연히 사람들은 생명을 포함하는 어떤 형식을, 우리의 정신적 또는 도덕적 에너지를 형성시킬 어떤 형식을 찾게 된다. 그리고 사람들은 지금 있는 것에서는 그것을 찾지 못하기 때문에 다른 곳에서 찾게 마련이다. 당연히 사람들은 앞을 바라보게 되지만, 앞에선 아무것도 보이지 않는다. 미래는 안개가 자욱하다. 우리는 미래에서는 어떤 목표를, 우리와 우리의 생명을 포함할 어떤 이미지나 상징을 확보하지 못한다. 그래서 우리는 과거에 결정적인 요소가 없나 하고 뒤를 돌아보게 된다. 어떤 곤경에 처한 상태에서 어디를 찾아봐야 할지 모르게 될 때, 사람들은 자신의 삶이나 역사에서 도움을 줄 만한 그런 상황이 없었는지 생각하기 마련이다. 더욱이 앞으로 나아가는 것이 절대적으로 불가능한 그런 상황에 처한다면, 그 사람은 나락의 가장자리에 서 있는 것이나 마찬가지이며 그곳을 건널 다리는 당연히 없다. 그런 경우에 할 수 있는 유일한 방법은 사물들이 질서를 유지했던 시대로 되돌아가는 것이다. 기독교 형식에서 빠져나오는 사람은 당연히 고대의 형식으로, 이교주의로 돌아가고 이어서 원시적인 시대로 돌아간다. 우리의 환자는 고대의 숭배를 거쳐서 원시적인 시대까지 내려갔다. 아니, 거기서 더욱 깊이 들어가 동물의 단계까지 내려갔다. 지금 우리는 그녀와 함께 그 시대들을 다시 거치며 올라오고 있으며, 비교적 원시적인 시대까지 닿았다. 그 진보는 분명한 단계들을 거치는 그런 직선 코스가 아니며, 서서히 위로 올라가는 과정이다. 당연히 언제나 퇴행이 따르게 되어 있다. 예를 들면, 우리는 이미 초기 기독교의 비밀스런 상징적 표현의 수준까지 올라갔다가 지금 다시 원시적인 시대로 퇴행하고 있다. 왜냐하면 여기서 역사적으로 내려오고 있는 가치들을 파괴하는 데 원시인의 도움이 필요하기 때문이다.

이 대목에서 고려해야 할 사항이 한 가지 있다. 대단히 중요한 내용이다. 가톨릭교회의 장엄함과 경이로운 조직, 아름다움, 제도와 형식의 역사적 의미 등을 볼 때, 사람들은 대체로 그런 것들에 대해 부정적으로 생각하는 것은 죄나 다름없다는 느낌을 받는다는 점이다. 그런 것들은 박물관에서라도 보존되어야 한다는 생각이 드는 것이다. 사람들은 대체로 그런 가치들이 파괴되어야 한다는 사상을 혐오한다. 나 자신도 그런 것들이 앞으로 6,000년 동안은 살아남을 것이라고 예상한다. 그러나 우리는 인간의 무의식의 가능성을, 무의식의 설명할 수 없는 경향들을, 인간의 원시성을 미리 헤아리지 못한다. 그래서 16세기에 교회의 이미지들에 반대하는 감정이 돌연 폭발하는 사태가 벌어졌으며, 당시에 사람들은 항의의 한 수단으로 거대한 가치들을 파괴했다. 당시의 사람들은 그런 야만적인 행위를 하지 않고도 항의를 표현할 수 있었지만, 그런 것이 인간이며 인간은 아주 원시적이다. 우리 환자는 그런 가치들을 파괴하는 것을 당연히 망설이고 있으며, 따라서 원시인이 개입해야 하며, 가치들의 파괴는 불가피하다. 종종 우리는 단순히 감상적인 기분에 빠져 과거에 집착한다. 과거는 아름답다. 나이가 들수록, 과거가 더 달콤하고 의미가 더 깊고 인간미로 넘쳐나는 것 같다. 그래서 우리는 그런 감정을 좀처럼 극복하지 못한다. 그러면 무의식은 단순히 원시인의 야만성에 의지하면서 원시인을 불러내고, 원시인이 파괴에 나선다. 아시다시피, 이 여자는 심지어 원시인에게 진정으로 취약한 곳인 제단을 파괴해야 한다고 암시하기도 한다.

제단을 파괴하는 것은 근본적인 부분의 파괴를, 이 경우에 기독교 사고방식의 파괴를 의미하는 것으로, 매우 중요한 순간이다. 제단 파괴는 이 의식 상태에서 다른 의식 상태로 넘어가는 것을 뜻한다. 무엇보다 먼저, 이미 강조한 바와 같이, 그것은 과거에 의지하는 것을 의미한다. 원시인이 개입하고 있다는 사실 때문에, 완전히 새로운 방향성이 나타나게 되었다. 아시다시피, 우리의 기독교 사고방식은 어떤 세계관과 연결되어 있으며, 이 세계관은 원시적인 이미지를 허용하지 않는다. 원시인도 세계에 대해 어떤 이미지를 품고 있지만, 그것은 우리 현대인의 세계관과 다르다. 원시인의 사고방식이 개입할 때, 원시적인 세계가 끼어들게 마련이다. 이유는 원시인이 우리의 정신 중에서 존재가 허용되지 않는 부분이기 때문이다. 그래서 원시인은 제물로 바쳐진 공물로 제단에 누워 있었다. 그 원시적인 사고방식은 제물로 바쳐지지 않을 경우에 우리의 의식 속으로 들어오게 되며, 원시적인 관점은 우리의 분화된 세계관과 조화를 이루지 못하는 어떤 세계를 의미한다. 예를 들면, 우리는 인과관계를 믿지만 원시인은 다른 것을 믿는다. 원시인도 어떤 종류의 인과관계를 믿지만, 그것은 마법이다. 그래서 만약에 원시인이 우리의 세계로 들어오게 된다면, 그는 사건들의 '연결'이라는 어떤 마법적인 개념도 함께 갖고 올 것이다. 그 원시인은 사물들 사이에서 완전히 다른 연결을 인식할 것이고, 우리는 거기에 따라 우리의 인식을 바꿀 것이다. 물론 그 변화는 합리적인 방식으로 일어날 수 없다. 이유는 합리주의가 기독교 사고방식에 속하는 것이기 때문이다. 그리고 합리주의는 그 자체로 하나의 사실은 아니며 절대적인 그 무엇이 아니다. 그것은 우리가 인과관계 개념이 절대적이라고 믿고, 또 모든 사건은 원인을 갖고 있으며 모든 원인은 결과를 낳는다고 믿는 것이나 다를 바가 없다. 그것은 더 이상 절대적인 진리가 아니며, 꽤 다른 양상들을 발달시키고 있다.

원시인을 통해서 들어오고 있는 이런 심오한 회의(懷疑)는 우리 시대의 많은 징후에서 그 모습을 드러내고 있다. 예를 들면, 아인슈타인(Albert Einstein)의 상대성 이론이 있다. 자연 법칙들의 유효성에 대한 의문에도 그런 회의가 나타나고 있다. 너무나 확고부동해 보였던 인과관계 개념은 그다지 절대적이지 않다. 많은 것이 원시적인 정신의 부활과 부합한다. 원시인은 오직 임의적인 인과관계와 비(非)물리적인 연결, 마법적 연결을 믿고 있으며, 사물들 사이의 마법적 연결이라는 생각들이 지금 온갖 측면에서 나오고 있다.

분석을 예로 들어 보자. 무의식을 다룰 때, 우리는 우리의 의식적인 합리주의를 전혀 따르지 않는 연결에 대해 상상할 수 있다. 그런 연결은 다른 성격을 지닌다. 우리의 심리 안에서, 합리적으로 설명될 수 없는 일들이 일어난다. 그런 일들은 기본적으로 마법이기 때문에, 합리적으로 설명하려 해 봐야 아무런 소용이 없다. 한 가지 예를 들면, 무의식적인 사건들의 '연결'에 공시성이라는 개념이 엄청난 역할을 하고 있다. 그렇다면 원시인의 등장은 우리의 철학적 및 도덕적 견해와 그 외의 다른 많은 측면에 중대한 변화를 의미한다. 그것은 우주가 대체되거나 아니면 적어도 카오스와 뒤섞이는 것이나 비슷할 것이다. 그 결과는 매우 당혹스럽게 다가올 것이며, 보다 높은 수준의 의식을 불러낼 수 없는 그런 불안정한 상태가 나타날 것이다. 그것은 의식의 전복(顚覆)임과 동시에 지나치게 의식적인 상태가 될 것이다. 그러나 그런 요소들로부터 나올 치열한 의식은 반드시 몇 배 확장될 것이다. 그 갈등이 새로운 의식을 형성할 보다 높은 차원으로 이어질 것이기 때문이다. 그것은 사람이 새로운 어떤 세계를 발견한 것이나 비슷하다. 그렇다면 어떤 세계의 파괴는 먼저 혼란스런 상태로 이어지지만, 태초의 밤처럼 그 자체로 어두운 그 혼란 상태에서 새로운 사상이, 새로운 의식이 일어날 것이다. 그리하여 새로운 세계가 창조될 것이다.

이 대목에서 당신은 그런 새로운 사상이 이 상징 표현에서 어떤 식으로 발달하는지 궁금해 할 것이다. 그 인디언은 그녀의 조언을 따르면서 제단을 파괴했다. 그녀는 이렇게 말한다. "이 일을 그 인디언이 해 냈다. 우리는 안을 살피다가 작은 소나무가 피 속에 놓여 있는 것을 보았다." 이건 또 무엇인가?

'물라다라'이다. '물라다라'는 세상이 시작하는 가장 낮은 센터이다. 그래서 이 차크라에 특이한 피의 색깔이 있다. 가운데의 사각형은 땅을 의미한다. (중국의 상징체계에서도 마찬가지로 땅은 사각형으로 표현된다.) 사각형 안의 삼각형, 즉 상징적인 '요니'[15]도 붉으며, 안에는 링감[16]이 쿤달리니 뱀과 함께 있다. 그것들은 잠자고 있는 시작의 신들이며, 거기선 아직 아무것도 전개되지 않았으며 세상 전체는 하나의 약속이고 하나의 잠재력이다. 이 센터에 시바 신이 있으며, 이 상태에서 시바 신은 초록색 새싹, 첫 번째 싹이라 불린다. 그리고 우리 환자의 환상에서 그것은 피 속에 놓여 있다. 그것이 바로 그 상징 표현이다. 그것은 여전히 피 속에 있는 무엇인가의 첫 번째 성장이며, 그것은 아직 무의식에, 몸 안에 있어서 발달하지 않았다는 것을 의미한다. 그러나 그것은 하나의 약속이며 '물라다라'의 잠자고 있는 상태가 폭발하면 성장할 것이다. 그리고 '물라다라'의 그런 폭발, 예를 들면 돌을 깨는 창(槍)은 '탄트라' 텍스트에 언급된 뱀의 쉿 소리이다. 그것은 쿤달리니가 머리를 쳐들고 솟아오르는 순간이다. '청천벽력'은 세상이 갑자기 폭발하는 순간이고, '물라다라'에서 눈부신 샤크티-쿤달리니가 일어나는 순간이다. 우리의 환상에서 그것은 그들이 발견하는 보석이다. 그런데 참나무나 종려나무가 아니고 소나무인 이유는 무엇인가?

환자가 나의 책 『무의식의 심리학』을 읽었으며, 또 아티스가 소

....
15   산스크리트어로 음부, 자궁, 근원을 의미한다.

16   힌두교 주요 신 중 하나인 시바를 상징하는 원통형 기둥을 말한다. 거의 언제나 요니라 불리는 받침대 위에 있다.

나무로 상징된다는 사실을 잘 알고 있었다는 점을 고려해야 한다. 아티스가 죽어가면서 부활하는 신으로서 그리스도와 아주 많이 닮았기 때문에, 그리스의 아버지 성 히포클리토스(Hippolytus: A.D. 170?-235)는 그리스도가 태어난 베들레헴의 석굴이 아티스 숭배의 석굴이었다고 단언했다. 로마의 성 베드로 성당은 아티스 신전 터에 지어졌다. 그곳에서 피의 세례인 '타우라볼리아'(taurabolia)가 행해졌다. 이 행사가 열릴 때면, 입교자가 들어가 있는 구덩이 위에 설치된 창살 위에서 수소가 제물로 바쳐졌다. 그러면 수소의 피가 입교자의 머리 위로 쏟아졌으며, 입교자는 그 피로 목욕을 했다. 당시에 아티스 숭배의 고위 성직자는 파파스, 즉 교황이라 불렸다. 교황이라는 타이틀은 기독교 전통과 아무런 관계가 없으며, 이교도에 기원을 두고 있다.

지금 이 환상은 그녀가 아티스 숭배에 대해 알고 있다는 사실에서 비롯되었겠지만, 소나무가 선택된 것은 원래 그것이 상록수이기 때문이다. 소나무는 계절의 변화를 따르지 않고 언제나 푸른색을 지키며 성장한다. 그래서 우리는 크리스마스트리로 소나무를 사용한다. 크리스마스트리는 언제나 푸르고 마법적이다. 크리스마스트리는 이듬해 봄에 다시 생명을 꽃피울 수 있기 위해 생장을 지속한다는 목적을 갖고 있다. 그리고 우리는 해가 떠오르도록 하기 위해 크리스마스트리에 불을 밝힌다. 그것은 태양이 떠오르는 것을, 새로운 생장이 일어나는 것을 예고한다. 그렇게 하지 않으면 아버지 태양이 아마 화를 내며 나타나기를 거부할 수 있다. 그러면 생장이 이뤄지지 않을 것이다. 또 초목의 귀신도 화를 낼 것이고, 그렇기 때문에 상록수를 통해서 초목의 귀신에게 상기시키는 것이 더 낫다. 초목 귀신의 기억을 강화함으로써, 사람은 그 귀신이 초록의 생장을 다시 시작하도록 도울 수 있다. 피 속에 놓여 있는 소나무는 일종의 생장의 마법이지만, 당연히 그것은 매우 원시적인 의미로 이해될 수 없다. 왜냐하면 우리가 신들이 농작물을 기르도록 돕는 일에 그다지 관심이 없기 때문이다. 지금 그것은 빛의 지속과 증대를 의미하는 하나의 정신적 상징이다. 크리스마스트리가 기독교 상징이 된 것과 마찬가지이다. 그리고 빛은 언제나 의식을 상징한다.

그렇듯, 그들은 이 환상에서 상징과 의미로 넘치는 크리스마스트리를, 의식의 증대를, 빛의 증대를 발견하지만, 그건 당연히 미래를 위한 약속이다. 그녀는 이렇게 말한다. "인디언이 소나무를 들어올렸다. 그러자 피가 맑은 물로 변했다." 맑은 물은 투명하고, 피에 비해 빛을 더 많이, 따라서 의식의 본질을 더 많이 갖고 있다. 그래서 나무가 무의식 상태에서 빠져나올 때, 의식의 증대가 일어난다.

> 나무는 성장하고 또 성장했다. (즉시 새로운 의식의 세계가 나타난다.) 점점 자라나는 나뭇가지가 동굴 천장을 밀어 올렸으며(동굴 천장이 석관처럼 열린다), 우리는 햇살이 부서지는 아름다운 강둑으로 나왔다.

그들은 낮의 밝은 빛 속으로 나왔으며, 새로운 의식이 확립되었다. 이런 식으로 새로운 의식의 세계를 창조하는 것은 정말로 우주 발생의 기적이다. 그것은 인디언의 우주생성 전설과 비슷하다. 푸에블로 인디언의 신화에 이와 아주 비슷한 것이 있으며, 이 신화에 대한 설명이 최근에 발표되었다. 그것이 이 공상이 기록된 뒤의 일이기 때문에, 우리 환자가 그것에 대해 알았을 리는 없다. 그것은 호피 인디언의 신화이다. 나는 하우어(Jakob Wilhelm Hauer) 교수[17]의 탄트라 요가 세미나에 이어서 한 영어 세미나에서 이 신화에 대해 언급한 바 있지만, 여기서 보다 자세하게 되풀이할 생각이다. 미국의 민족학자인 쿠싱(Frank Cushing)이 기록한 내용을 일부 인용한다.

세상이 새로웠을 때, 인간들과 생명체들은 아직 살지 않았으며 사물들은 땅 위에 있지 않고 땅 아래에 있었다. 아래위 할 것 없이 모두가 칠흑 어둠이었다. 4개의 세계가 있었다. 땅 위에 있는 이 세계와 3개의 동굴 세계가 있었는데, 동굴 세계는 서로 층으로 연결되어 있었다. 최초의 인간들과 생명체들은 가장 낮은 동굴 세계에 살았으며, 점점 숫자를 늘리다가 마침내 그 세계를 가득 채우게 되었다.

이어서 지배자가 "둘"(The Two)을 보내서 그들이 할 수 있는 것이 무엇인지 알아보도록 했다. (이 "둘"은 북미와 남미의 신화에서 다소 다른 형태로 묘사되는 두 명의 신성한 형제들이었다.) 그들은 동굴의 천장을 뚫고 가장 낮은 동굴에 있는 인간들의 어두운 주거지로 내려갔다. 그곳에서 그들은 온갖 식물을 심었는데 마침내 줄기 하나가 지붕의 열린 곳까지 자랐다. 이 줄기는 마치 사다리처럼 연결되었다. 그래서 많은 인간과 생명체들이 이 "둘"과 함께 두 번째 동굴 세계로 올라갔다. 오랜 세월이 흐른 뒤에, 이 두 번째 동굴 세계도 첫 번째 동굴 세계만큼 차게 되었다. 그러자 그들은 그 줄기를 천장 아

....
17 독일의 인도 전문가(1881-1962).

래에 놓고 세 번째 동굴 세계로 탈출했다. 여기서 "둘"은 불을 피웠으며, 그것으로 횃불을 밝혔다. 이 빛 덕분에 인간들은 오두막과 지하 예배소를 짓거나 주위를 돌아다닐 수 있었다. 그러나 다시 힘든 시기가 찾아왔고, 특별히 여자들이 발광하는 사태가 빚어졌다.

나는 여자들이 신경증에 걸렸을 것이라고 짐작한다. 여자들이 더 이상 그 영원한 어둠과 동일할 수 없게 되었고, 그들이 빛을 견뎌낼 수 없었기 때문이다. 이것은 '성경'에서 그 유명한 사과로 시험했던 그 여사와 비슷하나. 그녀는 아마 사신이 어떤 움직임을 보이시 않으면 즉시 신경증에 걸릴 것이라는 것을 알았을 것이다. 그래서 그녀가 첫 번째 움직임을 보인 것이다.

분명히 호피 인디언의 여자들도 거기에 대해 똑같이 느꼈을 것이다. 그래서 그들도 최초의 움직임을 보였다. 그 여자들은 시대의 정신을 예상하면서 그 정신을 신경증 상태로 받았을 것이다. 아시다시피, 히스테리는 무시할 수 있는 징후가 아니다. 만약에 당신이 히스테리를 이해한다면, 히스테리는 충분히 말이 된다. 그러나 남자들은 언제나 히스테리가 말이 되지 않는다고 확신한다. 당신은 절대로 남자들을 가르치지 못한다. 그들은 언제나 이렇게 말할 것이다. "당연히 세상은 어두우며, 세상이 빛이어야 한다고 말하는 것은 어리석은 짓이야. 당신은 있는 그대로의 사물로 만족할 수 있어야 해." 남자들은 신경증에 걸리지 않는다. 왜냐하면 그들의 가장 큰 야망이 언제나 있는 그대로의 사물에 적응하는 것이기 때문이다. 반면에 여자들은 있는 그대로의 사물에 적응하는 것을 견뎌내지 못한다. 여자들은 언제나 어딘가에서 어떤 악을 키우고 있다. 분명히 이 남자들은 여자들이 견딜 수 없는 상태로 변하고 있다는 것을 깨닫고는 무슨 조치를 취해야 한다고 느꼈다. 그래서 남자들은 빛을 만들려고 노력했다.

마침내 인간들이 이 세상인 네 번째 세계로 올라갔다. 여기서 인간들은 오직 한 존재, 그러니까 아직 사람이 살지 않는 세계의 유일한 지배자의 흔적들을 발견했다. 그 지배자는 바로 시체 귀신, 즉 죽음이었다. 그리고 이 세계는 아래와 마찬가지로 어두웠다. 땅이 하늘에 의해 닫혀 있었기 때문이다. 그리고 매우 축축했다. 마치 물로 둘러싸여 있는 것 같았다. 이어서 사람들은 빛을 만들려고 노력했다. 많은 시도가 있었지만 허사였다. 많은 생명체들 중에선 특히 5가지가 두드러졌다. 거미와 독수리, 제비, 코요테, 메뚜기였다. 인간들과 이 생물들은 서로 협의했으며, 마침내 거미가 순백의 목화 망토를 치는 데 성공했다. 이것이 약간의 빛을 주었지만 충분하지 않았다. 그래서 사람들은 매우 하얀 사슴 가죽을 준비해서 그것으로부터 방패 케이스 같은 것을 만들었다. 이것을 그들은 청록색으로 칠했는데, 이 빛이 너무나 찬란해서 온 세상을 다 밝혔다. 그것으로 사람들은 방패의 빛을 동쪽으로 보냈는데, 이 빛은 태양이 되었으며, 서쪽으로 간 망토의 빛은 달이 되었다. 이어서 코요테가 동굴 세계에서 단지를 하나 훔쳐와 열었는데, 거기서 반짝이는 불꽃들이 하늘로 흘러가서 별이 되었다.
이 빛들을 통해서, 세상이 매우 작고 물로 둘러싸여 있다는 것이 발견되었다. 그래서 독수리가 날갯짓으로 산더미 같은 파도를 일으켰으며, 이 파도가 동쪽과 서쪽으로 산이 나타나기 시작할 때까지 흘렀다. 이 "둘" 사이를 관통하며 물이 흘렀는데, 이 물줄기들이 나중에 깊고 얕은 계곡이 되었다.

　이 신화는 그 사람들이 인간 의식이 일어나는 것을 어떤 식으로 느꼈는지를, 또 동시에 세상이 존재하는 것을 어떤 식으로 느꼈는지를 아주 경이로운 방식으로 보여주고 있다. 4개의 세계가 있었고, 그 세계들이 맨 아래의 세계로부터 성장했다는 내용이 특별히 흥미롭다. 연속적인 단계로 보는 이런 사상은 마찬가지로 의식의 성장의 역사를 보여주는 차크라 체계와 비슷하다. 따라서 어떤 정신 상태를 상징하는 차크라들이 육체 안에서 저마다 특별한 부위를 갖는다는 특이한 사상도 충분히 이해가 된다. 가장 낮은 상태인 물라다라는 회음에 있다. 세 번째 단계인 마니푸라는 횡격막 바로 아래에 있으며, 그것이 우리가 민족학적 자료나 직접적인 관찰을 통해서 추적할 수 있는 최초의 정신적 부위이며, 원시인들은 생각이 일어나는 부위를 배로 보았다. 그 다음 단계는 횡격막 위일 것이며, 호메로스 시대의 그리스인들은 마음이 횡격막 위에 있다고 생각했다. 횡격막(diaphragm)이라는 단어 자체가 정신을 뜻하는 그리스어 단어 'phren'에서 비롯되었다. 그 다음에 심장 센터가 오고, 우리 시대의 푸에블로 인디언들은 사고가 심장에서 일어난다고 보면서 생각이 머리에서 일어난다고 믿는 미국인들은 모두 미쳤다고 말한다. 푸에블로 인디언들은 미친 사람들만이 머리로 생각하고, 정상적인 사람은 오직 가슴 속의 소란만을 인지한다고 말한다.
　인디언들은 너무나 둔해서 뇌에서 일어나는 소란을 인지하지 못하지만, 우리 현대인들은 정신을 뇌에 있는 것으로 본다. 이 뇌가 바로 여섯 번째 차크라에, 말하자면 여섯 번째 동굴에 해당한다. 이 호피 인디언의 신화에 의식의 느린 성장이 아름답게 묘사되어 있다. 또한 인간이 바로 위의 수준까지 뚫고 올라가서 마침내 보다 높은 곳에 닿을 수 있도록 나무가 사다리로 세워져 있다는 사상도 너무나 아름답다.

정말 신기하게도, 이와 똑같은 사상이 이슬람 전설에도 있다. 소위 경전 속의 전설이 아니라, 무함마드(Mohammed)의 삶에 관한 수많은 전설 중 하나에 나타난다. 이 전설은 매우 흥미로운 장소인 오마르(Omar)의 모스크에 있는 제대(祭臺)에서 기원한다. 이 오마르 모스크는 칼리프 오마르(Khelif Omar)와는 아무런 관계가 없으며, 그것은 6세기에 유스티니아누스(Justinian)가 만다라 형태로 지은 기독교 교회이다. 당시에 만다라 형태가 꽤 자주 보였다. 그것은 들쭉날쭉하고 시커먼 거대한 바위 위에 지어졌으며, 그 바위는 틀림없이 신석기 시대 숭배의 장소였을 것이다. 유대인이 팔레스타인으로 오기 오래 전에, 그곳은 숭배의 장소였으며, 유대인들도 그곳을 불에 태운 제물을 놓는 제대로 이용했다. 바위 밑에 당시에 의식 목적에 쓰였던 동굴이 하나 있으며, 그 주위에 매우 특이한 것들이 있다. 머리 위쪽 중앙에 인간이 뚫은 것이 틀림없는 구멍이 하나 나 있다. 또 돔, 즉 둥근 지붕이 아래로 내려오는 곳에 다시 인간이 뚫은 것이 틀림없는 구멍이 하나 더 있다. 이 구멍은 안쪽이 부드럽고, 평균적인 인간의 머리보다 약간 더 높지만, 사람은 손으로 구멍의 꼭대기에 닿을 수 있다.

이 동굴은 이슬람에서 두 번째로 신성한 곳이며, 가장 신성한 곳은 당연히 메카이다. 전설에 따르면, 무함마드는 천국으로의 비행을 여기서 시작했다. 순례자들은 그 구멍 아래에 선다. 독실한 순례자들은 거기서 위로 뛰어 머리로 꼭대기에 닿으려고 노력한다. 머리가 구멍에 닿는 사람들은 신앙심이 매우 독실한 것으로 여겨진다. 대부분은 손으로 구멍을 만지는 것으로 만족한다. 무함마드는 이곳에서 오랫동안 거주하면서 단식을 하고 기도를 올렸다. 그러다가 하늘로 올라가야 할 때가 되었다고 느꼈을 때, 그는 천장 쪽으로 뛰려고 노력했다. 그는 바위를 맞혔지만, 그 부분의 바위는 너무 두꺼웠다. 그는 자신의 기도가 전혀 아무런 효과를 발휘하지 못한다는 사실 때문에 깊은 절망에 빠졌다. 바로 그때 신이 천사를 보냈다. 아마 가브리엘 대천사였을 것이다. 이 천사가 그에게 동굴의 중앙에서 뛰어 보라고 일러주었다. 그래서 무함마드는 거기서 다시 시도했으며, 이번에는 바위에 정통으로 구멍을 냈다. 바위가 두껍지 않은 지점이었다. 그래서 그는 동굴 지붕 위로 나와서 하늘로 날았다. 그때 그 바위 덩어리도 무함마드의 위업을 보고 아주 강한 인상을 받은 터에다가 무함마드를 사랑한 나머지 그의 뒤를 따르려 들었다. 그러나 대천사는 그런 가능성을 예상하지 못한 터라 안 된다고 일렀다. 그것은 꽤 불가능한 일이었다. 바위 덩어리가 하늘로 날아갈 수는 없는 일이었다. 그래서 가브리엘 대천사는 바위 모서리를 사자의 발처럼 두 손으로 잡고 당겼다. 사자 발톱 같은 자국은 지금도 볼 수 있다. 그래서 바위는 그 자리에 주저앉았다. 그러나 그 바위는 신성의 힘을 너무나 많이 포함하고 있어서 지금도 땅 위에 서지 못하고 여전히 걸쳐져 있다.

이 이야기는 다시 동굴의 지붕을 뚫는 것을, 새로운 의식 상태로 옮겨가는 것을, 새로운 삶으로, 새로운 세계로 올라가는 것을, 아주 오래된 상징적 표현을 다시 보여주고 있다. 그리고 이와 똑같은 사상이 우리 환자의 환상 속에서, 그녀와 그녀의 인디언 인도자가 지금 햇살 속으로 완전히 들어간다는 사실에 의해 표현되고 있다.

1933년 5월 24일

환상을 계속 보도록 하자. 환자는 어둠 속에서 땅의 표면으로, 의식의 빛 속으로 빠져나오고 있다. 그녀는 이렇게 말한다.

우리(그녀 자신과 인디언 아니무스를 의미한다)는 강둑 끄트머리까지 걸어가서 계곡을 내려다보았다. 넓은 강이 햇살을 받으며 계곡을 따라 흐르고 있었다. 강 옆에는 집들이 평화롭게 늘어서 있었으며, 살이 포동포동한 가축들이 들판에서 풀을 뜯고 있었다. 인디언이 "오래 전에 버려진, 당신 나라의 사람들의 저택들을 보라."고 말했다. 나는 그에게 "이제 뭘 할 거예요?"라고 물었다. 그는 "카누를 타고 내가 언제나 있을 곳인 넓은 물로 가야지요."라고 대답했다. 그는 강둑을 미끄러져 계곡으로 내려갔다. 나는 홀로 남았다.

땅의 내부에서 조건을 변화시킨 것은 주로 아니무스의 활동이었다. 아니무스가 기둥들을 부수고, 어머니 대지의 핵심인 제단을 파괴했다. 이어 그는 소나무를 일으켜 세웠고, 그래서 소나무는 낮의 빛 속으로 자랄 수 있었다. 이것은 신화적인 언어인데, 그것을 심리적인 언어로 바꾸면 어떻게 될까? 이 환상은 "조상들의 배(腹)"라는 제목을 달고 있다. 조상들을 어디서 보았는가?

기둥이 무너지고 거기서 남녀의 육체들이 쏟아졌다. 그녀의 텍스트는 이렇게 되어 있다. "그가 기둥을 무너뜨렸을 때, 거기서 형체 없는 남녀 육체들이 쏟아져 나와 바닥에 쌓였다." 이 육체들은 시신이거나, 아직 형성되지 않은 육체들의 기원이다. 지금 이 어머니 대지는 틀림없이 대지의 원래의 어둠을 상징하며, 환자는 그것을 조상들의 배라고 부르고 있다. 왜냐하면 내가 인용한 인디언의 전설에 따르면, 인류가 대지의 어둠으로부터 기원했기 때문이다. 그 것은 우리의 원시적인 조상들이 가졌던 원래의 무의식을 비유적으로 표현한 것이다. 어머니의 자궁으로서, 아이가 나오는 원래의 어둠은 우리의 의식이 나오는 무의식을 상징한다. 그렇다면 이 동굴은 우리가 최종적으로 나온, 세대들의 전체이며, 동굴은 당연히 남녀 육체들로 이뤄져 있다.

조상들이 어떤 기둥을 형성해야 한다는 사상이 너무도 이상하다는 점을 나도 인정하지만, 사람들이 높은 곳으로 올라가도록 하기 위해 신의 사자(使者)들이 동굴 안에 나무줄기를 사다리로 세웠다는 그 호피 인디언의 상징적 표현은 우리가 또 다른 영역으로 올라갈 수 있는 조상의 기둥이라는 사상과 일치한다. 끊이지 않고 이어져 오는 세대들은 언제나 패밀리 트리(가계도)로 표현된다. 그리고 옛날 교회에 가면 아담이 자신의 배에서 자라는 나무와 함께 누워 있는 모습이 그려진 스테인드 글라스 창문이나 그림이 보일 것이다. 그 나무의 가지에는 이스라엘의 옛날 아버지들, 이를테면 예언자들과 왕들이 모두 앉아 있다. 그리스도의 조상들은 다윗 가문의 왕족에서 나오고, 그 나무의 맨 꼭대기에 그리스도가 있다. 더욱이, 동산의 나무 두 그루, 말하자면 지혜의 나무와 생명의 나무가 동산에서 제거되어 두 개의 기둥으로 만들어졌다는 오래된 전설이 있다. 이 기둥을 솔로몬이 자신의 신전 앞에 놓았고, 나중에는 그리스노의 십자가가 이 기둥 중 하나로 만들어졌다고 한다. 또 빛의 기둥에 관한 마니교 전설이 있다. 이 기둥은 육체를 빠져나온 정령들로 이뤄진 특이한 우주적인 기둥이다. 귀신들이 달까지 여행하고, 달은 귀신들로 배를 채우며 만월이 된다. 그러면 달이 태양에 가까이 다가가서 모든 귀신을 태양 쪽으로 쏟아낸다. 태양에서 귀신들은 어쨌든 빛의 기둥 속으로 들어가고, 죽은 자들의 귀신은 모두 빛의 기둥을 통해 하늘로 올라간다.

라이더 해거드(Rider Haggard)의 '쉬'(She)에도 이와 비슷한 사상이 있다. 움직이는 불의 기둥이 화산의 한가운데에 있는 어떤 동굴을 율동적으로 지나간다. 놀라우면서도 기괴스러운 아이디어이다. 이 불 기둥은 천둥 같은 소리를 내면서 이따금 나타난다. 이 기둥의 빛을 관통하는 사람은 누구나 엄청나게 오랜 기간의, 수천 년 아니 수백만 년의 생명을 얻는다. 그래도 영원은 아니다. 그러나 만약에 누군가가 그 빛 속으로 두 번 들어간다면, 영원이나 다름없던 생명력이 그냥 시들어 버린다. '쉬'가 자신을 불멸로 만들길 원했을 때 벌어진 것처럼. 나는 해거드가 생명의 기둥이라는 아이디어를 어디서 얻었는지, 그 기둥이 어떤 모습인지 언제나 궁금했다. 그러나 훗날 '지혜의 딸'(Wisdom's Daughter)의 사후(死後) 판에서, 나는 그것에 관한 묘사를 발견할 수 있었다. 생명의 기둥 안에서 살아 있는 존재들의 얼굴을 볼 수 있고, 그 기둥은 세대들의 생명으로 충만하다는 내용이었다. 틀림없이 그것은 마니교의 생명의 기둥과 패밀리 트리와 동일하다. 그것은 마치 어느 민족 또는 부족 또는 가문의 과거의 모든 생명들을 포함하고 있는 에너지의 흐름처럼, 혹은 한 그루의 나무처럼 보인다. 나는 사람이 뇌가 없는 자연처럼 생각한다면 그런 인생관을 가질 수 있을 것이라고 짐작한다. 자연은 아마 하나의 가족을 개인들의 단순한 축적으로, 말하자면 전혀 아무런 의미를 지니지 않는 개별적인 가지나 꽃이나 열매로 이해할 것이다. 그런 자연에겐 나무나 가족, 국가의 생명만 중요할 것이며, 잎이 전혀 없으면 나무가 살 수 없게 된다는 사실에도 불구하고 개인은 중요하지 않을 것이다. 하지만 개별 나뭇잎은 나무에게 무엇인가? 나무는 하나의 생명이다. 예를 들어, 식물학자들에 따르면, 가을에 죽는 일부 갈대는 결코 진정한 식물이 아니며, 생명은 뿌리줄기에서 진정으로 살아 있다. 식물은 겉보기에 죽어 있지만, 잎만 변했을 뿐이며 생명은 아주 오랫동안 뿌리줄기에서 계속되고 있다. 그렇듯 부족의 생명은, 미래의 생명뿐만 아니라 과거의 생명까지도 생명의 강을 이루면서 사실상 영원히 이어질 것이지만, 개인은 절대로 그렇지 않다.

그래서 내가 볼 때 그런 상징은 주로 인간을 대하는 자연의 이런 초연한 태도에서 비롯된 것 같다. 조상들의 육체들을 담고 있는, 동굴 안의 기둥은 정말로 일종의 생명의 기둥이다. 불행하게도, 그 기

등에 관해서 육체들이 형체가 없다는 암시를 제외하고는 다른 언급이 전혀 없다. 형체가 없는 것은 부패한 것이거나 아직 형성되지 않은 것이다. 그렇다면 그것은 아직 대답할 수 없는 질문이다. 우리는 거기에 대답하지 못한다. 이 육체들이 부패한 것인지 아니면 앞으로 형체를 갖추게 될 것인지는 의문 사항으로 남겨두도록 하자. 그렇게 하는 것이 심리적 상황과도 맞아떨어질 것이다. 왜냐하면 이 육체들이 조상들의 영혼을 나타내는 한엔 결코 죽지 않을 것이기 때문이다. 원시적인 믿음에 따르면, 조상들의 영혼은 윤회를 거듭하며, 이것은 비교적 작은 수의 영혼을 암시한다. 따라서 원시인들은 아이들도 처벌해서는 안 된다고 생각한다. 그것이 아이로 환생한 덕망 있는 조상의 영혼을 화나게 할 수 있기 때문이다.

그래서 조상들은 언제나 태어나고, 언제나 죽고, 언제나 살아 있다. 그들이 환생을 거듭하기 때문이다. 언젠가 호주 중부 지역에 사는 원주민들의 원시적인 사상에 대해 말한 적이 있다. 그들은 사람이 죽으면 일종의 불꽃들인 '마이아우를리'(maiaurli)가 그 사람에게서 빠져나와서 바위나 나무로 들어가서 기다린다고 믿는다. 말하자면, 그 불꽃들이 조상들의 배 속에 있는 것이다. 그런 상태에서 다시 환생을 기다리던 작은 불꽃들은 어떤 여자가 우연히 길을 지나가면 그 여자의 속으로 들어가서 그녀를 임신시킨다고 한다.

지금 조상 세대들의 연속성이 인디언에 의해 끊어지고 있다. 인디언은 사실상 기둥을 파괴하고 어머니 대지의 핵심인 제단을, 말하자면 그녀의 자궁까지 파괴한다. 그래서 그는 전체 상황에 엄청난 무질서를 야기하고 있다. 그가 그렇게 하는 정확한 이유를 우리는 모른다. 어떤 이유가 있을까?

만약에 생명의 큰 강이나 나무만 있다면, 개성화를 이룰 가능성은 전혀 없다. 자연의 관점에서 보면 개인을 위한 기회는 있을 수 없기 때문에, 개인은 완전히 무시당한다. 자연의 관점에서 보면, 다시 말해 어머니 대지의 관점에서 보면, 개성화는 터무니없다. 정반대로, 대단히 집단적인 이 층(層)은 그런 시도조차 용납하지 않는다. 이 집단적인 층이 주로 그 나무에 포함된 생명의 단순한 표현 그 이상이라고 주장하기 때문이다. 만약에 개성화의 시도가 있어야 한다면, 그것은 심각한 무질서를, 집단적인 것의 전복을, 패밀리 트리의 중단을 의미한다.

지금까지 환상은 꽤 논리적이다. 아니무스가 이 집단적인 층을 파괴하는 데 성공한 뒤에 환자가 의식적인 개인으로서 빛 속으로 들어간다면, 그것도 논리적이다. 집단 무의식의 어둠 속에 더 이상 갇혀 있지 않다면, 그녀는 자신의 '자기'를 자각하게 될 것이다. 따라서 여기서 피가 물로 변하고, 동굴의 지붕이 들어 올려지고, 햇빛이 보이게 된다. 그래서 그녀는 진정한 세계 속으로 들어갈 것이고, 그녀는 말하자면 의식적인 인간 존재가 될 것이다. 지금 땅의 표면은 계곡으로 표현되고 있으며, 계곡에 강이 흐르고 있다. 강가엔 윤택해 보이는 집들이 있고 들판에선 살찐 가축들이 풀을 뜯고 있다. 그녀는 약간 높은 위치에 서 있으며, 아래를 내려다보고 있다. 이 상징을 당신은 어떤 식으로 이해하는가?

자연 속에 있던 동굴의 어둠을 떠났기 때문에, 그녀는 지금 동굴 밖의 어떤 관점에 도달했다. 강은 나무와 똑같다. 강은 여러 모로 나무를 닮았다. 예를 들어, 지도 위에서 강의 지류들은 나무의 뿌리나 가지처럼 보인다. 그것은 또한 생명의 흐름이다. 그래서 그녀는 밖에서 생명을 바라보고 있으며, 그녀는 약간 높은 위치에서 지금까지 그녀를 포함하고 있었던 것을 내려다볼 수 있다. 그런 일은 정신의 역사 속에서 일어난다. 인간은 가장 먼저 자신이 자신의 정신적 자료에 완전히 둘러싸여 있는 것을 발견한다. 이때엔 자신의 삶이나 심리를 객관적인 사실로 보지 못하기 때문에 삶의 외적 표현을 전혀 이해하지 못한다. 사람들이 자신의 심리를 객관적으로 보도록 가르치는 것은 대단히 어려운 과정이다. 사람들은 언제나 자신의 심리를 단순히 자의적인 무엇인가로 주관적으로 다루고 있다. 그런 사람들은 같은 자리에서 완전히 반대되는 말을 한다. 이유는 그들의 심리에서 일어나는 것들이 설명 불가능하기 때문이다. 그들은 심리에 관한 한 객관성을 전혀 확보하지 못하고 있다. 일상생활 속에서만 아니라 신문에서도, 사람들이 너무도 터무니없는 방식으로 투사하고 있는 것이 확인된다. 그 같은 사실은 우리가 의식적인 객관성에 이르는 길에서 이룬 것이 터무니없을 만큼 적다는 점을 보여주고 있다.

원시적인 인간은 전적으로 자신의 정신 안에 갇혀 있으며, 그는 자신의 감정에 지배당하고 있다. 따라서 원시인은 최악의 어둠이나 홀린 상태에서 자신을 해방시키기 위해선 마법의 의식을 치러야 한다. 그렇기 때문에 우리 환자가 그때까지 자신이 들어 있던 것을 내려다볼 수 있는 상황에 처해 있다는 사실을 발견할 때, 그것은 의식적인 존재가 되는 것을 보여주는 상징적 표현으로 아주 적절하다. 그러나 그녀의 아니무스가 그런 상황을 야기했으며, 이 아니무스는 그녀가 그런 의식에 이르는 길에 많은 도움을 주었다. 그것은 한편으로는 이점이지만 다른 한편으로 보면 단점이다. 어떤 의미에서 단점이라고 할 수 있을까?

그 일이 그녀에게 그냥 일어났다. 아시다시피, 의식까지도 사람이 모르는 상태에서 일어날 수 있다. 결론을 내리지 않는 관계로 몇 세대 동안 굳이 의식하지 않고도 알고 지닐 수 있는 그런 일도 있다. 어떤 것이 바로 코밑에 있는데도 전혀 깨닫지 못하고 있을 수도 있는 것이다. 그래서 그 일이 아니무스의 성취인 한, 그것은 하나의 직감이거나 예견이거나 단순한 가능성일 뿐이다. 그녀 자신이 그것을 계속 고수하면서 진정으로 이용할 것인지에 대해서는 절대로 확실하게 대답하지 못한다.

인디언은 지금 오래 전에 버려진, 그녀의 나라의 사람들의 저택에 관심을 기울일 것을 부탁한다. 이 여자는 현대적인 미국인인데, 이것은 무슨 뜻인가? 내가 중국에 있다고 가정해 보자. 어느 늙은 중국 현자와 함께 작업을 하는데, 이 노인이 나로 하여금 온갖 종류의 이상한 환상들을 보게 하면서, 많은 것들 중에서 이 환상에 특별히 주목해줄 것을 부탁한다. 그는 나에게 계곡을 내려다보고 오래 전에 버려진, 나의 사람들의 저택을 보라고 권한다. 그래서 나는 이를테면 그린델발트[18]의 계곡 같은 곳을 본다. 오래된 멋진 통나무집이 보이고, 소들이 언덕에서 풀을 뜯고 있으며, 종소리가 들리고 나의 나라 사람들이 요들송을 부르고 있다. 지금 이런 것은 무엇을 의미하는가?

그것은 조상들을 의미한다. 불행하게도 나는 농민이었던 조상을 기억하지 못하지만, 만약에 나에게도 그런 조상이 있었다면 나도 일종의 향수 같은 것을 느낄 것이다. 조상이 살던 집은 매우 즐겁

....

18 스위스 중부의 소도시.

고 감상적인 감정을 불러일으킨다. 그럼에도 그것은 나의 의식이
나 나의 의식적인 세계와는 멀리 동떨어져 있다. 만약에 우리 환자
를 뉴잉글랜드의 초원에 데려다 놓는다면, 그녀도 마찬가지로 버
림받은 느낌을 받을 것이다. 그렇기 때문에 그 계곡은 그녀 자신의
의식의 세계가 아니다. 그것은 그녀의 조상들의 의식의 세계이다.
그녀는 소가 살쪘는지 여부를 판단하지 못할 것이다. 그것은 시적
인 표현일 뿐이며, 오직 전문가만이 소가 살쪘는지 여부를 말할 수
있다. 평화로운 계곡에서 풀을 뜯고 있는 살찐 가축은 일종의 농민
의 생각이고, 그것은 그녀 자신의 생각이 아니다. 그리고 그것은 아
니무스가 하는 것이고, 아니무스는 어떤 의미에서 보면 당신을 이
세상이기도 한 어떤 세상 속으로 다시 데려가고 있다. 그 세상은 지
난 시대에 신성한 것으로 여겨졌던 모든 가치들이 발견되는 그런
감상적인 세상이다. 그러므로 아니무스가 성공할 때, 그는 당신을
문제가 전혀 없는 가운데 행복하고 유복하게 살았던 가족들에게로
데려간다. 아마 우리 조상들은 전혀 아무런 문제를 겪지 않았을 것
이다. 일요일이 되면 모두가 교회에 가고, 모든 것이 사랑스러웠으
며, 교회의 종소리가 울리고, 가족들은 서로 사랑하고 다정한 인사
를 나눴다. 아니무스의 영향을 강하게 받고 있는 여자의 의식을 보
라! 그녀는 200년 전의 세상에 살고 있으며, 현실에는 조금도 발을
담그지 않고 있다. 아니무스가 여자들을 시대에 뒤진 가치들의 세
상으로, 심한 경우에는 유치한 가치들의 세상으로 안내하기 때문
이다.

지금 우리 환자의 마음에 약간의 회의가 일어나는 것 같다. 그녀
가 "당신은 뭘 할 건가요?"라고 묻는다. 아니무스는 그런 변화를

끌어냈기 때문에 꽤 중요한 인물이 되었다. 그리고 그는 그녀에게 아주 정확한 정보를 준다. 그는 자신이 영원히 정착하기 위해 큰 물로 갈 것이라고 말한다. 그래서 그는 계곡을 내려가 아마 강물 속으로 미끄러질 것이다. 이것은 무슨 의미인가?

의식과 무의식 사이에서 일종의 중재 기능을 하는 아니무스가 있어야 할 자리는 집단 무의식인 대양의 해안이다. 그래서 모든 것이 옳아 보이고, 아니무스는 자신의 적절한 자리로 돌아가고, 그녀는 세상의 표면에 있다. 유일하게 남은 사소한 의심은 그녀가 다소 원시적인 상태에, '푸릴리아'(Purilia)[19]라 불리는 경이로운 나라를 상기시키는 그런 상태에 살고 있지 않나 하는 것이다. 거기선 봄이 일찍 찾아오고, 소들은 지평선을 따라 영원히 한가로이 거닐고 있고, 소의 방울 소리가 끊임없이 들리고 있다. 만약에 그녀가 푸릴리아에 당도했다면, 당연히 그 상태는 오래 지속되지 않는다. 다음에는 어떤 것이 예상되는가?

그녀는 과거를 진정으로 파괴하지 않았다. 아니무스가 그녀에게 무엇을 해야 하는지를 보여주었지만, 그녀는 그 일을 이미 행한 것으로 여기고 있다. 아니무스가 그럴 가능성을 보여주는 환상까지 끌어냈지만, 결과는 그가 그녀를 다시 조상들의 계곡에 부드럽게 내려놓는 것으로 나타나고 있다. 시작과 끝에, 그녀는 똑같이 조상들의 배 안에 있다. 왜냐하면 살이 통통한 멋진 가축이 있는 계곡도 배나 마찬가지이기 때문이다. 그곳은 현실인 것처럼 아주 멋져 보이지만, 당연히 그것은 실망일 것이다. 그녀는 아마 남편과 아이들

....
19 엘머 라이스(Elmer Rice)의 소설 '푸릴리아로의 여행'(A Voyage to Purilia)의 무대가 되는 가상의 나라.

을 두고 있을 것이며, 집으로 돌아갈 경우에 그녀는 즉시 예를 들어 라디오가 있다는 사실에 직면할 것이다. 아니면 남편이 이런 말을 할 수 있다. "다음 달을 어떻게 때우지? 이미 통장 잔고가 바닥났는데." 그런 세상에 조금 살다 보면, 엄청난 실망이 따르게 마련이다. 그러면 이 실망에 누군가가 책임을 져야 하고, 이어서 다툼이 벌어지게 된다. 그 문제는 그런 식으로 작동한다. 지금 우리는 그 문제가 다시 모습을 드러낼 것이라고 예상할 수 있다. 또 그 문제는 지하 세계와 관계있을 것이지만 이번에는 아니무스 대신에 그녀가 처리할 수 있는 것이 될 것이라고 예상할 수 있다. 그 다음 환상은 "멕시칸 이미지"라는 의미심장한 제목을 달고 있다. 이 특별한 연결 속에서 그 같은 제목으로부터 어떤 결론을 끌어낼 수 있을까?

멕시코인 이미지의 특별한 성격은 과장된 잔인성이다. 연구 보고서에 따르면, 옛날의 멕시코 사람들은 과도할 만큼 상냥했으며, 그들은 숭배 의식이 지나치게 잔인하다는 사실 때문에 그런 사랑스런 특성들을 갖추었다. 멕시코 사람들은 숭배 의식을 통해서 높아진 내면의 압력을 낮췄다. 말하자면 잔혹한 의식에서 자신들의 잔인성을 모두 표출한 것이다. 그들은 매우 매력적이고 다정할 수 있다. 그들의 종교적 이미지들이 대단히 비인간적인 잔인성을 두루 표현했기 때문이다. 그들은 점잖은 민족이기 때문에 잔인성을 신들을 통해 구체화했다. 우리 유럽인이 결코 점잖거나 친절하지 않은 까닭에 우리의 신들이 점잖고 친절한 특성을 갖고 있는 것처럼 말이다. 새로운 환상은 이렇게 시작한다. "나는 앉아서 계곡을 내려다보고 있었다." 분명히 그녀는 다시 약간 높아진 관점을 갖고 있으며, 그 관점에서 그녀는 아래를 내려다볼 수 있다. 그렇다면 우리는 이렇게 짐작해 볼 수 있다. 그녀가 멋진 저택 쪽으로 내려가지 않았거나, 아니면 그녀가 자신이 어디서 왔는지를 보기 위해 내려갔다가 그곳이 그녀가 기대했던 곳이 아니었기 때문에 다시 올라왔을 수 있는 것이다. 어느 쪽인지는 알 수 없다. 어쨌든 그녀는 지금 똑같은 관점을 보이고 있으며, 이것은 그녀가 다소 객관적인 차원에 있다는 것을 의미한다. "돌연 하늘에서 거대한 멕시코인 이미지가 보였다." 그녀가 멕시코인 이미지를 계곡 아래에서가 아니라 하늘에서 보는 이유는 무엇인가?

그건 정신적인 그 무엇일 것이다. 아시다시피, 환상과 꿈에서 사물들은 그것들의 옛날 가치를 지닌다. 우리에게 하늘은 그냥 공기이다. 공기가 아주 멀리까지 이어지다가, 그 다음에 우주적 공간이 시작한다. 그러나 하늘은 그런 환상이 나타날 곳은 절대로 아니다. 옛날에 공기는 지금 우리가 알고 있는 그런 공기가 아니었다. 아득한 옛날에 공기는 동시에 정신적인 요소이기도 했다. 사물들이 하늘에 보일 수 있었다. 왜냐하면 하늘이 정령들의 주거지이고, 공기 자체가 정령과 비슷했기 때문이다. 그녀는 지금 귀신의 세계를 들여다보고 있다. 귀신의 세계에서 그녀는 어떤 정신적인 형태를 보고 있다. 그렇다면 그 정신적인 형태가 땅 위에 나타나지 않는 이유는 무엇인가? 그 정신적 형태는 마찬가지로 땅에도 나타날 수 있었으며, 대체로 멕시코인의 이미지는 단단한 돌 같다. 땅을 아주 많이 닮았다.

그 이미지의 내용물은 실현되지 않은 한에는 땅 속에 있으며, 땅은 육체와 동등하다. 그렇다면 이 내용물이 그녀의 육체 안에서 멕시코인 이미지의 특성들로 요약되고 있을 가능성이 있다. 따라서 어떤 신화적인 공상들은 명백히 생리적인 징후들을, 이를테면 근육이나 심장, 호흡 등의 신경증적 질환을 바탕으로 한다. 이 육체적 징후들이 매우 흥미로운 신화적인 관념들의 부분적 징후들이 될 수 있는 것이다. 예를 들어, 육체 안에서 멕시코인의 이미지는 그 이미지의 냉담함과 잔인성을 모방하면서 일부 근육의 경련을 야기할 수 있다. 또 신경증적 징후는 그 사람의 도덕적 성격에도 표현될 수 있다. 혹은 앞을 보지 못하는 신화적인 인물은 시각에 감염을 야기할 수 있다. 왜냐하면 심리적으로 실현되지 않은 것은 모두 일종의 흉내 같은 것을 통해 실행되기 때문이다. 그렇다면 우리는 단순히 그런 이미지들을 흉내 내는 배우에 불과하다고 할 수 있다. 말하자면, 그런 이미지들이 생리적인 측면에서든 우리의 기능에서든, 아니면 도덕적인 성격에서든 우리의 심리 전반에 걸쳐 작동하고 있는 것이다. 생명을 지니고 있는 이런 무의식적 이미지들은 어디서나 발견된다. 당신이 그 이미지들을 의식하는 순간, 그것이 의식에 동화되기 때문에 당신의 신경증이 사라진다. 그 이미지들은 어둠 속에서 작동할 수 없다. 그래서 멕시코인 이미지는 육체를 떠났으며, 그 이미지를 하늘에서 본다는 것은 그것이 더 이상 생리적인 요소가 아니라는 것을 의미한다. 멕시코인 이미지는 지금 영적 또는 정신적인 내용물로, 심리적인 이미지로 나타나고 있다. 환상은 이렇게 이어진다.

강이 피로 변하고, 집들이 사라지고, 계곡이 있던 곳에 높은 검은 산들이 솟아나 나를 압도할 기세를 보였다.

사랑스런 자연에 일어나는 이 같은 변화는 무엇인가? 도대체 여기서 무슨 일이 일어났는가?

멕시코인 이미지가 계곡 위로 매우 황량하고 칙칙한 그림자를 드리우고 있다. 풍경이 불길한 성격을 띠고 있으며, 돌연 풍경의 아름다움이 사라지고 인간의 주거지도 사라진다. 이 모든 일이 그 멕시코인 정령 또는 신의 출현 때문이다. 그것은 종종 일어나는 분위기의 변화이다. 먼저, 사람은 공상이 육체에 영향을 미쳤다는 점을 이해하면서 거기서 위안을 느낀다. 그러면서도 사람은 그 공상이 하나의 실체라는 사실을 좀처럼 깨닫지 못한다. 이는 정신적인 것들은 존재하지 않고 비현실적이며 자의적인 의견에 의해 다뤄질 수 있다는 편견 때문이다. 이처럼 무엇인가를 이해하는 데서 만족하는 경향 때문에, 우리는 어떤 문제를 의식하기만 하면 그것이 해결되었다는 식으로 믿는다.

이 같은 편견은 프로이트의 심리학에 아주 두드러지게 나타나고 있다. 프로이트의 심리학에서는 예를 들어 근친상간 공상이 의식적인 것이 되기만 하면 문제가 해결된 것으로 여긴다. 그러나 시간이 조금 지나면 똑같은 이미지가 하늘에 나타나며, 그러면 사람은 의식적인 문제로 그것을 직면하게 된다. 근친상간 문제는 단순히 그것을 의식하는 것으로는 해결되지 않는다. 그런 식으로 접근하는 것은 의사가 당신이 앓고 있는 병이 장티푸스라는 사실을 알려주기만 하면 당신의 병이 나을 것이라고 기대하는 것이나 다를 바가 없다. 그러나 그때 만약에 당신이 그 같은 지식이 일정 기간 동안 치료의 효과를 발휘할 것이라고 믿는다면, 바로 거기서 갈등이 시작된다. 혹은 그런 식의 접근은 이런 상황과 비슷하다. 누군가가 어느 도시에서 일어난 장티푸스 전염의 원인이 파열된 수도관으로 들어오는 더러운 물이라는 사실을 발견했을 때, 사람들이 "전염의 원인을 찾아냈으니 얼마나 다행인가!"라고만 말하고 수도관을 막지 않아 전염 문제가 계속되고 있는 것이나 마찬가지이다. 우리는 방금 그 끔찍한 어머니 대지를 보았으며, 환자는 그 어둠으로부터 자신의 의식을 해방시켜야 했다. 그 같은 해방은 가능하다. 나는 우리가 원래의 어둠으로부터 의식을 해방시킬 수 있다는 것을 확인했다. 그러나 원래의 검은 어머니, 그 끔찍한 우상으로부터의 해방은 어떤가? 그것이 존재를 중단하지 않기 때문이다. 그렇다면 그것은 지금 무의식적 장애가 아니라 의식적이고 눈에 보이는 문제가 되어 있다. 따라서 그것이 하늘에 나타나고, 그것이 아름다운 풍경 전체를, 그녀의 아름다운 분위기를 망가뜨리고 있다. 지금 그녀는 이렇게 말을 이어간다.

> 내 앞으로, 검은 바위들 사이로 난 좁은 길이 보였다. 나는 그 길을 내려가기 시작했다.

여기서 무엇이 시작되고 있는가?

홀로 길로 들어서는 것이 그녀가 해야 할 일이다. 당신이 그런 분위기에 압도되어 있을 때, 그 분위기를 억누르려 해봐야 아무런 소용이 없다. 그런 분위기로부터 한동안 달아나는 것은 가능하지만, 장기적으로 보면 그 같은 회피가 먹히지 않는다. 왜냐하면 당신이 그런 분위기와 자주 조우할 것이며 결국엔 그 분위기를 피하지 못할 것이기 때문이다. 그래서 당신은 그 분위기 속으로 내려가야 한다. 그리고 중요한 것은 사람이 무심결에 내려가는 것이 아니라, 이것이 검은 계곡이라는 것을, 그것이 하강이라는 것을 확실히 자각하는 가운데 결단력 있게 내려가는 것이다. 그녀는 바닥에 있는 것을 발견하기 위해서 그곳으로 내려가야 한다. 여기에 멕시코인 이미지가 출현하면서 암울한 분위기가 나타나고 있으며, 이 사건을 그녀는 면밀히 조사해야 한다. 지금 그녀는 "내가 내려가면서 밟아야 하는 계단들은 바위에 묶인 늙은 남자들의 등으로 만들어졌다."고 말한다. 이 늙은 남자들은 누구인가?

아니무스들과 조상들의 확신과 믿음이며, 이것들이 계곡까지 내려가는 디딤돌을 이루고 있다. 그런데 이 디딤돌들은 모두 바로 그 계곡에서 올라온 것들이다. 아시다시피, 디딤돌들은 한때 기둥의 일부였으며, 지금 그녀는 조상들의 등을 밟고 한걸음씩 기둥을 내려가고 있다. 디딤돌들은 마치 서로를 떠받치고 있거나 어떤 무게를 떠받치고 있는 것 같다. 그리스 건축의 여인상 기둥처럼, 예를 들면 에레크테이온[20]의 엔타블러처(entablature)[21]를 받치고 있는 그 형상들처럼 말이다. 말하자면, 그녀는 전통적인 사상들, 과거의 의견들이라는 사다리를 타고 내려가고 있으며, 그래서 여기서 매우 압축적으로 이뤄지고 있는 하강은 앞의 환상들에서 이뤄졌던 보다 세부적인 하강과 비교될 수 있다. 그녀는 우리 시대를 거쳐, 중세를 지나 고대로, 다시 원시시대로, 그 다음에 동물로 돌아갔다. 그런 다음에 그녀는 다시 올라왔다. 지금 여기서 압축적인 형태로 하강이 이뤄지고 있지만, 늙은 남자들의 등을 타고 내려가는 하강이다.

....
20 　아테네 아크로폴리스에 있는 이오니아식 신전.
21 　고대 그리스와 로마 건축에서 기둥에 의해 떠받쳐지는 부분을 일컫는다.

그녀의 환상을 더 보도록 하자.

나는 어느 늙은 남자에게 말을 걸면서 사슬에 묶이게 된 사연을 물었다. 그의 대답은 이랬다. "당신의 세계가 우리를 거부했어. 그래서 이렇게 사슬에 묶여 있는 거야. 그러나 당신은 우리의 지혜에 의해 내려가게 될 걸." 나는 이 이상한 계단들을 계속 내려갔다.

이 '막간극'은 어떤 뜻인가? 다소 수수께끼 같은 분위기를 풍기지 않는가? 바위에 묶였던 프로메테우스를 떠올리게 한다.

프로메테우스는 빛을 갖고 왔다. 또 예술과 공예도 갖고 왔다. 그래서 프로메테우스는 창조자가 되었다는 점에서 보면 신들과 비슷했다. 그는 의지와 방향성을 가질 만큼 충분한 의식을 갖고 있었다. 그래서 신들은 그를 바위에 묶음으로써 복수를 했다. 그런데 왜 하필 그런 식의 복수였을까? 신들은 그를 십자가에 못 박거나 태우거나 다른 방식으로 처벌할 수 있었을 텐데.

프로메테우스는 인간으로서, 그리고 땅의 존재로서 너무 멀리 나갔다. 그는 높은 곳으로 올라가서 신들로부터 불을 훔쳤다. 그러나 그것은 신들에 대한 불손이었으며, 그래서 그는 자신이 흙으로 이뤄졌다는 사실을 떠올려야 했다. 그것이 처벌의 또 다른 측면에 반영되고 있다. 그는 바위에 묶였을 뿐만 아니라, 독수리가 끊임없이 그의 간을 쪼아 먹으며 그의 생명을 찢어놓고 있었다. (간은 생명의 자리로 여겨졌다.) 그래서 생명의 자리가 독수리에 의해 찢어지게 되었다. 독수리는 신들의 주거지인 높은 산에 거주하는 하늘의 존재이다. 독수리는 신들의 사자였으며, 하늘을 상징하는 바로 그

제우스의 독수리였다. 그리고 프로메테우스는 땅에 묶여 있었기 때문에 자신을 방어할 수 없었다. 그것은 창조적인 인간이 신처럼 행동하려는 신성한 욕망을 매우 시적으로 그린 그림이다. 프로메테우스는 정신의 상승을 따라잡을 수 없는 창조적인 정신의 비극을 영원히 상기시키는 이미지이다. 왜냐하면 그가 무함마드를 따라 하늘로 올라가지 못한 그 바위와 아주 비슷하기 때문이다.

지금 각 아니무스는 진정으로 의식을 얻으려는 시도이다. 그런 시도가 아무리 사소하다 하더라도, 낡은 의견들과 낡은 확신들은 의식의 발달에서 디딤돌이 되어 준다. 그리고 낡은 의견들과 확신들은 말하자면 신경계의 구조 안에 포함되어 있으며, 뇌세포들은 예전의 발달의 흔적들을 포함하고 있다. 이 계단들은 한때 확신이거나 철학이었으며, 자연을 이해하는 한 방식이었고, 의식의 길이었다. 만약에 무의식 속으로 내려가려 한다면, 당신은 당연히 당신이 원래 올라왔던 그 길을 따라 내려가야 한다. 원래의 동굴 속까지 내려가기 위해, 당신은 당신이 올라왔던 그 구멍을 따라 내려가야 하는 것이다. 노인은 "당신의 세계가 우리를 거부했어."라고 말한다. 이것은 당신의 의식 세계가 옛날의 이런 모든 단계들을 알아보지 못하고 그 단계들의 타당성을 인정하길 거부했다는 뜻이다.

인간은 그 같은 실수를 거듭 저지른다. 한동안 유효한 어떤 통찰을 얻었다가 그것을 포기하고 새로운 관점을 창조하면서 그 전의 관점은 아무 쓸모가 없다는 식으로 팽개치는 것이다. 그러면서 인간은 예전의 관점을 바보 같은 실수라고 선언하면서 금방 망각해 버린다. 그 관점도 어느 정도 타당성을 지니고 있다는 점을 보지 못하는 것이다. 과학 분야에도 그런 일이 아주 빈번하게 일어나고 있다. 예를 들어, 처음에 빛은 태양에서 나오는 미립자들로 이뤄져 있다는 이론이 나왔다가 빛의 파동설이 채택되면서 그 이론은 버려졌다. 내가 학생이었을 때, 사람들은 옛날 사람들은 바보처럼 빛이 미립자라고 판단했구나 하고 생각했다. 그때 우리는 빛은 파동이라고 알고 있었다. 그러나 최근의 의견은 다시 미립자 이론으로 돌아갔다. 그것은 우리가 땅의 표면까지 나오는 걸음이 되어주었던 늙은 남자들을 망각한 한 예이다.

우리가 불확실해지고 곤경을 다루지 못하게 되는 순간, 우리는 그 가르침을 새겨야 한다. 인류는 어떤 문제들에 대한 대답을 제시하려는 노력을 수없이 시도해놓고는 그 결과를 금방 망각해 버리곤 했다. 아마 우리가 망각한 것들 중에 우리 자신의 문제에 대한 해답이 있을 수 있다는 점을 우리는 언제나 명심해야 한다. 잘 아시다시피, 사람들은 빛의 미립자설로 돌아가지 않았다. 이유는 문제들에 대한 설명이 파동으로도 만족할 만큼 되었기 때문이다. 파동설로 문제들이 제대로 설명되지 않는다면, 그때는 당연히 초기의 아이디어 쪽으로 눈을 돌려야 한다.

심리학도 마찬가지이다. 우리의 심리적인 문제들이 옛날의 방식으로는 더 이상 풀리지 않는 단계에 이를 때, 우리는 불확실한 감정을 느끼게 되고, 그러면 우리의 정신은 꽤 본능적으로 과거에서 무엇인가를 찾기 위해 되돌아서서 방랑을 시작한다. 물론, 사람들은 마음속으로 과거는 터무니없고, 원시적인 미신이고, 낡은 종교적인 사상뿐이라는 식으로 꽤 강하게 믿고 있다. 그러나 사람들은 자신이 말하고 있는 과거에 대해 제대로 알지 못하고 있으며, 낡은 사상들, 예를 들면 교회 교리들이 무의식의 가장 완벽한 이론을 포함하고 있다는 것을 알지 못한다. 교회 교리가 담고 있는 무의식의 이론은 제대로 이해된 적이 지금까지 한 번도 없었다. 그러나 우리는 그것을 제때에 이해하게 될 것이다. 우리가 우리의 삶에 대해 만족할 만한 설명을 제시할 수 있는 관점을 전혀 갖고 있지 않다는 점을 깨달을 때, 그 무의식의 이론을 이해하게 될 것이다. 우리에겐 그런 설명이 필요하며, 우리 앞에도 그런 설명을 필요로 하지 않았던 시대는 절대로 없었다. 그래서 우리는 당연히 과거를 돌아보지 않을 수 없으며, 우리에겐 과거의 정신을 난센스라고 거부할 권리가 전혀 없다는 점을 인정하지 않을 수 없다. 우리보다 앞서 살았던 사람들은 모두 바보라는 식으로 봐서는 안 된다는 뜻이다. 이 늙은 남자들은 "당신의 세계가 우리를 거부했고, 그래서 우리가 사슬에 묶여 있는 거야."라고 말한다. 늙은 남자들은 우리의 무의식 안에 쇠사슬에 묶인 채 억압되고 있다. "그러나 우리의 지혜를 통해 당신이 내려가게 될 것"이라는 말은 우리가 무의식과의 최초의 연결을 찾아 내려갈 수 있지만 그런 일은 오직 그들이 쌓은 지혜의 계단이 있기 때문에 가능하다는 뜻이다. 만약에 늙은 남자들이 지혜의 계단을 쌓지 않았다면, 우리는 영원히 무의식과 단절된 상태로 살 것이다. 환상은 이렇게 이어진다.

> 맨 아래에 흑인 남자가 얼굴을 하늘 쪽으로 향한 채 누워 있었다. 그는 앞을 보지 못했다. 그의 이마에 피의 십자가가 그려져 있었다. 그의 옷은 중국 용이 수놓아진 노란색이었다. 그의 발치에 돌로 깎은 사자가 놓여 있었다. 나는 걸음을 멈추었다. 그러자 그가 "나의 안에서 시대들이 서로 결합하고 있어."라고 말했다.

이 형상은 무엇인가? 그가 앞을 보지 못하고, 그가 "나의 안에서 시대들이 서로 결합하고 있어."라고 말한다는 사실은 그의 나이가 어마어마하다는 것을 의미하는 것 같다. 그는 집단 무의식의 총합을 나타낼 것이다. 왜냐하면 그의 안에서 모든 시대가 결합하고, 과거의 모든 삶이 요약되고 있기 때문이다.

그는 우리 안에 있는 200만 살 노인이다. 그래도 그는 절대로 전설이 아니다. 그는 심지어 당신이 당신의 해부학적 구조의 세부사항에서도 확인할 수 있는 하나의 사실이다. 당신의 손과 코, 귀, 뇌를 조사해 보라. 모든 것이 오랜 기간에 걸쳐 분화가 이뤄진 결과이다. 거기에 과거의 모든 단계들의 흔적이 압축되어 있다. 물론, 그 신체 기관들은 다소 변형되었다. 우리 신경계는 정말로 경이로운 과거의 그림이다. 신경계는 우리가 거쳐 온 모든 단계를 포함하고 있으며, 분화의 층이 하나씩 보태진 결과물이다.

우리의 정신도 마찬가지다. 우리는 우리의 정신이 물질인지 비(非)물질인지 모른다. 왜냐하면 우리가 물질이 무엇인지를 모르기 때문이다. 그래서 우리는 정신과 육체 사이에 어떤 차이가 있는지, 혹은 정신과 육체가 역사적으로 같은 것인지에 대해 말하지 못한다. 그렇다면 200만 살 노인은 우리의 정신에도 마찬가지로 있다. 그의 나이는 생명의 나무가 존재했던 기간과 같다. 이 존재의 흔적은 여전히 우리 현실의 일부를 이루고 있다. 집단 무의식이라는 어둠 속에 포함되어 있는 것이다.

우리의 무의식은 한없이 깊은 역사의 맨 위에 위치하고 있는 얇은 층(層)에 불과하다. 그 깊은 속 저 아래에서, 우리는 영원히 살고 있는 그 남자를 발견한다. 이 남자는 시대들의 삶을 요약하거나 포함하고 있는 불멸의 존재이다. 그런데 그가 앞을 보지 못하는 이유는 무엇인가?

그가 우리의 세상을 보지 못한다는 것은 우리 자신이 영원히 살고 있는 그 남자의 눈이라는 뜻이다. 왜냐하면 우리의 의식이 세상을 보는 하나의 눈이기 때문이다. 우리는 무엇인가를 이해했을 때, "I see."라고 말한다. 시야는 의식의 범위를 의미하고, 의식은 기본적으로 하나의 눈이고 눈 깜빡 할 정도의 시간 동안 지속되는 현재를 보는 지각 기관이다. 말하자면, 우리는 일시적인 의식을 갖고 있다. 그 의식은 기껏 60년 내지 80년 이어진다. 그만한 시간은 인류 역사에 비하면 아무것도 아니다. 게다가 우리 인간은 오직 순간만을 살 뿐이다. 우리는 언제나 과거를 망각하고 미래를 보지 않는다. 반면에 거의 불멸인 그 노인은 미래일 뿐만 아니라 과거이기도 하다. 따라서 우리는 눈을 갖고 있지만, 그는 앞을 보지 못한다. 아마 그는 내면의 의식을 갖고 있을 것이고, 우리가 그의 안에 있을지도 모른다. 그럴 가능성이 충분하다. 이 남자에 관한 철학들이 있다. 내면의 의식 같은 것이 있다는 사상이 있지만, 우리는 그것을 증명하지 못한다. 우리는 집단 무의식이 집단 무의식의 이미지들을 의식하고 있는지 알지 못하지만, 의식하고 있을 수 있다. 지금 그의 이마에 피의 십자가가 새겨져 있다. 그런 표시를 하고 있는 존재는 어떤 존재인가?

이 존재는 기독교를 의미할 수 있지만, 흑인을 가리키지는 않는다. 이 존재의 검정은 그가 깊은 곳, 땅의 어두운 바다 또는 어둠 속에 거주하는 존재라는 사실에서 비롯된다. 그는 땅 때문에 검거나 그가 살고 있는 어둠 때문에 검다. 왜냐하면 앞을 보지 못하는 것이 어둠을 의미하기 때문이다. 지금 피의 십자가는 분명히 기독교와 관계있고 그가 십자가로 표시되고 있지만, 범죄자도 그런 표시를 할 수 있다. 그래서 그 십자가가 생명의 표시이거나 특별히 정신적인 무엇인가를 표시하는 것은 절대로 아니다. 그 피의 십자가는 오히려 치열한 고통의 표시인 것 같다. 그것은 그의 살갗을 칼로 찢어서 만들거나 불에 태워서 만들어졌다. 그것은 피가 흐르는 상처이다. 그는 진정으로 고통을 겪고 있다.

십자가는 단지 그 늙은 남자가 의식(意識)을 위해서 희생되어야 한다는 것을 나타내고 있다. 만약에 그 남자가 당신을 지배하고 있다면, 당신은 의식적인 존재가 되지 못한다. 그리고 그것은 그의 영원한 고통이다. 왜냐하면 그도 당연히 의식 속에서 사는 쪽을 선호하기 때문이다. 아시다시피, 집단 무의식은 의식 속에서 살기 위해서 어떤 형태를 취해야 한다. 그러면 노인은 도덕적으로 받아들일 수 없는 범죄자처럼 낙인이 찍히지 않을 것이다. 그러나 우리가 그를 범죄자로 표시하는 것은 우리 시대에 사실이다. 그래서 그는 배제되고 있으며, 우리는 이런 것들을 특별히 의식하지 못하고 있다. "그의 옷은 중국 용을 수놓은 노란색이었다."

노란색은 동양에서 긍정적인 색깔이며, 황제의 용까지 수로 장식된 것으로 볼 때 그 옷은 대단히 소중한 옷임에 틀림없다. 그렇다면 그는 틀림없이 서양인일 뿐만 아니라 동양인이기도 하며, 보편적이며, 특히 중국에서 높이 평가 받고 있다. 그래서 그가 그런 소중한 옷을 입고 있는 것이다. 중국에서 특별히 평가를 받고 있는 것은 무엇일까?

조상들이다. 조상들을 숭배하는 것이 거기선 국가적 숭배이다.

더욱이 중국인들은 민족적 현자를 인정한다. 중국인은 현인들의 지배를 받는 유일한 국민이다. 그의 발치에 돌로 깎은 사자가 놓여 있었다. 사자는 영원히 왕권, 특히 로마 권력의 상징이다. 그것이 이탈리아 북부의 낡은 교회들의 기둥 아래나 설교단 밑에 돌사자들이 놓여 있는 이유이다. 그런 곳에서 사자는 교회가 로마 제국 또는 이교(異敎)의 권력을 누르고 있다는 것을 상징한다. 이 늙은 남자는 사실상 사자 위에 서 있다. 그는 발치에 왕족의 동물을 두고 있는 죽은 왕들이나 기사들 중 하나이다. 거기에 담긴 사상은 그가 동물 위에 똑바로 서 있다는 것이고, 그가 모든 권력을 누르는 권력이고, 그가 통치자라는 것이다.

1933년 5월 31일

지난번 세미나에서 우리의 무의식에 역사를 내려오면서 쌓이게 된 층들의 중요성에 대해 논했다. 우리의 환상에서 조상의 영혼들은 사지를 쭉 펴고 누워 있는 검은 남자의 형상에 요약되고 있다. 그는 조상들의 지혜의 총합이고, 집단 무의식의 은밀한 전통 또는 무의식적 전통의 총합이다. 그렇다면 세미나 참석자 미스 드 비트가 갖고 온, 인도네시아 바타크 족[22]의 마법의 지팡이는 아마 모든 사람의 내면에 살아 있는 조상들의 삶을 상징할 것이다. 그런 지팡이를 원시인에게 보여주면, 원시인은 생생한 어떤 감정을 느낀다. 말하자면, 원시인이 자신의 내면에 심리적 전통 같은 것이 존재하고 있다는 것을 강하게 느낀다는 뜻이다. 이 감정의 진동은 일종의 매력을, 마법적 효과에 절대적으로 필요한 어떤 분위기를 낳는다.

....
22 인도네시아 수마트라 섬에 사는 종족.

특별한 심리적 효과가 일어나기 위해선 그런 호의적인 조건이 필요하다. 집단 무의식을 통해 그런 특별한 연결이 이뤄지지 않는다면, 특별한 심리적 효과는 절대로 일어나지 않는다. 집단 무의식이 진동을 일으켜야 하고, 원형이 활성화되어야 한다. 그래서 마법의 지팡이는 원시인 주술사가 조상들의 혼을 부르거나 조상들과의 연결을 꾀할 때 이용하는 도구이다. 사람들이 외경심을 느끼는 즉시, 마법의 효과가 나타날 수 있다.

이 환상에서 할아버지, 즉 늙은 남자는 앞을 보지 못한다. 앞을 보지 못하는 것은 종종 예언자의 특징이다. 왜냐하면 세상을 보는 눈이 어두워지면 그 눈이 안으로 향하면서 안의 것들을 보기 때문이다. 그의 특성을 보여주는 것들은 피의 십자가와 중국 용을 수놓은 옷, 그의 발치에 있는 돌사자이다. 그렇다면 집단 무의식을 요약하고 있는 그 늙은 남자의 두 가지 중요한 속성은 사자의 권력과 중국인의 옷이 나타나는 지혜이다. 환상은 이렇게 이어진다.

> 내가 그에게 "왜 앞을 못 보죠?"라고 물었다(일반적으로, 100만 년
> 도 더 넘는 긴 세월의 경험을 가진 그가 대단히 현명할 것이라고 짐
> 작하기 때문이다). 그러자 그가 대답했다. "나를 지금의 나로 만든
> 위대한 힘들이 내가 앞을 보지 못하도록 했다네. 그래서 내가 여기
> 에 하나의 계단으로 이렇게 묶여 있는 거야."

이 노인이 말하는 위대한 힘들은 무엇인가?

시간은 에너지이다. 그렇다면 그 오랜 시간이 그를 지금의 모습으로 만들었다고 할 수 있다. 그런데 그 시간이 그가 앞을 보지 못

하게 만들어야 했던 이유는 무엇인가? 그의 눈이 거꾸로 박혀 있을 것인데, 그가 언제나 흘러간 것을 보아야 하는 이유는 무엇인가?

이 형상은 틀림없이 집단 무의식을 나타내고 있으며, 무의식은 맹목적이고 보지 않는다는 것이 무의식의 정의 안에 포함되어 있다. 만약에 무의식이 볼 수 있다면, 무의식 같은 것은 절대로 없을 것이며 우리는 완전히 불필요한 존재가 될 것이다. 모든 것은 미리 예견될 것이고, 우리 인간은 자유 의지의 기회를 전혀 누리지 못할 것이다. 그것은 마치 사실에 대한 언급처럼 보이지만, 그를 지금과 같은 모습으로 만든 그 위대한 힘들이 동시에 그를 앞을 보지 못하는 존재로 만든 이유에 대해서는 그럴 듯한 설명을 제시하지 않고 있다. 잘 아시다시피, 노인은 예전에 눈으로 보았던 적이 없었다면 자신이 맹인이 되었다는 식으로 말하지 않았을 것이다. 지금 우리는 무의식이 한때 볼 수 있었는지 모르지만, 분명히 그 노인은 볼 수 있었다. 그렇다면 그에게 시력, 즉 중요성을 안겨주었던 바로 그 위대한 힘들이 그를 맹인으로 만들었다는 뜻이다.

무의식은 처음에 보다가 이어서 시력을 상실한다. 원시적인 상황에서, 심지어 인간의 안에서 무의식은 지금도 볼 수 있다. 무의식은 눈이나 의식처럼 작동한다. 그래서 문명의 혜택을 받지 않고 사는 원시 부족들을 보면 꿈들이 일종의 사회적 기능을 한다. 이런 사실의 흔적은 고대에도, 예를 들어 로마 공화정 말기에도 존재했다. 로마의 어느 원로원 의원의 딸이 상원에 나와서 꿈에 미네르바[23]가 나타나 자신의 신전이 허물어지고 있다고 불평했다고 증언했다. 말하자면, 원로원이 신전 수리에 필요한 비용을 마련해야 한다는 주

23 로마 신화에서 지혜와 공예의 여신으로 통한다. 그리스 신화로 치면 아테나에 해당한다.

장이었다. 원로원은 정말로 그 신전을 복구했다.

그리스의 어떤 시인은 헤르메스 신전에서 도난당한 황금 잔에 관한 꿈을 연거푸 3번이나 꾸었다. 도둑은 발견되지 않았는데, 이 시인의 꿈에 헤르메스 신이 나타나서 도둑의 이름과 황금 잔이 숨겨진 곳을 알려주었다. 처음 그 꿈을 꾸었을 때, 시인은 터무니없는 내용이라고 일축했다. 두 번째로 똑같은 꿈을 꾼 뒤에도 시인은 마찬가지로 꿈을 무시했다. 그러나 그 꿈을 세 번째로 꾼 뒤에 시인은 아레오파고스 회의[24]에 나가서 공개적인 자리에서 그 내용을 밝혔다. 이어 사람들은 잔과 도둑을 찾아냈다. 이것이 사실인지 여부는 또 다른 문제이지만, 그것은 보는 무의식과 그런 무의식의 사회적 역할을 잘 보여주고 있다.

또 다른 좋은 예는 탐험가 라스무센(Knud Rasmussen)이 그린란드 북쪽의 에스키모 부족에 관해 쓴 책에서 발견된다. 라스무센은 겨울에 부족민을 이끌고 꽁꽁 얼어붙은 북극의 바다를 가로질러 북아메리카 대륙에 도달한 주술사의 이야기를 들려주고 있다. 이 주술사는 환상에서 물개를 비롯해 사냥감이 많은 땅을 보았으며, 부족민들을 데리고 그 행복한 땅으로 가길 원했다. 그런 땅이라면 그들이 살아남을 확률이 높아질 테니까. 언제나 자신의 환상을 실천으로 옮기던 그는 부족민을 이끌고 얼음 들판으로 나섰다. 그러나 중도에 부족민의 일부는 환상이 엉터리라며 도로 돌아갔다가 영원히 사라지고 말았다. 그러나 그와 운명을 같이했던 사람들은 미국 대륙에 도착해 거기서 물개들을 발견했다. 이것도 무의식적 통찰의 작동을 보여주는 예이다.
....
24 고대 아테네의 정치 기구로, 고대 로마의 원로원과 비슷한 역할을 했다.

나는 아프리카에서도 이와 비슷한 이야기를 들었다. 그곳 늙은 주술사에게 꿈을 꾸는지에 대해 물었다. 그는 자신은 꿈을 꾸지 않는다고 대답했다. 그는 "그러나 나의 아버지는 꿈을 꾸었지요."라고 덧붙였다. "나의 아버지는 전쟁이 일어날 때를 알았고, 가축이 있는 곳을 알았으며, 사냥감이 있는 곳을 알았어요." 그래서 나는 같은 주술사인 그도 그런 곳을 알 것 같은데 모르는 이유를 물었다. 그러자 그의 눈에 눈물이 글썽거렸다. 그의 대답은 이랬다. "식민 정부의 대표와 군인들이 이 나라에 있은 이후로 꿈을 꿀 수 없어요. 그들이 모든 것을 알고 있기 때문이지요." 식민 정부 대표가 흑인의 의식이나 마찬가지이기 때문에, 흑인들은 완전히 힘을 잃고 모호해져 무의식에 떨어진다. 물론 그것은 너무나 많은 원시인들이 파멸하는 이유이다. 그들은 백인과 접촉하는 즉시 환상을 보는 능력을 잃고 만다. 그 상실 대신에 의식의 증대가 이뤄지며, 의식이 팽배해질수록 무의식의 영감은 그만큼 약해진다. 우리 현대인의 경우에 일상적인 목적에 무의식이 전혀 필요하지 않지만, 원시적인 상황에서 사람들은 언제나 별들이 이로운지, 오늘 여행해도 좋은지 등에 대해 묻는다. 원시인들은 끊임없이 무의식의 통찰에 기댄다.

사실 무의식은 여전히 볼 수 있으며, 무의식은 여전히 작동하고 있다. 그래서 무의식은 아직 그렇게 절망적이지 않다. 의식이 증대된다 하더라도 무의식을 완전히 대체하는 것은 절대로 불가능하다. 무의식은 오직 상대적으로만 맹목적일 뿐이다. 무의식은 환상을 보지만 특정한 조건에서만 볼 수 있다. 무의식이 그 통찰력을 다시 발달시키려면, 우리 문명에 대단한 곤경이 닥쳐야 할 것이지만,

무의식은 영원히 있다. 평소에는 무의식이 필요하지 않지만, 우리가 곤란한 상황에 처하게 되면 무의식이 다시 발달할 것이다. 문명이 발달할수록 무의식을 회복하는 능력이 떨어진다는 말은 사실이지만, 의식이 흐릿해질 때 무의식이 여전히 환상을 볼 수 있다는 것이 확인된다. 이 특별한 예에서, 무의식은 우리 대부분의 경우와 마찬가지로 앞을 보지 못하는 것이 분명하다. 왜냐하면 우리가 필요한 모든 빛을 의식에 두고 있기 때문이다. 물론 우리는 언제나 더 많은 빛을 원하지만, 우리는 진정으로 필요한 만큼만 빛을 가질 뿐이다. 조금도 더 많은 빛을 갖지 못한다.

원래의 생명 에너지라고 불러도 좋은 그 "위대한 힘들"이 지금 집단 무의식의 그런 무서운 구조를 만들어냈다. 영지주의자들은 이 힘들을 원리들이라는 뜻의 '아르카이'(archaí)라고 불렀으며, 성 바오로는 그것들을 권력과 주권이라고 불렀다. 탄트라 요가에서 '클레사'(klesas)[25]는 오랜 기간의 발달을 거친 뒤에 최종적으로 우리가 의식이라고 부르는 것을 낳는다. 그리고 이 힘들이 그 노인을 만들었고, 이 힘들은 의식의 창조를 통해서 그를 맹인으로 만들었다. 그는 처음에는 보았지만, 그런 종류의 보는 것은 의식적인 행위가 아니기 때문에 특이한 빛이었다. 그런 종류의 보는 것은 하나의 사건으로, 그 사람 자신의 행위로 느껴지지 않고 그 사람에게 일어난 일로 느껴진다. 그래서 노인은 지금 앞을 보지 못하게 되어 사슬에 묶여 있다. 그가 의식에 짓눌려 있기 때문이다. 환상은 이렇게 이어진다.

....
25 산스크리트어 단어로 고통을 낳는 열정, 욕망, 혐오 등을 의미한다.

내가 "당신은 누구죠?"라고 물었다. 그러자 그가 대답했다. "나는 동
양의 위대한 철학자이고, 십자군이고, 그리스도이고, 아하수에로스
(Ahasuerus)[26]라네."

이것은 대단히 역설적이고 또 예상하지 못한 대답이다. 설명이
필요하다. 이 노인이 어떤 점에서 동양의 위대한 철학자인가?

동양의 철학은 언제나 과거의 경험을 건드린다. 동양의 철학은
전적으로 늙은이, 즉 노자(老子)의 지식에 근거하고 있다. ('노'는
늙은이를 의미하고, '자'는 선생님 같은 경칭이다.) 동양에서 철학
은 지적인 활동이 전혀 아니며, 많은 개념들을 갖고 어떤 논리적인
체계를 엮어내려는 시도가 전혀 아니다. 동양 철학은 일종의 요가
이며, 살아 있고, 하나의 기술이고, 자기 자신을 활용하는 기술이
다. 동양 사람들은 자신을 무엇으로 만들려고 하는가?

그들은 무(無)가 되길 원한다. 동양은 위대한 공허에 대해, 긍정
적인 무(無)에 대해, 존재하는 비(非)존재에 대해 이야기한다. 그
런 것이 동양인들이 추구하는 것이고 그들 자신이 되려고 노력하
는 것이다. 당신은 노자의 그 유명한 문장을 기억하고 있다. "그들
은 모두 너무 똑똑하고, 오직 나만 곤경에 처해 있다." 이 문장은 다
른 사람들은 각자가 하고 있는 것을 알고 있지만 그는 명확한 개념
들을 갖고 있지 않다는 뜻이다. 그것은 그가 이해의 길을 훨씬 앞서
나아가고 있기 때문이다. 사고(思考)라는 단어의 동양적 의미에 따
르면, 사고는 결코 명쾌하지 않다. 동양인의 사고는 서양인이 지적
명료성이라고 여기는 것과 정반대이다. 일부 동양의 개념들은 유

....
26 기원전 5세기의 페르시아 왕. 일부 전설에서는 떠돌이 유대인으로도 나온다.

럽의 언어로 옮겨지지 않는다. 도(道)는 공허이고, 텅 빔과 침묵이다. 그러므로 도는 불멸이다. 그것이 영원하기 때문이다. 도는 시간과 아무런 관계가 없다. 도는 시간의 속성을 전혀 갖고 있지 않다. 도는 상반된 것들의 짝들로부터 자유롭다. 왜냐하면 그것이 전혀 아무런 특성을 갖고 있지 않기 때문이다. 도는 절대 공허이고 동양인들이 닿기를 원하는 그것이다. 이 지혜는 일종의 본능에 근거하고 있으며, 그것은 원초적인 인간에 바탕을 두고 있다. 대단히 근본적인 이런 동양의 통찰은 철학적으로 어느 정도 본능에 근거하고 있는가? 어떤 본능이 그런 사상을 자극하고 있는가? 인간이 자신이 추구하고 있는 것이 공허를 의미한다는 것을 이해하도록 만드는 것은 어떤 본능일까?

과거를 바탕으로 한다고 해서 동양 철학이 퇴행적이란 뜻은 절대로 아니다. 동양 철학자들은 대단히 진보적이다. 그래서 우리는 이 철학자들을 뒤로 이끌지 않고 앞으로 이끈 무엇인가가 있음에 틀림없다고 짐작해야 한다. 이 철학자들을 이끈 것이 죽음이었다는 말도 가능하다. 그러나 죽음에 대한 욕망보다는 품위 있게 죽고 싶은 욕망이 이 철학자들을 이끌었다고 할 수 있다. 그것은 곧 삶이 중요했다는 뜻이다. 당신을 일들 속으로 이끌고 당신을 일들로부터 빠져나오게 하는 것이 삶 그 자체이다. 나이가 들수록, 당신은 자연히 어떤 사물에 그다지 집착하지 않게 된다. 그런 것들에 물리게 되고, 그러면 그런 것들은 더 이상 흥미롭지 않게 되고, 당신은 거기서 벗어나려 한다. 너무나 많은 것들이 공허한 망상으로 확인되고, 당신은 그런 모든 것을 기꺼이 제거한다. 그런 것은 이제 더 이상 당신에게 뉴스가 아니다.

예를 들어 보자. 어떤 환자가 자신의 판단에 매우 흥미로워 보이는 일로 나를 찾을 때, 나는 전혀 호기심이 발동하지 않는다. 나는 그런 일에 대해 수도 없이 많이 들었다. 그는 아무도 그런 갈등을 겪지 않을 것이라고 생각하지만, 나는 그런 갈등을 겪는 사람을 1만 명은 알고 있다. 그런 이야기는 쭉정이이고 낡아빠졌다. 경험이 늘어남에 따라, 당신도 그런 일에 식상해 한다. 노력을 해야 하는 이유가 뭐야? 망상을 전혀 품지 않더라도, 당신은 여전히 절대적으로 필요한 것을 할 수 있다. 그렇다면 당신은 삶으로써, 당신의 과제를 성취함으로써 그 과제로부터 벗어난다. 그러다 보면 당신이 성장을 많이 이루게 되고 공허를 향해 접근하고 있는 그런 날이 온다. 내가 볼 때 바로 이 공허가 대단히 바람직한 것 같고 엄청난 의미를 포함하고 있는 것 같다. 그리고 당신은 당신이 시작했던 거기서 종말을 맞는다. 이런 것이 동양의 철학이다.

이제 노인의 두 번째 속성을 볼 차례이다. 그는 자신이 십자군이라고 말한다. 동양 철학에서 십자군으로 옮겨가는 것은 큰 도약이라는 점을 나는 인정한다. 그것은 서로 완전히 다른 문제이며, 그래서 그의 의식에 엄청난 혼합이 일어났음에 틀림없다.

십자군은 서양이 동양에 닿으려는 최초의 시도였다. 11세기에 시작된 운동이 지금 왜 나타나고 있는가? 당시에 그 운동이 왜 시작되었는가? 그때 대단히 중요한 어떤 일이 벌어졌다.

사람들이 세상의 종말을 기대하고 있었다. 1000년은 원시 기독교의 명확한 종말을 의미한다. 당시에 구세주의 재림이, 그리스도의 재림이 예상되고 있었다. 그리스도의 재림으로 세상이 종말을 고하고, 이어 최후의 심판이 벌어질 것으로 여겨졌다. 초기 기독교는 전적으로 이 사상에, 이 세상은 전혀 중요하지 않다는 초월적인 관점에 근거를 두고 있었다. 심지어 테르툴리아누스(Tertullian: A.D. 160-A.D. 220)는 세례 지원자들에게 원형 경기장을 추구하라고 권했다. 동양의 도시들의 인구가 격감했다. 사람들이 수천 명씩 사막으로 들어갔다. 그들은 모든 재화를 수도원에 기부하고 은둔자나 성자가 되었다. 자손을 낳는 일까지 포기하려 들었던 마론파 같은 종파도 있었다. 그것은 다가올 세계에, 내세에 닿기 위해서 집단적으로 행하는 자살과 비슷했다. 재림이라는 사상이 1000년까지 이어졌다. 그때 사람들은 '요한계시록'에 언급된 바와 같이 "한 때와 반 때"가 지났다고 생각했다. 사탄이 세상에서 맹위를 떨치는 것이 허용된 시간 말이다. 이제 최후의 심판의 날이 올 것으로 여겨졌다. 그런데 1000년에 전혀 아무 일도 일어나지 않았다. 그러나 무엇인가가 일어났다. 심판의 날이 있었던 것이다. 그 해가 전환점이었기 때문이다. 다른 무엇인가가 작동하기 시작한 것이다. 1000년은 그 외의 어떤 다른 것을 의미하는가?

물고기자리 별자리가 반쯤 지나간 해였다. 말하자면 물고기자리의 첫 번째 물고기가 막 끝났다는 뜻이다. 교회는 900년에 정점에 달했으며, 그때 교회는 모든 것이었으며 제국은 없는 것이나 마찬가지였다. 그러나 그 직후 세속의 권력이 증대하기 시작했고 교회가 초월적인 관점을 잃기 시작했다. 교회는 현실에 관심을 더 많이 보이게 되었고, 교회가 그동안 쌓았던 거대한 권력은 거의 땅으로 붕괴했다. 이제 움직임은 수평적이었다.

그렇다면 1000년이라는 해는 기독교인들이 기대를 품었던 만큼 깊은 실망을 의미했다. 그런 희망이 꺼질 때, 당연히 사람들은 방황하기 시작했다. 그들은 다른 무엇인가를 찾기 시작했다. 그리고 1790년과 1805년 사이에 호기심을 자극하는 일이 벌어졌다. 그때 프랑스 혁명은 기독교를 사실상 폐위시켜 버렸다. 디드로(Denis Diderot)와 볼테르(Voltaire)가 그 전에 50년 내지 60년에 걸쳐서 기독교를 조롱해 오던 터였다. 바로 그때, 프랑스인 페롱(Anquetil du Perron: 1731-1805)은 동양을 여행하면서 불교 수도승이 되었다. 그는 동양의 경전들을 공부하고 '우파니샤드'를 처음으로 번역했다(그는 아랍어 번역본을 라틴어로 옮겼다). 쇼펜하우어(Arthur Schopenhauer)가 접한 '우파니샤드'가 바로 이 책이었다. 그렇다면 그 시대에 기독교는 1000년에 있었던 실망을 빼고 최악의 타격을 입었다. 어떤 새로운 십자군이 동양으로 밀고 들어갔다가 나올 때 동양을 갖고 나왔으며, 그 이후로 줄곧 동양이 서양으로 스며들고 있다.

십자군은 언제나 무엇인가를 추구하는 사람이다. 무엇인가가 실종되었고, 기독교 교회의 공상적 이상주의는 1000년에 벌어진 정신적 재앙 속에서 그냥 시들어 버렸다. 사람들이 불안해하면서 저 너머의 무엇인가를 찾기 시작한 것이 바로 그때였다. 여기서 노인은 자신이 그런 탐구를 벌이고 있다고 말하고 있다. 이전에 그는 동양의 지혜 그 자체였다. 이 노인은 어떤 점에서 십자군과 비슷한가? 잘 아시겠지만, 무의식은 필요할 때면 볼 수 있다. 또 의식이 앞을 보지 못할 때, 무의식이 보기 시작한다. 그리고 무엇인가를 추구하고 있는 사람은 자신의 눈을 이용한다. 그렇듯 자신의 본질을 표현하고 있는 이 노인은 적절한 의식으로 더 이상 표현할 수 없을 때 더욱 먼 곳을 보기 시작한다.

예를 들면, 지금 우리의 의식이 노인의 상태와 비슷하다. 우리도 마찬가지로 추구하고 있다. 그것이 바로 우리 안의 십자군이다. 1000년이 되기 전까지 이 노인은 원시 교회의 공상적 이상주의로 스스로를 표현할 수 있었다. 당시에 그는 기독교 교리 안에서 전적으로 만족스런 형식을 발견했으며 기독교 교리가 진정으로 살아 있다는 사실을 부정할 수 없었다. 1000년이 지나고 한참 동안, 인류는 추구해야 한다는 감정을 전혀 느끼지 못했다. 오늘날에도 추구할 것이 전혀 없다고 확신하는 사람들이 여전히 많다. 그런 사람들은 자신이 이미 그런 것을 갖추고 있다고 생각하거나 그것이 계시될 것이라고 생각한다. 그들에겐 괴짜들만 사상을 머릿속에 집어넣으려 드는 것처럼 보인다. 그렇다면 인류가 아득히 먼 아메리카 대륙을 발견하려는 충동을 느낀 이유는 무엇인가? 사람들이 십자군처럼 무엇인가를 추구하려고 노력하고 있었기 때문이다. 그러나 그런 욕망은 대단히 무의식적으로 표현되었다. 만약에 그들이 국내에서 성취를 발견할 수 있었다면, 그들에게도 그런 갈망이 일어나지 않았을 것이다. 거기엔 어떤 필요가 있었다. 그래서 오늘날에도 사회적 운동을 연구하면 그것이 여전히 진리라는 것이 확인되는데, 사람들은 자신이 그런 것을 추구하는 이유를 모른다.

노인은 "나는 그리스도이다."고 말한다. 어떤 점에서 그가 그리스도란 말인가?

그리스도는 인간을 위해, 인간이 구원을 받도록 하기 위해 자신을 희생시킨 신이었다. 무엇으로부터 구원을 받는가? 우리는 그것을 죄라고 부르지만, 그것은 정말로 '신비적 참여'이다. 물질과, 육신과 무의식적으로 하나로 엉켜 있는 상태로부터의 구원 말이다.

우리가 의식의 증대를 통해 벗어나야 할 것은 무의식적 상태이며, 그래서 의식이 어둠 속에서 나오는 빛으로 상징되고 있다. 노인은 빛의 증대를 위해서 거듭 희생되고 있다. 왜냐하면 빛이 무의식의 희생을 통해 증대되기 때문이다. 그래서 그는 그리스도이기도 하다. 사람들이 빛을 갖도록 하기 위해서 희생된 신성한 존재 말이다. 이어서 그는 "나는 아하수에로스라네."라고 말한다. 그것은 무슨 뜻인가?

아하수에로스는 영원히 방랑하는 유대인이다. 그것은 유대인 전설이 아니라 14세기까지 거슬러 올라가는 중세의 기독교 전설이다. 전설에 따르면, 방랑하는 이 유대인은 그리스도에게 도움을 주지 않았다. 그는 그리스도를 거부한 사람이었다. 바꿔 말하면, 그는 희생되기를 거부했으며 그리스도나 그리스도의 희생을 믿지 않았다. 그러나 그 노인은 자신이 아하수에로스이기도 하다고 말한다. 그것은 그가 그리스도를 믿지 않는다는 뜻이다.

신은 절대로 사라지지 않는다는 것을 당신을 알고 있다. 신은 형태만 바꿀 뿐이다. 집단 무의식은 어떤 상징으로도 완전히 표현되지 않는다. 집단 무의식은 언제나 방랑하고 있으며, 새로운 형태를 찾고 있다. 그래서 집단 무의식은 세상을 창조하고, 영원한 생명 또는 영원한 변화를 창조한다. 그렇다면 아하수에로스는 세상의 마지막 날까지 구원을 발견하기 위해 떠돌아다닐 사람이다. 그는 날조될 수 있는 공식에는 절대로 만족하지 못할 것이다.

혹시 이 노인과 연결된 다양한 특성들을 머릿속으로 그리면서 당신이 헷갈리지 않을까 걱정된다. 세상 전체가 그의 안에 포함되어 있는 것처럼 보인다. 우리는 그를 집단 무의식의 화신이라고 부르지만, 이 표현은 매우 소박한 과학적인 언어이다. 사람들은 내가 사물들을 그런 식으로 설명하는 것이 특별히 불손하게 느껴진다고 생각한다. 나에겐 그런 큰 일들을 사소한 이름으로 부르는 것이 아주 적절하게 느껴지는데도 말이다. 그 같은 사실은 곧 우리가 이런 것들을 적절히 표현할 수 있는 방법이 아주 적다는 점을 보여준다. 따라서 이런 문제엔 겸손한 언어를 사용하는 것이 더 바람직하다. 그러나 집단 무의식에는 다른 큰 단어들을 사용할 수 있다. 그런 특징들을 두루 갖춘 존재는 누구인가?

신이다. 집단 무의식이라는 단어 대신에 신을 쓸 수 있다. 교리에 따르면, 신이 인간이 되었고, 신이 그리스도가 되었다. 신과 그리스도는 동일하고, 그리스도는 하느님 아버지와 동일하다. 그러나 나는 신이라는 단어를 쓰는 것이 불손하게 느껴진다는 점을 밝혀야 한다. 왜냐하면 그럴 경우에 우리가 이 세상에서 사용하고 있는 모든 인간적인 특성들이 신에게도 그대로 적용된다는 생각이 들기 때문이다. 그러나 이 점을 기억해야 한다. 우리가 신에 대해 하는 모든 말은 인간의 단어에 지나지 않는다는 점을. 인간의 말은 절대로 완전하지 않으며, 언제나 변화한다. 우리는 신에 대해 무슨 말인가를 해야 하지만, 그 말은 타당성을 거의 지니지 못한다. 따라서 나는 그런 큰 단어들을 사용하지 않는 쪽을 더 좋아한다. 나는 소박한 과학적인 언어에도 꽤 만족한다. 왜냐하면 그런 언어가 전체 경험을 우리 가까이로 가져다주는 이점을 발휘하기 때문이다.

당신은 집단 무의식이 무엇인지 알고 있다. 당신은 집단 무의식의 특징을 뚜렷이 보이는 꿈들을 꾼다. 예를 들어, 아무개 삼촌이나 아무개 숙모의 꿈을 꾸지 않고, 사자 꿈을 꿀 수 있다. 그러면 분석가는 당신에게 그것이 신화적인 모티프라고 말하고, 당신은 그것이 집단 무의식이라는 것을 이해한다. 그러면 당신은 즉시 그것을 당신의 주머니에 집어넣게 되고, 그 꿈은 생물이 된다. 이 신은 당신으로부터 멀리 떨어진 채 지구 밖에 있는 그런 신이 아니며 신학 교과서나 '성경' 속의 어떤 개념이 아니다. 그 신은 즉시적이며, 밤에 당신의 꿈에도 나타난다. 그 신은 당신의 위(胃)에 고통을 야기하고 설사나 변비, 일단의 신경증 증상을 일으키기도 한다. 당신은 그 신이 집단 무의식이라는 것을 안다.

아마 당신은 지긋지긋한 두통으로 힘들어할 것이고, 그러면 당신의 분석가는 당신에게 그것에 관한 그림을 그리게 하거나 공상을 털어놓도록 할 것이다. 그러면 당신은 놀라운 그림을, 온갖 종류의 가공적인 것들을 제시할 것이다. 그러면 당신의 두통은 가실 것이다. 그림이나 글, 공상은 집단 무의식에서 나오고 있는 내용물을 보여준다. 만약에 당신이 그것에 대해 설명하려고 노력한다면, 그래서 그것이 정말로 무엇인지에 대해 생각하기 시작한다면, 그것이 바로 예언가들이 관심을 두었던 것이라는 결론이 나올 것이다. 그것은 '구약성경'에 나오는 그런 일처럼 들린다. 신이 사람들을 괴롭힌다. 신이 밤에 사람들의 뼈를 태우고, 신장을 손상시키고, 온갖 종류의 문제를 야기한다. 그러면 당신은 당연히 딜레마에 빠진다. 그것이 정말로 신인가? 신이 신경증인가? 나의 위(胃) 신경증은 아마 어떤 특이한 신의 현시가 아닐까? 그것은 충격적인 딜레마라는 점을 나는 인정하지만, 당신도 지속적으로 또 논리적으로 생각한다면 신은 더없이 충격적인 문제라는 결론에 다다르게 된다. 그것이 진리이다. 신은 사람들에게 충격을 안겨 정신을 잃게 한다. 신이 늙고 가엾은 호세아(Hosea)에게, 존경받을 만한 그에게 한 행동을 떠올려 보라. 호세아는 매춘부와 결혼해야 했다. 아마 그는 일종의 어머니 콤플렉스에 시달렸을 것이다.

그렇다면 우리는 지금 꽤 큰 문제들에 접근하고 있으며, 우리 환자는 여기서 그녀가 내려오면서 등을 밟았던 다른 늙은 남자들처럼 사슬에 묶여 있는 그 늙은이에게 신비한 구석이 있다는 느낌을 받았다.

> 그녀는 이렇게 말한다. "나는 당신을 밟고 앞으로 나아가지 못하겠어요." 그러자 그가 "바보처럼 굴지 마. 네가 나를 밟지 않고 앞으로 나아갈 수 있는 길은 절대로 없어."라고 말했다. 그래서 나는 오른발로 그를 밟고 그의 등에 올라섰다.

이제 방금 이야기한 내용에 비춰보면 이 장면은 무엇을 의미하는가? 당신은 그녀의 망설임을 이해하는가?

그것은 그녀가 무의식의 관점을 이용해야 한다는 뜻이다. 이런 환상 앞에서 분석가라면 누구나 환자가 자신의 무의식을 밟아야 한다고 말할 것이다. 무의식이 디딤돌인 것이다. 신경증을 치료하기 위해선 집단 무의식이 필요하다. 아니면 우리 자신을 보다 잘 통제할 수 있도록 약간 더 의식적인 존재가 되기 위해 집단 무의식을 이용할 수 있다.

그런데 그녀가 망설이는 이유는 그 노인을 밟는 것이 의식적으로 이뤄져야 하기 때문이다. 그녀는 지금 역사적인 모든 의견들을 계단 삼아 밟으며 내려왔다. 지금 그녀는 전체 상황을 직시해야 한다.

무의식이 진정 무엇인지를 봐야 한다는 뜻이다. 그러다 보니 의문스런 구석이 많고, 따라서 그녀가 망설이는 모습을 보이고 있다.

이것을 집단 무의식의 의인화라고 부른다면, 이 장면은 우리가 집단 무의식을 밟고 설 수 있다는 것을 표현하고 있다. 집단 무의식은 우리가 다소 알고 있는 그 무엇이며, 우리가 변화시킬 수 있는 그 무엇이다. 우리는 집단 무의식을 놓고 무엇인가를 할 수 있다. 그러나 우리가 그것을 신이라고 부른다면, 그것은 우리보다 훨씬 더 위대하다. 그것을 집단 무의식이라고 부르는 경우에, 집단 무의식은 삭고, 거의 중요하지 않고, 세속적이고, 과학적인 어떤 개념이 된다. 하지만 집단 무의식을 신이라고 부른다면, 그것은 어마어마하게 커지고, 인간보다 월등히 더 중요하고, 그러면 당연히 사람은 그것을 이용하는 데 주저하게 될 것이다. 지금 이것들은 같은 일의 두 가지 측면이다. 그것은 가장 크면서 동시에 가장 작다. 가장 중요하고, 가장 절대적이면서 가장 상대적인 것이다. 당신은 이 말을 이해할 수 있는가? 이 같은 특이한 사실을 보여주는 다른 개념을 알고 있는가?

브라만이라는 개념이 있다. "작은 것보다 더 작으면서도 위대한 것보다 더 위대한 것." 그것이 그 공식이다. 그렇다면 이 환상에서 그녀를 망설이도록 만드는 것은 갑작스런 깨달음이다. 그녀는 사람이 그처럼 큰 것을, 모든 것을 두루 포용하는 것을, 너무나 막강한 것을 진짜로 밟고 올라설 수 있다는 것을, 그렇게 큰 것을 작고 중요하지 않은 그 무엇처럼 이용할 수 있다는 것을 깨닫는다. 아시다시피, 이것은 우리의 종교적 사상과 확신과 정면으로 위배된다. 전통적인 기독교인으로서, 우리는 목적 달성에 신이 가장 작고 가장 중요하지 않은 수단이라는 점을 절대로 인정하지 못한다. 동양은 그렇게 할 수 있지만, 서양은 편파적인 어떤 관념을 품고 있다. 그 관념을 서양인들은 신이라고 부르며, 이 신은 모든 것을 두루 포용하고, 절대적으로 보편적이고, 인간보다 비교도 되지 않을 만큼 위대한다. 이 신은 이용될 수 없으며, 반대로 우리 인간은 언제나 이 신의 권력 아래에 있다. 그러나 여기서 무의식은 가장 크면서 가장 작은 것이라는 이 역설적인 개념을 끌어올린다. 어떤 꿈이 역설적인 진술을 하고 있을 때, 그것은 심리학에서 일반적으로 무엇을 의미하는가?

어떤 사물에 대한 정의가 지극히 어려울 때, 사람들은 보통 역설적인 진술을 제시한다. 우리가 집단 무의식이라고 부르는 것은 절대로 정의가 가능하지 않다. 그래서 그것을 우리는 신이라고도 부른다. 왜냐하면 집단 무의식이 가장 위대한 것의 특징들 전부와 가장 작은 것의 특징들 전부를 다 갖추고 있기 때문이다. 집단 무의식이 정확히 무엇이라고 밝히는 것은 전적으로 불가능하다. 예를 들어, 물리학자에게 에테르가 무엇이냐고 물어보라. 그것은 물질이고 원자들로 이뤄져 있음에도, 물질의 특성을 전혀 갖고 있지 않다. 중력도 전혀 없고 밀도도 전혀 없다. 에테르는 단지 진동을 전하는 물질이다. 우리는 그것을 두고 존재하는 그 무엇이라는 식으로 말하지 못한다. 단지 그렇게 짐작만 할 수 있을 뿐이다. 그것은 인식 불가능하지만, 그럼에도 무엇임에, 빛의 물질이거나 그런 종류의 그 무엇임에 틀림없다. 에테르가 무엇인지 정확히 밝히지 못하기 때문에, 우리는 역설적인 진술을 제기한다. 이 환상에도 그와 비슷한 진술이 나타나고 있다.

1933년 6월 7일

지난 시간에 설명한 노인은 인류의 과거 전체이다. 그 노인은 집단 무의식의 상징 중 하나이다. 말하자면 인간이 역사를 내려오면서 한 경험과 성취의 총합을 나타내는 신성한 형상인 것이다. 아시다시피, 과거는 타성이라는 순수한 힘을 휘두르는 살아 있는 권력이다. 타성이 인간에게 행사하는 힘은 인간의 모험심보다 훨씬 더 강하다. 간혹 누군가가 모험심을 발휘하며 무슨 일을 하지만, 세상은 전반적으로 타성에 의해 존재한다. 그렇기 때문에 원초적인 인간은 우선 타성의 거대한 힘을 상징하지만, 원초적인 인간 안에 특이한 종류의 갈망이 있다. 이 갈망이 간혹 모험심을 야기하고, 또 크고 작은 장애를 일으키고 또 어떤 움직임을 일으키는데, 이것을 사람들은 즐겨 발달이나 진화라고 부른다. 그러나 세상에 향상 같은 것이 정말로 있는지는 매우 의문스럽다. 단지 움직임이 있고 변화가 있다고만 할 수 있을 뿐이다. 간혹 사물들이 더 복잡해지기도 하고 더 단순해지기도 하지만, 그것이 정말로 보다 나은 쪽으로 나타나는 움직임인지는 극히 의문스럽다. 왜냐하면 인간 존재에게 있는 기본적인 성향이 타성이라는 거대한 힘이고, 타성에 젖은 정신은 대단히 비합리적이고 변덕스럽기 때문이다. 그래서 어떤 운동에 대해 분명한 판단을 내리는 것은 지극히 어려운 일이다.

아시다시피, 우리는 이 원초적인 인간을 정확히 신이라고 부를 수 없었다. 우리는 그를 신이라는 단어의 고대적인 의미에서 신 같은 존재라고 부를 수 있었다. 아니면 신비 종교들의 의미에서 본다면, '아담 카드몬'(Adam Cadmon)[27]이 그의 또 다른 이름이 될 것이다. 그는 어쨌든 푸루샤 같은 신성한 형상이거나, 영지주의의 야훼 개념이거나 데미우르고스(Demiurgos)[28]이다. 이 표현들은 모두 원초적인 인간의 다양한 형태들이다. 그것은 기본적으로 집단 무의식의 의인화이며, 집단 무의식은 동물이나 식물, 땅이나 우주의 사실들을 포함하지 않으며 특별히 인간의 경험을 나타낸다. 따라서 사람은 그 4가지 속성에서 특별히 인간적인 특성들을 발견한다. 위대한 철학자는 심사숙고의 힘 또는 인간 사고의 위대성을, 십자군은 무엇인가를 추구하는 인간을, 그리스도는 자신의 확신을 위해 고통 받으며 죽은 뒤 돌아와 다시 시도하는 존재를, 아하수에로스는 잃어버린 무엇인가를 미래에 찾을 것이라는 희망을 품은 가운데 그것을 찾아 떠돌아다니는 인간을 나타내고 있다. 그것들은 모두 인간 삶과 경험의 측면들이다. 노인은 자신에게 휴식을 줄 그런

....
27 '천인'(天人) 정도로 번역될 수 있다.
28 창조자라는 뜻이다.

완전한 표현이나 성취를 발견하지 못한 인간이다. 그것은 결코 끝나지 않는 인간의 노력이다. 지금 이것은 너무나 위대하고 너무나 막강하고 고대적인 의미에서 너무나 신성하기 때문에, 당연히 사람은 그것을 밟는 것에 대해 공포를 느낄 것이다. 그것이 너무나 장엄해 보이고 너무나 위대해 보이는 것이다. 그리고 그 노인 너머로 나아가는 것은 앞으로 나아가려는 인류의 욕망을 성취하는 것을, 원초적인 인간의 낡은 문제에 새로운 대답을 제시하는 것을, 원초적인 인간이 태곳적부터 물어왔던 질문들을 해결한다는 것을 의미할 것이나. 지금 그것은 하나의 큰 일이다. 수백만 년 동안 던져왔던 질문들에 대답을 제시하는 것은 인간의 능력을 넘어서는 일이라고 할 수 있다. 원초적인 인간을 넘어서서 나아가는 것은 우리의 역사를 넘어선다는 것을 의미할 것이다.

언젠가 내가 치료한 적이 있는 신학자가 기억난다. 나는 그의 무의식과 꿈이 그에게 다른 관점을 주려고 노력하고 있다는 점을 이해시키기 위해 오랫동안 노력했다. 그가 인간 삶의 사실들을 새로운 형식으로 동화시킬 수 있도록 할 관점이었다. 비(非)기독교 종교들, 예를 들면 인간 경험의 한 형태인 불교에 관한 꿈들이 있었다. 현대인의 관점에서 보면, 모든 불교 신자들은 곧장 지옥으로 떨어지는 반면에 기독교인들은 유일하게 신의 진정한 현현을 즐긴다고 생각하는 것은 당연히 너무나 터무니없다. 우리 시대에 제대로 교육을 받은 사람이라면 그런 확신에 집착할 수 없을 것이다. 그럼에도 이 문제는 그 신학자의 무의식에서 소용돌이를 일으키며 그를 괴롭히고 있었다. 당연히 서양인은 불교의 신념이나 도교 사상, 이슬람 사상을 기독교 교리 속으로 끌어들이지 못한다. 만약에 서양인이 불교에 대해 기독교의 근본적인 원리들을 약간 변형시킨 것에 불과하다는 식으로 설명하려고 시도한다면, 그 같은 노력 자체가 설득력을 발휘하지 못할 뿐만 아니라 거기서 아무것도 나오지 않는다. 아시다시피, 그 사람의 무의식은 그에게 보편적인 어떤 관점을 제시하려고 노력했지만, 그는 역사적으로 내려오는 자신의 편협한 신앙에 집착하고 있었다. 나는 그가 자신의 무의식이 품고 있던, 정말로 인간적인 의도를 보도록 하려고 노력하다가 결과적으로 그를 화나게 만들었다. 그러자 그는 "그렇다면 당신은 역사를 따르지 않는군요!"라고 외쳤다. 그래서 나는 물론이지, 라고 대답했다. 왜냐하면 새로운 시도나 모험은 어떤 것이든 비(非)역사적이기 때문이다. 역사와 관련 있는 것이라면, 그것은 지금까지 해 왔던 것처럼 똑같이 굴러가도록 만드는 타성이며 언제나 똑같다.

창의적인 무엇인가를 하기 위해서, 우리는 반드시 비역사적이어야 한다. 창조는 오늘 시작한다. 거기엔 어떤 역사도 없으며 원인도 없다. 창조는 언제나 무(無)로부터의 창조이다. 역사적인 것은 일종의 불모(不毛)이다. 조상들이 늘 살았던 방식대로 살고, 같은 집에서 살고, 같은 음식을 먹고, 같은 침대에서 자고, 같은 옷을 입는 것은 멋지다. 거기에 반대할 것은 하나도 없다. 그런 것은 지나칠 정도로 멋지지만, 사람이 간혹 모험심을 발휘하며 다른 무엇인가를 해야 하는 상황은 거북하다. 그 같은 모험이 더 바람직한 일인지에 대해선 자신 있게 말하지 못하지만, 우리는 지금 솟구쳐 올라오면서 창조하기를 원하고 있는 이것을 어떻게든 처리해야 한다. 그것은 대단히 자연스럽다. 그럼에도 그 신학자에겐 사람이 역사 그 너머까지 나아가는 것을 꿈꿔야 한다는 것은 소름 끼치는 일이었

다. 그래서 그는 과거를 밟고 앞으로 나아가는 것을 두려워했다. 그
럴 경우에 사람이 중대한 질문에 직면하기 때문이다. 따라서 그 문
제는 동양의 철학과 십자군의 모험 정신, 아하수에로스의 갈망과
그리스도처럼 고통을 겪으려는 의지를 필요로 한다. 그리스도는
철저히 비역사적이었으며, 반항아였으며, 유대인의 법이라는 눈으
로 보면 죄가 아주 깊었다. 그리고 신학자들은 그리스도를 어떻게
대하고 있는가? 그리스도의 진정한 추종자가 되기를 원한다면, 신
학자들은 매일 새롭게 시작해야 하고, 옛날의 말을 되풀이하지 말
아야 하고, "이것이 언젠가 일어났던 계시이며, 그 이후로 신은 새
로운 것을 절대로 할 수 없었다."는 식으로 말하지 말아야 할 것이
다. 그 말은 진실이 아니다. 왜냐하면 정신이 영원히 살아 있고 영
원히 새로운 무엇인가를 시작하고 있으며, 정신은 창조적이기 때
문이다. 간혹 정신도 잠을 자고 한동안 긴장을 전혀 안 하기도 하지
만, 그런 때에도 정신은 힘을 모으며 어떤 폭발력을 창조하는데, 그
때의 정신은 완전히 비역사적이다.

그렇다면 원초적인 인간은 우리 환자에게 지나치게 어려운 과제
를 안겨주고 있으며, 그래서 그녀는 당연히 망설이는 모습을 보이
게 되어 있다. 그를 뛰어넘는 것은 곧 그녀가 지금까지 확신했던 모
든 것들 그 너머로 가서 새로운 길을 발견한다는 뜻이다. 물론 이
말이 터무니없는 것처럼 들리지만, 만약에 인간에게 그런 엉뚱한
충동이 전혀 없었다면 새로운 것은 전혀 창조되지 못했을 것이다.
지금 환상 속에서 그녀는 그를 밟고 올라서기로 마음을 정하고 이
렇게 말한다. "그래서 나는 오른발로 그를 딛고 섰다." 그런데 왜
오른발일까?

왼발은 불길하고, 불행한 전조처럼 느껴진다. 집에 들어갈 때 왼발로 먼저 들어가서는 안 된다는 미신이 있는 것과 똑같다. 강박 신경증으로 힘들어 하던 환자가 있었다. 이 환자는 손수건이나 넥타이를 사러 가게에 들어갈 때 혹시라도 가게 안에 왼발을 먼저 들여놓기라도 하면, 그때까지 일어난 일은 더 이상 유효하지 않았다. 당장 그는 집으로 돌아가서 모든 것을 다시 시작해야 했다. 그 길에 어떤 행위라도 했다면, 예를 들어 개인적인 물건을 샀다면, 그는 그 거래를 취소해야 했다. 그래서 그는 가게에 들러 점원에게 설명할 수 없는 이유로 자신에게 돈을 돌려줘야 한다고 말했으며, 자기도 물건을 돌려줬다. 그런 다음에 그는 다시 그 가게를 찾아 그 물건을 다시 사야 했다. 왼쪽에서 자신의 얼굴을 보게 되는 경우에도 똑같은 규칙이 적용되었다. 그는 호텔에 투숙할 때면 언제나 먼저 화장실부터 들여다보고 거울이 양쪽에 모두 있는지를 확인하곤 한다. 그런데 언젠가 한번은 왼쪽에만 거울이 달려 있었으며, 그래서 그 호텔방은 아주 위험한 곳으로 여겨지게 되었다. 그 호텔은 그곳에서 유일한 호텔이었고 이미 꽤 늦은 시간이었다. 그래서 그가 할 수 있는 유일한 방법은 거울 위치에 맞춰 뒤로 걷는 것이었다.

우리 환자는 이 형상을 밟을 때의 상황을 이렇게 설명했다.

> 매우 뜨거운 열기가 나를 훑고 지나갔다. 발을 들어 올리다가 나는 나의 발바닥에 낙인이 찍혀 있는 것을 보았다. 중국 용이 십자가를 감고 있고, 십자가 위에 사자의 머리가 있는 그림이었다.

이것은 무엇인가? 그녀가 역사 그 너머까지 갈 때 무슨 일이 일어나는지, 우리는 확실히 알아야 한다. 새로운 무엇인가가, 새로운 모험이 일어나게 되어 있다. 뜨거운 열파와 그녀의 발바닥의 표시가 새로운 것이다. 이것을 어떻게 해석해야 할까?

'구약성경'의 특별한 조건 하에서, 동물을 제물로 바치는 것은 땅의 과일을 제물로 바치는 것보다 더 원시적일 수 있다. 그렇다면 땅의 과일을 제물로 바친 카인은 혁신자였다. 카인은 그 전에 아무도 하지 않은 것을 했다. 신들에게 즐거운 방식은 동물을 제물로 바치는 것이었으나, 카인은 새로운 무엇인가를 발명했다. 그러나 혁신은 프로메테우스의 죄이며 빔죄이다. 왜냐하면 그것이 소위 영원한 법칙의 타성을 깨뜨리는 것을 의미하기 때문이다. 따라서 아름다운 혁신에도 불구하고 카인은 낙인이 찍혔으며, 더욱이 그의 불은 적절히 타지 않을 터였다. 두 개의 제물을 바치는 옛날의 그림에서, 아벨의 불은 지속적으로 타며 거기서 나오는 연기도 멋지게 하늘로 올라가는 반면에 카인의 불은 지속적으로 연기를 내고 그 연기는 땅 위로 흩어지면서 신들을 즐겁게 하지 못하고 있다. 그래서 카인은 자신의 혁신에 대해 열등감을 느꼈으며, 이 열등감이 그를 특별히 화나게 만들었고, 그래서 그는 독실한 소년인 아벨을 죽이기에 이르렀다. 그런데 아벨은 허락된 길을 그저 따르기만 할 뿐 아이디어는 전혀 없는 소년이었다.

우리 환자도 그와 똑같은 곤경에 처해 있다. 그녀는 원초적인 인간을 밟고 섰고 그를 넘어가고 있는 상태이며, 그 즉시 자기 형제까지 죽일 수 있는 혁신가라는 낙인이 찍힌다. 혁신가에게 그런 낙인이 찍히는 이유는 혁신이란 것이 이미 존재하는 것들에게는 이롭지 않기 때문이다. 그녀에게 찍힌 표시를 보면 중국 용이 십자가를 감고 있고, 십자가 위에 사자의 머리가 있다. 이 상징적인 언어는 무슨 뜻인가?

이 상징 표현은 모두 이전의 환상에 담겨 있었다. 중국 용은 동양 철학을, 십자가는 그리스도를 가리킨다. 그러나 사자가 거기선 노인의 발 아래에 있었는데 여기선 맨 위에 있다. 이것은 또 무슨 뜻인가?

용이 그리스도가 아니라 십자가를 감고 있다는 사실은 두 가지 상징의 결합일 것이고, 그것은 동양과 서양의 결합을 의미할 것이다. 꼭대기에 있는 사자는 권력 개념 외에 태양을 의미한다. 사자의 빛나는 갈기는 삼손의 머리카락처럼 태양의 광선을 상징한다. 그리고 사자는 점성술적으로 '태양의 집'이다. 사자자리는 태양이 가장 큰 힘을 발휘하는 기간인 7월 21일부터 8월 24일에 해당하는 별자리이다. 그래서 사자가 태양을 뜻할 수 있지만, 이 사자의 특별한 측면이 그런 의미를 지닌다. 왜냐하면 태양이 아주 다양한 방식으로 상징될 수 있기 때문이다. 만약에 태양이 사자에 의해 상징된다면, 태양은 특별한 종류의 권력을, 그러니까 강력한 인간의 형태가 아니라 강력한 동물 형태의 권력을 의미할 것이다. 태양은 또 방사(放射)를 의미하는 뿔들을 가진 모세의 얼굴에 의해서도 상징된다. 그리고 시나이 산에서 내려올 때, 모세의 얼굴은 아주 강렬한 빛을 발산했다. 그래서 사람들이 모세를 볼 수 있도록 하기 위해 그의 얼굴을 베일로 가려야 했다. 그 얼굴은 계몽된 인간의 형태로 나타난 태양이었을 것이다. 또한 태양은 태양신 헬리오스의 왕관에 의해서도 상징된다. 옛날에 카이사르들이 쓰곤 했던 태양광선 왕관 또는 방사도 태양을 상징했다. 로마의 주화에서 그런 왕관을 볼 수 있다. 그런 곳에서 태양은 인간의 마음 또는 이해력, 인간의 정신을 타나냈을 것이며, 태양은 특별히 인간적인 특성이었을 것이다. 그러나 여기서 태양은 동물의 형태로 나타나고 있다. 이것을 어떻게 설명할 수 있을까?

룩소르에 가 본 사람은 세크메트(Sekhmet) 여신의 거대한 상을 기억할 것이다. 그 여신상은 대단히 아름다운 검은 현무암으로 제작되었으며, 이 여신의 머리는 암사자로 되어 있다. 그녀는 연중 가장 뜨거운 때에 태양신 라의 끔찍한 파괴력을 상징했다.

앞의 환상에서, 원조석인 인간의 발 아래에 있는 사자는 오래된 롬바르디아 양식의 교회들, 예를 들면 베로나의 성 제노 교회에 있는 사자와 같은 위치에 있었다. 이 교회에 가면, 입구에 몸을 웅크린 사자들이 교회의 현관을 떠받치고 있는 두 개의 기둥을 등에 지고 있다. 아니면 간혹 사자들이 설교단을 지탱하는 기둥 아래에 있다. 그 사자들은 기독교에 정복당한 이교 사상이나 이교도 로마를 상징한다. 기독교 미술에서 사자는 문장(紋章)을 수놓은 기사의 옷에 종종 방패를 들고 있는 모습으로 묘사된다. 또 기사의 석관 위에 엎드린 기사의 조각상 발치에 일종의 발판으로 작은 사자가 조각되어 있다. 그 위치는 인간 정신 또는 인간의 권력에 정복당한 본능적인 형태의 에너지를 상징한다. 그러나 이 환상에서 동물적인 에너지가 아래에서 솟아오르고 있다. 그녀가 원초적인 인간 위로 걸음을 내디디며 그를 넘으려는 순간에, 엄청나게 뜨거운 열기가 방출된다. 사자 열기 또는 태양의 열기이다. 이 열기가 그녀의 발을 통해 올라와 전신으로 퍼지면서 머리에 십자가를 쓴 태양이 된다. 그리고 그 열기에 의해 그녀에게 표시가 남게 된다. 당신은 역사나 전통 그 너머로 가자마자 동물의 그런 뜨거운 에너지로 충만하게 된다. 지금 십자가는 언제나처럼 팔을 쫙 펴고 있는 인간처럼 보인다. 그 같은 몸짓은 무엇을 의미하는가?

누군가가 당신에게 불가능한 것을 요구한다고 가정해보자. 예를 들어 어떤 사람이 당신에게 약속 시간을 잡자고 하는데 그 시간에 만나는 것은 절대로 불가능하다. 그런 경우에 그런 제스처가 나올 수 있다. 절대로 불가능하다는 뜻이 담겨 있을 것이다. 그런 몸짓은 할 수 있는 것이 아무것도 없다는 것을, 무방비 상태라는 것을, 체념하고 받아들인다는 것을 의미한다. 그리고 이 자세에서 그녀는 사자의 열기로 충만하다. 언젠가 이런 자세를 취하고 있는 여자의 그림을 보여준 적이 있다. 그녀 주위로 아래로부터 불꽃들이 올라오는 모습을 담은 그림이었다. 그녀는 불로 충만했다. 거기엔 별도로 할 수 있는 일이 전혀 없었다. 당신이 역사 그 너머로 갈 때, 새로운 무엇인가가 시작될 때 어떤 일이 일어날 것 같은가?

아시다시피, 역사적인 상태에 있다면, 당신은 명확한 어떤 형태 속에, 일종의 주형(鑄型) 같은 것 안에 있다. 만약 역사적 상태 그 너머로 간다면, 당신은 형태를 전혀 갖추지 않은 어떤 것 속으로, 전혀 통제되지 않는 그런 힘들 틈으로 떨어질 것이다. 문명 속에서, 혹은 역사적인 상태 안에서, 당신은 안정된 상태에서 산다. 그런 상태에선 사자로 상징되는 힘들은 사슬에 묶여 있다. 만약에 그 너머로 간다면, 당신은 그 힘들을 풀어놓을 것이고, 그러면 그 힘들은 자유롭게 날뛸 것이다. 역사적인 상태는 장애를 일으키는 힘들을 달랠 목적으로 세워진 그런 건물과 비슷하다. 그 상태에서 당신은 자신을 관리할 수 있으며, 당신의 삶을 정해진 방향으로 영위할 수 있다. 그러나 그 너머로 나서는 순간, 당신은 혼란에 빠지고, 인간적인 상태에서 벗어나 원초적인 상태로, 그러니까 어떤 것도 형성되지 않고 길들여지지 않은 그런 상태로 들어간다. 그러면 자연히 당신은 삶의 충동의 무한한 맹목성을 고스란히 경험할 것이다. 그 무한한 충동은 곧 태양과 동일하다. 우리의 생명은 태양에서 나오며, 그래서 태양은 영원히 삶의 충동의 상징이다.

그런 조건에선 "꼭 해야 하는" 의무 같은 것은 절대로 없다. 거기엔 단지 수많은 길, 아마 수천 개의 길이 있거나 전혀 길이 없을 수 있나. 그것은 완전히 새로운 경험이며, 당신은 어디서 시작해야 할지 모를 것이다. 또 그런 조건은 대단히 사악한 상태이다. 왜냐하면 역사적인 상태는 언제나 신성하고, 성스럽고, 터부이며, 많은 세대들이 그것을 믿어 왔으며, 그것을 파괴하려 드는 사람은 누구나 범죄자로 여겨지기 때문이다. 그래서 그런 조건에 있는 당신은 범죄자와 비슷하며, 당신은 세대들이 세운 것을 어느 정도 파괴하고 있다. 당신은 마치 자신이 더 잘 아는 것처럼 그것을 부정할 것이지만, 실은 당신은 더 잘 알지 못한다. 당신은 단지 문명화되지 않은 국가의 선구자처럼 앞으로 나아가고만 있을 뿐이다. 그러다가 당신은 원시인들과 야생 동물들이 사는 숲에 닿고 원소들의 힘들에 닿는다. 그러면 당신은 역사의 여명기를 살던 사람과 비슷하고, 당신이 유일하게 의지할 수 있는 것은 맹목적인 본능뿐이다. 당신은 미지의 영역에서 어떤 길을 발견해야 하는 동물의 상태로 전락하면서 앞을 예견하지 못하는 맹목적인 본능에 휘둘리게 된다. 그런 일이 종종 일어난다. 그것이 바로 일종의 심리적 궤주(潰走)인 공황을 일으키는 원인이다. 왜냐하면 어떤 신성한 법칙이나 편견이 유효하지 않아서 더 이상 믿을 수 없다는 사실이 갑자기 확인될 때 사람들이 정신을 완전히 놓아버리면서 즉시 미쳐버리기 때문이다. 그들은 단지 궤도를 따라 움직이지 않는 세상을 견뎌내지 못한다. 대부분의 사람들은 이 세상을 모든 것들이 궤도를 따라 움직이는 일종의 기계적인 장치로 이해하고 있다. 그렇기 때문에 세상이 다른 방식으로 움직인다는 사실이 확인되는 즉시, 그 사람들은 마치 다루기 힘든 일이 벌어질 때의 동물처럼 앞을 다투며 달아나려는 반응을 보인다. 그렇다면 우리 환자가 갖고 있는 이 표시는 범죄자나 혁신자, 비역사적인 존재가 되는 죄를 저지르는 사람에게 찍는 낙인과 비슷하다.

지금 이 환상 속에서 벌어지는 일들의 상태는 아주 특이하다. 사자의 머리가 맨 위에 있고, 아래의 십자가에 용이 있으니 말이다. 그것은 시작의 조건이다. 사물들이 아직 무의식의 형태로 있고 아직 의식적으로 만들어지거나 실현되지 않은 그런 상태라는 뜻이다. 그런 상징이 영지주의에 있다. 매우 중요한 영지주의 상징이다. 위는 사자의 머리이고, 아래는 뱀이다. 그것은 이아오(Iao)나 아브라크사스(Abraxas)로도 불리는 데미우르고스의 표시이다. 아브라크사스는 데미우르고스의 수적 원칙을 암시하는 이름이다. 아브라크사스라는 이름에 쓰인 그리스 글자들의 수치(數値)를 모두 합하면 한 해의 일수와 동일한 365이다. 그것은 창조적 에너지와 시간의 동일성을 상징한다. 아브라크사스는 보통 가금류의 머리와 인간의 몸통, 뱀의 꼬리로 표현되지만, 용의 몸통에 사자의 머리를 한 상징도 있다. 이 사자의 머리에는 12개의 광선으로 만들어진 왕관이 씌워졌는데, 이는 1년 열두 달을 암시한다. 영어 단어 'dragon'

은 뱀을 의미하는 그리스어 단어 'drakon'에서 나왔으며, 그래서 옛날의 텍스트에는 이 단어들이 서로 혼용되고 있다. 예를 들면, 이런 신비한 문장이 있다. "수소는 용의 아버지이고 뱀은 수소의 아버지이니라."

미트라 숭배에 사자 머리를 한 신이 있는데, 이 신의 모습이 이와 비슷하다. 이 신은 몸통은 인간이고 머리는 사자이다. 뱀이 신의 몸을 감고 있으며, 이 뱀은 자기 머리를 사자의 머리 위에 올려놓고 있다. 아이온(Aiōn)이라 불리는 신이며, 단어의 뜻은 오랜 기간의 시간을, 영겁을 의미한다. 아이온은 사실상 페르시아의 신 제르반 아카라나(Zervan Akarāna)와 동일하며, 이 페르시아 신도 마찬가지로 헤아릴 수 없을 만큼 긴 시간을 의미한다. 이것은 다시 창조와 시간은 동일하다는 베르그송(Henri Bergson) 철학의 '창조적 지속'(durée créative)에 의해 표현되고 있는 개념이다. 긴 안목으로 보면, 결국엔 일들이 일어나게 되어 있다. 왜냐하면 때가 되면 모든 것이 변하고 새로운 것이 오고 시간과 창조가 동일하기 때문이다. 그래서 옛날의 신(新)플라톤주의자 프로클로스(Proclus)는 "창조가 있는 곳에 시간이 있다."고 말했다. 그리고 스토아 철학의 창조신은 시간을 의미하는 크로노스라는 이름으로 불렸다. 뱀은 또 황도의 12궁을 통과하는 태양의 길을 상징하고, 그리스도는 황도의 그 뱀과 비교되고, 황도의 12궁은 12사도와 비교될 수 있다. 따라서 초기의 기독교 석관에 12사도는 저마다 이마에 별을 하나씩 가진 것으로 그려졌다. 12사도는 별자리였으며, 그리스도는 등에 12사도 또는 12개의 별자리를 지고 가는 위대한 뱀이다. 예수의 말씀 중에 이런 내용이 있다. "나는 포도나무고 그대들은 포도이니라."

포도들이 포도나무에 달려 있듯이, 사도들은 예수의 몸에 붙어 있다. 달리 말하면, 사도들은 그저 시간 속에 나타난 것에 지나지 않으며, 그들은 시간이라는 기나긴 뱀에 의해 창조되었다.

내가 아직 본격적으로 연구하지 못한 초기의 이런 온갖 상징적 표현이 우리의 환상 속에서 이 상징을 통해 나타나고 있다. 우리는 다시 인간의 정신이 아니라 동물의 정신을 가진 신을, 우리의 정신적 기대가 아니라 우리의 최악의 두려움과 부합하는 신을 만나고 있다. 바꿔 말하면, 그런 뜨거운 열기에 쬐인 사람은 절대적인 맹목성과 방향 감각 결여, 형태와 정의(定義)의 결여를 느낄 것이다. 그런 사람은 아마 오늘날 우리가 목격하고 있는 세상의 정신적 그림과 비교할 수 있는 그런 그림만을 제시할 것이다. 우리 현대인은 방향 감각을 완전히 잃었으며, 우리는 지금 어떤 것도 확신하지 못한다. 세상에는 오직 맹목적 충동만 있을 뿐이며, 그 충동이 추구하는 것이 무엇인지 아무도 모르고 있다. 그렇다면 이 상징은 특별한 한 사람에게만 적용되는 것이 아니라 우리 시대에도 그대로 적용된다고 할 수 있다. 그리고 잘 아시겠지만, 그것이 로마에서 방향 감각의 상실이 시작되던 기원후 첫 세 번의 세기의 상징이었다. 당시에 사람들은 가치들과 방향을 잃었으며, 완전히 새로운 세계가 시작하고 있었다. 지금 논하고 있는 신들은 동시에 그 시기의 특징을 보여주고 있다.

이런 질문이 제기되었다. "그런 삶에서 정신적 삶은 어떤 식으로 일어나게 됩니까? 제가 볼 때 그 삶이 꽤 동물적인 것처럼 보이고 인간이 다시 동물의 상태로 내던져지는 것 같거든요. 그런 상태에 어떻게 정신적인 것이 생겨날 수 있습니까?"

정말 훌륭한 질문이다. 이 특별한 예에서 정신이 어떤 식으로 개입할 것인지에 대해 우리는 알지 못하지만, 그것을 일반적인 질문으로 받아들일 수 있다. 정신이 어떻게 그런 상태 속으로 들어갈 수 있습니까, 라는 식으로 말이다. 인류는 여러 차례 방향 감각을 상실하는 상태에 빠졌으며, 그때마다 어떤 정신이 어디선가에서 나왔다. 예를 들어, 초기의 교회는 그 시대의 혼란을 씻어냈다. 초기 교회는 어떤 신성한 정신을 보여주었다. 정신이라는 것이 본래 어떤 것인지, 나는 잘 모르며 알 수도 없다. 그것은 비유적이며, 나는 정신이 심리학석으로 의미하는 것만을 알 수 있을 뿐이다. 사자 같은 상태에 있다면, 가장 시급히 필요한 것은 어떤 태도를 갖는 것이다. 질문은 이것이다. 그런 혼란 속에서 당신의 태도는 무엇인가? 당신은 그 혼란에서 빠져나오기 위해 어떤 태도를 선택하는가? 실제 정치적 상황 때문에 호되게 당한 어떤 사람이 최근 나에게 현재 세계에서 벌어지고 있는 일들에 대해 어떤 태도를 취하고 있느냐고 물었다. '나'의 태도가 어떤 것인가 하는 문제는 중요하지 않지만, 그 질문은 그가 어떤 태도를 찾고 있다는 것을 보여주었다. 그런 상황에서 어떤 태도를 취하지 않는다면, 사람은 혼란의 와중에 완전히 길을 잃고 만다. 사람은 이런 혼란스런 상태를 어떤 특별한 방식으로 받아들여야 한다. 그런 것이 곧 정신이다. 어떤 태도를 갖고 있는 사람이라면 정신이라는 단어를 사용할 수 있다. 예를 들어, 사람은 어떤 정신에 따라서 행동한다. 사람은 어떤 정신에서 자신의 원칙들을 선택한다. 그것은 어떤 원칙에, 이를테면 어떤 철학적 공식에 의해 설명되는 일종의 태도를 의미한다. 정신 또는 태도는 언제나 상징화되었다. 그래서 정신은 하나의 상징이다. 예를 들면, 옛

교회의 상징은 교리였으며, 교리가 사람들이 세상의 동물적인 혼란을, 심각한 궤주를 극복하는 데 도움을 주었다. 만약에 당신이 그 상징을 믿는다면, 그 믿음은 당신이 그런 종류의 정신을 적용하고 있다는 것을 의미한다.

그런 상징은 지적인 사실일 뿐만 아니라 감정적인 사실이기도 하다. 그러므로 정신적인 것은 호흡과 관계가 있다. 감정이 고조된 상태에 있으면, 호흡이 방해를 받는다. 흥분할 때, 당신 안에서 환기(換氣)가 강하게 이뤄진다. 숨이 당신의 육체를 통해 이동하고, 당신은 성령강림절의 바람으로 충만해진다. 성령은 전체 집을 채우는 강력한 바람이며, 당신은 흥분으로 헐떡거리게 된다. 그것이 정신의 감정적 측면, 즉 특별한 정신적 태도 때문에 일어나는 감정적 활력이다. 당신의 믿음 또는 확신은 결코 냉철하지 않다. 그것은 불같으며 움직이고 있다. 그것은 당신을 움직이고, 당신은 그것에 사로잡힌다. 당신은 성령 강림 당시의 사도들처럼 그것에 취한다. 그것은 동시에 감정적인 현상이다. 그것은 심리적 현상학에서 이해하고 있는 정신이다. 그래서 알코올이 든 음료도 'spirit'로 불린다. 알코올음료는 당신을 취하게 만들고, 당신의 신체를 변화시키고, 말하자면 당신을 끌어올린다. 그 음료는 당신의 정신을 높이 끌어올린다. 물론 그것은 저급한 종류의 정신이지만, 그런 것에도 당신은 정신이라는 단어를 적용한다. 그리고 디오니소스는 열정과 포도주의 신이었다. 그래서 열정적이고 격정적인 태도는 어떤 것이든 사람이 세상의 혼란을 정복하는 것을 돕는 정신이 될 것이다. 이것이 사자의 다음 변형이며, 사자의 불꽃은 언제나 스스로를 표현할 형태를 추구하고 있다.

아마 이것은 일종의 자연 숭배였던 미트라 숭배의 상징적 표현에 대한 설명이 될 것이다. 미트라 숭배에서 사자는 언제나 암포라(amphora)[29]와의 연결 속에서 나타난다. 암포라에서 불꽃이 하나 올라오고 있고, 암포라의 한쪽에는 사자가 그려져 있고 다른 쪽에는 뱀이 그려져 있는데, 사자와 뱀은 똑같이 암포라에 먼저 들어가려고 다투고 있다. 미트라교에서 그 그림이 무엇을 의미했는지는 아직 밝혀지지 않았지만, 암포라는 어떤 형태의 용기(容器)이며, 혼란스런 상태는 형태 없는 액체와 비슷하다. 그러므로 암포라 형태 안에 담긴 액체는 어떤 방향성을 추구하려는 인간의 욕망을 상징할 수 있다. 말하자면, 인간의 태도가 혼돈에 반대하며 보이는 반응이 암포라 안의 액체일 수 있다는 뜻이다. 지금 정신은 혼란을 통해 들어오지 않으며, 호랑이만이 정신을 만드는 것은 아니다. 정신은 인간의 활력에 반발하는 하나의 원칙으로 여겨져야 한다. 인간의 단순한 활력은 언제나 정신적 반발을 부른다. 그러나 이 같은 사자의 상태가 없다면, 정신의 경험도 절대로 없을 것이다. 일들이 선로 위를 부드럽게 굴러가고 있는 한, 정신을 경험하는 것은 불가능하다. 그렇다면 정신은 동물적 조건의 불에 대한 즉각적 반발로 정의될 수 있다. 그런 대화재가 없다면, 사람은 정신이 어떤 것인지 상상도 하지 못할 것이다. 이유는 정신의 현상이 거의 완전한 파괴의 순간에만 일어날 수 있기 때문이다.

그 다음 환상은 아마 단순한 논리로 당신에게 인상을 남길 것이다. 새로운 환상 시리즈의 제목은 "오닉스 갱(坑)"이다. 오닉스는 색이 아름다운 준보석이며, 다소 어둡다. 고대에 오닉스로 만든 용

----
29 고대 그리스 로마 시대의 항아리를 일컫는다.

기(容器)들이, 특히 연고를 담는 작은 용기나 장례식에 쓰이는 자그마한 눈물 단지가 지금도 전해오고 있다. 그녀는 이렇게 말한다.

> 좁은 길이 확 트이면서 원형의 공간이 나타났다. 나는 원뿔처럼 땅
> 속으로 깊이 내려간 오닉스 갱을 보았다.

첫 문장은 어떤 뜻으로 다가오는가. 그건 틀림없이 만다라다. 그것은 언제나 주변의 불로부터, 사람이 세속적인 사건들이나 주변의 당혹스런 사실들과 섞이는 것으로부터 보호해주는 원을 의미한다. 그렇다면 사람을 혼돈스런 상황으로 빠뜨리고 있는 것은 도대체 무엇인가?

욕망이다. 당신은 욕망에 의해 사물들과 결합된다. 사물들이 혼돈 상태가 되면, 당신은 그 혼돈 속으로 끌려 들어간다. 언제나 당신을 갈가리 찢으려 들고, 당신을 이리저리 끌고 가려 드는 욕망에 맞서는 최선의 수단은 당신의 주위로 마법의 원을 그리는 것이다. 그러면 아무것도 달아나지 못하고 아무것도 들어오지 못한다. 그것은 곧 어떤 태도를 일으키려는 최초의 시도이다. 그리고 이 원의 중앙에, 원뿔처럼 땅 속 깊이 들어가는 둥근 오닉스 갱이 있다. 그 원형 갱은 무엇을 위한 것이며, 그녀가 그 갱의 가운데로 접근하면 무슨 일이 일어날까?

이 상황은 암포라 쪽을 향하고 있는 사자와 비슷하다. 오닉스 갱은 암포라일 것이고, 오닉스는 항아리를 만드는 소중한 물질이다. 그렇다면 그녀는 뭔가가 담겨 있는 특별히 소중한 용기를 추구하고 있으며, 그 용기로부터 무엇인가가 나오거나 그 용기 속으로 그

녀가 들어갈 수도 있을 것이다. 어떤 일이 벌어질지, 우리는 알지 못한다. 그녀가 그 안으로 떨어질 수도 있다. 그러니 우리는 무슨 일이 벌어지는지 보아야 한다. 그러나 이 마법의 원 안에 들어가면 그녀는 주변의 불꽃으로부터, 욕망과 공황 상태로부터 보호를 받을 것이다. 지금 그녀는 갱(坑) 속을 들여다보면서 이렇게 말한다. "밑바닥에 늙은 인디언 여인이 멕시코인 이미지를 팔로 안고 있는데, 그 이미지가 살아 있는 것처럼 보였다." 그렇다면 이 멕시코인 이미지가 정신적인 상징임에 틀림없다고 단정해도 좋다. 왜냐하면 그것이 하늘에, 공중의 왕국에 있었기 때문이다. 그래서 오닉스 갱의 밑바닥에서, 만다라에서 그녀가 특이한 종류의 정신의 상징을 보고 있다. 왜 멕시코 사람이 나타나야 했으며, 왜 인디언 여자가 나타나야 했는가?

이들은 토양과 연결되어 있는 그녀의 조상들이며, 토양은 단지 물질로서 정신의 정반대임에도 정신을 포함한다. 토양을 만나지 않는 사람은 절대로 정신을 깨닫지 못할 것이다. 정신은 스스로를 드러내기 위해서 물질의 저항을 필요로 한다. 그래서 그녀는 정신적 조상인 원시적인 인디언 조상들에게로 돌아가고, 그 늙은 인디언 여자는 살아 있는 것 같은 정신적인 멕시코인 이미지를 안고 있다. 이로써 정신의 상징이 생명을 얻었다.

1933년 6월 14일

질문이 제기되었다. "지난 시간에 세상을 보다 낫게 만든 운동이 있었는지 아주 의문스럽다고 말씀하셨습니다. 보다 낫다는 것이 무슨 뜻입니까? 플라톤년이 지나갈 때마다 의식이 그 전보다 조금 더 나아졌지 않습니까? 끝없이 반복되는 원보다 나선형이 더 그럴 듯해 보입니다. 아니면 시간이 보다 높은 의식에서 의미를 몽땅 잃고, 따라서 원의 개념이 더 타당하게 되는 겁니까?"

첫 번째 질문은 모두가 잘 알고 있듯이 분명한 대답을 내놓기가 어렵다. 다소 까다로운 문제다. 사물들이 모든 면에서 더 나아지는지는 정말 의문스럽다. 사람들은 "보다 낫다"는 표현을 어떤 의미로 쓰는가? 만약에 의식이 넓어지고 문명이 증대될 때를 보다 나아졌다고 한다면, 우리가 향상되고 있다고 할 수 있다. 왜냐하면 문명이 가끔 퇴보하는 가운데서도 증대되고 있을 가능성이 아주 크기 때문이다. 사물들이 상대적 혼란에 빠지는 사이클이 있어 왔지만, 그럴 때마다 다시 회복되었다. 대체로 B.C. 10,000년과 A.D. 2000년을 비교한다면, 거기엔 차이가 있다고 말해야 한다. 일들이 그때에 비해 훨씬 덜 원시적인 것처럼 보인다. 그리고 만약에 중부 유럽의 B.C. 150,000년과 BC. 5000년을 비교한다면, 여기서도 차이가 두드러질 것이다. 그런 의미로 본다면, 일들이 더욱 나아지고 있다고 할 수 있다. 그러나 또 다른 의미에서 본다면, 그것은 아주 의문스럽다. 우리 현대인의 삶이 원시인의 삶보다 더 행복한지, 혹은 오늘날의 삶이 중세의 삶보다 더 나은지 나는 모르겠다.

중세를 들여다볼 때면 언제나 일종의 축소 같은 것이 작용하기 마련이다. 전쟁이 꼬리에 꼬리를 물고 일어나고, 왕들과 봉건 영주들이 서로 싸우고, 이 형태의 파괴 다음에 다른 형태의 파괴가 일어나고, 전염병과 혁명이 이어진다. 그래서 중세 전체가 매우 혼란스런 지옥처럼 보인다. 그러나 그 전쟁들은 아주 사소한 사건이었다는 점을 잊어서는 안 된다. 아마 5,000명 정도가 다른 5,000명을 기습 공격한 다음에 집으로 돌아가는 그런 싸움이었을 것이다. 사람들은 오직 여름에만 전쟁을 했으며 겨울에는 집에 머물렀다. 전쟁이 벌어지는 곳도 일부였으며, 다른 지역에서는 목가적인 평화가 이어졌다. 평화스런 지역의 사람들은 다른 곳에 전쟁이 일어나고 있다는 생각을 전혀 하지 않았다. '파우스트'를 보면 일요일에 강을 오르내리는 배들을 보고, 일종의 스릴 같은 것으로서 멀리 터키에서 벌어지는 전쟁에 관한 소식을 듣는 것이 너무나 멋지다고 노래하는 대목이 있다. 그 시절에 가제트라 불린 한 장짜리 신문이 있었다. (가제트(gazette)라는 단어는 베네치아의 주화인 'gazetta'에서 비롯되었다.) 독일어로 하자면 그것은 타이밍이나 시대의 뉴스, 혹은 시간이 가져다주는 것 등을 의미하는 '차이퉁'(Zeitung)이다. 영어로 치면 '타임스'(Times)이다. 18세기에 '런던 가제트'와 '웨스트민스터 가제트'는 그런 아주 작은 신문이었다. 그런 것을 통해서, 사람들은 다른 곳에서 벌어지는 전쟁이나 사상자 수에 대해 들었다. 자신의 목숨이 걸리지 않은 먼 곳의 전쟁에 관한 소식을 듣는 것은 즐거운 일이었다.

그러나 지금은 상황이 꽤 다르다. 어딘가에서 발포 소리가 들리면, 바로 그 다음 순간에 그 전쟁이 우리 앞에 다가올 것이라는 것을 알고 있다. 세상이 하나의 전반적인 대재앙 속으로 던져지기 때문이다. 신문으로 인해, 세상은 결코 예전만큼 안락한 곳이 아니다. 물론 그 시절에도 충돌의 중심에 있었던 사람에게 세상은 지옥 같았을 것이지만, 하늘에서 떨어지는 폭탄이 덜 무서운지 혹은 독가스 구름이 특별히 즐거운지, 나는 모르겠다. 문명 때문에, 우리는 일반적으로 덜 평화로운 분위기 속에 살고 있다. 그것은 마치 우리의 민감성이 수백 도 더 예민해진 것과 비슷하고 우리의 전체 신경계가 세상의 전보와 전화 시스템과 연결된 것과 비슷하다. 그래서 남아프리카에서 무슨 일이 일어날 때 유럽인들이 경련을 일으키게 되었다. 예전에는 무엇인가 우리의 방 안에 떨어질 때에만 경련이 일어났지만, 지금은 여기서 5,000마일 떨어진 지점에서 권총이 발사되어도 움찔 놀란다. 그런 측면에서 본다면, 전반적인 상황이 예전보다 더 좋아졌는지 심히 의심스럽다. 그러나 만약에 문명의 증대를, 의식의 확장을 인류의 진정한 목표로 여긴다면, 그래서 만약에 일들이 무의식 상태에 있는 것은 나쁘고 일들이 의식 상태에 있는 것이 더 낫다는 식으로 말한다면, 그런 경우에 일들은 점점 나아지고 있고, 인간에 대한 평가에도 나선형의 개선이 이뤄지고 있다고 말할 수 있다.

그러나 우리의 지식이 매우 제한적이라는 점을 잊지 않아야 한다. 플라톤년의 최근 3개월이 하나의 단순한 에피소드가 아닌 것은 아닌지, 우리는 알지 못한다. 황소자리와 양자리와 물고기자리는 봄에 해당하는 3개의 달이다. 지금으로부터 2개의 별자리에 해당하는 기간에, 말하자면 전환점인 동지에 이를 때까지 약 2,300년 동안에 무슨 일이 일어날지 우리는 모른다. 의식을 확장시키는 일 자체가 완전히 다른 무엇인가가 되지 않을지, 그럴 경우에 의식의 확장이 오히려 의식의 퇴화로 이어지지 않을지, 정말 모르는 일이다. 이 문제는 인간적인 것들을 전반적으로 대하는 태도와 연결되어 있다. 바꿔 말하면, 우리가 경험적으로 알고 있는 땅의 삶을 유일하게 가능한 삶으로 생각해야 하는지, 아니면 다른 형태의 존재가 있는지, 살아 있는 모든 것들의 목표가 이곳의 존재로 성취되는지, 이곳의 존재는 단순히 어떤 목표를 달성하기 위한 수단으로 여겨야 하는지가 중요하다는 뜻이다. 모든 위대한 종교들은 삶은 그 자체로 설명될 수 없다고 확신하고 있으며, 많은 철학자들도 똑같은 생각을 품고 있다. 다소 원시적인 종교들도 우리가 알고 있는 삶은 진정한 것이 아니고 영원의 사냥터에서 행복한 조건을 이룰 수단에 지나지 않는다는 믿음을 포함하고 있다. 지속적인 삶을 위한 일종의 준비 같은 것이 이승의 삶이라는 것이다. 그러나 유일하게 품위 있고 흥미롭고 행복한 삶은 이 땅의 삶이며 망자의 나라는 매우 우울한 곳이며 전혀 유쾌하지 않다는 원시 신앙도 있다. 그러나 모든 위대한 종교가 삶을 그 자체로 설명될 수 없는 그 무엇으로 여기는 것은 분명한 사실이다. 삶을 언제나 초(超)현세적인 관점에서 보고 어떤 목적을 이루기 위한 수단으로 이해하고 있는 것이다. 아시다시피, 어떤 관점에서 판단하느냐에 따라서 세상은 완전히 다르게 보이게 마련이다.

당연히, 합리적인 현대인의 관점은 삶을 겉으로 보이는 모습 그대로 받아들이게 되어 있으며, 따라서 우리는 모두 사람들을 교육시키고 사물들을 우리 기준에 비춰서 더 낫게 만들면서 사회적 조건을 향상시키려는 꿈을 꾸고 있다. 그 결과, 사용하는 방법조차 모르는 사람들에게 더욱 위험한 무기들이 주어지고 있다. 예를 들면, 아주 건전한 순진무구가 교육에 의해 크게 파괴되고 있으며, 지성이라는 수단이 그 위험한 것을 이용할 수 있을 만큼 충분히 성숙하지 않은 사람들에게 주어지고 있다. 화학자는 아주 위험한 화학 물질을, 말하자면 책임감 있는 사람의 수중에서는 안전할 수 있지만 무책임한 정치인의 수중에 들어갈 경우에 대단히 파괴적일 수 있는 그런 물질을 발명할 수도 있다. 정치인들은 그런 물질을 갖고 장난을 치기 시작하면서 그것으로 많은 사람을 죽일 꿈부터 꾼다. 그러다 보면 적절한 사람들의 손에 있을 경우에 아무런 위험을 야기하지 않을 것들이 지옥과도 같은 대재앙을 일으키게 된다. 그래서 이 세상은 모든 것이 스스로를 실현하는 곳이기 때문에 낙원이 되어야 한다는 믿음으로 인해, 지옥이 창조되고 있다. 오히려 그런 강한 확신을 품지 않는 것이 훨씬 더 낫다. 그러면 당신은 위대한 종교들, 이를테면 기독교와 불교, 이슬람교가 매우 중요한 가치를 지닌다는 점을 인정하게 될 것이다. 이 종교들이 이 세상에서 일어나는 일은 그다지 중요하지 않다고, 이곳의 상태를 향상시킬 필요가 없다고 가르치고 있기 때문이다. 그러나 인간 자체는 아주 많이 향상될 필요가 있다. 왜냐하면 인간이 이 세상에서의 삶을 이곳에서는 불가능한 그런 긴 기간 동안 이어질 다른 삶을 위한 준비로 여기며 살고 있기 때문이다. 물론 이 다른 삶을 증명하는 것은 불가능하며, 그 문제는 적어도 미해결의 상태로 남아야 한다. 우리가 확실히 모르는 모든 것이 해결되지 않은 문제로 남아야 하는 것처럼 말이다. 그리고 솔직히 말해서 우리가 확실히 아는 것은 아무것도 없다. 절대적으로 확실한 것은 어디에도 없는 것이다. 우리는 이 위대한 종교들이 진리를 말하고 있는지조차 확신하지 못한다. 우리의 과학적 세계관이 진리인지가 확실하지 않은 것이나 마찬가지이다. 어느 네덜란드 철학자가 말했듯이, 우리는 단지 "어떠한 것도 꽤 진리가 아니며 진리라는 것도 꽤 진리가 아니다."는 것을 알 뿐이다. 그런 식으로 생각하는 것은 매우 건전하며, 그 같은 사고방식은 다른 경험들이 들어올 문을 열어준다.

지난 시간에 원뿔의 형태로 땅 속 깊이 파고든 오닉스 갱에 관한 새로운 시리즈의 환상을 시작했다. 그 바닥에서 우리 환자는 늙은 인디언 여자를 보았다. 살아 있는 것 같은 멕시코인 이미지를 팔에 안고 있는 여인이었다. 멕시코인 이미지는 이전에 미지의 인디언 신으로 나타났으며, 그래서 그 이미지가 우리 환자의 배경에 나타나고 있다. 우리 환자는 아메리카 토양에 속하며, 따라서 그녀의 무의식이 아메리카의 신을 낳는 것은 꽤 자연스럽다. 기독교 신은 그녀의 의식과 관계있는 문제이며 유럽이라 불리는 아시아의 그 반도로부터 넘어온 것이다. 정신적으로 유럽인은 아시아의 한 반도이며, 따라서 유럽인의 종교적 사상의 중요한 부분은 아시아에서 온다. 그러나 미국은 확실히 아시아가 아니다. 우리 환자가 미국에 살고 있기 때문에, 그녀의 무의식적 산물은 아시아의 땅에서 오지 않고 아메리카의 땅에서 올 것이다. 따라서 이미지, 즉 우상은 언제나 흙과 금속, 나무로, 말하자면 그 사람이 사는 땅에서 나오는 물질로 만들어진다. 오닉스 갱은 무엇을 의미하는가?

오닉스는 매우 단단한 물질이다. 예를 들어, 오닉스로 만든 그릇은 지극히 단단하고 오래간다. 아마 수천 년이 흘러도 똑같은 모습을 유지할 것이고, 그 안에 담긴 것들은 무엇이든 잘 보존될 것이다. 지난번 환상 뒤에 이것이 갑자기 나타나는 것을 어떻게 설명할 수 있을까? 당신은 그녀가 늙은 남자를 밟고 섰다는 것을 기억하고 있다. 그래서 그녀의 발바닥에 십자가 표시가 낙인처럼 찍혔다. 용이 십자가를 감고 있고, 위에 사자의 머리가 있는 그런 표시였다.

그 환상들에 나타난 인과관계적인 움직임과 순서의 논리는 정확히 『역경』과 똑같다. 예를 들어, 축적이 있은 뒤엔 분산의 경향이 증대된다. 그것이 '에난티오드로미아'(enantiodromia)이다. 『역경』의 논리와 사건들의 논리는 그 환상들의 논리 그대로이다. 그래서 만약에 지속을 암시하는 그림이 나타난다면, 그것은 그때까지 혼돈스런 조건이 지배했다는 것을 의미한다. 아시다시피, 만약에 의도적으로나 실수로 당신이 구덩이 속으로 미끄러진다면, 당신은 거기에 갇히고 보호를 잘 받을 것이다. 지금 당신이 의도적으로 그런 곳으로 들어간다면, 당신은 분명히 어떤 위험을, 다시 말해 당신이 갈가리 찢어질 수 있는 그런 상황을 피하고 있다.

화산 분화구를 떠올리게 하지만 불에 대한 언급이 전혀 없기 때문에, 이 갱은 인위적인 그 무엇, 자연 속에서는 조우하지 않을 어떤 것이다. 그것은 용기(容器) 같은 것이다. 여기서 흥미로운 것은 그 전의 상황, 그러니까 자신의 주위에 벽을 쌓아야 할 정도로 혼돈스런 상황과 대조를 이룬다는 점이다. 그 상황이 무엇이든 삼키려드는 존재인 사자의 영향을 받고 있었기 때문에, 그녀는 갈가리 찢길 위험에 처해 있었다. 사자는 일 년 중에서 가장 뜨거운 시기를 나타내는 별자리로서, 태양의 집이기 때문이다. 그리고 무엇이든 삼키려 드는 그런 별자리 아래에서, 최선의 보호는 오닉스 갱 같은 지하로 숨는 것이다. 그런 곳에 있으면, 그녀는 전적으로 안전할 것이다. 그러나 그와 동시에 그녀는 갇히는 셈이 된다. 그것은 무엇을 의미하는가? 오닉스는 준보석이며, 그곳은 단순한 지하의 어떤 장소가 아니다.

그것은 하나의 형태이며, 따라서 나는 용기(容器)에 대해 이야기할 수 있었다. 고대의 암포라는 모래 같은 것을 지지대 삼아 꽂아야 했기 때문에 모양이 원뿔형이었다. 그런 형태의 암포라를 지금도 폼페이에서 볼 수 있다. 그리고 오닉스는 여기에 언급되지 않았지만 아름다운 광택을 자랑한다. 그렇다면 암포라는 카오스 개념과 정반대인 형태의 개념이다. 일종의 부주의한 방사(放射)인 야생의 사자에 맞서, 그녀가 들어가서 보호를 받을 수 있는 어떤 형태가 필요하다. 이어서 그녀는 그 형태의 밑바닥에서 멕시코인 이미지를 안고 있는 늙은 인디언 여자를 발견하는데, 이 여자는 조상의 형상이라는 가치를 지닌다. 여기서 늙은 인디언 여자는 미국적인 성격의 핵심을, 미국의 토양의 특이성에 최대한 잘 적응한 것을 의미한다. 그리고 그 형상은 살아 있는 것 같은 우상을 잡고 있다. 우상은 대개 죽어 있는데, 이건 또 무슨 뜻인가?

이 우상은 지금도 그녀의 안에 살아 있는 옛날 종교이다. 대단히 현세적인 존재인 늙은 인디언 여자가 그 토양에 고유한 정신적 삶의 씨앗을 안고 있다. 이 모든 것은 우리 환자에게 지금 필요한 태도가 무엇인지를 보여주는 상징이다. 그녀는 이렇게 말한다. "이따금 그녀는 멕시코인 이미지를 불 속에 넣었다가(그 늙은 여자가 우상을 불로 달구고 있다는 뜻이다.) 끄집어내는데도 그 이미지는 전혀 손상을 입지 않았다." 이것은 어떻게 설명할 수 있을까?

그것은 불의 본성 또는 마법적 특징을 부여하는 것이다. 그리하여 그 이미지에 서서히 불이 스며들고, 이미지가 강하게 단련된다. 원시인들이 숭배 대상에 피를 뿌려 그것을 강하게 만들거나, 숭배 대상의 주위를 돌며 춤을 추면서 거기에 에너지를 주입하는 것과 비슷하다. 혹은 원시인들은 다른 우상을 축전지처럼 이용하며 숭배 대상에 에너지를 충전한다. 숭배 대상을 자주 이용하다 보면, 그 대상이 약해진다. 그런 경우에 어딘가에 특별히 강한 숭배물이 있다는 소리가 들리면, 원시인들은 거길 찾아가서 자신의 숭배물을 몇 주일 동안 그 옆에 나란히 놓아둔다. 그런데 이 강력한 숭배물은 언제나 먼 곳에 있다. 이유는 먼 곳에 있는 것이 더 훌륭하기 때문이다. 그것은 호주에서 행해지는 '추링가'(churinga) 숭배와 비슷하다. 추링가는 단단한 나무 또는 돌 원반이며, 일종의 영혼의 돌이다. 거기선 추링가를 속이 빈 나무 속이나 바위의 갈라진 틈에 아주 오랫동안 숨겨 놓는다. 추링가의 주인이 스스로 타락했다는 느낌을 받거나 그의 리비도가 그를 떠났거나 그의 태도가 나쁘다고 느낄 때, 그는 황무지에 추링가를 숨겨놓은 곳으로 가서 자신의 추링가를 무릎에 놓고 비빈다. 이 같은 행위를 통해서 그는 자신의 나쁜 건강을, 잘못된 리비도를 돌에게 넘기고, 그 추링가 속으로 자유롭게 들어온 강력한 치유력을 자신의 몸 속으로 받아들인다. 그런 식으로 그는 리비도를 교환하고 집으로 돌아가면 모든 것이 가뿐해진다. 그리고 추링가에 남아 있는 썩은 리비도는 그 황무지에서 오랜 기간 동안 휴식을 취하는 가운데 다시 치유된다. 이어서 추링가의 자연적인 힘이 복구되고, 또 시간이 조금 지나면 돌로부터 받았던 치료의 힘이 약해진다. 그러면 추링가의 주인은 다시 그것을 찾아 자신의 몸에 비빈다. 이 과정이 되풀이되며, 추링가의 주인은 꽤 안전하다. 따라서 나는 그런 원시적인 조건이 결코 나쁘지 않다고 늘 말한다. 지금 인디언 여자는 멕시코인 이미지에 불의 성격을 부여함으로써 그것을 강하게 만들고 있다.

여기서 특별한 것은 당연히 죽은 것으로 여겨지는 이미지 또는 우상이 살아 있는 것 같다는 점이다. 말하자면, 죽은 개념으로 여겨졌던 정신적 원리가 살아 있는 것처럼 보이는 것이다. 그것만 해도 이미 엄청난 진보다. 왜냐하면 대체로 정신적 원리, 즉 로고스나 정신 자체는 삶과 비교하면 죽어 보이기 때문이다. 예를 들어, 평범한 생물학적인 여자의 삶은 로고스나 정신의 방해를 거의 받지 않는다. 그런 여자에게 중요한 것은 분명히 정신은 아니다. 정신 아닌 다른 것이 중요하다. 그런 여자에게 중요한 것은 철저히 땅이다. 그렇기 때문에 우리 환자가 정신이 살아 있다는 것을 발견할 때, 그것은 상당한 진보를 의미하고, 그 같은 깨달음은 지지를 받아야 한다. 따라서 늙은 여자 마법사가 그 이미지를 강화하고, 그것을 살아 있는 불로 채우고, 이것이 이미지에 방사를, 태양의 특성인 에너지를 준다. 이것이 대단히 중요하다. 그 조건은 혼란스러웠으며, 그녀는 혼란으로부터 자신을 보호하기 위해 집중, 즉 형태가 필요했다. 형태는 로고스와 거의 동일한데, 이유는 로고스가 형태이고 관념이기 때문이다. 관념(idea)이라는 영어 단어는 이미지를 뜻하는 그리스어 단어 '에이도스'(eidos)에서 나왔다.

불의 시련을 견딜 수 있는 것이면 무엇이든 최악의 파괴의 형태인 불보다 강하다. 헤라클레스는 불의 시련이라는 과정을 통해서 불멸의 존재가 되었다. 그는 자신의 화장용 장작더미를 스스로 쌓았으며, 그 불에서 그는 불멸의 존재가 되었다. 라이더 해거드의 『쉬』(She)에도 똑같은 모티프가 있다. 불의 기둥 안에서 그녀가 굉장히 긴 기간의 생명을 얻는다. 그렇다면 우상도 그 오닉스 용기 안에서 불멸의 생명을 획득할 수 있을 것이다. 그것은 일종의 연금술 과정이다. 연금술사들의 영감은 불멸의 약이나, 모든 것을 금으로 바꿔놓는 '위대한 염료', 완벽한 지혜의 철학자의 돌, 만병통치약 등의 형태로 불멸을 성취하는 것이었다.

여기서 우리는 매우 어려운 개념들을 접하고 있다. 이유는 그런 일이 어떤 식으로 일어나는지를 심리학적으로 보여주는 것이 거의 불가능하기 때문이다. 어떤 사람이 그런 과정을 겪고 있을 때, 그 사람의 내면에서 벌어지고 있는 일들을 보여주는 방법을 혹시 당신은 알고 있는가? 예를 들어, 누군가가 무의식적 내용물을 창조하는 과정을 거치고 있을 때, 그 과정은 밖으로 드러날 수 있다. 그 과정을 보여주는 외적 신호가 많으며, 그 상태를 증후학적으로 보여주는 신호는 아주 다양하다.

사람들은 의식하지 않은 행동도 곧잘 한다. 혹은 사람들은 국부적인 징후들을 발달시킨다. 예를 들면, 임신의 온갖 신호들이 나타날 수 있다. 여자들의 경우에 그런 현상이 꽤 자주 보인다. 남자들은 변비를 포함해 온갖 종류의 소화 장애나 방광 기능 장애를 일으키거나 장기의 상태가 뒤틀릴 것이다. 대단히 이상한 일이 일어날 수 있으며, 그러면 그들의 교감신경계에 문제가 있다는 것이 확인된다.

얼마 전에 그런 환자가 있었다. 남자 환자인데, 그는 자신의 아니마가 임신 9개월째라는 꿈을 꾸었다. 그런데 아이는 전혀 거기에 있을 아이가 아니었다. 그녀의 아이가 아니었던 것이다. 이것은 그것들이 아니마에 속하지 않는 이상한 내용물이라는 점을 아주 분명하게 보여주었다. 그것들은 의식에 해당하는 것이었다. 그러면 얼마 후에 무의식이 작동하기 시작하면서 그것들을 드러낼 것이다. 잘 아시다시피, 그것들은 무엇인가가 무의식적 내용물에서 일어나고 있다는 것을 보여주는 표시들이다.

그러나 여기 이 과정, 즉 우상이 불에 단련되는 연금술의 부엌이랄 수 있는 이 오닉스 갱은 다르다. 열이 우상에 작용하는 과정을 거치면서, 우상은 지금 불의 특성을 포함하고 있기 때문에 불멸성을, 영원히 방사하는 상태를 얻는다. 지금 당신은 이 과정을 증명할 수 있는가? 바꿔 말하면, 그런 상태를 의식의 내용물이나 꿈 속의 상징들을 빌려 정의할 수 있는가? 그건 대단히 어려운 과제이다. 나도 일부 상태에서만 그 과정을 파악할 수 있었을 뿐이다.

당신도 알고 있듯이, 불은 언제나 감정을 상징하며, 감정도 당연히 온갖 종류의 의미와 원인을 가질 수 있다. 그러므로 불은 어떤 특별한 상태임에 틀림없으며, 그 상태는 이런 식으로 드러날 것이다. 그런 상태에 있는 환자가 감정들 속으로 자신을 내던진다. 그 환자는 감정들을 거듭 추구한다. 그녀는 그 감정들을 두려워하면서도 감정들을 필요로 하고 있다. 아시다시피, 거의 모든 사람이 감정을 피하길 원하지만, 어떤 사람들은 의식적으로는 감정을 추구하는 것을 전혀 좋아하지 않으면서도 어쨌든 감정을 추구한다.그런 사람들은 감정을 품기 위해서 약간의 자극을 이용하기도 한다. 간혹 사람들은 그 점을 인정하기도 한다. 그들은 부엌의 스토브가 불을 필요로 하듯이 어떤 목적을 위해 불을 필요로 한다. 그 목적은 선혀 눈에 보이지 않을 수 있지만, 간혹 감정이 있어야만 한다는 불합리한 확신을 통해 드러날 수도 있다. 만약에 그 환자가 당신에게 "나도 그것이 바보스러운 짓이라는 것을 알지만, 이 감정들이 어떤 목적에 이바지한다는 느낌이 들어요."라고 말한다면, 당신은 그것이 바로 그 과정이라는 것을 알 수 있다. 그것은 무엇인가가 불 속에서 만들어져야 한다는 뜻이다.

지금 불 속에서 두 가지가 일어나고 있다. 먼저 파괴가 벌어지고 있다. 불에 타는 모든 것은 타서 없어질 것이다. 그런 다음에 불을 견뎌낸 물질이 있다면, 그것은 응결될 것이다. 아마 쓰레기는 태워져 사라질 것이고, 재 속에서 한 방울의 금이 나타날 것이다. 사람은 쓰레기 같은 모든 것을 태워 없앨 필요성을 느낄 것이며, 그런 일은 불 없이는 불가능하다. 그러므로 최종적으로 소중한 물질의 응결을 위해 감정이 필요하다.

그리고 덧없는 감정만 아니라, 열정의 불도 필요하다. 사람들은 열정의 불을 두려워하는데, 그런 경우에 열정이 사람들을 사로잡아 버린다. 그러면 사람들은 그것이 실수라고 생각하지만, 그들은 열정을 필요로 하며 실제로 열정을 찾고 있다. 아는 것이 많은 사람일수록 열정을 덜 거부할 것이다. 아는 것이 많은 사람들이 열정을 받아들이는 것은 열정이 순금을 만드는 데 필요한 정화의 불이라는 것을 잘 알기 때문이다. 그렇다면 정화된 상태에 이르기 위해서, 사람은 모든 욕망이 불태워지는 그런 불의 영역을 반드시 통과해야 한다. 그 결과, 무가치한 재는 바람에 날려 사라지고, 불을 영원히 견딘 순금만 남게 된다. 단테의 『신곡』(Divine Comedy)에 이 상징이 아름답게 표현되고 있다. 연옥의 마지막 원(圓)에서, 천상의 영역에 가까이 다가서고 있을 때, 베르길리우스가 단테를 정화의 불꽃으로 이끈다. 베르길리우스 자신은 뒷걸음질을 친다. 그가 이교도이고, 그 불꽃을 통과하지 못하기 때문이다. 그러나 세례를 받은 기독교인인 단테는 순수한 사랑의 불 속으로 들어갈 수 있다. 그 불에서 세속적인 모든 것이 그로부터 타서 없어진다. 그런 다음에 단테는 천국으로 올라간다.

아시다시피, 이 상징은 하나의 심리적 경험이다. 이 상징은 결국에는 식게 되어 있는 감정의 기관총 사격이라는 형태로 모습을 드러낸다. 그러면 사람은 불이 꺼졌다고, 그것이 꺼진 분화구라고 말할 것이다. 외부에서, 혹은 피상적으로 보면, 불이 아무것도 남기지 않는 완전한 파괴처럼 보일 것이다. 그러나 분화구 깊은 곳으로 내려가면, 밑바닥에서 금이, 더 이상 불의 영향을 받지 않는 그런 값진 물질이 발견된다. 이것이 지금까지 있었던 온갖 터무니없는 일들의 의미이다.

상징이 간결한 전보처럼 표현되고 있다. 너무나 짧고 너무나 빈약하다. 그래서 우리는 상징을 이해 가능한 것으로 만들기 위해서 많은 간극을 메워야 한다. 이 환상들은 그 점에서 보면 의미를 명확히 파악하기 위해 엄청난 설명이 필요한 꿈과 비슷하다. 우리 환자의 환상을 읽는 것만으로는 아무것도 얻지 못한다. 그것은 어느 한 순간에 포착된 것들의 윤곽에 불과하다. 예를 들어, 당신이 선잠에 들다가 딱 하나의 환상만을 볼 수 있다. 그러면 당신은 그 환상을 어디에다 놓아야 하는지, 의미하는 바가 무엇인지에 대해 전혀 알지 못하지만, 나는 경험을 통해서 당신의 환상을 어떤 맥락 속에 놓을 수 있다. 그러면 당신은 자신의 꿈들을 되돌아보거나 그것과 연결되는 꿈을 꾸게 되어 그것을 이해할 수 있게 된다. 그러나 당신은 단 하나의 환상만을 갖고는 어떤 해석도 끌어내지 못한다.

아시다시피, 마법의 원은 진짜 의식(意識)의 원이다. 마법의 원은 곧 내가 나 자신이 하고 있는 것을 알고 있다는 뜻이다. 그러나 사람이 자신이 하고 있는 것을 모르는 그런 감정도 있다. 그런 감정은 아무런 소용이 없다. 단순히 쓰레기일 뿐이다. 한 톨의 금도 낳지 못하는 감정들이 너무나 많다.

물론 이것은 환상일 뿐이며, 실제 삶은 아니다. 우리는 환상과 실제 삶을 섞지 않도록 조심해야 한다. 우리 환자는 실제 삶에서 아마 일련의 감정들을 겪었을 것이고, 그 감정들이 마법의 원 안에 있었는지 여부에 대해서는 우리는 절대로 확실히 말하지 못한다. 이 환상은 그녀에게 그것이 일종의 마법의 절차라는 것을 가르치려는 목적을 갖고 있다. 당신이 경험하고 있는 것이 정신을 잃는 것이 아니라 어떤 통과의례를 거치고 있는 것이라는 점을 말해주는 꿈이 있듯이 말이다. 그런 꿈은 자주 나타난다. 그것이 단순한 광기가 아니라 하나의 통과의례라는 것을 알 때, 당신은 자신이 마법의 원 안에 있고 따라서 그 꿈이 가치를 지닌다는 것을 안다. 정신 이상 증세를 보이는 사람이 이런 것들의 의미를 배울 만큼 충분한 의식을 갖게 되는 순간, 그 사람은 광기에서 벗어나며 순금에 닿게 된다. 왜냐하면 그가 건드려질 수 없는 파괴 불가능한 센터를 갖게 되고, 자신의 주변에서 일어나는 파괴적인 장면들로부터 초연할 수 있기 때문이다.

그런 환자들을 치료한 경험이 여러 번 있다. 이미 정신병동에 수용되어 있는 상태에서 완전한 파괴의 위협에 시달리던 사람들이었다. 나는 그들이 겪어왔고 그때도 겪고 있던 것을 자각하도록 함으로써 그들을 어렵게 구할 수 있었다. 그런 식으로 나는 의식(意識)의 마법의 원 같은 것을 만들어줬으며, 그들은 자신이 경험한 것들을 대상으로 유심히 관찰할 수 있었다. 그런 상태는 그들이 어떤 환각이나 분위기를 그림으로 그릴 수 있다는 사실에 의해 확인된다. 그러면 그들은 이런 식으로 말할 수 있게 된다. "아, 저것이 나에게 맞서고 있는 그것이군요. 그러나 나는 그것과 다르지요. 나는 그것 안에서 용해되지 않았어요. 그것은 지금 여기 종이 위에 있어요. 나 자신이 직접 그걸 그렸지요." 그것을 종이에 옮겨 놓도록 하는 것이 그들이 그것을 이해하도록 돕고 그들 주위에 보호의 원을 그리도록 돕는다. 그러고 나면 그들은 더 이상 그것과 동일하지 않다. 바로 이것이 그들로 하여금 단순한 대화재의 잿더미로부터 파괴 불가능한 물질을 구해내도록 돕는 구원의 과정이다. 사람들은 감정의 불이라는 파괴적인 영향 앞에서 마치 마법의 원 안에 들어 있는 것처럼 움직이지 않고 가만히 있다. 아시다시피, 감정들의 위험은 감정들이 당신을 갈가리 찢어 놓는다는 데에 있다. 그러면 당신은 단순히 쓰레기에 지나지 않게 된다. 그러나 만약에 당신이 폭풍이 몰아치는 동안에 흔들리지 않고 자신을 지킬 수 있다면, 만약에 당신이 어떤 일이 일어나고 있는지를 알고 있다면, 그리고 당신이 건전한 감각 상태에 있지 않다는 사실만을 알기라도 한다면, 당신은 이미 승리한 것이나 마찬가지이다. 왜냐하면 당신은 어리석은 파괴에 맞설 어떤 관점을 갖고 있기 때문이다. 그녀의 환상은 이렇게 이어진다.

> 멀리서 천둥소리가 들리고, 들소 떼가 보였다. 들소 떼가 달려오자, 오닉스 갱이 위로 닫히고, 들소가 오닉스 갱이 있다가 사라진 곳 위를 내달렸다. 나는 두려움을 느끼며 쉬려고 그 자리에 앉았다.

지금 여기서 무슨 일이 일어나고 있다. 그것이 환상의 마지막이다. 그녀가 구덩이 안에 있는 것은 아주 좋은 일이다. 그렇지 않다면, 그녀는 들소 떼에 밟혀 죽었을 것이다. 여기서 구덩이는 보호적인 특징을 보여주고 있다. 그리고 내달리는 들소 떼는 무엇을 의미하는가? 이전에 거기에 한 마리의 들소가 있었다. 그때엔 본능에 관한 한, 전체 상황이 순조롭다는 것을 의미했다. 그러나 지금은 본능이 그녀 위로 내달리고 있다.

여기서 중요한 것은 본능은 절대로 개별적이지 않다는 점이다. 본능은 언제나 무리를 이룬다. 본능에 따라 살 때마다, 당신은 집단에 속한다. 본능이 집단적이기 때문에, 당신은 집단적이지 않을 수 없다. 그럼에도 만약에 당신이 자신의 본능을 살지 않는다면, 당신의 삶은 낭비된다. 그래서 본능을 받아들이는 당신은 아무런 문제가 없음에도 불구하고 집단적이다. 그녀가 본능에 반대하는 입장을 취하고 있는 것이 들소가 그녀 위로 내달리고 있는 이유이다. 당신이 의식적이고 문화적인 입장을 취할 때, 그것은 본능에 반하는 죄라고 볼 수 있다. 그래서 그녀가 공격을 받고 있는 것이다. 개성화하려는 시도는 본능의 맹공격을 야기할 수 있다. 그 마법의 의식이 들소를 자극하고, 들소 한 마리가 있던 곳에 지금은 들소의 무리가 있다. 만약에 본능에 따라 산다면, 그것은 본능이 당신을 지배하도록 내버려두는 것이나 마찬가지이다. 본능은 자동적으로 반응하는 특성을 갖고 있다. 본능은 또 일을 철저히 하거나 일을 전혀 하지 않거나 둘 중 하나이다. 그래서 만약에 본능을 건드린다면, 그러는 당신은 악마의 발톱 아래에 서 있는 것이나 마찬가지이다. 본능은 쉽게 당신을 사로잡을 수 있으며, 그러면 당신은 집단의 한 조각에 불과하며 집단적인 법의 지배 아래에 놓이게 된다. 그리고 당신에게 재난이 따른다. 왜냐하면 당신이 거대한 힘들에 의해 해체되고 당신의 개성화 시도는 아무 소용이 없게 되기 때문이다. 그러나 만약에 당신이 그 마법의 구덩이에 숨는 데 성공한다면, 집단의 돌격은 당신을 그냥 지나칠 것이고 당신은 보호를 받는다. 그 상징 표현은 매우 명확하지만, 문제는 이것이다. 그 마법의 원을 실용 심리학에 어떤 식으로 적용할 수 있는가?

사람이 본능과 동일해서는 안 되지만, 본능과 어울려 살 때 본능이 사람을 이롭게 할 수 있다. 중요한 것은 이것이다. 당신이 옳은 방향으로 작용하고 있는 감정들 속에서 살고 있을 때, 당신은 당신의 본능과 부드럽게 잘 지내면서 본능이 다루기 쉽다는 사실을 깨닫게 된다는 점이다. 본능이 불쾌함에도 불구하고, 당신은 본능을 처분하지 못한다. 본능은 마약처럼 작동한다. 당신은 그냥 본능에 거듭 빠진다. 본능은 일종의 습관이다. 예를 들어 보자. 분석가가 분석 중에 환자에게 생각하는 것을 그대로 말해야 한다는 것을 어렵게 가르쳤다. 그러면 후에 환자들은 그 습관을 버리지 못하고 오직 진실만을 말하고, 그리하여 모든 사람과 좋지 않은 관계를 갖게 된다. 그런 환자들은 당연히 이 곤경에서 저 곤경으로 옮겨 다니게 된다. 왜냐하면 당신도 자신의 생각과 말을 통제하지 못할 경우에 즉시 곤경에 처하게 되기 때문이다. 그런 환자들은 순진하게도 쓸데없는 말을 끊임없이 중얼거리고 남을 머리끝까지 화나게 만들 말만 한다. 그럴 때 악마까지 그들을 돕고 나선다. 그런 식으로 처신하면서 그들은 솔직하고 정직하게 말하고 행동하는 법을 배웠다고 스스로 자랑스럽게 생각하고 그런 것이 분석적인 지혜라고 생각하지만, 그것은 더없이 나쁜 험담에 불과하다. 그것은 본능이 당신을 잡고 늘어지는 방법을 보여주는 한 예이다. 그러면 당신은 감정에 완전히 휩쓸리면서도 언제나 나름으로 최선을 다하고 있다는 인상을 주게 된다. 실제로는 비열한 본능이 당신을 멀리 끌고 가면서 당신을 진구렁에 처박고 있는데도, 당신은 그것을 깨닫지 못하고 있다. 당신도 그 문제에 대해 깊이 생각한다면 확실히 어떤 결실을 거둘 수 있을 것이다. 아주 유익할 결실을.

1933년 6월 21일

세미나 참가자인 미시즈 레이가 이런 질문을 제기했다. "배우는 학생의 관점에서 보면, 본능들이 주어진 어떤 경험에 반대하는 것들과 찬성하는 것들로 나뉘는 것 같은 느낌이 들 때가 자주 있는데, 그에 대한 설명을 부탁드립니다."

이 질문에 제대로 설명할 수 있을지 걱정된다. 코끼리들이 존재하는 이유를 설명해 달라는 것이나 마찬가지라는 생각이 든다. 나는 그 부분에 대해 모른다. 본능들이 나뉘어져 서로 반대하고 있는 것은 사실이다. 아시다시피, 우리 인간의 근본적인 본성은 통일성을 갖추고 있지 않다. 인간의 본성은 대단히 모순적인 본능 또는 충동이 다수 모인 것이라는 식으로 말할 수도 있다. 우리의 본성의 바탕은 상반된 것들의 짝들이며, 상반된 것들의 짝들은 본능적이며, 이 짝들은 자연스러운 사실들이다. 물론, 우리는 상반된 것들의 짝들이 서로 충돌을 빚는 이유를 설명할 수 있다. 상반된 것들의 짝이 없다면, 에너지, 즉 리비도가 절대로 있을 수 없기 때문이다. 전위(電位)가 있어야 하고, 전위는 반대가 있는 곳에서 있을 수 있고, 높낮이가 없으면 어떤 물도 흐르지 못한다는 것은 너무도 명백한 사실이다. 그래서 상반된 것들의 짝이라는 개념은 단순히 본능들이 서로 반대하도록 나뉘어져 있는 사실을 철학적으로 설명한 것에 지나지 않는다. 서로 반대하는 본능들이 작동하지 않는 생물학적 상황은 절대로 없다.

근육의 수축에서도 그런 현상이 확인된다. 그것이 소위 '상반신경지배'(相反神經支配: antagonistic enervation)라는 근본적인 사실이다. 예를 들어, 당신이 팔을 펴는 것은 목적의 단일성이 뚜렷한 그런 간단한 운동처럼 보이지만, 그것은 결코 맞는 말이 아니다. 왜냐하면 당신이 팔을 펴는 바로 그 운동에서 당신이 굴곡근육의 힘을 빼기 때문이다. 또는 팔을 구부릴 때, 당신은 바로 그 대립적인 원칙 때문에 이두근이 수축되는 느낌을 동시에 받는다. '상반신경지배'라는 원칙은 우리의 본성의 전체 영역에 걸쳐서 유효하다. 육체의 구조는 바로 이 원칙 위에 구축되었고, 상반된 것들의 짝이라는 개념은 단지 이 같은 사실을 설명하는 한 방법에 지나지 않는다. 본능들은 또한 반대라는 사실 위에 구축되었다. 언제나 반대의 본능들이 존재한다. 그래서 최고의 환희를 느끼는 순간에 죽고 싶은 충동을 느낄 수 있다. 따라서 "극단은 서로 통한다."는 프랑스 속담이 나오게 되었다. 거기에 반대되는 본능이 언제나 있기 때문이다. '에난티오드로미아'의 법이 있는 것도 바로 그런 특성 때문이다. 어떤 일이든 정점에 이르게 되면 거기에 그대로 머물지 못한다. 절정 자체가 정반대 방향으로 돌아서는 것이다. 태양의 과정처럼, 그리고 낮과 밤처럼.

다시 미시즈 레이의 질문이다. "그런 경우에 자동적으로 일어나는 반대도 본능적인 과정입니까?" 그것도 똑같다. 자동적인 과정은 당연히 본능적인 과정이다. 자동적으로 작동하는 것이 본능의 특징이다.

그 다음은 미시즈 크로울리의 질문이다. "본능 자체가 개인과의 관계 속에서 어떤 변형을 거칩니까? 아니면 우리 환자가 구덩이 속에서 들소를 피하고 있는 상황이 본능과 감정 사이의 관계에 두드러지는 특징입니까? 또 동양의 태도는 의식을 본능들의 길잡이로 만들려는 시도이고, 서양의 방법은 본능을 의식을 위한 연료 같은 것으로 이용하려는 시도라는 식으로 말하는 것도 가능할까요?"

첫 번째 질문에 대해, 나는 본능 자체는 변하지 않는다고 대답하고 싶다. 본능들은 언제나 똑같이 남을 것이고, 본능들의 바탕은 언제나 똑같을 것이다. 휘발성의 물질이 될 때까지 스스로를 승화시킬 수 있다고 생각하는 사람들은 엄청난 실수를 저지르고 있다. 그 점에서 본다면, 당신은 언제나 그 모습 그대로 남을 것이며, 당신의 육체나 육체의 힘들이 나이가 아닌 다른 방법을 통해서 변할 가능성은 전혀 없다. 당신의 본능들이 작동하는 방식과 당신의 육체적 상태를 진정으로 바꿔놓을 수 있는 유일한 요소는 나이뿐이다. 물론 마약이나 독으로 당신 자신을 바꿔놓을 수 있지만, 기능을 회복하는 경우에 그 육체는 실질적으로 그 전과 똑같을 것이고 본능들도 마찬가지이다. 승화 같은 것은 절대로 있을 수 없다.

그럼에도 변형이 일어나는 것처럼 보이며, 우리가 일련의 환상들을 통해 다룬 모든 상징들도 그런 변형의 과정을 암시한다. 그러나 이것은 금을 아주 희박하게 포함하고 있는 바위를 변형시키는 것과 비슷하다. 눈으로 봐서는 바위의 금이 보이지 않는다. 그냥 돌로 보일 뿐이다. 그러나 그 바위를 다양한 화학물질로 처리한다면, 그 바위를 그야말로 완전히 파괴하여 그 형태를 완전히 바꿔놓는다면, 당신은 거기서 금을 추출할 수 있다. 이 절차를 당신은 화학적 변형이라고 부를 것이고, 원래의 물질이 지금은 금이 되었다. 엄청난 크기의 바위에서 금 몇 톨을 얻겠지만, 그 금은 결코 전체 바위는 아니며 그럼에도 바위는 여전히 존재한다. 지금은 잿더미에 불과하지만 말이다. 바위는 그 상태를 바꾸었지만, 한때 금을 함유했던 물질은 여전히 거기에 있다. 단지 당신이 원래의 물질로부터 금을 분리시켰을 뿐이다. 당연히 무슨 일이 일어났지만, 진정으로 사라진 것은 아무것도 없다. 그렇듯이 인간 무의식의 원시적인 조건은 금을 포함하고 있는 바위와 비슷하다. 그 덩어리를 어떤 화학적 처리 과정을, 혹은 이 경우처럼 심리적 처리 과정을 거치게 한다면, 거기서 금이 나올 것이다. 그것은 소위 본능들의 변형과 아주 비슷하다. 당신은 단순히 원래의 무의식에 포함되어 있는 어떤 본능들을 분리시켜, 그것을 의식 속으로 끌어올린다. 그러면 자연히 원시적인 인간의 원래 조건을 변화시킬 것이다. 이제 원시인은 의식적인 존재가 된다. 의식은 무의식에 포함되어 있던 금이지만, 그 의식은 무의식 속에 눈에 띄지 않을 만큼 희박하게 분포되어 있었다.

　원시인의 무의식에 금이 많이 들어 있다. 원시인의 무의식은 우리의 무의식과 다르며, 활력의 신호들을 훨씬 더 많이 보인다. 우리의 무의식도 간혹 원시인의 무의식과 똑같이 작동할 수 있지만, 그런 경우는 우리가 원시인만큼 지속적으로 무의식적일 때에만 가능하다. 문명화의 과정을 통해서, 우리는 원래의 무의식 안에 포함되어 있던 금을 비롯한 소중한 금속들을 서서히 끌어내고 있다. 철학자의 돌, 다이아몬드, 황금, 불로장생, 인간을 불멸로 만드는 약 등은 무의식이라는 바위에서 추출한 다양한 물질을 상징하는 표현들이다. 그런 과정을 통해서 사물은 분명히 변하지만, 만약에 당신이 금을 녹여 잿더미 속에 붓고 충분히 긴 시간을 기다린다면, 그것이 다시 예전처럼 바위를 형성할 것이다. 그래서 만약에 당신이 의식이 해체되도록 내버려둔다면, 원래의 부의식이 다시 만들어질 것이다. 왜냐하면 모든 것이 거기에 다 있기 때문이다. 이런 측면에서 본다면, 우리는 본능들을 변화시키지 않았다. 다만 그 본능들로부터 거기에 함유된 무엇인가를 끌어냈을 뿐이다. 왜냐하면 본능은 인간의 무의식적인 정신 기능이고, 인간의 정신 기능에는 의식이라는 금을 추출해내는 가능성도 포함되기 때문이다.

미시즈 크로울리의 두 번째 질문은 본능과 감정의 두드러진 특징으로 보이는 그런 상황에 대해 묻고 있다.

만약에 당신이 본능에 맞서 당신 자신을 보호하지 않는다면, 당신은 절대로 금을 추출하지 못한다. 어떤 화학적 물질을 추출하기 위해선 반드시 덩어리를 증류기 안에 넣고 자연과의 연결을 끊어야 한다. 만약에 바위를 지층에, 즉 자연적인 연속 속에 그대로 둔다면, 당신은 절대로 금에 닿지 못한다. 반드시 바위를 자연의 연속으로부터 끌어내어 잘게 부숴 증류기에 넣어야 한다. 그래야 그 안에서 화학적 과정이 일어날 수 있다. 그렇다면 의식을 창조하기 위해 당신은 먼저 무의식의 맹공을 피할 수 있는 피난처를 창조해야 한다. 그렇게 하지 않으면, 당신이 무의식 안에서 용해되어 버릴 것이다. 그러므로 당신이 분석에서 가장 먼저 배워야 하는 것은 당신 자신과 감정을 구분하는 것이다. 그 구분을 하지 못한다면, 당신은 감정의 먹이가 될 것이고 언제나 날뛰는 한 마리 동물이 될 것이다. 한마디로 말해, 당신이 무의식 안에서 용해될 것이다. 당신은 먼저 감정들로부터 안전할 수 있는 장소를 찾아야 한다. 그러면 당신은 "나는 여기 있고, 저것이 나의 감정이야."라는 식으로 말할 수 있다. 그렇게만 된다면, 당신은 마니푸라를 넘어, 탄트라 요가 체계에서 횡격막 위에 자리 잡고 있는 센터인 아나하타에 있게 된다. 바로 거기서 당신은 푸루샤를 처음 얼핏 볼 기회를 갖는다. 당신은 감정을 가질 수 있지만, 당신 자신이 감정인 것은 아니다. 당신 주위에 감정이 있지만, 당신은 그 감정과 동일하지 않다. 앞에서 말한 바와 같이, 분석의 첫 번째 결과 중 하나는 환자가 이것을 마음이 아니라 가슴으로 진정으로 배운다는 점이다. 환자가 그것을 실천하려고 노력한다는 뜻이다. 그것은 화학자가 금을 함유하고 있는 물체에서 금을 추출하려고 노력하는 과정과 아주 비슷하다.

미시즈 크로울리의 그 다음 질문은 이렇다. "동양의 태도는 의식을 본능들의 길잡이로 만들려는 시도이고, 서양의 방법은 본능을 의식을 위한 일종의 연료로 이용하려는 시도라는 식으로 말하는 것도 가능한가요?"

동양의 태도는 의식을 본능의 안내자로 만들려는 노력이 아니라 그와 정반대로 본능을 의식의 안내자로 만드는 것이다. 동양의 위대한 자산은 그들이 본능에 바탕을 두고 있다는 점이다. 유럽인은 언제나 의식을 본능의 안내자로 만들고, 우리에게 유익한 것이 무엇인지를 밝히고, 본능을 위해서 해야 할 것이 무엇인지를 말하려고 노력하고 있다. 서양인은 사람이 성적 흥분을 이용하는 최선의 방법은 피아노를 연주하거나, 성욕을 기독교적인 사랑으로 바꿔놓기 위해 자선에 관심을 두는 것이라고 생각한다. 서양에서는 성욕 앞에서 이런 식으로 행동하려고 노력하지만, 동양인들은 그렇게 하지 않는다. 동양, 특히 중국에서 모든 것은 분명히 본능들에 바탕을 두고 있다. 그것이 동양과 서양의 차이이다.

서양의 관점은 꼭대기에 있으려 노력하고, 의식을 통해서 본능들을 현명하게 안내할 뿐만 아니라 본능들을 의식을 위한 일종의 연료로 이용하려고 노력한다. 서양인들은 본능들과 본능적인 힘들을 의식의 증대를 위해 소진시키려고 노력한다. 예를 들어, 서양인들은 피아노를 연주할 뿐만 아니라 피아노를 연주하는 것을 배우고, 책들을 읽고 성욕에 관한 강연을 들으러 다닌다. 이런 방법을 통해서, 서양인은 의식을 증대시킨다. 서양인의 마음에는 이런 식의 접근이 본능을 다루는 문제에 관한 조언으로 아주 현명해 보인다. 그러나 이것은 모두 서양인의 특별한 오만 때문이다. 서양인은 의식이 전부이고 의지력이 전부라고 생각한다. "뜻이 있는 곳에 길이 있다"는 속담은 서양인의 태도에 깃든 그런 광적인 오만을 잘 보여준다. 서양인은 자연에 이르는 길을 스스로 제시할 수 있다고 생각한다.

동양의 관점은 자연의 길을 유일한 길로 본다. 그 길을 중국인들은 하늘의 이치라고 부르거나 하늘과 땅의 조화라고 부른다. 동양인은 그쪽으로 지나치게 치우쳐 있고, 서양인은 이쪽으로 지나치게 치우쳐 있다. 진리는 그 중간에 있다. 본능의 작용에 자신을 맡겨 버리는 사람은 무의식적인 존재가 될 것이다. 그러나 문명의 흔적이라도 창조하기 위해선 의식이 필요하다.

이제 우리의 텍스트로 돌아가야 한다. 본능의 문제들이 구덩이 위로 내달리는 들소 떼의 상징에 의해 표현되는 그 대목을 다시 보도록 하자. 이것은 안전한 어떤 장소에 도달한 상태를 묘사하고 있다. 감정적인 힘들에 맞설 수 있는 장소이다. 이 감정적인 힘들은 당연히 충동과 감정과 공포가 혼란스럽게 뒤섞인 본능적인 힘들과 비슷하다. 그런 안전한 장소에 도착한 지금, 에난티오드로미아의 법칙에 따라 어떤 변화가 불가피하다. 위험이 전혀 없는 때에 안전하게 보호를 받는 장소에 숨어 있는 것이 터무니없기 때문이다. 안전에 도달하는 것은 자극이나 마찬가지이다. 당신이 당신의 성벽 속으로 물러났기 때문에, 공격이 일어날 수 있는 것이다. 바로 그 주제가 다음 환상의 시작이다. 이 환상은 "시장"이라는 제목을 달고 있다. 시장은 군중을 상징한다. 우리 환자는 이렇게 말한다.

> 들소 떼가 우르르 쾅쾅 내달리면서 엄청난 먼지 구름을 일으켰다.
> 그 먼지 속에 물고기의 꼬리를 가진 작은 뱀들이 아주 많이 있었다.
> 뱀들의 입에 씨앗이 물려 있었다. 엄청난 안개가 피어올랐고, 나는
> 안개 속에서 앞으로 나아갈 길을 찾을 수 없었다.

본능들의 돌격이 먼지 구름을 남기고, 구름은 마치 짙은 안개 같다. 안개 또는 먼지 구름은 심리학적으로 무엇을 의미하는가?

경계가 뚜렷하지 않고, 명확한 윤곽이 전혀 없다는 뜻이다. 따라서 그것은 정신 나간 상태의 특징이다. 강력한 감정의 공격을 겪고

있을 때, 당신은 반쯤 멍해진다. 이유는 사람이 아래쪽으로 무의식에 휩쓸려 들어가는 것이 감정 공격의 불가피한 결과이기 때문이다. 감정의 파도는 언제나 집단 무의식의 파도이다. 그런 상황에 처하는 경우에, 사람은 먼저 물에 잠겼다가 나중에 몸의 반을 물에 담근 채 일어서게 된다. 그때 우리 환자는 몽롱한 감정을 나타내는 먼지 구름 속에서 물고기의 꼬리를 가진 작은 뱀들을 많이 발견한다.

이전의 환상에 그녀의 위로 뱀들의 장벽이 있었다. 지금 이 작은 뱀들은 공중에, 먼지 구름 속에 있다. 이 뱀들이 평범한 뱀이 아니라는 것은 그것들이 반쯤 의식적인 두려움을 의미하는 물고기의 꼬리를 갖고 있다는 사실에 의해 확인된다. 물고기의 꼬리는 물에 속한다. 따라서 물고기의 꼬리는 반은 땅과 관련 있고 반은 물고기인 그런 동물들로 이뤄진 내용물을 휘저어서 위로 밀어 올리는 집단 무의식의 파도를 가리킬 것이며, 이 내용물은 바로 불명확하고 반(半)의식적인 두려움들이다. 뱀들은 입에 씨앗을 물고 있다. 그 다음 텍스트를 보면, 이 보석들이 식물의 씨앗인 것이 분명하다.

두려움 외에, 무의식의 내용물에서 새로운 삶이 일어날 가능성이 있다. 그렇다면 여기서 3가지 특성이 보인다. 물고기의 꼬리, 뱀의 몸통, 뱀들이 물고 있는 씨앗이 그 특성들이다. 입에 씨앗을 물고 있는 것은 노아가 방주에서 날려 보낸 비둘기가 가져온 그 작은 올리브 가지와 비슷하다. 대홍수 뒤에, 희망이나 기대의 상징을, 식물들이 자랄 땅에 대한 희망을 품은 동물이 온다. 우리 환자는 이렇게 말한다. "나는 빠져나올 길을 찾아 바위를 더듬으며 구덩이의 가장자리를 걸었다. 어디에도 길은 없었다." 그녀가 들어 있는 장소에서 빠져나올 길은 없다. 그 구덩이는 바로 오닉스 갱을 가리키며,

환상의 뒷부분에서 그것이 바위 한가운데라는 것이 드러난다. 그렇다면 그것은 그야말로 만다라이다. 그녀는 거기에 죄수처럼 갇혀 있다. 말하자면, 안전한 장소가 동시에 그녀가 탈출해야 하는 감옥처럼 보이는 것이다. 그녀가 그 감옥 안에 있는 한 들소 떼로부터 안전하지만, 그녀가 거기서 빠져나오려고 애를 쓰는 순간 위험이 시작된다.

> 마침내 나는 철문에 닿았는데, 문은 굳게 닫혀 있었다. 문은 열리지 않을 것처럼 보였다. 그때 안개가 걷혔다. 나는 바위들이 초록색으로 변했다는 것을 알았다.

초록은 다시 생명과 희망을 암시한다. 식물들이 자라기 시작한다. 그것은 오직 암시일 뿐이지만, 안개가 걷히고 상황은 더욱 희망적으로 보인다. 그녀가 빠져나갈 수 있는 철문을 발견했기 때문이다. 그것은 그녀가 문을 열 열쇠를 갖게 되는 순간에 그 상황에서 벗어날 수 있다는 것을 의미한다. "오닉스 갱이 있었던 원의 중심에, 종려나무가 한 그루 자라고 있었다." 그렇다면 그 씨앗들은 파괴적이지 않으며, 그 씨앗이 바위가 초록색으로 변하게 만든 생명의 씨앗이라는 짐작이 맞았다. 한가운데서 자라고 있는 종려나무는 무슨 의미인가?

그녀는 어쨌든 구덩이에서 빠져나왔다. 구덩이, 즉 우울은 사라지고 그 구멍 대신에 지금 나무가 자라고 있다. 그렇지만 구덩이가 어떻게 나무로 변할 수 있는가?

나무는 모든 면에서 오닉스 갱과 반대일 것이다. 오닉스는 어느 무생물과 마찬가지로 죽어 있다. 더욱이 갱은 속이 텅텅 비어 있다. 반면에 나무는 가지를 뻗고 공간을 채우며 공중으로 올라간다. 나무는 한마디로 생생하게 살아 있다. 그렇다면 이것은 다시 에난티오드로미아이다. 무덤처럼 죽은 구멍 대신에, 이제 거기에 생명이 있다. 그 구덩이 안에 뿌리를 내리며 자랄 무엇인가가 있었던 것 같다. 이 같은 변화는 어떻게 설명해야 하는가?

오닉스 갱은 부활의 분화구이다. 그녀는 그 안에서 마법의 의식을 행했다. 그것은 불 속에서 형상을 들고 있었던 것과 비슷하다. 그런 식으로, 그녀 자신, 또는 그녀의 내면에 있는 무엇인가가 변형되었다. 그것은 더 이상 구덩이나 무덤이 아니며, 살아 있다. 그럼에도 그것은 냉혈동물의 생명도 아니고, 인간의 생명도 아니며, 식물의 생명이다. 이 식물의 생명을 절대적으로 살아 있는 냉혈동물과 절대적으로 죽어 있는 사물인 오닉스 사이의 불합리한 타협이라는 식으로 볼 수 있다. 그러나 오닉스 갱 위를 내달리고 있는 들소 떼는 그 변형 신비의 일부임에 틀림없다. 이 변형의 효과는 무엇인가?

이 감정들이 안전한 대피소를 파괴하지 않고 공격할 수 있다는 사실은 하나의 자산이다. 그것이 그 대피소를 진정한 것으로 만든다. 그래서 그 같은 사실은 일종의 마법적 효과를 발휘한다. 그것은 원시인이 이런 식으로 말하는 것과 비슷하다. "들소가 그 위를 건도록 해서 힘이 얼마나 강한지 알아보자." 만약에 들소 떼가 지나갔는데도 다리가 무너지지 않는다면, 사람은 그 다리가 안전하고 무너지지 않을 것이라고 판단한다.

어떤 사물 위를 걸음으로써 그것을 강하게 만들거나 비옥하게 만드는 그런 원시적인 의식이 많다. 춤은 풍년을 기원하는 의식의 일부이며, 그 의식 중 어느 부분에서 사람들은 땅을 발뒤꿈치로 꼭꼭 누른다. 땅에 인간의 리비도가 스며들도록 한다는 뜻이 담긴 행위이다. 들판에서 잠을 자는 독일 풍습에도 그와 똑같은 사상이 표현되고 있다. 봄날 밤에 농민은 아내와 함께 들판으로 나가서 잠을 자는데, 그런 행위로 인해 들판은 비옥해진다. 그렇듯 들소 떼는 그곳의 안전을 테스트한다는 점에서 일종의 마법적 효과를 발휘한다. 그곳이 본능들을 견딜 수 있는 능력을 가짐으로써 권위와 치료의 힘을 얻은 것이다. 인간을 죽인 칼이 그 일로 인해 명성을 얻기 때문에, 그 칼은 인간을 죽이는 칼이 되고, 다른 어떤 칼과도 다른 칼이 되었다. 그 칼은 적을 찔러 죽였으며, 초자연적 힘을 지닌 칼이 되었다. 이제 사람들은 그 칼이 다시 사람을 죽이게 될 것이라고 확신한다.

그러므로 이것은 마법의 구덩이다. 들소의 맹공이 이 구덩이에 특별한 권위를 주었으며, 무덤이나 감옥처럼 보였던 것이 한 그루 나무로 변했다. 그 움직임 또는 분위기는 더 이상 우울하지 않으며, 가라앉는 상태도 아니고, 점진적으로 걸어지고 있지도 않다. 분위기는 지금 상승하고 있다. 이 움직임은 또 춤에도 표현되고 있다. 무너지다가 다시 올라가면서 서서히 펼치는 춤의 동작에서 말이다. 모든 언어의 원래의 뿌리들은 그런 움직임의 표현이었다. 언어는 일종의 운동 근육의 현상이며, 말은 일종의 춤이다. 사람은 자연의 소리들을 모방하듯 자연의 움직임을 모방한다. 그렇듯, 빛나거나 올라오거나 솟아오르는 것과 같은 개념들의 원초적 뿌리는 서로 매우 비슷하다. 만약에 이런 것에 대해 더 많은 것을 알고 싶다면,『무의식의 심리학』에서 단어들의 어원학의 예를 많이 확인할 수 있다. 예를 들어, 이제 방금 말한 그런 의미를 지니는 'ba'라는 뿌리 단어는 공작 꼬리의 펼침 같은 운동을 묘사하는 긍정적인 단어이다. 우리 환자의 환상들이 처음에 막 펼쳐지기 시작할 때, 날개를 펼치는 공작에 관한 환상이 있었다. 그것은 당신의 폐가 신선한 공기로 꽉 차거나 당신의 가슴이 자유롭게 호흡하거나, 당신이 움직일 수 있거나, 당신이 우주를 끌어안을 때에 느낄 수 있는 그런 희망적인 움직임이며 확장이고 팽창이다. 그리고 그와 반대되는 분위기는 붕괴이고, 용(龍)이고, 냉담이고, 어두움이고, 구덩이로 떨어지는 것이다. 그것도 흔히 비유적으로 표현된다. 고통스런 상황에 처했을 때, 사람은 "땅 속으로 가라앉은 것 같다."는 식으로 말한다. 또는 부끄러운 일이 닥쳤을 때엔 "쥐구멍에라도 숨고 싶다."고 말한다. 붕괴의 움직임도 전형적인 뿌리 단어들에 의해 표현되고 있다.

지금 종려나무가 그 바위 벽 한가운데에 서 있다. 그래서 이 나무는 만다라의 중앙에서 자라나는 나무를 상기시키며, 그것은 언제나 일종의 나선형으로, 단계적으로 일어나는 발달을 상징한다. 그것은 요가 트리이며, 그 첫 싹이 물라다라의 초록색 잎 또는 잠자는 상태의 시바이다. 이것은 완전히 다른 심리적 경험이다. 우리는 온혈 동물의 심리에 익숙하지만 식물의 심리에는 익숙하지 않다. 그럼에도 정신적인 발달, 즉 인간의 개인적 심리를 넘어서는 인간의 비개인적 삶이 식물의 생명에 의해 상징되는 것은 이상한 사실이다. 그리고 이런 종류의 생명은 다른 법칙을 따르거나 나름의 특별한 법칙을 갖고 있음에 틀림없으며, 이 법칙은 개인적인 온혈 동물의 삶의 사고방식과 확연히 다르다.

종려나무는 뿌리의 상징으로 아주 완벽하고, 그 잎은 마치 샘 같은 움직임을 갖고 있으며, 공작의 꼬리처럼 보이기도 한다. 따라서 종려나무는 생명의 팽창을 상징하는 것으로 종종 선택된다. 그녀의 환상은 이렇게 이어진다.

> 나는 종려나무 쪽으로 가서 나무 아래에서 자그마한 이미지를 발견했다. 나는 그것을 집어 문으로 던졌다. 그러자 문이 활짝 열렸다.

지금 그녀가 발견한 것은 무엇인가? 만드라고라 또는 맨드레이크라 불리는 식물이 있는데, 이 식물의 뿌리는 두 갈래로 찢어져 있어서 마치 형편없는 인간처럼 생겼으며, 아주 불규칙적이다. 옛날에 주술적 목적으로 쓰였던 것들이 지금도 박물관에 전시되어 있다. 이 식물 뿌리에 얽힌 특별한 전설이 있다. 만드라고라는 어떤 여자의 중재 없이도 죽은 물질과 살아 있는 남자를 연결시키는 것으로 여겨진다. 이야기는 이렇다. 남자가 교수형에 처해질 때, 그의 정액이 교수대 아래로 떨어져 땅을 임신시킨다. 그러면 그 장소에서 만드라고라가 자라는데, 이 식물은 반은 식물이고 반은 인간이다. 만약에 누군가가 그 만드라고라를 초승달이 뜨는 밤에 뽑는다면, 그 식물이 끔찍한 비명을 지르기 때문에, 그것을 뽑는 사람은 무시무시한 공포 때문에 죽게 된다. 그래서 아무도 땅에 박힌 그식물의 뿌리를 뽑을 생각을 하지 않는다. 대신에 사람들은 검은 개를 끌고 와서 개의 꼬리를 뿌리에 묶은 다음에 개에게 빵을 던져준다. 그러면 당연히 개가 빵을 향해 뛰어오르고, 만드라고라가 무시무시한 비명을 지르며 뽑힐 때 그 개가 죽는다. 그러나 사람들은 만드라고라의 비명을 듣지 않았기 때문에 살아서 그 식물을 가질 수 있었다. 그것은 또한 온갖 문과 열쇠를 여는 식물로 알려져 있었다. 만드라고라는 교수대 아래에서 자라며, 죽어가는 인간과 무생물인 땅 사이의 주술적 교감에서 나온 아이이다.

지금 이 이미지는 나무 아래에서 발견되고 있으며, 이와 비슷한 특이한 예가 있다. 내가 만드라고라에 대해 설명한 내용은, 만드라고라가 잠긴 문을 연다는 내용은 매우 긍정적인 것의 부정적인 측면이다. 왜냐하면 나무의 뿌리에서 영웅 아이나 구세주 아이, 위대한 보물, 혹은 적어도 그 보물을 지키는 뱀이나 용이 발견되기 때문이다. 부처의 전설에서, 그 나무는 부처를 낳는 마야 위로 가지를 드리운 신성한 보리수이다. 똑같은 이미지가 시인 슈피텔러(Carl Spitteler: 1845-1924)의 '프로메테우스와 에피메테우스'(Prometheus and Epimetheus)에도 나타난다. 양치기 소년이 개암나무 아래에 자신의 보석을 숨기고, 나뭇가지들이 그것을 지키기 위해 아래로 늘어지는 장면이 그 대목이다. 이 모든 것은 나무 아래에 있는 이 이미지와 비슷하다. 그것은 무엇인가? 문을 여는 보석, 그러니까 이 여자에게 그곳이 결코 감옥이 아니라는 것을 보여주면서 그녀가 마법의 원에서 벗어나도록 돕는 보석은 무엇인가?

그것은 '자기' 또는 푸루샤를 상징한다. 지금 그것은 어느 정도의 자유를 의미하는가? 중요한 것은 집단성이나 감정으로부터 분리되지 않는 것이다. 이 말은 곧 집단성 안에 있고 감정을 갖고 있으면서 자유로울 수 있어야 한다는 뜻이다. 그런데 그런 것이 '자기'에게 심리학적으로 어떻게 가능한가?

'자기'가 자유롭다는 원래의 생각은 감정과의 분리에서 '자기'가 생겨난다는 뜻이며, '자기'는 감정의 방해를 받지 않음으로써 자유를 보여준다. 그렇다면 '자기'는 당신이 감정으로부터 분리되도록 할 뿐만 아니라 동시에 감정적이도록 하는, 다시 말해 혼란 속에서도 영향을 받지 않도록 하는 일종의 비개인적인 조건을 의미한다. 그것은 곧 당신이 언제나 자신의 정체성을 확인하면서 절대로 당신 자신이 아닌 다른 것이 될 수 없다는 점을 안다는 것을 의미한다. 당신은 절대로 길을 잃을 수 없고, 당신 자신으로부터 분리될 수 없다. 왜냐하면 '자기'가 파괴 불가능한 것이라는 점을 당신이 잘 알고 있기 때문이다. '자기'는 언제나 하나이고 똑같다. '자기'는 해체될 수도 없고 다른 것으로 바뀔 수도 없으며, 따라서 '자기'는 당신이 모든 삶의 조건에서 똑같은 모습을 보일 수 있도록 한다. 이 같은 해석은 우리 환자의 다음 텍스트에 의해 확인된다. 그 다음 전개는 그녀가 마법의 원을 떠나고 그녀가 마법의 원 밖이 뉴욕이라는 것을 깨닫는 식으로 펼쳐진다. 그녀는 월스트리트로 걸어 들어가고 그 순간 대단히 불편한 상황에 처한다. 고층 빌딩들이 사방에서 흔들거리면서 전설에 나오는 그 바위들처럼 서로 부딪고 있기 때문이다. 그래서 그녀는 혼란을 재빨리 피해야 한다.

9강

1933년 10월 4일

일련의 환상들이 전개되는 가운데, 이젠 외부의 사건들이 우리 환자에게 엄청난 영향을 미치기 시작하는 단계에 와 있다. 지금까지는 그녀가 유럽에 있는 내용이었지만, 지금부터는 미국으로 돌아가는 여정이 전개된다. 그녀의 나라에 가까워지는 것이 엄청난 정신적 장애를 일으켰다. 이유는 그녀가 분석에서 매우 특이한 정신적 발달을 겪었기 때문이다. 분석을 거치면서, 그녀는 예전의 삶이나 확신, 사상으로 동화시킬 수 없는 온갖 종류의 이상한 것들을 알게 되었다. 그녀의 고국 땅에서, 옛날의 사상들이 다시 올라오기 시작했으며, 그 사상들은 당연히 그녀가 유럽에서 습득한 사상과 충동을 빚었다. 그 내용물이 그녀의 무의식 안에 언제나 있었던 것은 사실이지만, 그녀는 다행히도 그것들을 자각하지 않을 수 있었으며, 그래서 그때엔 충돌이 전혀 없었다. 이유는 무의식의 내용물이 대체로 보면 어떤 식으로든 스스로를 표현하게 되고, 그러면 개인은 자기 자신과 평화롭게 지낼 수 있기 때문이다.

　예를 들면, 어떤 사람이 무의식 안에 악마를, 인격의 사악한 부분을 갖고 있을 수 있다. 그때 그 사람 주위에 악마 같은 사람이 있으며, 그런 경우에 무의식적인 사람은 다른 누군가가 악마의 역할을 맡아준 데 대해 큰 위안을 느낀다. 그런 경우에 그 사람은 자신이 완벽하게 착하고 품위 있는 사람이라고 믿을 수 있기 때문이다. 바로 그것이 우리가 범죄와 나쁜 인간을 찾아내는 탐정 이야기와 영화를 좋아하는 이유이다. 우리 인간은 악당을 사랑하고, 악당의 삶에 관한 이야기를 대단한 호기심으로 읽는다. 우리는 예를 들어 알 카포네(Al Capone)의 삶이 대단히 매력적이라고 생각한다. 이유는 간단하다. 카포네가 우리 자신의 무의식의 일부 내용을 표현하고 있기 때문이다. 나의 형제나 삼촌 혹은 다른 누군가가 나에게 악마를 대표하는 그런 상황에 처해 있는 한, 나는 평화롭게 살 수 있으며, 나의 무의식은 충분히 표현되고 있다. 왜냐하면 무의식이 표현되고 있고 또 무의식이 살아 있는 한, 무의식에겐 무엇에 의해 표현되고 있는가 하는 문제는 그다지 중요하지 않기 때문이다. 또 내가 나 자신에게 화를 내느냐 아니면 다른 사람에게 화를 내느냐 하는 문제도 무의식에겐 관심사가 거의 되지 못한다.

　아시다시피, 무의식은 역사를 갖고 있다. 무의식은 언제나 똑같은 것이 아니다. 처음에 무의식은 절대적으로 자연적이고 동물적인 조건이다. 그런 무의식은 스스로를 부정하는 어떤 것이고, 긍정이고 부정이며, 선하고 나쁘며, 밝고 어둡다. 그것은 형성했다가 무너뜨리는 자연의 영원한 유희이다. 자연은 가을마다 그 해에 창조했던 것을 전부 죽인다. 이듬해 봄에 자연은 그 모든 것을 다시 창조한다. 그러나 자연적인 무의식에도 특이하게 장애를 일으키는 한 가지 요소가 있다. 바로 그것이 하나의 불꽃처럼, 의식이 존재하도록 만드는 개인의 씨앗이며 '자기'의 씨앗이다. 그리고 인간은 의식적인 존재가 되기 시작할 때 그 불꽃과의 결합을 목표로 잡는다. 인간은 언제나 자연과 일치하지 않는 무엇인가를 하고 있다. 인간은 자연을 더욱더 심하게 방해하고 있으며, 아예 자연을 구속복(拘束服) 같은 것에 집어넣으려 들고 있다. 자연 속의 직선들을 보라. 예를 들면, 철로와 도로, 벌복한 숲, 경작지 등이 있다. 경작지에선 정해진 식물만 자란다. 자연은 절대로 그런 장면을 만들어내지 않는다. 그리고 사람은 지구의 표면에서 보는 모든 것을 의식적인 인간의 영혼 속에서 본다. 자연 속의 어느 장소에서 절대로 함께 등장하지 않았을 것들이, 문명의 온갖 표시들이, 자연을 해친 온갖 것들이 인간의 영혼에도 그대로 나타난다는 뜻이다. 무의식이 의식의 그런 침입을 좋아하지 않는 것은, 그리고 무의식이 의식의 침입에 저항하는 것은 꽤 자연스럽다.

원시인의 내면엔 의식이 처음에 존재하기 위해 벌인 투쟁의 흔적이 여전히 남아 있다. 왜냐하면 무의식이 기존의 의식을 몰아내려고, 의식을 다시 집어삼켜 어둡게 만들려고 언제나 노력하기 때문이다. 예를 들어, 용 신화와 홍수 신화는 어둠이 빛을 다시 삼킨 순간을 표현하고 있다. 원시인이 획득한 약간의 의식을 잃어버리는 일이 현실 속에서 종종 일어난다. 원시인은 그런 순간을 대단히 무서워한다. 원시인이 기절하거나 실제로 의식을 잃는다는 뜻이 아니다. 그것은 생리적인 상태가 아니라 완전히 정신적인 상태이다.

말하자면, 원시인이 직접 행위를 하는가 아니면 원시인이 행위를 당하는가 하는 문제인 것이다. 그리고 자신의 의지로 행동하지 않는 일은 우리 현대인에게도 쉽게 일어날 수 있다. 그런 경우에 내가 하고 있다는 식으로 말하지 못한다. 그 일이 나를 통해서 행해지고 있는 것이다. 무엇인가가 나를 사로잡고, 그 행동이 나를 사로잡을 수 있다. 그러면 나는 그런 행동을 야기하는 것을 두려워하게 된다. 내가 그 행동의 희생자이기 때문이다. 그 행동이 나를 훔쳐 달아나는 것이다. 지금 이런 위험에 맞서 의식이 그 획득물을 강화하려고 노력하고 있다. 언젠가 발견되었지만 억겁의 세월 이래로 늘 거기 있어 왔던 그 불꽃은 보호의 수단, 즉 온갖 종류의 규칙이나 터부에 둘러싸여 있다. 불꽃을 보호하는 것은 예를 들면 만다라에 상징적으로 표현되고 있다. 그리고 탄트라 요가 체계의 차크라들이 보호적인 성격보다는 어떤 상태를 표현하고 있음에도, 그 차크라들에서도 불꽃이 보인다. 차크라들은 펼침의 그림들이다. 그것은 어떤 상태, 즉 불꽃이나 의식의 펼침을 의미하는 꽃의 모티프이다. 대승 불교의 만다라에서, 예를 들어, 라마교 만다라에서 보호의 개념은 아주 분명하게 드러난다. 한가운데의 불꽃은 마법의 원, 불의 원, 수도원에 의해 보호받고 있으며, 세속의 욕망으로부터 차단되고 있다. 그래서 밖으로부터의 침입이 저지당한다. 그리고 우리 환자의 환상에서도 불꽃의 열림과 보호가 표현되고 있는 것이 확인된다. 빛과 그 빛을 삼키는 어둠에 관한 옛 이야기가 거듭 되풀이되고 있기 때문이다.

의식의 각 수준에서, 빛과 어둠의 공격이라는 고대의 미스터리가 되풀이된다. 왜냐하면 새로운 수준은 빛의 증대를 의미하고, 그 빛은 그 전 상태의 상대적 어둠으로부터 공격을 받을 수 있기 때문이다. 그것을 탄트라 요가의 차크라들을 빌려 표현하면 이렇게 된다. 사람이 낮은 상태인 마니푸라 상태를 벗어나 횡격막 위에 있는 보다 높은 상태인 아나하타에 이를 때, 마니푸라가 아나하타의 최악의 위험이 된다. 그때 마니푸라는 빛을 발하는 하나의 태양이라는 사실에도 불구하고 아나하타의 이상한 새로운 빛에 비하면 어둠이다. 마니푸라에서 사람의 심리는 완전히 감정적이며 객관성의 개념이 전혀 없다. 반면에 아나하타에 이른 사람은 이렇게 말할 수 있다. "지금 나는 기분이 나쁜 상태야." 그러나 마니푸라에서 사람은 나쁜 기분 그 자체이고 나쁜 기분 외에 다른 것은 절대로 아니다. 그래서 마니푸라에 있는 사람은 그 같은 사실조차 인식하지 못한다. 만약에 어떤 사람이 그런 상태에 있는 사람에게 기분이 나쁜 것 같다고 말한다면, 그 사람은 "절대로 그렇지 않아!"라고 대답할 것이다. 그러나 아나하타 상태에 있는 사람은, "정말이야! 당신 말이 맞아!"라고 대답할 것이다. 그리고 그것이 보다 높은 상태이고, 바로 그것이 마니푸라와 아나하타의 차이이다. 지금 보다 높은 이 상태는 감정의 파도에 의해 쉽게 씻겨나갈 수 있다. 그러므로 아나하타 상태에 이른 사람은 누구나 자신의 감정을 강화할 수 있는 것이면 무엇이든 두려워한다. 그 사람은 아나하타 상태를 지키기 위해서 자신을 화나게 만들 사람을 피하고, 통제 불가능한 감정을 불러일으킬 상황을 피한다. 이어서 아나하타에서 그 다음 단계인 비슈다 차크라로 올라갈 때 다시, '나'가 하나의 능동적인 동인이라는 인식이 보다 높은 빛의 최악의 적이 된다. 이때 보다 높은 빛은 나에게 자아는 사물이 아니라고, '나'가 나의 감정들을 관찰하거나 통제하는 자가 아니라고 말한다. 그러면 '나'는 아무것도 아니라는 생각이 강해진다. 이것은 '나'는 이렇게 또는 저렇게 느낀다고 말하는 상태보다 빛이 더 많아지는 것을 의미한다. 그것은 그 전까지 닿았던 수준을 부정하는 것이다. 이런 것들에 대해 언급하는 이유는 발달의 각 단계는 그 앞 단계의 반발에 직면하며, 이때 앞 단계는 마치 원래의 어둠처럼 작용한다는 점을 보여주기 위해서이다. 훌륭한 것이 보다 더 훌륭한 것의 적이 되는 것이다. 그러므로 용을 죽이는 성 게오르기우스(St. George)의 신화는 영원하며, 이 신화는 모든 단계에서 표현되고 있다.

우리 환자는 수많은 방랑을 통해서, 그리고 긴 일련의 특이한 상징들을 통해서 어떤 형상을, 파괴 불가능한 그 무엇인가의 형상을 점진적으로 구축하고 있다. 그 형상이 지난번 환상에서 멕시코인 이미지로 상징되었다. 그 전의 환상에서 그녀는 멕시코인 이미지를 강하게 만들고 거기에 능동적인 힘과 지속성을 부여하기 위해 그것을 불에 구웠다. 왜냐하면 소중한 물질은 불에서 테스트되며, 불을 견뎌내는 것은 무엇이든 파괴 불가능하기 때문이다. 금이 그런 성격을 갖고 있어서 불 속에서 산화되지 않듯이 말이다. 그렇듯 불의 마법은 단순히 우상이나 숭배물을 강화하고 거기에 지속성을 부여하는 것을 의미한다. 그리고 심리학에서 불의 마법은 모든 것을 파괴해 버리는 세월의 공격으로부터 '자기' 또는 불꽃을 자유롭게 하고 또 파괴적인 감정의 영향으로부터 보호하기 위해 그것에 지속성을 부여하는 것을 의미한다. 그렇다면 개인의 안에 마니푸라의 불들이 닿지 못하는 어떤 장소가 있을 것이다.

탄트라 요가에 따르면, '자기'는 아나하타에서 활동적이고 독립적인 하나의 근원으로서 처음 나타난다. 아나하타에서 사람은 구세주, 이슈바라(Ishvara)[30], '자기'를 처음 본다. '우파니샤드'의 텍스트는 이렇게 말한다. "작은 것보다 더 작으면서도 위대한 것보다 더 위대한 그가 가슴에 엄지손가락만한 크기로 나타나지만 두 뼘 높이로 땅 전체를 덮는다." 그것은 모든 것을 두루 포용하는 그 무엇이면서 동시에 작다. 감정적인 상태보다 더 높은 상태에서 모습을 드러내는 불꽃이라는, '자기'의 정의(定義)는 모습을 드러내고 있는 구세주, 즉 '자기'가 인간의 조건을 거의 넘어서서 영원의 상태에, 신성한 존재의 완전한 독립에 이르렀다는 점을 보여준다. 그래서 탄트라 요가에서 그 다음 단계들은 센터를 이슈바라 쪽으로 더 많이 이동시킨다. 그러다가 최종적으로 인간적인 개인, 즉 자아는 완전히 사라지고 만다. 그 단계들은 의식의 비개인화를 상징적으로 표현한다. 최고의 상태에서 의식은 완전히 비개인화된다. 바로 아즈나 센터에 의해 표현되는 상태이다.

그런 다양한 상태들은 우리 환자의 환상들처럼 시리즈를 이루고 있다. 우리 환자의 환상이 다소 혼돈스럽고, 상태가 지속적으로 올라가지 않는 점만 다를 뿐이며, 그것은 현실에서 일어나고 있는 그대로이다. 올라가는 것이 있고 내려가는 것이 있으며, 구축하는 것이 있고 파괴하는 것이 있는 것이다. 그것은 파도가 높아지고 있을 때, 파괴도 거기에 따라 더욱 심해지는 것이나 마찬가지이다. 그러나 그것은 피할 수 없다. 왜냐하면 개인이 차크라들에서 추상적으

....
30 힌두교에서 여러 가지 의미를 지니는 개념이지만 대체로 최고의 신인 시바와 동일한 것으로 여겨진다.

로만 표현되는 그 센터를 환상들을 통해서 실제로 직접 만들고 있기 때문이다.

차크라들이 옛날의 인도인들에 의해 만들어진 것은 그야말로 오래 전의 일이다. 그래서 우리는 어떤 개인적인 경험들이 그런 체계를 낳게 되었는지 알지 못한다. 아마 빛이 어둠을 상대로 처음으로 벌인 끔찍한 투쟁은 그리스도가 등장하기 몇 천 년 전의 일일 것이다. 고대 조로아스터교에 그런 흔적이 남아 있다. 어둠과 빛의 전쟁에서 어느 편이 승리를 거둘지 장담하기 어려운 때에 치열한 전쟁이 벌어졌음을 보여주는 흔적이다. 조로아스터교의 성가들은 글을 쓰려는 최초의 노력이 있기 전인 B.C. 4500년에 기원한 것으로 짐작되며, 우리가 의식이라고 부르는 그것은 일종의 글쓰기가 발명된 때에, 기록을 통한 역사의 객관적 지속성이 존재하게 되었을 때에 일어났다. 왜냐하면 글쓰기가 감정적 조건으로부터 자유로운 의식을 요구했고 또 "그것은 놀라운 사건이니 기록해 두도록 하자."고 말하는 사람에게 어느 정도의 객관성을 요구했기 때문이다. 판단을 하지 못하는 의식은 진정한 의식이 아니다. 존재한다는 자각이 있을 수 있지만, 그것은 우리가 인간의 의식이라고 부르는 것은 아니다. 그래서 나는 의식의 시작을 기록을 남길 수 있는 체계가 처음 생겨난 때로 본다. 아마 그 시기는 의식의 단계들, 즉 차크라라는 개념이 처음 생겨난 때이기도 할 것이다. 사실 페르시아 수피교[31]에서 힌두교 체계와 상관없는 3개의 차크라에 관한 흔적이 발견되며, 똑같은 것이 아마 중국 요가에도 존재했을 것이다.

우리 환자의 환상들의 전개도 마찬가지이다. 지난번 세미나에 참

....
31   이슬람 신비주의.

석한 사람은 우리가 빛이 위협받는 순간을 이제 막 지나쳤다는 것을 기억할 것이다. 그러나 빛은 특별히 단단한 돌인 오닉스의 갱에서 보호를 받았으며, 이 돌은 들소 떼의 공격으로부터 가장 강력히 보호할 수 있는 장치일 것이다. 들소는 북 아메리카의 토템 동물이며, 따라서 그것은 우리 환자가 미국으로 돌아갈 때 그녀에게 달려들 야생적인 모든 본능들을 나타낼 것이다. 그녀가 오닉스의 갱에 의해 보호를 받았음에도 불구하고, 그녀는 그곳에서 집단적인 공격의 위험으로부터 안전하지 않다. 그녀는 자신을 노출시켜야 한다는 깃을 알고 있으며, 당신은 그녀가 결정적인 문을 열었다는 사실을 알고 있다. 그녀는 지금까지 그녀를 보호해 주었던 마법의 원에서 나와서 뉴욕의 거리로 나섰다. 바로 이 지점에서 환상 해석을 다시 시작할 것이다.

그녀는 결정적인 문을 열고 밖으로 걸어 나가 뉴욕의 고층 건물들 사이에 서 있는 자신을 발견한다. 그것은 그녀가 전적으로 정신적 상태의 발달을 위해 노력하며 지내던 분위기에서 벗어난다는 것을 의미한다. 따라서 새로운 세상에 적응할 필요성이 대두되고 있다. 새로운 세상은 그녀가 옛날에 살았던 세상이지만 지금 그녀에겐 새롭다. 그 세상이 그녀에게 완전히 새로운 양상을 보이기 때문이다. 그 세상은 지금 그녀의 환상들과, 혹은 그녀의 환상이 생겨나던 그 세상과 완전히 다르기 때문에 대단히 적대적이다. 그녀는 이렇게 말한다. "커다란 빌딩들이 나의 위로 우뚝 솟았고, 내 위로 구부러지고 흔들거리다가, 우레 같은 소리를 내며 붕괴했다." 고층 빌딩에 어떤 일이 벌어졌는가? 고층 빌딩은 확실히 정상적인 상태가 아니다.

고층 빌딩이 마치 살아 있는 존재 같다. 빌딩들은 아주 부자연스런 생명으로 가득하다. 완벽하게 죽은 물체들이 지금 어떤 조건이기에 매우 부자연스런 생명을 얻고 있을까?

두려움의 상태에서, 사물들이 종종 움직이기 시작한다. 당신이 달빛 속에서 숲을 걷다가 어느 순간 두려움을 느낄 때, 무엇인가가 갑자기 움직이기 시작할 것이다. 나무들과 그림자들이 움직이고, 사물들이 기이한 생명으로 충만해지는 것이다. 물론, 교령회에서는 물건들이 그 이상의 모습을 보인다. 사물들이 실제로 움직인다. 아나하타에서 마니푸라와 스바디스타나로 내려가는 것은 곧 사람이 감정적인 상태에 빠지고, 따라서 대상들이 생명력을 얻는다는 것을 의미한다. 스바디스타나 상태에 있는 사람은 생명으로 충만한 세상에 살고 있다. 그런 세상에서 대상들은 걷거나 말을 하며, 대단히 특별한 짓들을 한다. 그 다음으로 높은 상태인 마니푸라에서, 세상은 아나하타에 있을 때의 세상보다 훨씬 더 생생하게 살아 있다. 아나하타에서 세상은 생명력이 거의 고갈된 상태이다. 오직 소위 생물들만 움직이지만, 그것들조차도 매우 제한적인 종류의 삶을 영위한다. 그것은 훌륭한 삶이 아니고 나쁜 삶이다. 아나하타 종교인 기독교에서, 인간은 매우 나쁜 존재라는 사상이 날조되었으며, 바로 그것이 하나의 제한이다. 더욱이, 기독교 사상은 동물들은 영혼을 전혀 갖고 있지 않다고, 따라서 동물들은 실수가 아니고는 절대로 천국에 들어가지 못한다고 가르친다. 기독교가 나타나기 전에는 그런 인식이 전혀 없었다. 동물들도 인간 존재들과 마찬가지로 영혼을 갖고 있었으며, 인간의 삶은 반드시 나쁘지 않았으며, 인간의 활력 넘치는 에너지는 선한 것으로 여겨지고 신의 본성을 지닌 것으로 여겨졌다. 그래서 인간은 자기 자신에게 꽤 만족했다. 그러나 기독교 관점에서 보면, 인간의 활력은 사악하며, 신이 사물들의 자연스런 경로를 간섭하지 않는다면 인간은 곧장 지옥으로 떨어진다. 동물들은 전혀 영혼을 갖고 있지 않다는 믿음은 라틴 민족에 속하는 국가들에 생생하게 살아 있다. 그런 국가에선 동물들이 매우 잔인하게 다뤄지고 있다. 그곳 사람들은 동물도 영혼을 가질 수 있다는 생각은 조금도 하지 않는다. 그들이 여전히 중세의 기독교인이기 때문이다.

그렇다면 대상들 안에 이런 부자연스런 생명을 야기하는 것은 공포의 상태이며, 그것은 우리 환자가 마니푸라의 상태로 내려갔다는 것을 의미한다. 거기서 그녀는 단순히 감정의 먹이가 된다. 그러므로 우리는 마니푸라 센터에 해당하는 불의 상징을 예상할 수 있다. 그녀는 "건물들이 붕괴할 때마다, 엄청나게 큰 붉은 새가 비명을 지르면서 하늘로 날아올랐다."고 말한다. 이것은 무슨 뜻인가? 그녀의 그 다음 문장을 보자. "새들은 짓이겨졌고, 거기서 피가 떨어졌다."

동물의 상징을 해석할 때, 그 동물의 두드러진 특징을 놓치지 말아야 한다. 예를 들어 물고기가 상징으로 나타난다면, 물 속에 사는 냉혈 동물인 물고기의 자연스런 사실들에 주목해야 한다. 이곳의 상징은 새이다. 심리학적으로 새는 공기의 왕국인 아나하타 영역에 속한다는 것을 의미한다. 그것이 심장과 폐의 영역이기 때문이다. 그래서 여기서 우리가 피와 공기를 만나게 된다. 횡격막 위에 속하는 모든 것은, 보다 높은 차원에 해당하는 생각이나 감정 같은 인격의 내용물은 새에 의해 표현된다. 이 여자가 보다 낮은 센터인 마니푸라로 내려가는 지금은 당연히 위에 속하는 내용물들은 죽어 있는 대상들의 부자연스런 생명력에 의해 짓이겨지고 파괴되거나 아니면 적어도 심한 부상을 입는다. 아래의 차원으로 내려가는 하강을 통해서, 구체적이거나 죽은 대상들의 생명이 증대된다. 마니푸라에서는 사물들뿐만 아니라 인간도 전반적으로 생명력으로 넘치게 된다. 모든 것이 특이한 생명력으로 넘치는 것이다. 자제력이 뛰어난 사람을, 교육을 잘 받고 품행이 방정한 사람을 분석할 때, 그 사람이 곧 마니푸라로 떨어지는 것이 확인된다. 그 이유는 그들이 그때까지 너무 높은 곳인 아나하타 센터에 있었기 때문이다. 그러면 즉시 그의 주변 환경들이 엄청난 생명력을 얻게 된다. 아래로 깊이 내려갈수록, 주변 환경의 생명력은 그만큼 더 커진다. 그러다가 그 사람은 마침내 강령(降靈)의 상태에서 무의식에, 일종의 무아의 경지에 빠지고 외부의 사물들이 실제로 움직이기 시작한다. 그것이 바로 이런 심리적 현상의 병적인 단계이다.

지금 그녀는 이렇게 말한다. "핏방울들이 나에게로 떨어졌고, 핏방울이 나를 건드릴 때마다 나는 상처를 입고 피를 흘리게 되었다." 이것은 새들이 그녀 자신과 연결되어 있다는 것을 보여주고 있다. 그녀가 그 새들 중 하나이거나, 그녀가 새들을 위한 센터이다. 새들은 그녀의 생각이고, 그녀의 감정이고, 그녀의 사상이다. 의식의 보다 높은 상태에 속하는 그녀의 모든 정신적 내용물이 그 새들이다. 그렇다면 그녀 자신이 마니푸라로 하강하는 일로 인해 상처를 입고 피를 흘리는 것은 너무나 당연하다. 그녀는 새들처럼 으깨어지지는 않았다. 그녀가 전적으로 아나하타에만 속하지 않기 때문이다. 그녀는 마니푸라에도 속하고 있다. 우리는 진정으로 마니푸라에 속할 때엔 부상을 입지 않고 거기서 살 수 있지만, 우리 안에 있는 것들 중에서 아나하타에 속하는 것은 전부 마니푸라에서 부상을 입을 것이다. 아시다시피, 우리는 보다 낮은 정신적 상태를 언제나 포함하고 있으며, 그런 정신적 내용물은 어떤 의미에서 보면 우리 안에 살고 있지만, 그 내용물은 보다 높은 센터의 지배를 받는다. 우리는 전반적으로 아나하타에 있을 수 있으며, 그때 아나하타는 아래의 모든 센터들을 지배하지만 그 센터들은 여전히 살아 있다. 그렇기 때문에 아나하타가 부상을 입거나 폐지되어도 우리가 완전히 고통을 겪는 것은 아니다. 우리는 단지 아나하타에 있는 만큼만 고통을 겪을 뿐이다. 그런 경우에 마니푸라에 있다면 우리는 전혀 아무런 고통을 겪지 않는다.

사람들은 이런 식의 말을 자주 한다. "그런 일이 나에게 일어났다면, 나는 더 이상 살지 못하고 죽고 말 거야." 그러나 사람들은 그런 일이 일어나도 죽지 않는다. 사람들은 여전히 잘 살아간다. 사람들이 세상 일을 견뎌내는 것을 보면 정말 놀랍다. 사람들은 그냥 자신의 심리를 바꾼다. 사람들은 상상 속에서는 도저히 견디지 못할 것 같던 사회적 조건의 변화도 잘 견뎌낸다. 사람들은 수입이 어느 선 아래로 떨어지면 도저히 못 살 것 같다고 생각하지만, 막상 그 수준보다도 더 적은 수입으로도 살아간다. 그렇듯 심리는 환경에 따라 아주 잘 변한다. 그래서 아나하타가 불가능한 상태에 처하게 되면, 당신은 마니푸라에서 살 수 있지만 아나하타에 속한 부분은 상처를 입는다. 지금 우리 환자는 "나는 공포에 질려 뒷걸음질 치면서 바위 벽에 기댔다."라고 말한다. 여기서 이전의 현상과 똑같은 것이 나타나고 있다.

그녀는 다시 보호적인 조치를 취하고 있다. 만다라를 벗어나는 것은 펼침을 의미한다. 종려나무가 자랐고, 그녀는 문을 열 수 있는 마법의 우상을 발견하고 세상 속으로 나갔다. 그러나 세상은 미치광이처럼 행동하고 있다. 당연히 그녀는 겁에 질리게 되고 만다라에서 피난처를 찾으려 든다. 여기서 다시 바위 벽이 등장하고 있다. 그러나 바위는 더 이상 초록색이 아니다. 종려나무는 죽었다. 그녀는 이렇게 말한다.

> 나는 위를 올려다보았다. 거대한 청색 바위가 하늘로 솟아 있는 것
> 이 보였다. 그 바위가 물줄기를 뿜었고, 그것이 나의 양편으로 쏟아
> 졌다. 나의 상처가 나았다.

이것은 무슨 뜻인가?

그녀는 보호의 욕망 때문에 다시 퇴행함으로써 물의 영역인 스바디스타나로 내려갔다. 만다라로 들어가는 것은 당연히 피난처가 되어주는 동굴로 내려가는 것이다. 지하 성역은 정신적 피난처이며, 토굴은 아득한 옛날부터 언제나 의례의 장소였다. 동굴은 그런 보호적인 특성을 지니고 있지만, 그것은 시간적으로 과거로, 그러니까 사람이 예전에 나왔던 동굴로 다시 돌아가는 것을, 따라서 심리적 상태의 퇴행을 의미한다. 먼저 사람이 마니푸라로 떨어지고, 이어 마니푸라에서 스바디스타나로 떨어진다. 스바디스타나는 문명 이전에 존재했던, 대단히 제한적인 의식을, 말하자면 일종의 자각만을 할 수 있었을 뿐 판단의 가능성을 전혀 갖고 있지 않았던 혈거인의 심리를 의미한다. 그래서 혈거인은 아무런 기록을 남기

지 않았으며, 그들은 글이나 기호를 발명하려는 노력을 전혀 하지 않았다. 심지어 초기의 페루인과 중국인들이 이용했던, 줄에 매듭을 묶는 방법조차 발명하지 못했다. 페루인과 중국인들은 아주 오랜 옛날부터 매듭 끈을 이용해서 심오한 철학적 생각들을 표현했다. 일종의 세계관인, 중국 고전 철학에 나오는 '하도'(河圖)[32]의 상징은 말하자면 매듭 끈들에 의해 표현되었다. 매듭 끈들은 가운데의 만다라 주위에 사각형으로 배열되었으며, 매듭은 끈 한가운데를 중심으로 좌우로 4개씩 있었다. 사건들을 기록으로 남기려는 욕구는 곧 보다 높은 의식을 보여주는 증거이다. 기록에 대한 욕구는 매우 원시적인 인간의 특징은 아니며, 그래서 원시인은 당연히 낮은 차원에 속한다. 원시인은 마니푸라에 속하거나 여전히 동물 같은 조건인 스바디스타나에 속한다. 스바디스타나의 심리는 단순한 충동으로 이뤄져 있다. 이 심리는 예를 들면 방광 속에서 오줌의 압박에 대한 자각에 의해서나 육체의 다른 생리적 욕구에 의해서 표현된다. 그것은 매우 낮은 상태이지만, 사람은 보호만을 위해 만다라로 들어갈 때 당연히 그런 심리 상태로 떨어진다. 시대들을 거꾸로 내려가는 것이다.

일련의 환상들의 시작 단계에서 그 점이 뚜렷하게 드러났다. 환자가 만다라라고 부를 수 있던 곳으로, 또는 내면에 존재하는 것들의 영역으로 들어가기 시작할 때였다. 그녀는 실제 세계로부터 물러나 시대를 거슬러 올라갔다. 그러는 과정에 고대 신전들을 거쳐 곧장 스바디스타나를 의미하는 동물의 단계로 돌아갔다. 이 대목에서 그녀가 물라다라로 돌아갔다고 하지 못한다. 왜냐하면 물라

----

32 5,000여년 전에 북희씨 때 황하에 나타난 용마(龍馬)의 등에 새겨져 있었다는 그림.

다라에는 의식이 전혀 없기 때문이다. 완전한 무의식으로 돌아가는 것은 거기에 무의식을 자각하는 사람이 전혀 없다는 것을 의미한다. 무엇이든 자각하기 위해서는 약간의 의식이 있어야 하기 때문이다. 지금 가장 낮은 의식의 상태에서, 그녀는 하늘 높이 솟아 있는 거대한 푸른색 바위를 본다. 푸른색은 공기나 물을 암시하지만, 여기선 그것이 하늘 높이 솟아 있기 때문에 아마 공기의 푸른색일 것이다. 그렇다면 이것은 인간에 의해 세워진 정신적인 탑이지만 자연적인 성장이기도 하다. 그것은 아주 높이 솟아 있거나, 그녀가 온 곳까지 아래로 연결되어 있다. 그것은 지금도 여전히 닿을 수 있는 높이의 상징이다. 그리고 그 특별한 바위로부터 치료의 물이 아래로 흐르고 있다. 그녀는 지금 어디서 치료의 물 또는 마법의 물, 비옥의 물의 상징을 발견하고 있는가?

그리스도는 자신이 생명의 물이라고 했다. 영적이고 아름다운 그 흑인이 "나는 그 바위에서 집을 발견했어."라고 말한 것을 기억하는가? 그리스도는 사람이 피난처를 발견하는 바위 속의 집인 동굴이다. 이 푸른 바위는 기독교 상징을 통해 표현되는 바와 같이 그리스도 본인이다. 그것은 아름다운 유추이며, 교회의 아버지라면 모두 아무런 망설임 없이 그런 해석을 받아들였을 것이다. 그러나 기독교인까지 고려해야 하는 심리학적 해석은 이해하기가 당연히 더어렵다.

여기서 기독교 상징체계와 연결되는 다리가 나타나고 있다. 치료의 물이 나오고 있는 이 피난의 바위는 바로 그리스도이다. 그렇기 때문에 그것은 '자기'라는 개념일 것이다. 그리스도가 '자기'를 뜻하기도 하기 때문이다. 그렇다면, 하늘 높이 솟은 그 바위의 높이는 개인적 차원에서 보면 그녀가 환상을 통해서 올라간 높이이거나 문명의 차원에서 보면 기독교가 이룬 높이일 것이다. 아니면 단순히 그 높이는 형상의 중요성을 강조하는 것일 수도 있다. 이집트 신전의 벽에 파라오들이 언제나 추종자들보다 다섯 배 정도 더 크게 묘사되는 것도 그런 예이다. 그리스도도 종종 사도들 사이에서 아주 크게 그려진다. 그것은 하늘까지 닿는 것을, 초인간적인 위대성을 암시한다. 그리고 물은 언제나 스바디스타나 심리와 관계있지만, 이 경우엔 치료의 물이다.

물은 언제나 사람이 다시 태어나는 매체인 생명의 물을 의미한다. 물은 세례 의식 또는 입교 의식을 상징하거나 부활을 낳는 치료의 목욕통을 상징한다. 그러면 바위에서 솟고 있는 물은 '자기'의 방사일 것이다. 그리고 모세가 치료의 물을 갖고 왔다는 그 바위는 초기 기독교에서 언제나 그리스도를 가리키는 것으로 여겨졌다. 그리스도가 치료자였기 때문이다. 그리스도가 모세가 장대에 걸어둔 놋쇠 뱀이었듯이 말이다. 불뱀이 전염병처럼 곳곳에서 사람을 물 때, 장대 위의 뱀만 보아도 그 상처가 나았다. 그래서 그리스도는 치료의 물의 원천이기도 하다.

천상의 예루살렘의 한가운데에서부터 치료의 물이 흘러나온다. 그리고 바위 위에 지은 그 도시에 '하느님의 어린양'이 있는데, 이 어린양이 서 있는 바위에서 4개의 강이 시작한다. 그것은 강들이 발원한다는 에덴동산의 재현이며, 이것은 생명이 만다라에서 나오고 있다는 것을 의미한다. 낙원이 당연히 하나의 만다라이고, 또 낙원은 우리가 우리 안에 생명의 중심이라고 느끼고 있는 것을 상징적으로 투사한 것이기 때문이다. '요한계시록' 속의 천상의 예루살렘이 에덴동산의 재현이라고 말하는 또 다른 근거는 옛날의 히브리 신비주의에 따르면 신이 최초의 인간이 타락한 뒤에 낙원을 원래의 자리에서 제거하면서 낙원에게 미래의 새로운 자리를 주었다는 점이다. 그래서 똑같은 상징적 표현이 세상이 다시 시작되는 때, 말하자면 신의 완전한 왕국이 확립되는 때에 일어날 마지막 사건들을 예측한 '요한계시록'의 마지막 부분에도 나온다. 마지막에 시작의 상징이 있어야 하지만, 그 세상은 인간이 동물들과 사이좋게 어울려 살았던 동산이 더 이상 아닌 것으로 해석되었다. 동물은 하나의 상징이 되었고, 동물은 중요하지만 인간은 아니었으며, 언덕이 중요했으며, 동산은 보석을 함유한 돌의 토대 위에 선 도시가 되었다. 그러나 그리스도의 치료의 물은 여전히 흐르고 있었다. 이 상징은 의미로 가득하지만, 내가 여기서 그것에 대해 언급하는 이유는 단지 그것이 치료의 물이 흘러나오는 환상 속의 푸른색 바위와 비슷한 점을 갖고 있기 때문이다.

물 상징이 나타나는 곳마다 스바디스타나와 관계가 있다고 보면 틀림없다. 세례의 샘은 언제나 스바디스타나를 의미하고, 그것은 의식이 일어나는 자궁으로 돌아가는 것이다. 그 앞 단계인 물라다라에선 의식이 절대로 불가능하지만, 스바디스타나에는 본능이나 반사 신경에 대한 자각이 있다. 그래서 스바디스타나는 의식의 요람이고, 거기서 빛이 시작한다. 그러므로 달은 스바디스타나의 한 속성이고, 스바디스타나는 깊은 어둠에서 올라오는 빛의 새벽을 상징하는, 어머니 같은 흐릿한 빛이다. 그렇다면 스바디스타나로 돌아가는 것은 원래의 조건으로 돌아가는 것과 같다. 원래의 조건에서, 인간의 정신적 삶은 매우 낮고, 그것을 제외한 모든 것은 생기로 넘쳤으며, 자연적인 삶은 아무런 제약을 받지 않고 어떠한 것도 배제되지 않은 상태에서 가치를 온전히 간직하고 있었다. 그리고 그런 조건으로 돌아가는 것은 치료의 가치를 지닌다. 이유는 그 같은 회귀가 사물들을 어떠한 방해도 받지 않는 원래의 상태로 돌려놓기 때문이다. 그것은 일들이 진정으로 돌아가야 하는 방향에 대한 암시를 듣는 것이나 마찬가지이다. 그래서 당신이 딜레마에 빠졌거나 무엇인가에 대해 의심을 품을 때, 당신은 하룻밤 잠을 자면서 그것에 대해 생각한다. 그러면 이튿날 아침에 일어날 때 머리가 아주 맑아지고 그것에 대해 명확한 삼성을 품게 된다. 밤새 당신이 뭘 했기에 그런 결과가 나타나는 것일까? 당신이 잠을 자는 사이에 스바디스타나뿐만 아니라 물라다라까지 돌아갔기 때문이다. 그곳에서 일들은 다소 옳은 모습을 보이고 있다. 일들을 방해하지 않고 가만 내버려둬 봐라. 그러면 일들은 자연적인 리듬을 찾으면서 제대로 돌아가고 있는 것처럼 보인다. 일이 옳지 않더라도 겉으로는 그렇게 보인다. 어떤 일이 옳아 보인다는 느낌 외에, 그것이 옳은지 옳지 않은지를 판단할 수 있는 기준은 우리에게 없다. 어떤 일이 조화로워 보이고 자연스럽다면, 당신은 그 일에 대해 확신을 품는다. 따라서 그 만다라로 돌아가는 것은 의식이 상당 부분 배제되는 수면이나 무아경의 상태에 빠지는 것과 비슷하다. 그런 상태에선 사물들이 다시 자연스런 길을 발견할 수 있다. 그리고 물이 치료의 효과를 발휘하는 이유는 간단하다. 물이 모든 것들이 방해를 받지 않고 리듬을 제대로 따를 수 있는 의식의 낮은 상태를 의미하기 때문이다.

그래서 우리 환자의 상처들이 치료되었으며, 그녀는 다시 바위

가장자리로 가서 말했다. "나는 도시로 내려가야 한다는 것을 알고 있었어." 그녀는 앞서 놀란 탓에 자신의 과제 앞에서 주춤하게 되었지만, 그녀는 그 과제를 해내야 한다는 것을, 도시에서 어떤 어려움이라도 해결해내야 한다는 것을 알았다. 그리고 그녀의 망설임이 그녀가 부활을 발견할 수 있는 조건으로 그녀를 이끌었다. 그녀는 이렇게 말한다.

> 좁은 계단들이 아래로 이어졌다. 두려움과 불안 속에서 나는 계단을 내려갔다. 내려가는 동안에 시뻘겋게 으깨진 새들은 더 이상 볼 수 없었다.

아시다시피, 그녀가 부상을 느끼던 상태는 극복되었으며, 그녀는 그 단계를 통과했다. 따라서 새들도 사라졌다. 그녀는 지금 실제 상황에서 강화되고 있다. 그녀는 부활 의식 때문에 충분히 강해졌다. 그녀는 이렇게 말한다.

> 나는 시장으로 들어갔다. (그곳이 도시의 중심이다.) 시장은 파도처럼 넘실거리는 남녀로 붐볐는데, 이 사람들은 자신의 몸을 칼로 찌르고 있었다.

미친 사람들로 가득한 도시처럼 보인다. 이전에 있었던 미친 것은 동물처럼 행동하면서 움직이던 고층 빌딩이었다. 그래서 그녀와 관련이 있던 새들이 상처를 입었다. 지금 불가사의하게 고양된 대상들은 마법의 생명력을 잃은 것처럼 보인다. 지금 과도하게 긴장하고 과도하게 충전된 것은, 그래서 미친 것처럼 행동하고 있는 것은 인간 존재들이다. 하나의 심리적 변화로서 그것은 무엇을 의미하는가?

인간이 미치는 것은 다소 자연스럽다. 사람들은 곧잘 약간씩 미친다. 집들은 정신을 전혀 갖고 있지 않기 때문에 미치지 못한다. 인간 존재들의 광기가 집들이 미친 것처럼 보이게 할 뿐이다. 집들이 미쳐 보이는 것이 훨씬 더 나쁘다. 사람이 미치는 것은 그다지 나쁘지 않다. 그런 현상은 다소 정상이고 바람직할 수도 있다. 이것은 그녀의 끔찍한 공포가 지금 합리적인 대상들로 집중되고 있다는 점을 보여주고 있다. 그녀는 사람들을 무서워하고 있지 집을 무서워하고 있지 않다. 아시다시피, 공포는 그 정도가 아주 심할 때에는 모든 것들 위로 퍼진다. 당신이 어느 집에 사는 누군가를 미워하거나 무서워한다면, 당신은 그 집과 그 거리를 무서워하고 전체 지역이나 도시를 싫어하게 된다. 그리고 당신이 광기를 사람들에게 투사하고 있을 때에도 똑같은 현상이 나타나지만, 그것은 그래도 다소 합리적이다. 왜냐하면 누구나 이따금 약간씩은 미치기 때문이다. 그녀는 지금 새들의 형태로 더 이상 부상을 입지 않는다. 말하자면, 그녀는 부상당하고 있거나 고통당하고 있다는 감정으로 더 이상 고통 받지 않는다는 뜻이다. 그래서 그녀는 어느 정도 성취를 이뤘다. 그 마법의 목욕은 정말로 효력을 발휘했으며, 따라서 그녀는 사물들을 더 명료하게 볼 수 있다. 그녀는 자신의 감정을 보다 잘 통제하고 있으며, 그녀는 고층 건물들이 붕괴하는 것처럼 보일 만큼 감정이 자신을 움직이는 것을 허용하지 않는다. 그녀는 여전히 꽤 나쁜 상태라는 것을 나도 인정한다. 그러나 그 전만큼 나쁘지는 않다. 그녀는 이렇게 말한다. "그 사람들 위로 높은 연단 위에 흰 옷을 입은 여자가 무릎에 아기를 앉힌 채 앉아 있었다." 그것은 다시 매우 상징적인 형상이다. 이 여인은 누구인가? 우리 환자의 환상을 조금 더 보자.

> 나는 그녀에게로 다가가서 "당신은 왜 여기 있어요?"라고 물었다. 그러자 그녀가 "저들이 원하니까."라고 대답했다. 또 다시 나는 "당신은 어떻게 이런 장면을 견딜 수 있어요? 지겹지도 않아요? 당신에겐 감정이 전혀 없어요?"라고 물었다. 그녀는 "없어."라고 대답했다. 나는 혐오감을 강하게 느끼며 그녀 곁을 떠났다.

이 내용은 다소 당혹스럽다. 신의 어머니가 여기선 지나치게 철학적이며 광기가 흐르고 있는 전반적인 혼란에 꽤 무관심하다.

이 경우엔 신의 어머니를 상징적으로 해석하는 것이 적절할 것 같다. 그러면 마리아는 푸루샤를 포함하고 있는 존재나 푸루샤의 어머니를 나타낼 것이다. 그리고 마리아는 군중 위에 있고, 미치지 않았으며, 미친 군중과의 신비적 참여로부터 꽤 자유롭다. 환자 자신은 그 부인이 신비적 참여를 하지 않는 이유를 이해하지 못하고 있으며, 우리 환자는 이 부인이 그런 장면에 진저리를 치고 있음에 분명하다고 생각했다. "당신은 감정이 없어요?" 이 말은 사람들이 서로에게 자주 묻는 말이다. "당신은 감정이 없어요?" "그래요. 나에겐 감정이 없어요." "하지만 그들이 서로에게 상처를 입히고 있는 것이 보이지 않아요?" "당연히 보이지요. 그들은 바보 멍청이들이지요!" 사람이 그런 광기에 감정을 허비해야 하는 이유가 무엇인가? 그래서 성모 마리아는 매우 긍정적인 상징이며, 나는 그런 측면이 일종의 중세적인 품행인 신성한 모성애의 태도보다 더 중요하다고 생각한다. 우리 환자는 "감정이 전혀 없어."라는 대답에 담겨 있는 엄청난 감정을 이해하지 못한다. 그녀는 그 놀라운 광경에 마음을 빼앗긴 상태에서, 전지리 치며 부인 곁을 떠난다. 그녀의 환상은 이렇게 이어진다.

> 나는 남자들이 칼로 자기 가슴을 찌르는 것을 보았다. 그들은 또 여자들의 가슴도 찌르고 있었다. 여자들은 남자들의 등을 찌르고 있었다. 나는 투쟁을 벌이는 여자들 중 한 사람을 붙잡아서 옆으로 던졌다. 나는 이렇게 말했다. "도대체 무슨 짓이에요? 끔찍해. 참을 수 없어. 당신들은 왜 이런 짓을 하죠?" 그녀는 "우리가 남자들의 등을 찌르는 이유는 그들이 우리를 알아야 하기 때문이지."라고 대답했다. 이어 나는 "당신은 그렇게 심한 부상을 입고도 어떻게 살아 있을 수 있어요?"라고 물었다. 그녀는 "그렇다면 당신에게 보여줘야겠군."이라고 말했다. 그러면서 그녀는 자기 목에서 칼과 창, 검은 독뱀을 끄집어냈다.

그녀가 붙잡은 여자는 누구인가? 당연히 그녀 자신이고, 군중과 함께 움직이는 그녀의 신비적 참여이다. 그녀는 자신이 무의식적으로 그들처럼 행동하고 있다는 사실을 발견하고 있다. 그러나 그녀는 부활의 목욕을 거치면서 자신의 미친 파트너의 목을 잡고 옆으로 내동댕이치며 말을 걸 정도로 충분한 자제력을 획득했다. 그녀는 진심으로 자기 자신에게 "도대체 이게 무슨 짓이야?"라고 묻고 있다.

여기서 우리 환자가 푸루샤를 잡지 않는 이유는 무엇인가, 라는 질문이 제기되었다.

그녀는 푸루샤를 건드리지 못한다. 그런 형상들은 완전히 상징적이며 그녀의 위에 있다. 그녀는 군중 속의 한 사람이며, 군중이 하는 것을 그대로 하고 있다. 분석 과정에 이런 것을 관찰할 수 있다. 당신은 아름다운 것을 많이 배운 다음에 가족과 사회와 친구에게 가서는 해서는 안 된다고 배운 것을, 당신 자신도 해서는 안 되는 것으로 알고 있는 것을 그대로 한다. 그때까지 당신이 얼마나 많은 것을 성취했든, 군중 속으로 들어갈 때 당신은 군중의 심리를 갖는다. 그래서 당신은 당신 자신의 목을 붙잡고 옆으로 팽개칠 수 있어야 한다. 우리 환자는 "지금 나는 전반적인 광기의 일부가 되어 있어. 그런데 내가 왜 미쳐야 하는 거지?"라고 물을 만큼 충분한 통제력을 키웠다. 그것은 이런 상황과 아주 비슷하다. 그녀가 사회 속에서 다른 사람들이 하는 터무니없는 말을 그대로 하며 자신이 갖지도 않은 어떤 감정을 갖고 있다고 믿으면서 자신의 귀를 잡고 이렇게 말하는 것이나 마찬가지이다. "너는 네가 하는 말을 진정으로 믿고 있는 거야? 넌 지금 무슨 말을 하고 있는 거야? 네가 여기 있는 이유가 도대체 뭐야?" 그것은 자기 자신을 객관화하는 것이고, 자신이 하고 있는 것을 봄으로써 보다 높은 차원에 닿는 것이다. 사람이 어떤 상황의 안에 있는 한, 그 상황을 제대로 파악하는 것은 불가능하다.

지금 그 여자는 이렇게 설명하고 있다. "우리가 남자들의 등을 찌르는 이유는 그들이 우리를 알아야 하기 때문이지." 지금 "그들이 우리를 알아야 하기 때문이야!"라는 말은 대단히 터무니없는 투사다. 그들은 자기 자신에 대해 알아야 한다. 그러나 그들은 자신을 알지 못한다. 그래서 그들은 남자들이 그들을 알아야 한다고 말한다. 왜냐하면 남자들이 여자들이 하지 않는 모든 일을 해야 하니까.

1933년 10월 11일

우리는 움직이는 고층 빌딩이 나타나는 괴상한 환상의 한가운데에 있다. 그 환상을 다시 검토할 필요가 있다는 생각이 든다. 환자는 지금 고향으로 돌아가는 중이다. 그녀는 뉴욕 항으로 향하는 기선을 타고 가는 중에 이 환상을 보았다. 그것은 틀림없이 뉴욕이나 미국의 다른 도시에서 전개될 삶에 대한 예상이며, 아주 긍정적이지는 않다. 현대적인 미술을 떠올리게 하는 혼돈스런 환상이다. 건물까지 아주 특별한 형태를 보이는 그런 환상은 공황이나 일종의 부정(否定), 현실의 인상에 대한 방어를 의미한다. 칼로 자신을 베고 서로를 찌르고 있는 남녀 집단의 광기와 소란이 어떤 공황 상태를 나타내듯이 말이다.

이런 혼란스런 환상에 대한 설명은 의외로 쉽다. 한동안 분석 과정을 거치면서 자기 자신에게 집중하고 자신을 질서 있게 관리할 기회를 충분히 누린 사람들에게 거의 예외 없이 그런 것이 나타난다. 이제 그 사람은 아버지도 없고 어머니도 없고 만다라도 없는 세상 속으로 발을 내딛고 있다. 그 세상에는 매일 이뤄지던 부활의 목욕도 없고 도움의 손길도 없다. 그래서 이제 그 사람은 세상에서 일어나는 온갖 일에 고스란히 노출될 수밖에 없다. 우리가 매일 경험하는 바와 같이, 세상은 거의 완전히 혼란 상태이기 때문에 질서가 거의 없다. 거리의 차량조차도 질서를 지키지 않으며, 혼잡을 야기하고 있다. 당신은 잠시라도 방심하다가는 언제든 부상을 입을 것이다. 당신이 정글로 들어가든, 바다로 뛰어들든, 대도시의 거리로 나가든 다 똑같다. 당신 스스로 특별히 조심하지 않으면, 그 어떤 것도, 그 어떤 사람도 당신을 돌봐주지 않을 것이다. 그래서 그녀는 지금 뉴욕을 직면하고 있으며, 미국인들은 그런 대도시를 직면한다는 것이 무슨 의미인지를, 특히 거기에 살아야 할 때 그것이 무슨 의미인지를 잘 알고 있다. 그것은 결코 농담이 아니다. 그러나 그런 상황에서는 아주 작은 도시도 혼란스러울 수밖에 없다. 당신이 과거로 떨어지기 때문이다. 작은 도시 출신인 사람은 무질서가 전혀 없고 두려움을 느낄 이유가 전혀 없는 평화로운 장소로 돌아가게 된다. 그럼에도 그 사람조차도 무질서와 공포의 공격을 받을 것이다. 왜냐하면 그 사람이 이전 상태로 돌아가기 때문이다. 그는 이전 상태, 그러니까 그가 분석을 받도록 만든 바로 그것과의 결합에 의해 분열될 것이고, 그러면 그 즉시 마치 옛날의 문제들이 다시 돌아오고 있는 것처럼 보이게 된다. 그런데 옛날의 문제들은 다시 나타나게 되어 있다. 그렇지 않다면 그것이 오히려 부자연스럽다. 문제들이 다시 나타나면, 당연히 그 사람은 그 순간에 '아니, 그렇다면 분석 효과는 뭐야?'라는 식으로 묻게 된다. 당연히, 그가 예전 상태로 돌아갈 때, 진짜 싸움이 시작된다. 아시다시피, 당신의 손에 적절한 무기가 쥐어져 있다는 단순한 사실은 적이 당신을 쏘지 않을 것이라는 뜻은 아니다. 적들의 총은 늘 그랬던 것처럼 발사될 것이다. 그때 당연히 당신은 배운 것을 적용해야 한다.

지금 우리 환자는 바로 그런 상황에 처해 있다. 그녀는 예전의 세계로 돌아간다. 그 세계는 예전과 똑같을 것이고 앞으로도 그럴 것이다. 그녀는 지금 무자비한 상황에 노출되고 있다. 사람들이 서로에게 상처를 입히고 있는 거리에서, 그녀는 예전과 똑같은 위험에 노출될 것이다. 그런 상태를 당신은 무엇이라고 부를 것인가? 당신이 거리로 나서고 있는데 고층 건물이 흔들리고 빛을 번득이는 칼이 보이고 일대 소란이 벌어지고 있다.

그녀가 자신의 상태를 투사하고 있는 것으로 보면 된다. 뉴욕에서 돌아가고 있는 것들의 상태도 광기인 것은 절대로 아니다. 어쨌든 그녀가 도시로 들어가는 즉시 고층 빌딩이 움직이거나 붕괴하는 일은 절대로 없을 것이다. 그렇게 된다면, 그것은 도시 전체의 붕괴를 의미할 것이다. 그렇다면 그녀가 무서운 삶을 고층 빌딩과 사람들에게로 투사하고 있는 것이 꽤 확실하다. 그녀에게 삶이 그런 모습으로 비치고 있다. 마치 그녀가 자신의 광기라는 베일을 통해서 현실 속의 사물들의 어떤 왜곡을 보고 있는 것 같다. 그러나 칼로 서로에게 부상을 입히는 것은 무엇을 의미하는가? 아시다시피, 한편엔 이런 투사가 일어나고 있고, 우리는 그 투사를 꽤 합당한 것으로 받아들일 수 있다. 사람들이 곧잘 그런 식으로 행동하니까 말이다. 사람은 언제나 투사가 걸릴 걸이를, 말하자면 흰 것 속의 검은 점 같은 것을 갖고 있어야 한다. 그리고 군중에겐 광기의 요소가 있음에 틀림없다. 그렇다면 우리는 이 상징적인 표현을 마치 그것이 현실인 것처럼 다룰 수 있으며, 따라서 이렇게 물을 수 있다. 사람들은 실제로 그런 식으로 자기 자신에게 상처를 입히고 있고 서로를 해치고 있는가? 그것이 진정으로 인간 사회의 어떤 요소를 그리고 있는가? 그런 한편, 만약에 그것이 공황에 빠진 그녀의 주관적인 상태를 투사한 것에 지나지 않는다면, 우리는 이렇게 물을 수 있다. 그런 감정 상태의 구성요소들이 서로 싸우는 것은 무엇을 의미하는가? 당연히 이 질문이 앞의 질문보다 훨씬 더 어렵다. 앞의 질문은 객관적인 측면에서 문제를 다루고, 뒤의 질문은 주관적인 측면에서 문제를 다루고 있다. 먼저 객관적인 측면에 대해 논할 것이다.

그녀가 뉴욕으로 돌아가면, 그녀의 광기가 아니라 그녀의 이성이 올라올 수 있다. 그녀가 지나치게 합리적일 수 있는 것이다. 그것이 위험이다. 아시다시피, 우리 인간은 어느 정도의 광기를 발휘할 수 있어야 한다. 오히려 우리는 지나치게 건전한 사고방식을 갖지 않도록 조심해야 한다. 왜냐하면 그럴 경우에 일들이 너무 위험해지기 때문이다. 우리는 우리 안에 어느 정도의 광기가 있다는 사실을 외면해서는 안 된다. 그러나 어느 정도의 광기를 갖고 있는 것이 아주 적절한데도, 이 점이 문제를 다소 복잡하게 만들고 있다. 당연히 그런 환상에서는 문제가 무의식적 관점에서 상상되고 있지만, 우리는 무의식적 관점에서 볼 가능성을 배제하더라도 똑같은 결론에 이를 수 있다. 사람들이 서로를 해치고 있다는 진술을, 말하자면 집단 속의 삶은 그런 모습일 것이라는 진술부터 다루도록 하자. 당신은 이 진술을 어떻게 설명할 것인가? 분명히, 그것은 사랑과 정반 대이다. 사랑의 증거라고는 전혀 없는 그런 상태이며, 오직 증오와 오해, 공격, 이기심, 잔인성, 사악함만 있다. 끔찍할 만큼 부정적인 양상들이다.

그것은 집단적 삶의 그림자 측면이며, 인간 사회의 한 부정적인 양상이다. 환상 속에서 그녀는 인간관계의 부정적인 측면을 지각 하고 있다. 그리고 이 부정적인 측면이 사람들이 의식적으로 단정 하는 것과 정반대이기 때문에, 사람들이 의식 속에서 서로를 사랑 하고 있을 때 그들의 무의식에서는 그와 반대되는 감정이 지배하 고 있을 것이라는 결론도 가능하다. 의식에서 빛인 것이 무의식에 서 그림자가 되는 것이다. 그렇다면 그녀는 무의식을 들여다봄으 로써 사람들이 자각하지 못하고 있는 것을, 그녀 자신의 의식이 자 각하지 못하고 있는 것을 보고 있다고 할 수 있다. 그녀의 의식은 이렇게 말할 것이다. "오, 이 친절한 사람들은 모두 같은 배에 타고 있고, 모두가 이웃 앞에서 최선을 다하려고 노력하고 있구나." 그 것이 바로 사람들이 단정하고 있는 바이다. 당신도 잘 알겠지만, 건 전한 사고방식을 가진 사람은 모두가 서로를 사랑하고 공동선을 위해 함께 노력하고 있다고 믿으면서 사악한 일까지도 단순한 실 수로 여기는 경향이 있다. 그러나 현실을 보면 그것은 진실과 꽤 거 리가 멀다. 전혀 진실이 아닌 경우가 자주 있다. 사물들을 무의식의 측면에서 제시하는 환상은 언제나 어떤 목적을 갖고 있다. 그런 환 상을 놓고 오직 인과론적으로만 설명하려 들면, 이해가 불가능해 진다. 언제나 이런 질문을 던져야 한다. 무의식은 무슨 목적으로 그 런 공상을 제시하는가?

그녀에게 경고하는 측면도 있다. 사물을 지나치게 낙관적으로 보지 말라고, 지나치게 건전한 사고방식을 갖지 말라고, 그림자를 알라고 가르치고 있는 것이다. 그녀가 악몽을 꾸는 것과 비슷하다. 어제 당신이 새로운 상황에 처하게 되었다고 가정해 보자. 그러면 당신은 오늘 겪게 될 일에 대해 매우 부정적인 꿈을 꿀 수 있다. 당연히 그런 꿈은 당신의 기대에 그림자를 드리울 것이며, 당신은 그 그림자를 좋아하지 않을 것이다. 당신이 이미 그 상황에 대해 매우 긍정적인 이미지를 갖고 있기 때문이다. 그런 경우에 현명한 사람이라면 스스로에게 이렇게 물을 것이다. "조심해. 지나치게 낙관해서는 안 돼. 이면을 보라고. 장애 요소가 전혀 없는 것은 세상에 절대로 있을 수 없으니까." 그렇듯 이 환상의 목적론적 의미는 그녀의 관심을 끌고, 그녀의 낙관주의를 약화시키고, 그녀에게 지금 공포의 세계로, 부정적인 세계로 들어가고 있다는 인상을 주는 것이다. 왜냐하면 그런 것을 깨닫지 못할 경우에 그녀가 얕고 표면적인 의식에, 그러니까 모두가 잘 어울려 지내고, 갈등이 없으며, 모든 것이 명료하게 이해되는 것 같은 그런 의식에 희생당하고 말 것이기 때문이다. 물론 이것은 터무니없는 단정처럼 들린다. 현실이 그렇지 않은 것 같기 때문이다. 그래서 그녀는 자신의 내면에 그런 표면적인 세계와 맞지 않는 그 무엇인가가 있다는 점을 깨달아야 한다. 그러나 이것은 대단히 불쾌한 깨달음이며, 그래서 전체 일이 무의식에서 일어나고 있다.

　사람은 자신의 내면에 이 사회와, 아름답고 친절한 이 세상과 어울리지 않는 끔찍한 무엇이 들어 있다는 식으로 생각하는 것을 달가워하지 않는다. 심지어 사람은 그런 측면이 다른 사람의 내면에 있다는 것을 인정하는 것까지도 싫어한다. 실제로는 어두운 것이 언제나 이웃에게 있다고 생각하고 있으면서도. 사람들이 늘 이런 식으로 생각하고 있으니 하는 말이다. "나는 완벽하게 깨끗해. 나에겐 심각할 만큼 잘못된 것은 하나도 없어. 잘못은 다른 사람에게 있어." 사람이 그런 것을 인정하길 싫어하는 이유는 그것을 인정할 경우에 악이 세상 어딘가에 있게 되기 때문이다. 따라서 건전한 사고방식이라고 불리는 관점은 언제나 어두운 구석의 존재를 부정하려 들면서 어둠은 빛의 부재에 지나지 않고 선함 속의 실수에 불과하다고 주장하려고 노력한다. "나는 매우 선한 일을 시도했음에도 불행하게 자그마한 실수를 저지르고 죄를 범했지만, 그럴 뜻은 전혀 없었어. 인간은 진정으로 선한 존재이니까." 지금 이런 식의 접근은 우리가 겉만 대충 다룰 수 있도록 돕겠지만, 곧 어둠이 내리고 재앙이 따르게 된다. 우리는 지금 자신의 내면에서뿐만 아니라 세계 곳곳에서도 지옥을 직면하고 있으며, 문제가 시작되고 있다. 그러므로 이 환상의 일반적인 목적은 우리 환자에게 사악한 세계로 들어가고 있다는 인상을 안겨주고 또 그녀 자신이 인간이기 때문에 그녀의 내면에도 사악한 것이 있다는 사실을 알려주는 것이다. 그 어떤 것도 조화를 이루지 못하고, 그 어떤 사람도 절대로 평화를 누리지 못할 것이다. 왜냐하면 이 세상의 의미가 바로 우리가 세상으로 인해 고통을 겪고 이 세상에 있는 모든 것으로 인해 고통을 겪는 데에 있기 때문이다. 그런 고통이 없으면, 우리는 삶을 살지 않는 것이나 마찬가지이다.

지금 그녀는 자신이 처한 상황을 이해하지 못하고 있는 것이 분명하다. 그래서 그녀는 처음에 혼란에 초연한 것 같은 신의 어머니에게, 그 다음에 어떤 여자에게, 마지막으로 어떤 남자에게, 사람들이 서로에게 상처를 입히고 있고 혼란이 계속되고 있는 이유를 묻는다. 그녀는 세상에 그런 사악한 것이 있다는 사실을 이해하지 못하고 있다. 이런 일은 분석 중인 사람들에게 흔히 일어난다. 분석 중인 사람들은 흥미롭고 아름다운 것들을 많이 배우고 세상의 일들이 꽤 질서정연할 수 있다는 것을 배운다. 그러다가 그들은 현실과 충돌을 일으킨다. 그들은 심지어 모든 사람이 분석을 받으면 세상은 천국이 될 것이라는 식으로 생각한다. 그들은 분석에 대해 설교하고, 분석 선교단을 조직하고, 모두가 평생 분석을 받는다면 세상이 완벽해질 것이라고 생각한다. 나는 그런 식의 낙관론을 자주 목격했다. 어떤 사람의 경우엔 그런 낙관론을 버리도록 가르치는 것이 사실상 불가능하다. 그런 낙관론이 완전히 근절되지 않는다는 사실은 좋은 일이다. 우리 인간이 무엇인가를 할 수 있고, 보다 훌륭한 이해를 향해 노력할 수 있는 것 또한 진실이기 때문이다. 그러나 똑같이 강한, 카오스와 오해라는 정반대의 악이 없다면, 우리는 보다 나은 이해를 추구하지 못한다. 그래서 우리는 선(善)의 신과 악(惡)의 신 중 어느 쪽이 세상을 지배하고 있는지 절대로 정확히 알 수 없다. 우리가 지옥에 속하는지 천국에 속하는지에 대해서도 모르긴 마찬가지이다. 해답은 그 둘 사이에 있기 때문이다.

이제 우리는 환자가 서로에게 상처를 입히는 사람들을 조사함으로써 거기서 무엇인가를 얻게 되는지를 볼 것이다. 그녀는 여자의 목을 잡고 소란의 원인에 대해 물었다. 그러자 여자는 "우리가 남자들의 등을 찌르는 이유는 그들이 우리를 알아야 하기 때문이지."라고 대답했다. 나는 우리가 자신이 해야 할 일을 종종 동료 존재들에게 투사한다는 점을 강조했다. 우리가 하기 싫은 일을 그들이 해 줄 것이라고 기대하면서. 예를 들어, 미국 인디언의 어느 부족은 내가 지금 설명하려는 내용을, 말하자면 내가 게으르거나 무책임해서 하지 않는 일을 다른 사람들이 해 줄 것이라는 기대를 정확히 표현한, 14개의 음절로 된 단어를 갖고 있다. 그 단어의 글자 그대로의 의미는 이렇다. 서로를 바라보면서 자신이 하고 싶지 않은 일을 다른 누군가가 해 주기를 기대하면서 어떤 원 안에 앉아 있다는 뜻이다. 이 단어는 어느 모임에나 나타나는 전형적인 상황을 표현하고 있다. 이 예에서 원시인들은 상당히 심리학적이며, 그들은 그런 상황을 인식하고 거기에 적절한 이름까지 발견했다. 불행하게도 그 단어는 일상의 언어 속에서는 사용될 수 없다.

지금 환자는 "당신은 그렇게 심한 상처를 입고도 어떻게 살아갈 수 있지요?"라고 물었다. 그러자 여자는 "당신에게 보여줘야겠어."라면서 목에서 칼과 창, 검은 독사를 끄집어냈다. 이 상징 표현은 썩 매끄럽지 않으며, 리비도를 많이 담고 있지 않은 악몽처럼 피상적이다. 이 표현은 전혀 세련되지 않았지만, 생각을 담고 있다. 지금 왜 칼들이 목에서 나오는가?

목은 말을 의미한다. 그래서 그들이 사용하는 칼은 주로 단어이며, 그들은 단어로 서로를 찌르고 있다. 그리고 검은 뱀은 어둠의 원리이고, 독을 주입하는 악의 원리이다. 그것은 속담 같은 것을 시각적으로 표현한 것이다. 이어서 그녀는 "남자들은 이것들이 파괴될 수 있다고 믿고 있으며, 그들이 우리를 찌르는 것도 그 때문이야."라고 말한다. 이 말은 무슨 뜻인가?

남자들은 토론을 믿는다는 뜻이다. 남자는 그런 것들을 합리적으로 다룰 수 있다고 믿는다. 이런 식이다. 남자가 말한다. "그렇다면 당신은 이런 뜻이로군." 그러자 여자가 말한다. "전혀, 전혀 그렇지 않아요!" "그게 아니라면 당신은 이런 뜻을 전하길 원하겠지." "전혀, 전혀 그렇지 않아요!" 남자는 독이 묻은 단어들을 이성이나 논쟁으로 씻어낼 수 있다고 믿는다. 그러나 그것은 불가능한 일이다. 왜냐하면 다음에도 똑같이 창과 칼, 독사들이 다시 나타날 것이기 때문이다. 아시다시피, 사람이 악마와 논쟁하는 것은 불가능하다. 논쟁해 봐야 아무런 도움이 되지 않는다. 선의의 사람들이 믿고 있는 바와 달리, 악마는 반드시 필요한 존재라서 절대로 파괴되지 않기 때문이다. 선의의 사람들은 악을 뿌리 뽑는 것이 가능하며 사탄을 영원히 지옥에 감금할 수 있다고 믿는다. 그러나 슬프게도 우리가 사는 세상에서 그런 일은 가능하지 않다. 악도 나름대로 자리를 갖고 있으며 악을 물리쳐야 한다는 주장은 전혀 소용이 없다. 이 같은 견해는 틀림없이 그녀의 낙관주의를, 윌리엄 제임스(William James)가 건전한 사고방식이라고 부른 것을, 다시 말해 강하고 유쾌한 기독교인들의 어머니라고 할 수 있는 그것을 약화시킨다. 환상은 이렇게 이어진다. "나는 혐오감을 느끼며 다시 군중 쪽으로 걸었다." 그녀는 그 같은 관점에 혐오감을 느끼면서 그 여자가 상황을 설명하지 못하면 남자가 설명해 줄 것이라고 생각한다. 그래서 그녀는 이렇게 말한다.

나는 어떤 남자를 붙잡고 말했다. "이 소란이 도대체 무슨 일인지 말해 줘요. 당신은 상처투성이예요. 당신은 당신의 가슴을 찔렀고, 여자들은 당신의 등에 상처를 냈어요." 그러자 그는 "우리는 강해야 해. 추구해야 할 게 많아. 피가 우리에게 힘을 줄 거야."라고 말했다. 나는 "바보 같군요. 당신은 아는 게 없어요? 당신의 상처를 불로 치료해서 강해지도록 해요!"라고 말했다. 그가 말했다. "나는 머리를 불에 집어넣었어. 보라고. 상처가 하나도 없잖아. 육체를 파괴하는 것이 힘이지."

이 남자의 관점이 의미하는 바를 파악하려고 노력해야 한다. 등을 찌르는 것은 물론 무의식의 공격이고, 취약한 측면의 공격이다. 예를 들면, 그것이 프로이트의 분석 방법이다. 사람들의 어두운 측면을 공격하는데, 그곳은 그들의 심리 중에서 눈이 전혀 없는 곳이며, 거기엔 그 사람들이 통제할 수 없는 온갖 것들이 널브러져 있다. 그리고 그런 방법은 여자의 아니무스가 남자를 공격할 수 있는 방법이다. 그러나 이 남자들은 스스로 자신의 가슴에, 말하자면 심장 부위에 상처를 내고 있다. 그들은 여자들이 남자들의 등을 찌를 때 사용하는 것과 똑같은 수단으로 자신의 감정에 상처를 입히고 있다. 아시다시피, 자신의 감정에 상처를 입히는 것은 감정을 잘못 다루고 있다는 뜻이다. 그러면 사람은 어떻게 자신의 감정을 잘못 다룰 수 있는가?

남자는 논쟁을 벌이기 위해 자신의 감정을 죽인다. 먼저 남자는 감정을 억누른 다음에 자신의 주장을 들고 나오는데, 그것이 여자들을 특별히 화나게 만든다. 여자들은 남자가 먼저 감정을 갖고 나올 때 더 잘 이해할 것이다. 여자들에겐, 주장을 펴는 것 자체가 바보스럽지만, 주장을 펴기 위해 감정을 죽이는 것은 터무니없는 짓의 극치로 보인다. 남자가 왜 그렇게 하는지 이해하는 것은 어려운 일이지만, 그것이 세상이 돌아가는 길이다. 세상사는 그런 식으로 돌아가고 있다. 이 남자의 관점은 자신이 강해지기 위해서 감정에 상처를 입힌다는 것이다. 당연히, 남자는 이 세상에서 강해야 한다. 강하지 않은 남자가 할 수 있는 일은 아무것도 없다. 하지만 자신의 감정에 상처를 입히는 것이 어떻게 그를 강하게 만드는가?

감정을 가진 남자는 약한 것으로 여겨지고, 강한 남자는 강철 같고 감정이 전혀 없는 것으로 여겨진다. 강한 남자는 자신이 느끼도록 가만 내버려 두지 않는다. 남자도 끔찍하게 울 수 있지만, 돌이나 콘크리트처럼 단단하여 감정을 전혀 갖지 않은 것으로 여겨지는 진정한 남자에겐 그런 일이 일어나지 않는다. 여기서 말하고 있는 남자는 평범한 남자이며, 힘을 갖기 위해서 약한 것들을 경멸하고 있다. 감정과 느낌은 억눌러져야 하고, 강한 남자들은 친절한 모습을 절대로 보이지 않아야 한다. 그들은 초연해야 한다. 공적 모임에서 강한 사람들을 보라. 뭔가 다른 점이 보일 것이다. 호메로스 시대의 영웅들만 감정을 품었다. 그 시대 이후로 남자들에겐 감정을 갖는 것이 허용되지 않았거나 내가 거짓 감정이라고 부르는 것만 허용되었다. 그 외에는 어떤 감정도 허용되지 않았다. 지금 이 남자는 이렇게 말하고 있다. "우리는 강해야 하고, 추구할 것이 아주 많아." 마치 힘이 추구와 연결되어 있는 것처럼 말한다. 그것은 무슨 뜻인가?

만약에 당신이 감정을 죽이면서 그것을 다른 무엇인가로 바꿔놓는다면, 감정은 갈증이나 욕구, 불안으로 변한다. 사고는 절대로 감정을 충족시키지 못한다. 감정도 사고를 충족시키지 못하긴 마찬가지이다. 여자들이라면 당연히 그 반대이다. 여자들은 어떤 생각을 감정으로 바꿔놓는다. "자기 남편에게 그런 식으로 느껴서는 안 되지. 남편에게 친절한 감정을 느끼는 것은 너무나 당연하지 않은가. 난 남편을 사랑해." 그러나 그것은 공허한 사랑이고, 불만스럽고 이기적이다. 그 사랑 안엔 아무것도 들어 있지 않다. 그 사랑은 영원히 굶주리고 있고 갈증을 느끼고 있다. 이유는 그 욕망이 오직 올바른 생각에 의해서만 충족될 수 있기 때문이다. 그래서 여자들은 예전에 부정했던 불쾌한 온갖 것들에 대해 생각하는 것만 허용되어도 종종 크게 개선된다. 그렇다면 감정을 죽이는 것은 적절히 적용될 기회나 적절한 해답을 찾지 못한 리비도를 만족시킬 방법을 추구한다는 의미이다.

지금 이런 식으로 해석하는 동안에, 나는 푸에블로 인디언 추장인 나의 옛 친구 마운틴 레이크에 대한 생각을 놓을 수 없었다. 처음 그를 만났을 때, 그는 내가 미국인이라고 생각했다. 그러나 내가 "아니오. 나는 당신들처럼 높은 산에서 동물을 사랑하며 사는 민족이오."라고 말하자, 그는 나에 대해 좋은 감정을 느끼며 많은 것을 털어놓았다. "우리는 미국인들을 도무지 이해하지 못해요. 그들이 무엇을 추구하고 있는지, 우리는 도대체 모르겠어요. 그들은 코가 길쭉하고 얼굴에 주름이 많고 입술이 얇아요. 그리고 그들은 언제나 불안해하고 언제나 무엇인가를 추구하고 있어요. 그들이 원하는 것이 무엇이지요?" 인디언 추장은 이렇게 말을 이었다. "우리는 미국인들 모두가 미쳤다고 생각해요. 그들이 머리로 생각하니까요. 우리는 가슴으로 생각하는데." 아시다시피, 이 인디언 추장은 그 연결을 관찰하고 있었다. 감정을 드러내는 것은 곧 약함이라는 것이 앵글로 색슨 나라들의 통념이다. 민족의 이상(理想)은 철인

(鐵人)이다. 그래서 감정은 모두 머리로 가고, 따라서 그들의 추구에는 결코 끝이 없다. 그들은 가능성이나 돈, 땅, 여자, 술 등을 끊임없이 추구하고 있지만, 적절한 곳에서 리비도를 충족시키지 못하고 있다. 그것이 광기로 이어지고 있다. 왜냐하면 리비도가 주어진 경로를 자연스럽게 흐르지 못하게 될 때 장애가 따르게 되는데, 정신에서 일어나는 장애는 곧 정신적 광기를 의미하기 때문이다. 당연히, 지금도 감정이 있는 센터인 가슴으로 생각하고 있는 푸에블로 인디언들에겐 감정에 상처를 입히는 모든 백인 남자들이 미친 사람처럼 보이게 되어 있다.

지금 환상 속의 남자는 "피가 우리에게 힘을 줄 것"이라고 말한다. 이것은 우리가 지금까지 말해 오고 있는 내용을 뒷받침한다. 피는 제물의 피며, 그가 자신의 가슴에 상처를 입힐 때엔 거기서 피가 흐르게 되어 있다. 그는 그것을 자신에게 마법의 힘을 주는 일종의 제물로 여기고 있다. 이것은 어느 정도 진실이다. 사람이 감정을 느낌이라고 믿으면서 감정에 굴복할 때, 그 말은 특히 더 맞는 말이다. 평균적인 남자가 느낌을 감정이나 약함, 탐닉으로 이해하기 때문에, 그 남자는 당연히 약하고 온갖 것에 휘둘리게 된다. 그리고 어떤 남자가 그런 상태에, 즉 마니푸라에 있는 한, 아나하타에 닿기 위해서 이 제물이 반드시 필요하다.

종종 말한 바와 같이, 남자의 이상 또는 포부는 대체로 아나하타 상태에, 말하자면 심리적 객관성을 이룰 수 있는 상태에 이르렀다. 개인의 콤플렉스를 다루는 심리학을 갖고 있다는 단순한 사실이 우리가 집단적으로 아나하타에 이르렀다는 점을 증명한다. 누구나 '나는 생각한다'거나 '나는 느낀다'고 말할 수 있다는 사실이 보편적으로 인정되고 있다. 그렇다면 본인이 실수를 저지르지 않고 이웃이 잘못된 일을 하지 않는 한, 적어도 평균적인 정상적 상황에서는 많은 인간 존재들이 마니푸라를 벗어나 있는 것이 사실이다. 일들이 부드럽게 잘 돌아가고 특별히 분노할 일이 일어나지 않는 한, 사람은 아나하타를 실현했다고 할 수 있다. 물론, 아나하타에만 있는 사람은 아무도 없다. 성자들도 전적으로 거기에만 있다고 주장하지 못한다. 각 단계는 나름의 완전을 갖고 있다. 예를 들어, 이탈리아와 스페인에서 보듯 감정의 문화나 감정의 예술이 있을 수 있다. 만성적인 구원 성향 같은 것을 가진 사람만 자신이 '아나하타'로 구원 받았다는 식으로 말할 수 있을 뿐이다. 나 자신은 구원을 믿지 않는다. 우리는 여전히 육체 안에 있다. 그렇다면 피가 힘을 준다는 이 유명한 사상은 희생이 힘을 준다는 의미이다. 그러나 사람은 희생해야 하는 것이 무엇인지, 혹은 지금까지 희생한 것이 무엇이었는지를 언제나 알고 있어야 한다. 예를 들면, 아나하타에서 마니푸라가 희생되며, 그것은 옳은 일이다. 어떤 사람이 '나는 나 자신이 감정에 젖어 있다는 사실을 잘 알고 있어.'라는 식으로 말할 수 있기 위해서 단순히 감정적이기만 한 어떤 상태를 희생시키는 것은 좋은 일이다. 그렇게 말할 수 있는 사람은 감정보다 위에 서 있다. 그렇다면 자기 자신에게 상처를 입히는 것도 정당하지만, 그 행위도 지나칠 수 있다. 만약에 사람이 아나하타 심리를 창조하기 위해서 복부 부위에 상처를 입힌다면, 그것은 옳다. 하지만 아나하타에 있기 위해서 심장 부위에 상처를 입힌다면, 그것은 실수이다. 공기 부위, 즉 심장은 사람이 그 다음 센터인 비슈다에 이르려고 할 때 상처를 입을 것이다. 비슈다에선 '나', 자아, '내가 한다' 따위에는 전혀 아무런 역할이 주어지지 않는다. 그리스도가 가슴 부위에 상처를 입은 것은 그 같은 사상을 상징적으로 표현하고 있다. 그것은 상처받은 신의 전통적인 이미지이다. 물론 그것은 기독교 사상에만 해당되는 것은 아니다. 예를 들어, 게르만족의 전설에 나오는 오딘은 나무에 매달려 있는 상태로 창에 찔렸다.

여기서 아나하타가 희생될 필요성이 예상된다. 아나하타 상태는 주로 기독교를 통해 도달한 상태이다. 기독교는 마니푸라에서 아나하타로 올라간 것을 설명하지만, 인간에 의한 이 같은 성취를 나타내는 신인 그리스도 본인이 이미 부상을 입었다. 그가 그 다음 단계, 말하자면 자아의 특성이 사라지게 되어 있는 비슈다를 예상하고 있기 때문이다. 성배(聖杯)를 찾는 중에 창에 찔려 상처를 입은 암포르타스가 또 하나의 예이다. 이것은 다소 복잡하지만, 환상에 등장하는 남자의 특별한 진술을 설명하기 위해 이 인물에 대해 살펴볼 필요가 있다. 심리의 마니푸라 상태가 희생되었으므로, 피의 희생이 힘을 의미했다는 말은 역사적으로 진실이다. 그러나 아나하타에 도착한 상태에서 가슴에 상처를 계속 입히는 것은 치명적인 실수이다. 따라서 이 진술은 이쪽으로나 저쪽으로 똑같이 받아들여질 수 있으며, 우리 환자는 그것을 부정적인 측면으로 보고 있다. 그녀가 "바보처럼 굴다니, 당신은 아는 게 없어."라고 말하기 때문이다. 마치 그녀가 아나하타보다 더 나은 무엇인가를 알고 있는 것처럼. 또 마치 그녀가 상처가 치료되고, 가슴이 상처를 입지 않고, 그리스도가 더 이상 아프거나 상처를 입지 않고, 그리스도가 완전할 수 있는 그런 상태를 알고 있는 것처럼. 이어 그녀는 그 남자에게 불로서 상처를 치료하고 더 강해지라고 조언한다. 이건 무슨 뜻인가?

이전의 환상에서, 그녀가 멕시코인 이미지를 강하게 만들기 위해 불 속에 집어넣어야 했던 것을 당신은 기억하고 있다. 지금 이미지에게 행해지고 있는 것은 무엇이든 물론 남자를 위한 것이며, 그 이미지는 남자가 갖춰야 할 모습을 예고하고 있다. 그래서 이미지가 마법적으로 강화되거나 정화되기 위해서 불 속에 놓일 때, 그것은 곧 남자는 강해져야 하고 불을 통과해야 한다는 것을 암시한다.

『신곡』에도 똑같은 사상이 담겨 있다. 단테가 낙원의 천국 영역에 다가서고 있을 때, 마지막 원에서 그의 안내자인 베르길리우스가 그를 정화의 불꽃까지 이끌었고, 단테는 그 불꽃을 통과해야 했다. 그러나 베르길리우스는 그렇게 할 수 없었다. 이유는 그가 여전히 연옥에 속했기 때문이다. 베르길리우스는 그리스도를 예상했음에도 불구하고 어쨌든 이교도였으며, 중세의 전설에 따르면, 그가 네 편의 전원시에서 '아이'의 도래를 예언했지만, 그것은 논란의 여지가 많은 부분이다. 그렇듯 단테는 순수한 불꽃을 통과해야 했으며, 불꽃을 통해서 그로부터 온갖 세속적인 불순물과 온갖 자아 욕망이 태워졌다. 그것은 희생의 불이었으며, 그 불을 통과한 사람만이 절대적으로 완전하고 강하여 최고의 상태로 들어갈 수 있었다.

지금 만약에 이 상태들을 심리의 단계들로 본다면, 단테가 설명하는 가장 낮은 차원은 물라다라이다. 그 다음이 중간 영역인 연옥인데, 이곳은 횡격막 부위일 것이다. 그 위의 영역은 기독교인의 투사된 심리학 또는 신화학에서 지옥으로 불릴 것이다. 연옥의 특징은 언제나 정화의 불이었으며, 그것은 마니푸라 센터일 것이다. 그리고 이 불은 상처도 없고, 분열도 없는 완전한 상태를 예고한다. 그러나 어느 누구도 욕망의 불꽃을 통과하지 않고는, 바꿔 말하면 본성의 특별한 욕망들이 성취되지 않고는 그 조건에 닿지 못한다. 만약에 욕망들이 성취된다면, 그 사람은 불꽃에 의해 다 태워지고 그 다음 단계가 시작한다.

우리 환자는 분명히 아나하타 부위를 극복하는 것을 염두에 두고 있으며, 그녀는 그 남자에게 거듭 희생하기만 하는 바보처럼 굴지 말라고 가르치려고 애를 쓰고 있다. 그 희생은 마니푸라에서 아나하타로 건너뛰기 위해 필요했을 뿐, 지금은 아무 소용이 없기 때문이다. 정반대로, 사람은 더 이상 감정에 상처를 입히지 말아야 하며 감정에 귀를 기울여야 한다. 아시다시피, 어떤 동물이 당신보다 더 강하고 당신을 파괴할 수 있는 한, 당신은 당연히 그 동물과 싸워 정복하거나 죽여야 한다. 그러나 만약에 당신이 더 강하다면, 당신은 그 동물을 길들일 수 있다. 그런 상황에서 그 동물을 파괴해 봐야 아무런 의미가 없다. 동물을 길들이는 것이 단순히 전멸시키는 것보다 훨씬 더 훌륭한 방침이다.

모든 것을 부정하거나 인간의 본능을 전멸시키는 것은 고상한 도덕이 아니다. 그런 식의 접근은 오직 당신의 본능이 당신보다 더 강한 상태에서 당신을 상대로 게임을 주도하고 있는 한에서만 타당할 뿐이다. 그러나 만약에 당신이 본능을 통제할 만큼 강하다면, 당신은 본능과 함께 어울려 사는 것을 고려해 볼 수 있다. 그것이 본능을 전멸시키는 것보다 훨씬 더 높은 도덕적 과제이다. 어떤 사람이 금주주의자가 되는 것은 대단히 훌륭한 일일 수 있다. 예를 들면, 담배를 피우지 않거나 술을 마시지 않으면서 매우 위생적으로 살 수 있다. 그러나 그것보다 더 훌륭한 것은 중용이고 자제이지 자기 부정은 아니다. 그것이 바로 부처가 두 가지 길, 즉 세상의 길에 대해 한 유명한 설법의 내용이다. 두 가지 길 중 하나는 금지하는 일 없이 욕망을 충족시키는 세상의 길이고, 다른 하나는 금욕 또는 고행의 길이다. 두 가지 길은 모두 잘못되었다. 그러나 그 두 가지 극단을 피하고 보다 높은 지혜로 안내하는 중도의 길이 있다. 이것이 바로 "팔정도, 즉 바른 견해, 바른 결의, 바른 말, 바른 행위, 바른 생활, 바른 노력, 바른 생각, 바른 명상"이다.

지금 이 남자는 우리 환자가 뜻하는 바를 분명하게 이해하면서 이렇게 말한다. "나는 머리를 불 속에 넣었어." 그러나 몸이 아니고 머리라는 점에 유의하라. 이것은 무슨 뜻인가?

불은 모든 것을 태우고 정화시킨다. 그렇듯이 어떤 문제를 철저히 생각하는 것은 마치 그 문제를 지성의 불꽃 또는 논리적 사고를 통과하도록 하는 것이나 마찬가지이다. 그리고 우리 인간이 지금까지 해온 것이 바로 그것이다.

우리는 우리가 결코 하지 않았고 또 할 것이라고 꿈도 꾸지 않을 많은 것들에 대한 생각을 갖고 있다. 해야 할 일에 대해 엄격히 말하는 철학 체계들은 많지만, 아무도 그것을 실천하지 않는다. 그 체계를 설교하는 사람조차도 그것을 실천하지 않는다. 온 곳에서 사람은 정도의 차이가 있을 뿐 머리는 언제나 머리로 남아 있는 것을 목격하고 있으며, 현실이 개입할 때 사람은 현실과 아주 멀리 떨어져 있다.

사람들은 대체로 제자들에게 짓는 개는 물지 않는다고 가르친 그 유대인 랍비처럼 행동한다. 이 랍비가 그 지혜를 제자들에게 전하는 사이에 그를 포함한 일행이 마을에 닿았다. 그때 마침 커다란 검은 개가 뛰쳐나와서 그들을 향해 맹렬히 짖었다. 그러자 랍비는 펄럭이는 옷을 단단히 잡고 냅다 달렸다. 잠시 후 그들이 달아나기를 멈추었을 때, 제자 하나가 이런 말을 했다. "하지만 스승님께서는 짖는 개는 물지 않는다고 말씀하셨어요. 그런데 왜 달아나셨어요?" 그러자 랍비는 이렇게 대답했다. "오, 나의 아들이여, 짖는 개는 물지 않는다는 것을 나는 잘 알고 있었네만, 그 개도 그것을 알고 있는지는 알 수 없지 않은가." 그렇듯 인간은 어떤 상처도 입지 않고 온전할 수 있는 상태에 대해 생각할 수 있지만, 그런 한편으로 인간은 육체를 부정하는 것이 힘을 의미한다는 확신을 품고 있다. 육체에 관한 한, 인간의 모든 사상이나 도덕은 정지하고 만다. 왜냐하면 육체를 파괴하는 것이 힘을 준다는 옛날의 원칙이 여전히 유효하기 때문이다.

이어서 그녀는 그 남자에게 물었다. "당신이 여자들에게 상처를 입히는 이유가 뭡니까?" 그가 그녀에게 대답했다. "그들에게서 독을 빼기 위해서지." 그래서 그녀는 "하지만 그들의 독은 등에서 뽑아야 해요."라고 말했다. 그러자 그가 분노하면서 말했다. "아니야. 절대 아니야. 여자들의 등은 순수하고 신성해."

여자들의 독을 제거하기 위해 그들에게 부상을 입히는 것은 여자들의 언어에 상처를 입히면서 악마로 나타나고 있는 악을 뿌리 뽑는다는 뜻이다. 남자에겐 논쟁을 통해서, 그러니까 해결책을 이성적으로 도출함으로써 악을 뿌리 뽑을 수 있을 것처럼 보인다. 아무튼 남자는 여자들의 독을 제거하려는 시도를 이따금 하지만, 그것은 가능하지 않다. 그 악은 언제나 다시 나타날 것이다. 그리고 악을 뿌리 뽑으려 노력하면서, 남자는 여자에게 아주 심각한 상처를 입힌다. 왜냐하면 그 뱀 같은 특성 또는 그림자 특성이 자연의 고유한 특성이고, 따라서 여자의 고유한 특성이기 때문이다. 물론 당신은 정반대의 관점에서도 말할 수 있다. 남자들에 대해서도 똑같이 말할 수 있다. 그것이 여자들에게만 통하는 진리가 아니기 때문이다. 그러나 여기서 말하고 있는 것이 남자기이 때문에, 그 대상은 당연히 여자들일 것이다. 아시다시피, 그 독을 뿌리 뽑는 것은 세상의 익을 뿌리 뽑는 것을 의미할 것이다. 그러나 그렇게 할 경우에 모든 것들로부터 그 본질을 추출하고, 빵에서 소금을 빼는 것이나 마찬가지인 결과를 낳을 것이다. 왜냐하면 그림자가 없는 것은 이 세상에 아무것도 없기 때문이다. 세상에서 악을 축출하는 것은 세상에서 그림자들을 배제하는 것이나 마찬가지이다. 그림자 없는 세상은 어떤 모습일까? 그런 세상은 아마 벽에 그린 그림과 비슷하게 평평할 것이다. 3차원의 세상이 아니라 2차원의 세상이 될 것이다. 물체가 전혀 없는 그런 세상, 영화 같은 모습일 것이다.

그런 다음에 그녀는 그에게 남자들이 여자들의 독을 뿌리 뽑길 원한다면 여자들의 등으로부터 뽑아야 한다는 점을 보여주려고 노력한다. 이것은 무슨 뜻인가?

그림자는 당신 뒤에 있는 것으로 여겨진다. 만약에 꿈에서 당신의 등에 무슨 일이 일어난다면, 그것은 무의식을 의미한다. 그리고 당신과 늘 함께 있는 악마는 당신 뒤를 따르고 있는 그림자이며, 그 악마는 언제나 당신의 눈길이 미치지 않는 곳에 있다. 무의식은 시야가 끝나는 바로 그 경계선에서 시작하며, 시야의 뒤는 보이지 않으며 악마가 도사리고 있는 곳이다. 그렇다면 당연히 독은 그 부위에서 나오지 언쟁의 영역에서 나오지 않는다. 그러나 그 남자는 항의하며 이렇게 말한다. "아니야. 절대로. 여자들의 등은 순수하고 신성해."

이것은 여성들을 이상화하는 말이다. 그것은 개별 여자들뿐만 아니라, 신성한 모성애에서부터 여성들의 순수와 순결 등에 이르기까지 여자라는 범주 전체의 특징으로 여겨진다. 그것은 건전한 사고방식이 전형적으로 저지르는 실수이며, 낙관주의의 한 형태이며, 대단히 파괴적인 형태이다. 아시다시피, 그 여자와의 대화에서, 그리고 마찬가지로 남자와의 대화에서 우리 환자는 다시 속담 같은 무엇인가를, 집단 심리를, 다시 말하면 인간 존재들 사이에 실수를 끊임없이 야기하고 있는 평균적인 진리를 끌어들인다. 매우 부정적인 진술이라는 점을 나도 인정하지만, 당신이 다소 냉혹한 눈길로 본다면, 그 진술은 상황을 있는 모습 그대로 보여주는 아주 진실한 진술이 된다. 지금 여기서 우리는 환상 속에서 일종의 정점에 닿고 있다. 환상은 지금 부정적인 어떤 측면을 보이고 있으며, 전통적인 미신 형식을 취하고 있는, 환상의 모든 토대들이 노출되고 있고, 환상을 이 상태로 내버려둘 수도 있다. 환상이 문제와 차이로 가득한 세상의 한 측면을 보여주고 있는 것이다. 남자들과 여자들 사이의 온갖 차이와 실수에 대한 이런 생각은 우리 시대의 중대한 문제들을 숨기고 있는 문을 활짝 열어준다. 지금 환상 속에선 무엇인가가 일어나야 하고, 무엇인가 새로운 것이, 완전히 다른 관점이 개입해야 한다는 감정이 팽배하다.

그것은 사람이 곤경에 처해 있는 누군가와 대화하고 있는 상황과 비슷하다. 곤경에 처한 사람은 자신의 어려움을 샅샅이 노출시키면서 자연히 이것저것을 계속 덧붙이려 든다. 그런데 곤경에 처한 사람의 말을 들어주던 사람은 마침내 인내심의 한계를 느끼며 이렇게 말한다. "물론 그것도 생겨날 수 있겠지요. 하지만 우리는 그 상황이 그처럼 엉망진창이라는 사실에 아주 만족할 수 있어요. 중요한 것은 우리가 거기서 어떻게 빠져나오는가 하는 것이지요." 이런 말을 듣고도 곤경에 처한 사람은 "하지만 말해야겠어요."라면서 엉망으로 뒤엉킨 문제의 세부사항을 과장해가며 늘어놓는다. 그가 그렇게 하면 할수록, 그의 말을 듣는 사람의 내면엔 뭔가 일어나야 겠다는 감정이 더 커진다. 왜냐하면 그런 상황 앞에서 사람은 대체로 해야 할 말을 모르고 자신이 하는 말은 모두 터무니없다고 느끼기 때문이다. 그 사람은 이런저런 조언을 할 수 있지만, 그 같은 상황 앞에서는 어떠한 조언도 결코 적절하지 않다. 그러므로 그런 상황에서 할 수 있는 최선의 말은 이것이다. "나도 이것을 어떻게 처리해야 할지 모르겠어요. 최종 결과가 어떤 식으로 끝날지 정말 모르겠어요. 그러니 무의식이 우리에게 어떤 말을 들려주는지 보도록 하지요." 아니면 이렇게 말한다. "아마 그 모든 것으로부터 무엇인가가 일어나고 있을 것입니다."

간혹 무의식은 상황에 대한 의견을 내놓지 않는다. 무의식이 철저히 침묵을 지니는 경우가 있는 것이다. 꿈조차 나타나지 않는다. 그런 경우엔 꿈들이 이해될 수 없거나 꿈들이 정말로 아무것도 포함하고 있지 않을 것이다. 그런 경우에 사람은 현실 속에서 무슨 일이 일어나고, 문제의 해결이 외면화될 것이라고 확신한다. 문제의 해답이 다른 사람들에게 있을 수 있다. 환자 본인에게만 있지 않을 수도 있는 것이다. 분석가는 실제 분석에서 환자만을 다룰 것이 아니라 환자가 들어 있는 현실도 다뤄야 한다는 점을 늘 잊지 말아야 한다. 한 인간 존재의 부분들은 그 사람 본인에게만 있는 것이 아니라 투사되어 다른 곳에도 있기 때문이다. 환자들의 특이성을 놓고 한참 머리를 싸매고 고민하다가 최종적으로 환자들의 비밀 창고를 발견하기도 한다. 환자들은 자신을 꼭꼭 숨긴다. 그들 중 중요한 부분이 다른 곳에 쏟아지고 있는 것이다. 그런데도 아마 환자 본인도 그 같은 사실을 모르고 있을 것이다.

아주 놀라운 환자를 한 사람 기억하고 있다. 마흔 살 가량 된 독신 여자다. 그녀를 만날 때면 언제나 나는 그녀가 결혼을 했거나 아니면 누군가를 사랑하거나 누군가의 사랑을 받고 있다는 인상을 받았다. 왜냐하면 그녀에게 접근하는 것이 대단히 어려웠고 그녀가 걱정이 없다는 느낌이 강하게 들었기 때문이다. 당신도 아마 그런 사람이 어떤 사람인지 짐작할 것이다. 자신감이 아주 강했다. 완벽하게 친절하고 매력적이지만, 오직 그녀의 반만 상황 안에 있었다. 나머지 반은 어디에 있는지 아무도 모른다. 그래서 나는 그녀에게 진정으로 중요한 어떤 문제가 있음에 틀림없다고 결론을 내렸다. 그러나 그녀는 나에게 맹세를 했다. 그녀 주변에 남자가 아무도 없다는 것이었다. 나는 그걸 믿을 수 없었다. 한참 뒤에 꿈을 통해서, 나는 20년 전의 연애 사건을 발견할 수 있었다. 그 남자는 지금도 여전히 살아 있으며 그녀를 진정으로 사랑하고 있다는 것이 드러났다. 그녀는 어떤 아니무스 의견 때문에 전체 문제를 억눌렀고 자신이 사랑하고 있다는 것을 자각하지 못했지만, 무의식에서는 그 사랑이 여전히 계속되고 있었다. 그녀의 의식적 대기(大氣)

에 무엇인가가 결여되어 있었다. 왜냐하면 바로 그 무엇인가가 그 남자와의 관계에 쏟아지고 있었기 때문이다. 그래서 그 관계가 표면에 나타나지 않았다. 무엇인가의 결여로부터, 기이하게 메마른 공기를 근거로 심리적 비밀 창고가 있음에 틀림없다는 결론을 끌어낼 수 있다. 어떤 사람들은 아버지나 어머니가 여전히 살아 있다는 이유로 이차원적이며, 그런 사람들의 내면에 비밀 창고가 있다. 그런 경우에 중요한 뭔가가 뒤에 남아 있을 수 있으며, 그들의 전체 현실은 여기 이 세상에 있지 않다. 그것은 개인의 내면에 나타나는 특이한 비현실성을, 그림자의 부재를 설명해준다. 그런 환자들은 이성이나 분석, 어떤 종류의 사고를 바탕으로 치료하지 못한다. 현실 속에서 뭔가 일어나야 한다. 지금 여기서 우리가 그런 상황에 처해 있다. 다른 관점이 필요하다. 왜냐하면 그 혼란으로부터 얻을 수 있는 것이 아무것도 없기 때문이다. 그것은 일종의 악순환이며, 자신의 꼬리를 무는 뱀이다. 그래서 제3의 요인이 개입해야 한다. 그녀는 이렇게 말한다.

> 그가 말을 멈추었다. 나는 거대한 수소가 사람들에게 들려 시장으로 들어오는 것을 보았다. (한 마리의 동물이, 신화적인 요소가 등장한다.) 수소의 발은 묶여 있었고, 수소의 몸통 위로 튼튼한 그물이 씌어져 있었다.

바로 이 시점에서 아무도 수소를 예상하지 않았을 것이다. 나도 그런 생각을 전혀 하지 못했다. 지나치게 공상적이다. 그러나 여기에 틀림없이 수소가 있으며, 우리는 수소가 나타난 이유를 알아야 한다. 잘 아시다시피, 이런 무의식적 상황은 그 사람에게 아주 불만스럽게 다가온다. 그래서 그런 태도를 보상하는 무엇인가가 일어나야 하는데, 여기서 수소가 등장하고 있다.

이 경우에 보상적인 요소는 동물의 왕국에서 오는 그 무엇이며, 강하고 폭력적이기도 하다. 그래서 수소의 발이 묶여 있고 수소 위로 단단한 그물이 씌어져 있다. 게다가, 그것은 분명히 제물로 바치는 수소이며, 그것은 동시에 신을 의미한다. 그것은 고대의 신이거나 고대의 관점이다. 그것은 고대적인 관점으로 물러나는 퇴행이라고 할 수 있으며, 그 다음 문장에서 그녀는 "사람들이 수소에게 먹을 죽을 주고 하얀 꽃을 던졌다."고 말한다. 그렇다면 그녀의 무의식이 지금 이런 무의식적인 측면을 풀 해독제로서 동물 제물이나 동물 숭배라는 고대 사상을 끌어들이고 있다.

수소는 열등한 어떤 감정을, 달리 말하면 감정적인 어떤 상태를 나타낼 것이다. 예를 들면, 이보다 앞에 나타난 들소 떼는 폭력적인 감정의 자연적 상태에 있는 들소이다. 당신이 문제의 폭발에 말려들거나 위협을 당하거나 무엇인가를 억누르고 있을 때, 수소가 당신을 괴롭히는 꿈을 잘 꾼다. 당신은 그런 충동적인 마니푸라 감정들을 대단히 두려워한다. 왜냐하면 그 감정들이 아나하타에 이른 당신의 성취를 위협하기 때문이다. 그렇다면 수소들에 대한 꿈을 꾸는 것은 단순히 당신을 짓밟는 충동적인 어떤 힘을 의미하며, 그것은 어떤 열정이 될 수 있다. 그것이 성욕이 될 수도 있지만 반드시 그런 것은 아니다.

수소는 긍정적이고 낙관적인 그녀의 의식적인 태도와 반대인 어떤 태도를 상징하며, 이런 무의식적 태도는 그녀의 의식적인 태도에 대한 보상이다. 지금 우리는 상반된 것들의 짝을 보고 있다. 한쪽에 인간적이고 친밀한 세상의 낙관적인 측면이 있다. 이 세계에선 모두가 멋진 가족과 함께 멋진 집에서 살면서 멋진 관계를 유지하고 있다. 다른 쪽엔 그와 정반대의 상황이 있다. 사람들은 서로를 사랑하기는커녕 서로를 증오하고 있다. 상반된 것들의 짝, 즉 의식의 세계와 이 의식 세계의 그림자 측면인 무의식의 세계는 서로 조화를 이루지 못하고 있으며, 이 환상에 따르면 이 특별한 갈등을 화해시키는 상징이 바로 수소이다. 아시다시피, 수소는 틀림없이 아나하타보다 낮은 무엇인가를 나타낸다. 수소는 마니푸라의 상싱이며, 인간의 조건이 아니라 동물의 조건이다. 아나하타는 정말로 첫 번째 인간적인 상태이며, 마니푸라는 그냥 동물의 심리이다. 그것은 어떻게 보면 부정적인 측면이다. 그러나 긍정적인 측면은 수소가 번식력이고, 거대한 힘이고, 심지어 신이나 태양을 상징한다는 점이다. 수소는 양쪽 측면 모두를, 어두운 측면뿐만 아니라 밝은 측면까지 포함하는 상징이다. 수소는 매우 구체적이고 매우 물질적인 한편으로 전통을 통한 상징성이 매우 강하다. 그래서 수소는 세상의 긍정적인 측면과 부정적인 측면 사이에 벌어지는 충돌을 화해시키는 상징이다.

　발이 묶이고 단단한 그물이 씌워져 있는 수소는 우리에게 자제력을 의미한다. 우리에겐 그런 충동이 있지만 관리되고 있다. 그러나 수소는 그 이상의 것을 의미하며, 그 점은 이어지는 상황에 의해 뒷받침되고 있다. 후에 아주 특이한 태양이 수소와의 연결 속에 나타난다. 그렇다면 수소는 단순히 그 뒤에 나타나는 태양을 예고하고, 수소는 신화적인 것이 너무나 분명하다. 그렇지 않다면 수소는 만족스런 상징이 되지 못할 것이다. 수소를 그물로 덮어놓고 발을 묶는 것은 의미가 없다. 왜냐하면 그것이 고문당해서는 안 되는 동물이기 때문이다. 수소는 돌격할 수 있어야 하고, 그물을 찢을 수 있어야 한다. 이것은 거만한 수소에게 아주 불쾌한 조건이다. 더욱이, 수소의 발이 묶여 있는 것이 하나의 나쁜 상징처럼 보일 것이며, 팔다리가 묶인 고대의 신은 그다지 인상적이지 않다. 그렇다면 조화의 상징으로 기능을 할 다른 양상이 있을 것임에 틀림없다.

미트라 숭배에서 수소를 제물로 바치는 것은 태양이 뜨게 하기 위해서다. 신과 수소, 태양과 수소, 태양과 미트라 사이에 그 같은 연결이 있다. 그러나 그것 외에 또 다른 중요한 측면이 있다. 중요한 것은 낙관적인 관점에서 사물들을 보면서 우리가 단순히 자연의 경향을, 일종의 보편적인 좋은 감정을 따르고, 모든 것이 제대로 돌아가고, 위험하거나 사악한 것이 전혀 없고, 우리 모두가 매우 친절한 사람이 된다는 점이다. 그것은 전반적인 행복을 추구하려는 본능적인 태도이며, 일종의 착각이다. 그리고 부정적인 측면도 역시 억제가 없는, 감정적인 기질의 문제이다. 당신이 모든 사람을 지속적으로 포용하며 모든 사람의 형제자매가 될 수 있는 것과 똑같이, 당신은 모든 사람의 적이 될 수 있으며, 아니면 다른 모든 사람이 당신의 적이 될 수 있다. 그러면 당신은 세상을 증오하고 언제나 세상에 대해 불길한 방향으로만 추측할 것이다. 달리 말하면, 당신이 분위기와 감정에 휘둘릴 수 있다는 뜻이다.

여기서 그 사상이 제시되고 있다. 만약에 당신이 당신의 감정들을 제거할 수 있다면, 다시 말해 감정들이 당신 자신이 하는 것이 아니라 당신이 수소로 상징되는 최고 권력의 명령에 따라 어쩔 수 없이 하는 것이 감정들이라고 단정함으로써 그 감정들을 제거할 수 있다면 어떻게 될까? 그러면 수소가 그것을 하고, 수소는 당신이 세상을 낙관적인 눈으로 보도록 강요하고 있다. 혹은 수소는 당신이 온갖 것에 대해 불평하고 화를 내도록 만드는 힘이고, 당신이 사람들을 미워하도록 만드는 힘이다. 왜냐하면 수소가 자제력 결여를 상징하는 폭력적인 짐승이고, 그런 수소가 당신이 감정만을 따르고 있을 때의 모습과 정확히 일치하기 때문이다.

그러나 만약에 당신이 당신의 감정 뒤에 갈 수 있다면, 당신은 소위 신성하고 형이상학적이고 초월적인 원리에 노닐한다. 이 원리는 동물 형태의 어떤 신으로 상징될 수 있다. 당신이 그런 감정이나 분위기에 압도될 위험에 처할 때마다, 그것은 신이 당신을 사로잡았다는 의미이다. 이것은 신이 선하지도 않고 나쁘지도 않은 고대의 의미에서 말하는 신이다. 고대인은 어느 누구도 "그래서 나는 사랑에 빠졌다."는 식으로 말하지 않았다. 고대인은 에로스가 던진 것에 맞았고, 에로스의 화살이 그에게 닿았다. 고대인은 자신의 감정이 자신의 행위가 아니라 강력한 권력 또는 신이 감정을 야기한 것이라고 강하게 느꼈다. 이 같은 사상이 여기서 다시 소개되고 있으며, 우리는 그 사상이 어떤 식으로 작동하는지 보게 될 것이다.

1933년 10월 18일

지난 시간은 발이 묶이고 그물이 씌워진 수소의 상징에 대해 이야기하다가 끝났다. 수소는 다소 극적인 순간에 등장했다. 그 전 상황이 제기한 문제, 즉 뉴욕으로 돌아오는 데에 대한 반응을 해결할 아이디어를 기대하던 시점이었으니 말이다. 그녀에게, 뉴욕으로 돌아오는 것은 인습적인 세계로, 그녀가 살아야 할 현실로, 그녀가 당연히 적응해야 할 그런 외부 현실로 복귀하는 것을 의미했다. 그것은 또 그녀 가족의 무릎과 사회적 환경으로, 다시 말해 거의 모든 도시와 가족의 특징을 이루는 그런 정신적인 분위기로 돌아가는 것을 의미했다. 그 복귀로 인해, 그녀가 이곳 유럽에서 지내면서 도피할 수 있었던 모든 것이 한꺼번에 그녀에게 닥쳐왔다.

그녀는 평소에 품고 있던 생각이나 감정과 완전히 다른 생각과 감정이 지배하는, 새로운 삶의 영역인 유럽으로 옮겨온 후로 인간 사회로부터 일종의 휴가 같은 것을 얻은 셈이었다. 그러나 지금 옛날의 방식들이 다시 돌아오고 있다. 당연히 그 첫 번째 경향은 그녀가 공황에 빠지고, 자신을 위해서 획득한 모든 것을 포기하고, 사회의 법을 위해서 자신의 개인적 입장을 포기하는 것이었다. 이것은 매우 자연스런 반응이다. 수만 개의 목소리에 맞서고 있는 하나의 목소리, 또는 수만 개의 의지에 맞서고 있는 하나의 의지가 무슨 의미를 지니겠는가? 하나의 목소리, 하나의 의지는 아무것도 아니다. 사람은 압도적인 거대한 군중 앞에서 머리를 숙여야 한다. 거대한 군중이 바다라면, 개인은 한 방울의 바닷물에 지나지 않으니 말이다. 그래서 대다수의 사람은 인류의 믿음과 확신에 완전히 집어삼켜지면서 자신의 삶이라곤 하나도 없는 그런 생활에 꽤 만족한다. 왜냐하면 자신만의 삶이란 것도 마찬가지로 이중적인 삶에 지나지 않기 때문이다.

간혹 사람들은 사회를 향해 공개적으로 언급할 수 없는 일을, 무리한 일을 한다. 그러면서도 사람들은 그 일에 대해 다른 사람에게 털어놓을 수 없는 탓에 마치 그것이 아물지 않은 상처인 양 고통을 겪는다. 그런 사람들은 아마 대단히 은밀한 삶을 살면서 그 일을 혼자 껴안고 어둠 속에 남을 수 있을 때에만 기뻐할 것이다. 그러나 그들도 이런 삶이 이상과는 아주 거리가 멀다는 것을 느끼며, 그 삶이 자신들이 자라면서 추구했던 이상과도 조화를 이루지 못한다는 것을 알고 있다. 그래서 아주 많은 사람들이 그런 조건에서 신경증을 앓게 된다.

그래서 무엇인가가 필요하고, 상황을 향상시킬 어떤 기적이 필요하다. 왜냐하면 인간의 사회임에도 불구하고 인간 개인이 살 수 있어야 하기 때문이다. 인간 개인에게 많은 것이 허용되어야 한다. 도대체 인간 사회란 무엇에 필요한가? 개인들이 없다면, 국가 같은 것은 절대로 있을 수 없다. 어쨌든 인류란 것은 하나의 추상관념이고 허구이다. 국가가 추상관념인 것이나 마찬가지이다. 진정한 진리는 바로 개별 인간 존재이다. 한 알의 모래가 없다면, 사하라 사막은 절대로 있을 수 없다. 동물의 개체가 없다면 동물의 왕국이 존재할 수 없는 것과 마찬가지이다. 국가들의 법칙 또는 사회의 법칙들은 개인이 없으면 아무것도 아니다. 개인이 인류를 짊어지고 가는 존새이며, 따라서 개인이 특별한 중요성을 지닌다. 가족이나 사회, 국가 또는 인류의 지속성을 지켜나가기 위해서 우리 모두가 개인이 되는 것이 최고의 의무라고 할 수 있다. 왜냐하면 개인이 존재하지 않는다면 아무것도 존재하지 못하기 때문이다. 그러므로 개인이 자신만의 특이한 방식을 택해도 어느 정도 정당화된다.

개인은 사회의 요구만을 충족시키기 위해서 존재하는 것이 아니다. 사회의 요구만을 충족시키는 경우에 모든 사람은 자기가 아닌 다른 사람의 요구를 충족시키면서 정작 자신의 요구는 전혀 충족시키지 못하고 말 것이다. 그런 사회는 아마 정신병원 같은 곳이 될 것이다. 만약에 내가 다른 사람이 나에게 기대하는 것들을 한다면, 나는 정작 나 자신을 위해서는 아무것도 하지 못하게 된다. 그리고 다른 사람들이 나를 위해 하는 것을 나는 원하지 않는다. 나는 그런 것을 싫어한다. 다른 사람들도 물론 내가 그들을 위해 하는 것을 싫어한다. 그래서 아무도 자신이 원하는 것을 얻지 못하게 된다. 그렇다면 인간 사회의 요구만을 충족시키는 것을 하나의 원칙으로 만드는 것은 어느 아버지와 아들, 그들의 당나귀에 관한 어떤 이야기를 영원히 다시 적용하는 것에 지나지 않는다.

어느 농부가 어린 아들과 함께 당나귀를 몰고 도시로 갔다. 그들은 일렬로 서서 길을 걸었다. 조금 뒤에 길을 가던 어떤 남자가 그들을 보고 말했다. "왜 그렇게 어리석어요? 나귀를 타고 가면 될 텐데." 그러자 농부는 "아, 그렇군요. 당신 말이 맞아요."라고 대답했다. 그러면서 그는 어린 아들을 나귀의 등에 태웠다. 그런데 금방 또 다른 남자가 길을 가다가 말했다. "늙은 아버지는 걸어가는데 아들은 나귀를 타고 가다니, 얼마나 불효한 녀석인가!" 그러자 농부는 또 다시 "아, 그렇군요. 당신 말이 맞아요."라고 했다. 그래서 그는 자신이 나귀 등에 오르고 아들을 걷게 했다. 또 어떤 남자가 그들을 보고 말했다. "어린 아들은 걷는데 아버지가 나귀를 타고 가다니!" 그래서 이젠 아버지와 아들이 함께 나귀를 타고 갔다. 마지막으로 어떤 남자가 지나치면서 말했다. "이런 인정머리 없는 사람들이 있나! 어린 짐승의 등에 둘이나 타다니!" 농부는 끔찍한 문제에 직면했다. 그는 어떻게 해야 할지 알 수 없었다. 그래서 그는 최종적으로 나귀를 짊어지고 도시로 가기로 결정했다. 그것이 사람이 사회의 요구를 실천할 경우에 닿게 되는 곳이다.

따라서 무엇인가가 개인을 위해서 행해져야 하고, 개인은 무엇인가를 의미해야 한다는 결론이 나온다. 이런 결론이 타당하지만, 개인이 아무것도 아니고 한 점 먼지에 지나지 않을 때, 개인이 어떻게 자기 자신을 위해서 무슨 일인가를 할 수 있겠는가? 터무니없을 만큼 작은 개인이 어떻게 자신이 중요하다고 단정할 수 있으며, 신의 계획에서 개인이 어떤 역할을 맡을 수 있다는 식으로 어떻게 주장할 수 있겠는가? 또 인간은 지금까지 개인은 이기적인 존재라고,

또 인간이 사악하기 때문에 개인이 원하는 것은 무엇이든 틀렸다고 배워왔지 않는가. 그래서 개인은 자신을 소중히 여겨야 할 이유를 보지 못한다. 그러나 인간이 처음부터 이런 식으로 생각하는 것은 삶에서 아주 나쁜 출발이다. 누군가가 그에게 다가가서 그를 주머니에 넣고 구원해 줄 것이며, 그런 구원을 받지 못하면 무의미한 존재라는 인식을 품게 될 것이니 말이다. 그런 생각에 젖어 지내는 사람은 자기 혼자서 절대로 서지 못하는 그런 무가치한 인간을, 언제나 구원해주고 치료해 줘야만 하는 그런 쓸데없는 인간을 만든 창조주의 행위가 타당한지에 대해선 조금도 의문을 품지 않는다. 진정으로 가치 있고 또 스스로 가치 있다고 느끼는 그런 건전한 존재를 왜 만들지 않는단 말인가? 이것은 그런 낡은 신념들에 대한 현대적인 반항이다. 그러나 그런 믿음들에 대해 반항하는 것은 도움이 되지 않는다. 우리 인간이 어떻든 불가결하고 합당한 존재라는 점을 우리 자신이나 신에게 입증할 수 있는 원칙이나 공식이 확보되어야 한다.

우리 환자는 분명히 그런 전형적인 공포에, 개인과 사회 사이의 갈등에 갇혀 있으며, 그녀는 어떤 원칙의 필요성을 무의식적으로 깨닫고 있다. 그녀가 가치 있는 존재라는 것을 뒷받침할 수 있는 무엇인가가 필요하다는 뜻이다. 그런데 지금 수소가 등장하고 있다. 수소는 틀림없이 4개의 발로 서는 동물이며, 꽤 인상적인 힘이다. 수소가 당신을 뒤쫓고 있을 때, 그 힘이 특별히 더 강하게 느껴진다. 수소는 가장 강하고 위험한 동물이며, 아득한 옛날부터 태양의 상징으로 여겨졌으며, 그런 존재로 숭배를 받아 왔다. 태양은 의심할 여지없이 넘어설 수 없는 힘이며, 생명과 힘을 영원히 쏟고 있으며, 정말로 소진이란 것을 모른다. 그 어떤 것도 태양의 경로를 가로막지 못하며, 태양의 길에 끼어들지 못한다. 그러므로 태양은 자신만의 길에 올라선 무엇인가의 상징으로 아주 적절하다. 그런 태양을 상징하는 것이 바로 수소이다. 말하자면, 그냥 자신의 길을 걸으면서 빛을 발하고 힘을 발산하고 인간의 요구에 꽤 초연한 그런 개인의 상징으로 태양과 수소가 제격이다. 개인이 이런 식으로 말을 할 수만 있어도 큰 도움이 될 것이다. "나는 태양을 닮았어. 아니면 적어도 태양과 어떤 관계가 있어." 많은 고대 문명이 인간은 태양의 아들이고, 하늘이 준 아이라고 선언했다는 사실을 당신도 알고 있다. 이 상징은 귀족, 성직자, 심지어 평범한 사람에게도 적용되었다. 그것은 개인에게 힘과 위엄을, 그러니까 개인이 집단적이고 인습적인 요구들의 공격에 맞서는 데 도움이 될 무엇인가를 주기 위한 것이었다. "우리는 저 위에 사는 불같은 신의 진정한 아들이야. 다른 인간들은 벌레의 자식에 불과해."라고 말하는 것도 그 개인에게 민족적 자존심 또는 가치감을 준다. 그런 식의 표현이 개인에게 일종의 척추 같다는 감정과 대단히 중요하고 가치 있는 존재라는 감정을 안겨주고, 엄청난 힘을 불어넣었다.

나는 태양의 아들이고 빛의 자식들인 푸에블로 인디언들을 통해서 이를 관찰할 소중한 기회를 가졌다. 푸에블로 인디언들의 타고난 단호함과 위엄 중 상당 부분은 그들이 태양의 아들이라고 믿고 있다는 사실에서 비롯된다. 이유는 사람이 그런 확신을 품고 있을 때 태양처럼 되지 않을 수 없기 때문이다. 우리도 자신이 신의 아들이고 우리 아버지가 하늘의 막강한 존재라고 진정으로 믿을 경우에 적어도 반은 신성한 존재의 존엄을 갖게 될 것이며, 우리가 하는 일은 모두 어느 정도의 위엄을 갖추게 될 것이다. 그러면 우리는 자신의 길이 곧 태양의 길이고 어떤 간섭도 받아서는 안 된다고 알고 있으면서 용기를 발휘하고 확신을 옹호할 것이다. 그러나 우리는 그런 상태와 거리가 너무 멀다. 우리의 길은 군집의 길이다. 놀랄 일이 전혀 아니다. 우리 내면에 그런 확신이 전혀 없기 때문이다. 자신을 신의 아들이라고 부르는 기독교 신자들은 말 못할 두려움으로 가득하다. 혹시 어떤 부인이 기독교 신자들에 대해 조금 이상한 말을 하기라도 하면, 그 신자들은 "아니, 그녀가 그런 말을 했다면 우리는 길을 잃은 존재임에 틀림없어."라고 생각하며 금방 무너진다. 그런 그들을 우리가 신의 자식들이라고 부르고 있으니! 그렇다면 수소는 매우 적절한 상징이지만, 그런 상징이 나타날 때엔 당연히 고대로 퇴행할 위험이 있다.

수소는 태양이기도 하기 때문에 당연히 불의 핵심이 될 수도 있다. 땅의 불은 또한 하늘의 불이기도 하다. 예를 들어, 푸에블로 인디언 추장이 태양을 신으로 보는 인식에 대해 말할 때, 그는 태양이 할 수 있는 것의 예를 많이 제시했다. "하지만 인간이 산 저 높은 곳에서 할 수 있는 것이 뭡니까? 인간은 태양의 도움을 받지 않고는 불조차 피우지 못합니다." 그 추장은 모든 형태의 생명이 태양에서 비롯될 뿐만 아니라 인간이 추울 때 일으키는 불도 태양이라는 것을, 적어도 불이 태양의 자식이나 불꽃이라는 자신의 감정을 표현하고 있었다. 이것은 진정으로 종교적인 사고이다. 인간뿐만 아니라 인간이 일으키는 불까지도 이 같은 자식 관계를 통해서 존엄을 갖게 된다. 그러니 들소나 곰을 비롯한 동물에 대해서는 말할 필요조차 없다. 심지어 물건들조차도 최고 존재의 자식들로서 나름의 존엄을 갖는다. 그리고 인디언은 태양신의 아들이기 때문에 자신의 집 난로의 불도 똑같이 존경심 가득한 눈으로 본다. 그 불까지도 신성하니까. 그러나 우리는 그것과 거리가 멀다. 우리는 그런 가치들을 전혀 갖고 있지 않다. 스토브의 불 또는 중앙난방이 신이라니! 도대체 무슨 말이지? 그 불은 석탄이나 기름 때문이고 화학적 과정일 뿐이다. 그리고 사람도 화학적 과정일 뿐이며, 그런 마당에 사람이 군집의 요구에 맞설 논거를 어디서 발견할 수 있겠는가? 사람도 석탄 더미나 한 통의 석유 같은 연료에 불과하다. 그런 것이 현대의 의식이다. 현대의 의식은 신과의 연결을 잃음으로써 그 의미를 잃게 되었기 때문에 조금의 위엄도 갖고 있지 않다.

그렇다면 그 전의 환상에서 말한 치료의 불은 수소이거나 해이며, 불 속으로 들어가는 것은 우리 안에 정복 불가능한 힘의 형태로 있는 신에게로, 신성한 본질로 돌아간다는 것을 의미한다. 지금 우리는 스스로 질문을 던져야 한다. 우리의 안에 있는 정복 불가능한 힘은 무엇인가? 예를 들어, 그 힘은 우리의 개인적 확신인가? 우리 안의 정복 불가능한 힘은 바로 우리를 정복한 그것이며, 그것은 감정적인 어떤 본능적 힘이고 따라서 수소에 의해 상징되고 있다. 치료를 필요로 하는 상처는 바로 우리가 신을 잃어버렸고, 우리가 더 이상 태양의 자식이 아니고, 우리가 단절되어 있다는 점이다. 그리고 그 상처를 치료할 수 있는 길은 우리가 태양으로, 우리가 왔던 막강한 그 핵심으로 다시 돌아가는 길밖에 없다. 그것은 틀림없이 아래쪽에 있는 센터인 마니푸라를 의미한다. 사람이 다시 감정들, 즉 본능들의 힘 속으로 떨어진다. 그러나 그것은 비도덕적이고 아나하타의 개념에 반하며, 따라서 우리는 그렇게 하기를 두려워한다. 아시다시피, 일만 개의 목소리가 이렇게 말하고 있다. "아니야. 그것은 완전히 잘못되었어. 비합리적이고, 무모하고, 지나치게 개인주의적이야." 모두가 맞는 말이긴 하지만, 그러면 개인의 권리는 어디에 있단 말인가? 개인이 살아야 한다. 군집의 한 부분이 살 수 없는데 군집이 무슨 소용인가? 부분이 전혀 아무런 존엄을 갖고 있지 않은데, 어떻게 전체 군집이 존엄을 가질 수 있는가? 잘 아시다시피, 상처를 치료하는 것은 반항의 상태로, 감정의 상태로 퇴행하는 것이며, 그 같은 퇴행은 엄청난 위험이다. 그러므로 마니푸라 상태를 표현하는 상징이 발이 묶인 신이어야 하는 것이 충분히 이해가 된다. 이것은 풀어 놓을 경우에 매우 위험해질 힘이 여기서 억제를 당하고 있다는 것을 보여주고 있다. 그렇다면 그것은 고대로의 퇴행은 아니다. 그것은 술잔치 같은 숭배에서 홍수처럼 휩쓰는 그런 힘이 아니라 억제된 힘이다. 그것은 인간에 의해 통제되고 있는 힘이다. 그물이 인간이 만든 것이고, 수소를 구속할 수 있는 동물이 없는 상황에서 수소가 자신의 발을 직접 묶을 수는 없는 노릇이기 때문이다. 수소의 발을 묶을 수 있을 만큼 꾀가 있는 존재는 인간뿐이다. 그것은 우리가 여기서 인간의 통제를 받는 신으로 돌아가고 있는 것이나 비슷하다. 그것이 놀랍지 않은가? 지금 인간의 통제 아래에 있는 신은 무엇인가?

발달한 인간의 인격이 제약을 받고 있는 신이라는 말도 진실과 그리 멀지 않다. 과연 신이 인간이 되었다. 그리스도의 힘이 인간의 안에서 구체화되고 구현되었다. 인간은 위대한 기독교의 세계화 과정의 결과물이다. 인간이 진정으로 기독교의 신을 대표한다는 점에서 보면 그렇다. 그럼에도 우리는 특이한 제약을 받고 있다. 우리는 전능하지 않다. 우리의 생명은 수소의 막강한 힘을 갖고 있지 않다. 우리의 인간적인 인격은 물질의 법칙, 인과성의 법칙, 진부하기 짝이 없는 영향들이 제한하는 가운데 하나의 신이 될 것이다. 우리는 우리 자신의 인간 사회에 의해, 우리 자신이 만든 법들에 의해 제한을 받고 있다. 그렇다면 이 수소는 인간 안에 갇힌 신, 자신의 창조물 안에 갇힌 신일 것이다.

그물은 가톨릭교회에서 너무나 잘 알려진 상징들 중 하나이다. 교황의 어부의 반지는 놀라운 양의 물고기를 표현하는 고대의 보물이며, 그것은 최고의 어부의 역할을 상징한다. 이 최고의 어부는 당연히 성 베드로를 뜻하고, 그런 존재로서 그는 인간들을 교회를 끌어들이는 어부들의 왕이다. 이것은 물론 그 상징을 매우 구체적으로 적용하는 것이다. 그물 상징 자체는 보다 일반적인 성격을 지닌다. 그물은 피할 수 없는 운명이라는 의미를 갖고 있다. 그물과 물고기 또는 사냥감의 관계는 운명과 인간의 관계와 비슷하다. 인간은 결국엔 운명이라는 그물망에, 도피가 불가능한 상황들이라는 그물망에 자신을 가둔다. 그래서 운명적인 상황은 어떤 사람 위로 던져진 그물로 상징된다. 야생의 동물이 그물에 잡히듯이 말이다. 이 같은 관점은 그물의 의미를 과장하고 있으며, 만약 수소의 상징에 적용된다면 그 관점은 창조주가 자신의 그물망에 갇힌다는 것을 의미한다.

창조주가 자신의 창조물 안에 갇히는 사실을 긍정적으로 해석하느냐 비관적으로 해석하느냐 하는 문제는 그 사람의 기질의 문제이다. 만약에 낙천적인 성향이라면, 그 같은 사실이 유익하다고 말할 수 있다. 그것이 단순히 물고기를 교회나 그것을 먹어치울 부엌으로 끌어들이는 것이 아니라는 것이다. 그것으로 끝난다면 그것은 물고기들에게 매우 불행해 보인다. 그러나 물고기들이 잡아먹히는 것이 그들에게 유익할 수도 있다. 아마 우리가 물고기들에게 우리 안에서 부활의 기회를 줌으로써 물고기들을 낮은 조건에서 보다 높은 조건으로 구원할 수 있을 것이다.

어쨌든 그물은 불가피한 운명을, 운명으로부터 달아나는 것은 불가능하다는 것을 암시하는 것 같다. 이것은 또 거미줄과 비슷하다. 거미줄은 겉보기에 약간 달라 보이지만, 사실은 똑같은 문제이다. 거미줄의 상징은 어떤 특별한 심리석 상황과의 연결 속에서 종종 나타나는데, 그 심리적 상황은 당신이 떨어진 구멍에 의해 표현되기도 한다. 그런데 이 구멍이 바로 당신의 개인적 장소, 당신 자신의 개성인 것으로 드러난다. 그 같은 사실은 당신이 삶에서 겪는 최악의 실망에 해당한다. 당신은 "그게 나 자신이라고! 아, 그럴 수는 없어!"라고 말한다. 그러나 당신은 갇히고, 도망갈 길은 어디에도 없다. 당신은 일종의 무의식적 힘이 작동하는 것을 느낀다. 그런 힘을 설명하는 적절한 예가 바로 특별한 교감신경계를 가진 거미이다. 또 발이 사방으로 나 있는 거미의 둥근 모양도 교감신경계나 태양신경총을 상징하는 멋진 형태이다. 거미는 당신이 한 마리 파리 같은 당신 자신을 잡을 그물을 엮고 있는 영혼 혹은 무의식일 것이다. 당신이 당신의 무의식의 힘에 의해 창조된 그물에 갇히듯이, 파리도 온 곳으로 날아다니다가 돌연 거미줄에 걸려 달라붙는다. 사람은 이런 것들에 대해 어떤 직관을 품고 있으며, 자신의 삶을 주의 깊게 들여다볼 때 운명 같은 것이 있다는 느낌을 받는다.

쇼펜하우어는 개인의 운명에 나타나는 뚜렷한 의도 또는 합목적성에 대해 매우 흥미로운 에세이를 썼다. 운명에 그런 의도 또는 합목적성이 있다는 생각은 그 자신의 이론과 정면으로 배치된다. 그의 이론이 이런 내용이니 말이다. 의지, 즉 인간을 존재하게 만드는 무의식적 충동은 어떠한 목적도 갖고 있지 않으며, 따라서 최선의 세계가 창조되는 것이 아니라 그야말로 우연적인 세계가, 최악의 세계가 창조된다. 만약에 세상이 조금만 더 나빴더라면, 세상 자체가 아예 존재하지 못했을지도 모른다. 세상은 존재의 최소 조건이다. 그런데 간혹 보면 세상이 정말 그런 것처럼 보인다. 이것이 쇼펜하우어의 염세주의이다. 그러나 그 특별한 에세이에서 그는 사물들을 다른 방식으로 보았으며, 그의 후기 저작 중 하나인 『자연 속의 의지』(Über den Willen in der Natur)에서 다시 의지의 합목적성의 가능성을 강조했다. 이는 그의 원래의 철학과 꽤 모순된다. 그것들이 그런 직관이다. 예기치 않았거나 매우 인상적인 어떤 일이 일어날 때, 당신은 보통 그 일이 사전에 계획되지 않았나 하는 느낌을 받거나 미지의 어떤 힘이 작동하고 있는 것이 아닌가 하는 느낌을 받는다. 그러면서 당신은 그런 끔찍한 일을 꾸민 미지의 힘을 저주하면서 스스로 정당하다고 느낀다. 당신으로서는 막후에서 무엇인가가 그런 식으로 운명의 실을 조작했다는 식으로 생각하지 않을 수 없기 때문이다. 그런데 정말 묘하게도 내면에서 무의식이 전체 일을 대단히 교활하게 배열했다. 그래서 개성화는 거미줄에 의해 부정적으로 표현된다. 거미집이 마법의 원과 똑같은 사상을 표현하는 최초의 형태의 만다라로 종종 이용되고 있다는 점도 흥미롭다. 여기선 거미줄이 파괴적인 덫이 아니라 보호적인 원이 된다. 개성화라는 개념이 환자들에게 의식되지 않고 있는 한, 환자들은 거미줄 같은 그림을 그리고, 중앙에서부터 점점 더 커지는 원들을 그리고, 그 원들 사이에 방사선 같은 선을 그린다. 그것이 진정한 만다라의 시작이며, 그것을 피난의 의미를 지니는 원으로 변형시키는 것은 단지 사물을 보다 긍정적으로 보는 관점일 뿐이다.

그런 관점에서 본다면, 수소에게 씌워진 그물은 피할 수 없는 운명이라는 의미를 지닌다. 그물이 수소가 결국엔 갇혀야 하는 어떤 합목적적 배열이라는 뜻이다. 수소는 그물을 피하지 못한다. 수소는 그물 안에서 끝날 것이다.

이와 비슷한 중요한 신화가 있다. 트라키아의 디오니소스, 즉 수소 자그레우스이다. 디오니소스는 이 땅에 모습을 드러내면서 티탄들로부터 박해를 받았으며, 티탄들의 힘을, 말하자면 운명의 힘을 피하기 위해서 온갖 종류의 존재로 변신했다. 디오니소스는 최종적으로 수소로 변신했으며, 티탄은 수소로 변한 디오니소스를 잡아 갈가리 찢어 먹어치웠다. 티탄은 지하적인 요소와 관계가 깊다. 그렇다면 땅의 권력들이 신을 잡아서 먹어 버렸다는 뜻이다. 그래서 디오니소스는 수소로 변신해 있을 때 티탄의 존재들 속으로 사라졌으며, 따라서 티탄의 성격을 가진 모든 존재 안에서 신의 권력이 발견되고 있다. 지금 그것이 수소인 것은 결코 우연이 아니다. 당신도 잘 알고 있지만, 수소는 아주 오랫동안 야생 동물로 남았다. 수소를 길들이는 것은 극도로 어려웠다. 수소는 지금도 완전히 길들여지지 않았다. 이것이 인류에게 매우 인상적인 사실이었음에 분명하다. 인간들이 불의 발견과 마찬가지로 수소를 길들인 업적을 수많은 숭배를 통해 영속화시켰기 때문이다. 미트라의 역할은 정말로 그 성취를 영속화시키는 것이다. 미트라 신은 일종의 기마 투우사로 이해되었다. 따라서 미트라 기념물에 수소는 당시에 경기장의 수소들이 둘렀던 것과 비슷한 띠를 가슴에 두르고 있는 모습으로 그려졌다. 현재의 스페인 투우와는 꽤 다른 모습이었다.

투우는 원래 일종의 종교적 의식이었으며, 스페인에서는 지금도 여전히 거의 종교적 의미를 지니고 있다. 투우는 경기장에서 벌어졌던 일상적인 싸움이었으나 그때에도 종교적인 의미를 지녔다. 왜냐하면 최초의 인간이 최초의 수소를 길들였을 때, 군인들의 신 미트라가 그 첫 번째 위대한 공적을 영속화시키고 있었기 때문이다. 수소를 길들이는 것은 불의 발명과 거의 동등했다. 수소처럼 위험한 야생 동물을 길들일 수 있기 위해서, 당신은 먼저 당신 자신을 길들이고 공포를 다스릴 수 있어야 한다. 야생 수소는 현존하는 가장 위험한 동물 중 하나로 곱힌다. 예를 들어, 아프리카의 야생 들소는 코끼리나 사자보다 훨씬 더 위험하며 대단히 교활하다. 또 맘바(일종의 코브라)를 제외하곤, 눈에 보이기만 하면 건드리지 않아도 공격하는 동물로는 야생 들소가 유일하다. 그래서 수소를 길들일 수 있었던 사람은 자기 자신을 길들이고 두려움을 극복할 수 있었다. 그것은 도덕적으로 대단한 성취였다. 그리고 스페인 사람들이 숭배하는 것이 투우사가 수소를 죽일 수 있다는 사실만은 아니다. 숭배 대상은 투우사의 도덕적 교육이다. 당신은 투우사의 냉정을 존경하지 않을 수 없다. 또 투우사가 수소를 죽이는 동안에 보이는 그 용맹스런 모습도 존경하지 않을 수 없다. 그 용맹이야말로 싸움의 진정한 정점이 아닐 수 없다. 그것은 옛날에 수소 같은 자신의 열정들을 다스릴 줄 알던 남자를 영웅으로 숭배하던 의식과 비슷하다. 자기 자신을 극복할 줄 아는 남자는 거의 신이며, 적어도 신의 대리자이다. 따라서 수소를 그물로 잡는 것이나 수소를 정복하는 것은 옛날부터 남자의 자기 교육의 상징이다. 말하자면 남자가 마니푸라의 불로부터 해방된다는 뜻이다. 그런 남자는 인류에게 보다 높은 차원의 의식, 즉 사람이 수소를 통제하는 것으로 여겨지는 곳인 아나하타로 가는 길을 보여주는 셈이다.

지금 질문은 이것이다. 수소가 어느 정도 정복되고 있는가? 수소가 어떤 상태에서 아나하타에 있는가? 만약에 수소가 실제로 살해된다면, 사람은 아나하타에 있을 수 있다. 그곳에는 불이 전혀 없기 때문이다. 그러나 이것은 단지 익입이다. 왜냐하면 수소가 신성하고 죽음을 당할 수 없는 것이기 때문이다. 단지 수소는 억눌러질 수 있을 뿐이다. 억압하는 것은 가능하다. 당신은 수소가 발견될 만한 곳을 피할 수 있다. 수소를 보지 않는다면, 당신이 수소 때문에 괴로워하는 일은 아예 없을 것이다. 그러나 수소를 일깨울 모든 가능성을 피하려 하다 보면 언제나 기피하고만 있어야 한다. 그리고 삶 자체가 감정이 일어날 기회를 끊임없이 제공하기 때문에, 그 기피엔 결코 끝이 없을 것이다. 그것은 곧 공황이나 삶에 대한 만성적 두려움이나 다름없다. 그렇다면 그것은 이상적인 해결책이 아니다. 우리 환자의 환상에서, 그녀가 한동안 이 문제를 멀리하려고 노력하지만, 그녀가 그 문제로 돌아가자마자 마니푸라가 맹렬히 불타기 시작한다. 그래서 수소를 정복하는 문제가 한 번 더 제기된다. 지금 수소를 죽여서는 안 된다. 그것은 수소를 제물로 바치는 일이 아니다. 우리가 수소의 의미를 배웠기 때문이다. 그것은 당신이 생명을 박탈당했다는 것을, 생명의 정수(精髓)가 빠져나갔다는 것을 의미한다. 당신 자신의 내면에 있는 감정적인 힘들을 죽인다면, 당신은 완전히 화석화되고, 건조해지고, 죽고 말 것이다. 그러므로 당신은 그 수소가 그물과 묶인 발로 상징되는 조건에서 살아 있게 하려고 노력해야 한다. 수소는 살아야만 한다.

그렇지 않으면, 당신이 아나하타에 있는 것은 시체 안치실에 있는 것이나 마찬가지이다. 정말이다. 당신은 거기에 있지만 관대(棺臺) 위에 있고 시체이다. 당신은 생명의 가장 근본적인 조건을 박탈당하고 있다. 아시다시피, 당신이 그 다음 상태에 이르기 위해 억압하거나 죽여야 하는 것은 여기서 생명을 주는 신의 상징이며, 지금 당신의 생명을 죽이는 것은 악마이다. 그러므로 지금 당신의 상황은 초기의 어떤 기독교인, 말하자면 기독교로부터 미트라교로 퇴행한 사람의 상황과 비슷하다. 그렇게 보일 수도 있지만, 미트라교로 퇴행하면서 수소는 완전히 다른 조건에 놓인다. 수소는 자유로우며, 수소는 전혀 그물에 갇혀 있지 않다. 그래서 당신은 수소를 다루기 위해서는 원래의 투우를 거쳐야 한다. 그러면 당신은 미트라처럼 되어야 하고, 목적은 당신이 수소를 죽이는 것이고, 기독교에서 일어난 것과 사실상 똑같거나 매우 비슷한 발달이 일어날 것이다. 이어서 생명이 꺼질 것이다. 당신이 자신의 본능이나 감정을 자각하지 않는 어떤 의식의 영역으로 올라갈 때, 당신은 진정으로 생명을 박탈당한다. 그리고 그것은 바뀌어야만 하는 상태이다. 왜냐하면 그런 인공적인 의식의 세계에서 살 때 당신이 세상의 사실들과 조화를 이루지 못하기 때문이다. 예를 들어, 인간 사회에서 당신은 이해할 수 없는 온갖 종류의 두려움과 감정의 희생자가 된다. 그런 당신을 보면서 어떤 사람은 다행하게도 당신이 당신 자신을 공격하고 있다는 사실을 의식하지 않는다고 말할 수 있다. 그러나 그것을 분석해 보면, 당신은 그것들이 오래 전에 죽었다고 생각한 바로 그 옛날의 수소들과, 말하자면 당신이 까마득히 망각하고 있던 온갖 종류의 인간 감정들과 똑같다는 것을 알게 될 것이다.

당신은 또 자신이 그런 감정들을 느끼고 있을 때 기분이 훨씬 더 좋다는 것을 배울 것이다. 감정들은 당신 안에서 살 때 정말로 생명을 주는 요소이다. 따라서 감정들은 생명을 주는 것으로서 신성한 존재로 숭배를 받게 되어 있다. 수소가 원래 생명을 주는 존재였다는 것을 기억하라. 이슬람교의 한 종파인 수피교의 우주 발생 신화에 따르면, 신은 세상을 거대한 수소의 형태로 창조했다. 그런 나음에 신은 수소를 죽여 바위로 변형시킨 다음에 바다로 던졌다. 이어서 수소는 가라앉았다. 그래도 그의 왼쪽 뿔만은 물 밖으로 나왔으며, 이 왼쪽 뿔이 곧 땅이다. 그것은 폭력적인 창조 충동, 또는 창조를 낳는 열정이라는 개념과 똑같다. 그런 충동이 없으면, 아무것도 일어나지 않는다. 만약에 당신이 열정을 죽인다면, 창조적 충동은 전혀 없을 것이다. 당신이 그 상태들을 견뎌낼 수 없기 때문에, 모든 것은 화석화된다. 그러나 만약에 이런 힘들을 살려나갈 수 있다면, 당신은 삶을 지속할 것이고 다시 창조적이게 될 것이다. 우리는 삶을 살다가 어떤 형식의 창의력이 간절히 필요한 상황에 종종 처했다. 우리는 어떤 조치를 취하지 않고는 도저히 견딜 수 없는 그런 조건에 처하면서도 어떻게 해야 할지 모르고 있다. 온갖 종류의 현명한 계획이 있음에도 불구하고, 어느 것 하나 제대로 먹히지 않는다. 이유는 도움을 줄 수 있는 유일한 것이 새로운 창조이고, 열정적인 의지의 새로운 표현이고, 새로운 세계를 창조하려는 신성한 의지이기 때문이다.

그러나 이 모든 것도 족쇄가 채워진 수소를 완전히 설명하지는 못한다. 이 상징을 다른 측면에서도 보아야 한다. 이미 말한 바와 같이, 이것은 창조적 충동이거나 창조자의 의지, 즉 인간의 안에 구현된 신이다. 그러므로 그것은 숭배의 대상이 되어야 할, 인간 안의 신이며, 그것은 더 이상 창조 이전에 지구 밖에 있던 초월적인 신이 아니고 창조 이후에 땅으로 내려온 신이다. 여기까지, 이 사상은 인간 안에 구현된 신이라는 기독교 개념을 충족시킬 것이다. 기독교 교리에 따르면, 신이 그리스도를 통해 땅에 내려왔고 지구 밖의 위치를 떠나서 육체로 나타나 자신과 인간 사이의 접촉을 가능하게 했다. 그 이후로, 인간은 구원의 과정을 통해서 신의 숨결로 가득한 것으로 여겨졌으며, 영원한 정신 또는 신, 신성한 숨결을 가진 것으로 여겨졌다. 그리고 신성한 '프네우마'(정신, 생명의 원리)로 가득한 인간은 우주 안에서 절대적으로 다른 위치를 차지했다. 인간은 더 이상 바다나 숲에 사는 동물 같은 지구의 단순한 거주자가 아니다. 인간은 지금 신성한 숨결로 가득하고, 따라서 나름대로 하나의 신이 되었다. 인간 자신이 창조할 수 있게 된 것이다.

　내가 알고 있는 한, 인류가 세계 역사에서 지난 2,000년 동안 일 궜던 것과 같은 그런 특별한 문명을 이룬 적은 한 번도 없었다. 우리 인간은 현재 원시 시대로부터 아주 멀리 벗어나 있다. 그리스도가 등장하기 전 2,000년 내지 3,000년 사이에, 세상은 원시 시대에 가까웠으며, 선사 시대 문명에서 그리 멀리 벗어나지 못했다. 그러나 지난 2,000년 동안에 인간은 지구를 휩쓸면서 지구 자체를 많은 측면에서 바꿔놓았다. 인간은 이 기간에 대단히 놀라운 일들을 해냈다. 그래서 인간이 신성한 창조자라고 암묵적으로 가르치는 종교와, 문명사에서 특별히 창조적이었던 시기 사이에 특이한 우연의 일치가 있게 되었다.

지금 우리 인간은 그 특별한 시기의 끝부분에 와 있다. 우리는 더 이상 순진한 창조자가 아니며, 우리는 심리적인 존재가 되기 시작하면서 우리 자신을 보기 시작하고 있다. 우리 전에는 인간이 우리처럼 자기 자신을 보았던 적이 없었다. 그 누구도 인간의 심리적 존재를 파고들려고 시도하지 않았다. 심리학 같은 것은 존재하지도 않았다. 지금 우리는 깊이 성찰하고, 우리 안에 있는 창조적인 것이 진정으로 무엇인지를 스스로 묻고 있다. 도대체 정신이란 것은 무엇인가? 우리가 지금 이런 모습을 하고 있는 이유는 무엇인가? 그리고 우리 인간이 이런저런 식으로 행동하는 이유는 무엇인가? 분명히 세상에 특이한 변화가 시작하고 있다. 물론 우리는 그 변화가 어떤 결과로 이어질지 잘 모른다. 그러나 그 변화는 지난 2,000년의 특징으로 꼽혔던 종교들이 명백히 쇠퇴하고 있는 현상과 동시에 일어나고 있는 새로운 발달임에 분명하다. 이는 기독교와 유교, 불교에도 그대로 적용되며, 이슬람도 예외가 아니다. 터키 사람들이 러시아 사람들보다 덜 격하다. 터키 사람들은 이슬람교도들을 박해하지 않지만, 그럼에도 불구하고 모스크들은 사실상 잊혀져가고 있다. 예전에는 오후 기도 시간이 되면 거리에 수천 명의 이슬람 신자들이 기도를 하느라 엎드려 있는 것이 목격되었다. 그러나 지금은 모스크 안에서조차도, 예를 들어 콘스탄티노플의 성 소피아에서도 노인 수십 명이 보일 뿐이다. 젊은이들은 모두 유럽의 믿음을 갖고 유럽풍의 옷을 입는다. 낡은 이슬람은 무시당한다. 옛 믿음의 쇠퇴는 변화를 의미한다. 그 믿음 대신에 무엇인가가 오고 있으며, 새로운 것은 조수의 특이한 전환에 의해 준비되고 있다. 물결이 밖으로 향하지 않고 안으로 향하고 있다. 밖으로 향하는 움직임은 당분간 영혼이 완전히 부재한 상태이다. 그 움직임은 단순히 군집 본능일 뿐이며, 그 외의 다른 것은 절대로 아니다. 그래서 오늘날 다소 문명화되었거나 어느 정도 책임감을 느끼는 사람은 모두 꽤 자연스럽게 옛날의 군집 문명에서 벗어나 안으로 눈길을 돌리고 있다.

1933년 10월 25일

지난 시간에 수소에 대해 많은 이야기를 했지만, 수소에 대해 조금 더 논해야 한다. 수소가 짐짝처럼 사실상 꼼짝 못하게 묶여 있다는 사실이 당신에게 수소에게 완전히 불리한 상태라는 인상을 주었을지 모르겠다. 그렇다 보니 당신은 아마 수소가 자유로워지기를 바랄 것이다. 틀림없이, 이것은 이상적인 상태는 아니지만, 그럼에도 그런 상태는 필요하고 또 피할 수 없다. 왜냐하면 수소가 아무리 신성하다 할지라도 가끔은 족쇄가 채워지는 것이 더 낫기 때문이다. 수소가 묶여 있어야 하는 때나 장소가 있다. 많은 사람에게도 해당되는 말이다. 그렇지 않으면, 사람들은 살지 못한다. 세상에는 두 부류의 사람이 있다. 인간 사회를 층으로 표현하면, 거기에 중간선이 있다. 대충 인간의 반은 이 선 아래에 있고, 반은 이 선 위에 있다. 당신이 정상적인 인간이라고 부르는 것은 아마 이상적인 평균으로 그 중간선에 위치할 것이다. 물론 어느 누구도 절대적으로 정상이지 않다. 정상인은 하나의 허구이며, 그것은 단지 인간의 평균으로 짐작되는 것을 나타내고 있을 뿐이다.

지금 여기 아래엔 비정상적인 사람이 분포하고 있다. 그들이 현대의 조건에 적응하지 못하고 있기 때문이다. 그들은 세상에서 벌어지는 사건들을 제대로 이해하며 일상적인 사회적 요구를 충족시키는 데 큰 어려움을 겪는다. 그들은 둔하거나, 충분히 차분하지 않거나, 지나치게 고리타분하다. 맨 아래엔 매우 원시적인 사람들이 자리 잡고 있다. 어쩌다 지금도 살고 있는 혈거인들이다. 당신도 거리에서 혈거인들을 볼 수 있으며, 현대인의 의복을 입고 있을지라도 얼굴만 보고도 그런 사람들을 쉽게 식별할 수 있다. 그보다 조금 높은 곳에 호상(湖上) 생활자들이 있다. 그 위에 흙이나 짚으로 만든 오두막에 사는 사람들이 있다. 그들을 그냥 내버려둔다면, 그들은 우리가 알고 있는 주택을 절대로 짓지 않을 것이다. 그들의 최고 성취는 아마 흙으로 짓는 오두막일 것이다. 그보다 조금 더 높은 곳에, 말하자면 카이사르 시대에 속하는 사람들이 있다. 그리고 그보다 더 높은 곳에, 중세에 해당하는 사람들이 많이 분포하고 있다. 이 층은 15세기나 16세기에 속할 것이고, 이 유형의 사람들은 아주 많다. 예를 들면, 식료품상이나 푸주한이 이 층에 속한다. 그들의 초상화와 1500년의 집권층 사람들의 초상화를 비교하면, 비슷한 점이 보일 것이다. 그 다음에는 17세기와 18세기, 19세기에 속하는 사람들이 있지만, 이들은 확실히 1933년에 속하지는 않는다. 그 다음이 대부분의 사람들이 속하는 층이며, 대충 1933년에 속하는 사람들이다. 아시다시피, 이 선 밑에 해당하는 사람들은 모두 시급한 인간적인 문제를 안고 있다. 괜찮은 사람이라는 평가를 듣기 위해선 그들이 사회와 시대에 적응하고 제대로 입고 먹는 방법을 배워야 한다는 뜻이다. 또 일에서 다소 성공을 거두고, 성공적인 우편집배원과 엔지니어, 제도공, 변호사 또는 의사가 되는 법을 배워야 한다. 그래야만 품위 있는 평균이 될 수 있다. 그 사람들은 그런 평균이 되는 데 큰 어려움을 겪는다. 그들은 향상을 꿈꾸지 못한다. 그들이 할 수 있는 최선의 것은 타인들이 그들에게 기대하고 있는 것을 하는 것이다. 그들은 1933년의 인간이 되는 수준까지 올라가는 것 외에 다른 야망을 전혀 품지 않으며, 그 수준까지 오를 수 없는 불행한 사람들은 거기에 속하는 사람들을 시기한다.

그 선 위에서는 위로 올라갈수록 그 수준에 해당되는 사람들의 숫자가 점점 줄어든다. 그들은 미래의 사람, 2000년과 5000년, 7000년의 사람들이다. 다른 사람들이 뒤로 처져 있는 만큼, 그들은 크게 앞서 있다. 중간선을 넘어서 있는 사람들에겐 자신이 1933년에 있는 것은 너무나 분명하며, 거기에 있는 것은 전혀 특별한 어려움을 야기하지 않으며 거기에 적응하는 것은 아이의 장난이다. 스스로 옷을 제대로 갖춰 입는 것은 전혀 어려운 일이 아니며, 품위 있게 먹고 걷는 법, 사람을 다루는 법을 잘 알고 있다. 그런 사람들이 겪는 유일한 문제는 그들 아래에 있는 못마땅한 인간들이 자신들과 같은 심리를 갖고 있지 않다는 사실이다. 중간선 위에 있는 사람들은 이런 사실을 끔찍한 방해로 느낀다. 그들이 앞으로 더욱 나아갈수록, 그 어려움은 더 커지고 인류의 무게를 더 강하게 느낀다. 1933년에 있는 것은 그들이 상상할 수 있는 최소이며, 그런 그들을 그 아래에 놓는 것은 곧 비참이고 죽음이다.

두 부류의 사람들은 서로 완전히 다른 심리를 갖고 있다. 아래에 있는 사람들의 경우에, 수소는 족쇄가 채워져야 하고 풀려 있으면 안 된다. 그러면 수소가 너무나 위험해지기 때문이다. 그러나 위에 있는 사람을 위해서는 수소에 족쇄가 채워져서는 안 된다. 그렇다면 진리는 무엇인가? 거기에 대해 분명한 진술을 하는 것이 대단히 어렵다는 것을 당신은 확인하고 있다. 한 부류에게 수소는 더없이 심각한 실수이고, 다른 한 부류에게 수소는 명백한 혜택이다. 그것이 바로 우리가 심리학에서 직면하고 있는 어려움이다. 두 부류의 사람들에게 똑같이 유효한 단 하나의 심리학적 진술은 절대로 있을 수 없다. 한 부류에게 진리인 것은 다른 부류에게는 진리가 아니다. 물론, 각자가 자신이 속한 위치를 알고, 적응이 문제가 될 수 있는지 여부를 알고, 각자는 나름대로 어려움을 겪게 되어 있다는 것을 아는 것이 대단히 중요하다. 그것은 언제나 적응의 문제라고 말할 수 있다. 지금이 1933년이고, 아직 1933년에 달하지 못한 사람에겐 1933년이라는 사실이 고통을 안겨주는 탓에 매우 슬픈 일이기 때문이다. 그러나 1933년 너머에 가 있는 사람들에겐 그들이 더 이상 1933년에 있지 않다는 것이 하나의 실수가 된다. 그들도 그 같은 사실 때문에 고통을 겪고, 그들에게도 그것은 마찬가지로 적응의 문제이다. 그들에겐 1933년의 수준이 더없이 바람직하고 성취 불가능한 목표가 되는 것이 아니라, 1933년에 머물기 위해서 스스로를 자르고 축소해야 하는 문제가 된다. 그들은 A.D. 20000년으로 날아오르지 못하도록 막기 위해 스스로 족쇄를 채우고 자신 위로 그물을 씌워야 한다. 그래서 이 수소가 중간선보다 아래에 있는 사람들을 위해서 족쇄가 채워져야 하듯이, 이 수소는 마찬가지로 그 선 위에 있는 사람들을 위해서도 다소 족쇄가 채워져야 한다. 그러면 수소가 그들과 동일해진다. '그들'은 우리 시대가 1933년이며 그 전도 아니고 그 뒤도 아니라는 것을 망각하면서 앞으로 나아가지 않기 위해서 족쇄가 채워져야 한다.

우리 환자에게도 수소의 문제는 간단한 문제가 아니다. 환상, 즉 그녀의 무의식은 즉각 이 그림에 반응한다. 곧 하늘이 시커멓게 변하는데, 이것은 지금 무의식이, 짙은 어둠이 시작된다는 것을 의미한다. 그녀에게 매우 무의식적인 문제를 의미하는 무엇인가가 끼어든다. 그녀의 환상을 보사.

> 하늘이 컴컴해졌다. 나는 가장자리가 불타고 있는 검은 해를 보았다.
> 양쪽으로 붉은 팔이 하나씩 뻗어 있었다. 나는 한 순간도 검은 해를
> 견디지 못할 것이라고 느끼면서 달아날 길을 찾았다.

이것은 무의식에서 올라오고 있는, 참아내기 어려운 어떤 생각임에 틀림없다. 검은 태양은 일식이다. 둘레에 광환(光環)이 형성되어 있다. 달이 태양 앞을 지나치면서 희미하게 가릴 때, 태양의 대기에 형성되는 불타는 후광이 광환이라 불린다. 일식은 수소가 묶여 있는 상황과 다소 비슷하다. 그 상태에서 수소는 무능해지고, 태양도 힘을 잃는다. 일식이 일어나는 동안에 원시인들은 악마를 물리치기 위해 소란을 일으켰다. 중국에서는 악령을 쫓기 위해 사람들이 폭죽을 쏘아 올리고 총을 쏘았다. 그러나 그들은 동시에 가망 없는 공포에 휩싸이며, 그러면 대단히 무서운 일들이 일어난다. 원시인들은 매우 엄격한 성적 터부를 갖고 있지만, 흥분하는 날에는

더없이 난잡한 성교가 일어난다. 그들은 즉시 모든 형식을 벗어던
지고 붕괴한다. 이유는 생각 불가능한 일이 벌어졌기 때문이다. 그
상황은 그들의 삶에 대한 보장이, 그들의 의식(意識)이 지워진 것
이나 마찬가지였다. 그들은 맨 밑바닥의 무의식으로 깊이 떨어졌
다. 그래서 태양이 가려진다는 것은 우리 환자의 의식이 다소 희미
해졌다는 것을 의미한다. 그러면 쭉 뻗은 팔은 무엇인가?

　팔은 희미해지면서 정반대의 상태로 변모한 태양의 속성처럼 보
인다. 태양은 지금 온기를 발산하지 않고 반대로 흡입하고 있다.
팔이 태양의 속성으로 나타나는 어떤 이집트 상징이 기억날 것이
다. 그것은 종교적 상징의 사용에 중요한 개혁을 이룬 아멘호텝
(Amenhotep) 4세의 특별한 상징이다. 아멘호텝 4세는 일신교 사
상을 소개했으며, "두 개의 지평선 사이에서 환호하는" 태양의 원
반을 상징으로 채택했다. 태양은 '앙크'(ankh)[33]의 형태로, 즉 '크룩
스 안사타'(crux ansata)[34]로 신자들에게 생명의 신성한 힘을 발산
하는 신으로 그려졌다. 태양이 그런 신으로 등장하는 유물이 다수
있다. 주로 아멘호텝 4세가 새로 건설한 도시로 그의 궁전이 있었
던 추트 아텐(Chut-Aten)에서 발굴한 국가 문서에 들어 있다. 태양
의 원반에서 나오는 광선의 끝마다, 왕과 그의 가족에게 '앙크' 표
시를 나눠주는 자그마한 손이 달려 있다. 그 손들은 생명을 주는 태
양의 팔일 것이다. 우리 환상에 나오는 팔도 태양의 팔일 것이지만,
태양은 검은 태양이기 때문에 발산하거나 창조하지 않는다. 정반
대로, 어둠은 삼키고 흡입한다. 그래서 그녀는 그 죽음의 팔들 속으

....
33　생명을 의미하는 이집트 고대 문자.
34　손잡이가 달린 십자가.

로 끌려들어갈 위험에 처해 있다. 수소 상징이 등장한 뒤에 왜 이런 것이 그녀를 위협해야 하는가? 어둠에 삼켜진다는 것은 실제로 무슨 의미인가?

지금 이 순간이 우리 환자에게 결정적으로 중요하다. 그녀는 광기의 위협을 받고 있다. 그녀가 달아나려고 애를 쓰는 이유도 거기에 있다. 지금 그녀를 미치게 만드는 것은 무엇인가?

신경증적인 상황이 있은 뒤에, 정신이상을 일으킬 가능성이 커진다. 만약에 어떤 사람이 분석 뒤에 퇴행한다면, 그것은 평범한 신경증을 겪는 것보나 훨씬 더 나쁘다. 평범한 신경승은 그에 비하면 상대적으로 가벼운 편이다. 아는 것이 많아질수록 신경증도 그만큼 더 위험해진다. 그러면 사람은 더 이상 불을 갖고 놀지 못하게 된다. 5, 6년 전에 쉽게 할 수 있었던 일을 더 이상 하지 못하게 되는 것이다. 그 메커니즘은 이렇다. 예전의 환상에서 내가 좌대 위의 수소 그림을 보여준 적이 있다. 그 수소를 향해 그녀가 피가 가득 든 잔을 받치고 있는 그림이었다. 그것은 수소에게 바치는 제물이었으며, 그곳에서 수소는 금으로 만들어졌으며 태양이었다. 그때 그녀는 수소 숭배의 의미를, 태양 숭배의 의미를 깨달았다. 그곳의 수소는 족쇄가 채워지지 않은 상태로 자유로웠다. 당시에 그녀는 분석을 받고 있었다. 거기엔 고층 빌딩도 없었고, 아무런 인간관계도 없었으며, 여론도 전혀 없었다. 거기서 그녀는 자기 뜻대로 날 수 있었다. 그녀는 수소의 법칙에 따라서 계속 움직일 수 있었다. 지금 그녀는 그 전의 상태로 돌아오고 있다. 그런 자유로운 비상이 불가능하고, 수소가 족쇄가 채워져야 하는 상태로 말이다. 그러나 그 전에 그녀의 내면에서 언제나 비틀거렸던 것이 지금은 생생히 살아 있고, 그 사이에 수소도 자유를 누릴 길을 발견했다. 그래서 열린 공간에 있었던 수소가 지금 다시 외양간에 갇혀야 하는 비참한 상황에 처하고 있다. 그래서 그녀는 삶의 의미를 몽땅 잃어버린 것처럼 보인다. 도대체 이 모든 것이 무슨 소용인가? 그리고 만약에 당신이 '내가 지금까지 행하고 추구해 온 모든 것이 도대체 무슨 소용인가?'라고 물을 만큼 당신의 관점을 상실한다면, 당신은 다른 많은 사람들처럼 당신의 뇌를 짓이기거나, 미쳐버리거나, 깊은 절망에 빠져 죽어 버릴지도 모른다. 그러면 당신은 공황에 빠지고, 당신은 무슨 짓이든 할 것이다. 우리 환자가 검은 태양을 견뎌내지 못하는 이유도 거기에 있다. 그녀는 검게 변한 태양의 끔찍한 인상으로부터, 돌연 공허해지고 무의미해져 버린 삶의 끔찍한 인상으로부터 벗어나야 한다. 왜냐하면 중간선 그 위의 의미 있는 모든 것이 그냥 꺼져 버리고, 1933년의 양상에 의해서 터무니없는 것으로 변해버렸기 때문이다. 국제연맹(League of Nations)이나 인간이 발명한 다른 위대하고 경이로운 것, 예를 들면 평화를 지킬 제도의 미래에 희망을 걸었던 사람들에 대해 생각해보라. 만약에 그런 사람이 지금 자신의 일을 보면서 진지하게 고려한다면, 그 사람은 권총을 집어들고 자신의 머리통을 쏴버릴 수도 있을 것이다. 모든 것이 곧장 나락으로 떨어지는데 별도로 노력할 이유가 있어? 그래서 환상 속의 그 다음 움직임은 그녀가 이런 말을 하는 것이다. "나는 어느 집의 문으로 들어가서 어두운 지하실로 내려갔다." 이것은 매우 전형적인 상징이다.

이 상태에서는 그녀가 무의식으로 내려가고 있다는 식으로 말하는 것으로는 결코 충분하지 않다. 여기선 무의식이 검은 태양의 흐릿함에 의해 상징되고 있기 때문이다. 태양이 가려지는 것은 우주적인 사실이며, 그것은 아주 보편적인 집단 무의식이다. 지금 집단 무의식이 그녀를 삼키고 그녀의 개성을 완전히 빼앗아 버리겠다고 위협하고 있다. 지금 그 위협에 맞서면서, 그녀는 마치 무의식 속으로 들어가듯이 내려가고 있다. 그것이 무의식이라는 것은 맞는 말이지만, 그것은 매우 특이한 무의식이다.

내가 흑인의 오두막을 처음 들어갔던 때가 기억난다. 짚으로 만든 원형 오두막이었다. 흑인의 오두막은 나에게 강렬한 인상을 남겼다. 오두막은 모두 나지막하게 지어졌으며, 지붕은 땅에서 겨우 1.5m정도 높이였다. 창도 없었으며, 낮은 문을 통해 들어갔다. 문이 너무나 낮기 때문에, 가축은 들어가지 못했다. 아주 작은 동물만 들어갈 수 있었다. 염소와 송아지 등은 오두막 주위에 있어야 했다. 그래서 거기에 들어가려면 사람은 거의 기다시피 해야 한다. 그 같은 행위가 당신으로 하여금 아주 초라하다는 느낌을 갖도록 만든다. 그래서 옛날의 가톨릭교회의 경우에 기도 공간으로 들어가는 입구를 아주 낮게 만들었다. 그곳으로 들어가는 사람은 똑바로 설 수 없었으며 허리를 꺾어야 했을 뿐만 아니라 네 발로 기다시피 했다. 예를 들어, 볼로냐에 가면 무덤처럼 만든 오래된 교회가 하나 있다. 거기선 기도를 하기 위해선 아주 낮은 문을 기어 들어가야 한다. 바로 그런 행동 자체가 사람들에게 한 마리 개이고 동물에 불과하다는 감정을 안겨준다. 그런 조건에서 사람들은 자신이 한없이 작고 터무니없다는 느낌을 받지 않을 수 없다.

게다가 흑인 오두막의 내부는 컴컴하다. 그래서 벽을 따라 쭉 놓인 의자나 침대가 어렴풋이 구분된다. 중앙에는 불붙은 석탄 주위로 검은 돌들이 원형으로 놓여 있다. 연기가 약간 피어오르는 불의 새빨간 빛이 한가운데에 있다. 불빛은 대단히 인상적이고 경건하다. 이런 것이 원시적인 흑인의 평범한 주거지이다. 그 공간은 만다라처럼 지어졌으며, 마치 성역처럼 보인다. 거기서 당신은 가정의 신성함을 느낀다. 왜냐하면 생명의 불꽃이 놓여 있는 한가운데를 둘러싸고 있는 모든 것이 빛을 발하기 때문이다. 그런 곳은 극도의 단순함과 의미 때문에 당신에게 거의 마법적인 감정을 준다. 마치 이렇게 속삭이는 것 같다. "이곳은 피난의 장소이고, 성역이랍니다. 여기엔 평화가 있어요. 여기서 당신은 바깥 세계의 위험으로부터 보호를 받을 수 있어요. 작열하는 태양도 피하고, 폭우도 피하고, 온갖 귀신과 야생동물을 피할 수 있지요." 그래서 모두가 얼굴을 한가운데로, 온기와 양식과 안전이 나오는 불 쪽으로 돌린다. 야생동물도 연기가 피어나는 것을 보는 한 거기에 들어가지 않을 것이다. 문을 열어놓는데도 말이다. 예를 들어, 사자들이 우글거리는 어느 나라에 가면, 오두막 입구에 불붙은 작은 막대기들 모양의 장치를 놓아둔다. 당신도 발로 차서 쉽게 뽑을 수 있는 장치이다. 그런데도 그것만으로 충분하다. 또는 불이 전혀 없는 경우엔 랜턴을 놓아둔다. 그렇게 해도 안전이 꽤 보장된다. 사람을 잡아먹는 사자도 매우 조심스럽게 오두막을 돌기만 할 것이다. 불이 켜진 랜턴 위로 점프하려 드는 동물은 정말로 용감한 동물일 것이다. 그렇다면 원시적인 의미에서 말하는 집은 인간이 만든 피난의 장소를, 신전 울타리 안의 신성한 구역을 상징하는 하나의 만다라이다.

그러므로 우리 환자가 그곳으로 들어갈 때, 그것은 그녀가 그녀 자신에게로 돌아간다는 것을, 그녀가 대표하고 있는 그 작은 생명의 단위로 돌아간다는 것을 의미한다. 그녀가 그 만다라 집인 것이다. 거기서 그녀는 단절되고, 주변의 온갖 공포로부터 보호를 받는다. 밖에서 당신은 생명을 진정으로 건드리지 않는다. 단지 당신은 생명의 결과를, 생명의 산물을, 생명의 화산 같은 폭발만을 건드릴 뿐이다. 그러나 당신은 당신이 살아가도록 만드는 생명의 원천을 절대로 건드리지 못한다. 당신은 그 생명의 원천을 오직 당신 자신 안에서만, 만다라 안에서만 건드릴 수 있다. 그리고 거기서 이 여자는 깊은 곳으로, 어두운 지하실로 들어간다. 원시적인 집에는 지하실 같은 것은 전혀 없으며, 지하실은 훗날 나타난다. 고대 로마인들이 새로운 도시를, 예를 들어 군 주둔지를 건설했을 때, 그들은 쟁기를 단 소 두 마리를 몰면서 터를 다졌다. 그리하여 최초의 이랑을 만들었는데, 그 의미는 이것은 터부이고, 외부 세계의 침입으로부터 안전하다는 뜻이었다. 둘러싸인 곳은 신성한 이미지에 나타나는 특징이다. 이랑 근처에 종종 남근상이 세워졌다. 이 경우에 남근상은 경계선의 역할을 하며, 바로 거기서 신성한 장소가 시작된다는 뜻이었다. 바젤에는 로마 시대의 문이 있었는데 그만 19세기 어느 때엔가 파괴되고 말았다. 그 문의 안쪽 벽에도 남근상이 하나 있었다. 뉘른베르크의 문 가까운 곳에, 뒤러(Albrecht Dürer: 1471-1528)[35]의 집 귀퉁이에도 피난의 장소라는 의미로 남근상이 하나 있다. 그것은 아마 들판의 경계선을 프리아포스 신, 즉 남근상으로 표시하던, 고대에 거의 전 세계적으로 행해지던 관습에서 비롯되었을 것이다. 이집트에 가면 지금도 그런 형상이 보인다. 그곳에서 남근상은 풍년을 기원하는 부적 같은 것으로 쓰였으며, 허수아

....
35 독일의 화가이자 조각가이며 미학 이론가.

비처럼 보인다. 대단히 고전적인 상(上)이집트에서 나도 그런 예를 하나 보았다. 옛날 라틴 국가들은 들판의 모퉁이를 표시하는 데 그런 프리아포스 형상을 이용했다. 그것도 풍년을 기원하는 부적이었으며 언제나 무화과나무로 만들어졌다. 최초의 이랑으로 둘러싸인 공간 한가운데에, 고대 로마인들은 땅을 움푹하게 파서 지하실을, 소위 기부(基部)를 만들고 거기에 들판의 과일들을 바쳤다. 바꿔 말하면, 고대 로마인들은 자신들의 리비도를 한가운데의 어떤 상징적인 형태에 집중했으며, 바로 그것이 도시의 시작이었다.

이제 우리 환자는 이렇게 말한다. "일단의 늙은 남자들이 불 주위에 앉아 있었다." 이것은 우리가 말하고 있는 내용과 일치한다. 그것은 만다라이고, 여기서 사람들은 불을 응시하면서 둥글게 앉아 있다.

> 그들이 나에게 "새를 보았는가?"라고 물었다. 그래서 나는 이렇게 대답했다. "보았어요. 새들이 나에게 상처를 입혔지만 다 나았어요. 도시에 치료의 불이 없는가요? 모두가 피와 파괴처럼 보여요."

이 늙은이들은 아니무스들이다. 그 깊은 곳에서 회의를 열고 있는 일종의 법정 같은 조직이다. 아시다시피, 그 상황은 무의식으로 들어가거나 만다라로 들어가는 것을 의미한다. 만다라 안에 있는 모든 것이 의식을 나타내는 것은 아니다. 의식은 만다라의 일부일 뿐이다. 만다라는 보다 큰 원을 의미한다. 무의식도 거기에 포함된다. 만다라는 '자기'이다. 의식만이 아니다. 따라서 아니무스도 거기에 있다. 남자의 예라면 아니마가 있을 것이다.

아니무스와 그 새들 사이에 특이한 무의식적 연결이 있다. 새들은 생각이고 공기 같은 존재이며, 아니무스는 그런 생각을 낳거나 그런 생각으로 이뤄져 있다. 아니무스는 이따금 일종의 새가 되어 날아다닌다. 그래서 우리는 여기서 이 생각의 새들이 아니무스의 산물이라는 것을 배운다. 어쨌든 아니무스는 새들과 어떤 관계가 있다. 그때 그녀가 이렇게 말한다. "새들이 나에게 상처를 입혔지만 다 나았어요." 이것은 무슨 뜻인가?

고층 빌딩이 나오는 환상 속의 새들의 피가 그녀에게 떨어져 부상을 입혔다. 아니무스 생각들이 사람을 해칠 수 있다는 것은 잘 알려져 있으며, 아니무스 생각들을 갖고 있는 여자는 언제나 자신을 괴롭히고 있다. 아니무스가 언제나 엉뚱하기 때문이다. 아니무스는 언제나 특이한 방식으로 생명에 반하는 모습을 보인다. 아니무스는 생명의 표현이 아니다. 아니무스는 종종 감정에 정면으로 반대한다. 그렇다면 새들은 그녀에게 상처를 입힌 아니무스 생각임에 틀림없다. 그러나 그녀는 자신을 보호할 수 있었으며, 그녀는 불에 의해 치료되었다.

그녀가 푸른 바위에서 나오는 물에 의해서도 치료되었지만 불에 의해서도 치료되었다. 그녀는 지금 불에서 강해진 우상과 자신을 동일시하고 있다. 여기서 불은 순수한 금을 만드는 불을 가리킨다. 그래서 그녀가 "도시에 치료의 불이 없는가요?"라고 묻는다. 그리고 그 아니무스들은 불 주위에 앉아 있다. 여기서 다시 탄트라 상징 체계를 끌어들일 수 있다. 아니무스와 새들은 공기의 존재들이고, 그들은 횡격막 위의 아나하타 센터에 속한다. 그 아래는 감정이 지배하는 불의 센터인 마니푸라이다. 지금 마니푸라에 생각과 감정의 어떤 특이한 구분이 있다. 생각은 사실상 공기나 프네우마, 생명의 숨결과, 달리 말하면 폐와 동일한 반면에, 감정은 심장을 의미할 것이다. 그 신체기관들은 나뉘어져 있음에도 서로 밀접히 연결되어 있으며, 그래서 어떤 갈등의 가능성이 있다. 그리고 거기서 의식이 시작된다. 객관적인 의식, 즉 식별이 있는 곳마다, 구분이 있다. 따라서 당신은 아나하타에서 처음으로 갈등의 가능성을 발견하고, 당신 자신 안에서 갈등을 발견한다. 마니푸라에는 갈등이 전혀 없다. 당신이 갈등 그 자체이기 때문이다. 당신은 물이나 불처럼 그저 흐르고만 있다. 당신이 1만 개의 파편으로 폭발한다 하더라도 그런 당신은 당신 자신과 하나이다. 왜냐하면 판단하는 센터도 전혀 없고, 상반된 것들 사이에 아무런 차이가 없기 때문이다. 당신은 모든 것이며, 당신은 어떤 강한 감정 안에서 상반된 것들의 짝이기도 하고, 당신은 이것이기도 하고 저것이기도 하다. 깨닫는 것은 당신이 아니다. 감정이 깨닫는다. 언제나 감정을 추구하고 있는 사람들이 있다. 그들은 늘 감정을 자극하려 안달이다. 이유는 감정이 없는 경우에 죽었다는 느낌을 받기 때문이다. 그런 사람들은 언제나 감각을 갖고 있거나 감각을 야기해야 하며, 감정을 갖고 있거나 감정을 야기해야 한다. 그렇지 않으면 그들은 그냥 존재하지 않게 된다. 나는 그런 여자들을 알고 있다. 그들은 오직 다른 사람의 감정을 자극하기 위해서 불쾌한 말을 한다. 만약에 다른 사람의 감정을 자극하지 못하면 그들은 실망하고 삶의 낙을 잃으며 목표를 이루지 못하는 꼴이 된다.

그렇다면 여기서 불은 마니푸라 센터의 의미를 지닌다. 그리고 불은 치료의 효과를 발휘한다. 분리되어 있고 모순을 일으키는 것들이 거기서 서로 융합하기 때문이다. 그것은 물질들이 서로 녹으며 뒤섞이는 연금술 도가니라는 개념과 비슷하다. 그렇듯 당신은 치료하기 위해서 당신이 완전히 새롭게 만들어질 수 있는 심연의 물 속으로 내려가거나 불을 통과할 수 있다. 그래서 세례자 요한은 예수에 대해 "그가 성령과 불로 그대에게 세례를 베풀 것이다."라고 말한다. 두 가지 형태의 세례는 두 개의 낮은 센터를 가리킨다. 불 속에서 당신은 온전하게 될 수 있지만, 물이 더 깊기 때문에 훨씬 더 효과적이다. 더욱 깊이 내려간다는 것은 땅 속으로 들어가는 것을 의미하고, 거기서 당신은 사실상 죽을 것이다. 죽음은 절대적인 치료로 이해되어 왔다. 예를 들어, 소크라테스(Socrates)는 죽기 전에 의사의 신 아스클레피오스가 자신을 치료해 준 데 대한 감사의 뜻으로 그 신에게 수탉을 한 마리 바칠 것을 부탁했다. 그러나 물 속에서 일어나는 비유적인 죽음과 불 속에서 태워지는 존재 또는 죽음은 동시에 재생을 의미한다. 이유는 자아의식이 전혀 없는 상태로 돌아가는 것에 재생이 있기 때문이다.

당신도 우울하고 맥이 빠지고 지긋지긋한 느낌을 받은 뒤에 어느 순간 갑자기 어떤 강한 감정이 치솟는 것을 경험했을 것이다. 또 욕을 하고 화를 내고 나면 기분이 한결 나아지기도 한다. 소박한 사람들은 오래 전에 그런 사실을 깨달았으며, 그들은 그것이 큰 위안이 된다는 것을, 견딜 수 없는 상황을 치료하는 효과를 발휘한다는 것을 알고 있다. 옛날의 카타르시스 방법이 바로 그런 것이었다. 처음에 신경증은 억눌린 감정 때문에 생겨나는 것으로 여겨졌다. 그래서 억압되고 있는 감정을 풀어놓기만 하면, 신경증이 나을 것으로 생각되었다. 정말 신기하게도, 사람들이 분석을 시작하면서 속에 품고 있던 감정을 다 털어놓고 나면 한결 기분이 나아진다. 그러면 낙관적인 의사라면 환자가 치료되었다고 생각할 것이다. 그러나 환자는 다시 분석가를 찾는다. 그러면 이번에는 감정의 증기를 빼내는 작업이 그렇게 쉽지 않다. 왜냐하면 그것이 언제나 같은 종류의 증기인데 더 이상 압력이 없기 때문이다. 치료의 관점에서 보면, 감정의 증기를 뽑아내는 것이 중요한 일임에도 불구하고, 그 길만 있는 것은 아니다. 사람은 불 속에서도 어느 정도 치료될 수 있다. 그러나 그 사람이 다음에 해야 하는 일은 보다 깊은 물 속으로 들어가는 것이다.

  여기서 우리 환자는 불이 건강할 것이라고 느낀다. 갇혀 있던 온갖 감정들이 어떤 식으로든 풀려날 수 있다면, 불이 아니무스 생각들로 인해 입은 상처를 치료할 것이다. 예를 들어, 만약에 뉴욕 사람들이 24시간 동안 그 조언을, 오직 진리만을 따를 수 있다면, 그것이 도움을 줄 것이고 세상은 훨씬 더 나아질 것이다. 그녀는 내면에 쌓여 있는 온갖 비밀과 사회적 거짓말, 절대로 발설할 수 없는 것들, 모든 사람이 나머지 모든 사람들에게 쏟아내는 경탄, 가식과 망상 등을 느낀다. "아, 얼마나 멋진 여인인가!" 그러나 그녀는 절대로 멋지지 않다. "얼마나 훌륭한 신사인가!" 그러나 그는 절대로 훌륭하지 않다. 당신은 사람들이 서로를 엉터리로 판단하고 있는 것을 보고 있다. 그들이 서로에게 자신이 생각하는 바를 그대로 솔직하게 말하도록 해 주라. 그들이 감정을 솔직히 드러낼 수 있도록 해 주라. 그러면 아니무스가 안긴 상처가 치료될 것이다. 그것이 이 여자가 원하는 것이다. 그래서 늙은 남자들이 감정들의 불 주위에 둘러 앉아 있다. 뉴욕의 내장 속 깊은 곳에 숨어 있는 감정들이 중대한 위험인 것처럼. "그리고 늙은 남자들이 대답했다. '땅 아래 많은 동굴에 이런 불이 있어.'" 바꿔 말하면, 뜨거운 감정 센터들이 있는데도 아직 감정들이 방출되지 않고 있다는 뜻이다. 이 감정들이 그처럼 철저히 비밀로 지켜지지 않는다면, 치료의 효과가 나타날 것이다. "노인들의 대답은 이렇게 이어졌다. '거기에 피가 아주 많지만 피도 필요해. 불은 시장에서 갖고 온 피의 덩어리에 의해 지펴지고 있어.'" 그건 너무나 확실하다. 당연히, 이 감정의 불은 사람들이 감정 때문에 받는 상처에서 나는 피에 의해 지펴지며, 그런 불이 많이 있나는 것도 마찬가지로 사실이다. 우리는 어딘가에 그런 장소가 있다는 것을, 알려지기만 하면 치료의 효과를 낼 수 있는 어떤 불이 있다는 것을 망각하고 있다. 지금 이것은 이 특별한 환상의 끝이지만, 다음 환상도 똑같은 생각의 연속이다. 다음 환상은 "사자(死者)들의 행진"이라는 이상한 제목을 달고 있다. 그리고 여기서 완전히 새로운 상황이 끼어든다. 라이더 해거드의 '코르'(Kor)[36] 개념에 암시되고 있는 상황이다. 해거드의 소설에선 죽은 자들의 무덤이 언제나 '그녀'와 연결되어 있다. 죽은 자들이 아니마나 아니무스와 연결되어야 하는 이유는 무엇인가?

아니마나 아니무스는 집단적인 과거이지만, 개인적인 과거도 마찬가지로 거기에 포함시킬 수 있다. 우리가 사람들과 맺은 모든 관계, 우리가 살았던 모든 것과 우리가 들었던 모든 것이 집단적 과거 안에 포함되는 것이다. 그것들은 모두 빈 껍데기이고, 한때 살아서 활동하다가 시들어 죽은 시체들이다. 이 말은 집단적인 과거에도 마찬가지로 통한다. 집단적인 과거는 귀신들의 나라와 비슷하

---

36 작품 속에 죽은 자들의 도시로 나온다.

다. 집단적인 과거는 지금까지 조상들이 살았던 삶과 품었던 생각들을, 말하자면 조상들의 삶의 잔재나 경험들의 핵심을 포함하고 있다. 그렇다면 이 늙은 남자들은 또한 부족의 기억들을 담고 있는 창고를 나타낸다. 원시인 부족에서 원로들이 부족의 역사뿐만 아니라 은밀한 전통과 신비한 가르침까지 알고 있으면서 도서관이나 문서 보관서의 역할을 하는 것과 비슷하다. 그런 것이 늙은 남자들이 할 일이고 역할이다.

아니마에서도 그처럼 아득한 과거와의 연결이 발견된다. 해거드의 작품에서 '그녀'가 2, 3천 년 된 러브 스토리를 소중하게 다루고 있는 대목에서, 그 연결이 매우 아름답게 그려지고 있다. 그리고 브누아(Pierre Benoît)의 '아틀란티드'(Atlantide)를 보면, 경이로운 문서들을 발견한, 아틀란티드가 살았던 만다라 같은 장소에서 플라톤(Plato)의 옛 원고를 발견한 재미있는 사서가 나온다. 그곳에선 옛날의 그리스 전통이 여전히 간직되고 있었다. 아니무스의 구조도 똑같다. 아니무스는 집단적 지혜를 나타낸다. 반면에 아니마는 집단적 감정을 나타낸다. 그래서 남자는 정신적 활동에서 대단히 자유로울 수 있다. 남자는 세상 어느 곳으로도 날아갈 수 있으며, 자신과 지성을 동일시하는 한 자기 마음대로 새로운 삶을 가정할 수 있다. 그러나 남자는 감정에 관한 한 그 밖의 모든 사람들이 느끼는 것과 똑같이 느끼다가 꽤 비참하게 허물어진다. 그리고 여자들은 감정에 매우 열정적으로 매달리지만, 생각이 개입하게 되면 그냥 붕괴하면서 자연적인 마음이라 불리는 것에 의존하게 된다. 여자들의 안에는 이렇게 말하는 불후의 목소리가 있다. "바로 그거야. 그게 맞아. 그걸 고수하는 거야." 남자의 안에서는 감정이 그런 식으로 작동한다. 우리 환자의 텍스트는 이렇게 이어진다.

> 나는 늙은 남자들에게 이렇게 말했다. "당신들은 늙었고 그냥 기다
> 리기만 하고 있어요. 당신들은 생명이 없는 것처럼 보여요. 나는 이
> 곳을 떠나 다시 시장으로 가겠어요." 이어서 나는 앞으로 나아갔다.

그녀가 아니무스를 대하는 태도는 옳은가? 우리 환자를 어떻게
판단하느냐에 따라 답이 달라질 것이다. 인생 경험이 많고 세상의
어리석음을 겪은 사람들은 "그녀가 약간의 지혜라도 얻는 것이 좋
지 않을까?"라고 말할 것이다. 물론 그녀가 성역에 영원히 머물면
서 자신을 현실로부터 보호할 수는 없는 노릇이지만, 그럼에도 그
녀는 밖에서 자신을 기다리고 있는 것이 무엇인지 정도는 알아야
한다. 그러나 젊은이들은 아래쪽에 있으며, 그들은 자신이 발견한
온갖 지혜를 위로 올라가서 유익하게 활용하길 원한다. 그러므로
오직 젊은이들만이 지혜를 배운다고 할 수도 있다. 늙은이들은 이
미 지혜를 얻었는지 모르지만 절대로 지혜를 배우지 않는다. 젊은
이들은 바보 같은 모습으로 삶 속으로 들어가길 원하지 않는다. 그
리고 젊은이들은 다소 강하고 다소 위험스런 그런 지혜에 맞닥뜨
릴 경우에 그걸 가만 내버려 둔다. 왜냐하면 그 지혜가 오히려 젊은
이들이 삶을 사는 데 방해가 될 수 있기 때문이다. 나는 너무 많은
지혜에 갇혀서 삶을 살 수 없었던 환자를 본 적이 있다. 삶의 길을
가로막는 지혜라면 무슨 소용이 있겠는가? 젊은이들은 배울 수 있
는 것이면 무엇이든 배우길 원하며, 그런 식으로 지혜를 갖춘 다음
에 삶 속으로 들어가서 더 많은 것을 경험한다. 사람들은 가끔 분석

이 삶을 대신할 것이라고 생각하면서 자신이 살아야 할 터무니없는 삶으로부터 그런 식으로 자신을 보호한다. 그러나 아무리 터무니없는 삶일지라도 당신이 직접 살지 않는다면, 그것은 절대로 삶을 사는 것이 아니다. 분명히 삶의 의미는 삶을 피하는 데 있는 것이 아니라 삶을 사는 데에 있다.

지금 우리 환자는 삶에 박차를 가하길 원하고, 경험을 쌓기를 원한다. 만약에 그녀가 지나치게 지혜롭다면, 그녀는 삶을 살려고 들지 않을 것이다. 그러면 그것은 틀림없이 큰 장애이다. 어느 누구도 삶으로부터 보호를 받아서는 안 된다.

1933년 11월 8일

지난번 환상은 불 주위에 둘러앉은 늙은 남자들, 즉 아니무스들로 끝났다. 새로운 환상은 "사자들의 행렬"이라 불렸으며, 같은 장면의 연속이었다. 우리 환자는 여전히 늙은 남자들과 대화하고 있다. 우리는 그녀의 눈에 생명이 없는 것처럼 비치는 그 늙은이들을 떠나서 집단적인 삶을 상징하는 시장으로 나가는 행위가 바람직한지에 대해서도 논했다. 이어 그녀는 그곳을 나오면서 말했다. "시장은 횅했다. 모든 것이 어두웠다. 나는 거기 홀로 서 있었다." 시장은 활력이 넘치는 곳으로 여겨진다. 수천 명의 사람들이 바삐 오가는 곳이 시장이다. 그런데 시장이 음산하고 텅 비어 있었다.

　그녀의 리비도가 철수했다는 뜻이다. 그래서 아무 일도 일어나지 않고 있다. 일상적으로 일어나는 의기소침한 상태뿐만 아니라 우울증에서도 이런 현상이 관찰된다. 온 세상과 세상 속의 사람들이 모두 생명이 없고 죽은 것처럼 보이는 것이다. 우울증 상태에서 보면 세상이 거의 환영(幻影)처럼 보인다. 어느 남자 환자는 세상이 꽤 비현실적으로 보인다고 말한 바 있다. 사진처럼 보인다는 것이었다. 그 사람에게 세상은 움직이지도 않으며 그냥 평평하게만 보였다. 세상이 색깔도 없고 움직임도 전혀 없는 것처럼 보였던 것이다. 모든 것이 얼어붙었거나 응결된 것 같았다. 그렇듯 이 여자도 확 트인 공간으로 나오면서 자신의 리비도가 세상으로부터 거둬들여졌다는 사실을 발견한다. 그녀는 자신이 홀로 서 있다고 느낀다. 그녀는 이렇게 말한다.

> 높은 빌딩들이 여전히 서로 충돌하고 있었으며, 나는 짓이겨진 붉은 새들이 다시 하늘 위로 비명을 지르며 올라가는 것을 보았다. 세찬 바람이 한 줄기 불었다.

이 새에 대해서는 이미 논했다. 한 줄기 거센 바람이 불었다는데, 이 바람이 실종된 리비도이다. 그녀의 리비도는 지금 존재의 스툴라 측면으로부터 철수했다. 삶의 일상적인 측면은 모두 비어 있으며, 유일하게 살아 있는 것은 다른 측면이다. 그 모든 현상들이 한 줄기 강한 바람에 좌우되고 있다. 이 대목에서 나는 나 자신이 얼마 전에 독일에서 본 것과 비교하지 않을 수 없다. 독일에서 개인들은 거의 아무런 의미를 지니지 못한다. 모든 것이 강한 바람에 의해 움직이고 있다. 그때 나는 이 환상에 대해 생각하지 않았지만, 내가 그 분위기에서 받은 인상을 설명하려고 노력하면서 생각해 낸 유일한 비유가 바로 엄청난 위력의 폭풍이었다. 힘들의 그런 거대한 분출은 바람처럼 뚜렷하지 않다. 그 분출이 어디서 시작했는지, 그것이 어디로 향하고 있는지가 사람들의 눈에 보이지 않는다. 그것은 아무에게도 해석을 허용하지 않는 그런 현상이다. 구체적인 상태들은 시대에 뒤처졌으며, 그 상태들은 어쨌든 그 분출과 무관하다고 볼 수 있다. 거기에 연루된 사람들조차도, 말하자면 개인적인 조건들도 그다지 중요하지 않다. 모두가 그 거대한 움직임에 사로잡혀 있다. 이유는 모든 개인의 운명이 그 움직임에 달려 있기 때문이다. 개인들은 모두 그 바람에 흔들리는 것을 느끼고 있으며 그 바람이 하는 것을 알기만을 원한다. 당신이 움직이는 관중 속에서 떠밀리고 있다고 가정해 보라. 그러면 당신은 당연히 군중이 가고 있는 곳이 어딘지 알고 싶어 할 것이다. 이유는 그것이 곧 당신의 운명이 될 것이기 때문이다. 그런 상황에서 당신은 당신 자신의 입장이나 선택을 고려할 수 없다. 당신에겐 아무것도 없다. 당신은 그냥 움직이고만 있다.

우리 환자의 환상에 이와 매우 비슷한 상황이 전개되고 있다. 우리 환자는 강한 바람에 영향을 받고 있으며 더 이상 개인에게 관심이 없다. 그래서 당연히 그녀는 전체 움직임이 뜻하는 바를 알고 싶어 할 것이다. 이것은 집단의 은밀한 움직임이다. 더 구체적으로 말하면, 그녀가 분석에서 빠져나옴과 동시에 미국으로 떨어져서 거기서 일어나고 있는 특이하고 비밀스런 어떤 움직임을, 수크슈마 측면을 발견한다. 그리고 그녀는 사람들이 미국 생활이라고 부르는 그 소음과 움직임의 수크슈마 측면이 어떤 것인지에 대해 스스로 묻는다. 그녀의 무의식은 이상한 느낌을 받는다. 그녀의 무의식은 개인들에게 관심을 두지 않고 미국인의 활동 그 바닥에 자리 잡고 있는 은밀한 힘들에 관심을 두고 있다. 그때가 아마 그 일이 있기 몇 년 전이었을 것이다. 그녀는 미국의 실제 조건들[37]이 명백히 드러나기 전인 1926년이나 1927년에 이 환상을 보았을 것이다. 그러나 그 조건들은 이미 그때 거기에 있었다. 지금 일어나고 있는 것은 무엇이든 그때 이미 씨앗 속에 다 들어 있었다. 무의식은 아마 그 조건에 대한 예감을 품고 있었을지 모른다. 여기 유럽에서 1926년에 준비되고 있던 감정들을 예감할 수 있었던 사람이라면, 그 사람은 이미 무의식에서 시작되고 있던 그 바람을 느꼈을 것이다. 그렇다면 그런 환상은 정말로 다가올 일들에 대한 예감이라고 할 수 있다. 말하자면, 시간이 조금 지나면 개인과 개인적 조건들이 그다지 중요하지 않게 될 것이라는 점을 예고하는 환상이라는 뜻이다. 개인이 중요하지 않게 되는 이유는 강력한 바람이 일어나서 민족 전체를 움직일 것이기 때문이다. 그 바람이 초미의 관심사가 될 것이다. 모든 개인의 운명이 그 움직임에 좌우될 것이기 때문이다. 지금 이 진술 뒤에, 현재 일어나고 있는 일에 대한 해석이 시도될 것이라고 예상할 수 있다. 그녀는 "나는 길을 따라 굽이돌고 있는 장례 행렬을 보았다."고 말한다. 거리의 움직임은 처음에 바람이라 불렸으며, 지금 무의식은 그 바람을 조금 더 정확히 파악하려고 노력하고 있다. 바람은 눈에 보이지 않는다. 그래서 사람은 그 정신, 즉 역동적인 현상을 환상 형식으로 파악해야 한다는 느낌을 받는다. 여기서 그녀는 그 움직임을 바람 대신에 눈에 드러나는 형태로, 거리를 굽이도는 장례 행렬로 보고 있다. 그녀의 환상은 이렇게 이어진다.

....
37 1929년에 있었던 경제 대공황을 말한다.

모든 남자들은 검정 두건을 쓰고 검정 옷을 입었다. 그들은 관대를 메고 있었으며, 관대 뒤를 횃불을 든 남자들이 따랐다. 나는 두 팔을 뻗어 행렬을 멈추게 했다. 그들은 멈춰 섰다. 나는 "시신을 봐야겠어 요."라고 말했다. 나는 검은 관을 들어올렸다. 안에 아무것도 없었다. 나는 "죽은 자는 어디 있어요?"라고 큰 소리로 물었다. 그러자 남자 들이 크고 무서운 소리로 말했다. "보라. 우리가 죽은 자들이다."

그들은 자신들의 장례를 치르고 있었다. 그들은 빈 관대를 메고 있는 시신들이다. 그들은 모두 죽어서 자기 자신을 시체로 묻으려 하고 있다. 이것은 바람에 대한 해석이며, 이것은 수크슈마 측면이 다. 이 환상은 어떤 느낌을 주는가? 이 세상이 자신의 장례식을 치 르고 있는 것 같다. 다소 진부한 표현이지만, 우리는 신문과 책에서 그런 것을 읽을 수 있다. 그런 식의 얘기는 이미 많다. 매우 염세적 인 관점이다. 물론 세상이 종말을 맞거나 망하는 일은 오지 않을 것 이고, 심판의 날은 아직 오지 않았다. 그것은 단지 장애를 야기하는 무엇인가가 일어나고 있다는 것을 의미한다. 그것이 강한 바람으 로 표현되고 있다.

그것은 새로운 정신이 일어나고 있다는 것을 의미한다. 새로운 태도가 오고 있다. 당연히 온갖 옛날 확신과 관념들은 썩어가고 있 으며, 그것들은 자신의 장례식을 향해 걸어가고 있다. 모든 것은 사 라져야 한다. 만약에 오늘날의 미국과 7년 전의 미국을 비교한다 면, 거기에도 엄청난 차이가 있을 것이다. 옛날 확신들 중 많은 것 들은 사라졌다. 예를 들면, 금주법도 사라졌다. 심지어 갱단원들도 서서히 사라지기 시작하고 있다. 그리고 미국의 번영도 사라졌다.

미국은 더 이상 옛날의 미국이 아니다. 미국은 역사상 겪어 보지 않은 그런 상태에 있다. 남북전쟁의 시기에도 그런 불황은 없었다. 마치 유럽처럼 미국도 한계에 도달한 것처럼 보인다. 유럽에는 탐험할 것이 더 이상 없다. 유럽인은 더 이상 개척적인 일을 하지 않는다. 유럽이 꽉 찼기 때문이다. 지금은 미국도 마찬가지다. 미국인들은 대륙에도 한계가 있다는 사실을, 어떤 측면에서 보면 그들이 더 이상 나아갈 수 없는 한계점에 도달했다는 사실을 깨닫기 시작하고 있다. 그리고 조건들이 변하고 있기 때문에, 그 나라의 정신도 변할 것이다. 따라서 우리 환자가 분석을 그만두고 그 동안 많은 영향을 받았던 유럽을 떠나 미국을 직면하게 되었을 때 그곳에서 은밀히 일어나고 있던 미래의 움직임을 느꼈을 가능성이 꽤 크다. 물론, 그 인상은 의식적으로 인식되지 않는다. 그 인상은 흐릿하게만 지각되는 집단 무의식의 경험과 마찬가지로 거의 인식되지 않는다. 그녀는 자신이 그 나라의 삶의 뭔가를 느끼고 있다는 사실을 깨닫지 못했을 것이라고 나는 확신한다. 마찬가지로 나는 그녀가 미국 심리의 수크슈마 측면의 무엇인가를 깨닫고 있었다는 식으로 말하지 못한다. 나는 감히 그런 말을 하지 않을 것이다. 왜냐하면 미래에 중요성을 지니는 해석 앞에서 누구나 이상한 망설임 같은 것을 느끼기 때문이다. 그녀의 환상을 보자.

> 그들이 두건을 벗었다. 나는 깜박이는 횃불 아래에서 그들의 얼굴이 슬프고 귀신같다는 것을 알았다. 그들이 말했다. "우리 발 밑의 땅은 뜨거워. 우리 밑에는 틀림없이 생명이 있지만, 우리는 죽었어."

이것은 상황의 성격을 보여주고 있다. 표면에서 눈에 띄는 것들은 죽어 있다. 그녀의 리비도가 그것들로부터 철수한 것이다. 당연히 그 리비도는 다른 곳에서 발견되어야 한다. 리비도가 사라질 수는 없기 때문이다. 그렇다면 리비도는 지하에 있을 것임에 틀림없다. 우리가 무의식에 대해 언제나 본능적으로 아래에, 땅 속이나 바다에 있는 것으로 생각하기 때문이다. 그리고 죽은 자들은 자기들의 발 밑이 뜨겁다고 말한다. 이것은 아래에 불이, 에너지나 압력의 엄청난 축적이 있다는 뜻이다. 이어서 매우 점잖지 않은 말투로 그녀는 그들에게 땅을 피리고 요구한다.

> 나는 "이 얼간이들아, 구덩이를 파!"라고 말했다. 그러자 그들이 땅을 파기 시작했다. 돌연 돌들이 깨지고 폭발하면서 땅에서 엄청난 불이 화산 터지듯 솟아났다. 그 불에서 야생 동물들과 반은 인간인 이상하게 생긴 형태들이 튀어나왔다. 남자들은 비명을 지르며 내달렸다. 야생 동물들은 조용한 거리를 배회했다.

기독교 시대 말기, 특히 빅토리아 시대의 신은 곧 존경할 만한 태도였다. 그런 태도가 그만 인류의 눈을 가려 버렸다. 또 인간이 매우 친절하고, 선한 의도를 품고 있고, 옳은 일을 한다는 어떤 정치적 낙관주의가 인류의 눈을 가려 버렸다. 실제로 보면 인간은 언제나 그릇된 짓을 하고 있는데도 말이다. 우리는 인간이 진정으로 어떤 모습을 하고 있는지, 우리의 이상들이 진정으로 무엇을 의미하는지를 모르고 있다. 우리는 우리의 이상이 그와 정반대의 자질을 보상하는 것이라는 점을 꽤 망각하고 있다. 어떤 이상을 갖는다는 것은 그 이상이 우리의 상황을 표현하고 있다는 것을 의미하지 않는다. 어떤 이상을 갖는다는 것은 그 이상과 정반대인 무엇인가를 보상하고 있다는 뜻이다. 존경스런 태도라는 우리의 이상은 우리가 결코 존경할 만한 존재가 아니라는 뜻이다. 그리스와 로마인들은 페르시아인에 대해 세상에 존재한 개들 중에서 가장 지저분한 개이며, 그래서 그들이 순결이라는 이상을, 가장 순수한 종교를 갖게 되었다는 식으로 말했다. 그리고 기독교인들은 더없이 잔혹하고 피에 굶주린 기록을 갖고 있으며, 그래서 그들은 사랑을 이상으로 내세우고 있다. 기독교인들이 십자군 운동이라고 부르면서 동양에서 한 짓을 보라. 훗날의 십자군에서 기독교인들은 예루살렘까지 가지도 않았다. 그들은 제국의 보물을 노려 비잔티움으로 갔으며, 그 길에 발칸과 소아시아를 지나면서 닥치는 대로 태우고 약탈했다. 기독교인들이 전반적으로 세계에 한 행위는 유례가 없는 것이었으며, 그 모든 것이 예수의 이름으로 행해졌다. 세계대전에 대해서는 말할 필요도 없다.

존경할 만한 표면 아래에 불이 있고, 야생 동물들과 반은 인간인 이상한 형태들이 있다. 이것들은 동물도 아니다. 그보다 더 못한 그 무엇이다. 동물과 인간 사이의 그 무엇인 것이다.

동물의 형태를 하고 있는 인간 존재이다. 일종의 자연의 도착(倒錯)이다. 동물도 아니고 인간도 아니고, 그 중간의 끔찍한 어떤 존재인 것이다. 잘 아시다시피, 인간은 진보를 통해서 그런 괴물들이 존재하도록 했다. 이유는 인간이 오직 한쪽으로만 전진하면서, 다른 쪽을 발달하지 않은 상태로 어둠 속에 그대로 남겨두었기 때문이다. 그래서 예를 들어 지성에겐 대단히 기괴한 장치와 확신을 낳는 것이 허용되었고, 감정에겐 기형을 발달시키는 것이 허용되었다. 왜냐하면 지성이나 감정이 정신에 의해 균형이 맞춰지지 않고 있기 때문이다. 모두가 균형을 잃게 되었고, 그래서 더없이 끔찍한 존재들이 창조되었다. 중세에 나와 비슷한 일을 했던 사람들, 말하자면 주술사나 성직자들은 사람들에게 이런 말을 했을 것이다. "당신은 비행(非行)을 통해 반은 인간인 그런 형태를 창조했어. 당신은 당신의 지성이 본능들의 균형을 추구하지 않고 제멋대로 행동하도록 허용했어. 그러다 보니 당신의 지성은 물질과의 불법적인 성교를 통해서 괴물 같은 형태를 낳았어. 당신의 지성은 기계들을 낳았고, 괴성을 지르며 길거리를 돌아다니면서 사람들을 죽이고 인간의 생명을 먹어치우는 괴물들을 낳았어. 당신은 반만 살아 있는 것들을 발명했어. 그것들은 맨드레이크 같은 공포와 비슷해. 무서운 질병을 야기하고 온갖 종류의 고통을 인류에게 안겨주는 스큐버스(succubus)[38] 같아."

파라켈수스(Philippus Paracelsus: 1493-1541)는 선(腺)페스트가 돌던 시기에 모두가, 특히 병이 번지는 것을 보면서도 손을 쓸 수 없었던 의사들이 절망에 빠져 있을 때, 그와 비슷한 주장을 폈다. 그는 황제에게 매음굴을 폐지하지 않고는 전염을 잡을 수 없다는 내용의 편지를 썼다. 매음굴에서 매춘부들이 진정한 아이 대신에 스큐버스를 낳고 있다는 뜻이었다. 선페스트는 그런 악마들의 출생 때문이며, 생식이라는 자연적인 본능의 왜곡 때문에 일어난다는 주장이었다. 영지주의자들도 이와 아주 비슷한 생각을 품었

....
38 중세 유럽의 전설에서 남자들의 꿈속에 나타나 그들을 유혹하여 성행위를 갖는 악마를 일컫는다.

다. 세상의 고통은 정신과 물질의 성교에 의해 일어난다는 것이었다. 에덴동산의 뱀은 동물도 아니고 인간도 아닌 그런 괴물이었다. 그 뱀은 인간 의식의 시작과 깊은 관계가 있었다.

자연은 완전히 무의식일 수 있기 때문에, 자연의 경로로부터 이탈하는 현상은 의식으로 인해 시작되었다. 우리는 언제나 자연의 경로에서 벗어나고 있으며, 그래서 언제나 돌아갈 길을 발견해야 한다. 우리의 의식은 우리에게 아주 멀리까지 나아갈 수 있다고 설득하고 있으며, 우리의 전체 문명은 자연을 우리 인간의 합리적인 계획 속으로 억지로 밀어 넣으려는 엄청난 시도였다. 기계 시대는 자연을 대체하려는 시도였다. 마치 우리가 자연의 무의식으로부터 달아날 수 있는 것처럼 말이다. 의식적인 합리주의는 너무 멀리 나갔기 때문에 돌아가야 한다. 의식적인 합리주의가 혼돈을 낳은 하나의 괴물이 되었기 때문이다. 그래서 환상의 이 부분은 동물적인 본능이 억눌러지고 실종되었다는 것을 보여줄 뿐만 아니라, 자연을 정복하려는 인간의 의식적인 노력의 진정한 성격에 대한 통찰을 보여주고 있다. 우리 인간의 의식이 정말로 도착(倒錯)을 낳고 있다는 깨달음 말이다.

여기서 화산 같은 분출이 온갖 동물들을 낳고, 이 동물들은 조용한 거리를 배회하고 있다. 이것은 결코 독특한 사상은 아니다. 쿠빈(Alfred Kubin: 1877-1959)의 『다른 측면』(Die andere Seite)에도 이와 아주 비슷한 사상이 담겨 있다. 쿠빈은 무의식 속의 도시가 온갖 종류의 야생 동물들에게 어떤 식으로 서서히 침공 당하는지를 묘사하고 있다. 그 동물들은 아무도 보지 못한 곳에서 기어 나와서 인간 존재들 사이에 나타나며, 그것들은 무의식의 어떤 절대적 변화를 준비한다. 이 책은 우리 시대에 화산 같은 힘들의 폭발을 예언하고 있다. 독일에서 실제로 벌어지고 있는 상황의 스툴라 측면에서 이런 것들이 보이고 있다. 무의식적 디나미스(dynamis)[39]의 분출과 큰 뱀과 배회하는 동물들이 보인다. 이런 것들이 현실에서 일어나고 있다. 가장 야생적인 본능들이 거리로 풀려 나오고 있으며, 독일은 지금 집단 무의식의 폭발을 다루려고 노력하고 있다. 그리고 미국도 그런 폭발과 거리가 멀지 않다. 미국에서 농부들이 실제로 하고 있는 것은 독일에서 일어나고 있는 일과 그리 다르지 않다. 아마 미국도 그런 폭발을 다뤄야 할 것이다. 지금 환자는 "불이 타오르며 관대를 삼켜버렸다."고 말한다. 이것은 무슨 뜻인가?

새로운 것이 낡은 것을 정복하며 대체하고 있다는 뜻이다. 여기서 관대는 장례 행렬의 의미를 나타내는 상징이다. 이 상징은 불에 삼켜지면, 흘러간 것은 문제가 되지 않는다. 그런 것은 다 소멸되었다. 지금 중요한 것은 불과 거리를 배회하고 있는 짐승들이다. 그녀의 환상은 이렇게 이어진다.

나는 전체 도시가 다 타는 것이 아닌가 하고 궁금해 하면서 걸었다.
모든 거리들이 하나의 좁은 길로 모아지고 있었으며, 나는 나 자신
이 다시 양옆에 검은 바위가 높이 서 있는 검은 길을 내려가고 있다
는 사실을 깨달았다.

이미 몇 차례 보았던 이 길은 그녀만의 길이다. 거기서 그녀는 양옆의 높은 바위 안에서 보호를 받고 있다. 거기선 달아날 구멍이 전

----
39 보다 높은 형상을 형성할 수 있는 능력을 일컫는다.

혀 없다. 그것은 피할 수 없는 그녀의 길이다. 뉴욕의 모든 거리들이 하나의 길로 모아지고 있는 것은 무슨 뜻일까?

그 하나의 길은 그녀의 길을 뜻한다. 당신이 몰려가고 있는 군중 속에 갇힌다고 가정해 보자. 그러면 당신은 자연히 군중이 어디로 가고 있는지에 관심을 두기 마련이다. 당신이 거기서 빠져나오지 못하고, 군중을 따라야 하기 때문이다. 독일에서 현재 모든 사람은 사태가 어디로 향하고 있는지, 그 사태가 어디에 닿을 것인지 묻고 있다. 어느 누구도 내가 어디로 갈 것인지를 묻지 않는다. 왜냐하면 개인이 어디에 닿는가 하는 것은 문제가 아니기 때문이다. 그것은 전체 민족이 어디로 가는가 하는 문제이다. 취리히가 갑자기 우리의 존재 자체를 위협하는 홍수에 직면하고 있다고 가정해 보라. 그러면 어느 누구도 '내'가 어디에 닿게 되느냐 하는 질문을 던지지 않을 것이다. '우리'가 닿는 곳에 대해 물을 것이다. 우리는 쉽게 무엇인가에 사로잡힌다. 그렇듯 독일에서 대중은 지금 의견 차이에도 불구하고 마치 한 사람처럼 행동하고 있다. 그들은 모두 똑같은 움직임에 사로 잡혀 있다. 그들이 긍정하는가 아니면 부정하는가, 그들이 군중을 따를 뜻이 있는가 아니면 그럴 뜻이 없는가 하는 문제는 중요하지 않다. 그들은 그냥 휩쓸리고 있다. 그것은 매우 특이한 상태이며, 우리 환자가 돌연 모든 길들이 하나의 길로 모아지고 있는 것을 발견하는 이 상징체계와 그 상태 사이에 어떤 연결을 찾아내는 것은 어려운 일이다. 그 길은 그녀가 거듭 묘사한, 달아날 구멍이 전혀 없는 그녀 자신의 길이다.

군중의 길이나 그녀 자신의 길이나 따지고 보면 결국엔 똑같다. 간단히 말하면, 그녀만의 길은 집단적인 움직임의 수크슈마 측면이다. 이 집단적인 움직임은 자연히 그녀가 자신에게 관심을 기울이지 못하도록 할 것이며, 모든 사람은 자신을 망각하고 자기 자신에 대해 생각하지 못한다. 그러나 그때 사람은 단순히 거센 물의 분출에 직면한다. 거기선 누구도 자기 자신을 자각하지 못한다. 이런 식으로 일이 진행되어서는 안 된다. 그럴 경우에 그 움직임에 대한 의식이 전혀 없을 것이기 때문이다. 사람들은 통찰력을 가져야 하고, 무슨 일이 일어나고 있는지를 알고 싶어 해야 하고, 그런 집단적인 움직임의 의미를 이해해야 한다. 그리고 당신은 그 움직임 안에서 당신의 개인적인 길을 이해할 수 있을 때에만 움직임의 의미를 이해할 수 있다. 당신의 육체와 당신의 개인적 의식이 군중 속에서 휩쓸리고 있을 때조차도, 당신은 정신적으로 똑바로 서 있으면서 무엇을 느끼고 생각하고 있는지 스스로 물을 줄 알아야 한다. 그것은 무엇을 의미하고, 이 동료는 여기서 무엇을 하고 무슨 말을 하고 있는가? 그러면 당신은 그 움직임의 수크슈마 측면을 발견하고, 그것이 당신의 개인적인 길이라고 말할 수 있다. 이 시점에 모든 독일인이 지금 일어나고 있는 것이 그의 개인적인 길이라는 것을 발견하고 있는 것처럼 말이다.

개인에겐 탈출할 길이 전혀 없다. 나는 그 운동의 중심에 서 있는 사람들에게, 말하자면 생각할 줄 아는 사람들에게 물었으며, 그들은 나에게 그와 똑같은 대답을 했다. 그 움직임과 관련해서 할 수 있는 일은 아무것도 없다. 중요한 것은 그 움직임이 무엇인지, 그것이 어디로 향하고 있는지, 그것이 완전한 파괴로 이어질 것인지 아니면 성격을 알 수 없는 어떤 승리로 이어질 것인지에 대해 모르는 가운데 당신이 그 움직임에 굴복할 수 있다는 사실이다. 당신은 그것이 당신의 개인적 길이기 때문에 그 운동에 넘어갈 수 있다. 아시다시피, 그것은 사물들을 있는 그대로 완전히 받아들이는 것이나 똑같다. 사물들의 안과 밖을 있는 그대로의 모습으로 받아들일 수 있는 것이 개성화의 길이다. 사물들을 그런 식으로 받아들이지 않은 상태에서 당신은 결코 당신 자신을 발견하지 못한다. 이유는 당신이 언제나 모든 것들과 특이한 방식으로 동일해질 것이기 때문이다. 말하자면, 당신은 하나의 소우주이고, 하나의 소우주는 또한 하나의 대우주이다. 당신이 민족이고, 당신이 세계이며, 당신은 사물들을 있는 모습 그대로 받아들일 때 당신 자신이 될 수 있다.

이어서 우리 환자는 개인적인 길에, 더욱 아래로 이어지는 그 탈출 불가능한 길에 직면한다. 그녀는 "나는 슬픔에 빠져 자리에 앉아 울었다."고 말한다. 아주 희망적인 장면은 아니다. 그녀는 틀림없이 그 길을 좋아하지 않는다. 집단에 휩쓸리고 바람에 떠밀리는 것이 세상에서 가장 쉬운 일인 것은 사실이다. 그럴 경우에 노력이 전혀 필요하지 않기 때문이다. 사람은 그냥 군중과 함께 떠다니기만 하면 된다. 어떻게 보면, 그것은 아름다운 경험이다. 그럼에도 그것은 대단히 위험하다. 왜냐하면 군중은 언제나 정체의 장소로 이끌기 때문이다. 모든 물은 정체의 장소를 향해 아래로 흘러간다. 그런 맹목적인 운동에도 그런 일이 자주 일어난다. 운동은 절대로 위로 향하지 않는다. 운동은 언제나 아래로 향한다. 에너지가 가장 강하게 나타나는 곳은 언제나 전위(電位)가 있는 곳이다. 무엇인가가 아래로 내달리는 곳에, 거기에 에너지가 있다. 그러나 조금 시간이 지나면 그것이 정지 상태에 이른다. 영원히 계속 떨어질 수는 없는 것이다. 그러므로 그런 운동이 길게 이어질수록, 통찰력 또는 정신을 가진 사람들은 그 운동을 이해할 필요성을, 자신의 눈을 뜨고 그 운동이 향하는 곳을 볼 필요성을 더 강하게 깨닫게 된다.

여기서 우리 환자는 그 같은 과제에 직면하고 있다. 그녀는 자신을 둘러싸고 있는 현상을, 집단적인 운동을 그녀가 관여하고 있는 개인적인 경험으로 보아야 한다. 그러면 집단적인 운동은 더 이상 집단의 경험이 아니고 그녀 자신의 경험이 된다. 그녀는 스스로에게 그 운동이 어디로 향하고 있는지를 물어야 한다. 그녀는 앉아서 그 운동을 놓고 곰곰 생각해야 한다. 그녀의 텍스트는 이렇게 이어진다. "나는 말했다. '내가 걸어야 하는, 계곡으로 향하는 이 검은 길은 끝이 없는 길인가?'" 잘 아시다시피, 그것이 바로 그 질문이다. 그것은 계곡을, 정체의 장소를 향해 내달리는 물의 길이다. 물은 계곡에 닿을 때 비로소 차분해질 것이다. 거기서 물은 폭포가 되지 않을 것이고, 어쩌면 호수가 될 것이다. 어떤 식으로든 다소 완전히 정지하는 모습을 보일 것이다. 이어서 그녀는 아주 특별한 말을 한다. 아마 당신도 그 말을 예측할 수 있을 것이다. 당신이 집단적인 운동의 소용돌이에 갇혀 있다고 가정해 보라. 그러면 당신은 거대한 양의 물이 아래로 쏟아지고 있다는 느낌을 받을 것이며, 잠시 멈추면서 도대체 일이 어떻게 돌아가는지 걱정하게 될 것이다.

그녀는 이렇게 말한다. "나는 기도를 하고 싶었다. 그때 나는 나의 별에만 기도를 할 수 있다는 것을 알았다." 별은 그녀의 독특성의 상징이다. 별들이 천상에서 독특한 단위이듯이, 개인들도 어찌 보면 별들이고 독특한 단위들이다. 모든 별이 하나의 소우주이듯이, 가장 깊은 곳의 본질도 하나의 소우주이다. 지구는 별들의 큰 우주들 속에 하나의 소우주이며, 우리는 그 지구 위에 있는 소우주들이다. 우리 각자는, 살아 있는 모든 존재는 작은 지구라고 할 수 있다. 우리가 지구와 밀접히 연결되어 있기 때문이다. 우리는 부분적으로 지구이며, 우리는 예를 들어 땅 위의 육체를 자각하고 있다. 별 상징은 만다라의 중앙을 의미하고, '자기'에 대한 명상이나 만다라에 대한 명상은 기도이다. 많은 종교에서, 우리 자신의 밖에 있는 한 점으로, 우리 자신과 동일하지 않은 한 점으로 그런 식으로 집중하는 것이 기도라 불린다. 자아에 대해서 하나의 소우주라는 식으로 말하지 못한다. 자아는 오직 개인적인 의식의 중심이나 초점이고, 의식은 의식적인 물질이 닿는 곳까지만 닿을 수 있기 때문이다. 자아는 소화의 중요한 기능이나 심장의 기능조차도 감당하지 못한다. 예를 들면, 의식 너머에 있는 정신의 영역은 거대하다. 그래서 자아가 아니라 모든 것의 전체가 '자기'라 불린다. 전체의 중심은 자아 체계와 반드시 일치하지는 않는다. 우리 태양계의 중심은 지구와 일치하지 않는다. 우리는 우리의 지구가 우주의 중심이라고 단정하지 못한다. 지구가 그보다 더 큰 무엇인가의 주변에 속한다는 것이 오래 전에 발견되었다. 지구는 태양의 부속물이며, 태양조차도 그보다 더 큰 시스템, 그 범위를 알 수 없는 은하의 부속물이다. 우리는 우리의 지구에 대해 하나의 태양으로 생각하지 못한다. 지구 주변을 도는 것은 아마 달을 빼고는 아무것도 없을 것이다. 자아는 달을 가진 지구처럼 작은 시스템이며, 우주의 중심은 결코 아니다. '자기'는 우리가 정신을 측정할 수 있는 범위 안에서 전체 정신의 중심이다. 우리는 그것이 우리 자신의 정신인지도 확실히 알지 못한다. 그 정신이 우리의 정신일 수 있지만, 우리의 의식에 많은 것들이 들어 있다. 그런데 우리는 그것들이 진정으로 우리에게 속하는지 아니면 다른 사람들에게 속하는지 결코 확실히 알지 못한다. 우리가 같은 강의 어딘가에서 나머지 다른 사람들과 함께 수영을 하고 있을 것이 거의 확실하다. 또 개인들 사이에 어떤 내용물이 흐르거나 떠다니는 것이 확실하다. 그래서 그 내용물이 가끔은 나의 안에 있고 또 가끔은 다른 사람들의 안에 있다. 그러므로 이 같은 절박한 상황에서, 종교적인 반응은 전적으로 적절하다. 이 여자는 매달릴 무엇인가를, 그녀를 거센 물살로부터 끌어내 줄 무엇인가를 가져야만 한다. 그렇게 하지 않으면 그녀는 씻겨 떠내려갈 것이다. 만약에 그녀가 멈춰 서서 깊이 생각하기를 원한다면, 만약에 그녀가 자신의 내면의 환상을 실현시키길 원한다면, 그녀는 지지대를 가져야 하고 지구 밖에 어떤 기준점을, 그녀가 지레를 끼울 수 있는 그런 기준점을 가져야 한다. 그것이 종종 별로 상징되는 '자기', 즉 만다라의 진짜 중심이다. 이제 그녀는 "나는 나의 가슴에서 별을 끄집어내서 땅바닥에 내려놓고 그 앞에 무릎을 꿇었다."고 말한다. 여기서 우리는 그 별이 그녀의 가슴 안에 있었다는 것을 알게 된다. 가슴 안에서 별은 무엇과 동일한가?

별은 아나하타에 있는 불꽃이다. 탄트라 요가에서 불꽃은 이슈바라의 환상이다. 불은 최고의 원리, 즉 시바의 씨앗이지만, 시바의 가장 개인적인 형태이다. 개별적인 불꽃은 별일 것이다. 다른 종교에도 이와 비슷한 개념이 있다. 예를 들어, 베다 찬가에서 이 센터는 시바라 불리지 않고 황금 씨앗이라는 뜻으로 '히란야가르바' (Hiranyagharbha)라 불린다. 그것은 또한 황금 아이나 황금 알(卵)로도 불린다. 물론 태양과 비교할 때, 그것은 하나의 별이다. 새벽별은 종종 이 별의 의미를 갖는다. 그녀가 별을 자신의 가슴에서 끄집어내서 바닥에 놓는 것은 무슨 의미인가? 어떻게 사람이 '자기'를 자신의 가슴에서 끄집어내서, 마치 우상인 양 그 앞에 무릎을 꿇을 수 있는가?

그녀는 '자기'의 개념 또는 직관을 눈에 보이는 형태로 객관화해서 숭배하고 있다. 그것이 우리에게 거의 이교도처럼 보인다. 이유는 우상 숭배가 될 수 있다는 이유로 신성한 것을, 예를 들어 신의 개념을 이미지로 만들어서는 안 된다는 생각이 워낙 깊이 각인되어 있기 때문이다. 그러나 그녀의 무의식은 분명히 그 우상을 좋아한다. 여기서 그녀가 '자기'에 대한 직관을 객관화한 형태로 숭배하고 있다는 것이 여기서 드러나고 있다. 그런데 지금 '자기'가 구체화되어야 하는 이유는 무엇인가?

'자기'를 놓고 깊이 명상하려면, 먼저 그것이 객관화되고 구체화될 필요가 있다. 그런 다음에 명상이 따를 것이다. 그러나 명상이라는 단어는 독일어 단어 'betrachten'(눈여겨보다, 관찰하다는 뜻)의 의미를 고스란히 전달하지 못한다. 이 독일어 단어는 사물을 정신적인 내용물로 채우는 것을, 사물을 가득 채운다는 것을 의미한다. 명상의 단계가 이어지지만, 지금 우리는 객관화에, 그녀가 상징을 자신의 밖에 놓는다는 사실에 관심을 두고 있다.

그것은 심리학적으로 보면 그녀가 그것과 자신을 동일시하지 않는다는 뜻이다. 상징을 당신의 가슴 안에 갖고 다니는 한, 당신은 그것과 동일하다. 당신은 언제나 "내가 바로 그것"이라는 식으로 말할 수 있다. 그것이 당신 안에 있다고, 그것이 '나'의 직관이라고. 그러면 상징이 자아와 동일해질 위험이 있으며, 당신은 팽창을 피하기 어렵게 된다. 첫 번째 영역인 마니푸라에서 아나하타로 올라갈 때, 아나하타가 공기 센터이기 때문에 팽창이라는 중대한 위험이 따를 수 있다. 아나하타에서 당신은 신들의 영역에 다가가고, 당신은 사물들에 생명을 불어넣고 "내가 할 거야."라는 식으로 말하면서 거의 창조의 신이 된다. 마니푸라에서는 마니푸라가 뜻한 바를 당신과 함께 하고 당신은 그냥 따르기만 하지만, 아나하타에서는 당신이 선택할 수 있으며 이 길 또는 저 길을 걸을 수 있다. 그러면 당신은 이해력을 갖고 있기 때문에 선과 악의 차이를 알면서 신처럼 된다. 전에는 언제나 신들이 생각과 감정과 생명의 숨결을 낳고 당신은 그것을 신들로부터 받기만 했지만, 지금은 낭신 자신이 생산자이다. 인간이 '나는 생각한다. 나는 느낀다. 나는 어떤 일을 할 것이다'라고 말할 수 있었던 것은 의식의 위대한 발견이고 위대한 성취였다. 아이가 스스로 어떤 계획을 수행할 수 있다는 사실을 처음 발견했을 때, 그것이 아이에게 위대한 발견이듯이 말이다. 따라서 아타하타에는 엄청난 팽창이 일어날 위험이 있고, 사람이 그 바람으로 채워질 위험이 있다.

아시다시피, 그때 불었던 바람은 가스주머니들의 안에 있었지만, 지금 가스주머니들이 찔려 꺼지면서 거기서 큰 바람이 나오고 있다. 강한 바람은 어딘가에서 오는 것임에 틀림없다. 그것은 어떤 팽창에서 오는 것이다. 전쟁 전의 사람들, 즉 체면을 차리고 있던 가스주머니들이 찔려 터졌고, 그 안에 있던 바람들이 거대한 폭풍을 일으키고 있다. 그러나 만약에 당신이 팽창의 원인을 당신 자신의 체계로부터, 다시 말해 당신이 "내가 할 것이다."라고 말할 때의 그 창조적인 감정으로부터 끌어낸다면, 그 원인은 아나하타의 바람이다. 19세기의 신념은 뜻이 있는 곳에 길이 있다는 것이었다. 그러나 그것은 신이 하는 말이며, 그것이 신의 의지일 때 거기엔 분명히 어떤 길이 있다. 신이 생각하거나 말하는 것은 일어나고, 신이 길을 만들기 때문이다. 아시다시피, 창조주와 동일시하는 평범한 인간 존재들은 마치 자신이 창조주인 것처럼 생각하지만, 만약에 그 사람이 창조주를 자신과 다른 존재로 객관화하는 데 성공한다면, 그 사람 자신, 즉 가스주머니는 붕괴할 것이다. 그러면 그는 인간적인 균형을 되찾고 자신이 창조주가 아니라는 사실을 깨닫게 된다.

그래서 우리 환자가 완전히 무력한 상태에서 그 바람에 휩쓸리고 있는 바로 이 순간에, 그녀는 이것이 그녀 자신의 선택도 아니고 그녀 자신의 행위도 아니라는 것을 이해하고 있다. 또 우리 환자는 자신이 미지의 어떤 계획을 가진 미지의 어떤 의지의 권력에 휘둘리고 있다는 것을 이해하고 있다. 그녀는 그 권력을 이미지로 만들어 거기에 이름까지 붙이고 있다. 그녀는 그것을 그녀의 별이라고, 말하자면 그녀가 어둠과 광활한 바다를 안전하게 여행하도록 돕는 길잡이 별이라고 부르며 그 센터를 숭배하고 있다. 지금 우리는 명상의 단계에, 명상을 통해 어떤 사물에 생명을 불어넣는 그런 단계에 와 있다. 명상 혹은 숭배를 통해서, 그녀는 자신 밖에 있는 길잡이 원리에 생명을 주고 있다. 바로 그것이 기도이다. 기도를 통해 당신은 신에게 생명을 주고, 신을 강하게 만든다. 이것은 대단히 원시적인 사상이지만, 그것은 영원히 인류의 사상이 되어 왔다. 공물을 통해서, 혹은 동물이나 과일 제물을 통해서, 혹은 기도에서 자기 부정이나 겸손의 도덕적 희생을 통해서, 힘이 신에게 주어진다는 사상 말이다. 원래의 사상은 제물이 신을 먹여 키운다는 것이었다. 그 같은 설명은 사실과 전혀 아무런 관계가 없다는 것을 당신도 알고 있다. 그것은 사실의 진실을 적당히 둘러대는 것에 지나지 않는다. 그것은 똑같은 옛날의 사실에 대한 새로운 해석에 지나지 않는다. 수천 년 전에, 신은 제물로 바쳐진 양을 먹었다. 그 제물이 하필 양이었던 것은 당시의 사람들이 신은 양고기를 좋아한다고 생각했기 때문이다. 훗날 사람들은 신은 불에 굽는 고기의 냄새를 좋아한다고, 또 포도주를 마시는 것을 좋아하는 것이 아니라 연기와 함께 피어오르는 포도주의 향기를 좋아한다고 말했다. 사람들은 신은 사물들의 냄새로 살아간다고 생각했다. 그보다 더 뒤에, 우리의 신은 기도의 형태로 우리의 제물을 원했으며, 우리가 신에게 바쳤던 음식은 우리의 영혼이었다. 우리는 그런 용어를 더 이상 사용하지 않는다. 이유는 우리가 신을 먹인다는 개념보다 훨씬 더 앞서는 신성한 어떤 사상을 발달시켰기 때문이다. 그 사상은 정반대였다. 성찬식에서 우리가 신을 먹는다. 신이 거주하고 있는 오스티아를 먹는 것이다. 그런 식으로 우리는 신성한 본질에 참여한다. 이리하여 우리는 카니발리즘이라는 대단히 케케묵은 사상으로, 그 옛날의 이집트 사상으로 돌아가고 있다. 파라오는 아침 식사로 작은 신들을, 점심 식사로 중간 신들을, 저녁 식사로 큰 신들을 먹는 것으로 여겨졌다. 바꿔 말하면, 파라오는 모든 신들을 자신의 안으로 끌어들였다는 뜻이다. 성찬식의 이데올로기와 상징 표현의 바탕에, 이 이집트 사상이 자리 잡고 있다.

그러나 이런 사상은 사실과는 전혀 아무런 관계가 없다. 온갖 설명이나 공식에도 불구하고, 내면의 외면화 같은 것이 존재한다는 사실은 그대로 남는다. 그것은 문제의 바깥에 당신이 아닌, 자아가 아닌 어떤 것이 있는 것이나 마찬가지이다. 그것이 비아(非我)이고, 당신은 집중이나 명상에 의해서, 불교 신자들이 말하는 바른 생각과 바른 품행에 의해서 비아 속으로 무엇인가를 집어넣을 수 있다. 당신은 비아에 복종할 수 있다. 비아가 무엇이 되었든, 그것은 하나의 길잡이 기능이다. 비아는 진리이다. 당신이 비아를 무슨 이름으로 부르는가 하는 문제는 별로 중요하지 않다. 그것은 단순히 하나의 사실이다. 그것은 가능한 것이며 작동하고 있다. 그것이 이 여자가 꽤 순진하게 시도하고 있는 바로 그것이다. 그녀는 우상을 만들어서 자신의 눈 앞에 객관적으로 놓는 행위를 통해 이 헌신의 행위를 상징적으로 표현하고 있다. 지금 그것은 단순히 그 과정을 공식화하는 것에 지나지 않는다. 그 과정이 너무나 생생하기 때문에, 만약에 그녀가 자신의 환상과 자신의 실제 상황을 깨닫기만 한다면, 그녀는 거의 틀림없이 현실 속에서 그 이미지를 자신의 눈 앞에 놓을 것이다. 그녀는 순진하게도 별을 그림으로 그려서 그것을 놓고 명상하거나 주의를 집중할 것이다. 그러면서도 그녀는 원시인과 달리 별이 그려진 종이에 마법의 리비도를 채우고 있다는 식으로 단정하지 않을 것이다. 그녀에게 그 별은 단순히 그녀의 복종을 상징할 것이다. 그런 원시적인 수준으로 내려가는 것이 현대인에겐 복종을 의미하기 때문에, 현대인이 원시인과 똑같은 행동을 하고 또 절대로 우상이 아니고 자기 머리에서 나온 생각을 그린 그림 쪼가리에 불과하다는 것을 잘 알면서도 볼품없는 작은 우상을 만드는 것은 현대인에게 엄청난 자기 부정을 의미할 것이다. 현대인은 그 일을 융 박사를 위해서 해야 했다고, 또 그것이 분석의 일부였다고 말할 수 있지만, 그럼에도 불구하고 그의 내면의 목소리는 그것이 원시인이 하는 것과 똑같다고, 그가 그런 짓을 하는 것은 너무나 터무니없다고 속삭이고 있다.

그리스도의 말씀 중에 천국에 가려면 어린아이처럼 되어야 한다는 말씀이 있다. 바로 그런 복종을 두고 하는 말이다. 어린아이 같다는 것은 원시성을 뜻하는 또 다른 표현이다. 아시다시피, 현실 속에서 그렇게 처신하는 현대인은 예술가이거나 바보일 것이다. 그것은 자기 희생을, 모든 팽창의 희생을, 도덕적인 원시적 조건으로 복귀하는 것을 의미한다. 그것은 순수하게 의식(儀式)과 관련 있는 행위이지만, 그것을 축성하거나 성문화한 교회는 어디에도 없다. 그것은 성분화되지 않은 의식이면서도 원래의 효과를 두루 발휘하고 있다. 그런 행위는 당연히 심리적으로 영향을 끼치게 되어 있기 때문이다.

그렇다면 첫 번째 행위는 우상을 공개하는 것이고, 이어서 명상이나 숭배의 단계가 따른다. 이 여자는 별에 주의를 집중하고 있었다. 그녀는 이렇게 말한다. "별 주위로 톱니 모양의 붉은색과 검정색 띠들이 보였다. 이 띠들이 별 속으로 움직이면서 별을 깨뜨리려 하고 있었다." 사람이 어떤 우상에 정신을 집중하면서 그 행위에 꽤 경건하게 임할 때, 그 사람은 많은 양의 생명력을 우상 속으로 외면화하게 되며, 그러면 우상이 움직이기 시작한다. 신의 조각상을 향해 기도를 올리던 고대에, 사람들은 조각상의 발을 쓰다듬거나 계단을 이용해 조각상의 귀까지 올라가서 거기에 대고 기도를 속삭였다. 기도 자체를 최대한 생생하게 살아 있도록 하기 위해서였다. 고대의 사람들은 그런 헌신을 통해서 조각상 안에 있는 신을 불렀고, 그러면 신이 눈짓을 하거나 머리를 끄덕이는 것으로 기도에 화답한다고 믿었다. 그런 사람들은 조각상이 움직이는 것을 보았으며, 그들은 그것을 기적의 대답으로 받아들였다. 그것이 누군가에게 눈짓을 한다는 뜻을 지닌 '누멘'(numen)이라는 단어의 기원이다. 누멘은 신이 누군가에게 머리를 끄덕일 때와 같은 암시를 뜻한다. 'numeinosus'라는 단어는 초자연적인 힘으로 가득한 어떤 것을, 자발적이고 자율적인 생명으로 충만한 어떤 것을, 권력을 가진 어떤 것을 의미하는 전문적인 용어이다. 따라서 누멘은 또한 신의 조각상 안에 있는 권력을 의미한다. 그러나 그 권력은 사람이 숭배나 헌신을 통해서, 조각상 안에 있는 신성한 존재를 위한 제물을 통해서 조각상 안으로 불어넣은 초자연적인 힘일 것이다.

그런 일은 현실 속에서 일어난다. 중세 때부터 신이나 그리스도의 어머니가 숭배자들에게 머리를 끄덕이거나 눈을 깜박거리거나 말을 했다는 내용의 전설이 많이 전해 오고 있다. 종교적 헌신 행위에 빠진 사람들이 이미지에 정신을 집중하고 있는 동안에 그 이미지가 숭배자들의 생명력을 받아들여 움직일 수 있다는 측면에서 본다면, 그 모든 것은 실제로 일어난 사건이나 마찬가지이다. 그것이 스툴라 측면에서 환각 또는 착각이라고 불린다. 수크슈마 측면에서 보면, 그것은 생명력 또는 리비도가 집중되어 미지의 비아(非我) 속으로 외면화되고, 그래서 이 비아가 움직이며 작동하기 시작한다는 뜻이다.

지금 우리 환자는 환상 속에서 우상을, 자신의 별을 본다. 그런데 그 별이 빨간색과 검정색 띠에 의해 거의 깨어진 것처럼 보인다. 이것은 틀림없이 밖에서 오고 있는 장애임에 틀림없다. 이 띠들은 무엇을 의미하는가?

이전에 군중에게 있었던 힘들의 충격이다. 군중에서 벗어날 때,

그녀는 그 흐름 속에서 작동하고 있는 힘들의 영향을 어느 정도 받은 상태이다. 그래서 그녀가 별을 놓고 깊이 생각할 때, 그 파괴적인 힘들이 꽤 자연스럽게 별 속으로 흐르면서 우상을 파괴하려고 위협한다. 집단적인 움직임은 관념의 구체화에 반대한다. 관념은 파괴되어야 한다. 그렇게 하지 않으면 집단적인 운동은 더 이상 무의식적이지 않게 된다. 자연은 관념들을 견뎌내지 못하며, 자연은 의식에 적대적이다. 의식이 모든 것들이 부드럽게 움직이고 있는 위대한 무의식을 방해하기 때문이다. 의식은 생겨나면서 어둠을 비추고 자연의 부드러운 움식임을 뒤흔들어 놓는다. 그래서 그런 운동의 힘들은 모두 계몽에 반대한다. 따라서 이런 상태에 있는 사람들은 귀를 기울이거나 깊이 생각하는 시간을 전혀 갖지 않으며, 집단적인 운동에 아주 쉽게 사로잡힌다. 그들은 불쾌한 무엇인가를 알게 될까 두려워하며 자신이 하고 있는 행위가 진정으로 어떤 것인지에 대해 알려고 들지 않는다. 아무도 자신이 지옥으로 향하는 어떤 운동에 가담하고 있다는 것을 알고 싶어 하지 않는다. 그들은 거기에 작용하고 있을 해석을 무서워하거나 보고 싶지 않은 위험을 보게 될까 두려워한다. 그런 상황에서 가장 먼저 나타나는 효과는 그런 파괴적인 힘들 모두가 그 이미지로 흘러들어가면서 그것을 파괴하겠다고 위협한다는 점이다. 그녀가 스스로 이렇게 말하는 것이 바로 그런 효과에 해당한다. "어쩔 수 없어. 저 혼란 속에서 저것이 도대체 무슨 의미를 지니겠어? 저건 터무니없어. 저건 작동하지 않아." 당신은 종교 서적에 이런 온갖 반응들이 아름답게 묘사되어 있는 것을 발견한다. 그러나 우리는 이런 파괴적인 힘들의 유입이 지금 긍정적인 효과를 낳고 있는 것을 보고 있다. 그녀는 이렇게 말한다.

이어서 그 원으로부터 연한 푸른색 별이 새로 자라나는 것이 보였
다. 이 새로운 별이 붉은색과 검정색 이빨들을 저지하고 있었다. 원
이 점점 더 강해지고 뚜렷해졌다.

톱니 모양의 띠들이 지금은 이빨이다. 여기서 이 시점에 특별히
필요한 만다라가 다시 형성되고 있는 것이 확인된다. 별을 위협했
던 돌출부들은 지금 악마의 입이고, 악마의 입 앞에서 그녀 또는 그
녀의 별은 마법의 원에 의해 보호를 받고 있다. 지금 마법의 원이
점점 더 강해지고 뚜렷해지고 있다. 이것은 파괴적인 힘들의 유입
이 그 환상에 의해 저지당하고 있다는 것을 보여주고 있다. 달리 말
하면, 이 원리가 타당하고, 이 원리가 망상이 아니라 제대로 작동하
고 있다는 점을 보여주고 있는 것이다. 위험이 클수록, 파괴적인 힘
들의 공격도 그만큼 더 강해지고, 이 원리도 존재의 정당성을 더욱
강화하고 힘을 더욱 키우게 된다.
이 모든 것은 일종의 반(半) 의식 상태에서 일어나고 있으며, 환
자에게 깨달아지지 않고 있다. 그것은 그녀의 눈 앞에서 펼쳐지고
있는 영화와 비슷하며, 그래서 일들은 아주 자연스럽게 법칙을 따
르면서 발달하고 있다. 그녀는 간섭하지 않는다. 그녀는 그것을 다
소 그냥 보고만 있다.

14강

1933년 11월 15일

지난번 세미나에서 별 상징의 대상화에 대해 이야기했다. 그 환상의 어느 한 그림은 이것처럼 보일 것이다. 별은 연한 푸른색이며, 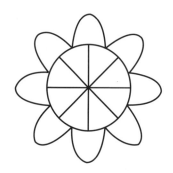그 별은 일종의 빨간색과 검은색 이빨 후광을 저지하고 있는 어떤 원 안에 있을 것이다. 그것은 꽃을 상징적으로 표현하고 있는 것이 분명하다. 그것은 힌두교의 차크라들과 같은 어떤 그림을 최초로 지각한 것을 표현한 것이다. 힌두교 차크라에도 톱니 모양 같은 것이 일어난다. 이것이 차크라들이 처음 생겨난 길이다. 왜 모양이 그런 식이어야 하는가, 하고 의문을 품는 사람도 있다. 그러나 차크라들은 자연스럽게 그런 식으로 발생하게 되었다. 그리고 차크라의 모든 부분은 나름의 특별한 의미를 지닌다. 연꽃, 즉 파드마(padma)의 꽃잎은 그 이름이 암시하는 대로 해석되고 있지 않지만, 아마 그런 상징적 표현에서 비롯되었을 것이다. 그것은 또 심리적 환경들의 침입을 저지하는 마법의 원의 힘을 의미한다. 지금 만다라 밖의 심리적 환경 또는 조건은 어떤가?

불이 만다라를 둘러싸고 있다. 검은 원은 죽음의 원이며, 빨간색과 검정색은 언제나 함께 다니는데, 지금은 저지당하고 있다. 라마교의 만다라에서 그것을 볼 수 있다. 탄트라 요가의 차크라들은 모두 내부에서 느껴지거나 지각되며, 경험 센터는 안에 있고, 그 센터는 안에서 발산한다. 그러므로 그런 관점에서 보면 거기서 나오는 환상 또는 감정은 꽃잎이 열리는 것과 같은 펼침이다. 그러나 사람은 자신을 만다라 밖에 놓을 수 있으며, 그런 경우에 그 사람은 만다라가 외부의 침입이나 공격을 막는 보호의 장소라는 것을 느낄 것이다. 그런 경우에 이 톱니 모양의 영향들은 능동적인 중요한 요소일 것이다. 그 톱니 모양의 영향들은 만다라를 뚫고 침투하려고 노력할 것이다. 탄트라 차크라 또는 만다라의 심리에서는 오직 안쪽만 강력하다. 만다라를 둘러싸고 있는 세상 또는 집단 무의식이 완전히 무력해진 것이나 마찬가지이다. 집단 무의식은 거의 존재하지 않는 것이나 다를 바가 없다. 그러나 여기선 색깔이 특별히 중요하다. 빨간색과 검정색은 지하 세계의 색깔이다. 불과 어둠의 온갖 힘들이 침투하려고 애를 쓰고 있으며, 만다라가 그 힘들을 저지하고 있다.

이 상태는 우리 환자의 상태와, 그리고 서구 세계가 전반적으로 처한 상태와 정확히 일치한다고 할 수 있다. 서양인은 그런 만다라의 발명자로 여겨지는 힌두교의 요가 수행자에 비해서 자기 자신에 집중하는 정도가 떨어진다. 그러나 티베트 불교인 라마교에서는 요가 수행자가 어둠과 불의 힘들에 맞서 자신을 보호해야 했던 원래 조건의 흔적이 아직 발견된다. 라마교의 많은 만다라에서 꽃잎 또는 톱니 모양을 포함하고 있는 원이 불꽃으로 표현되고 있기 때문이다. 모든 만다라에 다 불이 있는 것은 아니지만, 내가 본 만다라에는 대체로 그런 불이 있다. 그러나 동양의 만다라에 대한 서양인의 지식은 매우 불완전하다. 서양인은 최근에 와서야 동양의 만나라에 관심을 주기 시작했다. 또 하나의 영역인 바깥도 역시 하나의 원이다. 이 바깥은 파괴의 힘들이다. 거기선 시신들이 악마처럼 생긴 괴물들이나 새들에 의해 파괴되거나, 살아 있는 사람들이 고문을 당하거나 가죽이 벗겨지거나 내장이 찢기는 묘지 장면이 보인다. 묘지는 일반적으로 죽음과 부패의 세계를 상징하는데, 불교 신자에겐 이 죽음과 부패의 세계가 진정한 세계로 여겨진다. 이승의 세계는 망상의 세계이고 비참과 고통의 세계이며, 따라서 불교의 전반적인 목표는 이승의 세계로부터 벗어나는 것이다. 이 점에서 불교는 기독교와 매우 비슷하다. 지금 나는 오늘날 사회에서 역할을 맡고 있는, 낙관적이고 강건하고 건전한 사고방식을 가진 그런 기독교를 뜻하는 것이 아니라, 진짜 기독교, 말하자면 이 세상은 영원을 준비하는 보육원에 지나지 않는다고 믿었고 이승에서 하는 모든 일은 비참하고 불완전하며 다가올 삶을 준비하는 것에 불과하다고 믿었던 그런 기독교를 염두에 두고 있다. 아시다시피, 그런 사상은 불교 신자의 사상과 비슷하다.

대체로 이 원 밖에서 절대적인 것이, 영원한 세계가 시작한다. 티베트 불교의 만다라는 일반적으로 지평선 한가운데에 자리 잡으며, 그 아래는 악령과 불꽃, 온갖 종류의 공포가 있는 지하 세계이다. 분노에 찬 신들은 아래에 있고 자비로운 신들은 위에 있으며, 일반적으로 다른 대안이 있는 것으로 이해된다. 그리고 위쪽의 신들 사이뿐만 아니라 아래쪽의 신들 사이에도 신들만큼 훌륭한 위대한 스승들이 있다. 이들은 티베트 라마교의 두 개 학파에 속하는 인물로, 황모파(Yellow Hats)와 홍모파(Red Hats)라 불린다. 이 대안은 불교에서 신들이 다소 상대적인 지위를 갖는다는 사실에서 비롯된다. 예를 들면, 다음 윤회에서 당신이 신이 되는 것도 꽤 가능한 일이다. 당신과 신 사이에, 신이 되면 당신이 더 큰 과제를 떠안고 훨씬 더 오래 산다는 것 외에 전혀 아무런 차이가 없다. 마야(Maya)[40]로부터 벗어나기까지 너무나 긴 세월이 필요하기 때문이다. 신들도 비(非)존재가 됨으로써 구원을 받게 되기까지 아주 오랜 세월을 기다려야 하는 것이다. 이는 신들도 구원을 받기 위해서는 육신으로 태어나 인간이 되어야 하기 때문이다. 부처가 태어났을 때에도 모든 신들이 모였으며, 부처가 죽었을 때에도 모든 신들이 그의 임종의 자리에 왔다. 이유는 가장 높은 존재로서, 그리고 자신의 길을 다 완성해서 다시는 돌아오지 않도록 완전히 사라지는 인간으로서 부처가 신들과의 관계에서 스승이 되기 때문이다. 위대한 소멸에 관한 책인 '대반열반경'(大般涅槃經)은 부처가 다양한 '엑스타시스'(esktasis)[41]의 상태들을 어떤 식으로 겪었는지에 대한 이야기를 장엄하게 들려주고 있다. 이 상태들은 여전히 망상

....

40 망상의 세계를 만드는 여신.

41 그리스어 단어로, 자신을 초월해 자기 밖에 선다는 뜻이다.

이었으며, 부처는 마지막으로 더 이상 윤회가 일어나지 않는 열반의 상태, 즉 완전한 소멸로 들어간다.

만다라에서 낮은 세상은 단순히 히말라야의 높은 산이 있는 땅으로 표현되고, 위에는 언제나 대승 불교의 위대한 세 스승이 있다. 신들은 자비롭지도 않고 분노하지도 않기 때문에, 분노에 찬 신도 자비로운 신과 동격이며, 신들은 두 가지 형태로 나타날 수 있다. 자비의 여신 관음(觀音)조차도 지하 세계의 귀신같은 악마의 모습으로 나타나는 지옥의 형태를 갖고 있다. 티베트의 '사자의 서'에도 신들은 상대적인 존새로 나타나며, 신들은 절내적이시 않나. 그렇다면 신은 절대적인 가치를 지니지 않으며 언제나 인간과의 관계에서 상대적이라는 것이 불교의 사상이다. 왜냐하면 우주의 운명에 관한 최종적 결정은 인간의 작고 예리한 의식에 좌우되고, 세상의 균형이 그 의식에 의존하기 때문이다. 대단히 심리학적인 관점이다. 지금 세상을 상징적으로 표현하고 있는, 무덤의 고통 또는 공포의 이 원은 만다라가 보호의 수단이던 원래의 상태의 잔재이며, 탄트라 요가에서처럼 영혼의 힘을 표현하는 상징은 아니다. 아마 원래의 형태는 연꽃 모양의 톱니 무늬가 외부 힘들의 침입을 의미하는 그런 형태였을 것이다. 외부 세계의 침입, 다시 말해 검정색과 빨간색 이빨들의 침입은 무엇을 의미하는가?

어머니와 아버지, 또는 남편이 하는 말도 그런 이빨에 해당한다. 멀거나 가까운 숙모도 매우 중요하며, 아이들은 어머니에게 극히 중요하다. 딸이나 아들의 의견은 명령에 가깝다. 자식이 동의하지 않는 의견은 살아남기 어렵다. 그렇듯 사람은 대체로 이것을 하라거나 저것을 하라고 지시하는 위대한 권위들에 둘러싸여 있다. 지금 우리는 그 모든 권위들을 분리시켜서 그것을 아니무스라고, 즉 여자들이 현실 속에 존재한다고 단정하는 의견들의 위대한 체계라고 부른다. 실제로 여자는 사회에 정말로 존재하고 있는 어떤 판단에 걸려 이따금 넘어지기도 한다. 그런 판단을 누군가가 직접 그녀에게 말하기도 하고 그녀가 신문에서 읽기도 한다. 그러나 대부분의 경우 아니무스는 현실에 존재하지 않는 의견 체계이다. 그 여자가 그런 것이 존재한다고 단정할 뿐이다. 그녀가 그것들을 투사하고 있는 것이다. 재미있는 것은 그 의견이 다른 어딘가에 존재하고 정작 그녀가 그것을 투사하고 있는 그 사람에겐 존재하지 않는다는 점이다. 어떤 아니마의 감정적인 특성을 자신이 특별히 선호하는 대상으로 투사하고 있는 남자에 대해서도 똑같이 말할 수 있다. 그런 경우에도 그 특성이 그 대상에 없을 가능성이 꽤 크다. 남자는 그 특성이 존재한다고 단정하고 있고 또 그 특성이 어딘가에 존재하지만, 아니마 투사는 대체로 맞아떨어지지 않는다. 그래서 아니마라는 개념이 생겨난 것이다.

그렇다면 이 붉은 이빨과 검정 이빨은 사실 가까운 사람들의 진부하기 짝이 없는 의견들이고, 전반적인 사회적 조건이며, 제도들이고, 일상적인 세상의 힘이다. 예를 들어, 어떤 친구가 당신에게 당신이 반드시 읽어야 할 재미있는 책을 발견했다고 말하는데, 당신은 그 책이 당신의 신념에 상당히 반한다는 사실을 깨닫는다. 그래서 당신은 당혹스런 느낌을 받는다. 그러면서 당신은 그 책이 만개의 목소리로 말하고 있기 때문에 당신이 잘못되었음에 틀림없다고 생각한다. 아니면 당신이 의회나 공적인 모임에 나갔는데, 강연을 한 사람이 당신이 오래 전에 버린 신념들을 여전히 갖고 있다.

아마 그 사람이 영생이나 영원한 천벌에 대해 설교하고 있을 것이다. 물론 당신은 그런 것을 믿지 않는다. 그러나 강의를 다 듣고 집으로 돌아가는 당신의 마음은 다소 어수선할 수 있다. 그 사람의 말이 틀렸는지 그다지 확신이 서지 않고, 그의 말에도 뭔가 소중한 것이 들어 있을 수 있다는 생각이 들다가, 급기야 당신이 죽을 때 어떤 일이 벌어질 것인지, 혹시 펄펄 끓는 물에 던져지는 것은 아닌가 하는 데까지 생각이 미쳤다. 바로 그런 것들이 붉고 검은 이빨들이며, 정말 신기하게도 합리적인 확신은 그런 것들의 공격에 맞서는 데 거의 도움이 되지 않는다. 그러나 원이나 만다라 같은 마법의 개념이나 상징은 당신에게 보호의 효과를 안겨준다. 그 이유가 궁금하다.

비합리적이고 마법적인 개념은 합리적인 확신과 완전히 다르며 내면적이다. 예를 들어, 당신은 사람들이 도깨비나 도깨비가 나오는 집들에 대해 하는 말이 전부 허튼소리라고 굳게 믿고 있지만 그런 집에 당신 혼자 들어가 보라. 그러면 당신은 경이로운 확신에도 불구하고 식은땀을 흘리며 거의 초주검의 상태에 이를 것이다. 그런 확신은 당신에게 조금도 도움이 되지 않는다. 없는 것이나 마찬가지이다. 공포가 당신의 목까지 죄고, 당신은 자신에게 무슨 일이 일어나고 있는지를 알지 못한다. 그러나 상징과 마법의 형상 같은 것은 특별한 효과를 발휘한다. 이유는 그런 것들이 바로 양쪽 측면 모두를, 말하자면 이성의 측면뿐만 아니라 소위 난센스의 측면까지, 말하자면 불가해하고 칙칙하고 사악한 측면까지 갖고 있기 때문이다. 그래서 그런 상징이나 형상은 제대로 작동한다. 그런 현상은 두려움이 의식에서 시작하지 않는다는 사실에서 비롯된다.

도깨비가 나오는 집도 일상적인 여느 집과 똑같다. 단지 그런 집은 어떤 특이한 특성을 지녔을 뿐이다. 당신이 차갑고 어두운 밤에 홀로 그 집에 있을 때 섬뜩한 느낌이 드는데, 그 이유가 설명되지 않는 것이다. 당신은 그 집이 도깨비가 나오는 집이라는 소리를 들어서 그럴 것이라는 식으로 설명할 수 있다. 하지만 당신이 그런 암시에 그렇게 쉽게 넘어가는 이유는 무엇인가?

원시인들에겐 늘 그런 일이 일어난다. 자연 속에도 길이나 도시에서와 마찬가지로 사람들에게 오싹한 느낌을 주는 곳이 있다. 그러면 당신은 그것을 합리적으로 설명하려는 모습을 보이면서 주변이 불길하고 지나치게 습하거나 어둑하다고 생각한다. 그러나 원시인은 당신에게 그 이유를 말한다. 예를 들어, 정글 속의 어떤 무시무시한 장소는 귀신이 나오는 장소다. 그러면 원시인은 어떤 일이 있더라도 그 장소를 피한다. 그리고 어쩌다 당신이 거기에 홀로 남게 되면, 뭔지 모르지만 그것이 당신의 안까지 닿는다. 당신이 암시에 약한 탓에 그 주술에 넘어가게 되었다고 말하는 것은 전적으로 부적절하다. 이유는 당신이 그런 특별한 분위기의 영향을 쉽게 받는 이유를 설명해야 하기 때문이다. 이 문제에 관한 한, 원시인이더 논리적이다. 원시인은 문제를 피하지 않고 꽤 적극적이다. 원시인은 그 장소가 사악한 마법으로 가득하기 때문에 영향을 받는다고 말한다.

현대인의 합리적인 설명은 두려움을 몰아내지 못하며, 우리에게 조금도 도움을 주지 않는다. 따라서 우리의 주의를 요구하는 그 장소와 우리의 관계에 무엇이 있다고 생각하는 것이 더 바람직하다. 그곳이 귀신으로 가득한 곳인가 아니면 사람이 거기서 좋지 않은 기분을 느끼는가 하는 문제는 결국 똑같다. 설명의 초점이 전자의 경우엔 장소에 맞춰지고, 후자의 경우엔 사람의 성향에 맞춰지고 있는 차이만 있을 뿐이다. 객관적인 이유인가 주관적인 이유인가 하는 구분은 전혀 중요하지 않다. 왜냐하면 결과가 똑같이 죽어가는 것과 비슷한 것으로 나타나기 때문이다. 중요한 것은 거기에 치워야 할 불쾌한 시체 같은 것이 있다는 점이다.

그렇다면 우리 안에 존재하는 원시적인 것에 대한 대답으로 유일하게 적절한 것은 똑같이 원시적인 마법의 의식이며, 이 의식은 경험적으로 효과를 발휘하는 것으로 확인된다. 나는 이성이 작동하지 않는 곳에서 이런 것들이 작동한다는 것을 경험으로 알고 있다. 마치 당신의 무의식이 이성을 만족시키고 실현시켜 줄 색깔이나 형상을 기다리고 있었던 것처럼 보인다. 당신은 무의식에게 이런 식으로 말할 수 있다. "자, 여기 보라고, 그리고 제발 합리적으로 굴어. 강도 같은 것은 없단 말이야. 화재의 위험도 전혀 없어. 완벽하게 안전하다고." 또는 당신이 밤에 어떤 소음을 들으면 벨을 눌러 하인을 불러 불을 켜게 할 수도 있다. 그러나 그런 온갖 노력은 신경증적인 공포를 치료하지 못한다. 우리는 그것을 신경증적 공포라고 부르고, 원시인은 방에 귀신이 있다고 말할 것이다. 나도 모르긴 하지만, 어쨌든 훌륭한 추론으로는 신경증적인 징후를 치료하지 못한다.

물론, 당신은 그런 만다라를 그냥 가게 같은 곳에서 사서 벽 위에 놓아두고 숭배하지 못한다. 그렇게 해도 당신에게 도움이 되지 않을 것이다. 왜냐하면 그 만다라가 합리적이기 때문이다. 당신은 원시인들처럼 마법적으로 움직여야 한다. 그것은 특별히 창의적인 작업이다. 그래야만 마법의 효과를 일으키고, 어떤 장소를 귀신으로부터 자유롭게 만들 것이다. 그런 상황에서 원시인이라면 아마 춤을 출 것이다. 춤을 추는 것은 원시인들에게 즐거운 일이 아니다. 그것은 정말로 노동이다. 원시인들은 자신들이 지쳐서 기진맥진할 때까지 춤을 춘다. 원시인들은 다른 목적에는 자신의 에너지를 쏟지 않아도 마법의 목적에는 에너지와 인내심을 확실히 쏟는다. 그렇듯 그런 것은 오직 당신이 직접 낳을 때에만 작동하며, 당신은 애를 쓰지 않고 그것을 낳아서는 안 된다. 만약에 손재주가 뛰어나다면, 당신은 어떤 도형을 그릴 것이다. 그럴 때면 대체로 원을 그리고 그 속을 온갖 상상으로 가득 채운다. 그러나 그것은 효력을 발휘하지 않는다. 그것이 합리적이기 때문이다. 도형 자체가 제대로 되어야 하고, 적절해야 한다. 마법의 어려움은 사도(使徒)가 필요한 모든 것을 다 만들어낼 수 있어도 한 가지 핵심적인 사항을 빠뜨리고 있다는 점에 있다.

이 사상은 심리학적으로 대단히 중요한, 어느 제자에 관한 이야기에 잘 담겨 있다. 이 제자는 금을 만들 줄 아는 스승에게 그 비결을 말해달라고 간청했다. 스승은 이에 대해 좋다고 대답했지만 당장은 안 된다고 했다. 그가 죽음을 앞두고 있을 때에 알려주겠다는 것이었다. 그래서 스승은 죽음이 다가오고 있는 것을 느꼈을 때 제자를 앉혀 놓고 말했다. "이제 금을 만드는 방법에 대해 이야기해야 할 시간이 되었구나. 펜과 종이를 준비해서 내가 하는 말을 적도록 해라." 그는 금을 만드는 전 과정을 구술했고, 제자는 글자 하나 놓치지 않고 조심스럽게 받아 적었다. 이어서 스승이 말했다. "그렇게만 하면 확실히 금을 만들 수 있을 것이지만, 한 가지 조건이 있단다. 금을 만드는 동안에 무소에 대해서 절대로 생각하지 않아야 한단다." 그런 다음에 스승은 숨을 거두었고, 제자는 스승의 시신이 집에서 나가자마자 스승의 부엌으로 가서 금을 만드는 작업을 시작했다. 스승이 가르쳐 준 절차에 아주 충실했다. 그러면서 속으로 "지금 무소에 대해 생각하면 안 돼! 무소에 대해 생각하면 안 돼!"라고 다짐했다. 그래서 그는 절대로 금을 만들지 못했다.

아시다시피, 그 일은 이성적으로 모방할 수 있는 것이 아니었다. 그것은 그냥 제대로 되어야 했다. 정직하게 열심히 노력하고 최대한 적절하게 만들려고 노력하는 것만으로는 금이 만들어지지 않는다. 만약에 그것이 어떤 식으로든 전통이나 의견에 양보하는 것이라면, 만약에 당신이 일상적으로나 어떤 쉬운 가정(假定)을 통해 스스로를 속인다면, 마법은 절대로 일어나지 않는다. 마법은 그것이 당신 자신의 가장 성실한 노력일 때 가장 확실히 작동한다. 마법의 효과 또는 마법의 절차는 당신의 정직한 노력을 나타내는 또 다른 단어에 지나지 않는다. 그런 노력은 효과를 발휘한다.

당신도 "나도 노력하고 있어."라는 식으로 말할 수 있지만, 그 노력은 단순히 합리적인 노력일 것이다. 노력을 기울일 때, 당신은 센스에 난센스를 포함시켜야 한다. 왜냐하면 당신의 본성 중에서 어두운 구석이 난센스이기 때문이다. 정확히 말하면, 당신은 그것이 난센스라고 말하지만 또 다른 목소리는 정반대로 말한다. 완전성은 당신이 쏟는 최고 노력의 본질에 속한다. 그렇기 때문에 완전성은 의식적인 시도뿐만 아니라 무의식적인 시도도 포함해야 하고, 합리적인 시도뿐만 아니라 비합리적인 시도도 포함해야 한다. 따라서 마법적인 수단은 종종 대단히 기괴하다.

예를 들어, 중세의 마법의 약이나 연금술 부엌의 비밀, 또는 박쥐 뼛가루 같은 마법의 부적에 담겼던 내용물에 대해 생각해 보라. 모든 것이 너무나 터무니없지만, 그 난센스가 오히려 그 노력의 진실성을 증명한다. 그리고 수단은 다른 측면의 도움을 인정하는 것인 한 합당하다. 홀로 마법의 효과를 끌어내려고 노력하는 것은 무모함에 지나지 않는다. 기본적으로 사람은 그 일을 혼자 할 수 없다는 것을 알고 있다. 거기엔 신의 도움이 필요하다. 우리는 신이 아니다. 그렇기 때문에 우리는 아주 터무니없는 형식으로 최선의 시도를 해야 한다. 물론 그런 시도는 다양한 목적에 적용된다. 어떤 사람들은 아주 먼 곳에서 힘들게 찾아야 하는 희귀 식물을 확보하려고 노력했으며, 그들은 적절한 때를 놓치지 않으려고 신경을 쓰고 그릇된 짓을 하지 않으려고 세심한 주의를 기울였다. 그런 것이 그들의 최선의 노력이었다. 혹은 당신의 최선의 노력이 더없이 작은 것들에서 드러날 수도 있다. 만약에 당신이 정직하고 진지하게 임하는 것이 중요하다는 이유로 더없이 작고 사소한 문제에 정직하고 진지할 수 있다면, 당신의 노력은 반드시 효과를 낼 것이다.

심리 치료에서도 이 같은 사실이 확인된다. 실제 치료에서, 당신이 하는 말은 별로 중요하지 않다. 당신이 어떤 존재인가 하는 문제가 대단히 중요하다. 당신이 꿈을 멋지게 해석하는 것은 중요하지 않다. 혹은 온갖 것이 적절한 체계에 제대로 맞게 들어가 있거나, 당신이 모든 것에 적절한 이름을 부여하는 것은 별로 중요하지 않다. 그러나 당신이 정직한 시도를 하는 것은 대단히 중요하다. 아시다시피, 당신의 합리적인 정신에겐 전체 일이 사리에 맞고 진정으로 정직한 시도라는 것을 아는 것이 중요하고, 당신의 무의식에겐 무의식의 비합리적인 성격이 충분히 인정을 받는 것이 가장 중요하다. 그렇기 때문에 만약에 무의식이 박쥐의 뼛가루를 요구한다면, 그것을 선택하는 것을 절대로 두려워하지 않도록 하라. 어떤 일이든 가능한 것이다. 합리적인 마음이 강한 사람들은 종종 아주 어리석어 보이는 조건을 받아들이라는 요구를 무의식으로부터 받는다. 당신이 당신의 무의식과 함께 마법을 일으키길 원한다면, 당신은 그 요구를 받아들여야 한다.

지금 이 모든 것은 백(白)마술이다. 왜냐하면 그것이 당신 자신을 위해서 당신 자신에게 행해시거나 당신을 공격하는 무의식의 힘들에 맞서 행해지고 있기 때문이다. 그러나 당신은 똑같은 수단을 다른 사람들을 해치는 방향으로 적용할 수 있다. 당신 자신의 무의식에 영향을 미칠 수 있듯이, 다른 사람들의 무의식에도 영향을 미칠 수 있는 것이다. 그런 것이 바로 흑(黑)마술이다. 그런 이름으로 불리는 이유는 그것이 어떤 권력의 도구로 이용되기 때문이다. 그것은 가능하고 또 합리적이다. 예를 들어, 당신은 암시로 다른 사람들에게 영향을 끼칠 수 있다. 그런 마법은 암시가 먹히는 한 작동한다. 당신의 태도가 다른 사람들에게 분명히 영향을 미치기 때문이다. 그러나 당신은 당신의 마법이 통할 때 언제나 당신 자신이 그 마법의 첫 번째 희생자라는 것을 기억해야 한다. 당신이 마법의 혜택뿐만 아니라 나쁜 효과까지 가장 먼저 받게 된다는 뜻이다. 만약에 당신이 누군가에게 나쁜 마음을 품으면, 그 효과가 반드시 당신에게 돌아올 것이다. 여기서 우리 환자의 환상으로 돌아가자.

나는 안도의 눈물을 흘리며 그 별을 나의 가슴에 다시 넣었다. 그러면서 별이 확실성과 힘을 더욱 키웠다는 사실을 알게 되었다. 나는 길을 따라 아래로 걷기 시작했다.

여기서 마법의 '시작 의식'이 일어났다. 그녀의 과제는 검은 길을 걸어서 불확실성과 모험 속으로 걸어가는 것이었다. 당연히 그녀는 두려워하며 망설였다. 그때 그녀는 자신의 모든 힘을 끌어모으기 위해 '시작 의식' 같은 것을 치렀다. 먼 거리에 대한 숭배가 그것이었다. 그러면서 그녀의 길에 예상되는 온갖 위험들의 공격으로부터 자유로워지기 위해 그녀의 내면에 거리감을 형성했다. 왜냐하면 아래로 내려가는 길에 그녀가 무의식의 어둠 속으로, 말하자면 그녀가 더 이상 그녀 자신이 아니고, 그녀가 일종의 악마 같은 것으로 변하고, 악마들이 그녀를 공격할 그런 곳으로 들어가게 되는데, 거기선 무의식의 파괴적인 힘들의 영향으로부터 보호를 받으려면 엄청난 거리가 필요하기 때문이다. 이 시작 의식을 끝낸 지금, 그녀는 어둠의 위험들을 맞을 준비가 확실히 되어 있지만, 그녀가 아래로 내려가는 길을 다시 시작하자마자 "돌연 검은 말이 무서운 기세로 달려와 그녀 옆에 섰다".

쿠빈의 책『다른 측면』에 이와 비슷한 끔찍한 말이 등장한다. 이 작품 속의 말은 흰 말이지만, 여기선 검은 말이다. 여자의 경우에는 사물들이 정반대가 된다. 남자들의 안에서 흰 것은 여자들의 안에서 검은 것이 된다. 이 같은 사실이 유감스럽지만, 그것이 사실이다. 어쨌든, 말이 검다는 것은 특별히 좋은 것을 의미하지 않는다. 쿠빈의 책에선 말이 흰색이라는 것이 공포의 요소였다. 흰색도 검은색만큼 공포를 유발할 수 있다. 무덤 사이를 돌아다니는 하얀 형상을 볼 때, 당신은 검은 그림자가 밤에 당신의 길을 가로지를 때만큼이나 놀라게 된다.

말은 긍정적인 동물적 리비도를 상징하지만 사람을 태우고 있어서 길들여져 있다. 기수와 그의 말은 하나의 단위이다. 안장에 앉은 사람은 자신의 리비도를 통제하고 있는 상태에서 두 발이 아닌 네 발로 대단히 효율적으로 다니며 인간 존재에 동물의 힘을 더하고 있는 것이다. 그래서 말 위에 탄 기수는 언제나 완전한 인간을 상징했다. 만약에 여기 등장한 말이 기수가 없는 상태라면 그것은 무슨 의미일까?

에너지의 성격에 변화가 있었다는 뜻일 것이다. 에너지는 자연히 긍정적이다. 그래서 사람이 말 위에 긍정적인 태도로 앉아 있어야 할 것이다. 당연히 그 사람은 효율적이고 생산적일 것이다. 그렇지 않다면, 그 에너지는 전적으로 부정적일 것이다.

당신의 리비도 쪽으로 움직일 때, 당신은 흐름과 함께 움직이고 당신에게 맞서는 물줄기나 흐름은 전혀 없다. 그러나 당신이 흐름에 맞서며 움직인다면, 당신은 그 흐름을 느끼고 공포에 압도된다. 그래서 당신이 당신의 리비도의 흐름에 맞서면서 나아간다면, 그것은 당신이 에너지의 질(質) 자체가 변한 그런 삶을 사는 것이나 마찬가지이다. 그러면 당신은 사자의 공격을 받거나 미친 개들에게 물리거나 성난 말들로부터 괴롭힘을 당할지 모른다는 불안에 떨게 된다. 그것은 언제나 당신이 자신의 길로부터 벗어났다는 것을, 당신이 자신의 리비도와 조화를 이루지 못하고 있다는 것을 의미한다. 말하자면, 당신이 강물의 흐름을 타지 않고 바보스럽게도 흐름을 거스르며 헤엄을 치고 있다는 뜻이다. 지금 이 검은 말은 결코 기수가 없는 것이 아니며,『다른 측면』에 나오는 쿠빈의 말과 뚜렷한 대비를 이룬다. 쿠빈의 작품 속에서, 그가 살고 있는 귀신같은 도시에, 이것이 집단 무의식인데, 어떤 불가사의한 느낌이 감돈다. 그는 그 이유가 미친 흰색 말이 빠져나갈 길을 발견하지 못한 상태에서 도시의 지하실들을 뚫고 마구 날뛰고 있기 때문이라는 것을 발견한다. 집단 무의식이라는 무덤에서 길을 잃고 미쳐 버린 어떤 생명이 바로 이 말이었다. 그것은 인간 쿠빈에게 보내는 경고였다. 그는 무의식에 깊이 빠져 있었고, 그가 다시는 위로 올라오지 못하고 미쳐 버릴 수 있는 위험한 순간이 있었다. 집단 무의식과 연결된 위험은 언제나 있기 마련이며, 그 위험은 정말로 당신을 갈가리 찢어놓을 수 있다. 왜냐하면 당신이 집단 무의식 속으로 들어가기 위해서는 만다라를 해체하고 그때까지 열린 적이 없었던 문들을 활짝 열어야 하기 때문이다. 그래서 당신은 당신의 내면의 중심을 차지하고 있는 그 빛을 잃지 않도록 극히 조심해야 한다.

우리는 이 상징 표현에 대해 몇 개월 전에 논한 바가 있다. 우리 환자의 길을 막고 있던 그 바퀴 말이다. 그때 수많은 손들이 그녀를 붙잡으려고 애를 쓰던 것이 기억날 것이다. 그 바퀴가 바로 그런 상징이다. 당신을 잡아서 갈가리 찢으려 드는 그런 힘들과 연결되어 있는 만다라 말이다. 그런 일이 일어날 수 있다. 그것은 일종의 정신분열증이다. 환자는 조각조각 찢어지거나 폭발하며, 이 조각들은 어디론가 사라져버린다. 쿠빈의 말이 기수를 두지 않았다는 것은 위험한 신호이다. 기수 없는 말은 통제되지 않으며 어떤 일이든 일어날 수 있기 때문이다.

척추근육위축증이라는 병을 앓는 16세 가량의 소녀 환자의 예를 공개한 적이 있다. 그 병은 초기 단계였으며, 히스테리 증세도 있었다. 그래서 그녀의 주변 사람들은 그 진단이 정확한지 확신하지 못했으며, 거기에 심인성 원인이 있을 것이라고 생각했다. 소녀가 나를 찾았던 것도 그런 이유에서였다. 나는 척추근육위축증 같다고 생각했으나, 확실히 해두기 위해 그녀에게 꿈을 꾸는지에 대해 물었다. 그러자 그녀는 무서운 꿈을 꾼다고 대답했다. 그녀의 꿈들 중에 대단히 전형적인 이런 꿈이 있었다. 그녀가 집에 있는데 이상한 소리가 들렸다(그녀의 가족은 4층에 살았다). 그때 자리에서 일어나다가 그녀는 미친 말이 나갈 길을 찾아 아파트를 돌아다니는 것을 보았다. 그러다 말이 갑자기 열린 창을 발견하고는 그 창으로 몸을 날렸다. 잠시 뒤에 쿵 하는 소리가 들렸고 말이 4층 아래 땅바닥에 으깨어져 있는 것이 보였다. 이것은 대단히 파괴적이고 무시무시한 꿈이지만, 당연히 그 꿈은 다른 꿈들에 의해 뒷받침되어야 한다. 그 꿈과 연결되는 다른 꿈이 몇 개 있었기 때문에, 나는 그것이 종말이라는 것을 확실히 알 수 있었다. 죽음을 의미했던 것이다. 이것이 위협받고 있거나 탈출하려 하는 육체적 리비도였기 때문에, 말이 기수가 없는 상태였고 꽤 미쳐 있었다고 볼 수 있다. 이것은 곧 자기 파괴를 의미한다. 그녀의 육체적 상태가 꼭 그랬다. 그런 질병이 어디서 시작되는지, 육체의 어떤 기능이 잘못되어 생기는지에 대해선 신만 알고 있다. 육체가 스스로를 죽이려 하고 있듯이, 말도 인간의 통제를 벗어나면서 스스로를 파괴하려 하고 있었다. 지금 우리 환자의 경우에 말은 기수가 없는 상태가 아니며, 이 말은 아직 인간의 통제를 벗어나지 않았다. 그녀는 "털이 많은 남자가 발가벗은 몸으로 말을 타고 있었다."고 말한다. 인간이 아닌 것 같은 이 친구는 누구인가?

앞의 어느 환상에서 이미 그런 형상을 만난 적이 있다. 우리 환자
는 자신이 판을 숭배하는 그림을 그렸다. 털이 난 동물의 다리를 가
진 일종의 파우나[42]이다. 여기선 원숭이를 닮은 것 같다. 그녀가 발
굽에 대해선 전혀 아무런 언급을 하지 않고 있으니 말이다. 그가 파
우나였다면, 그가 말에서 뛰어내려 말만큼 빨리 달릴 수 있었을 것
이다. 그렇다면 그것은 일종의 원숭이 인간일 것이 틀림없지만, 완
전히 악마 같은 성격을 지니고 있다. 잘 아시다시피, 악마는 털이
난 다리를 가진 것으로 묘사되며, 판처럼 보인다. 어쩌면 꼬마 도깨
비일지도 모르겠다. 말을 타고 있는 것이 인간이 아니고 인간과 동
물 사이의 어떤 존재라는 것은 무엇을 의미하는가?

앞의 여러 환상에도 말이 나타났다. 그때엔 군인들과 영웅들이
말을 타고 있었다. 그것은 인간의 형태를 한 아니무스가 말을 통제
하고 있다는 것을 의미했다. 그러나 여기선 원숭이 같이 생긴 것이
말을 통제하고 있다.

인간 존재가 말을 통제하고 있을 때, 모든 것이 꽤 질서정연하고
정상적이다. 그러나 지배하는 힘이 일종의 원숭이라면, 위험한 상
황일 수 있다.

··········
42 염소의 귀와 뿔, 다리를 가진, 고대 로마 신화 속의 목축의 신. 그리스 신화 속의 사티
로스에 해당한다.

1933년 11월 29일

우리 환자의 환상은 이렇게 이어진다.

그(말 위에 올라타고 있는 털이 난 인간)가 "왜 걷고 있어? 내가 길
을 알려줄 게."라고 외치며 나를 끌어올리려 했다. 나는 억지로 몸을
밀치면서 말의 고삐를 잡고 세게 흔들었다. 그러자 말과 말에 타고
있던 기수가 바닥으로 떨어졌다. 기수도 말로부터 떨어졌다. 기수가
내 쪽으로 다가오는데, 갑자기 그가 검은 난쟁이로 변했다.

그녀의 간섭으로 인해 어떤 변신이 일어났다. 악마가 그녀와 함
께 달아나려고 했던 것이 분명하다. 이것은 어떤 태도와 부합할 것
이다. 말하자면, 그녀가 그 악마의 의도에 굴복했더라면, 악마를 만
난 것이 그녀의 정신적 태도에 어떤 영향을 끼쳤을 것이라는 뜻이

다. 그 효과는 어떤 식으로 나타났을까? 그런 상태에서 뉴욕 항으로 들어갔다면 그녀에게 어떤 일이 일어났을까?

그녀는 단지 하나의 짐짝처럼 악마에게 그냥 이리저리 떠밀릴 것이다. 그런 꼬마 도깨비의 통제를 받고 있는 입장이라면 어느 누구도 무슨 일이 일어날 것인지 예측하지 못할 것이다. 더없이 지저분한 스캔들을 일으키거나, 감리교 교회나 구세군, 옥스퍼드 그룹(Oxford Group)[43]에 나가게 될 수도 있을 것이다. 꼬마 도깨비에게 적절한 것이면 무엇이든 할 수 있을 것이다. 그런 꼬마 도깨비에게 사로잡힌 여자들은 책임감을 모를 것이고, 그들은 무엇이든 할 것이다. 그리고 그런 행위는 홀린 모습으로 행해질 것이다. 그렇기 때문에 그 같은 사실을 바탕으로 이 여자가 다음에 무엇을 할 것인지를 추론하는 것은 불가능하다. 어떤 일이 일어날 것인지를 알기 위해서, 우리는 그녀 본성 속의 악마, 다시 말해 그녀를 통제하고 있는 그 기본적인 힘의 의도에 대해 더 많이 알아야 한다. 우리 모두는 인간인 까닭에 본성이 똑같지 않으며, 따라서 그녀의 종국적 경향이 어떤지를 알지 못한다. 더욱이 우리는 그녀의 상태에 대해 아는 바가 없다. 그러나 두 가지가 일어날 것이다. 그녀가 완전히 무의식적인 존재가 되어 단순히 그 다음 암시를 따르면서 무의식적인 상황으로 빠질 수 있다. 아니면 그녀는 끔찍한 공포로 그것을 보상하면서, 이 본성적인 악마의 맹공으로부터 보호받기 위해 구세군 같은 매우 분명한 무엇인가에 집착할 수 있다. 물론 그녀는 어느 경우에나 똑같이 사로잡히게 되지만, 전자의 경우에는 무의식적으로 악마와 동일시하게 될 것이고 후자의 경우에는 사로잡힘에 절

....
43 미국 기독교 선교사 프랭크 버크먼(Frank Buchman)이 1932년에 결성한 기독교 조직.

망적으로 맞설 정도의 의식은 남아 있을 것이다. 그러면 그녀는 단순히 이 사로잡힘을 다른 사로잡힘으로 대체하게 될 것이다. 이를테면, 본성의 악마가 차지했던 자리를 제도나 신조, "이즘"(ism)이 대신하게 된다는 뜻이다. 그래서 어떤 운동에 주도적인 위치에 있는 사람들이 매우 열등한 종류의 꼬마 도깨비에게 사로잡히는 예가 자주 보인다. 그런 사람들은 "이즘"이나 사상을 좋아하며, 그런 것을 보호를 위한 만병통치약으로 여긴다. 그래서 그런 것을 빼앗기는 상황에 처하면, 그들은 아무 저항 없이 그냥 슬그머니 소박한 존재로 돌아가게 된다.

우리 환자는 상황의 위험을 분명히 느끼고 온 힘을 다해 털이 난 인간을 말에서 떼어낸다. 말하자면, 그녀가 자신의 말에서 풀려나고, 그래서 이제 그녀 자신이 말을, 다시 말해 그녀 자신의 리비도를 다시 통제할 기회를 갖고 있다. 그러자 그 즉시 악마가 형태를 바꾸며 지금 검은 난쟁이가 되어 있다.

난쟁이들은 무관심하다. 난쟁이들은 인간에게 유리하게 작용하기도 하고 불리하게 작용하기도 한다. 난쟁이들은 꼬마 도깨비들이지만, 악마적인 성격이 덜하다. 누구도 난쟁이에게 악마라는 단어를 쓰지 않는다. 난쟁이는 인간 심리에서 어떤 부차적인 사실을 상징하고 있는 부차적인 힘인 반면에, 악마는 인간보다 더 비중 있는 존재로 여겨진다. 악마는 사람을 공포의 도가니로 몰아넣을 수 있지만, 난쟁이는 사람의 무의식에 있는 하나의 자율적인 콤플렉스에 불과하며 저지 가능하다. 지금 그녀가 그 상황에서 어느 정도의 활력을 보였기 때문에, 또 그녀가 간섭하면서 어떤 악마가 그녀의 리비도를 통제하고 있다는 사실을 받아들이지 않았기 때문에,

그녀는 악마를 난쟁이의 크기로 축소시키고 있다. 그래서 막강한 형태의 아니무스를 이처럼 하나의 종속적인 형태로 변형시킨 것이 이 힘이 반드시 그녀를 통제하거나, 그녀의 이익에 반하는 행동을 하지는 않을 것이라는 희망을 낳고 있다. 이 힘은 통제하기가 훨씬 더 쉽고, 어쩌면 그녀의 이익에 유리하게 작용할 것이다. 그러나 그때 그가 그녀에게 이렇게 말했다.

> "당신이 나를 말에서 끌어냈지만, 나는 당신을 괴롭힐 거야. 내가 일개 난쟁이에 불과할지라도 말야. 나는 당신의 옷을 찢어 버리겠어."

그렇다면 난쟁이는 매우 분개하고 있다. 그는 힘이 빠지는 것을 좋아하지 않으며, 다소 약한 방식으로 복수할 뜻을 품고 있다. 난쟁이가 그녀의 페르소나를 찢으려 하고 있는 것이다. 말하자면, 난쟁이는 그녀가 집단적인 조건에 적응하는 데 동원하려는 어떤 태도를 못마땅해 하고 있다. 난쟁이는 그녀의 그런 태도를 막을 것이다.

그러면 이상한 일이 일어날 수 있다. 그녀가 품위를 지키고자 할 때, 그런 태도를 완전히 뒤엎어 버리는 일이 일어날 수 있다. 당신이 사랑하는 가족을 잃은 사람에게 위로의 말을 표하길 원할 때, '축하해!'라는 식의 엉뚱한 말이 튀어나온다. 악마가 엉터리 말을 당신 입에 쑤셔 넣는다. 그러면 당신은 대단히 거북한 상황을 일으키게 된다. 혹은 아픈 사람에게 엉터리 약을 줄 수도 있다. 당신이 깊은 우정을 느끼고 있지만, 그런 악마가 끼어든다면 악마는 틀림없이 잘못된 것을 자극하고 말 것이다. 우정과 사랑의 관계에서 악마가 큰 역할을 한다. 당신도 실제로 그런 일을 많이 겪었을 것이다. 자신의 생각과 다른 짓을 하고, 다른 말을 하고, 다른 감정을 품었던 경험 말이다. 아니면 난쟁이는 '앙팡 테리블'처럼 행동할 것이다. 그것은 꼬마 도깨비들의 잘 알려진 징후이다. 사람들은 그런 징후 앞에서 꽤 절망하면서 이런 식으로 말한다. "내게 무슨 문제가 있는 것이 아닌가? 언제나 내가 그릇된 행동이나 말로 모든 것을 망쳐놓고 있으니 말일세." 독일 남부의 민요 중에, 무엇을 하든, 어디를 가든 언제나 뒤에 자그마한 곱사등을 달고 다니는 소녀에 관한 것이 있다.

그렇다면 우리 환사는 지금 악마를 그녀의 페르소나를 파괴하거나 뒤집어 놓겠다고 위협하는 심술궂은 난쟁이로 약화시키는 데에만 성공했다. 그런 난쟁이가 존재한다는 사실은 그 사람의 옷이 우스꽝스러워 보일 만큼 흐트러져 있다는 사실에 의해서도 확인될 수 있다. 그러나 그녀는 그를 다시 힘으로 바로잡는다. 그녀는 이렇게 말한다.

"똑바로 서서 자세를 제대로 가다듬어. 너는 인간의 키를 갖고 있어.
너의 말은 쓰러졌고. 너는 지금 걸어서 나에게 너의 나라로 내려가
는 길을 보여줘야 해. 내가 멀리 벗어나 있거든."

아시다시피, 난쟁이는 거의 눈에 보이지 않으며, 그녀의 통제를 받지 않는 귀신같은 존재이다. 그러나 만약에 아니무스가 인간의 형태를 취하고 인간의 키를 가져야 한다면, 그것은 그녀가 소통하고 관계를 맺을 수 있는, 눈에 보이고 인간적인 그 무엇일 것이다. "너의 말은 쓰러졌어."라는 말은 그가 더 이상 그녀의 리비도를 갖

고 있지 않으며, 그 자신의 리비도와 존엄을 갖고 있으며, 그녀가 걷듯이 그도 걸을 수 있다는 뜻이다. 그는 그녀와 대등한 조건에 있음에 틀림없으며 그녀에게 자신의 나라로 내려가는 길을 보여준다. 평범한 인간이 된다는 것은 평범한 정신이 된다는 것을, 그러니까 그녀가 통제할 수 있고 또 그녀와 조화를 이룰 수 있는 그런 그녀 자신의 정신이 된다는 것을 의미한다. 만약에 그녀의 정신이 억제되지 않은 힘을 갖는다면, 그것은 그녀의 리비도가 아니무스로 흘러갔기 때문일 것이다. 그러면 그녀가 그녀의 정신으로 어떤 아니무스를 만들어냈을 것이다. 그녀의 정신은 그녀 안에 있는 하나의 기능이지만, 거기에 리비도가 지나치게 많을 경우에 그 기능이 하나의 아니무스가 된다. 이 아니무스는 팽창하고 자율권을 얻으며, 그리하여 그녀를 자신의 권력 아래에 둔다. 그러나 그녀는 지금 그녀 자신의 정신과 대등한 위치에 있다. 그녀의 정신은 기능을 제대로 할 수 있다. 그녀는 자신의 정신을 길잡이로 이용하려고 노력하고 있다.

정상적인 정신의 나라는 곧 현실을 뜻한다. 그녀가 오랫동안 멀리했던 그 현실 말이다. 그것은 무의식과 전혀 아무런 관계가 없다. 만약에 어떤 아니무스가 있다면, 아니무스가 대체로 하나의 기능이기 때문에 그 아니무스의 나라는 집단 무의식일 것이다. 그것을 그녀의 정신의 반(半)의식적인 가장자리라고도 부를 수 있으며, 그녀는 이 가장자리에 의해서 집단 무의식을 지각한다.

이제 이 형상은 아니무스라기보다는 그녀 자신의 정신이다. 그녀의 정신 중 이 부분이 진짜 어떤 남자에게로 투사되고 있을 수 있다. 아니무스는 곧잘 그런 초월적인 기능을 수행한다. 아니무스는 일종의 '영혼의 길잡이'이다. 왜냐하면 아니무스와 여자의 정신은 무의식의 자료들과 의식의 자료들이 결합할 수 있는 그런 기능들이기 때문이다. 따라서 여자의 안에서 로고스 요소가 초월적인 기능을 수행할 것이다. 남자의 안에서 에로스가 그런 기능을 수행하듯이. 남자의 에로스, 말하자면 남자의 개인적 관계성은 아니마와 함께 무의식의 자료와 의식을 결합시키는 상징을 포함하고 있으며, 따라서 그런 초월적인 기능을 가능하게 만든다. 그렇다면 그 상황은 이렇다. 그녀는 미국이라는 문제와 정면으로 대결을 벌이기로 마음을 정했다. 성성낭낭하게 행동하고, 그 문제에 합리적으로 대처하고, 온갖 흘림을 피하기로 결정한 것이다. 그녀는 아니무스에게 사로잡히지 않으려는 뜻을 강하게 품고 있다.

그 다음 일련의 환상들은 "뱀의 상승"이라는 제목을 달고 있으며, 같은 장면의 연속이다. 그녀의 환상은 이렇게 이어진다.

> 그 동물이 인간이 되었다. 그에겐 더 이상 동물의 검은 털이 없었다. 그와 대화한 뒤에, 나는 그의 가슴과 팔 위로, 톱니를 가진 십자가 모양의 상처가 생기는 것을 보았다. 상처엔 피가 흐르고 있었다. 그의 두 뺨에서 눈물이 흘러 내렸다. 그는 고개를 숙여 보인 다음에 나보다 앞서 바위투성이 검은 길을 걸었다.

이 대목은 우리가 지금 논하고 있는 내용을 확인시키고 있다. 정신과 아니무스가 함께 상징을 갖고 있다. 여기서 상징은 십자가이며, 그의 가슴에 찍혀 있다. 그녀의 정신에도 그 상징이 찍혀 있다. 이것은 분명히 고통스런 조건이다. 왜냐하면 상징을 갖고 있는 것이 일종의 '트란시투스'(transitus)[44]이기 때문이다. 트란시투스라는 개념은 신비 의식의 일부이며, 그것은 상징을 짊어지거나 신을 짊어지는 것을 의미한다. 그리스도는 수난 중에 십자가를 짊어지면서 상징을 지고 있다. 그리고 소나무를 옮기고 있는 아티스도 마찬가지로 트란시투스이다. 아티스는 소아시아의 신이고, 그리스도처럼 죽으면서 부활하는 신이다. 특이한 의식에서, 아티스는 소나무로 표현되며, 사람들은 그의 이미지를 소나무에 묶었다. 그 소나무는 잘려서 동굴로 옮겨졌다. 이것은 틀림없이 일종의 어머니 숭배였다. 그것은 그리스도가 십자가에서 내려오는 것과 비슷하다. 무덤과 재생은 부활을 위해 육체를 동굴로 옮기는 것과 똑같은 사상이다. 아티스의 부활은 동굴, 즉 어머니의 안에서 이뤄지는 것으로 여겨졌다. 미트라 숭배에도 이와 비슷한 트란시투스가 있다. 수소는 영웅에 의해 죽음을 당하는 전형적인 동물이며, 그때 영웅은 무거운 수소를 짊어지는 것으로 그려지는데, 이것 역시 트란시투스이다.

트란시투스는 어려운 어떤 과제를 수행함으로써 이 조건에서 다른 조건으로 넘어가는 것을 의미한다. 그러므로 트란시투스는 12개의 과제를 수행해야 했던 헤라클레스의 영웅적인 행위와 비교할 만하다. 하나의 과제는 영웅의 시련 또는 일이며, 종종 신비주의 수행자들이 보다 높은 단계에 이르기 위해 수행해야 했던 의식적(儀式的) 행위와 비교된다. 초보적인 의식에서, 이 시련들은 대단히 고통스러웠으며, 물과 추위, 불, 굶주림 등의 시험이 있었다. 아메리카 인디언과 멕시코 인디오들의 기록 중에도 이런 시련에 관한

----

44 개종하다, 경과하다 등을 뜻하는 라틴어.

자료가 있다. 대단히 흥미로운 내용이다. '조언의 책'(Popol Vuh)이라는 멕시코 인디오들의 문서가 있다. 성년식에 대해 설명한 책으로, 그들의 신비한 가르침을 담은 일종의 교과서라 할 수 있으며, 고전적인 마야 키체(Maya Quiché) 문화에서 발췌한 것이다.

그렇다면 상징을 옮기는 것은 언제나 이 조건에서 다른 조건으로 넘어가는 고통스런 트란시투스이며, 여기서 세계 속으로 내려가는 것은 의식(儀式)의 가치를 지닌다. 그렇다고 이 여자가 진정한 세계 속으로, 현실 속으로 돌아가는 것이 의식(儀式) 행위라는 뜻은 아니다. 그런 것과는 거리가 아주 멀다. 그러나 나는 그것이 의식 행위가 되어야 한다고 말한다. 현실 속으로 내려가는 것은 그런 측면에서 이해되어야 한다. 어느 누구도 현실로 돌아가는 것을 의식의 행위로 여기지 않기 때문에, 현실 속으로 들어가는 것이 대체로 단순한 일로 여겨지지만, 무의식의 깊은 생각에 따르면 그 일 자체를 진지하게 받아들이는 것이 옳다. 그래서 그녀가 현실로 들어가려는 순간에 환상은 다시 그것이 트란시투스라고 말하고 있다. 그렇다면 그녀는 인류가 어려운 일을 다룰 때면 언제나 그래 왔듯이 어떤 의식(儀式)을 적용해야 한다. 신들이 당신의 모험에 호의적일 것이라는 확신이 서지 않을 때, 당신은 일들이 어떤 결과로 이어질지 모르는 탓에 신에게 제물을 바치는 의식을 치르거나 기도를 올린다. 이는 당신이 통제할 수 없는 힘들을 다룰 때 그런 식으로라도 확신을 얻기 위해서이다. 당신이 일들을 제대로 통제하고 있다고 생각하는 일상적인 경우에, 당신은 그런 것에 관한 꿈을 꾸지 않는다. 고대 로마인들도 그런 상황에선 꿈을 꾸지 않았으니 말이다. 예를 들어, 면도를 하거나 출근하기 전에 종교 의식을 치르는 사람은 없다. 그러나 만약에 국가고시를 통과해야 하거나 누군가와 특별히 힘들거나 불쾌한 대화를 해야 하거나 통제 불가능한 어떤 힘을 다뤄야 하는 상황이라면, 당신은 그 일에 착수하기 전에 틀림없이 기도를 외거나 그와 비슷한 행위를 할 것이다.

기도 대신에 어떤 강박증이나 미신을 품을 수도 있다. 중요한 어느 순간에 일들이 잘 돌아가도록 하기 위해, 왼쪽 구두를 먼저 신지 않도록 조심하거나, 당신이 알지도 못하는 사람의 기분을 상하게 하지 않기 위해서 옷에 신경을 쓰는 것이 그런 예이다. 마치 크리스마스이브에 선물을 받기 위해서 행동에 신경을 쓰는 아이들처럼. 지금 그 일들은 꽤 무의식적이다. 강박 신경증으로 힘들어 하는 사람들을 보면, 그들이 사람들과 사물들을 대단히 부도덕하고 무모한 방식으로 다루고, 그래서 그들이 강박증을 일으키고 의식(儀式)에 터무니없을 만큼 의지하는 것이 확인된다.

우리 환자가 현실 속으로 이동하는 것은 그녀의 의식에 아주 당연하고 매우 단순한 사건처럼 보인다. 그 이동은 '잘 지냈니? 오랫동안 보지 못했구나. 오늘 날씨 참 좋지 않아?' 등의 인사말로 이뤄져 있다. 그러나 그 일을 그런 식으로 아주 단순하게 받아들인다면, 그녀는 즉시 그 이동의 희생자가 될 것이다. 말하자면 꽤 무의식적인 존재가 되어 집단에 삼켜질 것이라는 뜻이다. 그렇게 되면 모든 것을 한 번 더 거쳐야 한다. 그녀가 성취한 모든 것은 물거품으로 돌아갈 것이다. 그녀의 성취는 아래로 삼켜질 것이고, 그러면 그녀는 미국을 떠났던 그 지점에서 다시 시작해야 한다. 그러므로 그녀는 집단성이라는 거대한 괴물에 맞서 똑바로 서 있기 위해서 그 동안에 배웠던 것을 의식해야 하고 또 배울 기회를 가져야 하다. 그러면 그녀는 아래로 내려가는 것이 집단 무의식으로 내려가는 것이나 마찬가지라는 점을 이해할 것이다. 그것은 집단 무의식이기 때문에 안에 있든 밖에 있든 똑같다. 어떤 경우든 당신에겐 어떤 의식(儀式), 어떤 태도가 필요하다. 그러기에 그녀는 그 낙인의 고통을, 그녀가 마음 속으로 지고 다니는 십자가의 고통을 느껴야 한다. 그 고통을 망각한다면, 그녀는 가치들을 상실할 것이고 그 상징을 잃게 될 것이다. 그렇게 되면 그녀의 삶은 한쪽으로 보면 단순히 하나의 임의적 선택이 될 것이고, 다른 쪽으로 보면 단순한 우연에 지나지 않을 것이다. 그러나 그녀는 그 상징을 갖고 의식과 무의식을 동합시킨다. 그러면 그녀의 삶이 의미를 지니게 되고, 그녀는 그 삶이 바로 자신이 살아야 하는 삶이라고 느낀다. 그 삶은 기본적으로 완전히 무의미한 때보다 훨씬 더 만족스럽다. 그녀는 상징을 지고 다녀야 하지만, 그 상징은 트란시투스의 수고와 고통을 의미한다. 집단성의 거대한 힘에 맞서 어떤 의식적인 상태를 지키는 것이 대단히 어려운 일이기 때문이다.

그렇다면 그녀가 인간 사회 또는 현실에 다시 적응하는 일은 특별한 어떤 태도를 갖고 의식(儀式)처럼 치러져야 한다. 예를 들면, 성찬식을 당신이 행하는 행동의 의미를 잘 아는 가운데 특별한 정신을 갖고, 특별한 태도로 치러야 하는 것과 다를 바가 없다. 그것은 모든 것을 경솔하게 보는 것 같은 그녀의 격의 없는 태도에 대한 보상이다. 그녀는 그 적응을 성찬식처럼 대하며 매우 진지하게 받아들여야 한다. 그런 식으로 접근하면, 그녀는 보다 높은 상태의 의식을 간직할 수 있다. 만약에 아무 의미를 지니지 않는 무엇인가를 해야 한다면, 당신은 그 일에 대해 의식할 필요가 거의 없다. 그러나 의식(儀式)의 행위를 하는 동안에 당신은 자신이 하고 있는 것을 완전히 의식하게 되어 있고, 그 외의 어떤 것보다 더 강하게 의식하게 된다. 예를 들어, 빵을 먹거나 약간의 포도주를 마시는 것은 거의 의식이 없는 상태에서도, 꿈이나 다름없는 상태에서도 가능하다. 그러나 성찬식을 꿈꾸는 상태에서 치르지는 못한다. 당신은 반드시 의식을 차리고 있어야 한다. 그렇지 않으면 성찬식이 오히려 매우 나쁜 효과를 부를 것이다. 이것에 대해 깊이 생각해 보길 바란다. 아주 중요한 상징이니까.

1933년 12월 6일

몇 가지 질문이 제기되었다. 그 중 하나를 보자. "현대인이 하는 '트란시투스'라는 심리적 경험에 대해 조금 더 설명해주시면 고맙겠습니다. 현대인은 희생이라는 종교적 상징을 짊어지고 다니는 것을 어떤 식으로 새로운 심리적 경험 속으로 녹여내고 있는지 궁금합니다."

지난 시간에 옛날의 숭배에 등장하는 트란시투스의 상징에 대해 논했다. 예를 들면, 아티스 숭배에서 소나무가 동굴 안으로 옮겨졌고, 미트라가 죽인 수소를 짊어졌고, 그리스도가 십자가를 짊어졌다. 트란시투스는 무거운 짐을 지는 것을 의미한다. 물론 이것은 잘 알려진 종교적 상징 표현이며, 모든 경전과 찬가를 보면, 짐을 지는 것이 비유적인 표현으로 자주 등장한다. 그 의미는 꽤 분명하다. 사람은 그 어려움에 대해 지나치게 불평하는 일 없이 자신의 짐을 짊어져야 한다는 뜻이다. 그러나 너무나 자연스런 이 가르침이 그런 식으로 교리로 표현되어야 했던 이유가 정확히 이해되지 않고 있다. 아시다시피, 그 상징 표현은 더욱 근본적인 무엇인가를, 무의식의 어떤 사실을 가리키고 있다. 예를 들어, 의인화된 신인 아티스가 소나무와 무슨 관계가 있는가? 아티스 숭배에서는 소나무를 잘라 그 기둥에 아티스 상을 묶은 다음에 그것을 동굴 속으로 옮겼다. 이것은 분명히 죽어가며 부활하는 신과 관계있으며, 인간에 의해 투사되고 있다. 그 의식에 대한 해석을 근거로, 우리는 당시의 사람들이 짊어져야 한다고 판단한 것이 구체적으로 어떤 짐이었는지를 발견할 수 있다. 그렇다면 소나무는 무엇을 의미하는가? 혹은 그리스도가 매달렸던 십자가는 무엇을 의미하는가? 혹은 자신이 수소였던 미트라가 짊어졌던 수소는 무엇을 의미하는가?

나무는 비아(非我)의 과정을, 말하자면 무의식에서 일어나고 있는 과정을 상징한다. 수소가 무의식의 원시적 생명력을 상징하고, 옛날의 전통에 따르면 십자가가 생명의 나무였으니 말이다. 십자가는 다른 의미도 많지만, 아티스의 숭배와 매우 밀접한 관계가 있다. 예를 들면, 히폴리토스(Hippolytus)[45]의 시대에 그리스도가 아티스의 스펠라이움(spelaeum)[46]로 쓰인 곳에서 태어난 것으로 알려져 있었으며, 미트라도 동굴에서 숭배되었다. 동시대에 믿어졌던 이 3개의 종교는 지하 숭배로 시작된 것이 특징이다. 기독교 카타콤(지하 묘지)도 같은 목적에 쓰였으며, 동굴이었다. 이것은 상징적으로 무엇을 암시하는가?

....
45 A.D. 2세기에 가장 중요했던 기독교 신학자 중 한 사람이다.
46 동굴이라는 뜻의 라틴어.

어두운 곳으로의 회귀를 의미한다. 동굴은 아래쪽 복부에 있음에 틀림없다는 점을 암시한다. 그러나 그 시절에는 그것이 외부의 상태들로 모두 투사되었다. 무의식이라는 우리의 개념도 하나의 동굴 숭배이다. 동굴 숭배는 어둡고 신비한 무의식을 특별히 상징적으로 표현한 것이다. 우리 현대인은 어두운 동굴 안에서 이상한 신들을 숭배하지 않고, 그 대신에 무의식의 힘들에 대해 말한다. 무의식은 동굴 숭배를 단지 심리학적으로 표현하는 방식에 지나지 않는다. 그리고 앞으로 2,000년 후에 사람들은 더없이 기이한 숭배에 내해, 무의식의 힘에 대한 상상과 관계있는 그런 숭배에 대해 언급할지 모른다. 미래의 사람들도 당연히 이 모든 사상들이 투사되었다고 말할 것이며, 옛날 사람들이 그런 식으로 아주 원시적으로 자신을 표현했다고 말할 것이다. 왜냐하면 그때쯤이면 지금은 상상조차 할 수 없는 추상 작용이 일어날 것이기 때문이다. 우리 현대인에겐 무엇인가를 철저히 부정적인 이름으로 부르는 것이 꽤 추상적인 것처럼 보인다. 우리는 무의식이 무엇인지 정확히 모르는 터라 겸손하게 그런 이름(unconscious)으로 부른다. 우리가 그것을 무의식이라고 부르는 이유는 그것이 의미하는 바가 우리에게 알려져 있지 않기 때문이다. 무의식이라는 이름은 일종의 상징적 표현이다. 우리는 어떤 면에서 보면 투사인 개성이나 '자기'에 대해서도 논한다. 우리는 의식의 특이한 상태를 표현하길 원하면서, 전혀 알려지지 않은 어떤 것을 위한 용어로 무의식을 쓰고 있다. 그렇기 때문에 지금으로부터 2,000년 후에 인류가 의식의 발달을 어느 정도 이룬다면, 그래서 지적인 사람들이 지금보다 더 많아진다면, 미래의 인류는 우리가 지금 고대에 대해 품고 있는 태도와 똑같은 태도를 취할 것이다. 우리는 지금 그리스도와 십자가, 아티스와 나무, 미트라와 수소 대신에 의식과 무의식에 대해 말하고 있지만, 이것은 인간 의식의 발달에서 보면 단지 한 걸음에 지나지 않는다.

그러므로 인간은 자신의 무의식을 다뤄야 한다는 식으로 말할 때, 당신은 무의식 같은 것이 있다고 생각해야 하고, 무의식이 당신에게 어떤 과제를 안기고 있다고 생각해야 한다. 예를 들면, 당신은 당신 자신이 꽤 멋지고 옳고 합리적이라는 식으로 지속적으로 말하지 못한다. 만약에 일들이 당신의 뜻대로 돌아가기만 한다면, 세상은 부드러운 길을 달릴 것이지만, 저쪽의 악마들이 언제나 반대하고 문제를 일으키려 들고 있다. 이런 식으로 생각하면서, 당신은 자신의 무의식을 그들에게로 투사하고 있다. 그래서 어떤 것도 제대로 작동하지 않는다. 모두가 똑같은 짓을 하고 있기 때문이다. 당신이 생각하기에 언제나 나쁜 짓만 하고 있는 저쪽의 사람들도 당신과 똑같은 사고방식을 갖고 있으면서 당신에 대해 똑같은 말을 하고 있다. 그런 상태에서 어떻게 발달이라는 것이 일어날 수 있겠는가? 당신은 나무를 짊어져야 하고, 당신의 짐을 짊어져야 하고, 무의식의 짐을 짊어져야 한다. 당신은 당신의 무의식이 매우 다루기 힘든 소망이나 성향을 갖고 있다는 점을 인정해야 한다. 당신은 그 같은 사실들을 의식해야 한다. 당신이 무의식적으로 품고 있는 포부는 성취되지 않을 것이며, 바로 그 같은 사실 때문에 무의식이 고통을 겪고 있다는 사실을 알아야 한다. 다른 사람들이 당신을 고통스럽게 만들고 있다는 식으로, 다른 사람들이 합리적으로 처신하기만 하면 모든 것이 나아질 것이라는 식으로 말하지 마라. 바로 '당신'이 합리적인 존재가 되어야 하고, 당신 자신의 무의식이 온갖 곤경의 원천이라는 것을 보아야 한다. 십자가가 그리스도가 고통을 겪도록 했듯이, 우리의 무의식의 짐이 우리가 고통을 겪도록 한다. 그리고 다른 누군가가 당신을 십자가에 못 박았다고 말하지 마라. 당신을 십자가에 매달리게 하는 것은 언제나 당신 자신이다. 당신은 언제나 십자가에 매달리기 위해서 최선을 다하고 있는 셈이나 마찬가지이다. 만약에 당신이 적절히 산다면, 그런 당신은 십자가에 다가가야 하고, 당신은 그 같은 사실을 다루는 방법을 배워야 한다. 이것은 초기 기독교의 믿음과 정확히 일치한다. 구원은 십자가에 있고, 모두가 자신의 십자가를 짊어져야 한다는 믿음 말이다. 케케묵어 보이는 이 사상도 해석만 제대로 한다면 의미심장한 것으로 확인된다.

이제 우리 환자의 환상을 보도록 하자. 아니무스가 그녀를 바위투성이 검은 길을 따라 아래로 이끌고 있다. 이 길은 피할 수 없는 길을 상징한다. 아시다시피, 그런 나라를 여행할 때, 당신은 거기에 있는 길을 걸어야만 한다. 통행 가능한 다른 길은 전혀 없다. 당신은 그 길을 따라야 한다. 따라서 그 길은 대체로 바위투성이거나 좁은 계곡이거나 산의 가파른 경사면이다. 힘든 길인 것이다. 그녀는 이렇게 말한다.

돌연 나는 우리가 어떤 거대한 뱀의 등 위를 걷고 있다는 것을 느꼈고, 그 같은 사실을 확인했다. 나는 남자에게 말했다. "지금 거대한 뱀의 등을 걷고 있어요." 그러자 그가 "맞아요. 우리는 지금 뱀의 등을 밟고 있어요."라고 대답했다.

길은 종종 뱀처럼 굽어 있다. 그녀의 환상은 원시인의 신화를 떠올리게 한다. 아프리카 신화 혹은 남미 신화에 이런 것이 있다. 여자들이 숲으로 들어갔다가 점심을 먹기 위해 땅바닥에 쓰러져 있던 멋진 긴 나무 위에 앉았는데, 남자들이 여자들에게 다가와서 그들이 뱀의 등에 앉아 있다고 일러주었다고 한다.

그런데 이 이야기는 아주 전형적이다. 나는 케냐 나이로비에서 영국인을 만난 적이 있다. 케냐 난디 지역에서 나비와 난초를 채집하던 사람이었다. 난디 지역엔 평원에 벼랑 같은 것이 높이 솟아 있으며, 거기엔 깊은 협곡과 울창한 정글이 있다. 희귀식물이 가득 자라고 있는 협곡을 따라 걷다가, 그는 약간 피곤한 느낌이 들어 바닥에 누워 있던 나무줄기에 앉으려 했다. 바로 그때 그의 사냥개가 짖기 시작했고, 그 나무가 서서히 움직이며 멀어져 갔다. 거대한 보아 뱀이었는데, 숲의 어둠 속에서 그것이 썩은 나무처럼 보였던 것이다. 뱀 위로 나뭇잎들이 그늘을 드리우고 있어서 식별이 거의 되지 않았다. 뱀도 썩은 나무처럼 보이는 쪽으로 환경에 적응하는 것 같다. 그 뱀은 완벽하게 위장이 되어 있었다. 다른 빛 아래에서 보면 매우 생생하게 보이는 무늬도 자연 속에서는 주변 환경에 완벽하게 녹아들면서 드러나지 않는다. 노랑과 검정으로 되어 있는 호랑이의 줄무늬의 대조도 아주 뚜렷이 드러날 것 같지만 자연 속에선 완전히 사라져버린다. 다수의 색깔로 위장한 군용 트럭들이 어느 거리에서 보면 보이지 않게 되는 것과 마찬가지이다.

그 신화의 다음 내용은 남자들이 뱀을 죽여서 고기를 집으로 갖고 온 다음에 삶아서 큰 잔치를 벌였다는 것이다. 그러면 비가 내리기 시작했고, 비는 가장 높은 산조차 잠길 때까지 내렸다. 대홍수였으며, 그런 재앙이 닥친 것은 여자들이 그 왕뱀에 대해 아니무스 단정을 내렸기 때문이다. 호주에도 이와 비슷한 신화들이 있다. 그곳의 사람들은 소위 모든 생명체들의 아버지 또는 어머니인 울룬쿠아 뱀을 믿었다. 남자들과 여자들도 이 뱀의 후예로 여겨졌다. 그것은 모든 사람들을 등에 짊어지고 있는 뱀이다.

이어 우리는 상징 표현이 매우 발달한 단계에서 이 사상을 다시 만난다. 그리스도가 황도대의 뱀으로 비유되고 있는 것이다. 태양의 경로는 황도대를 따라 길을 열고 있는 커다란 뱀으로 표현되며, 그리스도는 하늘의 그 뱀으로 여겨진다. 황도대의 12개 별자리들은 그 뱀의 등에 무늬를 형성하고, 그 별자리들은 또 그 뱀의 열두 제자인 사도들을 표현한다. 사도들은 황도대 별자리들이며, 그리스도는 그 별자리들을 모두 연결하는 뱀이다. 또 다른 예는 그리스도의 말씀에 담겨 있다. "나는 포도나무이고, 너희는 포도이니라." 포도들이 서로 함께 모여서 포도나무의 생명을 살고 있듯이, 그리스도는 황도의 뱀으로서 사도들을 짊어지고 있다. 기독교 도상학(圖像學)에 사도들이 별이나 별자리로 이해되었다는 점을 보여주는 다른 암시들이 있다. 예를 들어, 사도들은 간혹 머리 위에 별을 하나씩 갖고 있는 것으로 그려진다. 이것은 사도들이 우주와 연결되어 있다는 것을 암시하며, 따라서 그리스도는 우주의 뱀으로 이해되었다.

그 사상은 '신약성경'의 텍스트에서는 발견되지 않지만 영지주의 전통, 예를 들어 마르키온파의 전통에 의해 뒷받침되고 있다. 마르키온파는 소위 오피스파가 훗날 더욱 발달한 종파이며, 오피스파의 기원은 그리스도 이전으로 올라가는 것으로 여겨진다. 이 종파는 뱀의 형태로 나타나는 구원자를 숭배하고, 진짜 뱀과의 성찬을 축하했다. 원래의 이교도 오피스파는 뱀을 목이 불룩한 킹 코브라로 표현했으나 훗날에 뱀은 무시무시한 독을 지닌 측면을 상실했다. 나는 2,000년 이상 된 영지주의 반지를 하나 갖고 있다. 안쪽의 한 상징은 그 반지가 그리스도 이전에 만들어진 것임을 암시하고 있다. 반지 위에 새겨진 뱀은 두건 모양이 아니며, 남쪽의 나라들뿐만 아니라 여기서도 발견되는 평범한 물뱀을 많이 닮았다. 내륙의 초원에서 발견되는 뱀은 회색이지만 물 근처에서 발견되는 뱀은 귀 뒤쪽에 달 모양의 노란 점들이 있고 길다. 간혹 1.5m나 되는 뱀도 있으며 아주 뚱뚱하다. 오피스파가 기독교인이 되었을 당시에, 오피스파 교도는 여전히 뱀과의 성찬을 축하했다. 그런 행사가 치러지는 동안에 뱀은 성찬식 탁자 위의 바구니에 담겨 있었으며, 그것은 구세주를 상징했다. 이 이야기는 세상의 창조주 데미우르고스가 스스로 완벽한 세상을 창조했다고 생각했던, 앞을 보지 못하는 악마였다는 오랜 전설에 따른 것이다. 이 전설 속에선, 이 세상이 매우 불완전한 것으로 드러나자 데미우르고스가 인간 존재들을 최대한 무의식적인 존재로 만들었다고 한다. 이유는 인간 존재들이 그 불완전성을 보지 못하도록 하기 위해서였다. 그러나 정신적 세계의 신은 꽤 달랐으며, 이 신은 물질적 창조가 자신의 품위를 떨어뜨린다는 이유로 그쪽의 창조를 전혀 하지 않았다. 오직 악마들만이 흙을 갖고 작업할 수 있었다. 그리고 정신적 세계의 신은 맹목적인 그 인간 존재들의 비참을 보고는 낙원의 뱀의 형태로 자신의 아들을 보내 인간 존재들에게 변해야 한다는 점을 일러주도록 했다. 맹목적인 인간 존재들은 의식적인 존재가 되어 옳은 것과 그른 것을 구분하기 위해서 금단의 열매를 먹어야 했다. 그래서 신의 아들은 낙원의 뱀의 형태로 이 땅에 처음 모습을 드러내고 최초의 부모들에게 훌륭한 조언을 많이 했다.

그 이후에도 뱀이 그리스도의 형태로 다시 암시되었다. 그리스도가 이렇게 말할 때였다. "모세가 뱀을 십자가로 끌어올리며 찬양했듯이, 인간의 아들은 십자가까지 높아질 것이다." 똑같은 일이 그리스도에게 일어날 터였다. 왜냐하면 그도 불멸의 약을 낳는 치료의 뱀이었기 때문이다. 당시에 뱀들은 무한한 세대를 사는 것으로 여겨졌다. 뱀들이 언제나 묵은 허물을 벗고 새 허물을, 새로운 생명을 얻음으로써 영원히 스스로를 재생시킬 수 있었기 때문이다. 그러므로 뱀은 부활과 죽음, 재생의 상징이었다.

그리스도가 뱀이라는 사상은 초기 교회에 영지주의와 이교도가 끼친 영향이 컸음을 보여주는 또 다른 증거이다. 이런 가르침을 믿었던 마르키온파는 당시에 매우 중요한 종파였다. 그들이 셈족에 반대했고, 또 '신약성경' 수정판을 만들었기 때문이다. 마르키온파는 이 수정판에서 '구약성경'에서 인용한 부분을 모두 삭제했다. 마르키온파는 그때 독일 기독교인들이 지금 시도하고 있는 것을 그대로 했다. 이유는 마르키온파가 불완전한 세상을 창조한 그 사악한 데미우르고스가 야훼라고 믿고, 그리스도가 사람들의 정신을 계몽시키고 사람들을 맹목의 저주로부터 구원하기 위해서 정신적 세계의 신의 아들로 왔다고 믿었기 때문이다. 교회 역사에서 가장 훌륭한 독일 학자 중 한 사람으로 꼽히는 아돌프 폰 하르나크(Adolf von Harnack: 1851-1930)는 인간 마르키온(Marcion: A.D. 85?-A.D. 160?)에 관심이 아주 많았다. 하르나크의 처음이자 마지막 저술은 마르키온에 관한 것이었다. 하르나크는 마르키온파의 창설자에 관한 책으로 학문적 경력을 끝냈다. 마르키온파는 이설(異說)을 주장한 학파였으며, 교회에 의해 4세기경에 완전히 제거되었다. 1,600년 전에 일어난 일이다.

우리 환자의 환상에 등장하는 뱀은 옛날의 상징 표현과 관계있다. 지금 무슨 일이 일어났는가? 어떻게 그 길이 갑자기 뱀의 등으로 바뀌었는가?

길은 언제나 지금과 똑같은 모습이었다. 전에도 길은 한 마리 뱀이었다. 그러나 그녀의 의식이 증대되었으며, 그녀가 지금 밟고 있는 것이 살아 있는 뱀의 몸통이어야 한다는 것은 꽤 중요한 발견이다. 길은 언제나 뱀이었을 가능성이 아주 크다. 길이 자율적인 것으로 여겨지는 한, 길은 한 마리 뱀이다. 하지만 길이 어떻게 자율적일 수 있는가?

앞에서 이야기한 온갖 신화적 자료는 하나의 보편적인 상징인 뱀의 배경을 아는 데 도움을 준다. 뱀은 나타날 때마다 특별한 의미를 지닌다. 그렇다면 여기서도 우리는 뱀이 엄청난 중요성을 지닌다고 봐야 한다. 그러나 뱀의 중요성을 분명히 알기 위해서는 먼저 그 환상의 실제 의미를 최대한 정확히 파악할 수 있어야 한다. 그들이 그 길이 한 마리 뱀이라는 것을 발견했다는 사실은 그들이 죽었다고 생각했던 것이 현실 속에서 살아 있는 사물이라는 의미이다. 그들은 뱀의 등을 밟고 있다. 그 전의 어느 환상에서 그녀는 살아 있는 사람들의 등을, 그리고 지하 세계의 죽은 자들의 등을 밟고 있었다. 이것은 다소 비슷하다. 사람이 생각했던 것은 모두 죽어서 이제는 단순히 어떤 목적에 이르는 수단에 불과하고, 그 자체로 하나의 목표라는 뜻이다. 잘 아시다시피, 그들은 그 괴물 같은 뱀으로부터 보호를 전혀 받지 못하고 잡아먹힐 것이다. 당신은 환상의 다음 부분에서 뱀이 살았으며 힘이 엄청나다는 사실을 확인할 것이다. 그렇다면 우리는 환상의 그 부분을, 불가피한 길은 그 자체로 살아 있고, 자율적으로 살아가는 어떤 사물이라는 점을 알려주는 정보로 받아들여야 한다. 경전에도 이를 뒷받침하는 증거가 있다.

"내가 곧 길이요."라는 말씀이 있다. 그리스도는 틀림없이 살아 있는 존재였고 치료의 뱀이었다. 다른 예도 있다. 도(道)이다. 도는 원래 한 마리 용으로 상징되었으며, 그리스어 단어 '드라콘' (dragon)은 뱀을 의미한다. 이 단어는 지금 우리가 신화적인 개념으로 쓰는 단어 'dragon'만큼 특별하지는 않다. 그 그리스어 단어의 의미는 유명한 문장에 나타나고 있다. "수소는 뱀의 아버지이고, 뱀은 수소의 아버지이니라." 말하자면 수소와 뱀은 하나의 완전한 순환이다. 수소는 봄과 태양, 상승하는 양(陽)의 원리를 의미하고, 뱀은 이 경우에 겨울과 어둠, 습기, 음(陰)의 원리를 의미한다. 그래서 그 길은 매우 강력하다. 당신이 거기에 올라서자마자, 길은 정말로 살아난다. 피할 수 없는 길 위에 올라서면, 더 이상 당신이 아니무스나 길잡이에게 이끌리거나 당신 자신을 이끌고 있는 것처럼 보이지 않는다. 마치 길이 마음대로 지휘하는 것처럼 보인다. 여기서 그런 변화가 일어나고 있다. 당신이 본능에 따라 살고 있을 때, 그것은 본능이 당신을 지배하고 있는 것이나 마찬가지이다. 본능들이 힘을 완전히 발휘하고, 본능들이 원하는 대로 당신을 밀거나 당길 수 있다. 그것은 완전히 무의식적이고 비도덕적이고 비윤리적인 상태이다. 그렇다. 당신이 무의식적으로 살면, 그렇게 된다. 그러나 당신이 의식적으로 살 때, 그때 삶은 어떤 모습일까?

그래서 우리는 중국에서 도(道) 사상을 발견한다. 사물들의 조화를, 하늘과 땅에서 일어나는 사건들의 불가피한 길을 표현하기에 아주 적절한 개념이다. 도는 원래부터 법칙을 지키며 진행되는 사건들의 조화로운 경로라고 말할 수 있다. 만약에 인간이 그 길 안에서 식물처럼, 혹은 맹목적인 동물처럼 산다면, 그 사람은 법을 지키는 사건들과 조화를 이룰 것이다. 그러나 그것은 절대로 이상적인 조건이 아니다. 그것은 중국인이 도라고 부르는 그런 것이 아니다. 아니, 중국인이 그것을 어떤 의미에서 도라고 부를 수도 있겠지만, 만약에 그것이 도마뱀이나 쥐나 개나 원시인도 이룰 수 있을 만큼 쉬운 일이라면, 굳이 철학자만이 온갖 철학적 노력의 종국적 결과로 도에 닿을 수 있는 이유는 무엇인가? 그것이 바로 당신이 무의식에 완전히 빠져서 신비적 참여를 하며 자연 속에서 사는 삶과 당신이 의식하는 가운데 자연 속에 사는 삶의 차이이다. 불행하게 '성경'에 포함되지 못한 예수의 말씀에 따르면, 전자의 상태는 죄에 가깝고 후자의 상태는 구원 받은 상태이다. 그것은 위대한 권위를 갖고 있는 영지주의의 말씀이다. "만약에 그대가 자신이 하고 있는 것이 무엇인지를 알고 있다면, 그대는 축복을 받고, 만약에 그대가 자신이 하고 있는 것을 모른다면, 그대는 저주를 받을 것이다." 이 말은 예수가 안식일에 신성한 금지를 어기고 들판에서 일하던 사람에게 한 말이다. 바로 그런 것이 중국인 철학자에게 도가 의미하는 바이다. 자기 자신을 아는 것이, 천성을 아는 것이 인간의 최고 성취이며, 하늘의 뜻을 어기지 않는 방향으로 사는 것이 최고의 의식(意識)이다. 그런 삶을 찾는다면, 당신은 다시 조화를 이룰 수 있다. 무의식적인 조건에서 의식적인 조건으로 옮겨가는 것은 엄청난 성취이다. 예수가 말했듯이, 사람은 자신이 하고 있는 것을 알고 있어야 한다. 의식의 발달에 강조의 방점이 찍히고 있다. 그리고 방점의 이런 이동은 사람에게 모든 도덕적, 윤리적 가치 판단은 단순한 촌극에 지나지 않는다는 점을, 의식의 발달 과정에 있었던 걸음들에 지나지 않는다는 것을 볼 기회를 준다.

17강

1933년 12월 13일

지난 시간에 아니무스와 우리 환자가 거대한 뱀의 등 위에 있는 것에 대해 논했다. 그와 비슷한 예들 중에서 그리스도가 황도(黃道)의 뱀과 동일시되는 기독교의 상징 표현에 대해 언급했다. 또 가톨릭교회에서 그리스도는 한 해의 과정을 상징하는데, 이것도 똑같은 사상이다. 한 해가 열두 달로 나뉘기 때문이다. 황도의 12개 별자리를 지나는 태양의 길이 한 해의 삶이듯이, 그리스도의 삶은 한 해의 총합이다. 그리스도는 한 해의 과정과 더불어 태어나고 죽는다. 그 같은 사실은 이것이 시간의 뱀이라는 점을 보여준다. 이 시간의 뱀은 한 해의 총합을 어떤 신화적 괴물과 연결시키는가?

　용이다. 용의 신화에서 아주 분명한 것은 용의 불멸성이다. 용은 과거를 포함하고 있다. 이 과거는 '아포카타스타시스'

(apokatástasis)[47]의 기적을 통해 다시 되돌려지고 미래의 사물들을 형성한다. 모든 신화에서 용은 영웅을, 영웅의 부모와 조상들, 전체 부족, 전체 민족, 마지막으로 나무와 강과 동물들을 포함하고 있다. 세월 속에 사라지는 모든 것은 용의 배 속으로 떨어지고, 용은 그것을 운반한다. 그래서 영웅이 용을 죽일 수 있을 때, 그는 아포카타스타시스, 즉 만물의 회복이라는 기적을 낳는다. 그리스도는 전형적인 용 살해자이다. 왜냐하면 구원을 통해서 그가 과거 속에 잃어버린 모든 것을 다시 살려내기 때문이다. 아포카타스타시스는 구원을 의미하고, 이 사상은 성 바오로의 서간에 담겨 있다.

심리학적으로 흥미로운 또 하나의 사실이 있다. 언제나 영혼들의 길잡이인 아니무스가 여기서 황도의 뱀을 밟고 있는 존재로 나오는데, 이것은 아니무스가 뱀의 구세주, 시간의 구세주라는 것을 의미한다. 뱀이 황도의 길이므로, 아니무스는 태양인 것처럼 보인다. 그는 마치 하늘로 옮겨진 것처럼 거의 천문학적인 측면을 보인다. 이것은 심리학적으로 무엇을 의미하는가?

아니무스가 지금 완전히 그녀의 통제 아래에 있을 수는 없다. 이유는 이런 일들은 인간의 의식보다 훨씬 더 멀리까지 닿기 때문이다. 나는 그것을 긍정적인 상징으로 보는 쪽이다. 아시다시피, 그녀는 용의 등 위에서 그와 동행하고 있다. 나는 아니무스가 여기서 긍정적인 면을 보이고 있다고 생각한다. 긍정적인 면이 뚜렷하게 드러나지 않는다는 점은 나도 인정하지만 말이다. 이 상징이 아니무스의 우주적인 측면을 만족스러울 만큼 드러내고 있지는 않지만, 그런 측면에 대한 암시는 여기에 있다. 아니무스는 우주적이게 되

....
47 만물회복설을 뜻한다.

어 있다. 아니무스는 영적 또는 정신적 가능성들을 무한한 공간 속으로, 집단적인 정신의 무한 속으로 확장시켜야 하는 하나의 기능이다. 아니무스가 광대한 무의식적 우주 속으로 확장하고 있으므로, 아니무스는 진정으로 자신의 본령 속에 있다. 아니무스는 우주에 속하며, 우주는 아니무스의 집이다. 만약에 아니무스가 집단성 속으로 확장해야 한다면, 그런 아니무스는 절망적일 만큼 개인적일 것이다. 그러면 우리의 집단과 사회적 모임, 학회와 사회와 조직들은 끔찍하기 짝이 없는 아니무스에 의해 운영될 것이며, 아니무스는 어떤 민족의 숙모가 될 것이고, 완선히 부성적인 역할을 할 것이다. 그러나 여기엔 그런 것은 전혀 없다. 그것은 적절한 아니무스 수행이거나, 적어도 적절한 기능을 찾는 중에 있다. 이것은 그런 것을 희미하게 암시하는 수준에서 그치고 있지만, 나는 아니무스의 그런 우주적인 측면에 대해 말할 기회를 놓치고 싶지 않아서 이 대목에서 그것에 대해 말하고 있다. 왜냐하면 아니무스의 그런 측면이 대단히 중요하기 때문이다.

자신의 길에, 말하자면 추구의 길에 나선 아니무스는 영혼을 그것이 처음 왔던 별들로 안내하는 진정한 '영혼의 길잡이'이다. 육체의 존재에서 벗어나서 원래의 별로 돌아가는 길에, 영혼의 길잡이는 우주적인 측면을 발달시킨다. 영혼의 길잡이는 별자리들 사이를 방랑하면서, 영혼을 무지개다리 그 너머로 꽃이 피는 별들의 들판으로 이끈다. 아시다시피, 신화 속의 생각은 인간이 원래 무한한 공간으로부터 하나의 별똥별로, 하나의 불꽃으로 내려와서 창조된 어떤 형태 속으로 떨어져 별도의 작은 불꽃이 되었다는 것이다. 이 작은 불꽃이 무한한 공간들의 밤 속에 외따로 떨어져 있는 하나의 불빛인 의식을 낳았다. 그러나 한 인간 존재의 창조가 성취되고 나면, 아니무스는 물질의 생성이나 형성을 추가로 밀어붙이지 않는다. 아니무스는 자신을 분리시키기 시작하다가 다시 사라진다. 그가 원래의 기원으로, 그가 별들 사이를 한 번 더 걷게 될, 성간(星間) 공간으로 돌아가는 것이다. 그곳에 분명한 어떤 체류지가 있는지 우리는 모르지만, 신화학에, 일반적 합의에 따르면, 죽은 자들의 영혼의 주거지인 천상의 저택이 성간 공간의 어딘가에 있다. 따라서 매우 현대적인 사람들의 내면에서도 그와 똑같은 상징적 표현이 발견되는 것은 꽤 자연스러운 일이다. 그것은 당연히 비유적인 표현이지만, 그런 사상을 표현하는 수단으로는 상징적인 것 외엔 아무것도 없다.

여기서 아니무스가 상징을 짊어지고 있다는 것은 물론 긍정적인 신호이다. 잘 알겠지만, 상징은 언제나 먼저 아니무스에게, 남자의 경우에는 당연히 아니마에게 나타난다. 아니마의 엄청난 중요성은 그녀가 상징을 짊어지고 있다는 점에 있다.

우리의 환상에서 그녀가 십자가를 아니무스에게로 넘긴다면, 그건 대단히 의심스런 일이다. 만약에 그녀가 그렇게 한다면, 그건 잘못이다. 그러나 문제는 그녀가 십자가를 짊어질 만큼 충분히 성숙했는지 여부이다. 그녀가 그럴 수 있는 때가 아직 되지 않았다고 봐야 하는 명백한 이유들이 있다. 그녀는 자신의 그림들에 등장한 아이가 상징적인 아이인지 아니면 실제의 아이인지를 놓고 여전히 곰곰 생각하고 있다. 그녀는 아이들을 늘리는 방법으로 물질적인 공간을 확장하는 것이 바람직하지 않을 수도 있지 않을까 하고 의심을 품을 만큼 젊었다. 물론 스물다섯 살이 되기도 전에 회귀를 시작하는 사람들도 있다. 특히 일찍 죽게 되어 있는 사람들 사이에서 그런 사람이 많다. 그들은 스무 살에 회귀를 시작해서 스물다섯 살에 죽을 수도 있다. 그 회귀는 전적으로 생명의 길이에 달려 있다. 여기서 우리 환자의 텍스트로 돌아가도록 하자.

> 나는 그 남자의 팔을 붙잡고 한쪽으로 힘껏 당겼다. 그래서 우리는
> 등을 높은 바위에 바짝 붙인 채 서게 되었다. 우리의 발은 바위의 좁
> 은 턱 위에 얹혀 있었다.

여기서 무슨 일이 벌어지고 있는가? 그녀가 거기서 달아나길 원하고 있다. 아니무스는 황도를 걸으려다가 허사로 끝났으며, 그녀는 그 길을 혼자 걸을 생각이 없다. 그녀는 뱀 위를 걷던 그를 끌어내렸으며, 두 사람은 바위에 바짝 밀착해 있다. 이것은 정지를 의미한다. 뱀의 등에 있을 때, 그들은 움직인다. 뱀이 살아 있기 때문이다. 그것은 도(道)의 뱀이다.

중국에서 오래 살았던 어떤 사람이 뱀이 도(道)를 상징하는 것과 관련해서 나에게 들려준 재미있는 이야기를 전하고 싶다. 길에 대해, 지금 우리는 어디론가 이끄는 살아 있는 길이 있는가 하면 아무 곳으로도 이끌지 않는 길이 있다는 식으로 말하고 있다. 이 사람이 들려준 이야기에 따르면, 중국인들은 언어 자체에 살아 있는 길이라는 사상을 담고 있는 것 같다. 그들은 특별히 어딘가로 향하지 않는 길을 '로'(路)로 쓸 것이다. 예를 들면, '게마인데슈트라세' (Gemeindestrasse)는 '로'에 해당할 것이다. 그 길은 양 옆으로 집이 서 있는 상태에서 그냥 거기에 있다. 그러나 고속도로, 말하자면

포르흐까지 가는 포르흐슈트라세나 촐리킨까지 가는 촐리커슈트라세 같은 도로는 '도'로 쓰는 살아 있는 길이다. 사람을 명확한 어떤 목적지로 데려다 주는 길이란 뜻이다. 그런 것이 뱀의 길이고 도의 길이다.

지금 아니무스를 뱀으로부터 끌어내림으로써, 그녀는 사실 살아 있는 길을 걷기를 멈추고 있다. 그들은 정지한 상태에서 길 양 옆으로 늘어선 바위에 등을 바짝 밀착시키고 있다. 바위는 물론 매우 물질적이며, 여기서 바위는 분명히 길의 경계선 역할을 하고 있다. 그렇다면 우리는 그녀가 무한으로 이끌 그 길을 계속 걸을 뜻이 없다고 결론을 내려도 무방할 것이다. 그녀는 지금 물질적인 세계의 어느 지점에서 정지하는 쪽으로 기울고 있다. 이를 근거로, 우리는 다음에 무슨 일이 일어날 것인지를 짐작할 수 있다. 어떤 목적지로 향하던 길 위에서, 그러니까 뱀의 등 위에서 움직이다가 갑자기 정지하면, 당신은 어떤 경험을 하게 될까?

만약에 당신이 그 움직임의 에너지를 온전히 느끼고 있었다면, 충격을 느끼게 될 것이다. 그러나 그래도 에너지는 상실되지 않는다. 정지가 충격을 야기한다는 것은 움직임은 저절로 계속되고 있다는 것을 의미한다. 당신은 움직임을 진정으로 중단시키지 못한다. 당신은 단지 움직임의 경로를 바꾸거나 움직임의 에너지를 변화시킬 수 있다. 그리고 당신이 움직임의 속도와 강도를 자각하지 않고 있다가 그 움직임의 힘을 발견하길 원한다면, 그냥 움직임을 중단시키기만 하면 된다. 어떤 동력원이 얼마 만큼의 에너지를 일으키고 있는지를 알려면, 그 동력원을 정지시키는 데 필요한 에너지를 계산하면 된다.

그래서 나에겐 이런 일이 종종 일어난다. 환자들이 "정말로 아무런 효과가 없어요!"라는 식으로 불평하기 시작한다. 그런 환자들은 분석을 중단하면 어떻게 될 것인지 공상하기 시작한다. 그럴 때면 나는 이렇게 대답한다. "완벽하게 맞는 말이에요. 그러니 지루하면 그냥 중단하세요." 즉시 환자들은 충격을 느낀다. 쿵 하는 소리와 함께, 실은 자신이 대단히 빠른 속도로 가고 있다는 생각이 순간적으로 머리를 때리는 것이다. 그 속도는 환자가 멈춰봐야만 느낄 수 있다. 강에서 헤엄을 칠 때, 당신이 강둑과 비교할 때에만 헤엄을 친 거리를 알게 되는 것과 다를 바가 없다. 바다에서 파도를 능지고 수영할 때, 당신은 매우 느리게 나아가고 힘이 많이 든다는 느낌을 받지만, 어느 지점을 기준으로 비교하면 아주 빠른 속도로 나아가고 있다는 사실을 확인할 수 있다. 그때 수영을 멈추려 들면, 당신은 그 운동의 충격을 느낀다. 그렇듯, 환상에서 그 다음에 일어나는 일은 이렇다.

> 나는 "(정지하게 함으로써) 이제 뱀이 위로 올라가도록 해요."라고 말했다. 남자는 두려움에 몸을 떨었다. (이것이 충격이다.) 거대한 뱀은 등을 위로 구부렸다가 하늘을 향해 몸을 꼿꼿이 세운 다음에 머리를 우리 쪽으로 가까이 댔다. 뱀이 거대한 입을 벌렸다.

그녀가 움직임을 멈추자, 즉시 강력하고 무시무시한 일들이 일어나기 시작한다. 여기서 용 신화가 등장한다. 그들은 지금 용과 조우했으며, 그것은 성 게오르기우스의 상황이다. 지금 당신은 뱀을 무엇이라 부를 것인가? 이것은 더 이상 황도의 뱀이 아니며 다른 것이 되고 있다.

여기서 쿤달리니 현상이 나오고 있다. 당신이 쿤달리니 뱀이 일어나도록 만드는 방법에 대해 묻는다면, 나는 매우 간단한 방법을 제시할 수 있다. 분석을 멈추면 된다. 그러면 뱀이 위로 올라온다. 그것이 엄청난 충격을 야기하고, 가엾은 아니무스는 두려움에 몸을 떨고 있다. 분석이 계속 되는 한, 당신은 분석의 효과를 눈치 채지 못한다. 그러나 분석을 중단해 보라. 그러면 당신은 놀라운 것을 보게 될 것이다. 그 움직임을 멈춘다는 것은 곧 환상이나 공상을 멈춘다는 것을 의미한다. 아니면 그것을 이런 식으로도 표현할 수 있다. 그녀가 리비도의 길을 따르지 않을 때, 리비도가 즉각 그녀에게 반대하고 나서게 된다고 말이다. 그러면 일상적인 상황에서 사람들은 자신들을 박해하는 미친 수소에 대한 꿈을 꿀 것이다. 아니면 성난 개가 자신들을 향해 짓는 꿈을 꿀 것이다. 아니면 내가 종종 보듯이, 기차가 전속력으로 다른 기차와 충돌하거나 강으로 빠지는 그런 꿈을 꾸거나, 비행기가 추락하는 꿈을 꿀 것이다. 그것은 언제나 실제 재앙을 상징하는 그 무엇이다. 지금 뱀이 입을 벌리는 것은 무엇을 암시하는가?

이것이 삼키는 뱀이라면, 이 뱀에 대해 달리 해석하고 이름도 달리 불러야 한다. 쿤달리니 뱀은 일어나면서 쉬쉬 소리를 내고 공포를 불러일으키지만 삼키지는 않는다. 그렇다면 이것은 다시 고래용 신화일 것이다. 이 뱀은 용의 양상을 보이고 있다. 그것은 쿤달리니이면서도 쿤달리니처럼 행동하지 않는다. 그것은 새로운 양상이다. 그것은 무의식의 뱀, 예를 들면 죽음의 입 또는 살아 있는 모든 것을 삼키는 시간이 되었다. 그래서 그것은 이런 생각을 표현하고 있는 것 같다. 우리가 중단하면, 뱀이 우리를 삼킬 것이고 그것은 곧 죽음을 의미한다는 뜻을 말이다. 따라서 그런 결정적인 움직임을 중단하는 즉시, 사람은 자포자기의 어떤 감정을 느낀다. 재앙이나 자기파괴는 삼키는 뱀에 의해 상징된다. 그러나 지금 매우 이상한 일이 벌어지고 있다. 뱀이 그들을 삼키기 위해서가 아니라 그들이 안을 들여다보도록 하기 위해 입을 벌리고 있는 것이다. 그녀는 이렇게 말한다.

> 뱀은 황금 폐를 삿고 있었다. 혀는 두 갈래로 찢어져 한 갈래는 남자 모양이고 다른 한 갈래는 여자 모양이다. 나는 뱀의 배 깊은 속을 들여다보았다. 많은 남자와 여자들이 정지한 듯 쌓여 있었다. 그들은 잿빛이었지만 죽지는 않았다는 것을 알 수 있었다.

이것은 부족 전체를 포함하고 있는 시간 뱀의 매우 전형적인 그림이다. 잿빛 형태의 살아 있는 존재들은 죽은 자들의 그림자 영혼이다. 그러나 그들은 죽지 않았으며 아마 잠을 자고 있을 것이다. 그들의 생명은 하나의 잠재력이다. 이 상징 표현은 매우 특이하다. 황금 폐는 무엇인가?

황금은 언제나 위대한 가치를 의미한다. 그것은 아나하타를 암시한다. 여기서 그 뱀의 쿤달리니 측면이 다시 등장하고 있다. 이것은 확실하다. 뱀이 일어선다는 것은 쿤달리니 양상이 이 뱀의 진정한 성격이라는 점을 증명한다. 그것은 삼키는 고래용이 아니라 검사하라고 입을 벌리고 있는 쿤달리니 뱀이다. 이런 것은 탄트라 요가에 포함되지 않는다. 이것은 쿤달리니 요가의 서양 버전이다. 무슨 뜻인지 궁금해진다.

그것은 그 뱀의 본성을 인정하고 이해한다는 것을 의미한다. 쿤달리니 뱀은 지금 살고 있지만 보다 의식의 상태에서 살아 있다. 그리고 진정한 의식은 아나하타에서, 공기의 영역에서, 심장도 속하는 폐에서 시작한다. 오직 귀중한 폐만 언급되고 있는 것이 흥미롭다. 그보다 더 중요해 보이는 황금의 심장에 대해서는 한 마디도 없는데 말이다. 왜 그럴까?

해부학적으로 보면, 폐가 심장을 둘러싸고 있다. 흉부를 열면, 얼핏 심장은 보이지 않는다. 심장의 많은 부분이 폐에 가려져 있기 때문이다. 그래서 폐는 하나의 외적 양상이라는 말도 가능하다. 나는 정신적 측면이 감정의 측면을 가리고 있다는 점을 고려해야 한다고 생각한다. 지금 아나하타에 여기서 빨간색과 연기의 색깔로 상징되는 두 가지 특징이 있다. 빨간색은 불같고 심장의 따스함을 뜻하고 안쪽의 원은 피 같지만, 꽃잎들의 색깔은 마니푸라의 주황색과 비슷하며 불의 뜨거움을 뜻한다. 그래서 심장은 마니푸라의 불에 의해 여전히 따스하다. 하우어 교수는 마니푸라 차크라의 가운데에 있는 매우 특이한 삼면 도형을 일종의 '스와스티카'(卍字)로 설명하려고 노력했다. 이 '만자'에서 4개의 다리는 언제나 시계 방향으로 돈다. (독일의 스와스티카에서는 4개의 다리가 엉터리 방향으로, 그러니까 왼쪽으로 돈다.) 하우어 교수의 생각은 그리스의 '트리스켈로스'(triskelos)와 비슷하다. 트리스켈로스라는 도형은 원을 그리며 달리는 3개의 다리로 이뤄져 있으며, 시칠리아의 문장(紋章)에 나오고 그리스 시대의 옛날 시칠리아 동전에도 새겨졌다. 그러나 나에게 있어서 그 형태는 언제나 불 위에 놓였던, 양 옆과 뚜껑에 손잡이가 달린 항아리를 암시한다. 이것은 또 연금술적인 의미도 갖는다. 그것은 보석을 낳는 열정의 불일 것이다. 그리고 마니푸라라는 단어는 보석들의 완전함 또는 풍요를 의미한다.

불은 마니푸라의 가운데에 있으며, 연기구름을 피워 올린다. 연기는 저기 밖에 있으며, 그것은 연기일 뿐 그 외의 다른 것은 절대로 아니다. 그것은 아무것도 의미하지 않으며, 어떠한 가치도 지니지 않는다. 그러나 다음 변형에서, 그러니까 아나하타에서, 전혀 중요하지 않은 부산물이었던 것, 즉 공기 속으로 뿜어져 나온 연기가 사라짐과 동시에 가장 중요한 특성이 된다. 이제 연기는 정신적 상징이 되었다. 한가운데에 있었던 온기는 지금 연기에서 오고 있는 것처럼 바깥에 있다. 온기는 언제나 발산을, 펼침을 의미하는 꽃잎 속에 있다. 차크라들은 '에난티오드로미아'의 법칙에 따라 변한다. 『역경』(易經)의 괘와 비슷하다. 예를 들어, 이렇게 생긴 괘(☲)는 다음에 이런 괘(☷)로 변한다. 양(陽)의 선(線)들이 올라오면서 음(陰)으로 변하거나, 음의 선들이 올라오면서 양으로 변한다. 그렇다면 흥미로운 것은 중요한 것이 언제나 중심을 차지하기 때문에 아나하타에서 폐와 공기, 정신적 특성이 중심에 있다는 점이며, 불, 즉 온기는 정신적 특성의 방사일 것이다. 그러나 이 철학이 주로 남자들에 의해 만들어졌다는 사실을 기억해야 한다. 이것은 정신 또는 로고스 요소가 언제나 핵심을 차지하는 남성적인 심리의 특징이며, 로고스가 온기를 방사하거나 온기가 로고스와 연결되면서 가운데의 정신의 주위에 일종의 덮개나 주변부를 형성한다. 이것은 또한 탄트라 요가 체계의 추가적인 발달에서도 명백하게 드러난다. 정신적 목표가 언제나 다른 가능성보다 우선한다. 여기서 폐들이 정말로 심장을 덮고 있다. 그래서 바깥이 더 중요해 보인다. 마치 우리 환자가 남자인 것처럼. 연기 또는 공기, 신비체는 남자의 경우에 한가운데에 자리하고 중요한 것인데, 그녀의 경우에도 똑같다. 심장에 대한 언급은 아예 없다. 반대로, 종종 회색빛 도는 푸른색을 띠며 다소 구름 같은 특성을 지닌 폐는 여기서 황금으로 되어 있다. 그리고 황금은 불의 색깔을 많이 띠며 불 같이 빛난다. 순수한 금 또는 모든 순수한 금속은 불의 행위를 암시한다. 그런 금속은 빛 또는 불의 광휘를 갖고 있다. 예를 들어, 구리, 즉 녹청(綠靑)이 생긴 구리가 아니라 순수한 원광은 엄청난 빛을 발한다. 금이나 은으로 거울을 만들 수 있듯이, 순수한 구리도 거울로 쓰일 수 있다. 그러므로 이런 금속들은 불의 특징을 갖고 있다. 따라서 이 상징, 즉 황금의 폐는 빛을 두른 아나하타와 비슷할 것이다. 당신은 늘 차크라들을 이차원적인 것으로 이해하지 말고 발산하는 구(球) 같은 것으로 이해해야 한다. 그렇다면 공간 속의 차크라는 마치 온기를 발산하거나 황금이나 빛나는 광석처럼 반짝이는 불 같은 색깔에 둘러싸인 공 같을 것이다. 안쪽의 어두운 심장은 하나도 보이지 않을 것이다. 유일한 질문은 그것이 아나하타를 남성의 눈으로 설명하는 것이 아닌가 하는 점인데, 앞으로 그에 대한 대답을 찾도록 하자. 그것이 아니무스에 의해 이해되는 아나하타일 수도 있다.

폐가 바깥 세계와 바깥의 공기와의 교류와 관계있는 것은 사실이고, 그녀에게 그것이 아나하타의 중요한 측면으로 보일 수 있다. 그러나 나는 그 점에 대해 아직 의문을 품고 있다. 다음 상징, 즉 뱀의 혀를 통해서 그 부분을 더 볼 필요가 있다. 그녀가 정지 상태에 이르러서야 뱀의 입을 들여다보는 것에 대해 궁금해 하는 사람이 있는 것 같다. 어쨌든 정지하지 않은 상태에서 뱀의 입을 들여다보는 것은 가능하지 않다. 어떤 사람이 움직임 속에 들어 있는 한, 그 움직임을 자각하거나 깨닫는 것은 불가능하다. 먼저 움직임을 멈춰야 한다. 그것은 그냥 하나의 심리적 법칙이다.

그녀가 그 길이 무서워 멈췄을 수도 있다. 그럴 가능성도 충분히 있지만, 멈춰야만 했던 합당한 이유도 있을 수 있다. 아마 그녀는 당분간 자신의 길을 계속할 수 없었을 수 있다. 그녀의 마음에 아직도 그것이 진짜 아이여야 하나 아니면 정신적인 아이여야 하나 하는 문제가 남아 있다. 그리고 사람은 상징적인 아이를 대하는 태도로는 진짜 아이를 갖지 못한다. 진짜 아이와 상징적 아이는 절대로 같을 수 없는 것이다.

사람이 어떤 일을 자각하고 있지 않을 경우에 그 사람이 그 일을 정지시키는 것은 물론 불가능한 일이다. 그러나 우리 환자는 자신이 걷고 있는 공상의 길에 대해 어느 정도 자각하고 있으며, 자신이 이런 환상을 보고 있다는 사실까지도 잘 알고 있다. 그래서 그 길은 그녀가 멈추는 것을 상상해 볼 수 있는 그 무엇이다. 분석을 중단하는 것을 상상할 수 있는 것이나 마찬가지이다. 그러나 사람이 어떤 움직임을 자각하지 않을 때, 그때엔 그 움직임을 중단시킬 가능성이 전혀 없다. 그것이 문제이다. 사람들은 본인이 의식하지 못하는 상태에서 어떤 움직임 속에 들어가 있을 수 있다. 그러면 그 움직임은 그냥 제 경로를 가게 된다.

뱀의 길도 이해가 쉽지 않지만, 지금은 그냥 남겨두는 것이 나을 것 같다. 뱀의 길이 하나의 순환 운동인 것은 사실이다. 뱀의 길은 곧은 길이기도 하고 나선형의 길이기도 하다. 뱀의 길은 비(非)확장과 경계를 이루고 있으며, 거기서 모든 공간적인 특징들은 의미를 잃는다. 그러나 여기서는 남자와 여자로 갈라지고 있는 뱀의 혀라는 상징에 관심을 두도록 하자.

이것은 그 다음 차크라인 비슈다를 암시한다. 비슈다에 남자와 여자가 같은 존재의 일부라는 점을 암시하는 특이한 상징 표현이 있는가? 그런 상징을 어떻게 비슈다로 끌어들일 수 있는가?

우리 환자의 경우를 말하자면, 그녀 자신과 아니무스의 분리를 극복하는 것이 될 것이다. 아니무스와 자아 인격의 결합을, 남성적인 것과 여성적인 것의 결합을 뜻한다. "둘이 하나가 될 때, 남자도 아니고 여자도 아니게 된다." 이 인용은 어디서 나온 것인가?

'원초적 인간'이라는 플라톤의 사상과도 통하는 이 인용은 '성경'에 담기지 못한 예수의 말씀 중에 들어 있다. 오리게네스(Origenes)[48]가 불행하게도 지금은 전해지지 않는 '이집트 복음서' (Evangel of the Egyptians)의 내용 중에서 발췌한 소중한 자료에 담겨 있다. 오리게네스는 이 책 중에서 두 대목을 그대로 옮겼는데, 그 중 하나가 그리스도와 살로메라는 여인 사이의 대화이다. 이 여자는 물론 헤로디아스(Herodias)[49]의 딸이 아니다. 살로메는 그리스도에게 그녀가 알고자 하는 것들을 언제 알 수 있게 되는지를 물었다. 그러자 구세주는 "너희들이 수치의 옷을 짓밟을 때, 둘이 하나가 될 때, 남자가 여자와 함께 있고, 남자도 아니고 여자도 아닐 때."라고 대답했다. 이것은 4개의 팔과 4개의 다리를 가진 둥근 공 같은, 플라톤의 원초적인 인간이라는 사상과 통한다. 원초적 인

....
48   알렉산드리아 학파를 대표하던 교회의 아버지(A.D.184-253)이다.
49   예수가 활동하던 시기에 갈릴리의 통치자였던 헤로드 안티파스(Herod Antipas)의 아내.

간은 남자이면서 동시에 여자였으며, 신이 그런 꼴사나운 모습을 불쌍히 여겨 그것을 둘로 나눴다. 물론 플라톤은 그런 인간을 두고 꼴사납다는 식으로 말하지 않지만, 그들은 서로 등을 맞대고 있다가 서로를 볼 수 있도록 반으로 나눠졌다. 그래서 원래의 상태가 미래 상태의 상징이 된다. 히브리 신비주의의 한 전설도 이와 똑같은 사상을 담고 있다. 최초의 부모가 죄를 지었을 때, 신이 천국을 폐쇄하고 그것을 미래로 제거해 버렸다는 내용이다. 근원의 전체성은 어떤 만다라의 형태 안에 있었다. 한가운데에 생명의 나무가 있었고, 그 에덴동산으로부터 4개의 강이 흘렀다. 그런 다음에 이 상징은 과거로부터 제거되어 미래에 놓여졌다. 그것은 또한 남녀 구분을 뛰어넘는 인간, 즉 완전한 인간의 상징이기도 하다.

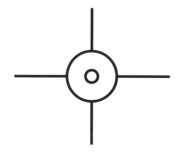

이와 똑같은 상징 표현이 '거룩한 안식일' 의식 중에 '성스러운 미사' 텍스트에도 담겨 있다. 세례반을 비옥하게 만드는 대목에서다. 거기서 물이 남녀 성별이나 나이에 의해 분리된 모든 이들을 다시 태어나게 할 것이라는 언급이 나온다. 그들은 새로운 상태의 영적 유아로 태어나는데, 이것은 이전 상태를 새로운 형식으로 부활시키는 것을 의미한다. 새롭게 부활한 것은 원래의 전체성과는 다를 것이다. 역사의 과정에 온갖 구분과 분리, 오해가 있었고, 남자의 씨앗과 여자의 씨앗 사이에 적대가 있었으며, 온갖 투쟁과 갈등이 있었다. 카인이 아벨을 죽였고, 바벨탑을 건설할 때 온갖 언어들의 혼동이 있었고, 민족들의 분산이 있었다. 이것은 인간의 의식에 관한 신화이다. 인간의 의식이 어떻게 존재하게 되었는지, 인간의 의식이 어쩌다 원래의 전체성에서 따로 찢어지게 되었는지에 대한 이야기를 들려준다는 뜻이다. 구별이 없으면 의식이 절대로 있을 수 없으며, 이 구별이 행동으로 이어지며 그리스도의 상처처럼 일종의 상처가 될 수 있다. 그리고 성배의 전설에 나오는 암포르타스도 그 같은 분리 때문에 상처를 입고 피를 흘리는 영웅이었다. 이 상처는 차이의 극복을 통해서, 지금까지 존재했던 모든 것들의 복원, 즉 아포카타스타시스의 기적을 통해서 치료되어야 한다.

차크라 시스템을 보면, 나디(nadi)[50]가 좌우로 있으며, 이 경로들은 시작 부분과 끝 부분에서 서로 결합한다. 그것들은 창조가 일어나는 생식기 아래에서 시작해서 정신이 들어가는 코에서 끝난다. 그리하여 원래의 상태, 즉 둘이 하나를 이루는 상태가 복원된다. 그것은 매우 훌륭한 예이다. 좌우의 두 개의 선은 태양과 달, 남성적 원리와 여성적 원리이다.

그렇다면 여기서 하나의 혀가 갈라진 부분들인 여자와 남자는 남자도 아니고 여자도 아니던 그 원초적 존재를 상징한다. 여자와 남자가 여전히 분리되어 있음에도 불구하고 말이다. 그것은 시바가 다시 샤크티와 결합한 상태이다. 남자와 여자는 인간의 의식이 아직 존재하기 때문에 분리되어 있지만, 둘은 결국엔 하나가 될 것이

....
50   관, 경로 등으로 해석되는 산스크리스터 단어다. 이것을 통해 기가 흐르는 것으로 알려져 있다.

다. 남자와 여자는 인간의 의식이 종지부를 찍는 아즈나에서 완전히 하나가 될 것이다. 인간의 의식은 따로 분리된 하나의 단위로 아직 비슈다에 존재하고 있지만, 의식이 그 개인적 바탕으로부터 분리되기 시작한다. 이곳에서 의식은 이미 일종의, 모든 것을 두루 보는 눈이며, 아주 많이 분리되어 있으며 추상적이다. 비슈다 센터의 상태는 하나이면서 둘인 갈라진 혀의 상징에 의해 정확히 표현되고 있다. 목과 입은 언어 영역에 있으며, 혀는 언어를 의미한다. 그것은 말로 표현되는 생각들의 영역이다. '성경'에서 그것은 로고스, 말로 표현된 단어, 신의 밀씀, 인간 그 이상의 생각이라 불린나. 인간은 생각의 한 부속물이며, 살아 있는 것은 단어이며, 개인적인 인간, 즉 육신의 인간은 살아 있지 않다. 이어 그보다 아래인 아나하타에 폐가 있으며, 그보다 더 아래, 횡격막 아래의 잠재의식의 센터들 안에는 죽은 것들이 있다. 그것은 과거이고, 귀신들의 땅이다. 이는 마니푸라와 그보다 더 낮은 센터들에서는 당신이 사는 것이 아니라 그냥 존재만 하기 때문이다. 거기선 물려받은 본능들과 조상들의 영혼이 당신을 움직이고 당신이 살도록 한다. 아나하타에 이르러야만 당신은 꽤 의식적인 존재를 영위하며, 거기서 당신은 오른쪽과 왼쪽, 여자와 남자의 분리를 자각하게 된다. 마니푸라에서 당신은 상반된 것들의 짝 속으로 완전히 용해되었으나, 지금은 상반된 것들의 짝이 당신 안에 있다. 이 같은 지식을 바탕으로, 당신은 그 다음 차크라인 비슈다에 닿을 준비를 하게 된다. 비슈다에 이르면, 상반된 것들은 어떤 것이든 서로 화해를 이룰 것이다. 그 화해의 상징을 당신은 그것이 작동하기 시작하는 아나하타와 비슈다에서 처음으로 볼 수 있다. 아즈나에 이르면 그 상징이 성취된다.

그렇다면 갈라진 혀의 상징은 비슈다를 가리킨다고 말해도 무방하다. 뱀의 배 깊은 곳에 있는 잿빛 형상들은 집단 무의식 안에 있으며, 마니푸라에 이미 자아가 존재함에도 불구하고 집단 무의식은 아래쪽 센터들에서 모습을 뚜렷이 드러낸다. 자아는 스바디스타나에서 시작하지만 아직 조상의 정신과 삼스카라(samskara)[51]가 일으키는 물결에 흔들리기 때문에 아무런 의미를 지니지 않는다.

이제 이 특이한 환상의 효과에 대해 논해야 할 때이다. 그녀가 여기서 대단히 포괄적인 장면을, 비슈다에 이르기까지 차크라들의 요가 트리 전체를 형성하는 장면을 보았다고 할 수 있다. 비슈다는 우주적인 차원이며 거기선 사람이 분리된 인간 존재가 아니다. 공간도 더 이상 존재하지 않는다. 사람은 인간의 눈으로 보지 않고 달의 눈이나 영원한 별들의 눈으로 본다. 사람은 인간의 감정에 의한 방해를 더 이상 받지 않는다. 그 눈에는 눈물이 전혀 없다. 당신은 그것이 우리가 뱀의 길에 대해 말한 것과 일치한다는 것을, 말하자면 그것이 우주의 길이고 황도 체계라는 것을 확인할 것이다. 비슈다는 인간 정신을 황도라는 천체 영역으로 외면화하는 것을 나타낸다. 비슈다는 곧 우주적인 의식이다.

지금 이 대목에서 몇 개의 엉성한 단어로 제시된 그런 강력한 환상을 환자가 제대로 깨달았을 것이라고 단정하기 어렵다. 어쩌면 환자는 이 환상의 깊은 의미를 전혀 알지 못할 수도 있다. 그럼에도 그 환상은 어딘가에서 일어나고 있으며, 누군가는 그 환상의 영향을 받게 되어 있다. 그런 막강한 환상이 대기에 아무런 장애를 일으

<hr>

51 '행'(行)으로 번역되는 산스크리트어 단어로, '많은 것이 함께 모여 형성된 것' 또는 의도적 행위를 의미한다. 칼 융은 이것을 '무의식적인 형성의 힘들'로 정의한다.

키지 않고 일어날 수는 없다. 지금 누가 이 환상의 영향을 받을 것 같은가? 혜성 가까운 곳에 있는 것과 비슷한 장애가 일어날 것이다. 혜성이 운석들의 무리를 가로지를 때처럼, 아니면 태양이 지구에 영향을 미치는 장애를 일으킬 때처럼. 그런 경우에 지구의 내장에서 전자 폭풍이 일어날 수 있으며, 그렇게 되면 전신이 장애를 일으키지만 우리는 그것을 알지 못하며 오직 신문을 통해서만 접할 것이다. 그러나 누가 영향을 받을 것 같은가?

아니무스가 반응을 보일 것이다. 아니무스는 무의식적인 문제들에 관한 정보제공사이나. 아니무스는 집난 무의식의 세계에 있는 관측소이다. 그래서 아니무스에 어떤 장애가 일어날 것이라고 예상해도 무방하다. 다음 환상에서 그것이 사실이라는 것이 드러난다. 그녀는 이렇게 말한다.

> 나의 옆에 있던 남자가 몸을 떨었다. 나는 그의 몸에서 핏방울이 땀처럼 맺히는 것을 보았다. 그는 "나는 저 뱀의 입 속으로 들어가야 해. 그건 피하지 못해. 내가 여기 당신과 함께 있으면, 나는 검게 될거야."라고 말했다. 그래서 나는 "당신이 나의 길잡이가 될 수 있다고 생각했는데, 그러기엔 당신이 너무 약한 것 같아."라고 말했다.

아니무스가 깊이 영향을 받은 것이 분명하지만, 그가 그런 식으로 영향을 받는다는 사실은 동시에 무엇을 보여주는가?

그녀는 조금도 영향을 받지 않았다는 점을 보여주고 있다. 그녀는 아무것도 눈치 채지 못했다. 거기엔 전신에만 영향을 미치는 전자기 폭풍 같은 것이 있지만, 아무도 그것을 알아보지 못하고 있다.

그녀의 의식 체계는 전혀 영향을 받지 않고 있다. 그녀는 자신이 대단히 중요한 환상을 보고 있다는 사실을 깨닫지 못하고 있다. 그녀는 모든 감정을 아니무스에게 넘기며, 그가 발작을 일으키고 있다고 치부하며 그가 허약하고 히스테리 증세를 보이고 있다고 생각한다. 그녀는 자신의 아니무스가 영향을 받고 있을 때 자신이 그 같은 사실을 알아야 한다는 것을 깨닫지 못하고 있다. 그러나 우리는 지나치게 엄격해서는 안 되며, 인간의 맹목성에 대해서는 최대한 관대해야 한다. 우리 모두가 그런 문제에서 이해력을 발휘하려 들지 않기 때문이다. 우리는 아니무스나 아니마가 전혀 움직이지 않고도 깊이 영향을 받을 수 있다는 식으로 꿈꿀 것이다. 이것 또한 같은 이유에서다. 우리는 중대한 무엇인가가 일어났다는 것을 이해하지도 않았고 깨닫지도 않았다. 그 환상은 우리가 이해하지 못하고 있는 까닭에 마치 우리와는 아무런 관계가 없는 것처럼 우리에게 영향을 미치지 못하는 그런 꿈과 비슷하다. 꿈을 꾸는 사람 본인의 개인적 삶에 엄청난 중요성을 지니는 꿈이 드물지 않다. 그런 꿈을 접할 때면 나는 꿈을 신중하게 분석해서 그 사람에게 그 의미를 각인시키려 노력한다. 그래서 내가 환자에게 다음 시간에도 그 꿈에 대해 언급하면, 환자는 멍하니 "무슨 꿈 말씀이죠?"라고 묻는다. 그 꿈이 이미 그에게서 완전히 사라져 버린 것이다. 그는 그 꿈의 의미에 대해서는 조금도 생각하지 않는다. 오직 그의 아니마만 건드려지거나 영향을 받지만, 그의 의식은 전혀 아무런 영향을 받지 않는다. 그런 때에 우리의 모습을 보면, 반달족이 로마를 포위하고 있을 때의 로마인들과 비슷하다. 그때 로마인들은 경기를 관람하고 서커스를 즐겼으며, 어느 누구도 야만인들이 로마를 점령할 수 있다는 생각은 조금도 하지 않았다. 반달족은 성벽 아래까지 왔고, 로마 군인들은 그들을 물리치느라 힘들어 했으며, 물론 결국엔 반달족이 로마를 점령하고 도처에서 사람을 죽이고 약탈했다. 세계대전이 일어나기 전에 우리가 그런 일이 일어날 것이라곤 꿈에도 상상하지 못한 것과 비슷하다. 우리 시대에 전쟁이 일어나지 않을 이유가 만 가지는 된다는 식의 내용을 다룬 신문 기사와 책이 넘쳐났다. 예를 들어, 국제 금융과 무역은 절대로 전쟁을 의미하지 않는다는 식이었다. 그러다가 인류 역사상 가장 끔찍한 전쟁이 벌어졌다. 그리고 우리 사신에 관한 한 우리는 다 똑같으며, 그러니 그런 문제에 지나치게 비판적일 필요도 없다.

우리 환자가 그 환상이 의미하는 바를 깨닫지 못한 것은 그녀가 이해하고 싶어 하지 않았다는 사실과 연결된다. 만약에 그녀가 또 다른 아이를, 진짜 아이를 가질 생각이었다면, 이런 것들을 이해하는 것은 전혀 아무런 도움이 되지 않을 것이다. 그것들은 복귀를 의미하고, 만약에 당신이 삶 속으로 나갈 것이라면, 돌아가는 것이 아무런 의미를 지니지 못할 것이다. 모든 것을 쓸데없는 것으로 여기는 것이 훨씬 더 나을 것이다. 그것이 이 모든 문제들이 종종 불가해한 쓰레기처럼 보이는 이유이며, 그렇게 보이는 것이 이 문제들의 특징이다. 예를 들어, 탄트라 경전의 텍스트는 인도에서조차도 단순히 잡동사니로 여겨지고, 비도덕적이고 품위 없는 것으로 여겨진다. 만약에 당신이 탄트라 요가에 대해 인도만의 독특한 것이라는 식으로 말한다면, 인도인들은 당신의 말을 수긍하지 않을 것이다. 그들은 그런 지저분한 것을 믿지 않는 품위 있는 사람들이기 때문이다. 또 연금술의 상징적 표현도 잡동사니처럼 보인다. 연금술 서적들을 품격 있는 시민에게 보여주면, 누구나 똑같은 반응을 보일 것이다. 머리를 흔들 것이다. 그렇다면 똑같은 이유로 심리에 대해서도 지나치게 말을 많이 하는 것은 부질없는 짓이다. 심리를 파고들수록, 심리의 잡동사니 같은 측면이 더 두드러지게 드러날 것이다. 그리고 심리는 젊은이들과 경험이 적은 사람들에겐 그렇게 보여야 한다. 젊은이들이 이런 것들을 이해하는 것은 건강에 좋지 않다. 젊은이들은 오도(誤導)하고 있으며, 그들은 당신이 그들을 악용하도록 유혹하면서 당신의 의무를, 심지어 당신의 삶을 게을리하도록 속이고 있다. 따라서 나는 선교사 같은 태도에 반대한다. 그런 태도는 언제나 틀렸다. 그런 것들이 존재하는 것은 좋은 일이지만, 그것들을 권고하는 것은 대단히 잘못된 일이다. 그런 것들은 그 즉시 엉망이 되어 버리기 때문이다.

지금 아니무스는 자신이 뱀의 입 속으로 들어가야 한다고 말한다. 그가 고래용의 안으로 들어가야 한다는 측면에서 본다면 맞는 말이다. 그러면 쿤달리니는 계몽을 낳는 뱀이 아니고 삼키는 어둠이다. 그 어둠 속으로 아니무스가 사라져야 한다. 왜 그런가?

만약에 그녀가 깨닫지 못한다면, 아니무스의 경험이 무슨 소용이 있겠는가? 그가 떨어져 버리는 것이 더 낫다. 그래서 그는 사라져야 한다. 아니무스는 "내가 당신과 함께 여기 있으면, 나는 검은색이 될 거야."라고 말한다. 이 말은 "내가 무의식 상태에 빠져 깨닫지 못하고 있는 여자와 함께 남으면"이라는 뜻이다.

아니무스는 여기서 흑인이 되어야 한다. 흑인만이 무의식적 상태의 여인과 같은 수준에서 생각할 수 있기 때문이다. 백인 남성이나 영웅이 되는 것은 여기서 아무 소용이 없는 일이다. 아니무스는 흑인처럼 생각해야 한다. 이 생명의 연장에, 다시 말해 육체들의 추가적 창조에 필요한 사고는 그 사고가 무(無)일 때가 가장 좋다. 사고에 대해 지나치게 많이 생각하지 마라. 지나치게 많이 생각하면, 당신은 지나치게 많은 것을 구별하기 시작할 것이고, 따라서 두려움을 일으키고 계속하고 싶지 않다는 뜻을 키울 것이다. 당신은 세상이 하나의 착각이라는 것을 발견할 텐데, 그렇다면 당신이 아이들을 낳아야 하는 이유가 무엇인가? 아이를 낳는 것은 큰 실수가 될것이다. 따라서 아무것도 생각하지 않는 것이 최선이고, 그런 경우에 아니무스가 흑인이다.

1934년 1월 24일

지난 시간에 '트리스켈로스'에 대해 말한 바 있는데, 에셔 박사가 오늘 아침에 그것이 새겨진 시칠리아의 옛 주화를 하나 갖고 왔다. 글자는 '탄 파노르모스'(Tan Panormos)라고 적혀 있는데, '파노르모스'는 완전 무장을 갖추고 있다는 뜻이다. 그러나 그 자체로 하나의 태양 상징인 이 트리스켈로스와 관련해서 가장 흥미로운 것은 가운데 부분이다. 머리카락이 뱀들로 되어 있는, 고르곤 머리를 가진 메두사가 그곳을 차지하고 있다. 에셔 박사는 이 글귀가 에페소스의 아르테미스, 이슈타르, 아타르가티스 등과 비슷한 시리아와 페니키아의 여신 타니트(Tanith)를 가리키는 것이 아닌지 궁금해하고 있다. 지중해 연안에 페니키아 식민지들이 있었다. 또 그리스가 시칠리아를 식민 지배하던 시대에, 그리스 식민지들과 페니키아 식민지들 사이에 전쟁이 끊임없이 벌어졌다. 이 전쟁은 로마인들이 카르타고의 권력을 파괴할 때까지 계속되었다.

에셔 박사는 또 이 메두사가 비옥의 여신이 가진 끔찍한 측면인 삼키는 어머니를 표현하고 있을 것이라고 생각한다. 그것은 일종의 위협적인 태양, "검은 태양"을 나타낼 것이다. 게다가 머리에 날개가 달려 있다. 이것은 잠과 꿈의 신인 솜누스(로마 신화) 또는 히프노스(그리스 신화)의 한 속성이다. 그것은 마치 화환처럼 뱀들에게 둘러싸인 상태에서 어둠 속을 떠돌아다니는 얼굴이다. 마치 얼굴이 밤에 박쥐처럼 날고 있는 것 같다. 이것은 고르곤의 악몽 같은 성격을 표현하고 있다. 그것은 흡혈귀가 나오는 악몽 같은 무시무시한 생각이다. 그런 생각 또는 이미지는 아마 개인의 악몽에서 비롯되었을 것이다. 끔찍한 어머니와 연결된 또 다른 형상은 엠푸사라 불렸는데, 이것은 헤카테[52]가 보낸 일종의 도깨비로서 피를 가득 담은 방광에 지나지 않았다. 이 경우에 어머니는 오직 자궁 모양으로만 상징된다. 흑인들도 이와 비슷한 생각을 갖고 있다. 어떤 여자 마법사는 배(과일)의 형태인 것으로 여겨지는 것이다. 그래서 이 주화에 새겨진 트리스켈로스의 한가운데에 이로운 태양 대신에 끔찍한 어머니가 있다. 그것은 스스로 정반대 방향으로 돌아선 태양, 자정의 태양일 것이다.

에셔 박사는 동시에 어머니의 긍정적인 형태를, 유명한 에페소스의 아르테미스를 보여주는 그림도 갖고 왔다. 이 그림 속의 아르테미스는 가슴이 여러 개이고, 몸에 수많은 동물들을 두르고 있다. 이 동물들은 대체로 유익한 동물이다. 그녀의 얼굴은 검은 이시스

....
52 그리스 신화 속의 여신으로, 처음에는 출산의 여신이었으나 나중에는 대지의 여신, 달의 여신, 죽음의 여신으로 여겨졌다.

처럼, 비옥한 검은 땅을 상징하는 검은색이다. 검은 흙은 밀이 자라기에 가장 적합한 토양이다. 이집트의 검은 흙은 아주 비옥하다. 아르테미스는 비옥한 땅이기 때문에 검은 것으로 묘사된다. 아이 호루스를 팔에 안은 어머니 이시스가 종종 검게 그려진 것과 똑같다. 초기 기독교에서, 이시스는 가끔 마돈나(성모 마리아)와 혼동되었다. 라테란 박물관에 아이를 안은 검은 이시스 조각상이 하나 있는데, 이것이 보존된 것은 그것이 한때 마돈나로 이해되었기 때문이다. 기독교적인 것으로 여겨지는, 검은 현무암으로 제작한 아르테미스나 이슈타르, 이시스의 누상이 많다. 놀라운 한 예는 아인지델른(Einsiedeln)에 있는 성모상인데, 이 조각상은 불에 시커멓게 탄 것으로 전해진다. 그러나 나는 그렇게 생각하지 않는다. 이 성모상이 원래 검은 나무로 만들어졌거나 의도적으로 검게 만든 것처럼 보인다. 어쩌면 나무로 검은 현무암을 모방했을 수도 있다. 이 조각상의 역사에 대해선 알려진 것이 전혀 없는 것 같다.

미시즈 크로울리가 제기한 질문이다. "지난 시간에 뱀에게 삼켜지는 아니무스의 효과에 대해 말씀해 주셨습니다. 삶이 더 이상 의미를 지니지 않는다는 이유로 자살을 감행하는 그림자들의 집단은 무엇을 의미하는지 설명해주시길 바랍니다."

아니무스가 뱀에게 삼켜지는 것은 아니무스가 집단 무의식으로 물러난다는 것을 의미한다. 아니무스가 집단 무의식 속으로 삼켜지고 있는 것이다. 집단 무의식과 연결을 맺는 것은 아니무스의 일이다. 그래서 아니무스는 종종 물 속으로 뛰어들거나 숲 속으로 사라지는 것으로 묘사된다. 그리고 그런 식으로 삼켜지는 것은 긍정적일 수도 있고 부정적일 수도 있으며, 달아나는 것일 수도 있고 사명을 띠고 가는 것일 수도 있다. 말하자면 아니무스가 일종의 퇴행이나 도주를 꾀할 수도 있고 모험에 나설 수도 있는 것이다.

미시즈 크로울리는 아니무스가 아니라 그림자인 경우에 일어나는 효과에 대해서도 궁금해하고 있다. 그림자는 종종 기능을 나타낸다. 그런 경우에 그림자가 집단 무의식에 삼켜지는 것은 부정적일 것이다. 말하자면 일종의 퇴행을 통해, 기능의 일부가 무의식이 될 것이라는 뜻이다. 일시적이라 할지라도, 그것을 상실로 보는 것이 타당하다. 당연히 그것은 어떤 이유 때문이겠지만, 특별한 효과를 위한 것은 아니다. 사람의 한 부분이 돌연 무의식이 되는 일은 너무나 자주 일어나기 때문이다. 사람이 자신의 정신 일부를 놓칠 때, 어떤 특별한 목적을 위해서 그러는 것은 절대로 아니다. 그런 일은 그냥 일어난다. 원시인에게 그런 일은 영혼의 상실을 의미한다. 원시인이 자신의 영혼을 잃었다고 불평할 때, 그것은 어떤 기능 또는 자신의 인격 중 일부가 무의식으로 돌아갔다는 뜻이다.

그런 일은 주로 부정적이며 하나의 사건이다. 만약에 그림자가 어떤 모험의 형식을 취한다면, 그 그림자는 완전히 무의식이 되지는 않을 것이다. 그런 그림자는 아니무스와 다르다. 아시다시피, 그림자는 독립적인 존재가 되어서는 안 되며, 그림자는 의식적인 자아와 아주 밀접히 연결되어 있기 때문에 시야에서 완전히 사라지는 경우가 절대로 없다. 만약에 그림자가 혼자 힘으로 움직일 수 있다면, 그것은 시야에서 사라지고 그 같은 사실은 곧 분열을 의미한다. 그러면 사람은 말하자면 자제력을 상실하게 된다. 마치 자신의 부정적인 특징들을 돌연 전혀 의식하지 않는 것처럼 보인다. 그런 일이 일어날 수 있지만, 그런 일이 일어나서는 안 된다. 그러나 아니무스나 아니마가 시야에서 사라지는 일은 간혹 일어나야 한다. 아니무스나 아니마가 집단 무의식 속에서 자율적인 삶을 사는 독립적인 형상을 표현하게 되어 있기 때문에, 그것들이 눈에 보이지 않는 것은 거의 정상이다. 그러나 사람은 아니무스나 아니마와 연결될 기회를 누린다. 이는 원시적인 마법사가 밤에 자신의 귀에 대고 속삭이거나 말을 거는 뱀과 연결되는 것이나 마찬가지이다. 뱀이 언제나 거기에 있는 것은 아니지만, 마법사가 특별한 조건에서 필요로 할 때면 뱀을 불러낼 수 있다. 그것은 물론 아니마 상징이다. 미국 인디언들 사이에는 밤에 숲에 가면 귀신들과 대화할 수 있는 것으로 여겨진다. 그리고 의례를 치르는 동안에 사람들은 금식하는 상태에서 오랫동안 혼자 있으면 목소리를 듣는 것으로 여겨진다. 이런 일반적인 기대는 그것이 매우 흔하게 나타나는 현상이라는 점을 보여준다. 실제로 팽팽하게 긴장된 상태에서 사람들은 종종 기이한 것들을 듣거나 본다.

나의 환자들과는 아무런 관계가 없는, 특별히 흥미로운 예를 한 가지 기억하고 있다. 전쟁 동안에 동료 장교가 나에게 들려준 이야기이다. 우리는 다소 외로운 전초 기지였던 세인트 고타르(St. Gotthard)의 어느 요새에 있었다. 거기엔 우리 둘밖에 없었으며, 당연히 우리 둘은 긴긴 밤에 대화를 많이 했다. 그는 훌륭한 등반가였는데, 언젠가 자기 아내와 처남과 함께 베르네제 오버란트의 어느 빙하로 원정을 나섰다. 그의 아내와 처남도 마찬가지로 등반에 뛰어난 사람들이었다. 그때 그가 조금 알고 지내던 또 다른 남자가 팀에 합류했다. '알파인 클럽' 회원이 되길 원하던 젊은이였다. 거기 가입할 자격을 갖추기 위해서는 다소 원정에 참여한 경력이 있어야 했다. 그래서 젊은이는 클럽에 가입할 준비를 조금 더 확실히 해 두기를 원했다. 그들은 바위의 틈을 밟으며 빙하를 반쯤 올라가다가 그만 길을 잃고 말았다. 그래서 나의 친구는 일행에게 주변을 살피며 길을 발견할 때까지 거기서 일단 등반을 중단해야 한다고 말했다. 그러자 젊은이가 나의 친구에게 자기는 오른쪽으로 가서 살피고 나의 친구는 왼쪽으로 가서 살피자고 제안했다. 그들은 그렇게 했으며, 잠시 후에 젊은이가 자기 쪽으로 올라가는 것이 가능하다고 소리를 질렀다. 그러나 그때 나의 친구가 진짜 길을 발견했으며, 그리하여 그들은 서로 다른 길을 올라가기 시작했다. 젊은이는 자신이 올라가고 있다는 신호로 소리를 수시로 질렀다. 마침내 나의 친구와 일행은 목적지에 도착해서 그 자리에 앉아서 젊은이가 나타나기를 기다리고 있었다. 먼저 한쪽 손이 보였고 이어 다른 쪽 손이 바위로 올라온 다음에 그의 얼굴이 보이는데 갑자기 그가 잡고 있던 바위가 떨어져 나갔다. 젊은이는 그 바위를 안은 채 뒤로 떨어졌다. 그들은 그가 사라지는 것을 보았다. 60m 낭떠러지였고, 그는 종잇장처럼 완전히 구겨졌다. 당연히 그들은 충격에 빠졌다. 그의 아내는 끔찍한 상황이었고, 그의 처남도 젖은 넝마 같았다. 두 사람이 몸을 너무 심하게 떨었기 때문에, 나의 친구는 그들이 움직이기 전에 걸음마다 디딜 자리를 찾아줘야 했다. 빙하를 내려와 오두막까지 가는 데 3시간이나 걸렸다. 그들은 완전히 녹초가 되었다. 그래서 나의 친구는 시신을 수습할 사람들을 데리러 마을로 내려가면서 그들에게 그곳에 남아 기다리라고 일렀다. 일곱 시간 내지 여덟 시간이 지난 뒤에, 그는 사람들과 함께 오두막으로 돌아왔다. 그런데 거기에 아무도 없었다. 그가 소리를 질러도 아무 대답이 없었다. 그런 오두막에는 일종의 휴게실 같은 것이 있다. 관광객이 많을 경우에 잠을 잘 수 있도록 건초 더미를 쌓아놓은 공간이었다. 모퉁이 건초 더미와 양탄자 아래에서, 그는 무엇인가 움직이는 소리를 들었다. 거기서 그는 처남의 장화를 잡아 당겨 처남부터 끌어내고 이어 아내를 끌어냈다. 두 사람은 똑같이 사시나무 떨듯 떨었고, 그의 아내는 히스테리 증세까지 보였다. 그는 두 사람에게 왜 대답을 하지 않았는지 자초지종을 물었다. 그의 처남이 무서워서라고 짧게 대답했다. 한참 시간이 지난 뒤, 그가 그들에게 브랜디를 줘서 몸을 덥힌 다음에야 두 사람은 그 사이에 일어난 일에 대해 말할 수 있었다.

그들은 햇살 속에 오두막 아래에 앉아 있었다. 그 끔찍한 사건에 대해 이야기하면서. 그런데 그때 두 사람이 동시에, 계곡으로 떨어져서 깨어진 빙하의 틈에서 어떤 자그마한 남자가, 뾰족한 모자를 쓴 난쟁이가 나와서 자기들 쪽으로 걸어오고 있는 것을 보았다. 그들은 그것이 절대로 인간이 아니라고 생각했다. 그들은 그것이 귀신임에 틀림없다고 생각했다. 살아 있는 인간이라면 절대로 그런 곳에서, 얼음 속에서 나올 수 없었기 때문이다. 그래서 두 사람은 거의 기절하다시피 한 상태에서 건초와 양탄자 더미 밑으로 기어들어갔다.

지금 이 이야기는 실화다. 완벽하게 정상인 사람도 극도로 긴장한 상태에서 너무도 기이한 것을 경험할 수 있다. 나도 그런 예들을 관찰했다. 예를 들어, 당신도 당신의 이름을 부르는 소리를 듣는다. 몇 사람이 동시에 똑같은 것을 듣는다. 왜 그런 일이 벌어지는지, 나는 정확히 모른다. 다만 나는 그 사람들이 충격 때문에 신비적 참여를 강하게 하다가 같은 기분에 빠지게 되는 것이 아닐까 하고 짐작할 뿐이다. 십자군이 처음 예루살렘에 도착하면서 본 환상도 한 예이다. 그들은 예루살렘 성벽에서 그들을 향해 도시를 점령하라고 신호를 보내는 천사를 보았으며, 그들은 실제로 그날 도시를 점령했다. 그것은 하나의 집단 환상이었다.

이제 우리 환자의 환상으로 돌아가자. 당신이 이미 눈치 챘듯이, 문제가 점점 복잡해지고 있다. 곧바로 환상 해석에 들어가도 괜찮은지, 걱정이 된다. 우리 환자의 예를 처음부터 따르지 않은 사람들에겐 다소 당황스러울 수 있기 때문에 하는 말이다. 지금 일들이 매우 특이한 방식으로 뒤로 돌아가고 있다. 이 환상의 첫 번째 부분은 틀림없이 규칙에 따라서 집단 무의식으로 내려가는 것이었다. 물론 언제나 특이성은 있지만, 그것은 완벽하게 명쾌했다. 거기서 발견할 것이라고 예상할 수 있는 것은 모두 발견되었다. 그러나 그러다가 환자가 고국으로 돌아가는 때가 왔고, 그것이 상황을 꽤 뒤집어 놓았다. 일들의 경로는 개인적 반응이라는 형식을 취하고 있다. 만약에 사람들이 대체로 그녀가 하는 것처럼 반응했다면, 그것이 하나의 일반적인 예가 되겠지만, 사람들은 똑같은 방식으로 반응하지 않는다. 그녀의 경우에 개인적으로 반응할 확률이 더 높았다. 왜냐하면 그 전의 환상들이 단순히 직관들이었고, 이 직관들이 그녀의 자아의식으로 충분히 통합되지 않았기 때문이다. 또 그녀는 아마 너무 젊어서 그런 직관을 진정한 이해로 바꿀 수 없었을 것이다. 직관을 깨닫기 위해서는 어느 정도의 나이 또는 성숙이 필요하다. 많은 사람들은 직관을 진정한 이해로 바꾸지 못한다. 직관을 간직하지 못하는 것은 원시인의 전반적인 특징이다. 물론 그런 그들도 직관에 대한 기억은 간질할 수 있다. 더없이 놀라운 것을 경험하고도 그것을 마음에 오래 품지 못하는 원시인들의 예가 아주 많다. 원시인들도 그것을 기억할 수 있지만, 그것은 자신이 경험한 것을 이해하지 못하는 까닭에 거기에 어떠한 중요성도 부여하지 못하는 것이나 마찬가지이다. 그것은 정말로 아주 흔하게 일어나는 일이다. 다른 사람이었다면 대단히 소중하게 여기면서 영원히 기억하는 것에서 그치지 않고 인격까지 바꿀 그런 일을 경험하면서도 어떠한 감동도 받지 않은 채 그 일을 그냥 흘려보내는 사람들을 나는 무수히 많이 보았다. 물론 그런 사람들의 기억 속에 그 일이 들어 있고, 그들도 그것을 보았다는 것을 알고 있지만 어쨌든 그것이 그 사람의 뇌리에 각인되지는 않는다. 정치 상황에도 이와 똑같은 일이 일어난다. 지금 우리가 바로 그런 상황에 처해 있다. 우리는 무기와 탄약의 비축이 정확히 어느 곳으로 향하고 있는지 훤히 알고 있으면서도 그것을 막지 못한다. 우리는 군축회담이 실패한다는 것이 무슨 의미인지를 잘 알고 있다. 또 국가들이 전쟁을 원하지 않는다는 것도, 국민들이 모두 전쟁을 두려워하고 있다는 것도 알고 있다. 그럼에도 우리는 전쟁 쪽으로 흘러가고 있다. 어느 누구도 전쟁을 중지시키지 못한다. 이유는 과반의 사람들이 이해할 능력을 갖추고 있지 못하기 때문이다.

내가 말한 바와 같이, 그것이 원시인의 전반적인 특성이고, 따라서 원시인은 특유의 무관심과 특유의 체념을 보인다. 원시인은 "아, 집이 불타고 있네. 정말이네."라는 식으로 말한다. 그러면서도 원시인은 집을 구할 행동은 전혀 하지 않는다. 물도 한 바가지 붓지 않을 것이다. 집은 무너져 내릴 것이며, 집이 무너지지 않도록 할 조치는 전혀 취해지지 않는다. 왜냐하면 원시인이 집뿐만 아니라 불과도 신비적 참여를 하고 있기 때문이다. 집이 불타서 허물어져 내리는 것을 지켜보는 것은 매우 고통스럽다. 그래도 원시인은 자기 자신을 신비적 참여로부터 끌어내지 못하기 때문에 어떠한 조치도 취하지 못한다. 그런 사람들은 어리석은 것이나 마찬가지이다. 이 대목에서 이렇게 말하는 사람도 있을 것 같다. "하지만 당신이 본 것과 들은 것을 어떻게 깨닫지 못할 수가 있어? 어떻게 그런 식으로 삶을 살 수 있지?" 절대로 어려운 일이 아니다. 모든 일이 그냥 그런 사람들 옆을 지나친다. 왜냐하면 그들이 거의 존재하지 않는 것이나 마찬가지이기 때문이다. 그들은 사건과 하나가 된다. 종교적 경험이 일어나는 순간에 그들은 종교적 경험 그 자체이다. 이어서 브랜디 한 병이 나오면, 그들은 브랜디 병과 동일하다. 그 다음에 살인이 일어나면 그들은 살인이다. 그들은 언제나 자신들이 매 순간 경험하고 있는 것과 완전히 동일하다. 거기엔 연속성이 전혀 없다. 또 사람이 "나는 이것과 그 결과를 깨달았어. 그리고 이것과 저것이 서로 일치하지 않는다는 것을 알았어."라는 식으로 말할 수 있게 하는 중심점 같은 것이 전혀 없다. 그것이 어떤 현실의 시작일 테지만, 원시인들은 그런 깨달음과 거리가 아주 멀며 우리 현대인도 어떤 면에서 보면 마찬가지로 멀다. 그것이 이 케이스의 특이성이며, 그것이 우리 환자가 세상의 사실들과 접촉할 때 세상의 사실들은 그냥 세상의 사실들일 뿐이고 또 하나의 경험일 뿐인 이유를 설명해준다. 그녀는 예전에 다른 경험 그 자체였듯이 이번에는 이 경험과 동일하다. 그래서 거기에 연결이 전혀 없고 연속성이 전혀 없다. 그것은 단지 이 조건에서 다른 조건으로 변화하는 것에 지나지 않는다. 거기엔 의식도 거의 없고, 연속성을 보장할 그런 중심점도 전혀 없고 초점도 전혀 없다.

이것은 물론 매우 심리학적인 관점이며, 그런 변화가 어떤 식으로 일어나는지를 지켜보는 것은 대단히 흥미로운 일이다. 우리는 불일치에 어떤 저항을 느끼면서 어떻게 그런 것이 가능한지 이해하지 못하겠다는 식으로 말한다. 그러나 그것은 단지 착각일 뿐이며, 기본적으로 우리는 그 점을 잘 이해한다. 그런 일이 우리에게 지속적으로 일어나고 있기 때문이다. 우리는 언제나 다소 일관성이 없으며, 언제나 우리의 경험과 다소 농일시하고 우리가 깊이 이해하도록 도울 그런 지속성을 결여하고 있다. 우리가 어느 정도의 지속성을 성취할 수 있을 때까지 얼마나 많은 경험이나 충격, 실망이 필요한지 나는 알지 못한다.

그러나 심리학적 관점에서 보면, 그런 변화를 지켜보는 것은 흥미로운 일이다. 여기서 우리는 이 같은 변화가 일어나고 있는 일련의 환상들을 보고 있다. 환상들을 보면, 이 여자 환자는 또 다른 종류의 현실 경험에 삼켜지고 있으며, 이곳의 경험이 사라지고 있는 것 같다. 그런 조건에서 아니무스, 즉 한때 그녀와 집단 무의식을 연결시켰던 기능에 온갖 이상한 일이 다 일어날 것이라고 예상할 수 있다. 아니무스가 무엇을 할 것인지, 또는 아니무스에게 무슨 일이 일어날 것인지를 예견하는 일은 거의 불가능하다. 지난번 환상에서, 우리는 아니무스에게 일어날 수 있는 사건의 예를 보았다. 아니무스가 특별히 당황했으며, 대단히 감상적인 감정을, 그녀가 깨닫지 못한 감정을 강하게 품었다. 그녀는 지금 매우 강력한 역할을 맡고 있는 것처럼 보이고, 그녀는 정말로 강한 남자이다. 그래서 그녀는 더 이상 아니무스를 늘 앞세우지는 않는다.

　전환이 일어나고 있을 때, 말하자면 일들이 자연스럽게 변화하고 있을 때, 그 전의 조건은 갑자기 정지하는 것이 아니라 서서히 소멸하면서 그 다음 경험에 의해 대체된다. 그렇기 때문에 두 가지 상태가 정말로 겹치고, 한동안 균형 상태를 이루기도 한다. 그녀의 옛 경험은 뒤로 물러나고 있지만, 그럼에도 거기에 있다. 옛날의 상태들이 특별히 강조되지 않는 상태에서 계속 존재하는 것은 역사에서도 사실이다. 예를 들어, 기독교 종교는 지금도 여기에 있으며, 기독교의 진리를 확신하는 사람은 수없이 많다. 물론 기독교를 실제로 믿지 않으면서도 믿는 것처럼 주장하는 사람도 수없이 많다. 기독교 종교는 일종의 존재의 습관처럼 되었으며, 일들은 몇 세기 전의 방식 그대로 행해지고 있다. 그럼에도 기독교 종교는 더 이상 몇 세기 전과 똑같지 않으며 이미 쇠퇴의 과정에 들어 가 있다. 이미 다른 종류의 경험이 기독교로부터 서서히 발달하고 있다. 그러나 우리가 지금 서 있는 자리가 어디인지를 깨닫기까지는 오랜 시간이 필요하다. 그 시간의 길이를 생각하면 정말 놀랍다. 우리 인간이 실제 상태를 깨닫는 데 필요한 시간의 길이에 나는 언제나 놀란다. 실제 상황에 대한 파악이 마침내 이뤄지면, 우리는 그 사실 앞에서 놀라 할 말을 잃게 된다. 그래서 나는 이 여자도 자신이 어디에 서 있는지를 깨닫지 못했을 것이라고 확신한다.

　분석을 하다 보면 어느 단계에서든 환자가 자신이 현실 속에 어디에 서 있는지를 깨닫지 못하는 순간이 있다. 환자가 궁지에 몰렸거나 진짜 위험에 처한 것이 너무나 분명한 상황에서도 그 상황을 직시하기로 결정할 수 있게 되기까지 아주 오랜 시간이 걸린다. 예를 들어, 치명적인 질병에 걸렸다는 진단을 받은 뒤에, 사람들은 그런 일이 가능하다는 것을 믿으려 들지 않는다. 그들은 그 같은 사실이 자신의 얼굴을 째려보고 있을 때조차도 그냥 그것을 보지 않는다. 그렇다면 우리 환자가 마치 전체 상황이 똑같은 것처럼 처신한다 하더라도 절대로 놀랄 일이 아니다. 그럼에도 그녀는 아마 새로운 경험에 의해 동화되고 있을 것이다.

개인에겐 언제나 어떤 연속성이 있다. 그래서 본인이 깨닫지 못하더라도 적어도 누군가가 깨달을 것이라는 희망은 언제나 있다. 그러나 우리는 사람들이 전혀 아무것도 경험하지 않으면서도 평생을, 아마 몇 개의 삶을 살 수 있다는 사실을 잘 알고 있다. 일련의 경험과 자신을 동일시하면서 살아가는 사람은 거기서 아무것도 경험하지 못한다. 나는 놀라운 예를 많이 알고 있다. 내가 기억하고 있는 환자들 중에서 가장 단순한 예는 마흔을 넘긴 여자이다. 아이를 넷 둔 상태에서 평범한 여자의 삶을 산 여자였지만, 그녀는 "나는 아무것도 경험하지 못했어요. 절대로 산 것이 아니었어요. 나는 전혀 성장을 이루지 못했어요."라고 말했다. 나는 그녀가 15년 동안 결혼생활을 하면서 아이를 넷 두었다는 점을, 그것만으로도 충분히 가치 있는 일이라는 점을 강조했다. 그러나 그녀는 "아이들도 그냥 생겼을 뿐이에요."라고 말했다. 또 다른 여자 환자는 "맞아요. 아이가 셋입니다. 그러나 저는 막내 아이를 낳고서야 이것이 출산이고 이 아이가 나의 자식이라는 것을 깨달았어요."라고 말했다. 그러고는 정말 이상하게도 그녀는 더 이상 아이를 원하지 않았다. 그녀가 아이의 의미를 깨달을 때까지만 아이를 가지려 했는데, 마치 그 뜻이 이루어졌다는 듯이.

지금 이것들은 평생 아장아장 걷고 있는 사람들의 평범한 예들이다. 매일이 똑같은 하루였고, 그들은 바로 그 하루였다. 그러다가 그들은 예전에 무슨 일이 일어났다는 것을 돌연 기억하게 되는 어떤 장소에 온다. 그러나 그들은 그것을 누가 경험했는지, 누구의 눈이 그것을 보았는지 알지 못한다. 그래서 그들은 그 사람을 찾기 시작한다. 그러다가 아무도 발견하지 못할 때, 신경증이 생기고 그들은 나를 찾는다. 그들은 자신들에게 생긴 일들을 본 목격자를 필요로 한다. 그 다음 단계엔 그들이 자신이 한 일을 기억하기 위해 그 일에 대해 말하기를 원한다. 어떤 환자든 사소한 세부사항에 대해 나에게 들려주려 시도할 것이다. 그런 경우에 나는 인내심이 충분하다면 환자의 말에 한동안 귀를 기울인다. 왜냐하면 그들 모두가 누가 어떤 삶을 살았다는 것을 기억할 필요가 있기 때문이다. 환자는 자신의 삶의 역사와 자기 자신을 연결시키기 위해 그 역사를 되풀이해서 말한다. 환자들이 무엇인가를 깨닫게 되는 분석의 모든 단계에서, 그와 똑같은 과정이 다시 일어난다. 환자들은 자신의 전체 삶을 돌이켜보면서 그 삶과 새로운 통찰을 연결시킨다. 그들이 삶을 새로운 통찰에 비춰 다시 가꿔야겠다고 느끼기 때문이다. 아시다시피, 자신의 삶에 대해 이런 식으로 말하는 사람들이 너무나 많다는 사실은 자신이 산 삶을 자각하지 못하는 사람이 너무나 많다는 것을 입증하고 있다. 그렇지 않다면, 그들이 그런 이야기를 되풀이할 필요가 없었을 것이다. 그들이 간혹 누군가가 듣고 있다는 사실을 의식하지 않는 것도 사실이다. 마치 시계처럼 말하던 환자가 있었다. 이 환자가 얼마나 지루하게 말을 풀어놓았던지, 나는 지루해서 졸곤 했다. 그러다 나는 마치 물이 흐르지 않아 물레방아가

정지할 때 졸음에서 깨어나는 제분업자처럼 그녀가 담뱃불을 붙이려 말을 중단하면 정신을 차리고 환자의 말을 다시 들었다. 나는 "당신은 내가 졸고 있다는 것을 알았어요?"라고 물으면, 여자 환자는 "아뇨, 정말 졸았어요? 그래도 나는 1900년 그 해에 대해 말하고 싶어요."라고 말했다. 내가 듣고 있는지 여부는 중요하지 않았다. 그녀의 과거가 그녀를 완전히 사로잡았고, 그녀는 자신의 이야기와 동일했으며, 그녀는 다시 그 이야기를 깨닫지 못했다. 어떤 것을 깨달을 수 있기 위해선, 당신이 현재의 순간에 있어야 하고, 당신 자신이 어디에 서 있는지를 알고 지금 당신이 누구인지를 알아야 하기 때문이다. 당신이 당신의 이야기와 동일한 한, 당신은 그 이야기를 깨닫지 못하고 되풀이하게 되어 있다.

이젠 다음 환상을 볼 것이다. 앞의 환상과 연속선상에 있는 환상이다. 우리 환자는 "그 남자가 나를 붙잡았다. 그는 검은 사람이 되어 있었다."고 말한다. 당신은 아니무스가 "당신과 함께 여기 있으면, 내가 검게 될 거야."라고 한 말을 기억할 것이다. 그는 이전에도 흑인으로 몇 차례 나타났다. 그랬던 그가 다시 그런 형태로 나타나는 것은 일종의 퇴행을 의미한다. 그래서 아니무스는 유색인으로 나타나는 것을 피하기 위해 무의식에게 삼켜지기를 원하고 있으며, 유색인과 함께 짝을 이뤄 나타나는 것은 그녀에게도 똑같이 혼란스런 일일 것이다. 만약에 그녀가 낮에 열린 공간에서 대중이 보는 앞에서 그와 연결된 상태로 남아야 한다면, 그녀는 유색인의 본성을 상당히 보이게 될 것이다. 따라서 그는 무의식 속으로 사라져야 한다. 그러나 "그 남자가 그녀를 붙잡았고", 그녀는 원시적인 무의식과 함께 있으면서 원시적인 무의식을 보이고 있다. 그녀는 하는 수 없이 무의식을 드러내야 하는 까닭에 무의식을 드러내는 것을 두려워하지 않는 원시인과 비슷하다.

사람이 무의식을 드러내는 방법도 다양하다. 어떤 일에 지나치게 감정적으로 반응할 때, 그 사람은 무의식적으로 행동하고 있다. 사람은 대체로 어느 정도 자제력을 발휘할 것으로 여겨진다. 어느 정도의 감정이 자연스럽고 합리적인 상황이 있다. 그런 경우에 감정이 보이지 않는다면, 무엇인가가 부족하다는 느낌이 든다. 그러나 무턱대고 감정에 휘둘리는 것은 원시성의 한 징후이거나 병적인 징후이다.

꿈에 대해 이야기하는 것도 현대인들 사이에 원시적인 태도로 받아들여진다. 원시인들이 꿈에 관심이 많고 꿈에 대해 자유롭게 이야기하는 것은 사실이며, 우리 현대인이 일상적인 모임에서 꿈에 대해 이야기하는 것은 원시성의 표시로 여겨진다. 그러나 분석적인 사람들이 모인 자리에서는 누구나 조금만 주의를 기울이면 꿈에 대해 말할 수 있다.

욕망에 사로 잡혀 있거나 어떤 사상이나 공상에 사로 잡혀 지내는 사람도 원시적이라 불린다. 그런 사람들이 상황에 신경을 쓰지 않아서 자신이 어디에 서 있는지, 자신이 어디로 가고 있는지에 대해 모르기 때문이다. 세상에는 자기 일에 대해서만 이야기하거나 자신의 취미에만 집착하거나 아무도 관심을 두지 않는 일에 대해 말하는 지루한 사람들이 아주 많다. 상태나 상황에 대한 깨달음이나 고려가 부족한 것은 원시적이다. 우리 환자는 자신이 처한 상황에서 뭘 할 것 같은가? 아마 아주 전형적인 무엇인가를 할 것이다.

당연히, 그녀는 선교사 역할을 할 것이다. 이것은 분석의 어느 단계에서 하게 되는 아주 평범한 일이다.

당신은 자신이 모든 사람들에게 진리를 전파해야 한다는 감정을 느낀다. 마치 세상의 상처를 치료하는 것이 당신의 과제인 것처럼. 또 당신은 자신의 특별한 심리적 어려움을 바탕으로 당신 자신을 매우 중요한 존재로 만들면서 자신의 심리적 합병증에 관한 긴 이야기 속으로 사람들을 끌어들이려 노력할 것이다. 지금 그렇게 하고 있는 것이 바로 자제력을 발휘하지 못하고 마음에 들어 있는 온갖 것을 불쑥불쑥 말하는 그 유색인 남자이다. 꿈에서 그런 태도가 종종 아주 유치한 상징에 의해 묘사된다는 점이 매우 흥미롭다. 예를 들면, 거실에서 소변을 보는 꿈이나 배설물과 관련해서 일어나는 거북한 상황에 관한 꿈이 있다. 그런 식으로, 꿈은 의식적인 태도의 거북함을 지적한다. 사람은 이제 방금 풀려난 동물처럼 행동하지 못하며, 심리적으로 자제력을 잃은 사람들은 교육이 전혀 되지 않은 개처럼 행동한다. 이제 아니무스는 검은 피부의 사람이 되어 "결정했어!"라고 말했다. 그가 그녀를 동행하기로 결정한 것이 틀림없는데, 이것은 별로 이롭지 않다.

> 그가 나보다 앞서서 걸었다. 나는 그의 등이 흰색인 것을 보았으며, 그의 등에서 하늘의 하얀 새를 올려다보고 있는 어느 남자의 얼굴이 보였다.

이 대목은 재미있다. 아니무스가 단순하지 않다. 아니무스가 두 개의 얼굴을 하고 있다. 앞의 얼굴은 검정색이지만, 뒤에 두 번째 얼굴이 있다. 이 얼굴은 희며, 하늘을 올려다보고 있다. 이건 무슨 뜻인가? 이것은 불쾌한 상징이며 다소 공격적인 성격을 갖고 있다.

사람이 무의식에게 보여주고 있는 얼굴과 다른 얼굴을 세상에 보여줄 때, 바로 그것이 성격의 분열이다. 이 아니무스 자체를 분석한다면, 당신은 이런 식으로 말할 것이다. "당신은 자신이 유색인 남자라고 믿고 있어. 그러나 절대로 그렇지 않아. 당신은 단지 백인 남자를 억누르고 있을 뿐이야. 몸을 돌려봐. 그것 봐, 당신은 백인이잖아." 그렇다면 아니무스가 이처럼 검정색으로 바뀌는 것은 백인을 숨기거나 억압하는 것을 의미한다. 이런 일이 있어서는 안 된다. 그것은 자연에 반한다. 따라서 그 결과는 일종의 야누스의 얼굴을 가진 괴물이다. "하늘의 하얀 새를 올려다보는 것"은 일반적인 상징 표현이며, 그것은 사람의 눈이 보다 높은 것을 향하고 있다는 것을 의미한다. 하얀 새는 비둘기, 성령, 순수한 생각 등을 뜻한다. 그리고 이전에 일어났던 어두운 모티프가 여기서 다시 나타나고 있다. "짓이겨진 붉은 새가 그의 가슴을 쪼고 있었는데도 그는 그것을 보지 않았다." 이 새는 고층 빌딩들 사이에 나타났던 새들 중 하나이며, 우리는 그 새들이 그녀의 뉴욕 세계와의 충돌로 인해 상처를 받는 생각이나 욕망이나 희망이라고 말했다. 그 새들이 돌아와서 하얀 아니무스의 가슴에 대해 걱정하고 있다. 이것은 뉴욕과의 충돌이 여전히 우리 환자를 불안하게 만들고 있다는 뜻이다. 뉴욕과의 충돌은 그녀의 기대와 희망을 훼손하고 있다. 그녀가 아직 뉴욕과의 충돌을 깨닫지 못하고 있기 때문에, 그 충돌은 아니무스 속으로 억압되고 있다. 그녀가 뉴욕과의 충돌을 깨닫게 된다면, 그 새는 그녀를 쪼게 될 것이다. 당신은 상징적 표현이 어떤 식으로 이뤄지는지를 보고 있다. 그녀는 자신의 깨달음을 아니무스 속에 숨기고 있고, 이 아니무스 안에 백인이 억압되어 있으며, 아니무스는 흑인에 의해 가려져 있다. 그래서 아니무스가 괴물이 되었다.

그녀가 다음과 같이 말을 잇는 것이 참으로 흥미롭다. ("이것이 그가 나보다 앞서 걷고 있을 때 그의 등에서 본 것이다.") 그녀의 환상과 관련해서 이런 식의 문장 표현은 지금까지 한 번도 본 적이 없다. 그녀는 자신이 본 것을, 마치 자신의 눈은 그것을 믿지 않았다는 식으로 괄호로 묶어서 전했다. 그녀는 확신을 품지 못하게 되었으며, 따라서 그녀는 그 문장을 되풀이한다. 조금 지나서 그녀는 다시 그런 식의 표현 방식을 쓴다. 마치 그녀가 그것을 정말로 보았다는 점을 재차 확인이라도 시키려는 듯이. 그녀는 지금 자신의 지각에 대한 의심을 드러내고 있다. 당신도 무엇인가를 억누르기 시작하는 즉시 무의식의 지각이 불확실해진다는 것을 알고 있다. 의식과 집단 무의식 사이의 층(層)을, 말하자면 개인 무의식의 베일을 만들어내는 것이 바로 억압이다. 당신의 의식이 집단 무의식과 정면으로 맞서거나 집단 무의식에 반대하고 있는 한, 거기엔 불확실성은 전혀 없으며 확증도 전혀 필요하지 않다. 그러나 개인 무의식이 억압이나 동기, 개인적 선호, 기분, 유보 등을 통해서 그 사이에 끼어들자마자, 당신은 자신이 본 것에 대해서도 확신하지 못하고 당신이 결정한 것에 대해서도 확신을 품지 못하게 된다. 두려움이나 기대, 또는 세상사가 어떻게 되어야 한다는 식의 고정관념에 따라 사물들을 형성하고 환상을 변화시키는 경향이 있다. 이런 경향은 당신이 절대적인 지각력을 잃는 순간에 나타난다. 당신이 자신의 그림자를 보지 못하게 되는 때에도 그런 일이 일어난다. 당신이 망상을 품고 있으면, 환상은 언제나 불확실해진다.

지금 그녀는 이렇게 말한다. "우리는 이상한 신음소리와 한숨 소리를 들었다." 여기서 다시 예전 환상이 떠오른다. 그녀가 뉴욕에 도착했을 때, 공중에서 들렸던 괴상한 소리 말이다. "그 남자가 말했다. '무서워.' 그래서 나도 말했다. '나도 무서워해야 하는 거야?' 그러자 그가 대답했다. '당신도 그래야 해.'"

이 대화는 전형적인 무엇인가를 보여주고 있다. 그녀가 깨닫지 못하고 있는 감정들 중 하나가 두려움이다. 그녀는 두려움을 억누르면서 그것을 아니무스에게 투사하고 있다. 지난번 환상의 마지막 부분에서, 그는 이미 두려움을 느꼈으나 그녀는 꽤 용감하게 나서며 여주인공의 역할을 했다. 그러나 여기서 그는 자신이 두렵다고 말하고 공포의 감정을 먼저 깨닫는다. 그럼에도 그녀는 확신하지 못하는 모습을 보인다. 그녀는 "나도 무서워해야 하는 거야?"라고 묻는다. 그가 그렇다고 말하는 것은 그녀도 진정으로 두려워해야 한다는 의미이다. 그녀의 경향은 두려움을 억누르면서 그것을 그에게로 넘기는 쪽이지만, 그 두려움은 다시 그녀에게로 돌아온다. "검은 벽이 우리의 길을 막았다. 남자는 엎어져 흐느껴 울었다." 여기서 다시 우리는 감정적인 아니무스를 보고 있다. 아니무스는 지금 대단히 연극적이다. 그녀는 자신의 모든 감정을 그에게로 투사하고 있으며, 그는 그 감정들을 극화하고 실행해야 한다.

그가 말했다. "나는 그렇게 할 수 없어. 당신이 낯설고 무서워. 당신은 나에게 무서운 곳으로 함께 가자고 요구하고 있어. 당신이 나를 검은 사람으로 만들었어."

그는 그녀가 자신을 흑인처럼 행동해야 하는 끔찍한 세상으로 데려가고 있다는 사실에 대해 불평하고 있다. 이유는 당신이 당신의 아니무스를 문명사회로 데려가 바람에 쐴 경우에 아니무스가 냄새를 풍기게 되기 때문이다. 그는 유색인이고, 그로서는 그것을 어떻게 하지 못한다.

> 나는 그를 무시했다. 그의 하얀 등에서 살아 있는 그림이 변하는 것이 보였다. 짓이겨진 붉은 새가 남자의 목을 쪼았다. 결국엔 남자의 머리가 떨어져 나갔다. 거기서 새로운 머리가 자라났다. 이번에는 그 머리가 아래를 내려다보다가 빨간 새를 보았다. 그 남자가 새를 잡아 죽였다. (이것이 내가 본 그림이었다.)

여기서 다시 불확실성이 보인다. 따라서 그녀는 자신이 그것을 보았다는 사실을 입증해야 한다고 느끼고 있다. 지금 환상들이 정확한지 혹은 신뢰할 만한지 그다지 확실하지 않다. 어쩌면 환상들이 훼손되었을지도 모른다. 환상들 사이에 뱀의 장막이 드리워져 있기 때문에 대단히 조심스럽게 다뤄야 한다. 지금 주의는 검은 아니무스 속에 감춰져 있는 백인 남자에게 고정되고 있다. 이 남자는 뉴욕과의 충돌로 인해 불안해하고 있다. 여기서 중요한 생각은 그가 새를 잡아서 죽여야 한다는 것이다. 바꿔 말하면, 그가 그 충격으로부터 자신을 해방시켜야 한다는 뜻이다. 분명히, 그녀가 받은 충격은 병인학(病因學)적 중요성을 지닌다. 일들이 지금처럼 돌아가는 것은 그 충격의 결과이다. 그 충격이 어떤 퇴행적 움직임을 야기했다. 아니무스가 검게 되고, 백인이 검은 아니무스 속으로 억눌러지고 숨겨지고 있는 사실이 바로 그 퇴행적 움직임이다. 그러나 만약에 충격과 고통을 제거할 수 있다면, 전체 상황을 반대 방향으로 돌려놓을 수 있을 것이다. 이것은 정말로 예전의 조건을 다시 확립하려는 무의식의 시도이다. 마치 이런 식으로 말하는 것이 가능한 것처럼. "오, 아무것도 변하지 않았어. 뉴욕은 나에게 전혀 아무런 인상을 주지 않았어. 우리는 지금까지 해 오던 대로 할 거야."라는 식으로 말하도록 하려는 것처럼. 그녀는 이렇게 말한다.

> 나는 이 장면을 보면서 동정심을 강하게 느꼈다. 나는 땅바닥에 엎드려 우는 남자 옆에 무릎을 꿇고 앉았다. 나는 두 팔로 그를 들어 올려 나의 무릎에 누인 채 검은 벽 옆에 앉았다. 나는 그의 위로 머리를 숙이며 말했다. "잠깐만. 당신 등에 글이 쓰여 있어. 당신은 나을 거야. 새로운 것이 자라날 거야." 나는 차분하게 앉아 있었다.

그녀가 무엇 때문에 동정심을 느꼈는지 정확히 모르지만, 아마 감정에 북받쳐 나약한 모습을 보이며 땅바닥에 무력하게 누워 있는 남자에게 동정을 느꼈을 것이다. 그는 지금 그녀가 느껴야 할 감정을 느끼고 있다. 그가 그녀에게 동정심을 느끼고 있다는 식으로 말할 수도 있지만, 만약에 착각이 아니라면, 그녀는 자신의 약함을 깨닫지 못하는 가운데 강한 역할을 맡아 아주 용감하게 상황을 주도하려고 노력하면서 거기서 그를 예상하고 동정하고 있다. 당신 자신의 약점을 깨닫지 못하고 있다면, 이로운 태도나 힘의 망상도 전혀 아무런 가치를 지니지 못한다. 그러나 만약에 자신이 두려워하고 있다는 것을, 자신이 감상적이고 의심이 많으며 용기가 부족하다는 것을 깨닫고 있다면, 당신은 아직 희망을 품을 수 있으며 당신 자신을 다잡아야 한다는 사실을 잘 알고 있다. 바로 그런 것이 힘이다. 당신이 약점을 다른 누군가에게 투사하고 있는 한, 당신이 강하다는 증거는 전혀 없다. 정반대이다. 그러나 사람이 약점을 투사할 기회를 갖는 것은 매우 유쾌한 일이다. 그것이 그렇게 많은 사람들이 자기 파트너의 약함을 좋아하는 이유이다. 그들은 파트너의 약함을 부추긴다.

예를 들어, 알코올 중독자들의 아내는 종종 자신의 우월성을 보장하기 위해서 남편의 알코올 중독을 강화한다. 만약에 남편이 완전한 짐승이 아니라면, 아내가 짐승이 아니라는 보장은 불가능할 것이다. 그래서 아내는 남편이 짐승으로 불리기를 원한다. 그런 경우에 그녀가 상황을 주도할 수 있을 테니까. 만약에 그런 남자가 실수로 치료되어 집으로 퇴원한다면, 그의 아내는 남편을 다시 설득시켜 포도주를 조금씩 마시도록 할 것이다. "이 정도야 괜찮아요." 그런 상태에서 일주일 정도 지나면, 그녀는 남편을 다시 자기 아래에 두게 된다. 그렇게 하지 않으면, 그녀 자신에 대한 그녀의 믿음이 위협을 받을 것이고, 그녀는 많은 미덕을 감당하지 못하고 열등한 위치에 서게 될 것이다. 그녀가 결코 성인(聖人)이 아닌 게 분명하니까. 사람들은 성인으로서 죽기를 원한다. 그러니 경이로운 성격의 소유자를 보게 되거든 그의 남편이나 아내에 대해 물어보라. 파트너가 곤경에 처해 있을 가능성이 크기 때문이다. 그 파트너가 치료될 때, 그 미덕에 대해 높이 평가하도록 하자. 그런 다음에 우리는 다시 볼 것이다. 파트너가 좋은 조건에 있는 상황에도 그 사람의 성인다운 점이 계속 이어진다면, 바로 그런 사람이 성인의 조건을 갖춘 사람이다. 정말 이상하게 들리지만, 파트너의 좋은 상태를 견디는 것이 그리 쉬운 일은 아니다. 그래서 당신은 우리 환자가 대단히 강하며 자신의 검은 구세주와 함께 그림 '피에타'의 장면을 연출하는 것을 보고 있다. 지금 그녀 자신은 아니무스를 무릎 위에 올려놓고 그에게 치료를 약속하고 있는 매우 위대한 어머니이다. 그것은 위험한 상황이다.

> 검은 벽에 있는 문에서 많은 유령들이 나왔다. 유령들은 우리 주변을 떠돌아다녔다. 나는 "그를 방해하지 마. 자고 있으니까."라고 말했다. 유령들이 사라졌다. 나는 내 앞의 땅에서 불이 솟아오르는 것을 보았다. 불은 이상한 나무 모양을 하고 있었다. 나는 불 위로 나의 별을 보았다. 이어서 나는 그 남자를 땅바닥에 뉘고 그의 얼굴을 물로 닦았다. 나는 돌아서서 검은 벽에 있는 큰 문 쪽으로 갔다. 문이 나를 위해 활짝 열렸다.

아니무스는 지금 힘이 완전히 빠진 상태에 있다. 아니무스는 무의식 상태로 땅바닥에 누워 있으며, 그녀는 심하게 아픈 아이를 다루듯 아니무스를 대하고 있다. 그리고 그녀는 그들 주위를 떠돌아다니고 있는 유령들을 두려워하지 않는다. 다음 환상은 "귀신들"이라 불리는데, 귀신들이 이미 여기서 나타나고 있다. 그러나 흥미로운 것은 아니무스가 잠을 자고 있는 동안에 땅에서 나무 모양의 불이 솟아오르고 있다는 점이다.

이것은 아니무스가 정말로 무의식으로 돌아갔다는 뜻이다. 그래서 무의식이 다시 생명을 얻게 되었다. 그녀는 자신이 아니무스를 자기 주머니에 넣고 다닌다고 생각한다. 아니무스가 잠을 잘 때도, 그녀는 그를 옆에 두고 있다고 생각하지만, 그는 이미 그녀 곁을 떠나 무의식을 활성화시키고 있다. 그래서 불이 나오는 것이다. 그러나 불이 나무 형태를 취하고 있다. 이 환상의 인상은 이전 환상의 전반적인 인상에 비해 어떤가?

나는 상징들이 지독히 재미없었다는 점을 밝혀야 한다. 그 불이 솟아오를 때, 사람은 무엇인가 상당히 품위 있는 일이 일어나고 있다는 점에 대해 하늘에 감사한다. 나무 모양을 한 불꽃은 순수한 상징 같지만, 다른 상징들의 경우에는 주물러시고 훼손되지 않았다는 확신이 전혀 서지 않았다. 다른 상징들은 지루하고, 배반적인 구석을 갖고 있었다. 그러나 상징적 표현은 솔직하고 명쾌하다. 지금 나무 모양을 하고 있는 불은 무엇인가? 그리고 불 위의 별은 또 무엇인가?

이 환상은 3가지 요소로 되어 있다. 솟아오르는 불꽃이 있고, 나무 모양이 있고, 별이 있다. 불꽃은 파괴적이거나 따스함과 빛을 준다. 그래서 그것은 감정을 표현하고 있음에 틀림없다. 그것은 아마 마니푸라일 것이다. 그 다음은 가지가 있는 나무이며, 불과 아주 반대인 나무 같은 확장은 아나하타일 것이다. 불은 나무를 태워 없애지만, 여기서 나무는 살아서 자라고 있다. 예를 들면, 요가 트리이다. 아니면 뿌리가 하늘에 있는, 거꾸로 선 나무일 것이다. 그리고 이 나무의 열매는 유기적인 생명도 아니고 정신적인 생명도 아니다. 그것은 또 불도 아니다. 그 열매는 바로 별의 빛이다. 지구 저 밖에 있는 아득한 빛, 따스함을 전혀 주지 않는 그 영원한 빛이다. 그것은 생명 저 너머에 있고, 아득하고 불변하고 도달할 수 없는 존재이며, 따라서 죽은 뒤 인간 영혼의 상태를 상징한다. 또한 그것은 도달하기 어려운 보석을, 인간의 안에 있는 영원한 물질을, 만다라의 센터를 상징한다. 그것은 존재의 우주적인 측면이며, 그것은 개성화의 본질을 상징한다. 그렇다면 이것은 한마디로 말해서 쿤달리니의 길 전체이다. 아래는 불이고, 위는 나무이며, 꼭대기는 결과인 하나의 눈, 즉 아즈나이다.

당신은 이런 상징 표현을 종종 보았을 것이다. 보편적인 상징 표현이다. 당신도 불꽃을 그리고, 그 불꽃에서 꼭대기에 빛이 있는 나무가 자라는 상징을 곧잘 그린다. 크리스마스트리도 그런 상징이다. 꼭대기에는 언제나 별이 하나 있는데, 이것은 위대한 개인의 출생을 상징한다. 베들레헴의 출생지 위의 별처럼. 이 환상에서 그녀는 불빛 속에서 전체 쿤달리니 현상을 본다. 지금 쿤달리니 현상은 무슨 목적으로 나타나는가?

아니무스가 잠들어 무의식 속으로 미끄러져 들어가서 진정한 환상을 끌어내고 있다. 그런데 이 환상은 그녀가 한때 이루었던 깨달음을 그녀에게 돌려줄 수 있어야 한다. 지금 당장 그것이 그녀에게 특별히 중요하다. 아시다시피, 그녀는 '자기'와 동일시하고 있으며, 그녀는 위대한 어머니이고 증조할머니이고 자신의 아니무스를 무릎에 뉘고 있다. 그녀는 꼭 자신이 그린 어머니 여신처럼 행동하고 있다. 그것은 분명히 팽창이며, 그녀는 마치 자신이 위대한 사람인 것처럼 느끼고 있다. 그렇게 느끼는 사람이라면 선교사 같은 존재처럼 행동한다. 그러면 그 사람은 모든 일에 대한 해결책을 알고 있으며 또 그것을 세상에 전파해야 한다. 그것이 이 여자의 의식적인 태도이지만, 지금 아니무스가 영원히 진리인 이 그림을 끌어올리고 있다. 그녀는 한눈에도 이것이 그 자체로 하나의 과정이며 그녀가 그것이 아니라는 것을 볼 수 있다. 그래서 그녀는 팽창에서 빠져나올 것이다. 일이 그런 식으로 진행되는지 보도록 하자. 그녀는 남자를 땅바닥에 내려놓고, 그의 얼굴을 물로 씻는다. 그런 다음에 그녀는 돌아서서 검은 벽에 있는 큰 문으로 다가갔다. 벽 그 너머에서, 그녀는 귀신들이 사는 동굴로 들어가는데, 다음 환상에 이런 내용이 나온다. 그녀는 틀림없이 모험심이 강하고 용기도 상당하다. 그렇다면 우리는 그녀가 팽창으로부터 회복되었다고 결코 자신 있게 말하지 못한다. 그녀가 신성으로 팽창에서 벗어날 것이라고 기대하기 어렵지만, 우리는 아마 팽창이 다른 힘과 경쟁하는 것을 보게 될 것이다. 그것이 다음 환상의 내용이 될 것이다.

1934년 1월 31일

미시즈 바우만의 질문이다. "아니무스의 등에 있는 붉은 새는 이전의 환상들에 나타난 새들과 같은 새인가요? 또 아니무스가 새를 죽인 것이 이로웠는지도 궁금합니다."

아니무스를 쪼고 있던 새는 전반적으로 불리한 어떤 상황의 일부였다. 아니무스도 불길한 형태로 있었다. 그 형태는 일반적으로 불쾌한 한 현상이다. 따라서 보상적인 다른 형상이 있어야 하는 것이 충분히 이해가 된다. 꿈에도 그런 내용이 종종 나타난다. 전반적으로 불리한 어떤 상황에서, 그 자체로 긍정적인 어떤 형상이 그 상황에서 마찬가지로 불리하게 작용하다가 그 같은 양상이 전적으로 부정적인 형태들을 제거하는 반대 양상에 의해 보상되는 그런 내용의 꿈들 말이다. 그래서 서로 반대하는 일련의 형상들이 어떤 드라마를 펼치게 되지만, 그 어떤 형상도 상황을 향상시킬 수 있을 만큼 충분히 강하지 못하다. 이유는 그 상황이 해결되지 않는 어떤 갈등이기 때문이다. 그 상황은 의사가 치료하지 못하는 질병과 비슷하다. 의사가 약을 처방하지만, 그 약은 효과를 발휘하는 한편으로 부작용을 낳는다. 마왕 바알제불[53](Beelzebub)의 도움으로 악마를 몰아내는 것과, 말하자면 하나의 큰 악마 대신에 여러 개의 작은 악마를 갖게 되는 형국과 비슷하다. 그러므로 약의 부정적인 효과를 희석시키기 위해 무엇인가가 다시 적용되어야 하고, 그러고 나면 다시 부정적인 효과와 긍정적인 효과가 있게 되고, 그런 식으로 갈등은 계속 이어진다. 공기의 존재이고 생각의 존재인 새는 아니무스와 비슷하며, 날개를 가진 존재이다. 불길한 아니무스는 다른 형태의 아니무스 때문에 불안해 하고, 이 다른 형태도 마찬가지로 부상을 입는데, 다른 무엇인가가 그를 괴롭히고 있는 것이다. 이것이 일반적으로 해결되지 않는 어떤 문제, 즉 불안정한 어떤 상태의 성격이다.

새는 상처 입은 그녀의 가치들을 의미하며, 호의적이지 않은 아니무스는 당연히 그릇된 것으로 평가된다. 그렇다면 새가 아니무스를 공격하는 것은 옳은 일이다. 그럼에도 그녀의 가치들은 하나의 아니무스의 형태에도, 새의 형태에도 있으며, 일이 그런 식으로 전개되어서는 안 된다. 그녀의 가치는 어디까지나 그녀 자신의 판단이어야 하며, 그 판단을 아니무스에게 넘기면 안 된다. 그러므로 아니무스가 새를 죽일 때, 그것은 옳기도 하고 그릇되기도 하다. 그것이 옳은 것은 그 형태가 죽여야 하고 또 가치가 투사되어서는 안 되기 때문이며, 그것이 그릇될 수 있는 이유는 그녀의 개인적 가치

53 '구약성경'에 등장하는, 필리스티아의 도시 에크론의 신의 이름.

가 파괴될 수도 있기 때문이다. 사람들은 종종 아니무스나 그림자를 대표하는 어떤 형상이 죽는 꿈을 자주 꾸며, 그럴 때면 그것이 잘못된 꿈이라고 생각하기 쉽다. 그러나 그 형상이 하나의 투사인 한엔 죽는 것이 옳고 또 하나의 투사로서는 끝이 나야 하지만, 하나의 기능으로서는 끝나면 안 된다. 형상이 죽거나 죽음을 당할 때, 그것은 어디까지나 겉모습일 뿐이라는 점을 기억해야 한다. 그 형상은 다른 형태로 다시 돌아올 것이다. 형태가 바뀌긴 하지만, 아무것도 상실되지 않는다. 예를 들면, 분석 과정에 아프거나 죽는 아이에 괸힌 꿈이 자주 나타난다. 그것은 단지 그 특별한 시도가 실패했다는 것을 의미할 뿐이다. 그러나 실패한 시도가 꼭 전체 계획이 끝났다는 것을 뜻하는 것은 아니다. 그 시도는 다른 형태로 다시 이뤄질 것이다.

노이만 박사가 깨달음(realization)이라는 개념에 대해 묻고 있다. 그는 모든 기능들이 깨달음에 이용되어야 하는지 알고 싶어 한다.

모든 기능이 다 활용될 수 있다면, 그것이 가장 이상적이다. 대체로 사람은 탁월한 기능, 그러니까 분화가 가장 잘 된 기능을 갖고 깨닫는다. 사상가는 먼저 사고를 갖고 깨닫고, 다른 기능을 활용하는 것은 망각하거나 배제할 것이다. 그러나 자연은 그런 식의 깨달음에 만족하지 못한다. 따라서 어떤 일이 가장 잘 분화된 기능으로만 깨달아질 때, 그것은 어떻게 보면 깨달아지지 않은 것이나 마찬가지이다. 그 일은 다른 형태로 다시 돌아올 것이다. 그러면 사람은 똑같은 상황에 거듭해서 직면하게 된다. 이 같은 사실은 그것이 충분히 깨달아지지 않았다는 것을 증명한다. 지성 외에 다른 기능이 반드시 필요한 것이다. 그렇다면 깨달음은 일종의 확증이므로, 감각은 사고와 연결되어야 한다. 일이 추리 과정을 통해서만 깨달아져서는 안 되고, 실현이 사실들과 손에 잡히는 현실에 바탕을 두어야 하기 때문이다.

직관 유형의 깨달음은 가능성에 바탕을 두고 있다. 만약에 사고 기능과 직관 기능이 똑같이 발달되어 있다면, 먼저 깨달음은 논리적 결론이 될 것이다. 예를 들어 보자. 만약에 A가 B와 동일하고 B가 C와 동일하다면, A와 C도 동일해야 한다. 이 같은 결론이 논리적인 부분이 될 것이다. 이어서 직관도 그 같은 결론이 가능하다고 판단할 것이다. 그러면 현실에서나 심리에서 그 결론은 최종적으로 사실로 굳어질 것이다. 직관조차도 어떤 의미에서는 사실들을, 최종적으로 실현될 가능성들을 추구하고 있기 때문이다.

직관 유형은 사실 자체를 갖고 있을 필요가 없다. 그 사람은 가능성만으로도 꽤 만족한다. 물론 그는 가능성을 하나의 확실성으로 고려하고, 그 일이 반드시 일어날 것이라고 단정한다. 따라서 직관 유형은 단순히 가능성만을 근거로도 살 수 있으며, 그는 가능성이 하나의 사실이 되려는 모습을 보이는 순간 달아난다. 직관 유형은 씨앗이 익고 있다는 사실을 알게 되자마자 자신의 들판을 버리고 새로운 들판을 경작하려고 서둔다.

감각 유형은 전체 과정을 두루 다 살피지만, 씨앗에서 훗날 밀이 나올 것이라는 사실에 결코 만족하지 않고 밀이 외양간에 쌓여야만 만족하고 전체 과정이 마무리된다. 감각 유형은 이 들판의 작황이 괜찮은 이상 다른 들판을 경작할 꿈을 절대로 꾸지 않는다. 그래서 자연히 감각 유형은 언제나 현실보다 뒤처지고 언제나 늦다. 이유는 세상이 감각 유형의 깨달음보다 훨씬 더 빨리 움직이기 때문이다. 감각 유형은 언제나 사실들을 직면하고 있으며, 언제나 더 많은 사실들이 존재하도록 만들어야만 직성이 풀린다. 그가 이미 존재하고 있는 것들에게 너무나 깊이 사로잡혀 지내기 때문이다.

어떤 사람들은 3가지 기능, 즉 지성과 감각, 직관을 필요로 한다. 그런 사람들은 어떤 일이 현실 속에서 일어나는 것을 보아야 할 뿐만 아니라, 그 일이 미래에 어디까지 발전할 것인지를, 또 그것이 주변 환경에 어떤 영향을 미칠 것인지를 봐야만 한다. 그들은 어떤 사실의 중요성을 깨닫기 위해서는 설명 과정을 훨씬 더 넓게 확장해야 하는 것처럼 행동한다.

예를 들어 보자. 어떤 의사가 어느 지역에서 퍼지고 있는 질병이 선(腺)페스트임에 틀림없다고 생각하고 있다. 그런데 이 의사는 자신의 진단이 선페스트의 모든 규칙에 따른 것이라는 점에 만족하지 못하고 있다. 그는 자신의 진단을 사실들을 근거로 뒷받침하길 원하고 있다. 그래서 환자를 검사하면서 세균을 직접 보아야만 선페스트가 틀림없다고 말한다. 그럼에도 그는 그 같은 사실에 만족하지 못하고 그것이 의미하는 바를 스스로에게 묻는다. 그것은 가공할 만한 전염 위험성을 의미하고, 환경 속의 누군가는 이미 그 병을 앓고 있을지 모른다. 그가 아는 한 그 병을 앓는 사람은 없지만, 그 환자가 대규모 전염의 첫 번째 예일 가능성이 있다. 그래서 그는 전염을 예상한다. 그리고 그가 어떤 전염병의 위험성을, 그러니까 아직 나타나지 않았고 또 전혀 나타나지 않을 수도 있지만 퍼질 가능성이 있는 그런 전염병의 위험성을 깨닫지 못하고 있는 이상, 그 누구도 그가 전염병의 사실을 깨달았다는 식으로 말하지 못한다. 지금으로서 할 수 있는 것은 너무도 딱딱하고 비인간적인 진술

뿐이다. "매우 놀라운 환자가 발생했다. 나의 아버지가 지금 전염병으로 고통을 겪고 있다. 나는 정해진 규칙에 따라 나의 아버지가 그 병에 걸렸다는 사실을 확인했다. 주목할 만한 또 다른 사실은 당신도 그 병에 걸릴 수 있다는 점이다. 당신이 어제 그와 악수를 했기 때문이다. 그렇다면 당신의 아내와 아이들도 걸렸을 수 있다. 그것은 너무나 무서운 일일 수 있다. 어쩌면 사람들이 수백 명씩 죽어나가는 것을 보게 될지도 모른다." 물론, 그는 완벽한 악마로 여겨질 것이다. 그는 아무런 감정을 드러내지 않고 말하고 있으며, 그는 그 무서운 것이 의미하는 바를 깨닫지 못하고 있다는 비난의 소리를 들을 것이다. 정말 묘하게도, 그는 그것을 깨닫지 않고 있다. 그가 완전한 깨달음을 이루려면 감정이 필요하다. 그는 인간적인 가치들을 포함시켜야 한다.

사람들은 보통 매우 제한적인 깨달음을 얻는다. 사람들은 심지어 깨닫지 않는 것을 일종의 특권으로 여긴다. 이틀 전에 나는 어떤 부인이 이런 말을 하는 것을 들었다. "나는 나의 행동이나 말의 효과에 대해 한 번도 생각해 본 적이 없어요." 나는 그것을 고려하는 것이 그녀의 지긋지긋한 의무이며 그렇게 하지 않을 경우에 그녀가 예리한 모서리에 머리를 박게 될 것이라는 점을 지적했다. "하지만 그런 것에 대해 생각한다면 나는 질식하고 말 거예요." 꽤 순진하게 이렇게 말한 사람은 절대로 비지성적이거나 우둔하지 않다. 그는 단지 깨달음이 없는 장소에 갇혀 있다. 물론 그런 사람은 지인에게 그런 식으로 행동할 생각을 품지 않는다. 우리가 깨닫지 않고 있는 상대는 언제나 우리와 가장 가까운 남편이나 아내이다. 타인들이나 객관적인 상황 앞에서 우리는 훨씬 더 많은 것을 깨닫는다. 그것이 우리가 바로 코앞에 있는 사람들보다 다른 사람들에 대해 더 많은 것을 알고 있는 이유이다.

노이만 박사는 깨달음이 절대적인지 아니면 상대적인지에 대해서도 묻고 있다. 깨달음이 절대적일 수 없다는 점은 사물들의 본질 안에 담겨 있다. 그 어떤 것도 절대적일 수 없다. 소위 완전한 깨달음, 즉 사고 유형이 감정을 포함하거나 감각 유형이 직관을 포함하는 경우에도 상대적인 깨달음만 있을 뿐이다. 완전한 깨달음을 얻기 위해선 거의 우주적인 의식이 필요한데, 그런 의식을 우리는 갖고 있지 않다. 기존의 모든 사실은 사실들의 보편성과 연결되기 때문에, 모든 사실은 어느 한 가지 사실 안에 포함되어 있다. 왜냐하면 그 사실이 연속선상에 있기 때문이다. 어느 강에서 이 부분에만 해당되고 전체 강과는 연결되지 않는 부분은 절대로 있을 수 없다. 이 부분은 전체와 연결되어 있고, 이 부분을 깨닫기 위해서 사람은 전체를 깨달아야 한다. 강만 아니라 강둑도 깨달아야 하고, 강둑만 아니라 전체 풍경, 전체 대륙, 전체 지구, 전체 우주를 깨달아야 한다. 그리고 그것을 깨닫기 위해서 사람은 어떤 보편적인 의식을 가져야 한다. 그러므로 우리의 깨달음은 반드시 상대적이다.

여기서 다음 환상을 보도록 하자. 환자는 이렇게 말한다. "나는 커다란 동굴로 들어갔다. 바위에서 물이 떨어지고 있었다. 캄캄했다." 이 상징은 무엇을 의미하는가?

단순히 검은 바위나 검은 동굴이 아니다. 물이 있다. 바위에서 떨어지고 있다. 차크라의 심리학은 무의식이란 것이 하나의 큰 가방 같은 것이 아니라는 점을, 물이나 무엇인가로 가득한 시커먼 구멍이 아니라는 점을 보여주고 있다. 거기엔 층(層)이 있고, 층마다 다른 특징을 갖고 있다. 무의식의 한 부분은 물라다라 상징에 의해 표현되고, 또 다른 부분은 스바디스타나에 의해 표현되고, 또 다른 부분은 마니푸라에 의해 표현되고 있다. 만약에 비슈다의 축복받은 상태나 불행한 상태에 있는 사람이 있다면, 그런 경우엔 아나하타도 무의식의 일부일 것이다. 그것은 푸에블로 인디언들의 우주 발생 신화에 표현되어 있다. 이 신화는 푸에블로 인디언들이 다양한 단계를 거치면서 의식(意識)에 이르렀다는 점을 보여주고 있다. 무의식을 암시하는 일련의 동굴들이 나오는데, 동굴은 서로 아래 위에 위치하고 있다. 이 동굴에서 다음 동굴로 올라가면서, 푸에블로 인디언들은 빛까지 올라갔다. 지난번 환상에서, 우리는 불을 만났는데, 불은 언제나 불같은 감정 센터인 마니푸라에서 나오는 어떤 표현을 암시한다. 그런데 이 환상에서 우리는 분명히 한 단계 더 아래에 있다. 스바디스타나라 불리는 어두운 영역이다. 그녀는 "갑자기 푸른색 옷을 걸친 여인이 나보다 앞서 걷고 있는 것이 보였다."고 말한다. 이 여인은 누구인가?

이런 형상은 지금까지 몇 차례 나왔다. 푸른색 옷은 초인간적이거나 악마적인 형상을 암시한다. 그것은 당연히 푸른색 옷을 입는 위대한 어머니 대지에 대해 생각하게 만든다. 푸른색 옷을 입은 어머니 대지에게 비법을 전수한 빨간색 옷의 어머니 대지도 있었다. 그들은 서로 비슷한 형상들이지만, 이 여자가 다른 어머니 대지들의 특별히 모성적인 특징을 갖고 있는지에 대한 암시가 전혀 없다. 이 여자는 누구일까?

스바디스타나의 마카라(makara)[54]는 어둠 속에 숨어서 무엇이
....
54   힌두 신화에 나오는 바다 생명체.

든 삼키는 그런 위험이다. 네스호(湖)의 괴물과 비슷하다. 그것은 일종의 고래용이며, 그것은 물론 자궁으로만 이뤄진 엠푸사나 아이들을 죽이는 릴리트 같은 어머니의 부정적인 측면일 수 있다. 신화학에서, 이런 용 괴물은 생명을 주는 어머니의 부정적인 측면이다. 그러나 이 환상에서 그녀가 인간의 형태로 나타나고 있기 때문에, 우리는 그녀가 지하 세계의 형태, 즉 파괴적인 마카라라고 단정하지 못한다. 불교에서 모든 신들은 3가지 형태를, 말하자면 천상의 자비로운 형태와 분노에 찬 형태, 위험하고 파괴적인 형태를 갖고 있다. 심지어 자비의 여신 관음까지도 부정적인 측면을 갖고 있다. 그녀는 지옥에서는 무시무시한 악마로 그려진다. 영국 박물관에 관음이 나오는 유물이 전시되어 있는데, 거길 보면 지옥의 그 무시무시한 형상으로부터 천상에 앉아 있는 자비로운 형태의 관음까지, 가느다란 실이 연결되어 있는 것이 확인된다. 그녀는 모든 신들에게 음식을 주고, 사악한 정령들을 먹이기 위해 저승으로 내려갈 때 그곳의 존재들을 놀라게 하지 않기 위해 악령의 형태를 취한다. 신성한 형태로 지옥에 나타나는 것은 분별없는 행동일 수 있다. 이는 재치를 보여주는 아주 좋은 예이다. 그렇다면 우리 환자보다 앞서서 푸른 옷을 입고 걷고 있는 이 여자는 지금 긍정적인 형태이며, 마카라가 아니라 모성애가 두드러지는 형상이다. "나는 그녀의 옷을 잡았다." 이건 무엇을 암시하는가?

우리 환자는 지금 보호해줄 어머니를 추구하고 있다. 그것은 곧 그녀의 역할이 유치하다는 점을 보여주고 있다. 그녀는 어머니의 치마끈에 매달리고 있는 아이와 비슷하거나, 어린애 같은 인간 존재들을 천상의 옷이라는, 보호의 망토 안으로 모으고 있는 마돈나를 그린 그 유명한 그림과 비슷하다.

> 나는 그 여자에게 말을 걸기 시작했다. 그러자 그녀가 손가락을 입
> 에 대며 "나를 따라라. 너는 무서운 곳으로 들어가게 될 거야."라고
> 말했다.

이 어머니의 실제 역할을 보고 있다. 일종의 아니무스의 역할을
하고 있다. 이 여자는 영혼의 안내자 대신에 나타나 그녀를 예상하
면서 그녀보다 앞서 걷고 있다. 아니무스가 다른 상태에서 한 역할
과 똑같은 역할을 하고 있다. 이것은 무엇인가를 의미함에 틀림없
다. 아니무스는 잠들고, 그 대신에 이 어머니가 그녀를 무서운 곳으
로 끌고 있다. 그곳은 아마 귀신이 나오는 곳일 것이다. 위험한 귀
신들로 가득한 지하 세계 같은 곳 말이다. 이것은 심리적으로 무슨
의미인가? 사악한 귀신의 세계는 어디에 있는가?

거기엔 무의식에 삼켜질 위험이 있다. 물라다라의 성격은 완전한
무의식이고, 대상과의 완전한 동일성이며, 어떠한 구별도 없다. 스
바디스타나에서 벌어질 고래용의 행위가 지금 보인다. 물라다라에
선 완전히 집어삼켜질 위험이 아주 생생하다. 왜냐하면 마카라가
물라다라와 가깝기 때문이다. 사람은 아래에서, 완전한 무의식에
서 그 다음 센터, 즉 스바디스타나로 올라온다. 이 두 번째 차크라
의 입구에서, 사람은 마카라의 벌어진 입을 통과해야 한다. 즉, 한
영역에서 다른 영역으로 올라갈 때, 사람은 퇴행할 위험이 있는 지
역을, 마카라에게 잡아먹힐 위험이 있는 지역을 통과해야 한다는
뜻이다. 그렇다면 이 모성적인 형상은 그녀가 보다 낮은 영역과 연

결된다는 점을 보여주고 있다. 이 형상이 아마도 우리 환자를 심각한 위험이 기다리고 있는 영역까지 아래로 이끌 것이기 때문이다. 그녀는 우리 환자에게 부정적인 영향을 미칠 수 있다. 그녀는 지금도 여전히 긍정적인 형태를 갖고 있지만, 그럼에도 그녀가 갑자기 지하 세계의 무시무시한 괴물 마카라로 돌변할 위험이 있다. 지금 물라다라가 귀신들의 장소로 불리는 이유는 무엇인가?

이 대목에선 조금 원시적일 필요가 있다. 무엇이 귀신인가? 조상들이다. 귀신들은 이전 삶들의 잔재이다. 흔히들 조상들의 정신이라고 부르는 것이다. 그것은 곧 정신을 이루고 있는 단위들을 의미한다. 잘 아시겠지만, 정신은 원래의 물려받은 구성요소들로 쪼개질 수 있다. 이 단위들은 유전자라 불린다. 정신의 한 부분은 할아버지로부터 오고, 다른 부분은 증조할아버지로부터 오는 식이다. 그러면 개인은 일종의 조상의 삶들의 집적이다. 이것이 윤회설, 영혼의 이주 등으로 이어진다.

이것은 너무나 자연스런 사건이기 때문에 상상력이 아주 뛰어난 프랑스인 레옹 도데(Léon Daudet)는 심리학에 대해 아는 것이 매우 적음에도 불구하고 그 점을 관찰하지 않을 수 없었다. 그는 자신의 책『레레도』(L'Hérédo)에서 이에 대해 말하고 있다. 그는 대단히 공상적인 사람임에도, 그 책은 진리를 상당히 포함하고 있다. 그의 이론은 이렇다. 개별 인간의 삶 중에서 어느 시점에 '조상과의 자동 수정(受精)'(autofécondation antérieure)이라고 부를 만한 일이 일어난다. 이것은 자기 자신을 수정시킨다는 뜻이며, 이것이 조상의 삶 같은 것을 낳는다. 달리 표현하면, 어떤 조상의 정신이 일깨워지는 것과 비슷하다. 그 순간부터 그 개인은 자신의 삶을 살지 않고 예를 들면 자신의 대고모의 삶을 산다. 그 개인은 특이하게 주관성을 잃는다. 그것이 사람들에게서 가끔 보는 성격의 이상한 변화를 설명한다. 예를 들면, 매우 친절하고 상당히 합리적이던 젊은이가 삶의 어느 때부터 매우 열등한 특징을 드러낸다. 그러면 사람들은 그를 두고 "저런 태도가 가문의 내력이야. 그는 짐승 같았던 자기 할아버지와 똑같아."라는 식으로 말한다. 거기서 그 특징이 전면으로 나타난다. 아시다시피, 그 남자는 꽤 다른 존재가 되게 되어 있었지만, '조상과의 자동 수정' 행위에 의해서 자기 할아버지를 다시 살려냈다. 이제 그는 자신의 할아버지를 산다. 그는 다소 신경증 환자가 되어 젊었을 때 보였던 자신의 진정한 개성을 억누른다. 그는 정말로 조상의 삶을 산다.

아시시의 프란치스코(St. Francis of Assisi)[55]에 대해서도 그런 식으로 말할 수 있는가, 하는 질문이 있다. 그렇지 않다. 그것은 긍정적 변화였다. 아시다시피, 사람이 시작부터 조상의 삶을 사는 것도 가능하다. 합리적이고 긍정적인 길로 발달하는 사람들 대부분이 그렇게 한다. 그들은 몇몇 조상들의 삶에서 시작해서 다재다능한 개인으로 성장해간다. 예를 들어, 무솔리니(Benito Mussolini)를 보라. 소년 시절에 그의 사진이 신문에 실린 적이 있는데, 무솔리니는 여느 이탈리아 노동자들처럼 보이고, 너무나 평범한 나머지 우둔해 보이기까지 했다. 그는 그의 가문에 있었던 어느 바보 조상이었던 셈이다. 천재는 완벽하게 균형이 잡힌 가문에서 절대로 성장하지 못한다. 그런 가문에는 어리석은 자들만 있을 뿐이다. 천재의 최초의 표시이자 마지막 표시는 언제나 바보스러움이다. 어리석음과

....
55 프란치스코 수도회 창설자(?-1226).

지혜는 서로 자매이기 때문이다. 이어서 그는 조상의 수준 그 너머까지 발달하고 조상 그 이상이 되었다. 그는 어떤 면에서 보면 완전히 개성화를 이뤘다. 자기 자신을 초월하고, 조상의 삶을 초월하는 다재다능한 인격을 이룬 것이다. 영재 아이들처럼, 세상에는 일찍 꽃을 피우는 사람들이 있다. 그러면 사람들은 그런 아이들이 훗날에 경이로운 인격을 발달시킬 것이라고 기대하지만, 절대로 그렇지 않다. 그들은 활기를 잃고, 어떤 조상의 삶이 끼어든다. 그러면 그들은 말라 비틀어진 미라처럼 보인다. 그런 것이 자주 일어나는 퇴행적인 발달이다. 모든 신경증 환자들은 그런 것과 관계있다. 성공적인 발달이 시들고, 어떤 조상의 삶이 개인의 삶에 끼어든다. 달리 표현하면, 개인의 발달이 조상의 삶에 의해 억압된다고 할 수 있다. 그런 사람은 삶의 후반부에, 아니 삶의 시작 단계에서부터 자신의 삶을 살지 않고 일종의 집단적 삶을 사는 것이 보인다. 그런 사람은 조상의 정신일 가능성이 아주 크다.

원시인들은 이와 매우 비슷한 사상들을 갖고 있다. 원시인들은 심지어 호의적인 조상들의 영혼을 아이들에게 불어넣으려고 노력한다. 그들은 강건했던 삼촌 또는 증조할아버지의 이름을 어린 소년에게 준다. 소년의 내면으로 그 조상의 영혼을 불러내서 조상을 환생시키기 위해서다. 아니면 원시인들은 처음부터 아이들은 조상들의 환생에 지나지 않는다고 믿고 있으며 사람은 죽자마자 같은 가족 안에서 다른 육체를 찾는다는 확신을 품고 있다.

내가 조상들의 삶을 부정적으로 보는 이유를 궁금해 하는 사람이 있는 것 같다. 조상들의 삶은 개인의 새로운 시도가 아니고 귀신의 삶이라는 점 때문에 부정적인 가치를 지닌다. 당신은 그것이 단순히 우리의 세계관에 속한다는 식으로 말할 수도 있다. 또 조상들이 살아 있다면 세상이 훨씬 더 나아질 것이라고 말하는 사람도 있다. 그러나 삶이 언제나 새로운 시도를 낳고 있기 때문에, 그리고 사람들이 보다 원시적일 경우에 세상이 보다 쾌적할 것이라는 점을 증명하는 것이 불가능하기 때문에, 우리는 개인적인 시도가 원시적인 것보다 훨씬 더 낫다고 생각한다. 그리고 조상의 삶이 지배하는 곳에서 개인은 특이하게 죽게 된다는 말은 진실이다. 그런 곳에서 당신은 살아 있는 존재와 대화하지 않는다는 느낌을 받는다. 부족을 향해 말을 하는 것 같고, 개인적 접촉이 무엇인지를 안다면, 그런 분위기가 매우 어색하다. 물론, 대부분의 사람들이 개인적 접촉을 전혀 경험하지 않았다는 식으로 말할 수도 있다. 그들은 언제나 귀신들과 대화하고 있다. 왜냐하면 그들 자신이 한 사람이 아니고 다수의 사람이기 때문이다. 그들은 부족이고, 가족이다. 그래서 모든 것이 다소 무관하다. 모든 것이 정지되어 있기 때문이다. 이성에서 600년 동안 산 가족이 저 성에서 똑같이 600년을 산 가족과 대화할 때, 때가 1895년인가 1748년인가 아니면 1212년인가 하는 것은 중요하지 않다. 그 사람들은 개인으로는 한 번도 존재하지 않았기 때문이다. 그들은 오직 부족일 뿐이다. 만약에 그들이 보다 높은 의식을 발달시키고 인격의 통합을 보다 강하게 주장한다면, 그들은 신경증에 걸리거나 죽어 없어질 것이다.

어느 조상 귀신의 어떤 측면이 삶으로 살아지지 않았다면, 지금 어느 개인이 그 측면을 삶으로써 그 삶을 완성시킬 수도 있지 않는가, 하는 질문도 가능하지만, 그것은 조상 귀신이 아니라, 물려받았으면서도 살지 않은 삶이다. 어느 조상의 살지 않은 삶이라는 물려

받은 죄는 단지 살지 않은 삶에 지나지 않기 때문이다. 자신의 물려받은 본성을 살지 않는 사람은 죽은 사람이나 마찬가지이다. 그러나 사람은 물려받은 자신의 천성을 살면서 철저하게 살아 있을 수 있다. 이유는 사람이 조상들을 위해서 살고 또 조상 세대들에게 진 빚을 갚기 위해 새로운 시도를 하기 때문이다. 우리가 지금 말하고 있는 조상의 정령은 살지 않은 삶이 아니며, 이미 살아서 소진된 삶이다.

우리 환자의 환상은 우리를 정말로 귀신들의 장소인 물라다라로 이끌고 있다. 거기엔 개인의 의식이 존재하지 않는다. 오직 과거의 잔재만 있을 뿐이다. 그러므로 귀신의 땅은 언제나 땅 속이나 동굴 속으로 여겨졌다. 하데스는 지하 세계라 불리고, 이집트의 태양 배는 새로운 빛을 향해 지하 세계의 시커먼 물을, 밤의 대양을 가로질러 항해한다. 심리학적으로 말하면, 그것이 물라다라이다. 지금 이것은 물라다라의 완전히 새로운 측면이다. 아시다시피, 물라다라는 다양한 양상을 가진 땅이며, 땅은 생명이 싹트는 흙이기도 하고 생명이 되돌아가는 곳이기도 하다. 물라다라는 무덤이다. 신화학에서 어머니는 생명을 주는 존재일 뿐만 아니라 생명을 거둬들이는 존재이기도 하기 때문이다. 어머니는 살점을 먹는 존재를 의미하는 석관(石棺)이다. 그래서 원시인의 신화에서 이 어머니는 종종 땅의 벌린 입으로 표현된다. '코란'에 담긴 무함마드 신화를 보면, 태양은 검은 진흙이 가득한 서쪽의 샘으로 가라앉는다. 그것이 바로 무덤이고, 생명이 사라지는, 땅의 검은 구멍이다. 그러므로 물라다라의 또 다른 측면은 씨앗이 남겨지는 곳이고, 과거의 잔재가 남는 곳이고, 뼈와 가루의 장소이다. 땅의 이 두 가지 측면은 육신이 무덤과 부패를 의미하는 기독교에서 서로 혼합되고 있다. 그리고 불교에서 세상은 이중적인 측면을 갖는다. 출생지이자 요람으로 여겨지는 한편, 매장지이자 유령들과 부패의 장소로도 여겨진다.

여기서 이런 이중적인 측면이 특별히 필요하다. 왜냐하면 우리 환자가 다시 세상으로 들어가는 문제에 관심을 두고 있기 때문이다. 세상은 물라다라, 즉 뿌리 세상이고, 출생과 죽음의 장소이고 건설과 파괴의 장소이다. 이런 두 가지 측면을 갖고 있기 때문에, 삶은 진정한 삶이거나 조상 귀신의 삶이며, 두 가지 가능성이 다 있다. 어머니 같은 그 형상이 그녀를 이런 이중적인 의미를 지니는 물라다라로 이끌고 있다. 그녀는 의식적으로 세상 속으로 걸음을 내딛고 있다. 마치 내면의 어떤 목소리가 그녀에게 인간의 삶을 살아야 한다고 명령하고 있는 것처럼. 규칙에 따라 행동하고, 페르소나가 되고, 개인적인 삶을 갖고, 한 사람의 여인으로서 연결과 사회적 가능성을 추구하라고 말이다. 그런 한편에선 그녀에게 이렇게 말하는 목소리가 있다. "이곳은 부패와 죽음의 장소이며, 당신이 여기서 보는 것은 인간 존재들이 아니고 귀신이야."

현실에 특이하게 귀신 같은 측면이 있는 것은 맞지만, 당연히 안쪽으로 향하고 있는 사람들에게만, 예를 들면 광인 같은 사람들에게만 그렇게 보인다. 정신분열증 첫 단계에 있는 사람들은 종종 이상한 환상을 본다. 그들에겐 거리의 사람들이 창백한 얼굴을 하고 있거나 죽은 사람처럼 보이거나 귀신처럼 보인다. 아니면 사람들이 살아 있는 사람의 머리가 아니라 해골을 달고 있는 것처럼 보인다. 그들의 눈에는 모든 것이 완전히 부패한 것처럼 보인다. 태양도 찬란함을 잃고, 공기와 물은 독에 오염된 것 같다. 모든 것이 부정적이다. 그래서 세상은 모호하고, 세상은 기분에 좌우된다고 말할 수 있다. 기분에 조금의 변화가 있어도, 전체 세상이 부정적으로 변한다. 색깔도 전혀 없고 사람의 눈길을 끄는 힘이 전혀 없는 사진 원판처럼 보인다. 모든 매력이 사라지는 것이다. 마치 세상이 쇠락하거나 존재하지 않는 것처럼 보인다. 세상은 또 세계관에도 좌우된다. 두 번째 세기의 사람들에게 이 세상은 매력을 많이 상실했을 게 거의 확실하다. 그들에게 세상은 지옥 같고, 부정적이며, 어리석음과 죄가 횡행하는 곳이다. 그래서 삶의 의미가 영적 목표를 향한 내면적 발달에 있는 것처럼 느껴졌다. 그런 것이 넓은 의미에서 말하는 분위기, 민족의 분위기이다. 우리는 그것을 세계관이라고 부른다. 그런 문제가 주저 없이 받아들여질 수 없다는 것이 지금 여기서 분명히 드러나고 있다. 그 여자가 우리 환자에게 "나를 따라라. 당신은 무서운 곳으로 들어가게 될 거야."라고 말할 때, 우리 환자는 의심을 품기 시작한다. 그녀는 이렇게 말한다.

나는 그녀가 늙고 생기를 잃었다는 것을 알 수 있었다. 나는 "내가 당신을 따라야 하는 이유가 뭐죠? 당신이 마녀일지도 모르는데. 도대체 당신은 누구죠?"라고 물었다. 그녀는 "당신은 믿음이 없군."이라고 말했다.

이 문장들은 그녀가 쇠락하고 있는 그 형상을 따라야 하는지에 대해 의문을 품고 있다는 점을 보여주고 있다. 아마 그녀가 마녀일 수도 있고, 그것이 그릇된 길일 수도 있다. 그렇다면 환상에 등장한 여자가 누구인지 물어야 한다.

이 여자는 일종의 영혼의 인도자인데, 좀 특이하다. 영혼의 인도자는 일반적으로 아니무스 형상인 헤르메스나 오르페우스 같은 존재이지 여자가 아니다. 그러나 만약에 여기서 물라다라가 현실의 부정적인 측면에 지나지 않는다는 것을 고려한다면, 그 형상은 그녀를 세상 속으로 데려가서 평범한 일상의 존재 속으로 밀어 넣는 "정언 명령"(定言命令)일 것이다. 또 그 형상은 우리 안에 있는 과거와 미래일 수도 있다.

그런데 우리 안에 있는 이 과거와 미래가 무엇인가? 바로 '자기'이다. 그렇다면 그 형상은 하나의 상징적인 개념이다. 그것은 상반된 것들의 짝들을, 빛과 어둠, 과거와 미래 같은 것들을 결합시키는 '자기'이다. 그리고 그것은 시간을 초월하는 것으로 여겨진다. 그것이 심리에서 작용하는 것을 보면 에테르가 물리학에서 하는 것과 아주 비슷하다. 에테르는 물질 아닌 물질이다. 에테르는 완전히 가설이다. 에테르는 상반된 것들의 짝들의 결합처럼 작동하며, 따라서 물리학에서 일종의 조화의 상징이다. 말하자면 공간이라는 사실 때문에 존재하는 특성들, 즉 우리가 물질이라고 부르는 것의 특성들과, 물질이 아니면서도 일종의 물질로 불리는 것의 비공간적인 특성들을 서로 결합시키는 역할을 에테르가 하고 있는 것이다. 심리학의 '자기'도 이와 똑같다. 우리의 심리적 측면들을 결합시키는 데 그런 개념이 필요하다. 예를 들면, 우리의 의식이 정신의 전부를 포함하지 않는다는 사실 때문에, '자기' 같은 개념이 필요한 것이다. 우리의 의식 밖에도 정신이 있지만, 전체는 일종의 자율적인 체계이며, 우리는 그것을 하나의 단위라고 부른다. 그 전체는 의식만으로 되어 있지 않으며, 무의식도 포함하고 있다. 우리의 심리 체계의 큰 부분은 무의식에 있다. 그래서 우리는 두 가지 기능, 즉 의식과 무의식을 두루 포함하는 어떤 개념을 가져야 한다. 그 개념을 우리는 '자기'라고 부른다. '자기'라는 이름이 싫으면 다른 이름을 붙여도 괜찮다. 명칭은 별로 중요하지 않다. 내가 '자기'라는 용어를 선택한 것은 그것이 동양 철학에서 아득한 옛날부터 인간의 심리 체계 전체를 뜻하는 것으로 쓰여 왔기 때문이다. '자기'라는 용어는 현상들의 전체, 즉 인간을 뜻한다.

지금 이것은 자아와 같지 않다. 왜냐하면 자아는 의식의 초점에 지나지 않기 때문이다. 반면에 '자기'는 무의식의 초점일 것이다. 자기는 자아의 초점과 무의식의 초점을 포함하고 모든 삶과 경험을 포함한다. '자기'는 당연히 하나의 원으로 표현될 것이며, 이 원

은 의식의 원보다 더 크고 의식을 포함한다. 그것을 그림으로 나타내면 이런 모양이 될 것이다. 의식은 중앙에 있지 않지만 원에 포함될 것이다. 그 크기는 알 길이 없다. 왜냐하면 큰 원 안에 포함되어 있는 작은 원이 그보다 더 큰 것을 정확히 파악하는 것이 불가능하기 때문이다. 우리는 우리의 범위보다 더 넓은 것의 크기를 알지 못한다. 그것은 모든 면에서 우리를 초월한다. 그러므로 그것은 '자기'의 역사적 개념으로 이해될 수 있다. 인간만이 갖고 있는 것이 아닌 신성한 특성들을 나타내는 동양 사상이 바로 '자기'이다. 이 '자기'는 아주 작다. 왜냐하면 그것이 의식의 중심의 중심이기 때문이다. 그럼에도 우리는 그 작은 것 안에 포함되어 있으며, 그래서 우리는 그것이 대단히 크다는 사실을, "작은 것보다 더 작으면서도 큰 것보다 더 크다."는 사실을 발견한다. 그리고 당신은 가슴 안에 있다

는 엄지동자 만한 프라자파티(Prajapati)[56]의 상징을 기억하고 있다. 이것은 전체 땅을 동시에 두 뼘 높이로 덮고 있으며, 그것은 세계들의 창조자를 상징적으로 표현하는 공식이다. '자기'는 또 세계들의 창조자이며, 우리의 안에서 인식 가능한 것들 중에서 가장 작은 것이면서도 만물의 창조자이다. 이는 '자기'라는 개념이 지닌 철저히 역설적인 본질을 간단히 말해주고 있다. '자기'는 특성들에 대한 우리의 인식을 뛰어넘는 특성들을 표현하기 위해서 역설적이지 않을 수 없다.

그래서 '자기'는 모든 상반된 것들의 짝들을, 특히 과거와 미래를 결합시킨다. 달리 말하면, '자기'의 한 특징이 시간을 초월하는 것이다. '자기'는 과거에도 언제나 있어 왔고 미래에도 언제나 있을 것이다. '자기'는 절대적이고 시간을 초월하는 그런 연속성을 표현하는 개념이다. 그래서 '자기'는 대단히 늙었거나 아직 태어나지 않은 것으로, 미발달한 것으로 나타날 수 있다. '자기'는 엄청나게 크듯이 무한히 작을 수 있다. '자기'는 꽤 어둡고 꽤 밝을 수 있다. 왜냐하면 '자기'가 모든 특징들이고, 일체를 포함하고, 심리적 또는 정신적 현상의 전체성을 뜻하기 때문이다. 그래서 우리는 '자기'를 구체화하지 못하고, 그것이 신성하다고 말하지 못한다. 우리는 '자기'가 하나의 상징이라는 점을 늘 기억해야 한다. '자기'를 두고, 인간이 절대로 이해하지 못할 무엇인가를 뜻하기 위해 만들어낸, 대단히 엉성한 개념이라고 말할 수도 있다.

예를 들어 보자. 우리는 빛이 공간을 어떻게 통과하는지 이해할 수 없다. 그럼에도 빛은 있으며, 그래서 다리 같은 것이 있음에 틀

....
56 힌두교의 창조의 신.

림없다. 빛은 진동이다. 맞는 말이지만, 진동시킬 무엇인가가 있어야 한다. 그것이 우리의 정신이 작동하는 방식이다. 진동은 하나의 운동이지 물체가 아니다. 그래서 우리는 자연히 빛이 미립자임에 틀림없다는 생각을 품게 되었다. 아시다시피, 이상한 것은 물질 자체가 그런 식으로 얄궂게 행동하고, 광선들은 역설적이며 마치 진동에 지나지 않는 것처럼 행동한다는 점이다. 그러나 거꾸로 보면 그것들은 마치 미립자처럼 행동한다. 그것들은 양쪽 방향으로 행동한다. 그것은 우리 마음의 문제이다. 우리는 이것도 아니고 저것도 아니면서도 둘 다인 그런 것을 세내로 인식하지 못한다. '자기'의 개념에도 똑같은 어려움이 따른다. 우리에겐 그런 개념이 꼭 필요하다. 그러나 그것을 제대로 이해하지 못하기 때문에, 우리는 그것을 상징을 빌려서 표현해야 한다. 상징은 단순한 기호가 아니다. 상징은 우리가 더 나은 방법으로 표현하지 못하는 무엇인가를, 또 동시에 우리가 이해하지 못하는 무엇인가를 나타낸다. 인간의 정신이 어떤 끝에 닿을 때, 인간은 상징을 발명하게 된다. 그러나 그것이 그 끝의 뒤에 아무것도 없다는 뜻은 아니다. 그 뒤에 신성한 무엇인가가 있다.

그리고 우리 인간이 만드는 것이 절대로 아닌 꿈들이 그런 상징적 표현을 끌어낸다. 우리는 온 곳에서 불가해한 지도자 또는 감독 같은 것으로서 생명을 주는 상징적인 센터라는 개념을, 어떤 살아 있는 통일성을 만난다. 당신은 그것을 메커니즘이라고 부를 수 있다. 그것이 종종 하나의 대상에 의해서, 이를테면 거대한 회전 바퀴에 의해서 표현되기 때문이다. 혹은 당신은 그것을 태양 또는 달이라고 부를 수 있다. 그 개념은 인간의 내면에 깊이 뿌리를 내리고 있다. 왜냐하면 자연 자체가 그것을 암시하기 때문이다. 인간 정신의 보다 높은 차원에서, 말하자면 인간의 정신이 철학적 사색을 할때, 아트만(Atman)[57]이라는 용어가 발명되었다. 아트만은 생명의신호인 살아 있는 자기이다. 왜냐하면 그것이 우리 안에서도 호흡하고 있기 때문이다. 그래서 우리 안의 생명은 자아보다 더 큰 단위이며, 그 생명은 삶의 가장 깊은 원리이고 가장 널리 퍼져 있는 진리이다. 그것은 '프네우마'(pneuma)[58] 또는 '프라나'(prana)[59]이고,바람이며, 일반적으로 창조의 숨결이다.

이제 우리 환자의 환상에 등장하는 형상으로 돌아가도록 하자.그 여자 형상이 늙고 쇠약하며 마녀의 특징을 갖고 있다는 사실은그녀가 과거의 것이고 그녀가 마술적인 방식으로 행동할 것이라는점을 보여준다. 마술에 대해서는 이미 논한 바가 있다. 그때 우리는마술의 의미를, 사물들을 품위 있게 다루는 방식과 대조적인 것으로 정의했다.

마술은 매혹을 통해 작동한다. 마술적 효과는 전적으로 매혹에서 비롯되며, 마술은 언제나 신비적 참여를 바탕으로 한다. 당신 자신을 옳지 않은 방식으로 무의식 상태로 깊이 빠뜨리는 것이 곧 마술인 것이다. 당신이 의식하고 있는 품위 있는 모든 것을 억누른다면, 당신은 보다 낮은 차원에 있으면서 정신적 전염을 통해 다른 사람들이 그와 비슷한 상태에, 무의식적 상태에 빠지도록 할 수 있다.무의식적인 사람들은 언제나 무의식을 창조하며, 그들은 그런 식

....
57 힌두교의 생명의 근원으로 통한다. 우주아(宇宙我)로도 번역된다.
58 공기, 호흡을 뜻하고, 생명의 원리와 존재의 원리를 뜻하는 고대 그리스어 단어.
59 생명을 뜻하는 산스크리트어 단어.

으로 다른 사람들에게 영향을 미친다. 무의식적인 사람은 주변 사람들을 무의식의 상태에 빠지게 할 수 있다. 그러면 주변 사람들은 무의식적인 사람들의 의도에 따라 행동하게 된다. 그런 것이 마술의 본질이다. 지금 여기엔 의심이 일어나고 있다. 이 형상이 낮은 무의식적 차원에 있으면서 무의식을 통해 전염을 일으키고 있는 것은 아닐까? 바꿔 말하면, 그녀가 마카라가 아닐까? 우리 환자는 그 여자가 저 아래 무의식의 상태에서 무의식을 창조하면서 그녀의 안에 무의식을 야기할 것이라고 의심하고 있다. 그러나 우리 환자가 "당신은 누구죠?"라고 묻자, 그 여자가 "보아라!"라고 말한다. 우리 환자의 말을 더 들어보자.

> 그녀가 옷을 벗었다. 나는 아름다운 여인을 보았다. 그녀는 초록색이고, 의기양양하고, 눈부신 모습으로 초록색 빛 속에 서 있었다. 나는 머리를 숙였다.

이 신격화는 무엇인가? 초록은 식물의 초록이다. 그렇다면 초록은 일종의 식물의 정신을 암시한다. 그러나 중요한 것은 그녀가 아름답고 젊고 신성하다는 점이다. 그녀의 초인간적이거나 비인간적인 본성이 초록색으로 표현되고 있다. 그녀는 나무와 숲의 요정인 드라이어드이고, 나무의 정령이다. 그것은 한 가지 사항을 분명하게 보여주고 있다. 그녀가 마녀가 아니라는 점이다. 그럼에도 그녀는 마녀이며, 그것이 매우 흥미로운 일이다. 마녀가 신비적 참여를 통해 사람들에게 영향을 미치도록 하는 바로 그 무의식이 작은 요정 같은 존재, 즉 매혹을 창조하고 온갖 종류의 마술적 묘기를 부리는 꼬마 도깨비 같은 존재이기 때문이다. 그리고 꼬마 도깨비는 초목의 정령이고, 자연의 정령이다. 말하자면, 꼬마 도깨비는 신성한 양상인 긍정적인 측면에서 창조의 정령이다. 현대의 이론에 따르면, 고대의 신들은 초목의 악령들이고, 그리고 자연의 악령들로서 고대 신들은 인간의 판단이나 가치, 인간의 도덕 그 너머에 있다. 지금 이 여자가 역설적인 존재인 것은 확실하다. 이 점이 그녀가 '자기'라는 것을 증명한다. 이것은 '자기'가 나타날 때 종종 취하는 형태 중 하나이다. 기묘한 자연의 정령으로서 '자기'는 가끔은 긍정적이고 가끔은 부정적이다. 이처럼 눈부신 '자기'의 유령은 당연히 대단히 깊은 그림자를 드리운다. 그래서 사람은 그 앞에서 "저것이 악마가 아닐까?" 하고 묻게 된다. 그리고 다른 누군가는 "저것은 신성하지 않을까?"라고 묻는다. 당신이 어느 측면에서 그것에 접근하느냐에 따라 물음이 달라진다. 그 요소에 가까이 있을 때에도, 사람은 자신이 어디에 서 있는지 결코 정확히 알지 못한다. 사람은 자기 자신의 가치를, 자기 자신의 진실을 의심하고, 사람은 판단 능력을 잃는다. 그러므로 그것은 살아 있는 상징이며, 그것은 언제나 다소 억눌러지거나 억압되고 있는 그 무엇이며, 그것은 오랜 세월 동안 신비 의식(儀式)의 대상이 되어 왔다.

그것은 생명의 "정언 명령" 같은 것이며, "뉴욕으로 들어가라. 거기서 평범한 여자가 되어라."고 말하고 있다. 혹은 그것은 거의 사악한 정령이며, "모두가 썩었어. 그것은 무덤이야. 그러니 돌아가서 개인적 존재를 흉내 내려 하지 마."라고 말한다.

우리의 환상 속에서 그 여자가 신성한 측면을 갖고 있다는 것이 아주 분명하게 드러나는 것 같다. 우리 환자가 그 점에 대해 반대하는 말을 한 마디도 하지 않고 고개를 숙이고 있으니 말이다. 이어서 이 여자가 다시 청색 옷을 입는다.

그녀는 청색 옷을 입고 다시 늙은 여자로 변했다. (호의적이지 않은 측면이다.) 그녀가 말했다. "당신은 귀신들 사이로 들어가야 해. 회색 베일로 얼굴을 가리도록 해. 귀신들이 당신을 보면 안 되니까."

많은 생각을 하게 만드는 내용이다.

20강

1934년 2월 7일

지난번 세미나와 관련해 복잡한 질문이 두 가지 제기되었다. 하나는 이것이다. "'자기'가 환자를 뉴욕으로, 일상의 삶 속으로 이끄는 동시에 그녀가 삶 속으로 들어가지 못하도록 막는 신경증적 갈등도 일으킨다는 것으로 이해했습니다. 그런 상태에서 우리 환자가 '자기'에게 취할 수 있는 최선의 태도가 어떤 것인지 알고 싶습니다."

그것은 나도 알 수 없다. 내가 알고 있다면, 문제는 아주 쉬웠을 것이며, 이 환상들을 분석할 필요도 없었을 것이다. 바로 그것이 핵심이다. 그것은 너무나 복합적이기 때문에 어느 누구도 그것을 알지 못한다. 그것이 지극히 개인적인 문제이기 때문이다. 어떤 태도가 가장 훌륭한 태도라는 식으로는 누구도 말하지 못한다. 당신이 따른다면, 길이 하나 생기는 것이다. 혹은 당신이 길을 만들 수도 있다. 그래도 길이 하나 생긴다. 그러면 어느 길은 그 문제를 해결하는 길일 수 있고, 어느 길은 당신이 방황하도록 만드는 길일 수 있다. 해답은 철저히 창조적이며, 그것은 '자기'의 한 표현이다. 창조가 '이해 불가능한 것'으로부터, '자기'로부터 나오기 때문이다. 오직 부차적인 상황에서만, 그러니까 이슈가 된 문제가 어느 정도 정리된 상황에서만, 당신은 태도를 선택할 수 있고 일을 어떤 식으로 다루기로 결정할 수 있을 뿐이다. 그러나 진정한 문제들, 그러니까 삶의 깊은 갈등들은 절대로 미리 제시된 방식으로 해결될 수 없다. 만약에 조언이 가능한 상황이라면, 그 갈등은 낮은 차원에서 해결될 수 있는 사소한 갈등일 것이며, 그 개인은 무의식 상태에 있을 것이다. 만약에 그 문제가 정해진 절차에 의해서 해결될 수 있다면, 그 사람은 '자기'를 절대로 경험하지 못할 것이다. 오직 당신이 해결 불가능한 갈등에 직면하고 있을 때에만, 당신은 '자기'에 대해 무엇인가를 알고 또 '자기'가 작용하는 방식을 알게 될 것이다. 오직 창조적인 해결책이 절대적으로 필요한 상황에서만, 당신은 당신의 내면에 있는 그 원천을 경험할 것이다. 그렇다면 '자기'는 언제나 불가능한 것을 필요로 한다. 따라서 진정한 분석은 언제나 당신을 완전히 불가능한 상황으로 이끌 것이다. 해답이 전혀 없는 상황으로 말이다. 창조되어야 하는 길은 오직 하나뿐이며, 당신은 그 길을 창조하지 못한다. 당신은 당신 안에 있는 창조적인 원천들의 기능에 의존해야 한다. 영웅의 최후의 싸움에서, 영웅이 늘 소지하고 있는 평범한 무기들이 헤라클레스의 곤봉처럼 영웅 본인에게 낭패를 안겨준다는 것을 당신은 잘 알고 있다. 무기가 부러지거나 분실되는 것이다. 그러면 영웅은 맨손으로 문제를 해결해야 한다.

영웅은 전적으로 운에 의존하거나 상황 속의 창조적 가능성에 의존한다. 아시다시피, 거기엔 언제나 신의 중개가 있어야 한다. 그렇지 않으면, 사람은 그것을 절대로 경험하지 못한다. 그리고 그런 현현을 초래하기 위해선 불가능한 것이 필요하다. 우리가 그것을 직접 할 수 있는 한, 우리는 신의 지원에 의존할 필요가 없다. 그것은 오래된 진리이다.

또 다른 질문은 이것이다. "지난 시간에 물라다라를 귀신의 땅으로 설명하셨습니다. 귀신의 땅이라는 것은 그림자와 대상의 분리가 전혀 이뤄지지 않았다는 뜻입니까? 그렇다면, 그것은 변형이 일어나지 않았기 때문입니까? 달리 말하면, 귀신의 땅은 스툴라 측면에서 보면 대상과 신비적 참여를 격하게 하고 있는 상태이고, 수크슈마 측면에서 보면 정지 상태이지만 잠재적 에너지가 성장의 기동력을 제공하고 있는 그런 상태입니까?"

지난 시간에 물라다라의 두 가지 측면에 대해 말한 바 있다. 객관적인 측면은 우리가 뿌리를 내리고 있는 구체적인 진짜 세계일 것이다. 그 외에, 물라다라는 의식의 어떤 상태이다. 의식의 한 상태라는 것이 물라다라의 보다 심리학적인 측면이지만, 지금은 그 부분을 그냥 두도록 하자. 그러면 물라다라는 이 세상이다. 물라다라가 우리의 밖에 있는 어떤 보편적인 상태이기 때문이다. 그러나 이 뿌리 세상은 당연히 두 가지 측면을 갖고 있으며, 다른 한 측면이 원시인의 심리에서 보는 귀신의 측면이다. 원시인에게 이 세상은 합리적인 것들뿐만 아니라 비합리적인 것들로도 이뤄진 곳이다. 귀신도 사람들 사이에 돌아다니고 있으며, 인과적 연결 외에 마법의 효과나 설명 불가능한 비합리적인 효과도 일어난다. 우리에게 눈에 보이는 이 세상은 합리적이고 인간적이고 진정하지만, 그것 외에 무의식의 세계가 있다. 왜냐하면 우리 모두의 내면에, 나 자신의 내면뿐만 아니라 당신의 내면에도 무의식적이고 어두운 무엇인가가 있기 때문이다. 심지어 대상들 안에도 알려지지 않은 무엇인가가 있으며, 이것이 무의식을 그 대상들로 투사할 기회를 준다. 그래서 우리의 세상은 반드시 우리에게 의식되는 것들과 의식되지 않고 있는 것들로 이뤄져 있다. 왜냐하면 그런 것이 우리의 정신적 조건이기 때문이다. 우리의 정신적 조건이 그렇기 때문에, 우리의 세계도 마찬가지이다. 물라다라는 한쪽은 손에 뚜렷이 만져지고 눈에 보이는 현실이고 다른 한쪽은 손에 잡히지 않고 눈에 보이지 않는 현실이다. 여기까지는 꽤 명확히 이해된다.

이해하기가 다소 어렵겠지만, 사물들의 귀신 측면은 일종의 스툴라 측면이다. 원시인의 마음에 귀신의 땅은 스툴라 측면에 해당한다. 원시인에게 귀신은 당신만큼이나 현실적이다. 수크슈마 측면이 이미 이상적인 상태라는 것을 당신은 보고 있다. 다시 말하면, 수크슈마 측면을 이해하기 위해선 관념화가 필요하고, 그 측면은 귀신들과는 아무런 관계가 없다는 뜻이다. 수크슈마 측면은 아직 발달하지 않았거나 다듬어지지 않은 생각들이 귀신의 형태를 취하고 있는 한에서만 귀신과 관계가 있을 뿐이다. 귀신들은 낮은 차원에서 관념이나 생각이며, 당신은 귀신을 낳을 수도 있고 귀신의 내용물을 생각함으로써 귀신을 해체할 수 있다. 그러면 유령은 전혀 없고, 더 이상 외면화가 일어나지 않는다. 그 관념화 과정이 귀신으로서의 귀신의 존재를 종식시킨다.

귀신 자체는 하나의 생각이다. 당신의 무의식 안에 의식이 되어야 하는 생각들이 있는데 당신이 그 생각들을 의식으로 만들기를 거부한다면, 그런 경우에 그 내용물은 다른 인간 존재들에게로 투사되거나 단순히 공간 속으로 외면화될 것이다. 그러면 공간 속에서 그 생각들은 특이한 효과를 일으킬 수 있고, 그 효과를 당신은 도깨비라고 부를 것이다. 그러나 당신이 그 생각들에 대해 생각하면, 그 즉시 외면화의 전체 구조가 붕괴된다.

예를 들어 보자. 당신이 무엇인가를 인간 존재들에게 투사했다가 그 투사 과정을 깨닫게 된다면, 그 인간 존재들이 갑자기 꽤 정상적인 모습으로 돌아올 것이다. 그때까지 그 인간 존재들은 뿔과 꼬리를 달고 있었으며, 사나운 악마처럼 보였는데, 갑자기 그들이 그런 '영광'을 잃고 꽤 평범한 사람이 된다. 이유는 당신이 투사를 거둬들였기 때문이다. 물라다라는 하나의 그림자 땅일 뿐만 아니라 더블(double)이기도 하다. 물론 물라다라는 그 자체로 하나이다. 이 세상이 하나이듯이. 그러나 우리의 심리학적 이해에 따르면, 세상은 두 가지 측면을 갖고 있다. 만약에 세상이 두 가지 측면을 갖고 있지 않다면, 우리는 세상을 파악하지 못할 것이다. 그래서 물라다라는 그림자 땅이기도 하다. 그림자와 대상의 분리가 전혀 이뤄지지 않았다는 점에서 말이다. 진짜로 귀신의 땅에서는 사물들이 그림자에 의해 표현된다. 당신이 부정적인 기분에 빠질 때 종종 그러하듯이, 만약에 당신의 의식을 그림자 땅에 놓을 수 있다면, 만약에 당신이 예를 들어 심각한 우울증에 빠져 있다면, 이 세상을 그림자의 세상으로, 생명이 전혀 남아 있지 않은 그런 세상으로 보는 것이 가능할 것이다. 모든 사람이 귀신처럼 창백해 보이고, 인간의 얼굴이 아니라 데스 마스크처럼 보일 것이다. 모든 것이 대단히 불길할 것이다. 그런 것이 그림자 땅의 분위기이고, 정말 무서운 하데스의 분위기이다. 그렇다면 이 현실의 부정적인 측면에서 모든 것이 그림자이고, 거기엔 그림자 외에 다른 대상이 전혀 없다는 것이 분명해진다. "그것이 변형이 아직 일어나지 않았기 때문인가?"라는 질문이 있었다. 당신은 단지 다음 단계의 의식으로 변화하려 할 뿐이다. 아직 변형이 일어나지 않았다. 그래서 변형은 단지 생명과의 잠재적 관계일 뿐이라는 식으로 말할 수도 있다.

물라다라에서 사물들은 이미 시작의 단계에, 배아의 상태에 있지만, 아직 거기서 아무것도 싹터 나오지 않았다. 그 상태는 상반된 것들의 짝이 작용하고 있는 그런 단계이다. 밖만 아니라 안도 마찬가지이다. 잘 아시다시피, 당신의 마음 안에 앉아서 관찰하고 있는 사람은 아무것도 일어나지 않고 있다고 말할 것이다. 그러나 거기엔 창조적인 시바 점(點), '자기'와 동일한 창조의 센터가 있으며, 시바 점은 언제나 거기 있으면서 언제나 잠재력을 가진 채 진동하고 있다. 그리고 거기선 어떤 것도 똑같은 상태로 남지 못하며, 어떤 것도 한 순간도 정지하지 못한다. 그렇기 때문에 거기서 아무 일도 일어나지 않고 있다고 생각한다면, 그건 엄청난 오해이다. 우리가 거기서 일어나는 일을 자각하지 못할 뿐이다. 우리는 표면을 스치고 있으며, 그 아래에서 많은 일들이 일어나고 있다. 그 아래로 들어갈 수 있다면, 겨울에 벌어지는 것처럼 준비가 아주 활발하게 이뤄지고 있는 것이 보일 것이다. 아무것도 눈에 보이지 않고, 아무것도 움직이지 않으며, 생명은 꺼진 것처럼 보이고, 모든 초목은 잠자는 것이 아니라 죽은 것처럼 보인다. 그럼에도 만물은 봄을 맞을 준비를 하고 있다. 그것은 어떤 영원한 시작이다.

우리는 앞에서 '자기'를 상징하는 여자의 신격화를 다루고 있었으며, 나는 그 다음 내용을 읽어주었다. 그녀가 청색 옷을 입고 다시 늙은 여자가 된다는 내용이었다. 그 여자는 또 둘이 귀신들 틈으로 들어갈 것이라면서 우리 환자에게 회색 베일을 쓸 것을 권했다. 그녀가 늙은이처럼 보이는 것은 무엇을 의미하는가? 실제로는 그녀가 눈이 부실 만큼 아름답고 신성한 생명으로 가득한데 말이다.

그녀가 나이가 많아야 한다는 것이 뭔가를 의미한다. 그녀는 늙어야 한다. 그럴 필요가 있다. 그녀가 과거의 역할을 맡고 있거나 옛 시대를 의인화하고 있다고 할 수 있다. 지금 어떤 상태에서 이 무의식적 형상들이 옛 시대를 나타내고 있는가?

사람이 경험이 너무 얕고, 지나치게 유치할 때, 무의식적 형상들, 여자의 경우에 아니무스가 의식의 유치함을 보상하기 위해 늙은 형태를 취한다. 그런 경우에 '자기'는 어떤 이유로 늙은 부인의 역할을 한다.

영혼의 인도자 역할을 하는 아니무스 대신에, 지금은 '자기'가 한동안 주도적인 역할을 맡아 미래에 필요한 태도를 구체화하고 있다. 그리고 그것은 늙은 여자이다. 왜냐하면 우리 환자가 중년이나 고령의 시작에 다가서고 있기 때문이다. 또 두 사람이 원시인과 고대인의 심리에 따르면 과거의 땅이고 조상들의 영혼의 땅인 귀신의 세계로 들어가게 되어 있기 때문에, 그녀가 늙은이의 형태를 취하고 있다. 그렇다면 그녀는 인생의 중반에 들어서면 시작되는 삶의 형태뿐만 아니라 조상들의 삶의 형태를 취하고 있다. 그녀는 말하자면 미래에 그녀의 것이 될 그런 태도를 만나기 위해 시간적으로 정말로 앞으로 나아가고 있다. 그녀가 내적으로야 아무리 젊고 어리석게 느껴지더라도 자신이 늙은 부인이라는 점을 고백해야 할 때가 반드시 올 것이다. 지금 '자기'가 그녀를 시간적으로 앞으로 당겨야 하는 이유가 무엇인가? 무슨 목적으로 그러는가?

절망에 빠진 사람에게 흔히 이런 식으로 말한다. "한 동안 그럴 뿐이야. 5년 내지 10년 후면 사정이 지금과 꽤 다를 거야." 아니면 이와 반대되는 말도 가능하다. 5년 내지 10년 후면, 그녀의 머리가 셀 것이다. 그러면 더 이상 부정할 수 없는 것들이 있을 것이다. 그렇듯 이 늙은 여인은 다가올 일들을 예고하고 있다. 그런데 정말 신기하게도, 그 일들이 과거의 것들, 즉 귀신들과 동일하다. 지금 미래의 것들은 과거의 것들과 어느 정도 동일한가? 이것은 매우 역설적이다.

미래는 정말로 과거에서 나온다. 과거의 것들이 미래를 형성하고, 과거의 것들은 미래의 조건이다. 그래서 미래는 일종의 과거의 부활이다. 당신이 지금까지 살아온 모습이 미래에 있을 확률이 아주 높다. 사람이 한꺼번에 바뀌는 일은 거의 불가능하다. 따라서 프랑스 속담에 '아무리 격한 변화도 깊은 속을 바꿔놓지 못한다.'는 말이 있다. 과거를 완전히 아는 사람은 미래를 예측할 수 있다. 지금까지 당신의 삶에서 가장 큰 역할을 한 것은 무엇이든 미래에도 여전히 남아서 당신의 삶을 지배할 것이다.

그 같은 현상을 원래의 이미지가 행태를 바꾼다는 식으로 말해도 무방하다. 과거는 언제나 형태를 취하려고 애를 쓰고 있는 이미지이며, 미래에 그것은 이전보다 더 많은 형태를 취하게 될 것이다. 그래서 귀신의 땅은 말하자면 다시 일어나게 되어 있는 조상들의 정신이나 영혼이나 삶을 저장하는 장소이다. 그것이 구원이라는 원시적인 사상에서 고래용의 배로부터 조상의 영혼들이 해방되는 이유이다. 이와 똑같은 사상이 성 바오로의 편지에 들어 있다. 성 바오로가 살아 있는 모든 존재들, 피조물 전체가 하느님의 아이들의 계시를 기다리고 있다고 말하는 대목에 그런 사상이 나타난다. 조상들은 신의 아이들이 구원을 받음과 동시에 자신들의 '회복'을 축하할 수 있기를 기대하고 있다. 그렇다면 개인의 구원을 통해서 과거 전체가 구원을 받을 것이며, 이 구원은 온갖 열등한 것들과 조상들의 영혼, 완성되지 못한 모든 것을 다 포함한다. 모든 창조물이 '만물 회복'에서 구원을 받을 것이다. 만물이 예선의 모습으로 완전히 복구될 것이다. 원시인들은 이것을 꽤 분명히 표현하고 있다. 원시인들은 영웅이 괴물의 배에서 나올 때 영웅뿐만 아니라, 시간이라는 용에게 삼켜진 죽은 부모도 나온다고 말한다. 이때 영웅의 부모만 나오는 것이 아니라 세월 속에 사라진 부족민 전부가 나오고, 강과 산과 숲을 포함한 나라 전체가 고래용으로부터 나온다. 예전 상황들의 망각된 기억들도 모두 복구될 것이며, 모든 것이 원래의 상태로 돌아갈 것이다.

우리 본성의 원래 경향들이 집요하게 다시 일어나면서 스스로를 실현하려는 경향을 갖고 있다는 것은 하나의 심리적 사실이다. 그래서 우리 환자가 늙은 여자로서 미래로 들어갈 때, 그녀는 어떤 측면에서 보면 귀신의 땅으로 들어가고 있다. 왜냐하면 귀신의 땅도 미래의 것들을 포함하고 있기 때문이다. 귀신의 땅은 시간이 없는 땅이다. 이어지는 부분은 미래에 대한 예고이다. 그녀는 "나는 그녀가 지시하는 대로 했다. 우리는 바위 안에 있는 커다란 원 속으로 들어갔다."고 말한다. 이것은 틀림없이 다시 만다라이다. 이 환상들은 "원들"이라는 제목을 달고 있다. 일련의 이 특별한 원들 중에서 이것은 여섯 번째 원이다. 원들은 정말로 만다라를 형성하려는 노력이다. 그것은 마치 그녀가 그때의 분위기에 맞춰 특별한 심리적 상태를 표현하는 만다라를 그리는 것처럼 보인다. 아시다시피, 사람들이 단 한 개의 만다라를 그리는 예는 드물다. 대부분 여러 개의 만다라를 그린다. 사람들은 주제를 바꾸거나 모양을 복잡하게 하거나 단순화하면서 변형을 꾀한다. 아마 색깔을 다양한 방법으로 배열할 것이다. 라마교와 탄트라교의 경우에 만다라는 아주 다양하다. 목적에 따라 형태가 달라진다. 물론 만다라마다 의미도 다르며, 서로 다른 심리 상태를 표현한다. 그래서 여기서 만다라를 형성하려는 시도가 다시 나타나고 있다. 지금 만다라의 전반적인 성격은 무엇인가? 그녀가 그런 새로운 조건에서 만다라를 형성하는 이유는 무엇인가?

보호를 위해서다. 귀신들을 다뤄야 하는 때보다 만다라가 더 절실히 필요한 경우는 없다. 나는 폴리테크니쿰(Polytechnikum)[60]에서 한 강의에서 만다라에 대해 귀신들을 불러내는 의식을 펴는 동안에 보호의 원 역할을 한다는 식으로 설명한 바 있다. 신들의 많은 비밀스런 이름들이나 신들의 힘들을 이용해서 보호의 원을 단단하게 만들어야 한다. 그래야만 불리어 나오는 정령이 그 사람을 어쩌다 만나 죽이는 일이 발생하지 않을 것이다. 또한 특별한 원들도 종종 그려진다. 귀신이 나타나야 하는 장소이다. 귀신은 특정한 곳에 가둬둬야 하며 그곳을 떠나서는 안 된다. 귀신이 마음대로 빠져나

....
60   연방기술연구소를 말한다. 칼 융은 여기서 1933년 10월부터 1941년까지 강연을 했다.

올 수 있다면 만다라가 보호의 원이라 불리지 않을 것이다. 그것은 귀신을 어느 지점에 묶어두는 마법의 원일 것이지만, 전반적인 생각은 보호하는 것이다.

오디세우스의 모험에도 귀신의 세계로 하강하는 예가 나온다. 오디세우스는 하데스로 내려갈 때 양을 제물로 바치고 정령들에게 피를 제공한다. 그림자들이 피를 마시러 오지만, 그는 칼을 들고 제물 위에 서서 정령들을 쫓는다. 그는 일부 정령들에게만, 예를 들면 예언자 티레시아스의 그림자에겐 접근을 허용한다. 오디세우스가 그의 조언을 원하기 때문이다. 칼은 의식에서 종종 마법의 원을 그리는 데 이용되었다. 칼도 귀신들에게 맞서 자신을 방어하는 것을 의미하기 때문이다.

원은 그를 둘러싸고 있는 귀신들에 의해 그려졌다. 오디세우스가 한가운데에 피의 주발 위에 서서 칼로 귀신들을 쫓고 있었다. 이제 우리 환자의 환상을 보자.

나는 귀신과 유령들이 신음소리를 내면서 주위를 돌고 있는 것을 보았다. 일부는 우리에게까지 닿을 수 있는 큰 발톱을 가진 하피 같았다. 아름답고 육감적이며, 달콤한 소리를 내는 귀신이 있는가 하면, 초췌한 얼굴에 울상을 지으며 비명으로 공기를 갈라놓고 있는 그런 귀신도 있었다. 내 옆에 있는 그 여자가 "너에게 보여줄 게 있어."라고 말했다. 그녀는 원의 가운데로 걸어갔다. 거기서 유령들이 그녀를 붙잡아 갈가리 찢었다. 나는 공포에 질려 비명을 질렀다.

당신이 귀신의 세계로 들어간다면, 그림자들이 당신을 붙잡으려

들 것이다. 당신이 마법의 원을 그리다가 실수라도 저지르면, 그림자들은 당신의 사지를 찢을 것이다. 이와 똑같은 생각이 민속 이야기에도 담겨 있다. 독일 남부의 민요에 연인을 배반하고 다른 남자와 달아난 소녀에 관한 노래가 있다. 악마가 소녀를 붙잡아서 갈가리 찢어놓았다는 내용이다. 그것이 디오니소스 자그레우스에게 일어난 일이다. 디오니소스 자그레우스는 티탄들에게 갈가리 찢어졌다. 그가 티탄들의 손아귀에서 달아나기 위해 온갖 종류의 동물로 변신하다가 마침내 수소의 형태를 취하고 있을 때, 티탄들이 그를 잡았다. 바쿠스의 시녀들도 현실 속에서 그와 똑같은 행위를 했다. 그들은 주연을 벌이는 중에 감정이 격한 상태에서 살아 있는 동물들을 이빨로 갈가리 찢어서 살아 있는 살점을 먹었다. 달리 표현하면, 바쿠스의 시녀들은 야생동물처럼 행동했으며, 여기서 야생 동물은 멋진 소생을 의미했다. 그들은 새로운 생명을 얻기 위해서 자신들이 가진 동물적인 상태로 다시 내려갔다. 그들은 신을 나타냈던 동물을 갖고 신을 절단하는 의식을 되풀이했다. 그것은 일종의 토템 잔치였다. 지금 그것은 당신이 마법의 원의 보호를 받지 않는 상태에서 귀신의 세계로 들어가게 될 때 맞게 되는 그 해체를 상징하고 있다. 그런 상태에서 귀신의 세계로 들어간다면, 당신은 희생자가 되고 말 것이다.

이것을 심리학적으로 표현한다면, 정신분열증이 일어난다는 뜻이다. 그것은 일종의 폭발이다. 디오니소스를 갈가리 찢어놓은 티탄들이 땅의 내부 힘들, 말하자면 산들을 높이 솟게 만드는 화산 또는 지질학적 힘이라는 것을 당신은 알고 있다. 우리 자신의 체계는 조상들이 남긴 다양한 경향들의 축적이랄 수 있으며, 서로 다른 조상들로부터 물려받은 특이성들이 서로 불안하게 묶여 있다. 그처럼 엉성하게 결합되어 있는 체계가 무너지는 데는 한두 차례의 폭발이면 충분하다. 그것은 마치 조각 천을 이은 솔기들이 갑자기 터지면서 전체 구조가 갈가리 찢어지며 산산조각 나는 것이나 마찬가지이다.

정신분열증의 과정이 꼭 그렇다. 플라톤의 『티마이오스』(Timaeus)에 소개되고 있는 옛날 신화와 비슷하다. 창조주가 세상을 만들 때의 이야기이다. 창조주는 세상을 4개 부분으로 나눈 다음에 그것을 다시 봉했다. 그래서 그 이음매는 그리스 글자 X자 모양으로, 일종의 성 안드레아(St. Andrew)의 십자가 모양으로 지금도 하늘에 보인다. 이곳에서는 그 이음매를 볼 수 없지만, 아테네와 북 아프리카에서, 특히 사막에서 잘 보인다. 한쪽 방향으로 은하수가 있고, 다른 쪽 방향으로 황도광(黃道光)이 있다. 이 황도광은 춘분 때에 일몰 후 한 시간쯤 뒤에 서쪽 하늘을 보면 바다에서 올라오는 것이 가장 잘 보이는 아주 특별한 빛이다. 적도 쪽으로 약간 기운, 포물선 모양의 발광체처럼 보인다. 그럴 때면 거의 동쪽까지 거의 하늘 전체에 흐릿한 빛이 보이며, 정점에서 은하수와 교차하는 황도광이 두 개의 봉합선 또는 이음매를 형성한다. 영지주의의 우주생성론도 이와 비슷한 사상을 담고 있다. 데미우르고스가 먼저 인간 존재들의 각 부분들을, 말하자면 손과 발, 머리 등을 만든 다음에 퍼즐 맞추듯 그것들을 서로 맞추었다. 이 작업이 끝난 뒤, 데미우르고스는 전체를 망각으로 덮었다. 그래서 어느 부분도 그것을 알지 못했다. 각 부분들은 자신들이 만들어진 방법에 대해서는 전혀 아무것도 알지 못한 상태에서 그냥 살기 시작했다. 그러나 망각의 장막이 갑자기 걷힐 때, 한 차례 폭발이 일어나고, 창조주가 느슨하게 꿰맞춰 놓은 것들이 조각으로 다시 풀린다. 이 부분들은 조금만 풀려도 살 수 없었을 것이다. 그것은 완전한 창조가 아니었다. 나로 하여금 그 창조가 완벽했다고 믿도록 만들 사람은 아무도 없을 것이다.

그렇다면 귀신의 세상으로 내려가는 이 전형적인 하강은 해체를 의미한다. 바꿔 말하면, 사람이 무의식 속으로 들어갈 때, 심리적 분열이 일어난다는 뜻이다. 왜 그런 변화가 일어나는가? 사람이 온전하게 남을 수 없는 이유는 무엇인가?

의식과 무의식을 분리하고 있는 경계선이 너무 약하기 때문이다. 그렇지 않다면 그런 일이 일어나지 않을 것이다. 무의식 속으로 내려간다는 것은 당신도 마찬가지로 무의식이 된다는 것을 의미한다. 거기엔 더 이상 구분이 없다. 당신은 회색 고양이 중 한 마리가 된다. 어둠 속에선 모든 고양이가 회색이고, 당신도 그 고양이들 중 하나에 지나지 않는다. 당신 자신에게도 당신은 회색이고, 당신은 당신 자신을 보지 못한다. 늙은 여자는 우리 환자가 귀신처럼 보이도록 하기 위해, 또 귀신들이 그녀를 보지 못하도록 하기 위해 그녀의 얼굴에 회색 베일을 씌운다. 이 베일도 일종의 보호이다. 그녀가 무의식의 내용물에 노출되지 말아야 하기 때문이다. 당신이 그런 어둠 속으로, 당신 자신 속으로 들어갈 때, 당신도 어둠으로 변한다. 그렇지 않으면 당신은 그 속으로 들어갈 수 없다. 그렇다면 무의식 속으로 들어간다는 것은 단지 당신이 무의식적인 존재가 된다는 것을 의미한다. 당신은 더 이상 당신이 하고 있는 것을 알지 못한다. 그러니 당신이 의식적인 내용물을 완전히 잃는 일은 없어야 한다. 의식의 내용물을 잃어버릴 경우에, 당신은 무의식 속으로 용해되어 버릴 위험을 안게 된다. 아시다시피, 의식을 잃는 사람은 더 이상 존재하지 않는 것이나 마찬가지이다. 당신의 육체는 거기에 그대로 있을지라도, 당신은 그 육체를 자각하지 못한다. 당신이 의식을 상실한 탓에 용해되어 버렸기 때문이다. 그런 동일성은 차이를 구분할 기회가 더 이상 존재하지 않을 때에 일어난다. 너무나 어두운 탓에 자기 자신이 누구인지도 알지 못한다. 그런 때는 사람이 무엇이든 될 수 있다. 그것이 곧 팔다리 절단에 해당하며 완전한 심리적 분열이다. 그래서 우리 환자가 귀신들이 늙은이를 붙잡고 늘어지는 것을 보고는 공포에 질려 비명을 지른다. 그녀도 마찬가지로 그런 식으로 찢길 것이라고 생각하기 때문이다.

> 이어서 이상한 마법에 의해서 그녀가 다시 온전해졌다. 그녀는 좁은
> 길을 따라 앞으로 계속 나를 이끌었다. 나는 "우리가 어떻게 벗어났
> 죠?"라고 물었다. 그러자 그녀가 "내가 너와 함께 있었기 때문에 나
> 올 길이 있었단다. 네가 혼자 들어갔더라면 길을 잃고 말았을 거야."
> 라고 대답했다.

이 환상은 우리 환자의 안에 있는 '자기'가 그녀를 보호했다는 뜻이다. 신의 중재가 있었다는 식으로 말할 수도 있다. 그러나 '자기'가 그녀를 보호하는 것을 심리적으로는 어떻게 해석할 수 있는가? '자기'가 어떤 식으로 그녀를 분열로부터 보호하는가?

지난 시간에 나는 '자기'의 그림을 의식을 포함하는 것으로 그렸다. 그러나 우리는 또한 무의식 안에도 포함될 수 있다. 실은 우리

는 그냥 그런 것을 모른다. 내가 말한 바와 같이, 작은 원은 그보다 더 큰 원에 대해 알지 못한다. 우리는 우리의 자아의식이 포함되어 있는 그 정신적 매체가 의식인지 아닌지를 우리의 의식으로는 파악하지 못한다. 당신의 몸 위를 기어 다니는 벼룩은 당신이 의식적인지 아닌지를, 당신의 육체 안에 있는 세포 하나는 당신의 육체가 전체적으로 의식적인지를 절대로 알지 못한다. 그리고 만약에 당신이 엄청나게 탁월한 존재나 놀라운 천재의 하인이라면, 당신은 매일 스스로에게 이렇게 물을 것이다. "이 사람은 정말 건전한 존재인가, 아니면 미쳐 있는가? 이 사람은 의식을 차리고 있는가 아니면 무의식에 빠져 있는가?" 아시다시피, 당신은 이런 질문 앞에서 절대로 명확한 대답을 내놓지 못한다.

이것을 표현한 신화가 하나 있다. '코란'을 보면 '동굴'이라는 제목의 장이 있다. 모세의 나이가 아흔 살 쯤 되었을 때 그에게 떨어진 모험을 설명하는 신화이다. 그는 생명의 샘을 찾고 있었으며, 그러던 중에 그는 구세주의 천사로 영원한 '초록의 존재'인 키드르(Khidr)를 만났다. 이 천사는 모세에게 앞으로 보게 될 모든 것을 이해할 수 없을지 모르지만 그래도 자신을 따르라고 일렀다. 그러자 예언자 모세는 자신이 이해할 수 있을 것이라고 생각했지만 이해할 수 없었다. 왜냐하면 천사가 늙은 모세가 도저히 따를 수 없을 만큼 모욕적인 짓을 했기 때문이다. 그러다 모세는 천사의 행위에 놀라 결국 말도 하지 못할 지경에 이르렀으며, 천사는 모든 면에서 탁월한 의식이었다. 키드르는 탁월한 인간이고, 그는 지금도 수피교에서 여전히 살아 있는 신이다.

내가 알고 있는 동아프리카의 원주민 추장은 수피교 신자였으며,

그는 키드르가 알라의 현현이라고 믿었다. 알라는 형태가 전혀 없으며, 따라서 눈에 보이지 않으며 경험될 수도 없다. 경험될 수 있는 형태는 알라의 첫 번째 천사 키드르이다. 그래서 눈에 보이거나 심지어 만져지기도 하는 알라의 현현인 이 키드르는 당신 같은 인간으로 나타난다. 그 족장은 이렇게 말했다. "당신은 그를 거리에서 만날 수 있으며, 그 사람이 키드르라는 것을 알 수 있을 것이다. 그러면 당신은 그에게로 가서 '평화가 있길!'이라고 말하라. 그러면 그가 '당신에게도 평화가 있길. 내가 키드르이니, 모든 것이 당신 뜻대로 이뤄지리니.'라고 대답할 것이다. 경험 불가능한 신이 인간의 모습으로 나타난 존재가 키드르이다. 키드르를 경험하기 위해선 사람은 탁월한 인간이 되어야 한다. 그 추장은 내가 '코란'을 훤히 아는 사람처럼 보였기 때문에 키드르를 경험할 것이라고 생각했다. 그는 내가 자기보다 '코란'에 대해 더 많이 알고 있다는 사실을 알고는 대단히 놀라워했다. 그러면서 그가 한 말은 내가 40일 동안 밤낮으로 '코란'을 외면 키드르를 만날 수 있고 또 아프리카 중부에 있는 화산에서 금을 발견할 뿐만 아니라 다른 재미있는 일도 많이 겪게 될 것이라는 내용이었다. 그와 내가 대부분이 이슬람 신자인 흑인 국왕이나 비중 있는 인물을 만날 때마다, 그는 나를 위대한 인물로, 이슬람 신자이면서 동시에 기독교 신자인 의사로 소개했다.

이 늙은 여인 형상은 어떤 면에서 보면 탁월한 의식이거나 무의식인 '자기'의 멋진 예이다. 그런데 '자기'가 탁월한 의식인지 무의식인지 우리는 판단하지 못한다. 여하튼 '자기'는 틀림없이 삶의 불가해한 사건들을 배열한다. 예를 들어 보자. '자기'가 당신을 위해서 전적으로 바람직한 어떤 상황을 배열할 수 있다. 그 상황 속에서 당신은 자신이 완벽하게 정상이라고 생각한다. 그런데 몇 시간 또는 며칠이 지난 뒤 당신은 자신이 어떻게 그런 상황에 처하게 되었는지 도무지 이해가 되지 않는다. 만약에 누군가가 당신에게 10일 후에 당신이 이런저런 상황에 처해서 당신이 행동한 것과 똑같이 처신할 것이라고 일러주었다면, 당신은 아마 그런 일은 절대로 불가능하다면서 말도 안 되는 소리를 하지 말라는 식으로 말했을 것이다. 그렇지만 그런 상황 속에 당신이 있다. 그렇다면 그걸 누가 했단 말인가? 바로 그런 것이 '자기'가 하는 것이다. 만약 그 일이 불쾌한 일이라면, 당신은 이렇게 말할 것이다. "아니, 어떻게 이런 운명이 있을 수 있지! 내가 이런 실수를 다 저지르다니! 이런 나야말로 늪으로 걸어 들어간 고집불통 당나귀임에 틀림없어!" 그러나 행복한 일이라면, 당신은 이렇게 말할 것이다. "난 정말 똑똑한 인간이야!" 당신은 자신에게 모든 공을 돌릴 것이고, 경건한 사람이라면 아마 신이 매우 인간적이며 먼 곳까지 굽어 살핀다고 믿을 것이다. 그렇듯 '자기'가 의식적인지 여부를 밝히는 것은 불가능하지만, 정말 신기하게도 그것은 기능을 한다.

지난번에 '자기'에 대해 의식도 아니고 무의식도 아니고 어쩌면 의식이고 무의식일 수 있다고 말한 바 있다. 다소 터무니없이 들리는 진술인 것 같지만, 당신 자신보다 상상도 하지 못할 만큼 더 크거나 더 작은 어떤 것을 놓고 당신이 달리 어떻게 말할 수 있겠는가? '자기'를 정의하려는 시도는 어떤 것이든 역설적이지 않을 수 없으며, 따라서 그것에 대해 깊이 생각하는 것은 별로 도움이 되지 않는다. 그러나 여기서 호기심을 자극하는 것은 '자기'가 자신이 거기에 없으면 환자가 길을 잃게 될 것이라는 말을 하고 있다는 점이다. '자기'는 보호자의 역할을 맡고 있는 동시에 난국에서, 말하자면 인간의 마음은 빠져나올 길을 알 수 없는 어떤 불가능한 상황에서 벗어나는 길을 아는 존재의 역할까지 맡고 있다. 이것은 어떻게 해석해야 할까?

자아를 정신 체계의 중심으로 보기에는 자아 자체가 너무 약한 것 같다. 그래서 자아는 무의식의 분열적 효과에 제대로 저항하지 못한다. 그러나 '자기'가 중앙으로 들어가면, 그런 상황 속의 '자기'는 무의식의 해체시키는 힘과 동일할 것이나. 말하자면, 이때의 '자기'는 티탄들에 맞서는 하나의 티탄 같은 것이 될 것이다. 물론, 그런 것을 설명하면서, 우리는 지금 신화적인 표현의 영역에 머물고 있다. 여전히 상징이나 신화적인 비유를 이용하고 있는 것이다. 그것을 심리학적인 상식으로 바꿔놓는다면, 이런 식으로 말할 수 있다. 당신이 집단적인 관점에서 볼 때 꽤 불가능한 어떤 상황에 처해 있다면, 말하자면 집단적으로 볼 경우에 당신이 빠져나올 수 없는 상황에 처해 있다면, '자기'가 그 길을 발견할 것이다. 그러나 그것도 여전히 신화적이다. 아니면 법칙을 준수하지 않는 개인적인 길이 있다고 말할 수 있다. 이런 특별한 경우에 당신이 그 상황에서 빠져나올 수 있는 특별한 어떤 구멍이 있다는 뜻이다. 당신은 또 이렇게 말할 수 있다. 누구나 빠질 수 있는 상황들이 있지만, 거기엔 다른 사람에겐 맞지 않고 당신에게만 맞는 개인적인 경로나 구멍이 있으며, 당신은 자연히 그 구멍 또는 길로 들어서게 되어 있다고 말이다.

나는 종종 이 문제를 다소 기이하게 이런 식으로 표현한다. 아시다시피, 사람은 언제나 심리적인 문제를 11,000명의 처녀[61]의 관점에서 다루려는 경향을 보인다. 11,000명의 처녀들이 뭘 하게 될까? 그것은 모든 인간이 할 수 있는 것이 무엇인지를 묻는 것과 다르지 않다. 그들은 전혀 아무것도 하지 못한다. 어떤 문제를 그런 식으로 집단의 눈으로 본다면, 일들은 영원히 똑같은 모습으로 남을 것이다. 일은 단순히 연기되거나 다른 사람들에게로 넘겨질 것이다. 통계 숫자를 바탕으로 생각하는 것은 우리 현대인의 편견이며 특별한 광기이다. 우리는 개인적인 문제를 어떻게 대량생산 같은 방식으로 풀 수 있는지를 놓고 생각한다. 마치 그 문제가 공장에서 제조되는 문제인 것처럼. 우리에게 그렇게 많은 처녀가 있다면, 그들을 어떻게 다룰 것인가? 아니면 그들은 무엇을 해야 하는가? 이에 대해 아무도 대답하지 못한다. 그럼에도 우리는 그 해답이 하나의 표준 모델로 제조될 수 있는 그런 공장을 세우고, 거기서 나오는 해답을 100만 명의 처녀들에게 나눠주기를 원한다. 물론 터무니없는 짓이다. 문제는 언제나 특별한 상황에 처해 있는 이 특별한 소녀의 문제이다. 이 소녀는 이런저런 특징을 지니고 있으며, 대체적으로나 구체적으로 이런저런 조건에 처해 있으며, 이런저런 것을 해보면서 결국에는 자신을 자유롭게 할 수 있는 길을 발견하며 해결하다가 마지막에 묻힐 것이다. 그러면 그 예는 해결될 것이다. 그 길까지 가는 도중에 일어나는 일은 모두 그녀 자신의 일이며, 그것은 나머지 10,999명의 처녀와 아무런 관계가 없다. 그 문제는 어떤 표준적인 조항이나 일반적인 설명에 의해서가 아니라 그 사건의 개인

....
61 잉글랜드 왕국의 공주인 성녀 우르술라(Ursula: ?-A.D.383?)가 로마로 성지 순례를 갔다고 돌아오는 길에 훈족에게 추종자 11,000명의 처녀와 함께 죽음을 당했다는 전설이 내려오고 있다.

적 특성에 의해서 해결될 것이다. 일반적인 어떤 해결책, 예를 들어 사회학적 해결에 대한 온갖 논의는 허튼소리에 불과하다. 개인의 문제에 대해선 아무도 어떻게 해볼 수 없다. 그 문제는 언제나 그렇게 똑같이 남아 있을 것이다. 우리는 단지 이 특별한 소녀가 어려움에 처하거나 곤경에서 빠져 나올 때에 어떤 조치를 취할 수 있는지에 대해 생각해 볼 수 있을 뿐이다. 이유는 세상에는 어려움이 너무 없어서 고통 받는 사람이 있는가 하면 어려움이 너무 많아서 고통 받는 사람도 있기 때문이다. 이것이 그 문제를 다루는 유일한 길이며, 일반적인 해결책은 전혀 없는 것이 거의 확실하다.

지금 나는 현대의 과학적인 정신에 대해 이야기하고 있다. 중세나 기독교 미덕이 발달하던 시기에, 사람들은 다른 방식으로 생각했으며, 영혼과 개인의 행복에 대해 생각했다. 또 그들은 자신과 가까운 사람들을 위해서 할 수 있는 것이 무엇인지에 대해 생각했다. 현대에 과학적인 정신은 너무 많은 가축들에 대해, 너무 많은 처녀들에 대해 생각하고 있다. 예를 들면, 현대인들은 가난한 사람들이 어떤 사람인지에 대해서는 전혀 생각을 하지 않는 가운데 그들을 뭉뚱그려서 하나의 집단으로 여긴다. 그런 식의 생각은 추상적인 사고이며, 마치 그 문제를 해결할 수 있는 과학적인 해결책이나 기계적인 장치가 발명된 것처럼 여기고 있다. 그러나 문제 자체가 완전히 비과학적이다. 왜냐하면 문제가 개인들로만 이뤄져 있기 때문이다. 물론 그 문제도 과학적일 수 있지만, 종국적으로 보면 개인의 문제임에 틀림없다.

미시즈 시그가 요즘엔 개인이라고 부를 만한 존재가 많지 않기 때문에 개인에 대해 논하기가 어렵다는 의견을 내놓았다. 대부분의 사람들이 어느 정도의 개성과 아마 그보다 훨씬 더 많은 집단성으로 이뤄져 있다는 의견이다. 바꿔 말하면, 개인적 의식은 아주 작고, 집단적 의식은 아주 크다는 것이다. 그렇다면 사실상 개성이란 것이 전무하다시피 하는데, 문제를 집단적인 관점에서 해결할 수 없는 이유가 무엇일까?

사람들이 단순히 군집적인 한, 그들은 양처럼 다뤄질 수 있고 불평도 하지 않을 것이다. 그것은 완벽하게 맞는 말이지만, 사람들을 그런 식으로 다룸으로써 당신은 그들을 가치 이하로 다루고 있으며 인간을 양떼처럼 다루고 있다. 그런 식의 접근은 장기적으로 나쁘다. 왜냐하면 그것이 개인에게 도덕적 쇠퇴를 의미하기 때문이다. 그래서 인간의 개인적 가치를 떨어뜨리는 것들은 비도덕적이라 불리며 퇴치의 대상이 되고 있다. 이유는 그런 것들이 인간의 신성이라 불릴 수 있는 것을, 인간의 진정한 가치를 죽이기 때문이다. 사회의 문제를 그런 식으로 집단적인 방식으로 다루는 것은 인간 존재들의 안에 있는 최선의 것을 훼손시키거나 죽이기까지 한다. 왜냐하면 인간 존재들이 숫자로만 다뤄지고 있다는 느낌을 받고, 자신이 하는 일은 자동기계도 할 수 있는 일상적인 일이라는 자괴감을 느끼고, 자신이 구르는 돌이나 준설기에 지나지 않는다는 느낌을 받게 되기 때문이다.

'자기'는 음양의 관점과 아무런 관계가 없다. 양과 음은 서로 반대되는 철학적 개념들이고 또 다양한 형태로 나타날 수 있는 현상이다. 그러나 어떤 역사적인 시대의 정신이 귀신의 땅에서 길을 헤맬 때마다, 그 정신이 개인적이지 않은 것들에 끌리며 찢어질 때마다, 정신분열증과 비교할 수 있는 어떤 상태가 생겨나고, 그러면 자연히 사악한 우리의 자만심은 집단적 차원에서 사고할 것을 제안한다. 우리의 특별한 열정은 지금 소위 과학적 사고이고, 과학이 모든 것에 영향을 미칠 것이다. 만약에 어떤 해결책이 과학적이라는 소리를 들으면, 모두가 그것을 깊이 들여다보지도 않고 믿어버린다. 다른 시대였다면, 해결책은 다른 무엇이었을 것이다. 그러나 어느 시대의 정신이 부차적인 문제에 지나치게 많이 끌리게 될 때마다, 다시 말해 시대의 정신이 중심시력을 잃을 때마다, 그런 현상이 일어난다. 로마의 카이사르가 자신이 신이라고 단정했을 때, 그는 로마 제국을 꼭 그런 식으로 통지했다. 그에게 인간 존재들은 단순히 가축에 지나지 않았다. 그런 비인간적이고 사악하기 짝이 없는 고안을 설명하는 것은 언제나 일종의 편파적인 팽창이다. 집단적인 것은 무엇이든 개인의 중요성을 씻어내며 생명을 파괴한다. 집단적인 것은 골칫거리이며 장기적으로 하나의 강박이 된다. 그러고 나면 집단적인 것이 언제나 개인의 진정한 삶을 대신하게 된다. 진정으로 사는 모든 것은 개인적이기 때문에, 삶은 오직 개인적인 형태에만, 개인적인 단위에만 존재한다.

양과 음은 사물들이 존재하는 데 필요한 조건이긴 하지만, 그것들이 사물들에게 자격을 주는 것은 아니다. 아시다시피, 가장 중요한 사실은 이 우주에서 가장 서툰 존재인 인간이 존속해야 한다는 점이다. 왜 인간이 등장해야만 하는가? 대단히 놀라운 양(陽)이 있고, 대단히 놀라운 음(陰)이 있다. 그 사이에 인간이라는 작은 소동이 있는 이유는 무엇인가? 이 소동은 양과 음 어느 것에 의해서 만들어지지도 않고 그것들의 영향을 받지도 않으며, 양과 음은 단순히 인간이 존재하는 데 필요한 조건에 불과하다. 자석에 끌리는 금속 조각은 자석에 의해 형성되지 않았으며, 자석은 그 금속이 움직이도록 하지만 금속의 존재나 금속의 특별한 형태는 자석에 의해 생겨나는 것이 아니다. 이것은 매우 중요한 견해이다. 개인은 어떤 일반적인 원리로부터 끌어낼 수 있는 존재가 절대로 아니며, 개인은 그 자체로 완전히 새롭고 특별한 존재이다. 만약에 개인이 어떤 일반적인 원리로부터 끌어낼 수 있는 것이라면, 그래서 만약에 개인이 그런 존재이고 다른 존재가 아니라면, 그는 이런 일반적인 조건들에 맞서는 보호가 절대로 될 수 없다. 의식적 세계와 무의식적 세계는 일반적인 조건인데, 만약에 개인이 그 혼자서 무엇인가가 되지 못한다면, 그는 그런 일반적인 조건들에 절대로 저항하지 못하며 따라서 창조적인 중심이 결코 되지 못한다.

21강

1934년 2월 14일

우리는 여전히 "귀신들"이라는 제목으로 불린 환상의 끝부분에 관심을 두고 있다. 지난 시간에 그 환상의 마지막 장면에 대해 논했다. '자기'의 형상이 갈가리 찢길 위험에 처해 있었다. 그녀가 다시 완전해져서 환자를 그 너머 좁은 길로 이끌었다. 티탄 같은 힘들을 위협하고 있는 것들의 심리에 대해 조금 더 논하도록 하자.

그 여자에게 매달리고 있는, 하피처럼 생긴 것들은 그리스 신화에 나오는 하피를 암시한다. 그리스 신화에서 하피는 여자로 여겨진다. 나는 그것을 뱀파이어라고 부를 것이다. 하피는 인간의 살점을 삼키는 독수리 같은 악령이다. 그리스 신화는 대단히 남성적이며, 그래서 하피는 남자를 삼키는 특별히 사랑스런 여자일 것이다. '아니무스 사냥개'가 아마 하피에 해당할 것이지만, 당연히 남자의 정신에서 하피는 아니마 그림 또는 상징이다. 달리 표현하면, 하피가 갈가리 찢는 힘들 중 하나라는 뜻이다. 남자는 그 아니마의 찢는 힘에 어느 정도 희생될 수 있을까?

하피 같은 야수에 대해 거론하기를 꺼리는 마음은 충분히 이해가 된다. 왜냐하면 야수의 먹잇감이 된 경우에 당신은 말도 적절히 하지 못하고 생각도 적절히 하지 못하게 되기 때문이다. 그리고 만약에 당신이 더 이상 야수의 먹잇감이 아닌 상황이라면, 당신은 그런 야수 따위는 절대로 존재하지 않는다고 확신하면서 다른 누군가가, 아마 어떤 여자가 당신에게 요술을 부렸다고 생각할 것이다. 만약에 솔직한 남자라면, 당신은 어떤 여자가 당신을 매혹시켰다고 생각할 것이다. 당신이 어제 기분이 좀 좋지 않은 것 같더라는 소리를 주변으로부터 들을 수 있다. 그러면 당신은 이런 식으로 대답할 것이다. "아, 아니에요. 그렇지 않았어요. 어제만큼 기분이 좋았던 적도 없었는걸요." 따라서 하피를 진지한 심리적 논의의 대상으로 삼는 것은 품위 있어 보이지 않는다. 하피는 아무도 소리를 내지 않는 큰 도서관 같은 지적 영역에 해당하지 않는다. 그런 것들은 오직 당신의 집에서만, 개인적이고 은밀한 관계에서만 일어나고 공적인 세상과는 전혀 아무런 관계가 없다. 그것이 바로 이런 것들이 금기시되고 있는 이유이다. 여자가 아니무스를 갖고 있다는 생각을 좋아하지 않듯이, 남자도 마찬가지로 아니마의 해체시키는 경향들의 방해를 받는다. 아니무스도 마찬가지로 존재하지 않는다. 이유는 아니무스가 거기에 있을 때, 여자가 거기에 없기 때문이다. 아니무스가 여자를 완전히 먹어치웠고, 따라서 그 상황에 대해 판단할 사람이 아무도 없다. 그래서 여자는 아니무스를 의식하지 않고, 그녀에게 아니무스는 대단히 신비한 개념처럼 보이고 이해의 범위를 완전히 벗어나 있는 것처럼 보인다. 그러나 현상으로서의 아니무스 또는 아니마는 이웃과 동료들에게만 아주 분명하게 보인다. 이유는 당신이 무의식일 때에도 의식적일 때만큼이나 심리적 비판의 대상이 되기 때문이다. 당신은 무의식 상태에 있을 때 존재를 중단하지 않는다. 그런 경우에도 당신은 환경 속에서 일종의 살아 있는 시신으로 여전히 존재한다. 그렇다면 이 하피들은 남자의 경우에 아니마들이 되고, 여자의 경우에 아니무스들이 된다. 그것들은 단순히 갈가리 찢어놓는 힘들의 상징이다. 썩은 고기를 먹는 존재들, 매장지의 유령들, 리마교 만다라에 나오는 파괴적인 힘들의 상징인 것이다. 그러면 "다른 것들은 아름답고 육감적이며 달콤한 소리를 내고 있다"는 우리 환자의 말은 어떤 부류의 신화적 형상을 가리키는 것일까?

사이렌[62]이다. 사이렌들도 아주 비슷하다. 당신이 해로운 힘들에 의해 찢길 수 있듯이 매력적인 힘들에 의해서도 마찬가지로 찢길 수 있기 때문이다. 매혹적인 힘들도 해로운 힘 못지않게 당신을 분열시킨다. 예를 들면, 아름다움과 요염, 탐미적인 태도도 당신 자신을 완전히 망각하도록 만든다. 추함과 아름다움은 똑같이 당신을 날뛰게 만들 수 있기 때문에 똑같이 당신을 해체시킬 수 있다. 그렇게 되면 당신은 당신 자신의 감각에 지나지 않는다. "다른 것들은 기가 죽고 초췌한 얼굴을 하고 있었다."는 우리 환자의 말이 기억날 것이다. 그들은 틀림없이 추하지만, 미움과 사랑이 똑같이 매력이기 때문에 그들도 마찬가지로 매력적이다. 당신은 사랑으로도

---

62 그리스 신화에 나오는 반인반조(半人半鳥)의 바다 요정. 아름다운 목소리를 뱃사람을 유혹하는 것으로 전해진다.

묶이지만 증오로도 묶일 수 있다. 욕망이 어느 한계를 넘어선 경우라면 예외 없이 당신은 갈가리 찢기고, 분열되고, 당신의 욕망과 동일해지고 있다. 그것이 부처가 오랜 기간의 명상 끝에 욕망이 세상의 고통의 근원이라고 결론을 내린 이유이다. 기독교 철학자들도 마찬가지로 욕망이 근본적인 악이라는 것을 발견했다.

오르페우스도 말년에 디오니소스를 추종하는 여자들에게 갈가리 찢겼는데, 이것도 자그레우스의 해체와 똑같다. 오르페우스는 자신의 무의식적 힘들을 매혹시키는 남자의 능력을 상징한다. 오르페우스가 얼마나 달콤한 음악을 만들었던지, 그의 음악 소리에 온갖 야생 동물이 온순해지며 그의 주변으로 몰려들었다고 한다. 그것은 곧 우리도 우리의 야생 동물들을 우리 주변으로 모을 수 있는 그런 달콤한 음악을 만들 수 있다는 것을, 우리도 모든 충동과 본능을 매혹할 수 있다는 것을 의미한다. 그러면 마치 우리가 설탕에 지나지 않는 것처럼, 적어도 99%가 설탕인 것처럼 보인다. 그러나 그것은 어떻게 보면 흑(黑)마술이다. 당신이 자신에 대해 완전히 선하다고 생각하도록 당신 자신을 속일 수 있을 만큼 충분한 상상력을 갖고 있을 때에만 그렇게 할 수 있기 때문이다. 만약에 당신이 그런 상상을 할 수 있다면, 당신이 마치 전적으로 선한 것처럼 보이고 그것은 한동안 훌륭한 자산이 된다. 우리는 지난 2,000년 동안 전적으로 선하려고, 자신이 선한 존재가 될 수 있다고 상상하려고 노력해 왔다. 우리는 어느 정도의 세월 동안 그런 것을 상상할 수 있다. 그러다 보면 어느 순간에 시커먼 무슨 일이 일어나고, 그러면 상상력이 뚝 끊어지고, 악마들이 모두 올라온다. 그것이 오르페우스가 디오니소스를 추종하는 여자들에게 찢기고, 자그레우스가 티탄들에게 찢긴 이유이다. 이 이야기는 인간의 어떤 탁월한 태도를 보여주는데, 이 태도는 상상력의 도움을 받을 경우에 한동안 인간이 물 위를 걸을 수 있다고 믿도록 만든다. 인간은 정말로 그렇게 할 수 있다고 믿는다. 상상력의 힘이 아주 막강하기 때문이다. 그러나 인간은 이 신화들을 꾸며냈으며, 나는 그리스 신화 전체가 한때 부족의 지식, 즉 성년식 같은 것을 통해 전달되는 가르침이었을 것이라고 강하게 믿고 있다. 원시 부족의 법이 성년식 과정에 전해지는 신비적인 가르침에 담겨 있는 것과 비슷하다. 아마 모든 그리스 신화는 원래 신비 의식 같은 것을 통해 선해신 가르침이었을 것이다. 그 가르침이 마침내 이방인들에게도 전해지게 되었고, 이어서 시인들이 그 내용을 알게 되었을 것이다. 그리스 신화는 상상력이 유감없이 발휘된 자료이며, 시인들은 신화들에 관한 노래를 만들었다. 그리하여 그리스 신화는 마침내 일반 대중 사이에 널리 퍼지게 되었다.

모든 민족의 신화들은 중요한 심리적 사실들을 가르친다는 공통점을 갖고 있다. 그렇다면 자그레우스와 오르페우스의 신화들은 적절한 종류의 예술을 선택하고 음악의 아름다움과 조화를 이용할 경우에, 예를 들어 감정의 기술을 잘 이용할 경우에 상상력의 힘이 상당한 기간 동안 거의 기적적인 효과를 일으킬 수 있다는 점을 가르치고 있다. 그러나 결국엔 당신은 당신의 영혼을 잃게 될 것이다. 오르페우스가 아내 에우리디케를 잃듯이 말이다. 오르페우스는 에우리디케를 지하 세계로부터 끝내 끌어올릴 수 없었다. 그는 적절한 일을 적절한 방식으로 하고 적절한 상상력을 발휘함으로써 자신의 영혼을 잃고 말았다. 그리고 영혼은 개성화의 신비를, 영원한 생명을 창조하는 신비를 담고 있다. 아시다시피, 살아 있는 사슴과 염소의 살점을 찢고 있는 디오니소스 추종자들은 디오니소스 자그레우스의 삶에 등장하는 티탄들과 비슷하다. 여기서 신을 갈가리 찢는 신비가 되풀이되고 있는 것이 확인된다. 그것은 유일하게 의식적인 태도인 탁월한 기능을 해체하는 것이며, 이 기능은 땅의 생명으로 돌아가거나 다시 만들어지기 위해 가마솥으로 돌아가야 한다. 그러므로 자그레우스가 갈가리 찢기는 신화 뒤에 그의 부활 신화가 따랐다. 제우스는 자그레우스에게 벌어진 사건을 보고는 번개를 던져 티탄들을 죽였다. 티탄들이 자그레우스의 살아 있는 심장을 솥에 넣은 즉시 제우스가 그것을 구해서 자신이 먹어 자그레우스가 다시 태어나게 만들었다. 이와 다른 버전의 이야기도 있다. 제우스가 자그레우스의 심장을 자신의 허벅지에 넣고 봉했다는 것이다. 이 오래된 지혜는 완벽한 선(善) 같은 개념도 한계가 있다는 점을 보여준다. 완벽한 선은 상상이며, 그것은 실패하게 되어 있는 시도이다. 오르페우스 신화에 따르면, 실패의 첫 징후는 당신이 영혼을 잃는 것, 즉 당신이 지하 세계의 에우리디케를 잃는 것이다. 여기서 영혼의 상실은 무엇을 의미하는가?

아니무스나 아니마가 무의식으로 떨어져 외부 세계와의 관계를 잃는다는 뜻이다. 이제 아니무스와 아니마는 외부 세계와의 연결을 잃는다. 사람은 더 이상 아니무스나 아니마와 접촉하지 못한다. 그런데 왜 이런 일이 일어나야 하는가?

그런 의식은 일방적이고 선한 측면을 고집하기 때문에, 무의식의 리비도가 아래로 잘못된 쪽으로, 지하 세계로, 어둠 속으로 내려간다. 그러므로 아니마나 아니무스는 무의식의 대표자들이다. 당신이 온통 빛이고자 노력한다고 가정해 보자. 그럴 때면 당신은 자연히 그림자를 억누르게 되고, 아니무스와 아니마는 당연히 나머지와 함께 사라진다. 당신이 99% 성인이라고 상상하는 정도가 심할수록, 당신이 잘못된 곳이 당신 눈에 보이지 않을 확률도 그만큼 더 높아진다. 당신이 탁월한 기능과 자신을 동일시하는 경우에 그런 현상이 특히 더 두드러진다. 사람들이 자신의 탁월한 기능에 대해 품고 있는 생각은 가히 놀랍다. 사람들에게 탁월한 기능은 무오류의 신이나 다름없다. 언젠가 어느 철학자와 토론을 벌인 적이 있는데, 그 철학자는 사고는 절대로 오류를 범할 수 없다고 고집하는 사람이었다. 당연히 나는 놀란 나머지 어안이 벙벙해졌다. 그 남자는 자신의 사고 기능과 동일했다. 사고는 오류를 범하지 않는다는 확신이 그에게 영향을 너무나 강하게 미친 나머지, 그는 자신이, 아니 그 자신만 아니라 그의 아내와 그의 결혼생활까지도 완벽한 상태라고 믿기에 이르렀다. 미다스처럼, 그가 건드린 모든 것은 금으로 변했다. 그 같은 태도가 나를 화나게 만들었다. 나의 경우엔 완벽하게 옳다고 느낀 적이 단 한 번도 없었으니까. 나는 언제나 누군가가 나에게 열등감을 안겨주지 않을까 두려워하는데, 그 동료가 바로 그런 감정을 자극하고 있었다. 잘 아시겠지만, 내가 완벽한 존재를 만날 때마다, 그것은 나의 사상, 나의 전체 철학이 틀려야 한다는 것을 의미한다. 이유는 나는 완벽한 것이 불가능하다는 쪽이기 때문이다. 그래서 그럼에도 불구하고 어떤 사상이 진리인 것처럼 보이면, 나는 모든 측면에서 그것을 검토해야 한다. 그런데 나는 지금 말하고 있는 이 완벽한 남자의 아내와 친구 사이인 어떤 여인을 아는 남자를 어쩌다 알게 되었다. 이 남자는 의사였으며, 완벽한 남자의 아내의 친구는 이 의사의 환자였다. 또 우연히 알게 된 것인데, 이 환자는 의사에게 감정전이를 하고 있었다. 그렇다면 틀림없이 그녀는 자기 의사가 자신의 친구를 모른다는 것을 잘 알면서도 그에게 자기 친구에게 불리한 온갖 이야기를 다 털어놓을 것이다. 그가 그녀의 친구에 대해 묻는다는 단순한 사실은 의심의 원인이 될 것이고, 그녀는 그가 자기 친구를 아는 것을 막기 위해 그가 그녀의 이름을 언급하는 즉시 그에게 자신의 머리에 떠오르는 온갖 불리한 것들과 함께 진실을 말할 것이다. 그래서 나는 의사에게 그의 여자 환자에게 철학자의 아내에 대해 물어봐달라고 부탁했다. 의사가 그런 질문을 던지자마자 그 여자의 입에서 이런 말이 튀어나왔다. "매우 특이한 여자랍니다. 당신은 그녀와 어떤 관계도 맺어서는 안 됩니다. 이유는 …" 이어서 전체 이야기가 다 쏟아져 나왔다. 그 철학자가 자신의 완벽한 상태에 대해 나에게 설교를 하고 있는 동안에, 그의 아내는 매우 친밀한 관계이던 젊은 학생과 함께 외국에 나가 있었다. 그래서 나는 이렇게 생각했다. "이런 불쌍한 인간이 있나! 사고는 절대로 잘못되지 않는다고?" 그러나 그 다음에 만났을 때에도 그의 태도는 변함이 없었다. 그는 자신이 하는 것이면 무엇이든 옳다고 생각하는 그런 아름다운 성향을 가진 사람이었다. 그래서 하는 말인데, 당신도 그 사람처럼 살면 언제나 행복할 수 있다.

에우리디케가 남편 오르페우스가 자기를 볼 때 사라지는 이유를 궁금해 하는 사람이 있는 것 같다. 정말이지, 에우리디케는 오르페우스와 함께 돌아갈 만큼 어리석은 존재가 아니었다. 그녀는 오르페우스를 따라갈 경우에 일어날 일을 알 수 있을 만큼은 똑똑했다.

그녀에겐 오르페우스가 곰과 사자들에게 둘러싸인 가운데 하루 종일 피리를 불고 있었던 아름다운 이 세상보다 하데스가 훨씬 더 재미있었다. 에우리디케에겐 오르페우스가 하루 종일 피리를 부는 것이 전혀 재미있는 일이 아니었으며, 지하 세계가 훨씬 더 나았다. 그녀는 이와 똑같이 행동한 롯의 부인과 비슷했다. 롯의 부인은 늙은이를 따라 가지 않는 것이 훨씬 더 재미있었으며, 그래서 그녀는 뒤에 남았다. 오르페우스는 틀림없이 가장 이상적인 존재였지만, 그의 영혼은 지겨워 죽을 지경이었다. 이런 부족의 비밀들은 아주 인간적인 지혜이며, 오르페우스가 너무나 아름다운 음악을 만들었기 때문에 그의 영혼이 지하 세계에서 길을 잃고 그가 갈가리 찢기게 되었다는 것을 아는 것은 대단히 유익하다. 만약에 당신이 언제나 음악만 연주하고 있다면, 당신에게도 분명히 똑같은 일이 벌어질 것이다. 늙은 소크라테스도 대단히 이성적인 음악을 만들려고 하루 종일 노력했으며, 그의 부인 크산티페(Xanthippe)는 그의 음악을 전혀 좋아하지 않고 남편을 저주했다. 만약에 그녀가 지하 세계로 돌아갔다면, 그는 아마 매우 기뻐했을 것이다.

그리스도의 십자가형에 대해 말하자면, 그것은 신성한 것을 땅에 완전히 희생시키는 것이다. 디오니소스 신화는 물론 고대에 이미 깨달았던 다른 철학적 측면을 갖고 있다. 즉 디오니소스가 갈가리 찢기는 행위를 통해서, 신성한 불꽃이 모든 것들 속으로 들어갔고, 신성한 영혼이 땅으로 들어갔다는 깨달음이었다. 그렇다면 십자가형이 그리스도의 임무의 절정이어야 한다는 말도 꽤 타당해진다. 그리스도가 하느님에 의해 세상을 구원하도록 보내졌고, 그가 십자가형에 처해짐에 따라 세속 권력들에 의해 완전히 죽고 갈가리 찢겼지만, 그 경우에 불꽃이 세속의 모든 권력들 안에 숨겨질 것이다. 왜냐하면 음(陰)이 양(陽)을 삼키는 데 성공할 때, 모든 음 안에 양의 불꽃이 있고, 그러면 거기에 부활의 기회가 있기 때문이다. 그것은 위대한 심리적 진리를 담고 있는 복잡한 기독교 교리의 한 측면인 그리스도의 구원과 비슷하다. 그것은 또한 빛이 해로운 힘들에 의해 완전히 꺼지더라도 거기엔 훗날 부활을 보장하는 조건인 숨은 불꽃이 여전히 있다는 신비주의 가르침이기도 했다. 그렇다면 우리는 어떤 사물을 영원히 상실하는 것으로 여겨서는 안 된다. 그것은 사라진 것처럼 보이지만, 단지 휴면 중이거나 배양의 조건으로 변화한 것에 지나지 않으며, 이 조건은 새로운 변화의 개시를 의미한다. 이런 사상들은 고대 중국 철학에 담겨 있었으며 그런 상징적인 지혜를 설명하는 데 큰 도움을 준다. 기독교 신화에 담긴 육체 해체 모티프는 십자가형의 상징적 표현에 해당하는 그 위대한 장면 안에 아름답게 암시되어 있다. 로마 병사들이 그리스도의 옷을 찢은 뒤 주사위를 던져 그것을 나눠갖는 장면 말이다. 그 옷은 그리스도의 형태와 모습을 의미할 것이고, 그렇다면 그것도 일종의 성찬식이다. 성찬식 자체는 일종의 해체이며, 그리스도는 무수히 많은 조각으로 찢긴다. 그리스도는 자신의 의지에 따라 오스티아와 포도주 안에 있으며 그런 형태로 먹힌다. 그리고 자그레우스가 티탄에 의해 찢기는 것은 성찬식 신화이며, 그것은 토템 동물을 삼키는 의식이다. 그런 토템 의식에서 그리스도 교리가 예상되고 있다.

이 과정은 정신분열증의 과정과 똑같지 않다. 정신분열증은 확실히 병적인 사실이기 때문이다. 그러나 병적인 사건을 일종의 정상적인 과정의 과장으로 이해할 수 있다. 감정의 상태에서 일어날 수 있는 정상적인 분열도 있다. 그것이 정상인 이유는 분열이 지속되지 않고 또 굳어지지 않기 때문이다. 그런 경우에 잠시 후면 분열되었던 것들이 다시 결합된다. 그렇지 않은 정신분열증인 경우에, 그릇이 너무 심하게 깨어진 탓에 조각들이 다시 맞춰지지 못한다. 그 그릇은 조각으로 남을 것이다. 그러나 정신분열증 초반에는 그 과정이 거의 똑같으며 꽤 올바르게 하려다가 모든 것을 망쳐놓는 사람들처럼 대체로 너무 좁은 정신적 조건 때문에 일어난다. 끝까지 꼼꼼하게 일을 처리하려고 노력하는 그 사람들은 최종석으로 면밀함 때문에 완전히 망치게 된다. 그런 사람들은 자신이 들어가 움직일 가파른 구조물 같은 것을 세우며, 모든 움직임은 어떤 규칙과 원칙을 따르며, 마음이 대단히 좁다. 그러다 어떤 감정이라도 일어나거나 자신에게 낯선 일이 일어나기라도 하면, 대단히 터무니없고 복잡하고 꼴사나운 그 구조물은 어떠한 접근도 허용하지 않고 어떠한 적응 방법도 허용하지 않을 것이다. 그러면 모든 것이 한꺼번에 폭발해 산산조각 난다. 그런 사람들은 그냥 미쳐 버린다. 이 세상이 통나무집이 딸린 교외의 정원 같은 곳이라고 생각하는 사람들이 있다. 그러다 갑자기 살인사건이 일어나거나, 누군가가 그들과 결혼하기를 원하거나, 교외 생활에 어울리지 않는, 예측하지 않은 어떤 일이 일어나기라도 하면, 그들은 미치려 한다. 그들이 세상에 대해 품고 있는 생각이 산산조각 났기 때문이다. 만약에 정상적인 정신을 가진 사람이 다소 흥분한다면, 그것은 건강한 감정이다. 그런 사람이 무서울 만큼 화가 났다 하더라도, 수레에 실린 사과가 완전히 다 쏟아졌다 하더라도, 그 사람은 길바닥에 쏟아진 사과를 다시 주워 담을 것이다. 그러나 그 사과들을 모으는 사람이 더 이상 없을 때, 그것이 바로 정신분열증이다. 만약에 누군가가 정말로 폭발해서 길 위에 찢어진 채 누워 있다면, 그 조각들이 다시 모일 수 있는 길은 절대로 없다. 내가 말한 바와 같이, 틀림없이 그것은 신성(神性)에 이를 수 있는 가능성을 무한히 허용하지 않는, 정신과 관점의 특이한 편협함 때문이다. 신만이 유일하게 선할 수 있으며, 세상은 신이 만들었기 때문에 선해야 하고, 사악한 모든 것은 실수일 뿐이라고 생각하는 마음이 편협한 마음이다. 이것보다 더 어리석은 생각은 없다. 지금 그 여자가 우리 환자를 좁은 길로 이끌고 있다. 이 길은 무엇을 상징하는가?

개인적인 길이다. 그런 길은 보통 대단히 어려운 길이다. 그 길이 개인적인 이유는 그 길에선 오직 한 번에 한 사람밖에 걷지 못하기 때문이다. 우리 환자는 두 사람이 끔찍한 위험으로부터 어떻게 달아날 수 있었는지 이해하지 못했다. 그러자 그 여자가 자기가 함께 있었기 때문에 거기서 빠져 나올 길이 있었다고 말했다. "당신이 혼자 들어갔다면, 당신은 거기서 길을 잃었을 거야." '자기'가 거기에 없었다면, 환자는 틀림없이 찢기고 폭발했을 것이다. 그렇다면 여기서 '자기'는 보호의 역할을 맡고 있다. 지금 '자기'가 그녀의 해체를 막는 보호의 역할을 심리학적으로 어느 정도 할 것인가? 여기서 우리는 찢으려 드는 힘들에 맞서는 힘들, 즉 개인의 지속을 강조하는 힘들을 만나고 있다.

'자기'는 상반된 것들의 결합이며, '자기'는 모든 것을 가운데로 이끈다. 찢김이나 폭발이 일어난다면, 다시 말해 원심성 운동이 일어난다면, 거기엔 어떤 중심이 있을 것임에 틀림없다. 이것은 다소 철학적이거나 논리적인 결론이다. 그러나 우리는 '자기' 혹은 개인의 독특성이 어느 정도 보호될 수 있는지를 알아야 한다.

만약에 어떤 개인이 '자기'를 의식하지 않는다면, 그 사람은 오직 거기에 실제로 있는 내용물만을, 말하자면 어떤 감정이나 기분만을 의식하고, 그 감정이나 기분에 놀아나고, 그 감정이나 기분이 지속되는 동안에는 정신을 차리지 못하게 될 것이다. 그러다 새로운 기분이 일어나면, 그 전의 개인은 사라지고 새로운 개인이 나타날 것이다.

원시인들 사이에서, 그리고 문명화된 사람들 중에서 여전히 원시적인 사람들 사이에서 이런 현상이 관찰된다. 그들은 분위기에 따라 사람 자체가 완전히 달라진다. 그들은 특정한 분위기의 어떤 성격을 보이며, 그러면 당신은 자신이 어떤 명확한 성격과 관계있다고 생각한다. 그런데 그들은 진짜 배우이며 그 분위기를 완벽하게 표현하고 있다. 그래서 어느 원시인의 진정한 성격을 아는 것은 매우 어려운 일이다. 사실, 당신은 원시인의 성격을 절대로 파악하지 못한다. 왜냐하면 원시인이 성격을 전혀 갖고 있지 않고 분위기의 성격만을 갖고 있기 때문이다. 원시인은 타고난 배우이며, 그래서 분위기의 성격을 구현하지 않을 수 없다. 달리 말하면, 분위기가 그들을 사로잡고 스스로를 재현한다고, 분위기가 인간 존재 안에서 스스로를 표현한다고 할 수 있다. 그런 사람들의 품행에 나타나는 차이를 보는 것은 정말로 재미있는 일이다. 그들의 행동은 아주 세부적인 것까지도 다르다. 그런 경우에 거기에 '자기'가 없다. '자기'에 대한 자각도 전혀 없다. 그래서 그 개인은 다른 것으로 변형하는 것으로부터 보호를 받을 장치를 전혀 갖고 있지 않다. 그것이 주술적으로 나무나 식물, 물줄기, 또는 온갖 종류의 동물과 인간으로 변신한 사람들에 관한 신화의 배경을 설명해 준다. 사람이 자연 속의 어떤 식물이나 동물, 또는 어떤 사건의 분위기에 사로잡혀 있으면, 그 사람은 자신의 정체성을 잃고 그 분위기가 된다. 그래서 원시적인 차원에서는 사람들이 온갖 것으로 변신할 수 있다는 말이 가능해진다.

이것은 정신분열증의 일부 예를 설명해준다. 예를 들어, 말레이에 '조발성 치매' 환자가 꽤 있는데, 거기서 확인되는 특이한 정신분열증에서 가장 많이 발견되는 증상은 '반향(反響) 동작'이라 불린다. 말하자면, 눈에 보이는 모든 동작과 소리를 흉내 내려 하는 증후이다. 당신이 팔을 들면, 그 환자도 똑같이 팔을 들 것이며 당신이 팔을 들고 있는 동안에 환자도 계속 팔을 들고 있을 것이다. 이어 당신이 팔을 바꾸면, 환자도 똑같이 팔을 바꿀 것이다. 환자들은 당신의 말을 따라한다. 그들은 순간의 실제 분위기와 동일하며 자신이 보는 어떤 것으로나 변화할 수 있다. 우울증이 있는 심각한 경우에 환자들은 동물로 변한다. 그들은 짖고, 온갖 형태의 동물 같은 모습을 다 보인다. 지금 내가 이름을 기억하지 못하는 어느 유명한 늙은 신사는 전기의 발견과 관계있는 물리학자였는데, 그는 나이가 든 뒤에 자신이 밀 한 톨이 되었다고 확신했다. 그래서 그는 닭들이 자신을 먹어 버릴까 두려워 감히 밖으로 나갈 엄두를 내지 못했다. 리슐리외(Cardinal Richelieu)[63]는 자신이 말이라는 생각을 발달시켰으며, 그는 긴 복도를 마치 종마처럼 달리고 말처럼 울곤 했다. 당연히 그는 어떤 심리적 보상을 위해서 종마로 변했다. 나는

....
63   프랑스 귀족으로 성직자이자 정치인(1585-1642).

리슐리외의 심리를 모르지만, 그가 종마가 된 데는 틀림없이 그럴 만한 이유가 있었을 것이다. 마술에서도 변신이 매우 중요한 역할을 하며, 거기서 사람들은 예를 들어 검은 고양이와 인간 늑대로 변했다.

이 모든 내용은 단순히 사람들이 '자기'를 자각하지 않거나 '자기'와 연결되어 있지 않은 상태에 대한 심리학적 설명이다. 지금 문제는 이것이다. '자기'를 의식하는 것이 무의식적 힘들의 맹공으로 인한 해체로부터 보호를 받을 수 있도록 하는 이유는 무엇인가?

당신이 당신의 '자기'를 분위기와 분리된 것으로 의식하자마자, '자기'가 당신이 자신을 해체로부터 지키는 일을 돕고 나선다. 그 과정은 이렇다. 당신이 두 가지를 직면하고 있다. 한쪽에 분위기 또는 감정이 있고, 다른 한쪽에 '자기'가 있다. 당신은 두 가지를 의식해야 한다. 말하자면, 당신이라는 존재가 어떤 사람인지를 알아야 하고, 분위기가 어떤지도 알아야 한다. 당신은 이런 식으로 말할 수도 있다. "이 분위기가 나 자신이구나. 이 분위기는 나의 것이야." 그러면 당신은 '자기'를 보지 못하게 되고, 당신은 분위기와 동일해지고, 당신은 멀리 떨어져 보호를 받지 못하게 된다. 또는 당신은 이런 식으로 말할 수도 있다. "맞아, 이 분위기는 나의 것이야. 이 분위기도 나의 일부이지만, 나는 '자기'도 자각하고 있어." 그러면 당신은 보호를 받는다. 당신이 두 가지를 의식한다는 점에서 보면, 그것은 섬세한 정신적 작용이다. 사람은 언제나 한 가지만을, 실제로 거기에 있는 것만을 의식하려는 경향을 갖고 있다. 지금 거기에 있는 것이 무엇인지를 깨닫는 것이, 그렇게 함으로써 당신 자신을 어떤 상황에 온전히 다 쏟는 것도 당연히 매우 중요하다. 그럼에도 당신은 당신의 '자기'를 망각해서는 안 된다. 당신은 언제나 '자기'를 명심해야 한다. 그리고 그것이 더 탁월한 상태처럼 보인다. 한 가지에 대해 생각하는 것보다 두 가지에 대해 생각하는 것이 더 탁월한 조건인 이유는 무엇인가?

당신이 반드시 분위기와 분리되기 때문이다. 그런 경우에 당신의 의식은 그 두 가지 사이에 있다. 그래서 당신은 어느 정도의 에너지를 상황이나 분위기 또는 감정으로부터 분리시킬 수 있다. 바로 그 에너지를 갖고 당신은 '자기'를 부양하고, '자기'의 그런 위치를 창조한다. 이 특이한 분리가 당신이 분위기와 완전히 하나가 되는 원시적인 현상으로부터 자신을 보호하는 매우 효과적인 방법인 것으로 확인된다.

인간이 동시에 두 가지에 대해 생각할 수 있게 된 것은 인류 역사에서 엄청난 성취였다. 그것은 의식의 확장이나 마찬가지이며, 일종의 의식의 분리의 시작이다. 당신은 두 가지를 자각해야 할 뿐만 아니라 3가지 또는 4가지, 아니 그보다 훨씬 더 많은 것을 동시에 의식할 수 있어야 한다. 당신이 동시에 의식할 수 있는 것들의 숫자가 클수록, 당신의 의식도 더욱 많이 분리되면서 보호를 받을 수 있게 된다.

의식이 분위기와 완전히 분리되는 것이 곧 열반의 경지이다. 왜냐하면 그럴 경우에 당신이 그냥 종말에 이르게 되기 때문이다. 열반에 이르려고 노력하는 사람들은 일종의 평온 상태로 들어간다. 거기서 그들은 단순히 사라진다. 그래서 열반에서는 아무것도 나오지 않는다. 불교 성인의 삶은 대단히 메말라 있다. 분명히 그것은 삶의 관점이 아니다. 삶의 관점은 당신이 삶의 희생자가 되고, 역할을 맡고, 온갖 종류의 시도를 꾀하고, 고통을 겪는 것이다. 그러나 당신은 대단히 불만스런 방식으로 그 역할을 하고, 상당한 폐를 끼치고, 고통을 겪으며, 어쩌다 고통과 자신을 동일시하는 경우에 재앙까지 부를 수 있다. 그러므로 당신은 당신 자신을 나누고 '자기'에 대해 생각해야 한다.

동양에 이런 말이 있다. 왕과 거지, 도둑의 역할을 하되, 신들을 망각하지 않도록 하라. 당신이 도둑이라는 것을 인정한다 하더라도, 그것은 당신이 하고 있는 하나의 역할이라는 것을 기억하라. 우리 인간은 이번의 존재에서 이상한 것을 하라는 요구를 받고 있다. 아니면 당신이 왕이라 하더라도 자유의 영역을 별도로 지키도록 하라. 당신이 분리될 수 있고, 분위기에 동의하지 않을 수 있는 곳을 말이다. 신들은 물론 '자기'의 겉모습이지만, 동양 철학에서는 아트만 또는 브라만이 '자기'이며 모든 신들의 숨결이다.

'자기'를 어떤 계획 또는 결정화(結晶化)의 법칙, 질서의 법칙 같은 것으로 여겨도 무방하다. 왜냐하면 분위기와의 동일시가 카오스인 것이 꽤 분명하기 때문이다. '자기'는 대단히 직관적인 개념이며, '자기'의 온갖 상징은 정말로 하나의 물자체(物自體)이며, 칸트가 말한 바와 같이 하나의 '한계 개념'(Grenzbegriff)이다. 당신은 바로 이것이 '자기'야, 라는 식으로 말하지 못하지만, '자기'는 원자나 전자나 에테르처럼 필요한 구조이다. 그것은 일종의 보조 구조이다. 그것은 우리가 마음 속으로 그것을 갖고 생각하기 위해선 반드시 필요한 개념이다. 심리적 상징에서, '자기'는 언제나 질서를 의미하는 기하학적 도형으로 표현된다. 예를 들어, 브라만은 메루 산 위에 있는 브라만이라는 도시로 표현된다. 이 도시는 4개의 산과 4개의 문 등 수학적 도형을 갖고 있다. 그것은 일종의 미립자와 비슷하며, 4개의 원소를 가진 탄소 원자와 비슷하다.

'자기'를 의식하고 있다면, 당신은 당신 자신을 감정에 완전히 빼앗기지 못한다. 욕망들이 서로 너무나 모순적이기 때문에, 시간이 조금 지나다 보면 당신이 원하는 것이 무엇인지를 알지 못하게 되는 위험이 언제나 있다. 지금 이것을 원했다가 조금 지나서 저것을 원하다 보니, 당신은 절대로 해결책을 발견하지 못한다. 그러면 당신은 거의 미칠 지경에 이르게 된다. 그러나 '자기'를 의식하고 있다면, 당신은 균형 감각 같은 것을 놓치지 않는다. 그러면 당신은 어떤 일은 할 수 없다는 것을 알게 된다. 그 일이 당신과 너무 동떨어져 있다는 것이 눈에 보이기 때문이다. 그런 식의 접근은 들어보지 못한 일들을 하지 않도록 막을 수 있다. 그 일이 너무 멀고 낯설고 불가사의한 것으로 다가오기 때문이다. 그러나 사람들이 자기 자신을 의식하지 않는다면, 어떤 일이 낯선지 불가사의한지 어떻게 알 수 있겠는가? 자신을 의식하지 않는 상황에선 그 어떤 것도 이상하게 느껴지지 않는다. 일들을 평가할 척도가 전혀 없기 때문이다. 그렇다면 '자기'에 대한 지식이 그 사람의 가능성을 규정짓는 한계로 작용할 수 있다. 사람이 어떤 것이 자신에게 속하고 속하지 않는지를 알고 있으니 말이다. 거기엔 언제나 판단의 가능성이 있다. 왜냐하면 당신이 자신이 서 있는 지구 밖의 어딘가에 아르키메데스 점(Archimedean point)[64]을 두고 있기 때문이다.

그러므로 원시인의 성년식에 등장하는 상징 표현은 또한 개성화의 상징 표현이기도 하다. 부족이나 씨족 또는 가족의 토템이라는

....
64 관찰자가 대상을 객관적으로 보기 위해 가설적으로 정한 지점을 말한다.

아주 단순한 사상을 예로 들어 보자. 토템은 하나의 개성화 상징이며, 토템은 당신이 나오고 당신이 속해 있는 유일한 사물이다. 토템은 당신의 독특성 또는 독특한 속성을 의미하고, 그것은 대단히 엄격한 터부로 둘러싸여 있다. 예를 들어, 당신이 물 토템에 속한다면, 당신은 누군가가 물을 주지 않는 이상 물을 마시는 것이 허용되지 않는다. 또는 당신은 특정한 어떤 모음이나 자음을 발음하지 못한다. 또는 다른 공동체에 속하는 여자와 결혼하지 못할 수도 있다. 물론 토템은 집단적으로 표현되지만, 만약에 전체 부족 또는 씨족을 하나의 개인으로 본다면, 토템 동물들은 그 개인의 독특성을 표현한다.

개인의 토템도 물론 있다. 아시다시피, 개인의 토템은 일종의 도덕적 의식 같은 것을 준다. '나는 개구리다. 그러므로 나는 특별한 어떤 것을 먹지 못한다. 나는 개구리 같은 여자와 결혼하지 못하고, 오직 독수리 같은 여자하고만 결혼할 수 있다.' 개인의 토템은 '자기'가 존재하도록 만든다. 그렇다면 '자기'에 대한 이런 자각은 매우 낮은 차원의 문명에서 이미 가르쳐졌다고 할 수 있다. 그리고 원시 사회의 신비 의식도 개성화에 대한 가르침, 즉 '자기'에 대한 자각을 낳으려는 시도이다. 왜냐하면 원래의 혼란스런 상태에서 '자기'에 대한 자각이 보호 수단으로 가장 중요하다는 것이 본능적으로 느껴졌기 때문이다. 원래의 카오스 상태에서는 다음 순간에 감정에 희생되지 않을 것이라는 보장이 전혀 없었으니 말이다. 그런 상태에서 감정의 희생자가 될 경우에 부족의 삶뿐만 아니라 자신의 삶까지 뒤엎어 놓고, 자신이 가장 사랑한 것까지 파괴할 수도 있었을 것이다. 원시인들은 자기 자신뿐만 아니라 서로를 두려워해야 할 이유가 있으며, 따라서 그들은 예의 체계를 대단히 정교하게 발달시켰다. 원시인들의 예의와 비교하면, 우리 현대인의 예의 체계는 아무것도 아니다. 원시인들은 약점을 건드리지 않으려고 대단히 조심한다. 원시인들이 그런 식으로 예의를 갖추는 모습은 매우 인상적이다. 원시인들과 섞여 조금만 산다면, 당신은 원시인들이 그렇게 친절한 이유를 알게 되고 당신도 공손해진다.

삶이 반드시 갈등을 낳는 것은 아니다. 왜냐하면 사람이 사물의 어느 한쪽 면만을 의식한다면 거기엔 문제 같은 것이 전혀 없기 때문이다. 그런 경우엔 언제나 타인들이 잘못되었을 뿐이다. 물론 밖에서는 전투가 벌어질 수 있지만, 그렇다고 반드시 그 사람의 내면에 갈등이 일어나는 것은 아니다. 당신도 잘 알다시피, 심리적 갈등은 꽤 현대적인 습득이다. 옛날에는 그런 것이 없었다. 사람들은 대단히 객관적이었고 사물의 한쪽 면과 꽤 동일했다. 그러나 그 결과가 악마들은 모두 길 건너편에 살고 있고, 사람들이 그들을 죽이고 불태우면서 그런 짓을 선(善)이라고 부르는 것으로 나타났다. 그러나 길 건너편에 사는 악마들도 당신에 대해 똑같이 말하고 똑같은 짓을 하려 든다. 우리의 심리적 갈등은 우리가 다른 인간 존재들도 반드시 악마는 아니라는 사실을, 그들이 하는 사악한 것들이 우리가 생각하는 것과 완전히 딴판이라는 사실을 발견한 뒤에야 존재하게 되었다. 우리가 이 같은 사실을 알고 상당한 객관성을 성취할 때, 그런 갈등이 일어난다. 그런 상태에선 우리가 우리 자신에게도 잘못된 무엇인가가 있다는 점을 부정할 수 없기 때문이다. 그것이 바로 '자기'에 대한 자각이며, 이젠 마치 '자기'가 그런 전투를 초래하는 것처럼 보인다.

예를 들어 보자. 어느 여자가 모든 사람이 자신에게 반대한다는 사실 때문에 곤혹스러워할 수 있다. 아무도 자신을 이해해주지 않는다는 생각이 든다. 그녀는 언제나 최선을 다하길 원하고 가족 모두에게 행복을 안겨주는 존재가 되기를 원한다. 그런데 정말 신기하게도 사람들은 그녀의 그런 장점에도 불구하고 그녀를 좋아하지 않는다. 지금 이런 예는 갈등 상황으로 이어져야 한다. 가족이 모두 잘못되었고, 그녀는 모두 옳으니까. 그러던 중에 그녀의 위장에 문제가 생겼고, 의사는 그녀가 신경증을 갖고 있다고 말한다. 그래서 그녀는 나를 찾는다. 그녀는 '자기'를 의식하지 않고 있다. 그녀는 오직 삶의 한쪽 면만을 의식하고 있다. 이어 분석이 그녀를 갈등 상황에 빠뜨린다. 얼마 뒤 그녀는 나를 저주한다. 예전에는 자기 자신과 하나가 되면서 아주 행복했는데 지금은 자기 자신을 믿을 수 없다는 불만이다. 그녀가 다른 곳에 나쁜 동기를 갖고 있을 가능성이 있다. 개성화 과정이 그녀를 불가피하게 갈등 상황으로 이끌게 되어 있다는 사실을 당신은 알고 있다. 그래서 나는 이 대목에서 그리스도가 칼을 갖고 왔다고 한 말을 자주 인용한다. 그리스도는 분열을 갖고 왔다. 왜냐하면 그런 의미에서 그리스도가 개성화의 원리이기 때문이다. 두 가지에 대해 생각하는 것은 우리의 근본적인 존재의 권리에 반하는 것처럼 보인다. 모두가 동시에 두 가지에 대해 생각하는 것에 맞서고 있다. '난 원하는 것을 할 수 있어. 나의 말이나 행동이 다른 사람에게 미칠 영향 따위에 대해서는 생각할 필요가 없어. 내 집에서는 내가 왕이고, 창문을 열고 무엇이든 외칠 수 있어.'

'자기'와의 관계에 대한 이야기를 들려주는 신화와 이미지들이 많다. 예를 들면, 잃어버린 보물이나 왕관에서 떨어져 나와 사라져 버린 보석, 그런 보석이나 보물의 발견 등에 얽힌 신화와 이미지가 있다. 이것들은 '자기'라는 귀중한 물질을 잃게 될 경우에 그것을 찾아 나서야 하고 그것이 오랜 기간의 모험 끝에 다시 발견된다는 사실에서 비롯된 신화들이다. 그러면 당신이 '자기'에 닿으면서 자기와 동일시하고, 그 즉시 무서운 재앙이 일어날 가능성이 있다. 잃어버린 보물을 다시 찾은 당신은 이제 모든 것이 제대로 돌아가게 되어 있다고 생각한다. 그런데 그때 거대한 폭풍이 닥치고 온갖 무서운 일이 다 일어난다. 언제나 그렇다. '자기'에 대한 자각이 있자마자, '자기'와의 동일시, 그러니까 전능한 신을 흉내 내려는 태도 때문에 에난티오드로미아가 일어난다. 동양의 정의에 따르면, '자기'는 최고의 원리이며, 아드만이고 푸루샤이고 브라만이다. 그렇다면 '자기'와 동일시하는 것은 당신이 팽창되었다는 것을 의미하고 팽창은 언제나 붕괴의 위험을 안고 있다. 그러므로 '자기'가 모습을 드러낼 때마다, 당신은 곧 어떤 반발을 느끼게 된다. 그것은 '자기'에 대한 일종의 반작용으로 당신 자신이 티탄처럼 '자기'를 갈가리 찢는 행위나 마찬가지이다. '자기'와 동일시하는 사람은 정말로 곤경을 자초하고 있다. 잘 아시다시피, 그 동일시는 안전과 확실성의 특이한 감정을 안겨준다. 그것은 최종적으로 항구에 닿는 것과 비슷하다. 당신은 확신을 느끼고, 아주 든든하게 보호를 받고 있다는 느낌을 받는다. 그러다가 그 다음 순간에 당신은 그 안전을 파괴하기 위해 악마가 당신을 해코지하고 나서도록 만든다. 아무도 안전한 상태에 영원히 있기를 원하지 않는다. 안전이란 것이 일종의 자기기만이기 때문이다. '자기'의 안전 속에 머물기를 원하는 것조차도 생명의 움직임에 대한 학대나 모독이다. 어느 누구도 안전 속에 남지 못한다. 그것은 비도덕적이며, 생명의 흐름을 정지시킨다. 그래서 당신 자신이 질서를 다시 깨뜨릴 것이다. 한쪽에 어떤 분위기와의 극단적인 동일시나 어떤 감정 또는 모험의 절대적 경험이 있고, 다른 쪽에 '자기'가 있는 것은 단지 정신적 삶의 극(極)들에 지나지 않는다는 것을 언제나 명심해야 한다. 당신의 삶, 당신의 의식은 그 두 극의 사이에서 일어난다. 당신의 삶은 이쪽 극도 될 수 없고 저쪽 극도 될 수 없다. 당신의 삶이 어느 쪽에서 일어나든 한 쪽에서만 일어닌다면, 딩신은 존새를 멈추게 뵌다. 당신의 분위기와 극단적으로 동일시하는 경우에, 당신은 폭발하면서 산산조각으로 흩어질 것이다. '자기'와 동일시하는 경우에, 당신은 모아져 창조의 과정을 거치면서 어떤 최고의 존재로, 즉 신성을 가진 초인간적인 의식이나 무의식으로 변할 것이다. 이 두 가지 상태들은 서로 다를 게 거의 없다.

해체, 즉 사지절단은 신비 숭배 의식의 일부이다. 그것은 성찬식 의식이며, 빵을 나누는 것이고, 망토를 분배하는 것이고, 디오니소스 신비 의식에서 살아 있는 동물을 갈가리 찢는 것이다. 에우리피데스(Euripides)[65]가 남긴 글 중에 그런 의식과 관련한 문장이 딱 한 줄 발견되었다. 그는 신비 의식을 집행하는 사람의 고백 비슷한 것을 인용 형식으로 전하고 있다. "내가 날고기 식사를 끝낸 뒤에." 이것은 그런 절단 의식을 언급하고 있다. 이 의식에서 신이 동물의 형태로 먹혔다. 자그레우스가 인간의 형태가 아니라 수소의 형태를 취했을 때에 죽음을 당한 것처럼. 그렇듯 육체의 해체는 의식

....
65   고대 그리스의 비극 시인이자 극작가(B.C. 480- B.C. 406).

(儀式)의 일부로서 '자기'가 실체가 되는 데 필요한 일이었다. '자기'는 손에 잡히지도 않고 거의 주술적인 존재이기 때문에, 그런 '자기'를 응결시키기 위해선 의식이 필요하다.

이제 다음 환상을 보도록 하자. 같은 장면이 이어지고 있다. 여기서 다시 나는 이 환자가 무엇을 할 것인지, 그녀가 개성화의 길을 계속 걸을 것인지, 그녀가 영혼의 상실에 다시 적응할 것인지, 말하자면 '자기'를 의식하지 못한 상태에서 예전처럼 적응할 것인지가 분명하지 않다는 점을 상기시켜야 한다. 그래서 우리는 이어지는 장면을 매우 비판적으로 보면서 진전이 있을 것인지 아니면 보다 원시적인 적응의 차원으로 돌아가는 퇴행이 있을 것인지 물어야 한다. 바꿔 말하면, 이런 질문을 던져야 한다는 뜻이다. 그녀는 '자기'를 가진 상태에서 적응할 것인가, 아니면 '자기'를 갖지 않은 상태에서 적응할 것인가? 이 환상의 시리즈는 "붉은 피라미드"라는 제목을 달고 있다. 그녀는 다시 '자기'에 대해 언급하고 있다.

> 여자가 "지금 나와 함께 내려가자."고 말했다. 그녀는 나를 데리고 많은 계단을 내려갔다. 나는 현기증을 느꼈고 무섭다는 느낌이 들었다. 나는 그 계단이 다양한 색깔의 에나멜을 칠한 작은 조각으로 되어 있는 얼굴이라는 것을 알았다. (인간의 얼굴인데 이상하게 에나멜 칠을 한 작은 조각으로 만들어졌다.) 나는 그 여자에게 "지금 얼굴들 위를 걷고 있어요."라고 말했다. 그러자 그녀는 "맞아. 그렇게 해야만 해."라고 대답했다.

지금 어떤 일이 벌어지고 있는가? 무엇보다 그녀가 '자기'를 만난 이유가 무엇인가? 그 전에 그녀가 처한 어려움은 무엇이었는가? 환자의 의도는 무엇인가?

전반적인 의도는 당연히 그녀의 실제 문제, 즉 뉴욕의 현실에 다시 적응하는 문제를 해결하는 것이다. 그것이 진짜 문제이다. 틀림없이 그녀는 그 문제 앞에서 두려워하고 있으며 어떤 종류의 위장으로 적응해야 할 것인지 모르고 있다. 분석 뒤에 사람들은 종종 자신이 어느 쪽 다리로 서야 하는지, 또는 머리로 걸어야 하는지를 모른다. 그들은 자신이 분석 과정을 밟고 있기 때문에 특별히 어리석게 행동해야 한다고 생각한다. 분식이 지금까시 한 번도 들어보지 못한 상황이라는 생각이 드는 탓에, 그들이 그 과정을 최대한 바보스럽게 보여줘야 한다는 식으로 판단하기 때문이다. 그렇듯 그녀도 당연히 난처한 상황에 처해 있었으며, 자신이 어떤 기분 상태를 보여야 하는지, 자신이 어떤 걸음걸이로 걷고 어떤 식으로 말해야 하는지를 몰라 걱정하고 있다. 그녀는 자신은 이미 하늘에 있고 다른 사람들은 모두 지옥으로 향하고 있다고 생각하고 있다. 그래서 그녀가 너무나 터무니없는 짓을 해서 원시적인 수준에서 자신을 완전히 잃어버릴 위험이 있다. 그것이 '자기'가 나타나 "정신을 가다듬고, 자연스럽게 행동하라."고 말하는 이유이다. 그러나 그녀는 서투르고 변덕스러우며, 그래서 지시가 계속된다. 그 여자가 그녀를 이끌며 그녀의 세계까지 동행하고 있으며 언제나 그녀에게 이렇게 말하려고 애를 쓰고 있다. "기운을 내고, 바보처럼 굴지 마!" 대단히 합리적인 조언이다.

자의식이 강한 사람들은 언제나 자신의 본래 모습을 지키려고 노력함에도, 정말 엉뚱하게도 자신의 모습을 교묘하게 피한다. 자의식은 '자기'에 대한 의식이 다소 병적인 모습을 보이는 현상이다. 자의식 강한 사람에게 할 수 있는 말이 무엇인가? "지금 당신의 모습이 최고야. 그런데 당신이 자신에 대해 부끄럽게 생각해야 하는 이유가 뭐야? 그러는 당신은 바보야." 물론 나도 나 자신에게 이런 말을 해야 한다. 나는 그런 말이 필요한 이유를 잘 알고 있다. 누구나 자의식 문제로 한동안은 고통을 겪는다. 지금 여기서 그 여자는 그녀의 손을 잡고 이렇게 말한다. "자, 좁은 길로 나아가도록 하자꾸나. 거기선 한 번에 한 사람밖에 걷지 못해. 이제 세상 속으로 나가도록 하자. 그러면서 세상이 어떤 느낌인지 보도록 하자." 그들이 움직이고 있는 지하의 장소는 물라다라라는 것을, 아마 42번가라는 것을 당신은 알고 있다. 그곳에서 그녀는 당연히 많은 얼굴을 본다. 그 얼굴들이 그녀를 째려보며 인상을 쓰는 것 같다. 마치 분석을 끝낸 그녀에게 뿔이 달려 있다는 듯이. 그녀는 그 같은 사실을 지나치게 의식하면서 자신이 에나멜 칠을 한 인공적인 얼굴들을 밟아야 한다고 생각한다. 그렇다면 그것은 세상 속의 사람들을 마치 색을 칠한 인공적인 얼굴처럼 대하고 있다는 것을 의미한다. 주변 환경을 과소평가하고 있다는 뜻이다.

젊은이 알키비아데스(Alcibiades)[66]가 아테네 시민들 앞에서 해야 하는 연설을 앞두고 무대 공포증 같은 것을 느끼고 있을 때, 소크라테스가 이 청년에게 강조하고자 했던 것이 바로 그것이었다. 소크라테스와 알키비아데스는 함께 길을 걸었다. 당시에 두 사람에겐 시간이 아주 많았다. 그들은 대장장이에게 갔으며, 거기서 소크라테스가 물었다. "저 사람이 두려운가?" "아니요. 그렇지 않아요."
....
66 고대 아테네의 군인이자 웅변가, 정치가(B.C. 450?- B.C. 404).

21강 1934년 2월 14일   **497**

그 다음에 둘은 구두장이에게로 갔다. "저 사람이 두려운가?" "아니요, 그렇지 않아요." 두 사람은 그런 식으로 이런저런 사람을 찾아다녔다. 최종적으로 소크라테스는 젊은이를 붙잡고 말했다. "그런데 자네는 왜 아테네 시민들을 무서워하는가? 아테네 시민들이 바로 저 사람들인데. 그들은 얼굴일 뿐이야." 소크라테스는 이런 식으로 설명했다. 그의 젊은 친구가 리비도 중 아주 많은 부분을 대상에 집중하고 있었기 때문에, 리비도가 그에게서 튀어나와서 대상을 지나치게 중요하게 만들었다는 것이다. 다른 사람들이 어떻게 생각하는가 하는 문제는 중요하지 않다. 심지어 분석에서도 다른 사람들이 생각하는 것은 거의 중요하지 않다. 당신이 어떻게 행동하는가 하는 것도 중요하지 않다. 다른 사람들은 자기 마음대로 생각할 수 있다. 여기서 '자기'가 매우 특이한 상징 표현을 통해서 암시하길 원하는 것도 바로 그것이다. 그 여자는 우리 환자가 이 인공 얼굴들이 진짜가 아니라는 것을 이해하고 그 얼굴들을 밟고 걸어야 한다고 말하고 있다.

22강

1934년 2월 21일

우리 환자의 환상을 계속 해석할 것이다. 이번 환상은 매우 어려운 환상이다. 당신도 알고 있듯이, 이 환자는 다소 독특한 예이다. 이 환자는 직선의 길이 아니다. 꽤 많이 휘어진 길이다. 케이스 자체가 미묘하기 때문에, 전체 해석도 마찬가지로 미묘해야 한다. 그리고 일들이 점점 더 거북해지고 있다. 이전의 환상들 속에서 상징이 전개되는 과정을 살피면서, 상징 형성의 성격이 통합적이라는 점을 보았다. 그러나 지금은 통합적이던 성격이 훼손되고 있다. 통합적인 성격에 마치 녹기 시작한 얼음처럼 구멍이 많이 생긴 것 같다. 오래 전에 극복한 것으로 여겼던 어려움들이 지금 전면으로 뚫고 나오고 있으며, 서서히 구축되었던 전체 상징 구조가 무너져 내리고 있는 것처럼 보인다.

대체로 긍정적인 가치를 지니는 어떤 상징들이 지금 부정적인 가치를 지니기 시작하고 있다. 그것은 아주 민감한 종류의 에난티오드로미아이며, 내가 이미 언급한 바 있는 있는 문학 작품인 쿠빈의 『다른 측면』과 비교할 만하다. 작가가 아니라 예술가였던 알프레드 쿠빈은 갑자기 이 책을 썼는데, 거기에 집단 무의식의 공격이 꽤 적절히 묘사되어 있다. 쿠빈은 집단 무의식을 예술가의 눈으로, 그러니까 대상의 절대적인 형태와 표면을 어지럽히지 않기 위해서 자신이 본 것들에 대해 생각을 하지 않는 쪽으로 훈련이 되어 있는 그런 예술가의 눈으로 놀라울 만큼 잘 보고 있다. 그는 무의식의 표면을 아주 정확히 보았다. 그는 도시의 형태 안에서 이뤄지는 무의식적 삶을 묘사하고 있으며, 묘사가 대단히 독창적이고 재미있다. 마찬가지로 대단히 암시적인 책들인 마이링크(Gustav Meyrink)의 『골렘』(Golem)이나 『초록 얼굴』(Das grüne Gesicht)과 닮은 점이 있다. 쿠빈은 무의식을 지배하는 일종의 원리인 파테라(Patera)라는 형상을 발견하는 것으로 정점을 찍는 어떤 무의식의 상태를 묘사한다. (파테라라는 이름은 당연히 아버지를 뜻하는 라틴어 단어 'pater'와 관련 있다.) 파테라라는 형상을 발견한 뒤에, 전체 분위기가 바뀌고 이상한 징후가 관찰되고 야생 동물이, 사자와 뱀을 비롯한 온갖 종류의 짐승이 나타나고 마지막에 도시가 다시 정글로 용해된다. 대단히 인간적인 구조가 돌연 녹아서 자연 상태로 돌아가 버리고, 페트라도 한 사람의 미국인인 미스터 벨로 대체된다. 미스터 벨이 어떤 행위를 했는지 정확히 기억나지 않지만, 아마 의상을 구입하고, 그 자연 상태로부터 동화 같은 도시나 그 비슷한 것을 만든다.

지금 그것은 무의식이 주도권을 잃고 의식이 주도권을 잡을 때 일어나는 변화이다. 자아가 처음에 무의식적 작용에 희생되다가 뒤에 의식적 작용에 희생된다. 이것은 원시인과 비슷하다. 원시인은 밤에 악마와 흑(黑)마술을 포함한 온갖 사악한 것들을 믿다가도 해가 뜨기만 하면 낙천적인 어떤 철학을 갖는다. 모든 것이 선하고 아름다우며, 원시인도 완벽하게 안전하다. 나는 그런 원시인에게 물어 보았다. "그렇다면 사악한 것은 전혀 없어요?" "예. 이제 사악한 것은 절대로 없어요." "당신의 독사들은?" "그것들도 아름답지요." "당신의 병은?" "병은 중요하지 않아요." 그러다가 저녁 6시가 되면, 분위기가 획 바뀌고 모든 것이 거꾸로 된다. 그런 것이 소위 문명화되었다는 사람들 사이에서도 마찬가지로 발견되고 있는 원시적인 조건이다. 당신도 아마 그 묘사에서 당신 자신을 상당히 발견할 것이다. 당신도 자신이 어떤 조건에서는 모든 것이 제대로 돌아가고 있다고 믿다가도 다른 조건에서는 모든 것이 엉망이라고 믿는다는 사실을 잘 알고 있다. 아마 당신은 자신이 그저께 기분이 그렇게 부정적이었던 이유를 이해하면서 지금부터는 기분이 바뀔 것이라고 꽤 확신하지만, 내일이 되면 상태는 그저께와 똑같다. 이같은 불안정한 상태는 무의식의 자연스런 움직임 때문에 나타난다. 무의식의 삶은 협화음 같은 움직임이고, 강과 비슷하여서 어떤 때는 거대한 호수처럼 정체되어 있다가 다시 흐른다. 간혹 파도가 일어나지만 파도가 전혀 없을 때도 있다. 그리고 파동이 있는 체계로 들어갈 때, 당신은 아주 터무니없는 방식으로 완전히 변하게 된다. 예를 들면, 대단히 낙천적인 범신론적인 철학에서 더없이 비관적인 유물론과 자기 본위 쪽으로, 막스 슈티르너(Max Stirner)의 철학 같은 것으로 변하는 것이다. (슈티르너에 대해 들은 적이 있는지 모르지만, 그는 니체의 선구자였으며, 19세기에 가장 염세적인 인물 중 한 명으로 꼽힌다.) 그런 변화들은 모두 꽤 불가사의하게 일어난다. 당신은 그 변화들을 설명하지 못한다. 그냥 변화가 일어나는 것이다. 그것은 간단히 원시적인 심리이며, 원시인은 무의식의 자연적인 힘들에 쉽게 사로잡힌다.

당신이 2년 이상 동안 똑같은 확신을 갖고 있거나 똑같은 기분 또는 똑같은 상태에 있었다고 가정해 보자. 그러면 당신은 자신이 그 경계 너머에 있지 않다는 믿음을 갖게 될 것이다. 그러나 그런 상황이 아니라면, 당신에겐 비교의 기준으로 삼을 것이 아무것도 없다. 분석을 하는 동안에, 당신은 변화하는 것으로 여겨지며, 당신이 온갖 종류의 기복을 경험하게 될 것이라고 기대하는 것이 꽤 자연스럽다. 그러나 그런 때에도 당신은 자신이 경계선을 넘어섰는지 여부에 대해 잘 모른다. 비교할 것이 전혀 없기 때문이다. 당신의 예전 조건은 지나치게 흥분되어 있었거나 신경증적이었으며, 그것은 당신이 보다 나은 상태를 이루려고 노력하는 것이 지지를 받을 수 없었기 때문이다. 그러나 분석을 어느 정도 거치고 나면, 주위 사람들이 당신에게 보다 안정적인 상태를 기대한다. 그래서 당신은 심각한 무아경과 우울증을 보여서는 안 되고, 평균 정도의 합리적인 확신을 가져야 하고, 삶의 변화들을 견뎌낼 수 있는 일종의 단단한 바탕을 가져야 한다. 만약에 그런 상태가 1, 2년 동안 계속된다면, 당신은 그때 비교의 어떤 바탕을 갖게 되고 그러면 이런 식으로 말할 것이다. "지금 난 고양되어 있어." "지금 난 나의 수준보다 밑이야." "내가 잘못된 것 같아." 그러나 환자가 분석 과정에 기복을 보이고 있을 때, 정작 그에겐 비교점이 전혀 없고 따라서 판단의 가능성도 전혀 없다.

지금 여기서 우리는 그런 강력한 움직임의 예를 보고 있다. 이 환자는 다소 견딜 수 없었던 어떤 상태 때문에 분석을 시작하게 되었으며, 그 즉시 그녀는 변화의 길에 올라섰다. 이 변화가 그녀를 어떤 정점에 올려놓았으며, 지금 우리는 산의 저쪽에 있다. 거기선 길이 아래의 다른 종류의 현실로 이어지고 있다. 만약에 산의 이쪽의 무의식적인 상징 표현을 연구하면서 그것과 산의 저쪽의 상징 표현을 비교한다면, 당신은 두드러진 차이를 볼 것이다. 산의 이쪽에서 긍정적인 측면으로 나타나는 일부 상징들이 산의 저쪽에서 부정적인 측면으로 나타나는 것이다. 이 변화는 아름다움의 구조와 실제 형성에 영향을 미칠 뿐만 아니라 전체 분위기에도 영향을 미친다. 부정적인 것들이 연속적으로 일어날 때, 그것들은 당연히 불만스러우며 우울한 분위기를 일으킨다. 당신도 이 환상들에 대해 똑같이 느꼈는지 나로서는 알 수 없지만, 나에겐 이 환상들이 특별히 불만스런 성격을 지닌 것으로, 마치 무의미한 쓰레기처럼 다가왔다는 점을 고백하지 않을 수 없다.

우리 환자의 환상들은 마치 무의식에 건설된 도시 같다. 대단히 의미 있는 것이 될 것처럼 보였다. 그러다가 모든 것이 다른 무엇인가로 해체되어 버리고, 환상은 존재하지도 않았던 것처럼 사라져 버렸다. 마치 거대한 신기루처럼. 이전까지 환상은 진실하고 완전한 실체처럼 보였지만, 그러다 모든 것이 사라져 버렸다. 그러면 의식은 당연히 이렇게 말한다. "아, 그게 사라졌구나. 그러면 내가 틀렸던 거야." 이제 이런저런 것이 새로운 진리이다. 그럼에도 의식은 일을 전체적으로 보지 않는다. 그것은 우리 시대의 집단 심리와 비슷하다. 새로운 "이즘"(ism)이 나타나고, 그러면 사람들은 그것이 지금 진리라고 확신하면서 그것을 위해 싸우다 죽는다. 옛날에 학교 다닐 때 어느 선생님이 자주 말한 바와 같이, 만약에 그들에게 두꺼비 털 만큼의 생각이라도 있었다면, 그들은 더 큰 비전을 가졌을 것이다. 그러면 그들은 이것은 그 과정의 한 양상에 불과하고 거기엔 또 다른 양상이 있다는 것을, 높이 솟구치는 파도도 다음 순간에는 물러난다는 것을, 일이 그런 식으로 진행되지 않으면 움직임이 전혀 없다는 것을, 삶은 그런 자연스런 에난티오드로미아로 이뤄져 있다는 것을 깨달을 것이다. 하나의 진리는 그것이 살아 있을 때에만 진리일 뿐이다. 살아 있지 않은 진리는 완전히 터무니없다. 진리는 그와 정반대의 것으로 바뀌고 경우에 따라서 비(非)진리가 될 수 있어야 한다. 그래서 우리는 어떤 확신이나 진리와 자신을 진정으로 동일시하지 못한다. 우리는 그것이 우리의 발 밑에서 움직이며 중요하지 않다는 것을, 아니면 그것이 긍정적인 측면을 보이든 부정적인 측면을 보이든 중요해서는 안 된다는 것을 알고 있다. 그러나 역설적으로 생각하는 것이 대단히 어렵다는 점을 나도 인정한다.

이제 환상들을 보도록 하자. 부분적으로 성가시기도 하고 좀 심하게 말하면 따분하기도 하다. 그녀가 밟고 있는 얼굴들은 냉담한데, 이는 그 얼굴들이 에나멜이라는 사실에서, 말하자면 인간 존재들이긴 하지만 색을 칠해서 비현실적이고 파편적인 얼굴에 지나지 않는다는 사실에서 비롯된다. 진동의 폭이 대단히 크다. 그녀는 하늘까지 끌어올려졌으며, 거기서 보면 인간은 작은 동그란 원반의 표면으로 이뤄진 것처럼 보인다. 당신이 기구를 타고 높이 올라가거나 높은 탑에 올라가서 얼굴을 위로 든 아래쪽의 군중을 본다면, 군중 속의 사람들은 정말로 페인트칠을 한 원반처럼 보이고, 당신이 카펫처럼 그 위를 걸을 수 있을 것 같다는 느낌이 든다. 그리고 인간의 그런 측면과 자신을 동일시하는 사람은 지루하지 않을 수 없다. 지금 '자기'인 그 여자가 앞서 걷고, 우리 환자는 여자를 따라야 했다. 지금 이 여자는 더 이상 영혼의 길잡이가 아니고 길을 앞서고 있는 '자기'이며, 우리가 '자기'에 대해 알고 있는 바에 따르면 그것은 아주 긍정적인 사실이다. 그러나 이 경우에 '자기'는 신비스럽게 움직이고 있다. 마치 '숨어 있는 신'(Deus Absconditus)처럼 행동하고 있다. 기독교 신의 행위로 돌릴 경우에 신성 모독이 될 그런 온갖 불법적인 짓을, 또 인간이 이해하지 못하는 관계로 악마의 소행으로 돌릴 수밖에 없는 그런 온갖 사악한 짓을 다 하고 있는 신처럼 말이다. 그러나 그것은 일종의 술책일 뿐이다. 왜냐하면 전능한 것으로 여겨지는 신이 수성(獸性)을 통제하지 않는 이유를 물어야 하기 때문이다.

어렸을 때, 아버지와 그런 논쟁을 벌였던 적이 있다. 그때 나는 사악한 짓을 하는 악마를 믿는다고 말했고, 목사였던 나의 아버지는 내가 악마의 행동을 인정했다는 사실에 꽤 흐뭇해했다. 그러나 나는 "아버지께서 신이 전능하다고 하셨는데, 신은 악마의 사악한 짓을 왜 막지 못하지요?"라고 말했다. 이에 아버지는 하느님이 악마에게도 자신의 시간을 갖는 것을 허용하기 때문이라고 대답했다. 이어서 나는 이렇게 말했다. "우리 이웃이 자신의 버릇없는 개에게 멋진 시간을 주길 원한다면, 그 사람은 아이들이나 양들을 고려하지 않고 개를 풀어놓을 것입니다. 그러면 경찰이 와서 이웃을 유치장에 가둘 것입니다. 그 사람이 잘못했으니까요. 지금 신이 죄 없는 인간을 괴롭히도록 악마를 풀어놓았는데 그런 신을 왜 유치 장에 가두지 않죠?" 당연히 나의 아버지는 인간이 순진무구하지 않으며 인간에겐 그런 감독이 필요하다고 말했다. "하지만 인간을 만든 것이 신이에요." "맞아. 하지만 인간이 사악한 길로 빠져 버린 거야." "제가 항아리를 하나 만들었는데 그게 썩 좋지 않다면, 아무 도 그 책임을 항아리에게로 돌리지 않아요. 항아리를 만든 사람인 제가 책임을 져야 합니다." 불행하게도 나의 아버지는 '숨어 있는 신'에 대해 알지 못했다. 그 개념은 독일 프로테스탄티즘에서 비롯 되었으며, 루터(Martin Luther)는 신의 숨겨진 어두운 측면에, 우리 가 이해하지 못하는 측면에 관심이 더 많았다. '코란'에도 똑같은 개념이 설명 불가능한 사실들의 신인 키드르의 형태로 있다. 그래 서 '자기'라는 개념은 동양 철학에서처럼 신의 개념과 동일하다고 볼 수 있다. 동양 철학에서 아트만은 신과 동등하고, 아트만은 '자 기'이다. 그러면 누군가가 세상의 사악한 모든 것에 대해 책임을 져 야하기 때문에, '자기'도 당연히 그 책임을 나눠서 진다. 그러므로 '자기'는 선하고 존경스런 모든 것으로 이끌 뿐만 아니라 인간이 할 수 있는 매우 못마땅한 것으로도 이끈다.

우리 환자가 어떤 정점에 이른 뒤에, 영혼의 인도자가 물러나고 환자 자신이 주도권을 잡았다. 그때 환자는 '자기'를 만났고 이어 서 '자기'가 주도권을 쥐었다. 이것은 논리적인 길이고 통합적인 길이다. 개인이 충분히 나이가 들고 그런 길을 갈 수 있을 만큼 경 험을 충분히 많이 쌓았다면, 길은 그런 식이어야 한다. 그러나 만약 에 그녀가 너무 젊고 경험이 부족하다면, 만약에 그녀가 그 길을 갈 뜻이 없다면, 그녀는 그럼에도 불구하고 위로 올라가게 될 것이다. 정신병에 걸리는 경우에 그 정신병이 누구라도 그런 곳으로 밀어 올리듯이 말이다. 누구든 금광으로 떨어지든가 뜨거운 물 속으로 떨어질 수 있는 것이다. 개성화가 전혀 일어날 것 같지 않은 사람에게도 어쩌다 개성화로 떨어지는 일이 일어날 수 있다.

래딘(Paul Radin)[67]이 쓴 『무서운 천둥』(Crashing Thunder)이라는 훌륭한 책이 있다. 기독교를 포함해 온갖 종류의 종교를 경험한 어느 미국 인디언의 전기이다. 그 경험들은 모두 철저히 정신적인 경험이었으며, 이 미국 인디인은 자신의 경험을 솔직하게 털어놓는다. 글을 읽다 보면, 독자들은 "이 사람은 기독교로 완전히 개종했군. 교리에 아주 엄격한데."라고 말할 것이다. 그러나 그 인디언은 틀에 갇히지 않았다. 이어서 그는 살인을 저지르는 등 온갖 나쁜 짓을 다 했다. 그런 악행에 대해 그는 꽤 객관적으로 이야기한다. 그의 이야기를 읽고 있으면, 그가 알렉산데르 6세 교황보다 더 위대했을지 모른다는 생각도 들 것이다. 그러나 전혀 그렇지 않았다. 그는 책임 같은 것을 전혀 느끼지 않고 살았으며, 일들은 그냥 일어났다. 일들은 언제나 멋지고 의미로 충만했다. 푸에블로 인디언들이 죽은 사람을 매장할 때가 꼭 그렇다. 먼저 가톨릭 성직자가 죽은 자를 위한 의식을 치른다. 이어서 인디언들이 자신들의 의식을 치른다. 나는 의식을 책임 진 인디언에게 그리스도에 대해 어떻게 생각하는지, 그리고 교회에 나가는 이유가 무엇인지를 물었다. 그의 답은 "훌륭해서요."라는 것이었다. 어떤 사람이 연단에 서서 소리를 지르며 그리스도라는 인간에 대해 몸짓을 해가며 설명할 때

....
67 미국 원주민들의 언어와 문화를 연구한 문화 인류학자(1883-1959).

면, 그들은 그 설교를 꽤 순박하게 즐긴다. 선교사들은 아프리카 흑인들에게 부정적인 영향을 끼치고 있다. 기독교로 개종한 원주민들은 이런 식으로 말한다. "나는 백인의 형제이며, 미션 스쿨에 다니고 있어. 나는 예수에 대해 아주 잘 알고 있어. 그의 다른 동료 요한과 누가도 매우 훌륭한 사람이야." 그러나 개종한 흑인들은 전혀 쓸모가 없으며, 사람들은 그들을 고용하지 못한다. 만약에 당신이 강압적으로 그들이 아주 엄격한 신비 의식을 치르도록 한다면, 그들도 압도당할 것이지만 그들에게 진정으로 아무 일도 일어나지 않는다. 그들은 단지 생명의 강 위를 떠다니고 있는 가면일 뿐이며, 그 가면 뒤에는 아무도 없다. 그들은 다른 것들, 심지어 동물이나 식물의 가면을 선택할 수도 있다. 동물이나 식물도 마찬가지로 생명의 큰 강 위에 떠 있기 때문이다.

그렇다면 '자기'는 '숨어 있는 신'으로서 어떤 목적을 위해서 자신의 상징적 표현을 폐기하고 있다. 어느 개인이 상징적 신비의 세계 속으로 휩쓸려 들어갈 때, 만약에 그 세계가 땅과 연결되어 있지 않다면, 또 만약에 그런 일이 그 개인이 육체 안에 있지 않을 때에 일어난다면, 그 신비의 세계에서 아무것도 나오지 못한다. 잘 아시다시피, 당신의 영혼이 원시적인 조건에서처럼 분리 가능하다면, 당신은 쉽게 최면에 걸리면서 일종의 몽유병 상태에 빠진다. 그 상태에서 당신이 경험하는 일들은 모두 느껴지지 않는다. 그 일들이 육체 안에서 경험되지 않기 때문이다. 그 일들이 벌어질 때 당신은 거기에 없는 것이나 마찬가지인 것이다. 오직 당신이 육체로, 땅으로 돌아올 때에만 개성화가 일어날 수 있고, 그때서야 일들이 진짜가 된다.

나의 설명을 제대로 이해했는지 궁금하다. 전체 상징적인 구조가 허물어지고 있는 이유는 '자기'가 하나의 상징적인 현실로서 그 구조를 파괴하길 원하기 때문이다. 이유는 개인을 쫓아버리기 위해서, 다시 말해 개인이 땅 속에서 길을 잃도록 하기 위해서이다. 우리 환자는 땅으로, 그녀만의 개인적이고 진부한 현실 속으로 돌아가야 한다. 그렇지 않으면 그녀는 단순히 생명의 흐름이고 강일 뿐이며, 아무도 그 흐름을 깨닫지 못하기 때문에 거기선 아무 일도 일어나지 않는다. 개성화는 개성화에 대한 깨달음이 있을 때에만, 개성화란 것을 알아차린 사람이 있는 경우에만 일어날 수 있다. 그렇지 않으면 그것은 사막에 영원히 불고 있는 바람의 소리나 마찬가지이다.

우리 환자의 환상에서 그 여자는 정말로 우리 환자보다 앞서서 걸으며 주도권을 쥐고 있는 '자기'이다. 이 전환점 중에서 가장 흥미로운 부분은 '자기'가 당신이 '자기'를 거의 예상하지 않을 것 같은 상태를 낳고 있다는 점이다. 예를 들면, 너무나 재수 없는 일이라고 생각했는데, 바로 그 일이 당신에게 일어나고 있는 것이다. 당신이 "지금 악마가 거기에 마수를 뻗쳤어."라고 생각하는데, 그 일이 바로 당신에게 일어난 경우와 비슷하다. 그것은 신의 손과 비슷하다. 간혹 그것은 악마의 손처럼 보인다. 우리는 '자기'를 조화의 상징으로, 초월적인 기능의 아주 바람직한 열매로 이해하고 있지만, 자기'는 필요하다면 말썽꾸러기가 되기도 하고 바보처럼 굴기도 한다. 그런 '자기'도 마찬가지로 정상이다.

환상들의 첫 부분이 육체 안에, 지금 이곳에 있던 누군가에게 나타났다면, 그런 일은 일어나지 않았을 것이다. 그러나 우리 환자는 육체 밖의 어딘가에 있었고, 그녀의 영혼은 육체 안에 멍청하게 앉아 있었다. 그때 무슨 일이 일어난다. 어이쿠! 그녀가 일종의 열망에 빠져 위로 올라가며, 그때 그녀 주변에서 일어나는 일은 전혀 일어나지 않았거나 상대적으로만 일어난다. 그래서 그 모든 것을 진정으로 진짜로 만들기 위해서, 그녀는 그 상승 뒤에 육체와 땅으로 돌아와야 하며, 이때 그녀가 감각을 되찾아야 한다고 말하는 것은 언제나 '자기'이다. 늙은 구르네만츠(Gurnemanz)[68]가 파르지팔이 처음에 성배의 비밀을 알게 하려고 노력했는데도 그가 상황을 깨닫지 못하자 그를 저주하며 쫓아버리는 것과 비슷하다. 그때 파르지팔은 이렇게 물었어야 했다. "저 사람 암포르타스에게 무슨 일이 일어났어요? 도대체 일이 어떻게 돌아가고 있지요?" 그러나 그는 그렇게 묻지 않았다. 그는 일이 어떤 식으로 돌아가든 신경을 쓰지 않았다. 그는 손가락 하나 까딱하지 않았다. 그래서 그는 쫓겨났다. 구르네만츠와 파르지팔의 관계는 이 '자기'와 우리 환자의 관계와 비슷하다. 그 여자가 주도권을 쥐고 있고, 환자는 그 여자를 따르고 있다. 그리고 둘이 깨어진 에나멜 얼굴이 있는 곳에 왔을 때, 그 여자는 그녀가 멈추도록 하지 않는다. 우리 환자의 환상은 이렇게 이어진다.

> 나는 얼굴들이 깨어져 있다는 사실을 알 수 있었다. 나는 얼굴을 꿰맞추기 위해 멈추기를 원했지만, 그 여자가 내 앞에서 계속 걸었기 때문에 멈추질 못했다. 우리는 바위들 사이의 어떤 원에 닿았다. 모든 것이 헐벗고 불모였다. 그 여자가 사라졌다.

....
68 오페라 '파르지팔'에서 성배를 지키는 기사.

여기서 그 여자는 그녀를 홀로 남겨두고 사라졌다. 이것은 우리 환자가 매우 황폐한 곳에 닿았다는 뜻이다. 거기에는 아무것도 없고, 생명이 전혀 없다. 아시다시피, 그녀는 삶에서 멀리 벗어나 있었다. 바위들의 원, 즉 만다라는 땅이고 육체적인 존재이다. 그녀는 지금 그 동안 멀리했던 땅의 현실로 돌아오고 있으며, 따라서 모든 것이 황량하다. 그녀는 현실의 문제에 홀로 직면하고 있다.

분석하는 동안에도 육체 안에 우리 환자보다 더 많이 있는 사람이 있다. 또 어떤 사람들은 꽤 육체 밖에 있다. 그들은 약간의 자극만 있어도 금방 육체를 튀쳐나온다. 그런 사태를 막는 것은 불가능하다. 가끔 사람들은 매우 위험한 방향으로 나아가기도 한다. 무의식이 홍수를 이루듯 터져 나오는 경우도 있다. 그러면 사람들은 무의식에 빠지고 만다. 그런 환자가 한 사람 있었다. 어느 동료가 특별히 부탁한 환자였다. 그러나 시기적으로 너무 늦은 상태였다. 무의식의 강이 분석에 의해 건드려진 뒤에 범람하고 말았는데, 그것을 멈출 방법이 없었다. 내가 다시 댐을 건설하려고 노력했지만, 수면이 언제나 모든 것보다 높았으며 그래서 결국엔 그 친구는 미치고 말았다. 그래도 의사를 탓할 수는 없다. 그냥 불행한 예일 뿐이다. 클로로포름 마취제를 맞는 환자들 중에 어쩌다가 죽는 예가 나오는 것과 비슷하다. 그런 불행한 예를 막는 것은 불가능하다. 아주 노련한 전문가에게도 그런 일은 일어난다.

심리의 아주 어려운 부분인 '자기'의 역설적인 역할에 대한 설명이 꽤 명쾌하게 이뤄졌는지 궁금하다. 여기서 '자기'가 환자를 다시 손으로 만져지는 현실로 데려가고 있다. 무의식의 심리학에서 육체는 언제나 땅 같은 그 무엇이며, 무겁고, 밀도가 높고, 제거될 수 없는 어떤 것이며, 진정한 장애이다. 그것은 지금 이곳이다. 왜냐하면 지금 여기에 있기 위해선 사람이 육체 안에 있어야 하기 때문이다. 그러나 우리에겐 육체에서 빠져나오는 특이한 능력이 있다. 다시 원시인과 비슷한 능력이다. 원시인은 "이웃 마을에 관한 꿈을 꾸었어."라고 말하지 않고 이런 식으로 말할 것이다. "밤에 잠을 자다가 잠자리에서 빠져 나와서 이웃 마을로 갔어." 원시인은 꿈을 마치 자신의 행위였던 것처럼 설명한다. 그것이 그의 행위가 아니라는 것을 우리가 이미 잘 알고 있는데도 말이다.

육체 밖에서 경험되는 모든 것은 육체가 없는 그런 특성을 지닌다. 그래서 당신은 그것을 다시 경험해야 하며, 그때 그 일은 새로운 방식으로 다가와야 한다. 그렇다면 당신이 분석에서 배우는 모든 것은 현실에서 당신에게 일어날 것이다. 일이 그런 식으로 진행되어야 한다. 왜냐하면 당신 자신이 일치점이기 때문이다. 분석을 경험하는 사람도 당신이고 삶을 경험하는 사람도 당신이라는 말이다. 당신이 육체 밖에서 경험하는 것은 모두 당신이 그것을 육체 안으로 끌어들이지 않는다면 경험되지 않은 것이나 마찬가지이다. 이유는 육체야말로 지금 여기를 뜻하기 때문이다.

육체 밖에서 일어나는 경험의 예를 든다면 꿈이 있다. 당신이 어떤 꿈을 꾸고는 그냥 흘려보낸다면, 거기엔 아무 일도 일어나지 않았다. 아주 멋진 꿈이라도 어쩔 수 없다. 그러나 만약에 당신이 꿈을 이해할 목적으로 면밀히 살핀 끝에 이해하는 데 성공한다면, 당신은 꿈을 지금 이곳으로 끌어들이게 된다. 육체가 지금 이곳을 눈에 보이게 표현하고 있기 때문이다. 예를 들어, 만약에 당신이 당신의 육체를 이 방으로 데려오지 않았다면, 아무도 당신이 여기에 있는 것을 알지 못한다. 당신이 육체 안에 있는 것 같을 때조차도, 당신이 여기에 있다는 확신을 절대로 갖지 못한다. 왜냐하면 당신의 마음이 당신도 모르는 사이에 다른 곳을 떠돌고 있을 수 있기 때문이다. 그런 상태라면 여기서 벌어지는 일은 무엇이든 깨달아지지 않을 것이다. 그것은 끊어졌다가 이어지곤 하는 흐릿한 꿈과 비슷할 것이고, 아무 일이 일어나지 않은 것이나 마찬가지이다.

우리 환자가 성적인 문제를 안고 있었는지는 확실하지 않지만, 성적인 문제와 육체의 이 문제는 같지 않다. 왜냐하면 에로스는 오직 한 가지 양상에 지나지 않으며, 지금 이곳을 유일하게 표현하는 것이 아니기 때문이다. 에로스의 문제라면 지금 이곳에 있지 않고도 논의할 수 있다. 에로스 문제는 1만 년 전의 것일 수도 있고 미래의 어딘가에서 일어날 것일 수도 있다. 에로스 문제는 지금 이곳의 현실과 동일하지 않다. 성적 경험을 하면서 살고 있는 사람들이 반드시 진정한 것은 결코 아니다. 이 경우에 성적 문제는 문제들 중 하나에 불과하다. 물론 이 환상들은 성적 문제와도 연결되어 있다. 이 환상들은 그런 문제에서 시작했지만, 그것이 원인은 아니며 단순히 증후였을 뿐이다. 그런 상태의 원인은 성적인 문제보다 훨씬 더 깊이 들어간다.

프로이트는 그것을 알았으며, 그래서 그는 성적인 문제를 거꾸로 어머니의 가슴이나 자궁까지 끌고 갔다. 그는 당신이 사춘기에 임의적으로 시작하지 못하며 거기엔 어린 시절까지 거슬러 올라가는 연결이 있다는 점을 아주 분명하게 보았다. 그래서 그는 성적 관심은 시작 때부터 존재하는 그 무엇임에 틀림없다고 단정했다. 이 같은 인식은 단순히 그가 성적 문제들, 그러니까 삶의 큰 문제들이 어린 시절 초기의 심리의 안개 속에서 시작한다는 것을 보지 않을 수 없었다는 사실 때문에 생겨났다. 나의 생각엔, 그가 그것을 모두 성적인 문제라고 부르고 있다는 점이 실수인 것 같다. 나는 애벌레가 잎을 좋아하기 때문에 즐거워하면서 먹을 것이라고 절대적으로 확신한다. 내가 고기를 즐겁게 먹는 것과 비슷하다. 그런 것은 성욕이 아니다. 애벌레는 성기를 전혀 갖고 있지 않으며, 완전히 무성의 존재이며, 눈에 띌 정도로 즐겁게 먹는다. 그래서 나는 아이도 어머니의 가슴에 즐거움을 느낄 것이라고 이해한다. 아이는 그런 것을 좋아하고, 그 좋아함은 순수하다. 그런데 아이가 경련을 일으킬 때 그것이 성적인 것이 되어야 하는 이유가 뭔가? 사람들은 다른 일로도, 예를 들어, 세금 징수원을 보고도 경련을 일으킬 수 있다. 이때 세금 징수원에게 동성애적인 감정 전이를 하고 있다고 단정하는 것은 대단히 인기 없는 이론일 것이다. 그러니 사물마다 거기에 어울리는 이름을 붙여주도록 하자. 그런 개념을 얼토당토않은 영역까지 확장하지 않도록 하자. 중요하고 근본적인 갈등은 거의 모두 다소 성적인 측면을 띠는 것은 사실이다. 그런 갈등이 섹스의 영역에서도 나타나지만, 만약에 사람들이 전혀 성적이지 않다면, 만약에 그들이 무성의 애벌레와 비슷하다면, 사람들은 그래도 여전히 큰 문제들을 안고 있을 것이다. 그렇다면 그것은 여자와 남자 사이의 문제만은 아닐 것이다. 그것은 두 더미의 건초 사이에서 어느 쪽을 먹는 것이 최선의 방법인지를 몰라 망설이다가 죽어간 당나귀가 겪은 갈등과 비슷할 수도 있다. 마찬가지로 애벌레도 두 개의 잎을 놓고 망설이거나, 높은 곳의 잎을 한 장 더 먹을 것인지 낮은 곳의 잎을 한 장 더 먹을 것인지를 놓고 망설일 수 있다. 그렇다면 전체 문제는 이런 식으로 표현될 수 있다. 그가 뭘 하고 있지? 그는 먹고 있으며, 따라서 문제가 될 수 있는 모든 것은 먹는 행위 안에 들어 있다. 당신이 성적인 존재인 한, 문제는 자연히 성적인 것으로 나타날 것이지만, 성욕은 하나의 형태이며 반드시 인과적이지 않다. 이를 뒷받침하는 증거는 어린 시절 초기에 성욕이 전혀 존재하지 않고 발달하지도 않았다는 점이다. 성욕은 먹는 행위와 어떤 관계가 있다고 말할 수 있다. 왜냐하면 인간 존재들이 가장 먼저 하는 것이 빠는 것이기 때문이다. 그러면 성욕은 간단히 먹는 행위에 일어난 실수라고, 영양 본능들의 억압이라고 불릴 수 있으며, 사람이 진정으로 하기를 원하는 것은 어떤 여자를 먹는 것이다.

성적인 문제를 안고 있는 어떤 사람이 그런 문제의 존재를 억누르면서 마치 그런 문제가 없는 것처럼 행동하고 있다고 가정하자. 그런 예는 아주 많으며, 일반적인 히스테리는 전형적으로 그런 상황을 표현하는 것이다. 그러면 먼저 당신은 환자에게 히스테리에 대해 지나치게 안달하지 말라고 말해야 한다. 그 모든 것 뒤에 어떤 문제가 있기 때문이다. 어떤 신사가 그 사람의 집을 지나칠 때마다, 그런 징후가 나타난다. 만약에 여자 환자가 그 신사에게 감정 전이를 하고 있으면서 그 갈등을 억누르고 있다면, 히스테리가 따르는 것은 너무나 분명하다.

그러나 그런 사람들의 공상을 연구하다 보면, 그들이 성적 콤플렉스의 온갖 가능성들로부터 멀찍이 떨어져 있다는 사실이 발견된다. 환자들은 모든 것이 이상적인 그런 분홍빛 또는 흰빛의 공상들을 품고 있으며, 그 공상들은 옛날 소설 같고, 듣기도 싫을 만큼 구역질나는 내용이다. 환자들은 곧 히스테리가 나로 인해 해결되지 않을 것이라고 느끼면서 그것에 대한 언급을 중단한다. 그러면 그 다음에 일어날 수 있는 것은 그들이 성적인 문제를 억누르지 않고 받아들이는 것이다. 말하자면, 그들이 성적인 문제를 진정한 문제로 만드는 것이다. 그러나 그것이 그들이 육체 안에 있다는 것을 의미하지는 않는다. 그들은 A.D. 2500년이나 B.C. 3000년의 그것을 깨달을 수 있고, 여기가 아닌 히말라야 산맥, 아니 신만이 아는 그 어떤 곳에서 그것을 깨달을 수 있다. 그들은 공상 속에서도 그것을 깨달을 수 있다. 꿈에 걸어 다니는 사람들이 있다. 그들은 지금 이곳에 살고 있지 않으며, 그들은 역사 또는 신화의 영역에서 살고 있다. 자기 자신으로부터 어느 정도 떨어진 상태에서 사는 사람이 너무 많다는 사실이 놀랍다. 그들은 발로 땅을 딛고 있지 않다.

그렇다면 우리 환자의 경우에 문제는 성적인 측면과 아무런 관계가 없으며 지금 이곳과, 그러니까 우리 환자가 절대적인 현실을 직면하고 있는 지금 여기서 하려고 하는 것과 관계가 있다. 당신이 어떤 구체적인 콤플렉스를 어떻게 해보겠다는 식으로 나서는 것은 착각이다. 왜냐하면 어떤 콤플렉스를 그것만 다뤄서 해결하는 것은 불가능한 일이기 때문이다. 당신은 다른 무엇인가의 도움을 받아야만 그 문제를 해결할 수 있다. 그것은 당신이 어떤 에너지의 과정을, 그 과정이 이미 갖고 있는 것보다 더 적은 에너지로는 거꾸로 돌려놓는 것이 불가능한 것과 똑같은 이치이다. 떨어지고 있는 돌이 땅에 닿는 것을 막으려면, 떨어지고 있는 그 돌의 에너지보다 더 큰 에너지를 적용해야 한다. 그래야만 그 돌을 원래의 높이로 올려놓을 수 있다. 그렇듯 당신은 어떤 콤플렉스를 그 콤플렉스 자체의 가능성만을 바탕으로 해결하지 못한다. 당신에겐 언제나 다른 도움이, 다른 관점이 필요하다. 그러므로 유일한 질문은 당신이 이 구체적인 문제를 어떻게 풀 수 있는가 하는 것이 아니고, 당신이 오늘 할 것이 무엇이며, 그것을 어떻게 할 것이며, 지금 여기서 가능한 것이 무엇인가 하는 것이다. 그것은 선택하지 않고, 예상하지 않고, 콤플렉스들을 구분하지 않는 어떤 태도를 의미한다. 당신은 단지 삶의 어떤 상황에나 타당한 일반적인 태도를 가질 수 있을 뿐이다. 만약에 당신이 지금 여기서 행해야 할 것을 할 수 있다면, 그러는 당신은 어느 일에나 적절하다. 당신은 스스로에게 성적인 문제를 어떤 식으로 풀 수 있는지를 물음으로써 그 문제를 풀 수 있을지는 몰라도, 그럴 경우에 당신은 다른 것들에 대한 태도를 전혀 갖지 않고 있다. 당신은 다른 문제의 공격을 받을 수 있으며, 어쨌든 다른 가능성은 아주 많다.

프로이트도 성적인 문제 외에 다른 문제도 아주 많다는 점을 인정해야 했다. 그렇기 때문에, 내가 말한 바와 같이, 그는 성욕에 대한 정의를 확장하지 않을 수 없었다. 그 정의를 지나치게 느슨하게 확장한 나머지, 이젠 어떤 문제든 성욕으로 볼 수 있는 상황이 되어 버렸다. 그 결과, 환자에게 아주 엉뚱한 곳에서도 섹스를 발견하라고 요구하기에 이르렀다. 다른 온갖 것들의 흔적, 예를 들면 당신의 점심 식사의 흔적이 발견되듯이, 섹스의 흔적도 발견될 수 있다. 당신이 훌륭한 포도주를 마시느냐 아니면 질이 떨어지는 포도주를 마시느냐에 따라 식사에 대한 기억이 달라질 수 있다. 이곳 쿤스트하우스 미술관에 작품이 전시되어 있는 스위스 화가가 있다. 뮌헨미술원(Munich Academy of Art)이 그를 교수로 채용하는 중대한 실수를 저질렀다. 그가 대단히 특이한 사람이기 때문이다. 강의 시간에 그는 화가가 되기 위해서는 백포도주나 맥주를 마시지 말고 반드시 적포도주를 마셔야 한다고 가르쳤다. 그것이 그가 학생들에게 말할 수 있는 전부였다. 터무니없는 말이지만, 거기엔 약간의 진리가 담겨 있기도 하다. 점심 식사의 흔적이 당신의 문제에서 섹스의 흔적과 마찬가지로 발견될 것이기 때문이다.

문제를 해결하는 것은 전반적인 태도이다. 그렇지 않으면 우리는 결과를 예측하려 들고, 신의 역할을 맡으며 세상의 길을 선택하려 들 것이며, 당연히 그것은 우리를 온갖 종류의 실수와 오류로 이끌 것이다. 우리는 절대로 일어나지 않을 문제들을 위해 준비하고, 무가치한 가능성에 엄청난 양의 에너지를 낭비하고, 그러는 사이에 우리는 지금 해야 할 것을 하지 않게 된다. 그런 것이 실제 분석에서 확인되고 있으며, 당신도 아마 그런 것을 경험했을 것이다. 만약에 아주 멀리 떨어져 있는 가능성들을 선택한다면, 당신은 지금 이 순간의 즐거움을 모두 놓칠 것이고, 당신은 신만이 아는 것에 대해 생각하면서 바보처럼 처신하고 현재의 상황에 대해서는 절대로 생각하지 않을 것이다. 많은 사람들은 어느 곳에서도 삶과 접촉하지 않는 방식으로 삶을 살고 있다. 그들은 언제나 일종의 꿈 같은 상태에서 지내고 있다. 마치 세상에 아무것도 일어나지 않은 것처럼, 세상이 절대로 진짜가 아닌 것처럼 말이다. 당신이 삶의 밖에서 사는 정도가 심할수록, 당신은 삶에 맞서 자신을 방어하려고 더욱 노력할 것이고, 아들러(Alfred Adler)가 아주 적절히 묘사한 온갖 종류의 안전 기제를 발명할 것이다. 당신도 잘 알다시피, 아들러는 그 측면을, 특히 사람이 스스로 안전하다고 느끼게 만드는 허구를 강조했다. 아들러가 제시하는 허구는 사물들의 현재를 받아들일 것을 주장하지 않고 언제나 삶으로부터의 안전을 강조하고 지금 이곳으로부터의 안전을 강조하고 있다. 그러나 당신은 지금 이곳의 태도를 가져야만 상황을 최대한 활용하면서 해야 할 말을 하고 해야 할 일을 하게 된다.

그렇다면 우리 환자의 문제는 동요였다. 그래도 그것이 잘못이라고 말하지 못한다. 그 동요는 그냥 일어났을 뿐이다. 그녀는 지나치게 멀리, 어떤 한계 그 너머까지 흔들렸다. 지금 그녀는 돌아와야 한다. 삶이 진짜가 되어야 하기 때문이다. 그것은 섹스 문제와 아무런 관계가 없다. 이 환상들 속의 문제는 어떤 비현실에 있다. 당신은 어떤 경험을 하든 그것을 비현실의 안개로 가릴 수 있다. 예를 들어, 당신은 만찬을 역사 속의 어떤 인물처럼 먹을 수 있다. 아니면 당신은 먹는 행위를 자랑삼아 보여주기 위해 특별한 식당을 찾을 수 있다. 그리고 역사적인 인물이 되지 않고는 그런 사사로운 장소에 가지도 못하는 사람도 있다.

어떤 유형의 미학적 태도 때문에 심각한 변비로 힘들어 하던 환자가 한 사람 있었다. 그는 자신을 아도니스 같은 존재로, 완벽한 육체미를 갖춘 존재로 여겼다. 그의 끔찍한 공포는 죽음이 그를 압도하거나 지진이 일어나서 더없이 비참한 몰골로 발견될 수 있다는 것이었다. 그는 그처럼 흉한 모습으로 발견될지 모른다는 두려움 때문에 심한 변비를 일으켰다.

지금 우리 환자가 현실로 돌아가야 할 필요성은 미국으로 돌아갈 필요성으로 그녀에게 제시되었다. 그 필요성이 이 같은 변화를 초래했으며, '자기'는 그 외부 조건의 일부인 것 같다. 그녀가 어쨌든 미국으로 돌아가야 한다고 말할 수 있으며, 그것은 사실이다. 그러나 다른 한편으로 보면 그녀가 다른 결정을 내릴 가능성이 언제나 있다는 점을 알아야 한다. 아니면 정말 이상하게도 그 일이 적절한 때에 일어났다고 말할 수도 있다. 미국으로 돌아가는 것이 '자기'의 현재 역할과 일치하고, '자기'가 그녀에게 미국으로 돌아갈 것을 요구했기 때문에 외적인 사실들이 그런 순서로 일어났다는 식으로 말이다. 내가 지금 이 점에 대해 언급하는 것은 그것이 이 환자의 경우에 특별히 중요해서가 아니라 그것이 이론적으로 매우 중요한 다른 예들이 있기 때문이다. 말하자면, 합리적으로 설명될 수 있는 어떤 전염병 또는 사건들이 심리적인 것으로 드러나는 경우가 있는 것이다. 그런 전염병이나 사건은 시간적으로 너무나 절묘하기 때문에 매우 알맞거나 특별히 알맞지 않으며, 어떤 사람에게 일어나야 하는 바로 그것이라는 느낌을 준다. 만약에 그 일이 자신에게 일어난다면 그 사람은 그것에 대해 그렇게 예민하지 않을 것이다. 그러나 그 일이 다른 사람에게 일어난다면, 그것은 아주 뚜렷하게 보인다. 나는 심리적 변화와 주변의 사건들이 종종 일치하는 모습을 지켜보면서 놀라움을 금치 못한다. 통제나 영향의 가능성이 전혀 없을 것 같은 예에서도 그런 일치가 보이니 말이다. 동양의 가르침에 따르면, '자기'가 사건들과 일치하려는 특별한 성격을 갖고 있거나 사건들이 '자기'와 일치하려는 성격을 갖고 있다. 이유는 '자기'가 '프라나'(prana), 즉 만물의 안에 있는 생명의 숨결이기 때문이다. 우리 환자는 지금 바위 원에 이르고 있다. 그곳의 땅은 불모인데, 거기서 그녀는 "나는 주위를 돌며 걷고 또 걸었다"고 말한다.

그녀는 지금 마법의 원을 만들고 있다. 그것은 일종의 장소 숭배를 의미하고 응시를 의미한다. 불교의 사리탑 같은 신성한 장소는 언제나 시계 방향으로 돌면서 걷는 곳이다. 이어서 그녀는 "마침내 나는 땅이 원의 한가운데에서 움직이는 것을 보았다."고 말한다. 지금 무슨 일이 일어났는가?

어떤 사물에 내용물을 채우는 일이 일어났다. 말하자면 어떤 사물을 임신하게 하는 일이 일어난 것이다. 그녀는 신성한 장소 주위를 걸음으로써 땅을 임신시키고 있다. 왜냐하면 그런 식으로 숭배의 대상이 마나(초자연적 힘)로 채워지기 때문이다. 그것은 숭배 대상을 비비는 깃과 비슷하다. 그러면 숭배 대상은 일종의 전하(電荷)를 받는다. 그리고 마법의 힘이 채워진 것은 무엇이든 움직이기 시작한다. 당신이 충분히 오랫동안 어떤 것을 보고 있으면 그것이 움직이는 것과 비슷하다. 그렇듯 만약에 당신이 어떤 공상 속에서 하나의 이미지만을, 예를 들어 검은 표범만을 보고 있다면, 그것이 움직이기 시작하고, 따라서 당신이 거기에 생명을 채우게 된다.

우리 환자의 환상은 이런 식으로 이어진다. "그리고 땅이 갈라지고, 그곳에서 거대한 붉은 피라미드가 서서히 올라왔다." 땅에서 나오고 있는 거대한 붉은 피라미드는 이 상징적 표현을, 말하자면 신성한 곳의 주위를 돌면서 명상에 잠기며 그곳을 임신시키면 거기서 내용물의 탄생이 실제로 일어난다는 뜻을 아주 분명하게 보여주고 있다. 아래로부터 올라오면서 지구 껍질을 깨뜨리고 표면에 나타나는 무엇인가에 대한 암시가 있다.

거기서 푸른 광선과 흰색 광선이 나와 땅으로 흩어지다가 대리석으로 변했다. 나는 그 장면에 감탄하며 서 있었다. 이어서 나는 피라미드 쪽으로 걸었다. 나는 피를 흘리고 있는 칼을 보았다.

이런 피는 언제나 불길하다. 피는 종종 일종의 감상성을, 그녀 자신이나 그녀를 대표하는 무엇인가에게 미안해하고 있다는 것을 의미한다. 이 환상에 대한 해석은 다음 시간으로 미루자.

1934년 2월 28일

미시즈 바우만의 질문이다. "육체 안에 있는 것을 '지금 이곳'에 있는 것으로 정의했는데, 그 의미가 명쾌하게 다가오지 않습니다. 책임감 있는 태도로 '온전히 현재에 있으면서' 매 순간을 의식적으로 깨닫는다는 뜻입니까? 삶의 강을 부유하다가 돌연 일어나는 자각과 정반대의 상태 말입니다. 특별한 경험을 하는 원시인과 동물들도 육체 안에 있으면서 일상적인 의미에서 말하는 그런 현재의 순간을 확실히 자각합니다만, 그들은 책임감을 느끼며 초점을 맞추는 능력이 부족하지요. 초점이 있어야만 경험에 영속적인 의미를 부여할 수 있겠지요."

　정말이지, 의식적인 삶과 무의식적 삶에는 그런 작은 차이밖에 없다. 미시즈 바우만은 자신의 질문에 대해 스스로 대답했다. 나도 그보다 더 훌륭한 답을 제시하지 못한다. 동물들과 매우 낮은 수준의 원시인들은 이렇다 할 의식을 전혀 갖고 있지 않다. 그래서 그들은 정확히 현장에 있고 다른 곳이 아닌 지금 이곳에 있다 하더라도, 거기엔 깨달음이 전혀 없다. 물론, 그들에게도 의식이란 것이 있기 때문에 어떤 깨달음이 있고, 의식은 기본적으로 깨달음이다. 의식은 깨달음의 근본적인 필요조건일 뿐만 아니라 깨달음 자체이다. 왜냐하면 의식이 지금 이곳을 반영하기 때문이다. 그래서 원시인은 완전히 지금 이곳의 마법에 걸려 있다. 그러나 원시인은 이미 어떤 상상력을 갖고 있고 그의 의식은 객관적인 세상을 비출 수 있을 뿐만 아니라 창조할 수도 있다. 그래서 원시인은 일탈의 가능성을 창조하고, 따라서 원시인은 지금 여기서 뛰쳐나올 수 있는 능력을 갖고 있으며 심지어 지금 여기를 부정할 수도 있다.

지금 여기를 극복하려는 시도가 아주 진지하게 이뤄지고 있다. 예를 들면, 브라질의 한 인디오 부족은 자신들이 붉은 앵무새라고 주장한다. 어느 독일 탐험가가 이 인디오들과 논쟁을 벌였다. 그가 인디오들은 날개도 없고 날 수도 없기 때문에 새가 될 수 없다고 주장했지만, 인디오들은 그런 문제는 우발적이며 근본적이지 않다고 맞섰다. 아시다시피, 너무도 분명하게 다른 두 가지를 놓고 똑같다고 주장하는 것은 중요한 성취이다. 그것은 해마다 잡아 먹는 토템 동물이 어떤 특정한 새라고 믿는 믿음과 비슷하다. 어느 인디오 부족에 마을이 25개가 있을 수 있다. 그런 경우에 각 마을은 특별한 어떤 토템 새를 잡아먹는다고 믿는다. 거의 무의식에 가까운 상태를 원시인의 기준으로 삼는다면, 이 인디오들은 원시인이 아니다. 그들은 이미 꽤 문명화되었다. 그들은 죽은 새가 25마리라는 사실을 정확히 알 수 있다. 그럼에도 그들은 그 새들이 모두 똑같은 새라고 단정한다. 한날한시에 온 곳에 있는 현대인의 산타클로스와 비슷하다. 그리고 최근에야 사람들이 그리스도가 한날한시에 오스티아에 있을 수 있다는 것에 당혹스러워하며 신경을 쓰기 시작했다. 그렇다면 아주 터무니없어 보이는 인디오들의 주장과 비슷한 시도가 지금도 지속되고 있는 것이다. 이것은 인간 사고의 분리를 낳은 길이며, 그 결과 우리는 추상적으로 생각할 수 있게 되었다. 의식이 원시적이라면, 생각은 대상과 전적으로 동일하며 대상으로부터 분리되지 못하고 구체화에서 벗어나지 못한다. 그렇기 때문에 그런 시도는 교육적이며, 사고의 분화를 목표로 하고 있다. 생각이 대상으로부터 분리되지 않는 이상, 사고의 분화가 불가능하기 때문이다. 사고의 분화가 이뤄지지 않으면, 생각은 단순히 대상을 나타내는 데서 그치고 사고의 특성을 얻지 못한다.

지금 의식은 단순히 비추는 데서 그치지 않고 창조적이다. 그래서 의식이 책임이라는 요소를 갖고 있음에 분명하다. 말하자면, 품위 같은 것이 의식과 연결되어 있다는 뜻이다. 확실한 어떤 태도를 갖지 않고 깨닫는 것은 불가능하다. 어떤 것을 깨닫기 위해선 두 가지가 필요하다. 모든 것을 두루 보는 눈뿐만 아니라, 세상의 내용물을 부어 넣을, 절대적으로 객관적인 그릇도 필요한 것이다. 그 그릇은 내용물에 다소 반응해야 하고, 나름의 관점을, 나름의 태도를 가져야 한다. 그렇다면 당신은 두 가지를 알아야 한다. 대상이나 상황 자체를 알아야 하고, 나 상황 속의 당신 자신을 알아야 하는 것이다. 당신은 당신 자신의 역할을 알고 또 그 역할에 반응하는 방법을 알아야만 깨달음을 이룰 수 있다. 그리고 어떤 태도를 갖는 것은 윤리적인 문제이다. 그것도 가장 중요한 윤리적 문제이다. 왜냐하면 태도는 언제나 어떤 원칙에 근거하기 때문이다. 태도는 당신이 사물들의 범람에 맞서 간직하고 있는 관점이다. 아시다시피, 사건들의 어떤 지속적인 움직임은 곧 당신 자신의 태도에 어떤 지속적인 움직임이 일어나고 있다는 점을 암시한다. 당신이 사실들의 긴 강을 따르고 있다면, 강이 변화할 때마다 당신도 변화한다. 그런 경우에 당신은 어떤 관점을 절대로 갖지 못한다. 관점을 갖는 것은 어떤 태도를 갖는 것이며, 그것은 도덕적인 문제이다. 당연히 전통적인 의미에서 말하는 도덕의 문제는 아니다. 그것은 어떤 태도 또는 어떤 원칙의 문제이며, 이 태도나 원칙이 없으면 당신은 어떤 상황을 세부적으로 평가하지 못한다. 당신은 그 상황에 대해 세세하게 생각하고 심지어 그 상황에 들어 있는 모든 가능성을 다 탐지할 수 있어도 그것에 대해 평가를 내리지는 못한다. 그 상황에 대한 당신의 조사는 불완전하며, 근본적인 사항이 빠져 있다. 그것은 도덕과 전혀 관계없는 깨달음이다. 예를 들면, 그것은 당신 자신을 그림 속에 집어넣지 않는, 일종의 미학적 깨달음일 수 있다. 당신이 책임 있는 자세로 상황 속에 들어가는 것이 절대적으로 필요하다. 어떤 상황을 평가하지 않는 상태라면, 당신은 그 상황 안에 있지 않다. 당신은 성능이 아주 뛰어난 사진 기구에 지나지 않을 것이다. 당신이 지금 여기 앉아서 스키나 영화에 대해 생각하거나 집에서 끓여야 할 수프에 대해 생각하고 있다면, 당연히 당신은 지금 여기에 있지 않다. 그리고 한쪽 발로만 분석하러 오는 사람은 언제나 다른 쪽 발로 서 있으면서 전혀 아무런 깨달음을 얻지 못한다. 오직 한 손만을 갖고 와서 "내가 가진 것은 이게 전부예요."라고 말하는 사람도 아무런 깨달음을 얻지 못한다. 그 사람은 다른 손으로 등 뒤에 무엇인가를 숨기고 있다. 그런 태도는 상황 속에 있는 것이 아니며, 지금 여기에 있는 것이 아니다. 그것은 여기와 거기이거나, 지금과 다른 어느 때이다.

미시즈 바우만의 또 다른 질문을 보자. "붉은 색 피라미드와 청색과 흰색의 광선에는 미국 국기의 색깔이 있습니다. 이것은 환자가 미국 국적이라는 점을 강조하고 있는 것이 틀림없을 것입니다. 그럼에도 그 위치가 거꾸로 되어 있어요. 성조기의 경우에 청색이 하늘을 나타내고 빨간색은 아마 피를 나타낼 겁니다. 환상에선 빨간색과 청색의 위치가 바뀌어 있습니다. 공기 같은 성신석인 특성이 땅으로 내려와서 심지어 대리석으로 변한 반면에, 땅은 갈라져 솟아오르고 있습니다. 아마 이것은 부정적인 의미일 것입니다. 이 장면은 검은 도시의 기둥을 떠올리게 합니다. 넵투누스를 닮은 작은 형상이 그녀에게 '그 기둥에 의해 길을 잃게 될 거야.'라고 말한 그 기둥 말입니다."

훌륭한 해석인 것 같다. 꿈만 아니라 이 같은 무의식적 창조물의 그림에도 그런 것들이 정말로 등장할 수 있다. 무의식의 창조물에 연상(聯想)의 놀라운 예들이 나타나는 것이 종종 확인된다. 우리 환자가 이 상징에 미국 국기의 색깔을 넣었을 것이라고 생각하는 것은 결코 지나치지 않다. 그런 상징적 표현의 구조를 세세하게 깊이 파고들려고 노력하는 사람은 세부적인 것들의 연결을 모두 이해할 수 있을 때에만 그 구조가 만족스럽게 설명되었다고 결론을 내리게 된다. 의식에겐 아주 터무니없어 보이는 연결까지도 이해할 수 있어야만 만족스런 해석이 가능한 것이다. 잘 아시다시피, 그런 것이 의식적으로 창작될 가능성은 아주 약하다. 왜냐하면 이런 종류의 창조가 의식에는 완전히 낯설기 때문이다. 의식은 언제나 대단히 빈약하고 부족한 자료를 다루고 있으며, 도구도 거의 없으며 겨우 석기 몇 점을 갖고 있을 뿐이다. 의식의 영역은 극도로 좁고 제한적이며, 동시에 파악할 수 있는 내용물의 수도 상대적으로 빈약하다. 의식 안에 동시에 들어갈 수 있는 내용물의 숫자를 알아내려는 실험이 시도되었다. 그 결과, 의식 안에서 동시에 조명을 충분히 받을 수 있는 아이템은 수적으로 매우 적다는 결론이 나왔다. 물론, 그것을 정확히 계산하는 것은 불가능하며 어디까지나 짐작일 뿐이다. 예를 들어, 히스테리 증세가 있는 개인들은 그런 측면에서 보면 비정상적일 만큼 약한 면을 보인다.

피에르 자네(Pierre Janet)의 『심리적 자동성』(Automatisme Psychologique)을 보면, 2개 내지 3개, 아니 4개의 무의식적 인격을 가진 몽유병자들의 예들이 확인된다. 예를 들어, 크기가 다른 원을 통해서 다양한 인격들의 의식 상태를 나타낼 수 있다. 1번 원은 환자가 일상 속에서 깨어 있을 때의 상태를 표현하고 있다. 의식이 아주 제한적이며, 육체가 거의 마비 상태에 있다. 2번 원에서 몽유병 발작이 일어날 것이다. 반쯤 비몽사몽하는 상태이며, 여기서 시야가 넓어진다. 마비 상태는 부분적으로만 일어나며, 마비는 손이나 발로 국한된다. 3번 원에서, 의식이 훨씬 크게 확장되고, 마비는 더 줄어들었다. 그리고 4번 원에서는 마비가 거의 사라지고, 예를

들어 고통과 온기, 자세를 완벽하게 느끼며, 의식의 영역이 좁아지는 현상이 일어나지 않는다. 지성이 더 성숙하고 밝으며, 더 생생하다. 일상의 깨어 있는 상태인 1번 원에서, 2번과 3번, 4번 원에서 일어날 삶의 전체 기간은 깊은 기억 상실의 상태에 있다. 그러나 4번 원에는 1번과 2번, 3번 원에서 일어난 모든 것이 기억되고 있고 포함되어 있다. 3번 원 안에서는 4번에서 일어난 모든 사실이 망각되지만 1번 원과 2번 원에서 일어난 사실은 기억되고 있으며, 이것은 보다 충만한 인격의 상태이지만 비몽사몽의 상태가 여전히 깊다. 4번 원에서, 그것은 완선하고 매우 지석인 인격이 될 것이지만, 그 인격은 비몽사몽 상태에서 오직 가끔만 존재한다. 그 정도만으로도 완벽하게 정상적인 개인처럼 보이고, 그러면 환자들을 그런 상태에만 놓으면 그 상태에서 살아갈 수 있을 것이라는 판단이 선다. 그래서 그렇게 시도해 보았지만, 뜻대로 되지 않았다. 왜냐하면 그 상태가 유지될 수 없고 그 사람이 완전히 기진맥진하여 붕괴하면서 첫 번째 상태로 돌아가기 때문이다. 아시다시피, 이 첫 번째 상태가 비용이 가장 적게 된다. 그런 사람들은 리비도를 그렇게 많이 갖고 있지 못하다. 말하자면, 고양된 상태에서 어느 정도 살아가는 데 충분한 힘을 갖추지 못했다는 뜻이다.

이것은 소위 정상적인 사람에게 적용할 수 있다. 1번 원이나 2번 원의 수준에서 사는 사람들이 생각보다 많다. 그런 사람들은 3번 상태나 그 이상의 상태를 유지할 수 있으면서도 그 가능성까지 올라가는 것을 좋아하지 않는다. 이유는 그들이 언제나 그렇게 깨어 있거나 지적으로 남을 힘을 갖고 있지 않기 때문이다. 그들은 이리저리 떠돌 수 있는 그림자를 더 좋아한다. 그것은 도덕적인 문제가 아니라 경제적인 문제이다. 힘의 경제에 관한 문제인 것이다. 그러나 그것이 도덕적인 문제인 사람도 일부 있다. 그런 사람들은 단지 노력을 싫어하는 탓에 좁은 의식을 선호한다. 혹은 그들은 자신들을 화나게 만들 수 있어 바람직하지 않아 보이는 것들을 억누르고, 그렇게 함으로써 자신의 인격 중 일부를 억누르는 결과를 낳는다. 그들이 바로 프로이트가 다룬 환자들이었다. 리비도가 더 많이 드는 스타일을 피하기 위해, 그들은 자신들이 있는 그곳에 그대로 남는다. 지금 그 사람들은 분명한 신경증을 앓고 있는 반면에, 보다 높은 의식 상태에서 살 힘을 갖지 않은 사람들은 신경증에 걸리지 않는다. 이런 사람들은 자신에게 어떤 과제가 주어질 때에만, 예를 들면 그들에게 특별한 어려움을 극복할 것을 요구하는 보다 높은 과제가 주어질 때에만 신경증을 일으키게 된다. 잘 아시겠지만, 신경증 환자로 여겨지는 많은 사람들은 신경증 환자가 아니다. 그들은 구체적인 어떤 것으로 인해 고통을 받는 것이 아니라, 단지 유능하지 못할 뿐이다. 그런 상태에서 무슨 일인가가 나타나면, 그들은 화를 낸다. 이유는 그들이 그 일을 해결하기 위해서는 보다 포괄적인 의식에 닿아야 하는데, 그 과제가 그들에게 노력을 요구하기 때문이다. 그래서 그것은 또한 힘의 경제의 문제이기도 하다.

또 다른 가능성도 있다. 만약에 의식의 확장을 성취할 수 있는 사람들이 상당한 노력을 기울이지 않고도 4번 상태에서 살 수 있을 만큼 충분한 리비도를 갖고 있지 않다면, 그래서 그들이 2번 상태나 3번 상태에서 살기를 더 선호한다면, 그들은 4번 영역의 꽤 많은 에너지를 일종의 잠재력으로 남겨 놓는다. 4번 영역에 보다 훌륭한 인격을 이룰 가능성이 있는 것이다. 그런 경우에 4번 영역에 있는 이 잠재적 에너지는 보통 어떤 화신으로, 이를테면 아니무스로 굳어진다. 그런 여자들은 아니무스의 영향을 강하게 받게 되고, 그런 남자들은 아니마의 영향을 강하게 받게 된다. 이 아니무스나 아니마는 사람이 없는 땅에 살면서 아직 아무도 차지 않고 있던 리비도를 먹어 치운다. 그것들이 언제나 황량한 곳에서 춤을 추고 있는, 들판의 악마들인 것이다. 이사야의 표현 방식을 빌리면, 거기서 "사티로스가 자신의 동료에게 소리를 지를 것이다". 그 악마들은 네 번째 원의 의식 밖에 있는 들판에서 맘껏 즐기며 온갖 종류의 문제를 야기할 것이다. 그런 사람들은 의식을 확장하고 그 모든 것을 자신의 생각이라고 주장할 수 있을 것이지만, 그들은 그런 생각이 자신에게 온 것을 한탄한다. 아니면 그들은 그 생각을 자신의 것으로 여기지 않고 자신들이 그냥 되풀이하고 있는 어떤 권위자의 생각으로 여긴다. 그것이 '내'가 말하는 것이 아니라 말해지는 것으로 여겨지는데, 이는 아니무스를 강조하는 결과를 낳는다. 그렇듯 의식은 제한적이며 한정적인 수단을 갖고 작동한다는 것을 당신은 알 수 있다.

예를 들어, 당신에게 미국의 일상적인 삶으로 돌아갈 때 일어날 것 같은 심리적 현상을 표현할 상징을 의식적으로 그리는 과제가 주어진다고 가정해 보자. 그러면 당신은 어떤 일반적인 생각으로부터 시작할 것이다. 그런데 이 생각 자체가 지나칠 만큼 형편없다. 어쨌든 당신은 그 생각 위에서 확장을 시도할 것이다. 당신은 자신에게 이렇게 말할 수도 있다. "예전의 삶의 방식으로 돌아간다면, 퇴행의 가능성이 있을 것이고, 그러면 내가 다시 예전처럼 사물들의 주술에 걸리게 될 거야." 물론 이것은 전적으로 맞는 말이지만,

이 문장은 전체 분석에서 끌어낸 것에 지나지 않는다. 당신이 분석에서 무엇을 배웠든, 그것은 그 경험에서 끌어낸, 뼈와 살이 전혀 없는 생각일 뿐이다. 당신은 그 생각에서 시작하면서 그 위에 확장해 나간다. 그러면서 당신은 누군가가 뱀의 입 속으로 떨어지는 그림을 그리거나, 어딘가에서 빠져나오며 떨고 있는 가엾은 어떤 대상을 먹어치우고 있는 용의 그림을 그린다. 이것도 마찬가지로 대단히 빈약하고 공허하다. 그것은 당신이 나의 책들에서 읽은 용의 신화이고, 당신은 전통적인 상징을, 상형 문자 같은 것을 빌려서 묘사하고 있을 뿐이다. 말하자면, 그것은 프로이트가 보면 상징이라고 부를 수 있는 것이지만, 그것은 상징이 아니고 단순히 하나의 기호, 하나의 표시, 일종의 비유일 뿐이다. 아시다시피, 하나의 상징은 이루 말로 할 수 없을 만큼 풍요로운 그 무엇이며, 상징은 언제나 정신적 자료의 충만함에서 나온다. 이 정신적 자료 중 일부는 당신이 알고 있고 일부는 당신이 알지 못하고 있다. 나는 환자가 이 피라미드가 가리키는 것이 무엇인지를 알고 있었는지 여부에 대해 결코 알지 못한다. 몰랐을 가능성이 아주 크다. 그럼에도 무의식은 의식이 닿지 못하는 온갖 유사한 것들을 끌어내고 있으며, 의식은 그런 것들을 절대로 찾아내지 못할 것이다. 꿈들이 세상 저편으로부터 놀랄 만큼 유사한 것들을 끌어올 수 있는 것과 똑같다.

이런 문제들에 익숙하지 않은 사람들은 당연히 미국 국기 연상은 거리가 너무 멀다는 식으로 말할 것이다. 당연히, 그 연상은 먼 곳에서 올 수 있다. 무의식은 아주 멀고 넓으며 그 자료를 우리가 모르는 곳에서 끌어낸다. 우리는 무의식의 경이의 범위를 파악할 수 있을 만큼 충분히 빠르지 않다. 하나의 상징은 너무나 위대하고 너무나 풍성하기 때문에 우리의 의식은 절대로 그 상징을 채우지 못하며, 어떤 식으로도 상징과 비슷해질 수 없다. 따라서 우리는 상징의 의미를 절대로 최종적으로 파악하지 못한다.

옛날의 상징 중에서도 영원히 곱씹어야 할 것들이 많다. 우리는 그 상징들이 의미를 가득 채운 채 다시 돌아오지 않을 것이라고 장담하지 못한다. 민족 전체가 국가의 상징으로 스와스티카를 선택할 것이라고 누가 감히 상상이나 할 수 있었겠는가? 스와스티카는 예전 못지 않게 의미를 가득 지닌 상태에서 다시 돌아왔다. 그것은 아무것도 잃지 않았으며, 우리는 아직 그 상징을 최종적으로 마무리 짓지 않았다. 우리는 이런 식으로 생각했다. "맞아, 태양의 바퀴야. 소용돌이. 태양 위를 달리는 4개의 다리를 가진 존재. 플라톤의 모나드. 빌헬름 황제의 중국식 모나드야." 그러나 그런 온갖 것도 스와스티카를 규명하지 못했다. 스와스티카는 아직도 잠재력으로 충만하다. 또 우리 시대가 끝날 때까지, 우리는 십자가의 상징 표현을 다 규명하지 못할 것이다. 이전에 꿈도 꾸지 못했던 의미들이 지속적으로 나타나고 있는 것이다. 만약에 기원후 2세기나 3세기의 사람들이 십자가 상징에 관한 우리의 논의를 듣는다면, 그들은 아마 깜짝 놀랄 것이다. 그 시대의 사람들에게 십자가는 그것과 비슷한 것을 의미했지만, 우리는 그들이 상상하지 못했던 의미를 발견했다. 만약 우리가 그 상징 표현을 다 이해했다고 생각한다면, 그것은 하나의 착각이다. 미래에도 사람들은 여전히 의미를 발견할 것이며, 우리도 미래 사람들이 발견한 그 의미를 듣는다면 마찬가지로 크게 놀랄 것이다. 그래서 나는 우리 환자의 환상에 나오는 색깔이 미국 국기의 색깔과 연결될 가능성을 받아들이는 쪽이다.

물론, 그 해석이 절대적으로 완벽하다는 점을 보여줄 수 있는 특별한 방법은 전혀 없다. 그러나 효과를 통해서 그 방법의 타당성을 확인하는 것이 가능하다. 이 방법을 그 자료에 적용하면, 거기서 실질적이고 이치에 닿는 무엇인가가 나온다. 만약에 이 해석이 터무니없다면, 효과도 마찬가지로 터무니없을 것이다. 그러나 그와 반대이다. 전반적인 결과는 사물들이 작동하는 방법에 대한 이해가 꽤 지적으로 이뤄지는 것으로 확인된다. 또 그 가설을 다른 예들에 적용해도 맞아떨어지는 것으로 드러난다. 예전에 우리의 이해력을 완전히 벗어났던 사물들이 이해되고 설명될 수 있는 것이다. 예를 들면, 그것은 필적 관상법이나 손금을 바탕으로 성격을 예상하는 것과 비슷하다. 그 예상이 증명될 수는 없지만, 그런 것들을 경험한 사람은 당신에게 아주 놀라운 이야기를 들려줄 수 있다.

점성술도 마찬가지이다. 점성술에서 단 한 가지 사실을 입증할 수 있는 방법을 발명하는 것은 현재로선 완전히 불가능하지만, 한 가지 테스트를 충분히 자주 적용하다 보면 많은 것을 배울 수 있다. 이것은 일종의 직관적인 지식이며, 자연과학의 일반적인 규칙을 따르지 않는다. 그러나 확신해도 좋을 어떤 복잡한 방법이 미래에 발명될 가능성은 꽤 높다. 예전에 폴 플랑바르(Paul Flambart)라는 프랑스인의 연구에 대해 언급한 적이 있다. 정신적으로 탁월한 인물들의 생일을 분류했던 인물이다. 황도대의 별자리 12개 중에서, 3개의 별자리, 즉 천칭자리와 물병자리, 쌍둥이자리는 서로 정삼각형을 이룬다. 이 특별한 별자리들은 공기의 성격을 갖고 있기 때문에 '공기의 삼궁'이라 불린다. 플랑바르는 탁월한 사람 100명의 생일을 황도대 안에다가 작은 점으로 표시했으며, 그 결과 삼각형의

3개의 점을 이루는 이 별자리들 주위에 점들이 많이 모인다는 것이 확인되었다. 이는 정신적으로 탁월한 사람들이 '공기의 삼궁'에서 태어날 확률이 높다는 점을 통계적으로 보여준다. 일부 사람들은 공기의 궁들 사이에 태어날 수도 있지만, 그 예들도 더욱 깊이 조사하면, 예를 들어 달 또는 상승궁이 '공기의 삼궁' 안 어딘가에서 발견될 것이다. 그렇다면 이는 그의 이론을 어느 정도 뒷받침하지만, 물론 실패와 실수의 가능성도 아주 크다. 지금 조사 중인 이 특별한 예가 그런 별자리에서 태어난 사람일 수 있다. 그런 경우에 그것을 뒷받침하는 것은 무엇인가? 물론 어떤 법칙에도 예외는 있기 마련이라는 식으로 말할 수 있지만, 이런 문제에서 사람들은 무서울 정도로 성급하다. 그 점이 우리로 하여금 곧장 피라미드를 논하도록 만든다.

땅에서 돌연 솟아나는 이 피라미드는 남성적인 양(陽)의 양상이다. 그래서 그 기둥과 비교될 수 있다. 오벨리스크도 일종의 피라미드 구조, 매우 긴 피라미드이듯이 말이다. 오벨리스크는 꼭대기의 작은 피라미드까지 닿는 하나의 긴 축이다. 그렇다면 피라미드와 기둥, 오벨리스크는 모두 같은 의미를 지닌다. 지금 피라미드는 틀림없이 무엇인가를 상징한다. 사람들은 옛날의 이집트인들이 그런 거대한 돌들을 쌓은 이유를 무척 궁금해 한다. 어마어마한 비용이 드는 그런 공사를 왜 했는지 이해가 잘 되지 않는 것이다. 쿠푸(Khufu)[69]의 피라미드는 높이가 147m이며, 블록의 크기는 믿기 어려울 정도로 어마어마하다. 그리고 환상 속의 피라미드도 무엇인가를 상징하고 있음에 틀림없으며, 우리는 그 의미를 파고들어야

....
69 이집트 제4왕조의 파라오. 재위 기간은 B.C. 2589- B.C. 2566.

한다. 아시다시피, 우리 환자는 완전히 홀로 있다. 그런 경우에 그녀의 마음 상태는 어떨까? 아니무스와 자기가 떠나고 나면 무엇이 남는가?

자아만 남는다. 지금 자아는 헐벗고, 제한적이며, 공포에 떨고 있다. 그녀는 아래로 내려가고 있다. 그때까지 공중에 있었기 때문이다. 지금 아메리카로 하강이 이뤄지고 있다. 땅에 접근할 때, 미국의 색깔로 만들어진 이 피라미드가 아래에서 올라온다. 여기서 왜 피라미드가 나타나는 것일까?

피라미드는 무덤이다. 이집트 남부에, 그리고 요루바 랜드와 골드 코스트에서 가까운 중앙 아프리카의 북부 지역에서, 얼마 전까지도 추장을 마스타바(mastaba)라 불리는 사각형 무덤에 묻는 풍습이 있었다. 마스타바는 한쪽에 매장실이 있는 일종의 거대한 관이었다. 마스타바는 이집트에서 가장 오래된 형태의 매장이며, 그 다음 단계가 사카라의 계단식 피라미드였으며, 그 다음은 표면이 매끈한 피라미드였다. 지금 이집트 왕은 심리적으로 누구인가?

그들은 신들이다. 이집트에는 소위 산실(産室)이 있는 신전들이 다수 있다. 그 벽에 신성한 창조가, 말하자면 왕이 하나의 신으로 탄생하는 장면이 묘사되어 있다. 왕은 두 번 태어났다. 먼저 자기 아버지에 의해 생겨나서 대지의 어머니에 의해 태어나 보살핌을 받는다. 동시에 그는 신에 의해 생겨나서 여신에 의해 태어나면서 신으로도 태어난다. 신의 생명은 직접 그에게 내려진다. 그래서 파라오는 정말로 신인(神人)이고, 탁월한 인간이다. 그래서 그는 심리학적으로 개체화의 상징이다. 파라오는 오시리스와 동등한 탁월한 인간을 나타냈고, 그의 불멸하는 본질은 왕의 오시리스라 불렸다. 아주 일찍부터 왕만이 오시리스를 갖는 것으로 여겨졌지만, 훗날 이집트 역사에서 서서히 왕자들과 탁월한 귀족도 영혼을 획득했으며, 최종적으로 프롤레마이오스 왕조에는 보통 사람도 각자의 오시리스를 가졌다. 그들은 모두 왕만큼 선한 사람이었다. 그때가 신비 의식들이 겉으로 모습을 드러내던 시기였다. 곧 이어 기독교가 그 가르침을 공식화했다. 그래서 그리스도의 진정한 선구자는 이집트의 왕 파라오라고 할 수 있다.

그렇다면 피라미드는 왕의 형이상학적 의미를, 상위의 인간으로서의 왕을, 한 민족의 '자기'를 상징한다. 개인의 차원에서 상위의 인간은 절대로 없다. 고대의 민족은 왕과 동일했다. 왕은 정점이었으며 한 민족 전체를 대표했다. 이집트가 파라오였고 파라오가 이집트였다. 이런 종류의 심리는 지금도 여전히 존재하고 있으며, 신문에서 그것을 읽을 수 있다. 아돌프 히틀러(Adolf Hitler)가 독일이고 독일이 아돌프 히틀러이다. 루이 14세도 프랑스의 신성한 '자기'였다. 아시다시피, 이런 종류의 심리는 원형적이며, 이는 전체 국민이 개인적 '자기'라는 개념을 어떤 식으로 하나의 이상(理想)으로 투사하는지를 설명해준다. 기독교 교회에서, 개인적 '자기'는 그리스도로 투사되었다. 그리고 옥스퍼드 운동(Oxford Movement)[70]의 심리에서 그 같은 투사는 지금도 계속되고 있다. 안내와 복종이라는 사상은 아주 똑같으며, 그리스도는 안내와 식견을 준다.

그것을 우리는 무의식이라고 부르는데, 그런 이름으로 부르는 이

----

70   미국인 선교사 프랭크 뷰크먼(Frank Buchman)에 의해 1920년대에 영국에서 창설된 기독교 조직으로 훗날 '도덕 재무장'이라 불렸다.

유는 그것에 이름을 주지 않고, 그것을 편향적인 눈으로 보지 않기 위해서이다. 분명히 무의식의 목소리는 '자기'이다. 만약에 당신이 무의식의 목소리를 따른다면, 만약에 당신이 충분히 조심스럽게 걷는다면, 당신은 당연히 당신이 가게 되어 있는 곳에 닿을 것이다. 물론, 어떤 사람은 구세주 같은 존재가 될 위험이 있지만, 그런 위험은 다른 사람들의 여론에 의해 즉각 저지될 수 있다. 왕이 되어야 할 사람, 즉 '자기'라는 개념을 포함하고 있는 사람을 제외하곤 누구도 왕이 될 수 없다. 지금도 일반적으로 통하고 있는 기독교 사상에 따르면, 그것이 바로 그리스도이다. 그런 관점에서 본다면 개성화에 이르려는 시도는 언제나 그랬듯이 모두 이단일 것이다. 그것은 언제나 왼쪽 집단이었고 하나의 죄였다. 그리스도 본인이 이단의 혐의를 받는데 꽤 근거가 있었다. 세례자 요한과 그의 집단은 예수 벤 미리암(Jeshù ben Miriam)-미리암의 아들-을 신비 의식을 폭로했다는 이유로 사기꾼이라 부르고 배신자라 불렀다. 예수 벤 미리암은 하나의 개인, 즉 신의 아들이 되어 즉각 계시를 받았으며, 그것은 끔찍한 죄였고 그의 죽음의 진정한 원인이었다. 그가 비밀을 폭로했으며, 따라서 배신자의 죽음을 당해야 했다는 것이 옛날의 유대인의 전설이다. 요한의 신봉자들인 마니교 교도들의 문헌을 보면, 그 문제를 놓고 그리스도와 세례자 요한 사이에 오간 대화를 담고 있는 텍스트가 있다. 두 사람 모두 매우 훌륭한 주장을 폈다. 그리스도의 매우 실용적인 주장은 이렇다. "다리를 저는 사람에게 다리를 낫게 해 줘서 걷도록 해 주지 말아야 합니까? 앞을 보지 못하는 사람에게 앞을 보도록 해 주지 말아야 합니까?" 그러나 요한은 그 말을 들으려 하지 않았을 것이다. 요한은 그리스도가 비밀을 폭로했다고, 그가 비밀을 세상에 다 드러냈다고, 그들이 세상에 의해 파괴될 것이라고 말했다. 그리고 세상은 그들을 파괴했다.

'자기'의 투사는 추장이나 왕이 전체 민족을 대표하고 민족을 위해 고통을 받고 죽어야 했던 고대의 심리에 속했다. 당시에 또 하나의 의식(儀式)이 그리스도의 역사에 어떤 역할을 했다고 할 수 있다. 그것은 대부분 전설이지만, 전설도 아주 진실하기 때문에 현실 속에서 충실히 되풀이되고 있으며, 실제 사건도 전설과 비슷하다. 그리스도가 교수형에 처해질 때, 죄수 바라바(Barabbas)가 그리스도 대신에 석방되었다는 것을 당신은 기억하고 있다. 그 석방은 바빌론의 오랜 관습에 따른 것이었다. 해마다 죄수 한 명을 석방시키고 그에게 도시의 자유를 부여했다. 그러면 죄수는 원하는 것을 무엇이든 훔칠 수 있었지만 일몰 전에 반드시 도시를 벗어나야 했다. 만약에 도시 성벽 안에서 잡히기라도 하면 그는 사형에 처해질 것이다. 이것은 해마다 새로운 왕을 맞던 시대로부터 내려오는 신왕(神王)의 잔재였다. 한 해가 훌륭하면, 왕은 한 사람의 신왕으로 인정받았고, 한 해가 나쁘면 왕은 죽음에 처해졌다. 신왕은 농작물을 향상시키고 가축들의 번식을 돕는 다산이라는 초자연적 특성을 발산하는 것으로 여겨졌다. 왕은 상위의 인간이라는 사상은 글자 그대로의 의미로도 받아들여졌으며, 그래서 고대의 기념물에 왕은 신하들보다 몇 배 더 크게 묘사되었다. 매장지가 왕의 중요성을 표현할 수 있어야 했기 때문에, 당시의 사람들은 완벽하게 수학적인 형태인 피라미드를 선택했다. 그러나 특별히 피라미드가 탁월한 인간의 상징이 특별히 된 이유는 무엇인가?

피라미드의 평면도는 이렇게 생겼다(⊠). 그것은 일종의 만다라이며, 개성화의 상징이고, 깨달음 또는 의식의 통일성을 이루는 4개의 기능이다. 그것은 4개의 강이 시작되는 산이고, 은총의 강들이 흘러내리는, 십자가 위의 개인이다. 그것은 또 정방형 도시의 한가운데에 있는 언덕 위에 선, '요한계시록'의 어린양처럼, 완전체에서 흘러나오는 4개의 강 또는 창조의 원천들이다. 이것들은 모두 완벽하거나 탁월한 인간의 상징들이다. 그리고 이와 똑같은 상징 표현은 티베트 불교의 만다라에도 있다. 하나의 점으로 모아지는 스투파(사리탑)들이 그것이다. 이 상징 표현은 신과 수행자의 동일시가 이뤄지는 집중 또는 명상을 돕는다. 수행자는 그 집중을 통해서 자기 자신의 상관인 신 자체가 된다. 자바의 보로보두르에 있는 불교 사원이 똑같은 형태를 보이고 있다. 커다란 장방형의 바닥에서부터, 신봉자는 돌에 새긴 부처의 일대기를 보면서 나선형을 그리며 위로 점점 높이 올라가며, 그러는 과정에 자신이 부처와 똑같은 단계들을 밟고 있다는 것을 더 강하게 의식하게 된다. 그렇게 원을 그리며 올라가다 보면 마침내 꼭대기에 닿으며, 거기에 스투파들이 쭉 늘어서 있다. 그 중 가장 높은 곳에 하나의 스투파가 있는데, 이 스투파의 형태도 피라미드 형태와 같다. 거기서 신봉자는 부처와 완전한 일치를 이룬다. 그것은 중세 기독교가 언덕 꼭대기에 있던 예배당으로 가는 길에 만들어놓은 '십자가의 성로(聖路)'와 비슷하다. 거길 지나면서 사람은 그리스도의 고통에 대해 깊이 생각하고 수난의 길을 이해한다.

이런 예들에 비춰보면, 환상에 나타나는 피라미드는 매장 기념물을 암시한다. 그런데 거기에 누가 묻히는가?

내적 깨달음 속에서 '자기'는 우리 환자에게 어떤 탁월한 여자이고 어떤 초자연적인 인격이다. 지금 그녀는 사라지고 있으며, 그녀가 어디로 갔는지 우리는 모른다. 대신에 매장된 왕을 의미하는 피라미드가 왕의 외적 속성인 땅으로부터 솟아나오고 있다. 스핑크스는 최초의 위대한 피라미드를 건설한 왕의 얼굴로 여겨지고 있으며, 피라미드 자체가 왕의 상징이다. 이것은 아마 그 시대에 피라미드의 매우 다른 어떤 측면을 통해 뒷받침되었다. 오늘날 피라미드는 표면이 깨어져 마치 거대한 계단처럼 보이지만, 피라미드의 꼭대기는 카이로의 박물관에 훼손되지 않은 상태로 잘 보존되어 있으며, 부드럽고 광택이 난다. 이집트의 태양이 그 거대한 표면을 비출 때, 피라미드 꼭대기가 강렬한 빛을 반사했을 것임에 틀림없다. 그러면 피라미드는 이집트의 반 이상에 해당하는 지역 위로 마치 봉화처럼, 빛을 깜빡이는 등대처럼 보였을 것이다. 정말 경이로운 장면이 아닐 수 없다. 그래서 피라미드는 여전히 눈에 나타나는 살아 있는 신이었으며, 그것은 눈에 보이는 태양의 아들 라였다.

이 환상에 등장하는 피라미드는 분명히 사라진 '자기'와 동등하다. 피라미드는 지금 땅의 형태를 취하고 있는 '자기'이며, 매장된 '자기'의 내적 계시이며, 여자였던 것이 지금은 남자이다. 우리 환자가 귀신의 땅인 무의식의 땅으로부터 산 자들의 땅으로 옮겼기 때문에, 특별한 어떤 변형이 일어났다. 이 산 자들의 땅에선 그녀가 어떤 의미에서 그녀 자신의 경상(鏡像)이 되지만 보상적인 경상, 즉 그녀 자신의 반대가 된다. 그녀는 피라미드 같은 그 무엇이 되었다. 마치 '자기'의 육체가 피라미드였고 인간이 아닌 것처럼 말이다. 그리스도의 육체가 그의 교회이고, 교회가 매장 기념물이듯이. 그리스도는 교회에 묻혔으며, 그리스도는 존재를 멈췄을 때 교회가 되었다. 그리스도가 교회에 살아 있는지 여부가 중요한 토론 주제가 되고 있다. 이에 대한 의견은 서로 갈릴 수 있다. 틀림없이 그리스도는 교회가 되면서 많은 변화를 겪었다. 그리스도는 교회력(敎會曆)의 순환이 되었으며, 등에 12사도를 대표하는 12개의 별자리를 지고 있는 황도대의 뱀에 비유되었다. 그리고 그리스도는 교회 생활의 순환의 핵심인 교회이며, 그는 그 한가운데에 묻혔다. 부처의 소중한 유골이 만다라의 순환의 중심을 차지하고 있는 사리탑에 매장되었듯이 말이다. 기독교 상징 표현도 비슷하다. 그 원의 한가운데에 있는 그리스도는 너무나 잘 알려져 있는 상징 표현이다.

실용적인 질문이 하나 제기되었다. "무의식에서 일어나는 그런 변형은 심리적으로 어떤 식으로 나타날 수 있습니까?" 우리 환자는 그런 변형의 본질에 대해 전혀 아무런 통찰을 갖고 있지 않다. 그래서 그 과정은 이해가 이뤄지지 않은 가운데 일어나고 있다. 그럼에도 불구하고, 그 변화는 그녀의 내면에 일어나고 있는 무엇인가를 나타내고 있으며, 이 무엇인가는 그녀에게 어떤 영향을 미치지 않을 수 없다. 그런 사건의 영향은 어떤 식으로 나타날까?

이 질문 앞에서 우리는 꽤 단순해져야 한다. 원시인의 태도로 접근하는 것이 최선의 길이다. 내가 원시인 앞에 어떤 형태를 놓으면, 그 원시인은 본능적으로 알거나 모른다. 그는 자신이 이해할 수 있는 것보다 더 큰 어떤 영향력을 느끼거나, 그것의 명백한 본질과 조화를 이루는 어떤 영향력을 느낀다. 만약에 내가 원시인 앞에 어떤 액체를 놓는다면, 그리고 그가 그것이 마법적인 절차이고 치료의 의식이라는 것을 알고 있다고 가정한다면, 그 액체는 그에게 다음과 같은 무엇인가를 의미할 것이다. 물의 본성을 갖고 있고, 갈증을 달래주고, 물처럼 움직이고, 물을 낳는 것으로 여겨지는 것이다. 그래서 만약에 그 원시인이 부종(浮腫)으로 힘들어 하고 있다면, 물을 그의 앞에 놓는 것이 어떤 마법적 효과를 발휘하고, 그 같은 행위가 그의 육체를 물로부터 해방시킬 것이다. 혹은 만약에 땅이 가뭄으로 바싹 타들어가고 있다면, 나는 바닥에 우유를 한 통 뿌리면서 원시인에게 비를 암시할 것이다. 아니면 바람 소리를 모방하거나 빗방울 떨어지는 소리를 흉내낼 것이다. '리그베다'에 따르면, 인도에서는 가뭄이 심한 경우에 성직자들이 비를 내리게 하는 부적으로 개구리 노래를 불렀다. 개구리가 노래를 부르면, 그것은 곧 비가 내렸다는 뜻이다. 그래서 성직자들이 노래를 부르면, 비가 내릴 것이다. 그런 것이 원시인의 마음이 작동하는 방식이다. 그래서 만약에 내가 원시인의 앞에 땅을 뚫고 나오는 피라미드를 놓는다면, 그는 그것을 위로 분출하는 무엇인가를, 활동을, 강력한 고양을 의미하는 것으로 이해할 것이다. 원시인에게 그것은 또 견고함과 강함을 암시할 것이다. 왜냐하면 내가 보여주고 있는 대상의 특성에 원시인이 주목할 것이기 때문이다. 만약에 내가 그에게 부적으로 독수리의 날개를 준다면, 그것은 그가 왕이나 위대한 추장이기 때문에 그에게 독수리 같은 민첩함을 주거나 독수리처럼 높이날 수 있도록 하기 위해서일 것이다. 아니면 그가 사자의 권력을 갖도록 하기 위해서 그에게 사자의 이빨이나 갈기를 줄 수 있다. 나는 그에게 권력을 포함하고 있는 사물을 줌으로써 권력을 전한다. 그래서 인디언들은 적의 심장에 있는 용기와 적의 머리에 있는 교활함을 동화시키기 위해 적의 심장과 뇌를 먹곤 했다.

그렇다면 이 피라미드는 돌출하는 것을 암시한다. 피라미드는 마치 환자가 매장된 것처럼 스스로 높아진다. '자기'를 잃어버렸기 때문에, 그녀는 전혀 아무것도 갖고 있지 않으며, 껍데기이고, 자아의식에 불과하다. 지나치게 빈약하고 무력하다. 그래서 그녀는 모습을 드러내기 위해 자기 자신을 중요하게 여겨야 한다. 잘 아시겠지만, 만약에 당신이 자아의식 외에 아무것도 갖고 있지 않다면, 당신이 가장 먼저 하는 일은 새 구두와 정장과 모자를 구입해서 신사처럼 보이도록 꾸미는 것이다. 그래야만 모두가 당신을 두고 멋진 사람이라고 생각할 것이다. 당신은 가능한 한 빨리 페르소나를 산다. 당신이 아무것도 아니기 때문이다. 그렇다면 이것은 그녀를 억지로 땅 밖으로, 의식의 세계로 밀어 올리는 것을 상징하고 있다. 그녀는 항상 아래로 내려가고 있었지만, 그것은 신기루일 뿐이다. 왜냐하면 내려가는 것이 곧 올라가는 것일 수 있고, 올라가는 것은 또 다른 하강에 지나지 않기 때문이다.

24강

—

1934년 3월 7일

에서 박사가 질문을 던졌다. 그는 '자기'의 상징으로서 수정과 피라미드 사이의 비슷한 점을 강조하고 있다. 그는 수정이 특별한 성격, 즉 물질의 힘들이 질서를 명확하게 갖춘 상태라는 점 때문에 '자기'의 상징이 되었을 것이라고 말한다. 수정의 분자들은 어떤 체계 또는 법칙에 따라 배치되면, 그 배열은 그 특별한 화학 물체가 지속되는 한 절대적으로 정적이다. 이어서 에서 박사는 말한다. "부드럽고 광이 나는 표면을 가진 이집트 피라미드들이 아마 수정들의 왕인 다이아몬드와 비교될 수 있을 것 같습니다. 다이아몬드는 정해진 광물학적 체계에 따라 만들어지고, 중요한 형태는 8면체로 알고 있습니다."

맞다. 지속 기간이라는 관점에서 본다면 완벽한 수정은 다이아몬드이며, 그것이 가장 단단한 물질이다. 다이아몬드는 석탄의 근본 원소인 천연 탄소로 이뤄져 있으며, 등축정계(等軸晶系)[71]로 결정화된다. 다이아몬드가 종종 8면체를 이루고 있다는 점이 그 같은 주장에 꽤 유리하게 작용한다. 왜냐하면 피라미드가 그 형태의 딱 반이기 때문이다. 그 다음에 에셔 박사는 이렇게 묻는다. "피라미드에 묻히는 것의 의미들 중 하나가 가장 높은 질서의 수정의 한가운데에서 영원히 존재한다는 것이라고 말하면 지나치게 공상적인가요?"

그렇지 않다. 그것이 바로 '바즈라'(vajra: 금강체를 뜻하는 산스크리트어 단어이며 벼락이라는 뜻도 갖고 있다)다. 수정의 단단함과 완성된 상태는 영원히 지속되는 '자기'의 조건을 상징할 것이다. '자기'는 공간적, 시간적 존재의 온갖 범주들 그 너머에 있고 또 시간을 초월하는 것으로 여겨지는 어떤 몸체 또는 본질 또는 존재이기 때문이다. 공간도 없고 시간도 없는 조건은 당연히 영원의 특징을 갖게 되어 있다. 왜냐하면 사물들이 변화하고 사라지는 것은 오직 시간 안에서만 가능하기 때문이다. 시작과 종말이라는 개념은 반드시 시간이라는 개념에서 끌어내어진다. 시간이라는 것이 없다면, 아무것도 시작하지 못하고 아무것도 끝나지 못한다. 『황금꽃의 비밀』(The Secret of the Golden Flower)에서 읽은 바와 같이, 도교에서 자기라는 영속적인 몸체는 금강체라 불리고 하나의 수정으로 표현된다. 바로 그것이 연금술에서 말하는 '철학자의 돌'이고 '불로장생의 약'이고, '다섯 번째 원소'이다. 그리고 분석 중인 환자들은 이런 개념들에 대해 전혀 모르는 상태에서도 무의식의 세계를 그리는 그림에서 수정을 그린다.

....
71 입방정계(立方晶系)라고도 하며, 3결정축의 길이가 서로 같고 직각을 이룬다.

에셔 박사가 매우 흥미로운 중국 불화(佛畵)를 한 점 갖고 왔지만, 나는 그 분야의 전문가가 아니기 때문에 그것에 대해 할 수 있는 말은 별로 없다. 다만 이 그림에 그려져 있는 신들 중에 티베트 불교에서 유래된 칭호인 '홍모 스승'과 '황모 스승'이 있다는 것만은 분명히 말할 수 있다. 중국으로 전파된 대승 불교는 티베트 불교와 거의 동일했으며, 그래서 티베트의 달라이 라마가 중국의 대승 불교의 지배자가 될 것이다. 여기 대승 불교의 전형적인 지옥이 있다. 영혼의 공과(功過)의 무게를 다는 저울도 있다. 여기엔 상상 가능한 온갖 끔찍한 방법으로 악마들에게 고문을 당하는 영혼들이 있다. 피가 마치 포도주처럼 터져 나오고 있다. 천상의 집인, 구름 속의 이 평화로운 영역에서 황모 스승이 대승 불교의 원래의 스승일 것이고, 홍모 스승은 일종의 개혁을 상징할 것이다. 잘 아시겠지만, 이 상황은 서양인의 종교적 사고방식과 꽤 다르다. 이 그림 속에선 황모 스승과 홍모 스승이 평화롭게 공존하고 있다. 당연히 서양에선 가톨릭과 프로테스탄트의 차이가 뚜렷하다.

중국 불교에도 아주 비슷한 상황이 벌어졌다. 중국에서 있었던 최초의 불교 가르침만 불교 사절단에 의해 이뤄졌는데, 이 사절단은 이미 대승 쪽으로 변화를 겪은 상태였다. 말하자면 불교 원래의 조건이 이미 이 사절단에겐 더 이상 지배적이지 않거나 중요하지 않았다는 뜻이다. 부처 본인부터 위대한 개혁가였다. 그는 200만이나 되는 신들을 둔 힌두교의 배경을 부정하라고 가르쳤다. 모두가 이미 신들의 존재와 그들의 엄청난 중요성을 확신하고 있었기 때문에, 부처는 사람의 중요성을 강조했다. 순수한 불교 학파인 소승 불교의 최초의 텍스트를 보면, 부처는 그 신들 속에 포함되었으며 부처가 태어나고 죽을 때 그 신들이 찾아왔다. 그러나 불교의 가르침은 신들까지도 신으로 받들어지기 위해서 반드시 인간으로 태어나야 한다는 것이었다. 하나의 신으로 태어난다고 해서 특별한 이점은 전혀 없었으며, 누구나 신으로 태어날 수 있었다. 유일한 차이는 신들이 훨씬 더 오래 살고 훨씬 더 많은 것을 할 수 있다는 점이었다. 그러나 사람은 하나의 신으로서 세상을 지배하든 아니면 한 가족의 아버지로서 아무런 능력이나 권력 없이 50년 내지 60년을 살든 똑같이 비참한 상태일 것이다. 오히려 인간의 조건이 다른 상태로 변화할 확률이 더 높다. 왜냐하면 신은 인간 존재로 다시 태어나지 않을 경우에 매우 권위적인 존재가 되어 열반에 이르는 길에서 보다 높은 상태로 변화할 가능성을 영겁의 세월이 흘러도 절대로 누리지 못할 것이기 때문이다. 불교가 인도 안에서 전파되기 시작했을 때, 일들의 원래 상태가 이미 사라진 뒤였다. 그래서 신들이 중요하지 않게 되었고, 사람들은 신들을 망각했다. 프로테스탄트 국가의 사람들이 '항의하다'(protest)라는 것의 의미에 대해 더 이상 생각하지 않는 것과 똑같다. 무엇에 맞서 항의하지? 그래서 가톨릭에 반대하지 않는 프로테스탄티즘은 꽤 공허하고 목적을 잃게 되었다. 가톨릭의 배경, 즉 수많은 성인들과 이미지들, 고백과 용서, 은총의 수단 등에 맞서 들고 일어날 때에만, 프로테스탄티즘이 의미를 지닌다. 마찬가지로, 초기의 불교는 곧 신들의 중요성을 지워버렸다. 그러다 신들이 하나도 남지 않는 그런 시기가 왔다. 그러자 사람은 신들의 필요성을 다시 깨달았으며 계시를 경험하기 시작했다. 그러다가 8세기쯤에 대승 스승들이 오고 신들의 계시를 받았다는 예언자들이 나타났다. 보살 사상이 생겨나고 남신과 여신들이 대승 불교의 특별한 신으로 존재하게 되었다. 당연히 그 시대의 사람들은 그 신들을 부분적으로 힌두교 영역에서 끌어오고 부분적으로 티베트의 매우 원시적인 종교인 본(Bon) 종교에서 끌어왔다. 그래서 이런 원시적인 요소들을 포함하는 대승 불교라는 특별한 경향이 티베트에서 발달하게 되었다.

황모 스승의 색깔은 밝고 맑은 반면에 홍모 스승의 색깔은 매우 어둡다는 사실은 분명히 밝은 것과 어두운 것, 흰색과 검은색 등 두 가지 원리 사이의 차이를 의미한다. 어둡고 붉은 원리는 지역 종교의 음침하고 원시적인 요소를 나타낸다. 여기서 말하는 지역 종교는 전형적으로 본 종교이다. 반면에 천상의 원리는 하늘의 태양의 색인 노란색일 것이다. 따라서 그것은 천자(天子)라는 중국 황제의 색깔이다. 그렇다면 노란색은 일종의 양(陽)의 가르침을 암시하고 짙은 붉은 색은 음(陰)의 가르침을 암시할 것이다. 이 그림 속의 홍모 스승은 비취 무기처럼 보이는 것을 들고 있는데, 내가 유일하게 알고 있는 비취 무기는 간혹 비취로 만들어지는 그 유명한 마법의 단검이며, 비취는 중국에서 아주 소중한 물질로 여겨진다. 예를 들면, 자그마한 비취 조각상은 에메랄드보다 훨씬 더 훌륭한 것으로 통했다. 그리고 그 마법의 단검은 가끔 번개, 바즈라, 다이아몬드 쐐기와 동일하다. 그러나 이 도구는 '자기'의 상징은 아니며, 그보다는 마법적 효과의 상징이다. 그것은 캘리포니아 북부 지방의 인디언들이 주술사의 고드름이라고 부르는 그것일 것이다. 주술사는 언제나 작은 주머니를 갖고 다니는데, 거기엔 여러 개의 고드름이, 단단한 수정 같은 뾰족한 물건이 들어 있는 것으로 여겨졌다. 주술사는 이것을 화살처럼 던질 수 있다. 예를 들어, 주술사는 사람의 등을 향해 고드름을 던져 병에 걸리거나 죽게 한다. 우리는 그것을 마법사의 저격이라 부를 것이다. 인디언들은 주술사가 그런 무기를 갖고 다닌다는 것을 알고 있기 때문에 주술사를 대단히 무서워한다. 이 마법의 단검은 마법의 주문(呪文)을, 큰 효과를 낳는 의식을 제대로 아는 사람에 의해 던져지는 도구이다.

정말 신기하게도, 그런 종류의 일은 '자기'를 거부하는 사람들에게, 말하자면 개성화를 원하지 않고 개성화의 자연적 과정을 거꾸로 돌려놓는 사람들에게 일어난다. 기독교라면 구세주를 거부하고, 신비한 의식을 뒤집고, 십자가를 거꾸로 땅에 박고, 성찬식 빵에 칼을 꽂는 사람들이 그런 사람에 해당할 것이다. 예를 들어, 성찬식 빵에 칼을 꽂는 것은 빵이 그리스도의 몸이기 때문에 그리스도를 죽이는 것을 의미하니 말이다. 그런 사람들은 진리의 말을 모조리 부정하면서 가짜 미사를 올린다. 축복의 말 대신에 저주의 말을 하고, 주기도문을 특이한 방식으로 거꾸로 외운다. "하늘에 계시지 않는 아버지시여."라는 식으로 기도하는 그 꼬마 요정들처럼. 지금 자신의 개성화를 거부하는 사람들은 어떤 마법적 효과를 발휘하면서 특이한 것들을 할 수 있다. 그것은 고드름들이 그들의 마법의 주머니에서 던져져 다른 사람들에게 상처를 입히는 것과 비슷하다. 개성화를 거부한다는 것은 곧 어떤 사악한 효과를 위해서 자신의 존재를 부정하고, 자기 자신을 저주할 만큼 증오에 굴복하고, 자신의 삶을 자신의 증오에 바친다는 뜻이다. 그런 일이 어떤 식으로 일어나는지에 대해선 아는 바가 없지만, 그건 잘 알려진 사실이다. 그러면 정말 이상한 일들이 일어난다. 그 일들은 합리적으로 설명되지도 않고 인과적으로 연결되지도 않는다. 아니, 그런 일의 존재에 대해 다른 사람에게 확실하게 알리는 것도 불가능하다. 그럼에도 그런 일은 불가사의한 방식으로 존재한다. 그렇다면 이 단검은 '자기'를 거부하는 것을 의미할 것이다. 왜냐하면 '자기'를 부정할 때, 사악한 효과를 위해 개성화를 포기할 때, 그때엔 '자기'의 바즈라 물질, 즉 다이아몬드 물질이 다른 사람들의 '자기'에 파괴적인 효과를 미치는 번개인 고드름이 될 것이기 때문이다. 그것은 사람들을 잡아끌지 않고 오히려 멀어지게 한다. 아시다시피, 사람에게 올바른 길을 암시하는 선한 것들의 마법적 효과도 있고, 사람에게 잘못된 길을 암시하는 사악한 것들의 마법적 효과도 있나. 전자는 백(白)마술이라 불리고 후자는 흑(黑)마술이라 불린다. 황모 스승은 백마술사일 것이고, 번개를 가진 홍모 스승은 흑마술사일 것이다. 홍모 스승은 손에 아무것도 쥐고 있지 않다. 그 자신이 바즈라이고 그의 가슴에 금강체가 들어 있기 때문에 거기엔 바즈라가 전혀 없다.

물론 동양에서는 사물들이 서양과 다르게 평가된다. 서양인은 자신들의 판단력을 이용하고 도덕적 가치들에 따라 사물들을 평가한다. 서양인은 이처럼 대단히 호의적이고 쾌활한 존재를 선한 사람으로 볼 것이다. 그렇지 않은 사람은 나쁜 사람으로 여겨질 것이다. 그런 사람은 정말로 악마처럼 보일 것이다. 그러나 동양에서는 그런 식의 평가가 보이지 않는다. 동양에서는 선한 존재나 악한 존재나 똑같이 같은 테이블에 앉아 있는 것이 확인된다. 선한 존재와 악한 존재는 서로 잘 어울려 지내며 아마 서로 대화도 할 것이다. 거기엔 서양의 도덕적 구별이 전혀 없다. 그것은 어둠과 빛이고 낮과 밤이며, 낮과 밤은 자연 속에서처럼 서로 함께 어울리며, 음과 양은 언제나 매우 다정하게 협력한다. 음과 양은 서로 맞붙어 싸우는 적들이 아니고, 언제나 함께한다. 그러므로 동양 사상은 성인이라고 해서 당연히 도덕적인 사람일 것이라는 식으로 절대로 생각하지 않는다. 성인도 대단히 비도덕적일 수 있고 비도덕적인 짓을 하지만, 그럼에도 불구하고 그는 성인이며 다소 위험한 존재이고 당신이 매우 조심해야 하는 그런 존재이다. 그는 '최고선'(summum bonum)이고 거의 신이다. 프랑스 여행가 알렉산드라 다비드 넬(Alexandra David-Neel:1868-1969)이 인도와 티베트 여행에 대해 쓴 이야기를 보면, 성인들을 설명한 대목이 아주 흥미롭다. 성인들의 매우 특이한 도덕성은 두 동료가 조용히 함께 앉아 있다는 사실에서 잘 표현되고 있다. 그리고 홍모 스승은 지독한 악마들의 도움을 받고 있으며, 황모 스승은 매우 다정한 인물, 아마 조수나 학생이나 사도의 도움을 받고 있다.

이제 우리 환자의 텍스트로 돌아가자. 당신이 피라미드를 완전히 이해하지 못했을 것 같다는 생각이 든다. 피라미드가 아주 전형적인 것이기 때문에, 그 주제에 대해 조금 더 논의하고 넘어가야 한다. 상황은 이렇다. 우리 환자가 자신의 아니무스와 '자기'의 형상을 뒤에 남겨두고 아래로, 아래로, 그러니까 일종의 비물질적인 환상들의 세계로부터 땅으로, 뉴욕의 현실로 내려가고 있다. 그녀가 내려오는 길이 매우 멀다는 것은 그 하강이 결코 간단하지 않다는 것을 의미한다.

분석 뒤에 다시 적응하는 길에는 덫과 난관이 아주 많다. 잘 아시다시피, 다시 적응하는 것은 상대적으로 간단한 문제일 수도 있고, 극도로 복잡한 문제일 수도 있다. 만약에 당신이 재적응을 무의식적으로 할 수 있다면, 다시 적응하는 것도 쉬운 일이라는 생각이 들 것이다. 그런 경우에도 당신이 약간의 신경과민을 보일 수 있지만 특별한 어려움을 겪지는 않을 것이다. 당신은 그냥 다시 적응하게 되고, 재적응은 그냥 일어난다. 다시 적응하는 일은 언제나 다소 보상적이다. 그러나 만약에 당신이 그 상황의 심리를 깊이 들여다본 다면, 그것이 대단히 복잡하다는 것이 확인될 것이다. 어떤 일을 꽤 의식적으로, 그러니까 자신이 하고 있는 것에 대해 깊이 아는 상태에서 노력하는 것은 결코 쉬운 일이 아니다. 만약에 그것이 의식적인 재적응이었다면, 그녀는 아마 많은 어려움을 경험할 것이고, 두려움과 신경과민과 온갖 종류의 장애 요소를 깨달을 것이다. 그러나 여기서 그것은 무의식적 재적응의 문제이다. 그래서 그녀가 획득했던 모든 가치들을 상실할 위험이 있다. 왜냐하면 의식만 가치들을 간직하고 자연은 가치들을 전혀 간직하지 않기 때문이다.

예를 들어, 당신이 경이로운 다이아몬드를 발견할 수 있다. 정말이지, 당신이 그것을 높이 평가하고 광을 낸다면, 그 다이아몬드는 커다란 가치를 지니고 아름다울 것이다. 그러나 만약에 당신이 그것을 보고도 다른 돌과 다르지 않은 돌로 여긴다면, 자연은 그런 당신이 다이아몬드를 멀리 버리는 것을 막지 않을 것이다. 당신이 그것을 강으로 던진다면, 강물이 그것을 이리저리 뒹굴게 할 것이고, 그러면 다이아몬드는 세월의 강 속에서 먼지가 되고 말 것이다. 아니면 다른 누군가가 그것을 발견하고 그 진가를 제대로 판단한다면, 그것은 보존되겠지만, 자연은 절대로 그것을 보존하지 않는다. 만약에 당신이 어떤 사물을 무의식에 맡기면, 그것의 가치들은 사라질 것이다. 가치들이 무의식에 의해 지켜질 수 없기 때문이다. 그것이 의식이 생겨난 이유이다. 그것은 자연 자체가 '누군가'가 세상에서 일어나고 있는 일을 깨달을 필요가 있다는 것을 자각하게 된 것이나 마찬가지이다.

그것은 독일의 현 상황과 다르지 않다. 나는 정치에 대해 말하고 싶지 않지만, 매우 흥미로운 심리학적인 이야기를 하나 들려주겠다. 내가 독일에 있을 때 나치 당원의 상담에 응한 적이 있는데, 그들은 내가 거기에 남길 원했으며, 그들 중 한 사람은 나를 체포해서라도 내가 독일에 남도록 해야 한다는 식으로 말했다. 그들이 무슨 이유로 그런 생각을 했을까? 나는 "나는 정치인이 절대로 아니다. 나는 심리학자일 뿐인데, 그런 내가 당신의 계획과 무슨 관계가 있는가?"라고 말했다. 그러자 그는 이렇게 말했다. "맞아요, 당신은 심리학자이며, 우리의 계획 밖에 있어요. 그래서 당신은 우리에게 우리가 무엇을 하고 있는지에 대해 정확히 말해 줄 수 있는 사람이지요." 그들은 자신이 하고 있던 일을 모르고 있었다. 나는 그 친구의 말에 놀랐다. 그 말에 뭔가 진리가 담겨 있다는 생각이 들었다. '우리가 하고 있는 일이 무엇인지 모르겠다'는 식으로 말하는 것은 놀라운 일이다. 만약에 그들이 안다고 말한다면, 그래도 어쩔 수 없겠지만 어떻게 그들이 알 수 있겠는가? 아무도 모른다. 그 사람은 창조주가 한 것을 그대로 했다. 창조주는 매우 위대한 인물임에 틀림없다. 그래서 창조주는 기다란 목과 코, 뿔, 이빨, 발톱을 가진 동물들을 창조하고 상상 가능한 온갖 묘기를 다 시도했다. 작은 동물, 큰 동물, 거대한 동물, 더없이 괴상한 대상들, 무시무시한 짐승들. 이어서 창조주는 스스로 이런 질문을 던졌다. "그런데 저것은 뭐지?" 그때 창조주는 자신이 만든 모든 것이 무엇을 의미하는지를 알기 위해서 정신을 차려야 했으며, 인간은 그것에 관한 이야기를 만들어내야 했다. 인간은 나와 똑같았다. 창조주의 일에 대해선 아무것도 알지 못하지만 "당신이 이 동물을 창조했다."고 말할 수 있는 그런 순수한 심리학자와 비슷했다는 뜻이다. 그래서 인간은 창조주에게 모든 동물의 이름을 지어주었으며, 인간은 신의 창조물 전부를 창조주에게 소개했다. 창조주는 인간이 이름을 붙여서 알려주기 전까지 자신이 말과 당나귀와 원숭이와 인간 존재들을 창조했다는 것을 알지 못했다. "이것은 당신이 창조한 포플러 나무이고, 이것은 당나귀이고, 이것은 뱀이고, 저것은 낙타랍니다." 그러자 구세주가 말했다. "그것 대단하구나! 나는 내가 뱀을 만들었다는 것을 몰랐어." 그것은 특별한 교육을 받고 있는 부르주아 신사(bourgeois gentilhomme)[72]와 비슷하며, 이 사람의 선생은 그에게 그는 산문을 말하지만 시인들은 시를 말한다고 가르쳤다. 그는 놀란 나머지 집에 돌아가자마자 아내에게 자신이 어떤 언어를 쓰는지 아느냐고 물었다. "당연히, 프랑스어지요." "아니야, 나는 산문을 말하고 있어." 그것이 의식의 시작인 위대한 발견이다. 약간의 의식을 갖고, 당신은 사물들에 이름을 붙이기 시작하고, 그러면 사물들은 객관화된다. 그래서 인간이 필요했다. 그리고 독일의 그 동료가 원했던 것은 내가 사물들에 이름을 붙여주는 것이었다. 그러면 당신은 그 이름으로 인해 그것을 당신의 손 안에 확실히 갖게 될 것이다. 고대에도 마찬가지로 사물들의 이름을 아는 것이 아주 중요한 것으로 여겨졌다. 우리의 과학 교육에서도 학생들에게 사물들의 이름을 알려주는 것이 아주 중요한 부분을 차지하고 있다. 그

----
72 몰리에르(Moli⊠re)가 같은 이름의 연극에서 신사가 되려고 노력한 사람을 그렸다.

러면 학생들은 무엇인가를 알고 있다고 생각하지만, 그들은 사물들의 이름밖에 알지 못한다.

이런 식으로 뉴욕으로 다시 돌아가는 것, 다시 말하면 무의식적으로 다시 적응하는 것은 사실은 대단히 복잡한 문제이다. 왜냐하면 그 사람이 이미 이름을 붙였던 모든 것이, 그 사람이 파악해서 카오스에서 끄집어냈던 모든 것이 다시 카오스 속으로 빠지기 때문이다. 그 모든 것이 이름을 잃고 녹는 것처럼 보인다. 그것들은 끊임없이 끓는 덩어리로 변하면서 사라졌다가 다른 형태로 다시 생겨난다. 그것은 무의식적 적응이다. 환자 자신은 특이한 변형을 겪고 있으며, 다른 존재로서 적응하고 있다. 그녀가 지금까지 이뤘던 모든 것이 사라진다. 다이아몬드도 사라진다. 다이아몬드는 아마 희미한 기억으로 남겠지만, 그녀는 변화한다. 그것은 원시인들의 무의식적 적응에서 잘 드러난다. 원시인들은 단순히 녹아서 다른 무엇인가로 변화하며, 따라서 그들은 꽤 쉽게 다른 것이 된다. 그들은 단순히 귀신 가면을 쓰고 귀신 옷을 입고 귀신 춤을 추면 그냥 귀신이 되고 알체링가(Alcheringa)[73] 시대의 조상이 된다. 원시인들은 재조정이라는 무의식적 과정에 의해 자신의 정체성을 잃는다. 여기서 우리는 이 과정을 보고 있다. 그녀의 발달의 핵심과 목표는 지금까지 '자기'라는 직관이었으며, 그것이 지금 사라지고 있다. 왜냐하면 그녀가 자신의 땅에 다시 적응해야 하기 때문이다. 그녀는 의식적으로 '자기'를 고수하지 않고 상실하고 있다. 그녀는 도가니 속으로 들어가고, 그녀와 '자기'의 이미지가 변형되고, 모든 것이 변형된다. 상황이 다르기 때문이다.

....
73 호주 원주민의 단어로, 사람이 처음 창조되던 시대를 의미한다.

당신은 당신 자신의 삶에서 이런 현상을 직접 관찰할 수 있다. 어느 장소에서, 어느 모임에서 당신은 어떤 인격의 소유자가 된다. 그러다가 그곳을 떠나 다른 상황에 처하게 되면, 당신은 완전히 다른 인격의 소유자가 된다. 이때 당신은 그 전의 확신들을 잃고 새로운 환경에서 새로운 확신들과 가치들을 창조한다. 이 모든 것은 무의식적 재적응의 문제이다. 어떤 것이 이전의 존재에서 매우 긍정적이었을 때에도 그런 일은 일어난다. 예를 들면, '자기'의 이미지가 살아 있는 여자의 형태로 긍정적인 존재를 가졌으나 지금은 그 이미지가 그녀 자신의 무덤으로 바뀌었다. 피라미드도 어떤 면에서 보면 똑같은 상징이지만, 지금 그 이미지는 돌로 구체화되고 있다. 다이아몬드처럼 번쩍이는 것이 살아 있는 왕이 아니라 왕의 신성한 무덤이다. 그럼에도 그것은 오래 지속되는 상태이고, 장수의 상태이다.

아랍인들은 지금도 여전히 자신들의 무덤에 관해 그런 확신을 품고 있다. 내가 올드 카이로에서 칼리프들의 무덤들을 보고 있을 때의 일이다. 그 무덤들은 정말로 영안실 같았다. 그때 교육 수준이 꽤 높은 아랍인이 나를 동행하고 있었다. 나는 무덤들의 고딕 양식에 경탄을 표했다. 그는 내가 무덤 양식을 높이 평가하는 것을 보고 "이 집들에 대해 어떻게 생각하세요?"라고 물었다. 이에 나는 "아름다움에 눈이 부시는군요. 탁월한 예술과 기술, 그리고 건축에 투입된 위대한 열정이 그저 놀랍기만 하군요."라고 대답했다. 그러자 그가 이렇게 말했다. "유럽인들은 언제나 달러와 자동차, 호텔, 철도 같은 것에 대해서만 생각해요. 하지만 당신은 곧 떠날 게 분명한 곳에 집을 짓겠습니까, 아니면 당신이 가장 긴 시간 머물 곳에

다가 집을 짓겠습니까?" 그래서 나는 "맞아요, 당신은 현명하고 우리 유럽인들은 확실히 바보예요."라고 말했다. 그러나 바보도 틀림없이 세상에 필요하다. 아시다시피, 그것이 동양이 생각하는 방식이고, 옛날의 이집트가 생각한 방식이다. 그들은 가장 오랫동안 머물 집을 지었다. 이집트에는 세속의 건물은 하나도 남아 있지 않다. 그런 건물은 모두 마른 진흙으로 지어졌기 때문이다. 아멘호텝(Amenhotep) 4세의 궁전의 토대는 지금도 남아 있지만, 그 외에 다른 것은 하나도 없다. 모두가 사라졌다. 그러나 무덤과 신전은 훨씬 더 튼튼하게 지어졌다. 그것들이 영속하는 것들의 영역인 바즈라 영역을 대표하는 것으로 여겨졌기 때문이다.

　미시즈 피어츠가 대(大)피라미드의 상징적 표현은 언제나 추측의 대상이 되었다는 사실에 주목해야 한다는 의견을 제시했다. 이런 문제를 다룬 책은 온갖 언어로 다 나오고 있다. 피라미드는 세상의 온갖 신비를, 옛날의 이집트가 알고 있던 은밀한 지식 전부를 담고 있는 것으로 여겨진다. 예를 들어, 피라미드의 옆쪽을 반쯤 올라가면 피라미드가 지어진 때인 B.C. 2900년과 B.C. 2700년 사이에 북극성을 가리켰던 축으로 들어가는 입구가 있다. 이어서 아마 옛날의 파라오가 묻혔을 석관이 있다. 그러나 그것은 확실하지 않다. 왜냐하면 도굴범들이 오래 전에 들어가서 그걸 훔쳐갔기 때문이다. 지금 이집트 사람들은 이 석관이 이집트에서 곡물의 양을 재는 단위였다고 말한다. 예를 들면, 우리 시대에도 여전히 쓰이고 있는 단위인 영어의 갤런도 거기에 포함된다. 그렇다면 공간과 각도의 측정은 모두 상징적인 숫자들에 바탕을 두고 있다. 그리스 숫자 π는 3.141592(이것은 수학에서 다양한 목적에 이용되고 있으며, 이

목적들은 모두 원주와 관계가 있다)이며, 이 원칙은 이집트의 측량에도 이용되었다. 또 다른 특이한 사실은 피라미드가 서 있는 경도가 육지를 가장 많이 포함하고 있는 반면에 바다를 가장 적게 포함하고 있다는 점이다. 인간은 이런 사실을 놓고 공상의 날개를 활짝 폈다. 나는 그 점을 잘 이해한다. 그것은 정말로 신기하다. 피라미드 안에 있는 검은 방들의 인상은 온갖 상상을 자극한다. 당신 위로 수백만 톤의 무게가 누르고 있다는 사실도 마찬가지이다. 그러나 중요한 것은 피라미드는 여전히 추측의 대상이라는 점이다. 그 추측이 옳은가 틀리는가 하는 것은 또 다른 문제이나. 피라미드는 신비로 가득하다. 그것을 바탕으로 우리는 피라미드의 초자연적인 성격에 관한 결론을 내릴 수 있다. 그것은 하나의 상징이다. 그것은 지금까지도 상징이었으며 앞으로도 영원히 상징으로 남을 것이다. 진정한 상징은 절대로 소진되지 않기 때문이다. 피라미드가 지닌 객관적인 상징적 성격에 대한 이야기는 이쯤에서 끝내도록 하자.

우리 환자의 텍스트와의 연결 속에서, 나는 피라미드가 변형 중인 '자기'를 나타낸다고 말했다. 현실 속의 피라미드가 변형 중인 왕을 나타내듯이. 왕이 살아 있는 것들의 세계를 떠나 지평선을 넘어설 때, 그러니까 태양의 배에 들어가서 내세의 땅에서 여행을 계속할 때, 그는 피라미드이다. 피라미드는 살아 있는 것들의 땅에서 왕과 동일하다고 할 수 있다. 그래서 '자기'가 사라지고 개인으로서 우리 환자가 왼쪽의 세계를 벗어나 오른쪽의 세계로 다가설 때, 그녀가 가장 먼저 만나는 것은 '자기'의 무덤인 피라미드이다. 뉴욕이 무덤처럼 보이는 것이다.

실은 이 사상에 무엇이 담겨 있다. 마천루들이 미국에서 발명되었다는 것은 결코 우연이 아니다. 마천루들은 어쨌든 미국에 속한다. 예를 들어, 미국 남서쪽의 인디언들은 도시를 건설할 만큼 높은 수준의 문명을 이루었다. 푸에블로 인디언들의 주거지를 보면 6층 높이 정도 되는 가운데를 향해서 주변에 흩어져 있는 나지막한 집들이 마치 피라미드 같은 스카이라인을 그린다. 현대 미국의 도시에서 보는 스카이라인을 많이 닮았다. 뉴욕이나 시카고, 클리블랜드, 세인트루이스 같은 미국 도시는 푸에블로 인디언들의 스카이라인을 확장한 것에 불과하다.

유럽인이 미국에서 보는 또 다른 특이한 것은 집 밖에 아래로 비상 탈출구로 설치된 철제 사다리이다. 이것도 푸에블로 인디언들의 것과 비슷하다. 푸에블로 인디언들은 계단을 만들지 않고 건물 밖에 테라스와 테라스를 연결하는 사다리만을 두고 있다. 푸에블로 인디언들은 집 외부를 오르내리는 것이다. 옛날의 아즈텍족과 마야족의 신전은 피라미드의 원리를 따르고 있다. 일종의 둔덕인 것이다. 외부에 꼭대기까지 올라가는 매우 가파른 계단이 있고, 신성한 제단이 있는 신전은 맨 꼭대기에 자리 잡고 있다. 그 신전들은 사카라의 계단식 피라미드와 비슷하다.

그 신전들은 또한 신들의 매장지였으며, 살아 있는 신들이 신전에 갇혀 있는 것으로 여겨졌다. 정말로 그랬다. 고대에 사람들은 멜카르트(Melkarth)[74]나 유피테르 암몬(Jupiter Ammon)[75] 신의 이미지를 무거운 사슬로 묶어놓곤 했다. 신이 달아나서 그들을 돕지 않는 일이 발생하는 것을 막기 위해서였다. 그 시대의 사람들은 신들

....

74 페니키아의 도시 티르(tyre)의 수호신.

75 유피테르는 이집트 신 암몬과 동일시되었다.

이 자신들을 버리고 떠나지 않을까 두려워하면서 실제로 신들의 이미지를 묶어놓았다. 그러다가 신의 이미지를 만들어서는 안 된다는 사상이 생겨났다. 신의 이미지를 만드는 경우에 사람이 신에게 권력을 행사할 수 있기 때문이다. 사람이 신을 얕보거나, 죽일 수도 있었으며, 심지어 신이 비웃음의 대상이 될 수도 있었다. 실력이 아주 탁월하지 않은 화가라면 신의 그림을 터무니없이 그릴 수도 있었다. 그래서 신을 나타내거나 신성한 존재의 주거지로 여겨지는 대상들은 어떤 것이든 신들을 파괴할 위험을 안고 있다. 만약에 옛날의 게르만족이 거치나 형태가 없는 어떤 신을 갖고 있있다면, 기독교 선교사들은 그것을 파괴하느라 꽤 고생했을 것이다. 그러나 기독교 선교사들은 신성한 돌과 신성한 상징에 있는 신에게 닿을 수 있었으며, 그래서 그들은 그 사상을 뒤엎을 수 있었다. 만약에 신이 정신이고, 눈에 보이지 않고, 만져지지도 않고, 모양이 전혀 없다면, 신을 해치는 짓은 절대로 불가능하다. 나는 스와힐리 친구들이 알라의 형태에 대해 원시적인 어떤 생각을 품고 있을 것이라고 기대하면서 종종 그들에게 질문을 던지지만, 그들은 아주 단호하게 알라는 형태가 없다는 식으로 대답했다. 밤의 사악한 귀신들에 대한 생각도 똑같았다. 스와힐리의 친구들은 야행성의 신은 갈색이고 땅 속에 산다고 말했지만, 그 신도 마찬가지로 어떤 형태도 갖고 있지 않다고 강조했다. 그들은 밤의 신이 한 줄기 차가운 바람과 비슷하다는 식으로 말할 것이다. 그렇다면 신전, 특히 이미지와 성상 등이 있는 종교의 신전은 언제나 일종의 신들의 매장지이다. 그런 경우에 신들이 돌이 되기 때문에, 이것이 신들에게 불리하게 작용했다. 기독교 선교사들은 언제나 이교도 신은 무력하다고 주장할 수 있었다. 이교도 신은 단순히 돌 조각이거나 나무 조각이며, 인공적이라는 주장이었다. 선교사들은 대좌 위에 놓인 이교도 신을 깨뜨릴 수 있었으며, 그래도 아무 일이 일어나지 않았을 것이다. 어쨌든 이교도 신은 전혀 힘을 쓰지 못했으며 자신을 방어할 수 없었다. 그러므로 어떤 종교가 신은 전혀 아무런 형태를 갖고 있지 않은 신비라고 묘사하는 것은 위대한 지혜에 속한다.

피라미드는 틀림없이 돌무더기이다. 그럼에도 불구하고 피라미드는 대단히 압도적이다. 그래서 신비를 믿는 사람이라면 피라미드는 온갖 종류의 신비를 다 포함하고 있다고 말할 수 있다. 그러나 많은 사람들은 신비를 믿지 않으며, 그들은 피라미드는 매우 오래된 거대한 돌무더기에 지나지 않는다고 생각한다. 유일하게 기적적인 것이 있다면 피라미드가 아주 오랜 세월 동안 버텨왔다는 점이라는 식으로 그들은 말한다. 그렇듯 뉴욕도 악마와 신들의 거처일 수 있으며, 당신은 뉴욕에 대해 온갖 종류의 신비를 상상할 수 있지만, 그 모든 것의 기술에 너무나 강한 인상을 받기 때문에 그런 상상을 하지 않을 것이다. 뉴욕의 마천루를 보면서, 당신은 거기에 쓰인 콘크리트와 강철의 양이 얼마인지, 31층에 거주할 경우에 비용이 얼마나 드는지, 승강기가 고장 날 경우에 계단을 이용해 지상으로 내려오는 데 시간이 얼마나 걸릴 것인지 등에 대해 생각하지 않을 수 없다. 거기서, 가장 소중한 본질의 측면, 즉 바즈라체(體)가 인간에 의해 만들어진 무엇인가로, 다시 말하면 영속적이지는 않지만(피라미드도 영속하지 못한다) 비교적 오래 가고 매우 단단하고 훌륭한 재료로 만들어진 무엇인가로 변한다. 그러나 바즈라체가 물질이 되었다. 따라서 안에 있는 가장 소중한 것이 사라질 때, 그것은 밖이 대단히 압도적인 것으로, 말하자면 인간 성취 중에서 가장 압도적인 기념물이나 거대한 도시, 거대한 궁전과 탑 등으로 변한다. 바빌로니아 왕의 위대한 '자기'는 님루드의 거대한 탑과 바알의 신전, 두꺼운 성벽, 수백 개의 거대한 문을 갖춘 바빌론이라는 도시로 표현되었다. 그것은 가장 위대한 것을 물질로 표현한 것이다. 가톨릭교회에서도 우리는 똑같은 현상을 본다. 성 베드로 성당의 웅장함과 교황의 영광은 내부의 가장 소중한 것을 외적으로 표현하고 있다. 그러나 가장 소중한 것은 그 안에 매장된다. 가장 소중한 것이 그런 집단적 표현의 단계에 이를 때, 그 표현은 집단적인 것일 뿐이며 바즈라에 있는 모든 마법적 힘 또는 신성한 힘은 집단적인 것의 권력 속으로 넘어간다. 내가 무의식적 재적응이라는 표현을 쓸 때 뜻하는 바가 바로 그것이다. 우리 환자는 소중한 본질을 잃고 있으며, 이제 소중한 본질은 거대한 무덤인 뉴욕이다. 그것은 살아 있는 왕이 아니라 왕의 무덤인 피라미드이다. 이것은 일종의 살해를, 제물로 바치기 위한 살해를 의미한다. 우리 환자의 텍스트는 이렇게 이어진다.

피가 뚝뚝 떨어지고 있는 칼이 보였다. 다른 쪽 면에는 둘로 찢어진 남자의 얼굴이 새겨져 있었고, 세 번째 면에는 어떤 남자가 얼굴을 땅바닥에 처박은 채 누워 있었으며 그의 밑으로 거기서 자라던 초록색 풀이 짓이겨져 있었다. 나는 칼이 있는 곳으로 돌아갔다. 그때도 여전히 칼에서 피가 떨어지고 있었으며, 그 피가 나의 두 발을 흥건히 적셨다.

제물의 성격이 강한 이 살해는 내면에 있는 것들을 죽이는 것이다. 이 과정은 어찌 보면 불가피하다. 누군가가 치열한 내면의 경험을 하고 있다고 가정하자. 그런 경우에 그 사람은 꽤 본능적으로 그 경험을 기록으로 남기고, 그것을 표현하여 공식 같은 것으로 만들려고 노력할 것이다. 그런 식으로 경험을 요약해 두면, 그것이 나중에 원래의 경험을 떠올리게 할 것이다. 그 사람은 적어도 돌 같은 것을, 자신에게 여기서 이런저런 일이 일어났다는 것을 떠올리게 할 기념물을 세우려 할 것이다. 잘 아시다시피, 그런 경험이 늘 일어난다면 굳이 기록으로 남길 필요가 없겠지만 애석하게도 매우 드물게 일어난다. 그리고 그런 기념물의 원래 의미를 잃고 단지 일종의 미신 같은 것만 남는 경우도 종종 있다. 그러면 사람은 기념물의 의미를 모르게 된다. 동양의 만다라가 오늘날 미신이나 다름없는 것으로 여겨지고 어떤 효과를 기원하는 의식(儀式)의 도구가 되었지만, 만다라는 원래 단순한 고백이나 기록이었을 가능성이 아주 높다. 중세 시대에 특별한 전통 없이도 만다라가 만들어졌던 것처럼 말이다. 만다라는 꽤 자연스럽게 만들어졌다. 이유는 사람들이 대단히 불가해한 내면의 어떤 경험을, 말하자면 신의 경험을 표현하길 원했기 때문이다. 다수의 만다라가 지금까지 전해오고 있다. 성 아우구스티누스(St. Augustine)가 신이라는 존재의 핵심을 표현하기에 아주 적절한 공식을 찾고 있었을 때, 그는 신은 어떤 거대한 원이며 그 원의 원주는 어디에도 없고 그 원의 중심은 어디에나 있다고 말했다. 그런 자연스런 설명으로부터 만다라가 생겨났다. 중세의 사람들은 자신의 경험을 그런 식으로 기록으로 남기는 경향을 갖고 있었다. 힐데가르트 폰 빙엔(Hildegard von Bingen)

은 신성한 신비에 관해 쓴 책에서 여러 점의 만다라를 남겼으며, 야콥 뵈메(Jakob Boehme)도 만다라를 하나 만들었다. 그리고 15세기 초기에 『독일 신학』(Theologia Deutsch)[76]이 발표되던 때에, 신비주의자들이 마이스터 에크하르트(Meister Eckhart)의 가르침과 '자유정신 형제애'(Brethren of the Free Spirit)의 전통에 영향을 받아 만다라를 만들었다. 처음 만들어질 때, 만다라는 그 사람의 확신을 고백하는 것이고, 즉시적인 경험을 표현하려는 시도였다. 그러다 시간이 지나면서 만다라는 마법의 공식 같은 것이 되었으며, 사람들은 그런 그림을 그리면 도움이 된다고 생각하기에 이르렀다. 그래서 사람들은 성인에게 일어난 일이 자신에게도 일어날 수 있다고 단정하면서 만다라를 모방했다. 그렇듯 옛날에 현자가 히말라야 산속에서 은자(隱者)로 살았던 것도 그의 내면에 일어난 당혹스런 경험과 관계있었으며, 그 현자는 히말라야의 바위나 나무에 그런 형태를 그렸다. 그의 제자들은 그 그림을 보고 이런 식으로 생각했다. "저 노인이 하고 있는 것을 봐야겠어. 그것이 그의 비결이니까. 그가 지금 잊지 말아야 할 것을 기록으로 남기려 노력하고 있거든." 그때 사실 현자는 자신의 마음을 명료하게 정리하려 노력하고 있었을 뿐이다. 그러다 은자가 죽으면, 제자들은 노트에 은자가 남긴 그림을 베끼고 동그라미를 그리면서 은자의 비결을 다 알게 되었다고 생각했다. 그렇다면 만다라는 옛날의 철학자들이 자신의 모호한 경험을 놓고 깊이 고찰하려는 시도에 지나지 않았다. 아시다시피, 그런 경험이 굳어지고 말로 표현되는 것은 거의 불가피한 일이다.

....

76 14세기 후반에 쓴 신비주의 저작이며, 저자는 알려져 있지 않다.

그래서 종교가 절정에 이른 시대에 위대한 예술이 꽃피게 되고, 새로운 양식의 예술은 진정으로 아름답기 위해서 언제나 위대한 종교적 경험을 필요로 한다. 그리고 종교가 쇠퇴할 때, 예술도 쇠퇴하는 조짐을 아주 뚜렷이 보인다. 로마 제국 마지막 세기에 세속의 예술도 눈에 띄게 쇠퇴하는 모습을 보였다. A.D. 3세기나 4세기의 건물을 놓고 균형미를 연구해 보라. 예를 들면, 베로나에 그 유명한 로마 시대의 문이 있다. 균형미가 떨어지고, 아름다움이 사라졌다는 사실이 확인될 것이다. 로마 제국 말기의 예술은 먼저 추상적인 아름다움을 잃고 보다 구체적이게 되었다. 그래서 건축 외에 가장 두드러진 로마 예술은 흉상이며, 초상화나 다름없는 이 조각상은 매우 구체적이고 매우 물질적이다. 지금도 박물관에 가면 그런 조각 수백 점을 볼 수 있으며, 속물주의자들의 성격을 매우 분명하게 읽을 수 있다. 추상적인 예술은 완전히 무시당했으며, 옛 거장들의 모조품만 남아 있다. 그러나 이교도 문화가 이런 식으로 쇠퇴를 겪고 있던 시기에, 새로운 양식이 나름의 새로운 아름다움과 균형미를 갖추고 나타나고 있었다는 사실을 기억해야 한다. 라벤나의 비잔틴 예술이다. 이 예술은 새로운 표현이었으며, 이 예술이 발달할수록, 아름다움에, 말하자면 그림과 건축과 조각의 아름다움에 정신이 더 많이 구현되었다. 이어 종교개혁 동안에 그 모든 것이 부정되었다. 사람들은 수도원을 불태우고 가장 아름답고 소중한 예술과 스테인드 글라스를 파괴했다. 종교개혁은 '죽은 머리'(caput mortuum)에 반대하면서 생명을 강력히 주장하며 폭력을 행사했다. 그 결과, 파괴된 것들의 잔해가 곳곳에 쌓이게 되었다.

　나 자신이 200살까지 사는 저주를 받는다고 가정해보자. 그러면 아마 나는 나 자신이 가진 모든 것을 불태우고 주변 사람들을 모두 죽일지도 모른다. 자신이 쌓고 있는 것이 너무나 끔찍하기 때문이다. 나는 나 자신이 혈거인으로 완벽하게 편안하게 살아가는 것을 상상할 수 있다. 그러나 시간이 조금 지나면 내가 먹고 버릴 동물 뼈나 조개껍질 같은 것이 썩는 냄새 때문에 거기서 더 이상 살지 못하게 될 것이다. 잘못하다가 나 자신이 그 더미에 묻히고 말 테니까. 나는 어떤 지역의 인구가 갑자기 없어지는 것이 그런 이유 때문이 아닐까 짐작한다. 사람들은 쉽게 자신의 쓰레기에 묻힌다. 그래서 사람들은 물에 쓰레기들을 씻어 내기 위해 물 위에다가 주거 공간을 마련한다. 원시인들의 마을은 오물로 숨이 막힐 지경이다. 당신도 에스키모의 오두막을 묘사한 글에서 그런 내용을 읽을 수 있다. 읽지 못했다면, 하이에나의 굴을 연상하면 된다. 우리가 들어간다면 아마 즉시 나오고 말 것이다. 그렇듯, 우리는 온갖 종류의 심리적 찌꺼기들을 축적하고 있다. 우리의 최고의 사상들은 기계적인 것으로 변하면서 형태를 갖게 되고 손에 만져지고 위험한 것이 되어 버렸다. 당신은 위험하게 변해 버린 사상들을 책에서도 읽을 뿐만 아니라 온 곳에서 눈으로도 확인한다. 당신이 가는 곳마다, 당신의 사상들이 발견된다. 그러다가 당신은 그 사상들에 염증을 느끼며 당신의 이름을 바꾸게 된다. 그것이 바로 내가 200살까지 살게 되는 경우에 주변의 모든 사람을 죽이고 나의 책을 비롯해 모든 것을 불태우게 되는 이유이다. 사람들은 간혹 완전히 매몰된 탓에 열병 같은 것을 앓는다. 우리가 완벽한 종교를 발견한다면, 그 같은 사실이 얼마나 무섭게 다가올지 한 번 상상해 보라. 거대하고 아름다운 신전들이 영원히 그렇게 떡하니 버티고 서 있을 것이라고 생각해 보라. 그러면 인류가 신전의 뜰과 주랑으로부터 달아날 수 있는 희망은 절대로 없을 것이다. 또 우리는 옛날의 개념들보다 더 아름다운 것을 절대로 창조하지 못할 것이다. 아니면 보다 높은 것을 추구하는 데 따르는 위험성을 허용하지 않는 그런 지혜의 정점에 대해 생각해 보라. 그건 곧 대재앙일 것이고, 인류의 자살을 부를 것이다.

피가 뚝뚝 떨어지고 있는 칼은 여기서 희생을 의미한다. 피라미드는 '자기'의 무덤이기 때문에 '자기'의 희생을 의미한다. 그러나 여기서 피라미드는 아니무스의 희생이다. 그런 희생에서 무엇인가가 새로 시작한다. 우리는 곧 아니무스 대신에 무엇인가가 올라오는 것을 보게 될 것이다. '자기' 대신에, 뉴욕의 돌과 강철의 둔덕이 나타난다고 말할 수 있다.

이 대목에서 아니무스와 가장 가까운 존재는 진짜 인간이다. 아니무스가 묻힐 때, 아니무스의 무덤은 살아 있는 인간이며, 아니무스는 살아 있는 인간과 함께 걸어 다닌다. 누군가가 나에게 아니무스 투사를 하고 있을 때, 나 자신이 마치 시체가 들어 있는 무덤처럼 느껴진다. 기이한 죽은 무게 같은 것을 느끼는 것이다. 내가 예수가 말한 그 무덤들 중 하나 같다. 온갖 종류의 해충들이 들어 있는 무덤 말이다. 게다가 나는 시체나 다름없는 존재가 되어 나 자신의 삶을 온전히 느끼지 못한다. 아니무스 투사는 정말 살인이나 다름없다. 왜냐하면 그 사람이 아니무스가 묻히는 장소가 되기 때문이다. 그는 애벌레의 몸 안에 들어 있는 말벌의 알처럼 묻혀 있다. 알이 부화할 때 말벌 새끼들이 안쪽에서 애벌레를 먹는데, 이는 매우 불쾌한 일이다.

25강

1934년 3월 14일

다이아몬드의 상징적 표현에 대해 조금 더 보도록 하자. 지난 시간에 다이아몬드는 탄소 수정 같은 것이라고 말한 바 있다. 지금 에서 박사는 다이아몬드가 정육면체 형태를 취하고 있다는 점을 강조한다. 그런데 간단한 형태의 정육면체는 아래 위가 똑같은 이중의 피라미드인 셈이다. 그렇다면 피라미드는 정말로 다이아몬드와 비슷하다. 피라미드와 다이아몬드에서 서로 비슷한 점을 찾는 것은 무리가 아니다. 독일어와 프랑스어에서 'diamant'로 적는 다이아몬드라는 단어는 그리스어 단어 'adamas'에서 유래했다. 이 그리스어 단어는 길들일 수 없는, 또는 무찌를 수 없는 것을 뜻한다. 이 뜻은 다이아몬드의 상징적 의미와 아주 아름답게 일치한다. 다이아몬드는 또 특별한 마법적 성격도 갖고 있다. 아시다시피, 귀중한 돌에도 언제나 마법적인 특징이 있는 것으로 여겨졌다. 예를 들면, 자수정은 술에 취하지 않게 막아주고, 다이아몬드는 광기와 독을 물리치는 힘을 갖고 있다. 중세에 다이아몬드는 남편과 아내 사이의 '화해의 돌'로 알려졌는데, 이는 아주 좋은 아이디어였다. 남편과 아내는 결혼 후 60년 뒤에 다이아몬드 혼식을 기념한다. 다이아몬드 결혼반지는 갈등 많은 결혼 생활이 되지 않도록 막아달라는 액막이 부적의 성격이 강하다.

이 자리를 빌려서 성격이 조금 다른 문제에 대해 언급하고 싶다. 당신도 스위스 신문을 통해서 나의 학문적 정직성을 공격하는 내용을 읽었을 줄로 안다. 그 글을 쓴 친구는 국가사회주의(National Socialist) 정권이 들어서기 전에 내가 인종 심리학을 비난하지 않았다는 것을 지적하는 것이 특별히 똑똑한 짓이라고 생각했다. 그러나 나는 1918년에 현재의 정치적 상태를 진단하는 논문을 발표한 적이 있다. 지금은 그 내용을 희미하게 기억하고 있지만, 현재 독일에서 벌어지고 있는 것을 진정으로 암시하고 있다. 대충 이런 내용이었다.

기독교는 게르만 민족을 열등한 반(半)과 탁월한 반으로 나눴다. 기독교는 어두운 측면을 억압함으로써 밝은 면을 길들이고 밝은 면이 문화를 성취하도록 하는 데 성공했다. 열등한 반은 지금도 여전히 구원과 두 번째의 길들이기를 기다리고 있다. 그런 일이 일어날 때까지, 열등한 반은 집단 무의식에 있는 어두운 시대들의 잔재와 연결된 상태로 남을 것이다. 이것은 집단 무의식에 활기의 특이한 증대가 일어나게 된다는 것을 의미한다. 마찬가지로 기독교 세계관의 무조건적인 권위가 사라짐에 따라, '금발의 야수'(니체가 튜턴 족 야만인을 표현하는 데 쓴 용어)가 두드러질 것이며, 그는 지하 감옥에서 몸부림치며 어떤 폭발로, 가장 파괴적인 결과로 우리를 위협할 것이다. 이 같은 현상은 각 개인의 내면에서 일어나는 심리적 혁명이지만 동시에 하나의 사회적 현상으로 나타날 수 있다.

아시다시피, 이것이 실제로 현실 속에서 작동하고 있는 심리이다. 독일뿐만 아니라 세계의 반 이상이 이에 해당한다. 스위스는 당분간 일종의 서양 세계의 요새가 될 것이다. 스위스는 지금 3면이 혁명에 둘러싸여 있다. 프랑스와 접하고 있는 국경만 옛날의 고전적인 문명을 유지하고 있다. 다른 3개의 면은 이미 중대한 정신적 격변의 공격을 받고 있다. 최종적 결과가 어떤 식으로 나타날 것인지는 아직 두고 봐야 한다.

여기서 우리 환자의 텍스트로 돌아가도록 하자. 지난 시간에 우리는 희생된 아니무스에 대해 이야기했다. 이 아니무스의 잔해가 피라미드의 3개 면에 나타났다. 거기엔 둘로 찢어진 어떤 남자의 얼굴이 있었다. 이 남자는 땅에 얼굴을 처박은 채 엎어져 있었다. 피가 떨어지는 칼도 있었다. 그것들은 거기서 벌어진 살육의 3가지 징후였다. 그건 분명히 뒤에 남았던 아니무스를 살해한 것이다. 그리고 뒤에 남았던 '자기'는 물질로, 하나의 피라미드로 변했다.

죽은 파라오가 피라미드의 형태로 나타나듯이, 피라미드에 나타나고 있는 것은 죽어서 묻힌 '자기'임에 분명하다. 파라오의 미라는 피라미드 안에 놓인다. 옛날의 이집트인들은 석관 자체를 아예 머리와 얼굴, 팔 등 인간의 형태로 만들었다. 그 형태도 최대한 왕의 모습을 닮도록 다듬었다. 그런 다음에 옛 이집트인들은 왕의 육체 위로 외적인 표시를 건설했다. 틀림없이, 아니무스는 피라미드 묘에 전부 들어가지 않고 있다. 왜냐하면 아니무스의 잔해들이 여전히 밖에 있기 때문이다. 그러나 그 잔해들에 남아 있는 생명은 확실히 거의 없다. 그렇다면 우리는 아니무스의 생명도 피라미드 안에 매장되었다고 단정할 수 있다. 환자가 '자기'와 맺었던 관계를 포기할 때, '자기'는 무의식 속으로 사라지며 묻힌다. 만약에 무의식이 약해지면, 그때 아니무스도 포기된다. 왜냐하면 아니무스가 그 사람과 무의식을 연결하는 다리이기 때문이다. 그래서 다리도 망각된다. 그것은 사람이 어떤 강을 건너서 반대편 강둑을 걸으면서 강과 다리, 강둑을 모두 뒤에 남기고 떠나는 것과 비슷하다.

그 희생의 결과가 어떤 식으로 나타날 것인지 궁금하다. 아니무스가 어떤 형태로 다시 나타날 것인지, '자기'가 어떤 형태로 다시 나타날 것인지에 대해 물었던 기억이 남아 있다. 이어지는 환상은 다음과 같은 질문에 해당한다. 아니무스와 '자기'가 뒤에 남으며 오직 간접적으로만 나타날 때, 아니무스는 어떻게 되고 또 '자기'는 어떻게 되는가? 이 질문에 대한 대답은 그보다 더 중요한 어떤 문제에 대한 대답이기도 하다. 그것은 플라톤의 '에이돌론'(eidolon)[77]의 문제와 비슷하다. 플라톤은 그런 영원한 이데아가 구현되거나 구체화되기를 기다리면서 원래의 형태 그대로 천상의 장소에 남아 있다고 주장했다. 그렇다면 이 세상의 모든 대상, 즉 하나의 의자나 하나의 인간 존재, 하나의 집은 그것만의 에이돌론, 즉 원래의 이미지를 하늘에 갖고 있으며, 그 이미지가 진정한 대상이다. 중세엔 이런 종류의 철학이 '실재론'(實在論)이라 불렸는데, 이

....
77 허상이라는 뜻의 그리스 단어로, 아이돌은 이 단어에서 비롯되었다.

는 오늘날 우리가 실재론이라고 부르는 것과 꽤 다른 것을 의미한다. 그것은 사상은 단어이고 개념일 뿐 진정하고 유일한 실체는 아니라는 주장을 편 유명론(唯名論)과 반대되는 개념으로서의 실재론이었다. 플라톤의 철학에서 진정한 존재, 즉 진정한 본질은 하늘에 있는 에이돌론이며 우리가 이 세상에서 보고 있는 것은 단순한 현상일 뿐이다. 예를 들어, 이 의자는 의자라는 이데아를 모방한 것에 지나지 않는다. 인간 존재가 단지 천인(天人)인 에이돌론이 구체화된 것이듯이. 이 천인이 언젠가 둘로, 남자와 여자로, 당신이 오늘날 온 곳에서 보는 그런 비참한 개인으로 나뉘었듯이 말이다. 그렇듯 천상의 의자는 록펠러가 자기 집 거실에 두고 있는 수천 개의 재미있는 모델로 갈라졌다. 에이돌론은 천상의 어떤 장소에 정말로 보관되어 있는 원형적인 이미지이다. 그 이미지들은 집단 무의식 안에 존재하고 있으며 모든 인간 존재 안에서 되살아나고 구현된다. 아시다시피, 그것은 일종의 심리적인 신화이며, 모든 개인의 발달에 일어나는 어떤 심리적 과정이다. 이 영원한 관념들은 작동하고 있으며, 여기서 묘사되고 있는 것처럼 관념들이 원래 가졌던 신성은 희생된다.

예를 들어, 인간의 삶에서 일어나는 최초의 고통은 아버지와 어머니가 하나의 자웅동체의 신이 아니라는 사실을 발견하는 것이다. 바로 그 발견에서, 당신도 프로이트의 글에서 읽은 바 있는 소위 거세 콤플렉스가 비롯된다. 남성의 특징들이 어머니로부터 분리될 때, 말하자면 여신이고 완벽한 존재였으며 남자임과 동시에 여자인 것 같던 어머니도 반쪽의 인간 존재로서 한 사람의 여자에 지나지 않는다는 사실을 아들이 깨달을 때, 거세가 일어나는데, 그것은 일종의 희생이다. 그것은 또 원래의 신성의 상실이다. 아이는 영원한 관념들을 가진 상태에서 태어나며 가장 먼저 집단 무의식 속에서 산다. 이 집단 무의식에선 지배적인 형상들이 지배자이며, 집단 무의식 밖에서 일어나는 것은 무엇이든, 한 마리의 개이든 부모든 아니면 다른 아이든 불문하고 지금 우리에게 보이는 것과는 결코 같지 않다. 반대로, 그것들은 신성의 후광을 두르고 있으며, 마법적이고 경이롭다. 많은 사람들은 그런 기억을 갖고 있다. 지금도 완벽한 의미의 마법적 후광이나 완벽한 매력, 황금의 후광을 지니는 것들이 있다. 그러면 뒤이어 일어나는 경험은 어린 시절의 그런 후광을 파괴하며, 그럴 때마다 그 파괴는 언제나 일종의 피를 흘리는 희생이다.

지금도 당신이 분석이나 다른 경험을 통해서 그 영원한 이미지들의 영역으로 들어갔다가 다시 현실의 삶으로 돌아가려고 노력할 때마다, 그런 희생은 반드시 따른다. 그러면 아름다운 것들이 파괴되고, 당신은 그냥 저주 받았다는 기분이 들 것이다. 독일 문헌에서 그런 전형적인 예를 꼽는다면, 칸트의 『순수이성 비판』(Critique of Pure Reason)을 읽은 것이 하인리히 클라이스트(Heinrich Kleist)[78]에게 끼친 영향이다. 그 시대에 『순수이성 비판』은 대단히 혁명적인 책으로 여겨졌다. 칸트가 그 책을 통해 한 말은 인간이 알 수 없는 어떤 것들이, 예를 들면 신의 본질 같은 것이 세상에 존재한다는 것이었을 뿐인데도 말이다. 우리는 신이 존재하는지에 대해서조차 말하지 못한다. 왜냐하면 인간의 범위를 훨씬 넘어서는 신이라는 개념의 정의에 따르면 인간이 신에 대해 무엇인가를 안다는 것 자

----
78 독일 낭만주의 시인이며 소설가(1777-1811).

체가 불가능하기 때문이다. 이것이 우리에게는 너무나 자명해 보인다. 그래서 우리는 사실 꽤 단순한『순수이성 비판』을 읽어도 당황하지 않을 것이다. 이 책이 너무나 단순하기 때문에, 우리는 언제나 그 뒤에서 더 복잡한 무엇인가를 발견하기를 기대하고 있다. 그 책의 글쓰기 자체가 대단히 어려워 보이지만, 그런 글쓰기가 그 시대에는 필요했다. 어떤 문제를 사람들의 눈에 드러나도록 만들기 위해선 매우 논리적인 진술이 필요했던 것이다. 1772년만 해도 자연과학 분야에서 신이 7일 만에 세상을 창조했다는 것을 증명하는 책들이 발표되던 때였다. 그 시대의 과학은 신의 존재를 증명하는 수단에 지나지 않았으며, 그래서 자연과학에 관한 책들은 더없이 놀라운 결론을 제시할 수밖에 없었다. 여기 취리히에서는 그 유명한 요한 야코프 슈이처(Johann Jakob Scheuchzer)[79]가 자연사를 써서 꽤 높이 평가받기도 했다. 그의 책은 모든 것을 파괴한 대홍수가 정말로 일어났다는 것을 증명하는 내용이었다. 그는 4,000 내지 5,000 피트 높이의 산에서 조개 화석을 많이 발견했는데, 그것을 그는 홍수가 그 높이까지 도달했음을 보여주는 증거로 여겼다. 그런데 불행하게도 그는 물고기 화석도 발견했는데, 이에 대해 그는 홍수가 너무 커서 물고기마저 죽었다는 식으로 해석했다. 그는 또 지금 일본 외의 지역에선 멸종한 어떤 거대한 도롱뇽 화석을 발견했다. 이 화석에 대해 그는 대홍수의 목격자인 어느 인간 존재의 뼈대라고 생각했다.

칸트가 글을 쓰던 때는 바로 시대였다. 그래서 칸트는 특별한 언어를 쓰고, 우리 눈에 꽤 삼단논법처럼 보이는, 아주 정확하고 논

....
79 취리히 출생의 스위스 학자(1672-1733)로, 의학, 수학 등에 조예가 깊었다.

리적인 결론들을 제시할 필요가 있었다. 그리고 시인이며 철학자인 클라이스트는 칸트의 책을 읽고는, 자신의 유일한 이상과 최고의 믿음이 파괴되었으며 그로 인해 자신은 모든 것을 잃었다는 내용의 편지를 남기고 총으로 자살을 했다. 그는 중세에 해당하는 어린 시절의 신비적인 세상 속에서 살았다. 그러다가 그는 칸트의 글을 읽음으로써 인간은 결국 이 세상에 국한되며 자신의 세계가 아닌 다른 어떤 세계에 대해서는 어떠한 암시도 하지 못한다는 것을, 그리고 인간은 자신의 정신적 범주들 안에 갇혀 있기 때문에 자신 너머에 대해서는 아무것도 알 수 없다는 것을 깨닫게 되었다. 이것은 우리에겐 아주 명백해 보이지만, 사람들은 그 후에도 1세기 동안 똑같은 옛날의 사상으로, 말하자면 인간이 공간과 시간의 경계를 뛰어넘어 절대로 알 수 없는 것에 대해서도 단언할 수 있다는 사상으로 돌아갔다. 그들은 어린 시절의 낙원을 포기할 수 없었다. 클라이스트에게는 낙원을 포기하는 것이 너무나 큰 희생이었다. 그래서 그는 자신의 존재를 끝내는 쪽을 택했다.

인간의 완벽성이나 권위나 신앙에 대한 믿음이 파괴될 때, 많은 인간들의 삶에 그런 일이 일어난다. 사람들은 단지 유년기 낙원의 희생을 견뎌내지 못하다가 병에 걸리거나 죽고 만다. 이는 그 사람들이 명확하게 진술하지 못하는 것은 세상에 존재하지 않는다는 식으로 생각하기 때문이다. 그들은 다시 똑같은 실수를 저지르고 있다. 내가 신이 존재한다고 말하든 신은 존재하지 않는다고 말하든 전혀 아무런 차이가 없다. 나는 신을 만들지도 못하며 신이 사라지도록 만들지도 못한다. 내가 무슨 말을 하든 신과는 아무런 관계가 없다. 내가 에베레스트 산이 있다고 하든 없다고 하든, 그건 전혀 중요하지 않은 것과 마찬가지이다. 내가 무슨 말을 하든 상관없이 에베레스트 산은 거기에 있으며 그런 이름을 붙여주지 않으면 그런 산이 없을 수 있는 것이다. 그러나 유년기 낙원의 상실에 마음을 다치는 사람들은 지금도 여전히 누군가가 에베레스트 산이 없다고 말하면 그런 산이 없는 것으로 생각한다.

우리가 지금 여기서 지켜보고 있는 과정은 어린 시절로부터 발달해 나오는 과정과 똑같다. 아이가 자신만의 금빛 찬란한 세상에서 빠져나와서 소위 진정한 세상을 발견하는 과정과 똑같다는 뜻이다. 그리고 아이가 생각하기 시작하므로, 추가적 발달은 당연히 언제나 하강이다. 아이는 성장하면서 세상의 수렁 속으로 떨어진다. 삶의 초기를 지배했던 아름다운 환상이 지속적으로 희생될 가능성이 아주 큰 것이다. 그 이후로, 사람은 그 아름다운 환상을 모두 잃고 망각한다. 오직 오랜 시간이 지나서야, 아마도 인생 후반부에 가서야 사람은 일부 경험들이 어떤 의미를, 일종의 은밀한 의미를 지닌다는 것을 발견할 것이다. 그때까지 그 사람은 이 의미에 대해 까마득히 모르고 있을 것이다. 그러므로 나이 든 사람들은 종종 일들이 어떤 식으로 전개되었는지 알기 위해 역사를 읽기 시작한다. 돌연 어떤 경험들이 무엇인가를 의미할 것이라는 생각이 떠오르기 때문이다. 처음에 사람들은 사물들 안에 갇혀 있었다. 모든 것이 너무나 뻔했다. 초기의 환경이 아이에게 너무나 분명하기 때문이다. 아이는 삶 속으로 내려가는 이 길에서만 사물들을 발견한다. 늙은이는 그 길을 다시 올라오는 과정에 있다. 그래서 늙은 사람은 의미를 발견하고, 아이는 물질적인 존재와 사물들의 특징들을, 맛과 냄새와 색깔을 발견한다. 당신은 그런 것들이 마법적인 매력을 발휘한 것으로 기억하지만, 그 매력은 지금 완전히 사라졌다.

　세상 속으로 내려가는 하강은, 사람이 존재를 시작하는 단계에서 일어나든 무의식 속에서 삶의 한 단계를 보낸 뒤에 일어나든, 언제나 희생을 수반하는 것이 특징이다. 따라서 한동안 분석을 중단하는 경우에 사람들은 매달리지 않는 게 더 나을 일에 집착하는 모습을 종종 보인다. 잘 알고 있겠지만, 일정 기간 분석을 거친 사람들이 대체로 품는 편견 하나가 바로 세상과의 관계는 물론이고 사람들과의 관계도 일들을 심리적으로 고찰하는 데에 있다고 생각한다는 점이다. 그 사람들은 모든 것이 분석되어야 한다고 생각한다. 그들은 콘서트를 관람하든 여행을 하든, 그것에 관해 꿈을 꿔야 한다고 생각한다. 그러나 꿈을 분석하는 목적은 구체적인 문제들에 대해 아는 데에 있는 것이 아니라, 구체적인 문제들과 무의식의 관계를 아는 데에 있다. 말하자면, 의식의 어떤 발달이 집단 무의식과 일치하는지, 의식에 어떤 장애가 일어나는 이유가 무엇인지를 알기 위해서 꿈을 분석한다는 뜻이다. 꿈이 무슨 말을 하는지에 대해 신경 쓰면서, 일종의 미신적인 공포에 사로잡혀 평생을 살아야 한다는 뜻은 아니다. 그런 식으로 산다면, 당신은 꿈이 아무런 이야기를 들려주지 않을 경우에 움직이지도 못할 것이다. 예를 들면, 당신 가계의 수입과 지출을 맞출 시기까지도 꿈이 알려줄 때까지 기다려야 할 것이다. 나는 그런 식의 사고방식을 실제로 목격한다. "그렇게 한 번 해 보시죠?"라고 물으면, "그런 일에 관한 꿈은 없었어요."라는 대답이 돌아온다. 아니, 어떻게 이런 난센스가! 사람이 어떤 사상에 매달리다가 그 사상이 수명을 다할 경우에 완전히 길을 잃어버리게 되는 것도 이와 다르지 않다. 그러나 그렇다고 해서 사람이 모든 것을 창밖으로 버려야 한다는 뜻은 아니다. 그런 짓은 꽤 잘못된 행위이다. 왜냐하면 삶에는 꿈을 고려해 보는 것이 더 바람직한 상황이, 말하자면 꿈이 정말로 필요한 곤란한 상황이 꽤 많기 때문이다. 그러나 당신이 마룻바닥을 닦아야 하는가, 혹은 필요한 때에 구두를 새로 사야 하는가 하는 것은 문제가 될 수 없다.

분석을 중단하자마자 모든 것을 두고 토론하고 분석해야 한다고 고집하면서 분석적인 스타일을 고수하는 사람은 지나치게 서투르고 지루한 존재가 된다. 이런 스타일은 당연히 버려야 한다. 분석에는 좋지만 삶에는 좋지 않다. 분석적인 스타일을 희생시키는 경우에, 그것 자체가 끔찍한 희생처럼 보일 수 있다. 무의식과의 접촉을 완전히 잃게 된다는 식으로 생각하기 때문이다. 무의식과의 접촉도 잃을 수 있어야 한다. 무엇인가를 잃지 않고는 절대로 그 어떤 것도 얻지 못한다. 그러니 무의식을 잃을 위험을 감수하라. 잘 아시겠지만, 당신이 무의식을 잃을 수 있다고 걱정하는 것은 꽤 터무니없는 짓이다. 무의식이 당신에게 너무나 끈질기게 달라붙는 탓에, 당신이 간혹 무의식을 잃는 착각을 소중히 여기게 될 것이기 때문이다. 무의식은 당신에게 아주 강하게 집착한다. 그래서 당신은 무의식을 떼어내지 못한다. 무의식과의 접촉을 잃을 수 있다는 생각 자체가 망상이다. 그럼에도 무의식과의 접촉을 잃는 것처럼 보인다. 틀림없이, 어떤 심리적인 환경으로부터 세상의 집단적인 분위기 속으로 옮겨가는 것은 더없이 힘든 과정이고 또 힘겹게 극복해야 할 차이이다. 그러므로 그 과정을 희생의 피로 상징하는 것은 합당하다.

지금 우리 환자는 그 아니무스의 형상 주변에 초록의 것들이 자라고 있다는 사실을 알아차린다. 이것은 아니무스가 자연에 의해 삼켜지고 용해될 것이라는 뜻이다. 그녀는 아니무스가 자연 속에 완전히 용해되는 것으로부터 보호하면서 그를 자유롭게 놓아줄 필요성을 느끼고 있다. 이것은 아니무스 형상이 더 이상 무의식에 닿는 다리의 역할을 하지 못하더라도 그에게 잃어서는 안 되는 무엇인가가 있다는 것을 보여준다. 그는 여전히 존재해야 한다. 바로 그것이 다시 나타나야 할 그 무엇이다. 아시다시피, 아니무스 또는 아니마가 완전히 사라질 수 있다면, 아마 심리가 존재해야 할 이유가 전혀 없을 것이다. 왜냐하면 오직 방해를 통해서, 어떤 충격을 통해서만 당신이 어떤 영혼을 갖고 있다는 것을 자각하게 되기 때문이다. 만약에 모든 것이 부드럽다면, 당신은 절대로 영혼을 발견하지 못할 것이다. 틀림없이, 당신은 영혼을 전혀 자각하지 않는 상태로 살 것이다. 아마 영혼의 필요성이 조금도 남지 않을 것이다.

클라이스트는 혼자 자살을 한 것이 아니라 여자도 한 사람 죽인 것으로 알고 있다. 아니마를 죽이는 행위에는 신비적인 측면이 있는데, 그것은 우리가 여기서 논하고 있는 문제와 관계있다. 아니무스와 아니마는 논의한다고 해서 사라지는 그런 것이 절대로 아니다. 당신이 어디에 어떤 상황에 있든, 아니무스와 아니마는 언제나 문제가 된다. 아니마와 아니무스가 없으면 대상도 없고 다른 인간 존재도 없을 것이라고 말해도 무방하다. 왜냐하면 차이에 대한 지각이 바로 당신 안에 있는, 그 차이와 비슷한 것을 통해서 이뤄지기 때문이다. 예를 들어, 당신이 아름다움을 지각하는 것은 그 대상 안에 아름다움이 있기 때문이 아니다. 모두가 그 대상에서 아름다움을 보지는 않을 것이다. 어떤 그림이 그 자체로 아름다운지는 결코 확실하지 않다. 그 그림을 두고 어떤 사람은 아름답다고 평가하고 또 어떤 사람은 아주 추하다고 평가한다. 그렇듯 의견이 엇갈리기 때문에, 그 그림이 그 자체로 아름답다고 말하지 못한다. 오직 그 그림에 관한 대체적인 의견만 있을 뿐이다. 과반의 사람들이 그 그림을 놓고 아름답다고 말할지라도, 그 사람들이 진정으로 그것을 아름답다고 느끼는지 아니면 타인의 의견에 영향을 받고 있는지는 절대로 확실하지 않다. 현대 미술 전시회에서 끔찍한 작품들을 보았는데, 그 작품들이 신문에서 더없이 경이로운 작품으로 극찬을 받는 것을 확인한 경험이 당신에게도 틀림없이 있다. 당신은 전시회에서 사람들이 그림 앞에 서서 넋을 놓고 감상하는 모습을 본다. 어쨌든 그 사람들은 권위자들 같고 당신은 미술에 대해 아무것도 모르는 사람이다. 그러나 그 사람들도 마찬가지로 자신이 엉뚱한 말을 하지 않을까 두려워하고 있다. 후에 그 사람들을 길에서 만나거든 그림이 어땠는지 물어보라. 그들도 아마 실은 그 그림들을 좋아하지 않는다는 점을 인정할 것이다. 그러면서 그림들이 추하고 병적이었다는 식의 평을 할 것이다. 그렇다면 그런 경우에 과반은 무슨 의미인가? 당신은 당신 안에 아름다움을 갖고 있지 않으면 아름다움을 보지 못한다. 그것은 당신 안에 추한 무엇인가가 없으면 추한 것을 보지 못하는 것이나 마찬가지이다. 그리고 당신은 당신 안에 이미 있는 차이가 아닌 다른 차이를 지각하지 못한다. 당신이 외부에서 비슷하거나 다른 무엇인가를 지각하기 위해서는 당신의 심리 체계 안에 그 가능성을 갖고 있어야 한다.

차이를 지각하거나 입증하는 조건은 내면에 두 개의 다른 관점이 있다는 사실 때문에 생긴다. 한 관점은 의식적인 관점이다. 당신이

"나는 이것이 좋아."라고 말한다. 그러나 바로 그때 어떤 목소리가 "나는 그것을 좋아하지 않아."라고 말한다. 그런 실험을 직접 해 보라. 그것은 당신의 파트너, 말하자면 당신 자신의 차이를 발견하는 일종의 변증법이다. 다소 논쟁적인 어떤 대상을, 이를테면 현대 미술이나 당신 아내나 남편의 관점을 선택한 다음에 당신이 그것에 대해 어떻게 생각하고 느끼는지 물어보라. 그러다가 당신이 어떤 의견을 발견할 때, 그것을 옹호하며 지지하도록 해 보라. 대체로 사람들은 의견을 개진하지 않기 때문에 관점을 갖기를 두려워한다. 의견이나 관점을 갖는 것은 거북한 일이다. 이유는 당신이 훗날 어떤 의무를 지게 되고 당신이 어떤 말을 한 것으로 인용되기 때문이다. 다른 사람들이 당신이 실험하는 현장을 지켜봐야 할 필요는 전혀 없다. 당신은 홀로 방에 조용히 앉아서 실험할 수 있다. 나는 어떤 식으로 생각한다고 말한 다음에, 귀를 세우고 다른 의견이 들리는지 들어보라. 즉시 "아니야, 나는 달리 생각해!"라는 식으로 말하는 소리가 들릴 것이다. 그러면 당신은 누구의 목소리인지 궁금해할 것이지만, 그것은 당신 자신의 또 다른 생각일 뿐이다. 그러나 거기서 당신은 자신을 오해하고 일관성을 잃는다. 당신은 방금 자신의 의견을 밝혔으며, 당신 자신의 최고 지혜에 따라서 그런 진술을 했으며, 그것을 옹호했다. 그런데 이어서 그와 정반대의 의견을 제시하는 목소리가 들린다. 그러면 당신은 그 의견을 옹호하지 못한다. 그것은 다른 누군가가 밝힌 이상한 의견이다. 바로 거기서 당신이 아니마나 아니무스를 갖게 된다.

실험은 꽤 단순하다. 당신은 그런 논의를 꽤 무의식적으로 늘 하고 있다. 예를 들어, 당신이 곤경에 처해 있다. 당신은 어떤 계약에 서명을 해야 할 것인지 확신하지 못하는 상태에서 유리한 점과 불리한 점을 모두 떠올린다. 그러다 결정의 순간이 온다. "좋아. 계약서에 서명하고 지긋지긋한 고민을 끝내야겠어." 그러나 그때 다른 의견이 떠오르고, 당신은 계약서에 서명을 하면 안 된다는 결론을 내린다. "안 돼. 거기에 서명하면 안 돼." 당신은 마치 당신이 두 사람인 것처럼 스스로에게 말한다. 여기서 만약에 당신이 어느 한쪽 입장을 단호하게 갖는다면, 반대편은 아니마나 아니무스이다. 이런 변증법적인 방법 또는 모순된 과정은 당신이 다른 관점을 절대로 제거하지 못한다는 사실 때문에 생긴다. 그 다른 관점을 우리는 아니마 또는 아니무스 관점이라고 부르며, 이 관점은 단순히 우리 안에 언제나 있는 성별의 이중성 또는 상반된 것들을 표현하고 있다. 우리는 그런 조건을 싫어하지만, 그럼에도 불구하고 그것이 진리이다. 당신이 다른 쪽은 존재하지 않는다고 말한다고 해서 상반된 것들이 제거되는 것은 절대로 아니다. 상반된 것은 존재한다. 그것은 먼저 당신 안에 존재한다. 당신은 처음부터 찢어진 상태였다. 왜냐하면 당신이 태어날 때 인간의 자웅동체적인 이미지, 즉 에이돌론 또는 원초적 존재가 찢어졌기 때문이다. 당신은 바깥에 있지만, 안쪽에서는 당신은 여전히 둘의, 남자와 여자의, 이쪽과 저쪽의, 상반된 것들의 기억을 갖고 있다.

그래서 자살을 하는 사람이 동시에 다른 사람을 죽이는 예가 종종 있다. 클라이스트처럼. 이중적인 자살이 흔한 것이다. 현실에서 실제로 그런 동반 자살이 일어나지 않는 경우에 상징적으로 동반 자살을 하는 예가 종종 있다. 말하자면, 자살이 다른 쪽의 격한 항의 속에서 이뤄진다는 뜻이다. 그런 경우에 이 항의가 자살을 꾀하는 사람의 의식적인 행위를 상쇄시키는 반사적인 행위로 종종 이어진다. 자살을 하려다가 어머니가 "네가 그 짓을 하면, 내가 너의 목을 졸라버리고 말 테야."라고 하는 말을 듣고는 자살을 감행하지 못한 남자도 있었다. 또 어떤 남자는 슈판다우 성의 해자로 뛰어들려는 순간에 그를 지켜보고 있던 보초가 "뛰어내리면 총을 쏠 거야!"라고 외치는 소리에 그만 달아나고 말았다. 그런 것이 바로 의식적인 행위를 좌절시키는 무의식적 행위이다. 전신 마비로 힘들어 하던 어느 남자는 4층 창에서 뛰어내릴 생각이었다. 그런데 그가 창틀 위에 올라서는 순간에, 밖에서 큰 폭발음이 들리면서 그가 다시 방 안으로 내던져졌다고 한다. 그는 어떤 물리적인 힘이 그를 뒤로 던졌다는 식으로 말했다.

또 다른 사람도 기억난다. 해부학 및 생리학 지식이 많았던 치과 의사였다. 그는 가스를 흡입해 목숨을 끊으려다가 자신이 끔찍한 두통 때문에 방바닥에 있다는 사실을 깨달았으며, 그때 일어난 일을 기억하고 있었다. 그는 창문과 문을 잠근 다음에 가스를 틀어 흡입하기 시작했다. 그런데 그때 갑자기 그는 대단히 강한 손이 자신의 가슴을 쥐어 잡고 방의 구석으로 던지는 것 같은 느낌을 받았다. 거기서 그는 벽에 막혀 쓰러져 무의식 상태에 누워 있었다. 아시다시피, 가스는 방 위쪽에 떠 있었고 그는 맑은 공기가 있는 방바닥에 누워 있었다. 아마 어딘가에서 가스가 방을 빠져 나갈 수 있었을 것이며, 그래서 그는 가스에 중독되지 않을 수 있었다. 나는 그에게 그것이 환각이라고 말해주었지만, 그는 그것이 사실이라고 굳게 믿고 있었으며 손가락 자국도 볼 수 있다고 말했다. 그는 셔츠를 풀고 흔적을 보여주었지만, 내 눈엔 아무것도 보이지 않았다. 그래도 그는 아주 깊은 손가락 흔적이 있었다고 강조했다. 그 남자는 결코 미치지 않았으며, 그는 단지 경제적으로 절망적인 상태에 빠져 언제든 자살할 생각을 품고 있었다. 그는 여차하면 죽겠다는 각오로 늘 독이 든 병을 지니고 다녔다. 그것도 의식적인 행위를 저지하는 무의식적인 행위였으며, 그는 자신의 삶을 끝내기로 단단히 각오했지만 그의 또 다른 목소리가 그 행위를 방해했다. 그는 살기를 원하는 그 다른 목소리에 대해 몰랐기 때문에 그것을 기적이라고 생각했다. 그것은 사람이 절대로 제거하지 못하는, 다른 쪽에 있는 어떤 힘이며, 그 같은 반대를 떼어낼 수 있는 수단이나 분석은 절대로 없다. 그것이 지금도 피라미드의 밖에 있는 아니무스 잔해가 의미하는 바이다.

미스 한나의 질문이다. "무의식을 잃을까 두려워하는 것은 터무니없다고 하셨는데, 거기에 '자기'를 잃을까 두려워하는 것도 포함됩니까?"

물론 '자기'는 다른 문제이다. 그것은 그냥 무의식인 것은 아니다. 무의식은 언제나 거기에 있지만, '자기'는 반드시 있는 것은 아니다. '자기'는 무의식에 있는 하나의 원형적인 형태이며, 당신은 언제나 '자기' 안에 포함되어 있음에도 불구하고 '자기'가 닿지 않는 곳으로 빠져나올 수 있다. 당신은 '자기' 안에 포함되어 있다는 자각을 잃을 수 있고, 길을 잃을 수 있다. 무의식으로부터 절대로 벗어나지 못한다 하더라도, 당신은 세상 속에서 길을 잃는 것만큼이나 쉽게 무의식에 빠져 길을 잃을 수 있다. 당신이 이 땅 위에서 길을 잃는다고 가정해 보자. 그래도 당신은 여전히 이 땅 위에 있으며, 이 행성에 포함되어 있다. 무의식의 경우도 마찬가지이다. '자기'의 경우는 다르다. 모든 것이 당신이 '자기'와의 관계를 자각하고 있는지 여부에 달려 있다. 당신이 그 관계에 대한 자각을 잃고 있는 한, 당신은 길을 잃은 것이나 마찬가지이다. 그러나 그때 당신은 '자기'를 잃었다는 식으로 말하지 못한다. 당신은 그 관계에 대한 자각을 잃었을 뿐이다. 중요한 것은 '자기'를 잃을 가능성이 아니라 '자기'에 대한 자각을 잃을 가능성이다.

'자기'를 잃을지 모른다는 생각을 하면서 사람들은 대체로 두려움을 느낀다. 그러나 당신은 '자기'를 잃을 수 없다. 왜냐하면 당신이 '자기' 안에 영원히 포함되어 있기 때문이다. 그러나 당신은 '자기' 안에 포함되어 있다는 자각을 잃을 수 있다. 그것은 의식의 문제이다. 당신이 그 관계를 자각하고 있는 것이 대단히 중요하다. 왜냐하면 인간 정신의 발달의 목적이 의식을 증대시키고 강화하는 것이기 때문이다. 시대를 거꾸로 되돌아보라. 그러면 인류가 존재를 시작한 이래로 의식의 확장이 줄기차게 일어났다는 사실이 확인될 것이다. 우리는 그것을 문화라고 부르며, 그것은 분명히 인간들이 추구했던 것이다. 지식의 증대는 무엇이며, 과학은 무엇이며, 탐험이나 연구는 무엇인가? 한 가지 측면은 의식의 확장이다. 또 다른 측면은 당연히 가치들이지만, 그것도 마찬가지로 의식의 문제이다. 왜냐하면 의식이 없다면 가치를 지각하고, 가치를 적용하는 것이 불가능해지기 때문이다. 가치들을 깨닫고 적용하기 위해서는 특별한 의식이 필요하다. 의식이 없다면 가치는 전혀 없으며 오직 자연적인 사실들만 있을 뿐이다. 그래서 당신이 인간의 발달을 단순히 정신적인 측면에서 보든 윤리적인 측면에서 보든, 그것은 언제나 의식의 강화를 의미한다. 그것은 언제나 위대한 빛이나 더 많은 빛, 계몽, 정화의 문제이다. 종교들도 그 같은 성격을 선호한다. 예전에 종교는 계몽의 원천이었다. '요한복음' 시작 부분을 보면, 그가 어둠 속에서 반짝이는 빛에 대해, 그리고 "모든 사람을 비추는 진정한 빛"에 대해 말하고 있다. 그리고 부처가 출생하고 3일 뒤에 연꽃 안으로 걸어가서 최초의 설법을 할 때, '다르마카야'(법신)의 빛이 우주를 채운다. 또 모세가 시나이 산에서 내려왔을 때에도 빛의 현상이 있었다. 빛은 언제나 의식의 상징이며, 빛은 당신이 볼 수 있도록 하고, 당신의 시력을 돕는다. 빛은 목적처럼 보인다. 그렇다면 틀림없이 가장 중요한 것은 의식이다. 의식이 없으면 세상엔 아무것도 존재하지 않는다. 그래서 빛은 언제나 '자기'와의 관계에 대한 자각의 문제이다. 왜냐하면 정의(定義)에 따르면 우리가 신을 의식하든 않든 상관없이 우리 모두가 신의 손 안에 있기 때문이다.

종교적인 사람들은 대단히 중대한 죄인들, 즉 무신론자들까지도 신의 손 안에 있다고 믿고, 신에 대해 아무것도 모르는 멍청한 동물들도 신에 의해 움직이고 있다고 믿는다. 무신론자들과 멍청한 동물들은 신에 의해 어떤 일들을 하도록 선택되었다. 어리석은 동물인 우리가 어떤 목적을 위해 선택된 것처럼. 우리는 왜 또는 무슨 목적으로 선택되었는지 모른다. 우리는 그 목적을 알지 못하는 가운데 그저 수행만 해야 한다. 우리는 신의 손 안에 들어 있다. 그것이 상황을 종교적으로 표현하는 길이다. 심리학적으로 표현한다면 이렇게 된다. 우리는 의식보다 훨씬 더 포괄적인 것으로 여겨지는 어떤 심리학적 원리는 받아들이고 있다. 말하자면, 의식과 무의식을 모두 포함하는 어떤 정신을 받아들이고 있다는 뜻이다. 세상에는 우리가 전혀 알지 못하는 무의식적 내용물이 들어 있는 거대한 영역이 있다. 이 내용물은 오직 시간이 되어야만 의식으로 들어올 수 있으며, 그 전체는 '자기'에 의해, 우리가 포함되어 있는 더욱 큰 어떤 것에 의해 표현되고 있다. 그것은 절대로 상실될 수 없지만, 당신은 그것에 대한 자각을 잃을 수 있다. 종교적인 언어를 빌리면, 당신이 신에게 이끌리고 있다는 자각을 잃을 수 있는 것과 비슷하다. 신비주의자들은 신의 앞에서 제거되는 것에 대해 말한다. 그것이 바로 우리가 '자기'로부터 멀어지는 것이라고 부를 수 있는 그런 명확한 심리적인 상태이다. 그 멀어짐은 삶의 완전한 무의미로 나타난다. 당신이 '자기'라는 개념으로 표현되고 있는 그 전체에 가까이 다가설수록, 삶은 더욱 큰 의미를 지니게 된다. 그런 상태에 있을 경우에 당신은 삶이 의미를 지니는지 여부에 대해 물음조차 던지지 않는다. 당신은 삶의 의미를 느끼고, 그 의미를 확신한다. 당신이 당신 자신의 존재를 확신하고 있기 때문이다. 그러나 삶이 도대체 어떤 의미를 지니는지 궁금해질 때, 당신은 신비주의자가 "신으로부터 멀리 떨어져 있다"고 말하는 그런 상태에 있다.

환상 속에서 아니무스의 잔해들이 아직도 눈에 보이고 있다. 당신이 아니무스를 제거하는 것이 불가능하기 때문이다. 이는 당신이 당신 자신의 반대를, 말하자면 다른 목소리를 제거하지 못한다는 것을 의미한다. 당신이 인류나 대상을 절대로 제거하지 못하기 때문에, 그것은 언제나 거기에 있다. 그래서 우리 환자는 그것과 관련해 어떤 조치를 취해야 한다. 그녀의 텍스트를 보자.

나는 칼을 잡았다. 그러자 칼이 있던 자리에서 인간의 손이 하나 나타났다. 손가락에서 피가 떨어지고 있었다. 나는 칼로 손을 잘랐다.

분명히 그 손은 피라미드에서 나오고 있다. 좋지 않은 상징적 표현이다. 살아 있을 때 그 손을 갖고 있었던 존재는 아니무스이다. 손을 자르는 것은 심각한 사지절단이며, 그렇다면 그녀는 아니무스의 형태에 남아 있는 생명을 모두 끊어버린다. 이제 그녀의 텍스트는 이런 식으로 이어진다.

그런 다음에 나는 칼로 피라미드를 내리쳤다. 그러사 피라미드가 무너져 내렸고, 피라미드가 서 있던 자리에 어떤 남자가 서 있었다.

아니, 거기서 그가 나오다니! 피라미드는 한때 존재했던 '자기', 즉 한때 살았던 왕의 표시인데, 그녀가 지금 그 피라미드를 파괴해버렸다. 그것은 틀림없이 주술적인 파괴 행위이며, 그녀는 그 행위를 칼로 하고 있다. 이건 무엇을 의미하는가?

칼은 지성이고, 구별하는 정신이고, 예리한 마음이다. 지성은 칼만큼 예리하다. 그녀는 자신의 정신으로 그 일에 임하고 있으며, 그래서 그녀는 피라미드를 파괴한다. 그것은 바로 우리가 하고 있는 것과 똑같다. 우리는 그런 것들을 우리의 정신으로 파괴해 버렸다. 그래서 그것들은 역사적인 잔해 외에 우리에게 아무것도 의미하지 않게 되었다. 그리고 우리 현대인은 유물들이 의미를 잃게 된 것에 대한 보상으로서 유물들을 보존하는 일에 거의 병적인 광기를 보이고 있다. 우리는 유물들을 이해하지 않는다. 대신에 우리는 일종의 역사적 감상성 같은 것을 갖고 있으며 그 감상성을 무차별적으로 발휘하고 있다.

어떤 고고학 컬렉션은 정말로 터무니없다. 신만 알 수 있는 것과 오래된 막대기를 포함하고 있는 컬렉션도 있다. 스위스에도 터무니없는 것들만 잔뜩 모아놓은 컬렉션이 있다. 그들은 그것이 무엇인지 몰랐지만, 나는 상상력과 옛날의 어느 선생님 덕분에 알 수 있었다. 그것들은 중요한 문제와 연결되는 유물이었다. 나는 아프리카에 갔을 때 그런 것을 직접 배울 수 있었다. 당신이 사막으로 간다고 상상해보라. 거기엔 선인장 외엔 아무것도 자라지 않는다. 그런데 당신이 인간적인 어떤 욕구를 느낀다. 그런 경우에 당신은 어떤 식으로 그 문제를 해결할 수 있을까? 이것은 고대에 중대한 질문이었다. 고대 사람들에겐 종이가 전혀 없었다. 어느 라틴어 노교수는 그 질문을 우리 어린 소년들에게 던지곤 했다. 고대인들은 고대에 어떻게 했을 것 같은가? 그들이 신문지를 이용했을까? 그러나 그때엔 종이가 없고 파피루스뿐이었다. 그런데 파피루스는 꽤 비싼 물건이었다. 멀리 이집트에서 수입해야 했으니 아주 비쌀 수밖에 없었다. 리넨으로 처리했을까? 그것도 마찬가지로 비쌌다. 나뭇잎? 하지만 도시나 사막에는 나뭇잎이 전혀 없다. 그런 난감한 상황에서 그들은 어떻게 대처했을까? 그래서 고대인들은 언제나 자갈을 담은 작은 주머니를 갖고 다녔다. 보통 사람들은 그냥 평범한 자갈을, 부유한 사람들은 대리석을 사용했다. 물론 이 말은 그 교수의 농담이었지만, 고대인들은 그 목적에 작은 막대기를 이용했다. 취리히에 로마 시대의 병영이 있던 곳이 있다. 군단의 반 정도 규모의 병력이 주둔했던 곳이다. 오수가 배출되는 지점에서, 사람들은 그런 작은 막대기들을 다수 발견했으나 그것이 무엇인지 알 길이 없었다. 그런 상태에서 그것들은 단지 2,000년 전의 물건이라는 이유만으로 낡은 배수용 파이프나 용기(容器)와 함께 박물관에 보관되었다.

살아 있는 사람들 중에서 누가 옛날의 신전에서 감상 이상의 것을 느낄 수 있는가? 정말 신전은 미학적이고 아름답지만, 당신은 고대의 신이 의미하는 바를 이해할 수 있는가? 사람들이 아폴로(Apollo)[80]나 케레스(Ceres)[81] 같은 존재가 있었다는 결론을 어떻게 내리는가? 물론 우리 현대인도 신전에 대해 감정을 느낄 수 있지만, 신전을 진정으로 경험하는 경우는 무척 드물다. 지금 옛날의 보탄(Wotan)[82]이 부활하고 있지만, 우리 현대인에게 보탄은 도대체 무엇인가? 보탄은 한때 사람들에 의해 경험되었지만, 지금은 단지 역사적 감상에 지나지 않는다. 우리 현대인의 지성이, 우리의 구별이 그런 것들을 모두 죽였다. 기독교 선교사들이 보탄의 참나무들을 베어내고 장대 또는 신성한 우상을 파괴할 때, 인간이 만든 그런 형상에는, 피를 뿌린 그런 지저분한 우상에는 신성한 존재가 나타나지 못한다고 말한 것은 그 선교사들의 구별하는 정신이었다. 그들의 정신적 칼이 그것들을 베어 쓰러뜨렸고, 이어서 그것들은 망각되었다.

그래서 여기서 옛날 왕이 사라지고 쓸모없게 되는데, 그 일이 칼로 인해 일어난다. 이것은 '자기'라는 개념이 망각되고 희생되었다는 것을 의미하며, 그 대신에 어떤 남자가 나타난다. 이 남자는 우

....
80   고대 로마 신화 속의 태양신.
81   고대 로마 신화 속의 풍작의 여신.
82   게르만 민족의 주요한 신으로, 북유럽 신화에 전쟁의 최고신으로 등장하는 오딘(Odin)과 동일시된다.

선 아니무스의 잔해들을 구체화하고 있기 때문에 아니무스이며, 지금 아니무스는 진짜 사람에게로 투사되고 있다. 그렇다면 이 진짜 사람은 다른 목소리를 나타내고 있으며, 그 목소리는 세상이 시작한 이후로 늘 그래 왔다. 여자에겐 어떤 남자가 다른 목소리이다. 세상이 시작된 이래로, 어떤 여자가 남자의 다른 목소리이듯이. 이 남자는 피라미드 대신에 나타나고 있으며, 그래서 그는 틀림없이 '자기'를 대신하고 자기를 구현하고 있다. 그는 아니무스만 통합하는 것이 아니라 '자기'도 통합하고 있다. 이것 또한 세상이 시작된 이래로 하나의 진리이다. '자기'는 언제나 반대편에 있다. 어떤 여자에게 '자기'는 어떤 남자의 안에 있고, 어떤 남자에게 '자기'는 어떤 여자의 안에 있다. 이는 많은 것을 설명해 준다. 잘 아시겠지만, 다른 누군가가 나의 가장 소중한 소유물을 포함하고 있을 때, 그 사람은 위험한 역할을 맡고 있다. 나는 나의 소유물들을 포함하고 있는 다른 동료를 부러워하지 않는다. 나의 소유물들이 그 사람에게 지옥 같은 시간을 안겨줄 것이라고 나는 확신한다. 그녀의 텍스트는 "그의 발과 손이 땅 속으로 자라면서 형태를 잃는다."고 말하고 있다.

이것은 그가 뿌리를 내리며 땅과 하나가 되었다는 뜻이다. 그래서 그는 땅에 박힌 존재에 지나지 않을 위험이 있다. 그것은 환자가 언제나 세상으로 내려가는 일에만 빠져 지낸다는 사실에서 비롯되고 있다. 그녀가 거기서 만나는 남자도 마찬가지이다. 그녀의 상대물도 땅 속으로 자라면서 형태를 잃고 있다. 그녀의 텍스트를 보자.

그가 말했다. "당신이 나를 피라미드로부터 해방시켰어. 그렇다면 지금 나의 사지(四肢)도 줄 수 있는가?" 그래서 나는 "기다려."라고 대답했다. 나는 그로부터 멀리 떨어진 곳에 앉아 그를 해방시킬 수 있는 길을 놓고 깊이 생각했다. 마침내 나는 일어나서 그에게 말했다. "당신을 땅으로부터 잘라야겠어." 그러자 그가 외쳤다. "당신이 나를 자르면, 난 피를 흘리다가 죽고 말 거야."

아시다시피, 여기서 두드러지고 있는 생각은 거기에 무슨 조치가 취해져야 한다는 것이다. 그 남자는 땅 속으로 자라려고 하고 있으며, 그럴 경우에 그는 완전히 불구가 될 것이다. 아마 나무가 되어 거기서 한 발짝도 움직이지 못하게 될 것이다. 그녀는 거기에 대해 책임감 같은 것을 느끼는 것 같고, 그 일을 막아야 한다고 생각하는 것 같다. 그렇다면 어떤 위험이 있는가?

그녀는 자신의 '자기' 중 무엇인가를, 자신의 가장 소중한 소유물을 그 남자에게 투사하고 있다. 그래서 그녀의 소유물이 땅 속으로 자라면서 그곳으로 사라져 버릴 위험에 처해 있다. 그녀가 하나의 심리적 기능으로서의 아니무스와 더 이상 접촉을 하지 않고 있고 하나의 심리적 사실로서의 '자기'와 더 이상 접촉을 하지 않고 있을 때, 아니무스와 '자기'는 그녀의 손 밖에 놓이게 되고, 투사되어 어떤 물체 안에 나타나고, 아니무스와 '자기'가 땅의 힘에 잡혀 실종될 위험에 처한다. 그러면 문제는 그것들이 함께 일종의 완전한 무의식 속으로 사라지게 되지 않을까 하는 것이다. 그것이 언제나 위험이다. 삶의 시작 단계, 그러니까 정신이 아직 미숙한 상태에 있을 때, 당신은 아니무스를 갖고 있지 않다. 남자라면 아니마를 갖고 있지 않다. 당신은 '자기'에 대한 자각도 전혀 갖고 있지 않다. 아니마 또는 아니무스와 '자기'가 모두 투사되고 있기 때문이다. 그런 경우에 당신은 일종의 의식의 얇은 껍질에 지나지 않으며, 가치들을 포함하고 있는 것으로 보이는 누군가에게 사로잡힐 가능성이 크다. 당신은 당신의 보물들을 갖고 있는 것처럼 보이는 사람의 영향에 넘어가며, 그것은 일종의 마법적 영향이다.

지금 그 매력에 깊이 빠져들수록, 당신은 더욱더 움직이지 못하게 되고 당신 주변의 사물들도 마찬가지로 움직일 수 없게 된다. 왜냐하면 그런 경우에 당신이 당신 자신의 주인이 아니기 때문이다. 당신의 보물들은 밖에 있고, 당신은 줄에 묶인 왕풍뎅이와 비슷한 꼴이 된다. 아이들이 왕풍뎅이의 다리에 줄을 묶어 날도록 할 때, 왕풍뎅이는 줄의 길이만큼만 날 수 있다. 당신은 감옥에 갇혀 있고, 당신은 완전히 묶인 상태이다. 그것이 사람들이 서로를 두려워하는 이유이다. 사람들은 누군가가 자신을 감옥에 집어넣을 수 있다고 무서워한다. 사람들은 종종 누군가에게 애착을 느끼는 것을 아주 무서워한다. 그들은 정신적 자유의 상실뿐만 아니라 자신의 도덕적 및 영적 자유의 상실을 두려워한다. 마치 영혼 자체가 위협을 받는 것처럼. 그것이 너무나 무서운 위험으로 비치기 때문에, 사람들은 종종 완전히 단절된 채 사는 쪽을 택한다. 그러나 만약에 당신이 다른 사람들에게 사로잡힐 수 있다는 사실을 받아들일 수 있다면, 당신은 물론 감옥에 갇히겠지만 그런 한편으로 당신의 보물을 소유할 기회를 누린다. 그 외의 다른 길은 절대로 없다. 만약에 당신이 멀찍이 떨어져서 야생의 개처럼 이리저리 배회한다면, 당신은 자신의 보물을 절대로 소유하지 못할 것이다. 그런데도 너무나 많은 사람들이 애착을 두려워하는 나머지 무의식의 상태에 남으면서 들개의 삶을 사는 쪽을 택한다. 그 두려움은 땅 속으로 자랄 위험 때문에 가끔 너무나 크게 느껴진다.

땅 속에 묻혀 있는 보물은 9년째 되는 해의 아홉 번째 달의 아홉 번째 날에 표면으로 올라온다는 옛날 속담이 있다. 만약에 그때 당신이 거기에 있다면, 그 보물은 당신의 것이 된다. 그러나 만약에 당신이 거기에 없다면, 그 보물은 천둥 같은 소리를 내면서 다시 땅속으로, 헤아릴 수 없는 깊이 속으로 내려간다. 그런 다음에 그것은 다시 서서히 일어난다. 바로 그런 것이 자연의 길이다. 모든 보물도 마찬가지이다. 보물들은 무의식 속으로 가라앉으며, 거기서 그것들은 자연의 법칙을, 무의식의 느린 리듬을 따른다. 그러다 일정 시간이 지나면 무의식은 그 보물을 다시 표면으로 밀어올리고, 그때도 임자를 만나지 못하면 보물은 다시 사라진다.

1934년 3월 21일

미시즈 베일워드의 질문이 있다. "누군가를 처음 만날 때, 선생님께선 그 사람의 진짜 모습을 볼 수 있습니까? 아니면 선생님 안에 있는 것만을 먼저 본 다음에 선생님의 투사를 실제에 비춰 테스트하면서 투사를 거둬들여야 합니까?"

당신은 다른 사람들을 그들의 모습 그대로 절대로 보지 못한다. 당신은 언제나 무엇인가를 투사한다. 그렇게 하지 않는다면, 그것은 곧 당신이 절대적인 어떤 지식을 갖고 있다는 의미일 것이다. 당신은 언제나 당신의 관점 때문에 편견을 보이게 마련이다. 지각하는 개인은 절대로 표준적인 존재가 아니다. 개인은 당연히 기존의 조건 때문에 제한적인 이해력을 갖고 있으며, 이 전제들은 지각 또는 추정 행위에서 늘 작동한다. 그래서 당신은 일종의 투사로부터 절대로 달아나지 못한다. 언제나 어느 정도의 편견 또는 전제가 있기 마련이다. 당신이 당신 자신의 됨됨이를 바탕으로, 당신이 가진 것을 바탕으로 이해할 수밖에 없기 때문이다. 물론 그것은 일반적으로 투사라 불리는 것은 아니지만, 작용하는 방식은 투사와 똑같다. 투사의 일반적인 개념은 당신이 자신의 개인적 심리 일부를 다른 사람에게서 발견하면서 그것이 다른 사람의 것이라고 단정하는 것을 말한다. 반면에 전제는 당신이 자각하지 못하고 있는 당신 안의 편견이다. 그럼에도 전제도 마찬가지로 당신의 시야를, 당신의 모든 인식 행위를 물들인다. 당신의 이해는 단지 이해의 근사치일 뿐이며, 당신의 이해는 절대로 완전할 수 없다.

미시즈 크로울리의 질문도 있다. "묻힌 보물을 발견하는 것과 관련해서 말씀하신 숫자 9의 상징적 표현에 대해 조금 더 설명해주시면 고맙겠습니다. 월터 페이터(Walter Pater)[83]에 따르면, 핀다로스(Pindar)[84]의 글에 페르세포네가 자신을 잘못 다룬 자들의 영혼을 9년마다 깨웠다는 전설이 있다더군요."

그 내용에 대해선 모르지만, 아마 똑같은 사상일 것이다. 9는 전형적으로 임신 기간이다. 땅 속 깊은 곳에서 9년 9개월 9일 밤 동안 자라는 보물은 일종의 보물의 부활이다. 그것은 당연히 태어나기까지 9개월이 걸린, 이제 막 태어난 아이에 의해 상징되는 심리적 보물의 특성들을 갖고 있다. 무의식은 일반적으로 그런 규칙들을 따른다. 예를 들면, 중요한 무엇인가가 일어나기 9개월 전에, 그것을 예측하거나 꿈을 꿀 기회가 있을 것이다. 아니면 어떤 결정적인 움직임이 시작되고 9개월 뒤에, 그 첫 번째 움직임의 결과로 무

....

83 영국의 평론가(1838-1894).

84 고대 그리스의 서정시인(B.C. 522?- B.C. 443?).

엇인가가 일어날 가능성이 꽤 크다. 당신이 분석을 시작하고 9개월 뒤나 중요한 결정을 내리고 9개월 뒤에, 중요한 무슨 일이 일어날 수 있다. 아니면 꿈에라도 나타난다. 나는 그런 예를 자주 본다. 그리고 사람들은 9개월이나 아홉 살 된 아이에 관한 꿈을 종종 꾼다. 아니면 돌연 어떤 출생이 일어나는데, 그때 거꾸로 9개월을 계산해 들어가면, 당신은 그 시기에 임신과 비슷한 일이 일어났다는 것을 발견하게 된다. 그 일이 정확히 10개월에서 사흘이 빠지는 날에 일어난 예도 있었다.

지난 시간에 땅 속으로 자라고 있던 남자에 대해 이야기했다. 우리 환자의 생각은 틀림없이 그 사람이 갇혀 있는 땅으로부터 그를 분리시키려는 것이었다. 그 앞의 장면에서, 그녀는 인간 제물의 잔해를 발견했다. 아니무스가 희생되었던 것이다. 그리고 나는 그 맥락에서 우리가 우리의 심리 전부를 우리 안에 담고 있는 것은 불가능하다는 사실에 대해 이야기했다. 우리 심리 중 일부가 언제나 투사되는 것은 꽤 불가피한 현상이다. 그것이 우리가 다른 인간 존재들을 필요로 하고 우리가 대상들을 필요로 하는 이유이다. 만약에 사람들이 서로 완전히 분리되어 있다면, 삶 자체가 터무니없어진다. 우리 인간은 언제나 공동체 안에서, 관계 속에서만 완전해질 수 있는 것이다. 방해하는 사람이 전혀 없는 에베레스트 산 정상에서는 개성화를 이룰 기회가 전혀 없다. 개성화는 언제나 관계를 의미한다. 물론, 관계를 맺는다고 해서 당신이 개성화된다는 뜻은 아니다. 관계가 당신을 해체시킬 수도 있기 때문이다. 당신이 당신 자신을 고수하지 않을 경우에 많은 부분으로 분열될 수 있는 것이다. 그러나 관계는 당신으로 하여금 당신 자신을 고수하도록 강요한다는 점에서 보면 개성화를 자극한다고 할 수 있다. 그래서 당신이 집단 속으로 용해되어 버린다면 그 집단성이야말로 최악의 독이 되겠지만, 만약에 당신이 집단과 접촉을 유지하면서 당신 자신을 고수할 수 있다면, 그거야말로 가장 이상적인 상태이다. 당신이 집단성으로부터 자신을 완전히 단절시킨다면, 그것은 당신이 그 속으로 잠겨버리는 것만큼이나 나쁜 일이다. 그런 경우에 당신은 단지 집단적인 인간들 속으로 들어가지 않을 뿐이며 대신에 집단 무의식 속으로 들어가게 된다. 집단 무의식 속에서, 당신은 군중 속에서 해체되는 것과 마찬가지로 용해되어 버린다. 군중이나 어떤 제도나 어떤 집회의 무릎에 앉아 있는 것은 집단 무의식 속에 있는 것이나 마찬가지이다. 그것은 집단 무의식에 빠져 있는 상태가 외부로 드러나고 있는 것에 지나지 않는다. 집단 무의식의 겉모습이 궁금하다면, 교회나 정치 집회나 다른 큰 모임에 가보라. 인간들과 짐승, 사물들이 뒤섞인 그 모습이 밖에서 보는 집단 무의식이다. 그래서 당신은 집단 무의식으로부터 달아날 때에도 그 속으로 뛰어들게 되고, 집단 무의식과 함께 있을 때에도 역시 당신이 원한다면 그 속으로 몸을 던질 수 있다. 그러나 그렇게 하면서도 만약에 당신이 당신 자신을 고수할 수 있다면, 집단 무의식의 바깥뿐만 아니라 안쪽도 당신이 개성화를 이루도록 도울 것이다. 관계가 없으면, 개성화는 절대로 불가능하다.

이런 식으로 설명하니, 요가 수행자의 수행이 이상하게 다가올 수도 있을 것 같다. 요가 수행자들은 집단 무의식 속으로 기쁜 마음으로 들어간다. 바로 이 점이 동양의 심리학에 반대하는 중요한 논거가 될 수 있다. 요가 수행자들은 집단 무의식 속으로, 마치 열반에 들어가듯이 아주 쉽게 들어간다. 나는 그것이 진정한 개성화라고 생각하지 않는다. 당신도 알다시피, 그들도 개성화의 영역을 거친다. 그들은 그 영역에 살면서 성공을 거뒀다. 그러다 갑자기 그들은 세속의 모든 야망을 포기하고 산속 생활을 시작한다. 유럽에서 중세에 사람들이 그랬듯이 말이다. 최근에도 동양에서 그런 일이 일어났다. 어느 유명한 정치인이 돌연 세속의 삶을 접고 수도원으로 들어간 것이다. 물론 그것은 동양에서 역사가 꽤 깊은 관습이다. 남자가 45세가 될 때, 이를테면 궁정의 장관을 지내고 어느 정도 삶을 충실하게 살았다 싶을 때, 그 사람은 모든 일에서 손을 떼고 산으로 들어가 성인이 된다. 그는 그 전에 세상 속에서 용해되었듯이 이번에는 무의식 속으로 용해된다. 그것은 언제나 하나의 길일 뿐이다. 그러나 부처는 두 가지 길이 똑같이 오류라고 가르쳤다. 그는 중도의 길이 있다고 말했다. 이것이 곧 개성화의 길이다. 개성화의 길은 사람이 세상을 멀리하도록 이끌지 않는다. 정글 속이나 히말라야 산에 사는 성인 은자들까지도 부처가 성인으로 이해하고 있는 그런 존재는 아니다. 부처의 사상은 불교 성인은 하나의 삶을 살아야 할 뿐만 아니라, 다소 완벽한 상태에 이를 때까지 이 땅의 인간 존재들 틈에서 긴 삶을 여러 번 살아야 한다는 것이다. 부처 자신도 산속의 은둔자가 되고자 세상을 멀리하는 길을 택하지 않았다. 그는 대중과 함께 세상 속에 남아서 자신의 사도들에게 가르치는 일을 계속했다.

그러면 자신을 세상으로부터 제거하는 성인은 단순히 인도의 옛 관습을 되풀이하는 것에 지나지 않으며, 그것은 삶으로부터 완전한 철회를 의미한다. 다시 말하면 주정뱅이가 되지 않기 위해서 금주하는 사람이 되는 것과 비슷한데, 이것은 이상적이지 않다. 먼저 당신은 일상의 성공적인 존재의 비열함 속에 당신 자신을 완전히 잃은 다음에, 영적인 삶으로 높이 올라간다. 두 경우 모두에서 삶은 쾌락을 추구하고 있다. 첫 번째의 경우에 온갖 구체적인 사물들의 관능성에서 쾌락을 추구하고, 이어서 무아경의 기쁨에서 쾌락을 추구하고 있다. 그렇다면 두 가지 길 모두가 쾌락주의와 연결된다. 당연히, 더없이 감감적인 존재에서 대단히 영적인 존재로 이동하는 길에서, 사람들은 개성화의 길에 있는 모든 역(驛)을 만난다. 그들은 물라다라에서 아즈나로 올라간다. 그것은 그들이 먼저 일층에 살다가 서서히 2층을 거쳐 6층까지 올라가는 것과 비슷하다. 거기서 사람들은 지붕을 뚫고 사라져버린다.

그러나 개성화 개념은 당신이 육체 안에 있는 한에서만 육체 안에 있다는 점을 강조한다. 지붕을 통해 사라지는 일은 있을 수 없다. 당신은 육체 안에 있으면서 육체로 인해 고통을 겪어야 한다. 그것을 서양인은 기독교로부터 배웠다. 그래서 나는 동양의 길을 모방하고 싶지 않다. 기독교는 엄청난 가치를 내포하고 있으며, 서양인들은 그 가치를 지켜야 한다. 그 길이 많은 형태에서 부조리해졌기 때문에 어떤 변화를 추구해야 하긴 하지만, 서양인들은 그 길을 포기하지 못한다. 부조리한 것들의 예를 든다면, 사람이 고통을 추구해야 하고, 고통을 겪는 것은 아름답다고 가르치는 실수가 있다. 고통이 그런 식으로 그럴 듯하게 포장되다 보니 일종의 생명의 대용물 같은 것이 되고 있다. 그러나 고통을 추구하는 것은 바보나 하는 짓이다. 지금의 고통만으로도 충분하다. 고통을 추구할 필요가 없다. 그것은 은밀한 형태의 쾌락주의인 마조히즘일 뿐이다. 대단히 구체적인 관능성에서부터 육체를 완전히 부정하는 대단히 부조리한 영성에 이르기까지, 동양의 길은 극단적인 탐닉이다. 정신적 묘기를 부리면서 뾰족한 못 위에서 잠을 자거나 굶주리는 고행승들을 보라. 그런 행위는 전혀 아무런 가치를 지니지 않는다. 비정상적인 것들을 모아 놓은 박물관에서 그와 똑같은 것을 볼 수 있다. 그런 행위는 딱 그 수준이다. 인도의 고행승들은 절대로 신성하지 않다. 그들은 정신적 마술사라는 이름으로 불리는 것이 적절하다.

만약에 개성화 개념이 동양으로 들어간다면, 동양인들도 평범함의 고통을, 중도의 고통을 받아들여야 할 것이다. 부처의 가르침은 너무도 분명하게 중도의 길이다. 부처 본인도 그 단어를 사용했다. 부처는 그 같은 개혁을 동양에 소개했다. 그것은 사람이 한편으로는 지저분한 일상의 짐승이 되고 다른 한편으로는 육체를 버린 정신이 되어야 한다는 뜻이 아니다. 사람은 두 가지 다이면서 두 가지 다가 아니어야 한다. 그것이 부처의 사상이다. 그것은 대단히 인간적인 원칙이다.

그리스도의 가르침도 그와 똑같다. 그리스도는 당신이 고통을 겪지 않고는 중도의 길을 걷지 못한다는 것을 보았으며, 그래서 그는 고통에 대해 가르쳤다. 왜냐하면 당시에 세상 전체가 쾌락주의적이었기 때문이다. 그때 사람들은 무절제한 삶을 살고 있었다. 정신적 기쁨에서뿐만 아니라 다른 사람들을 잔인하게 다루는 데서도 쾌락을 추구하고 있었으니 말이다. 그러나 사람들은 이해하지 못했으며, 그들은 당신이 고통을 추구해야 한다는 사상을 날조했다. 사람들은 심지어 스스로 육체적 고통을 만들어냈으며, 자신을 채찍으로 때리기도 했다. 마치 세상의 고통만으로는 충분하지 않다는 듯이! 만약에 당신이 일반적인 개인으로 일반적인 삶을 살고 있다면, 당신은 이미 고통을 충분히 안고 있으며 고통을 더 이상 추구할 필요가 없다. 당신이 더 많은 고통을 겪어야 한다고 확신하는 것은 내가 말한 바와 같이 도착적인 쾌락주의인 마조히즘일 뿐이다. 당신이 인간의 삶을 육체적으로 견뎌낼 수 있다면, 그것만으로도 충분히 칭찬받을 만하다. 만약에 당신이 그 고통을 견딜 수 있다면, 당신은 자신이 할 수 있는 모든 것을 감당했으며, 그 외의 다른 것은 모두 핑계이고 숨겨진 쾌락주의이다.

그러므로 서양인이 동양 철학에서 개성화의 상징들을 발견한다는 사실은 그 길이 서양인에게도 옳다는 점을 뒷받침하는 증거가 될 수 없다. 동양인의 직관이 꽤 진실하지만, 그렇다고 해서 서양인들이 가장 높은 차크라로 올라가야 한다는 뜻은 아니다. 서양인은 차크라들 중 어딘가에 있을 뿐이다. 만약에 당신 자신이 일종의 심리적 분위기를 의미하는 어떤 차크라에 있는 것이 발견된다면, 거기서 삶을 살면 된다. 그 차크라가 당신이 기대할 수 있는 모든 쾌락과 고통을 제공할 것이다. 서양인들이 꼭 그렇지는 않지만 대체로 아나하타에 있다고 가정해보자. 혹은 아나하타에 이르는 길에 있다고 가정해보자. 매우 훌륭한 기독교인만이 아나하타에 있고, 대부분의 사람들은 마니푸라에 있거나 아나하타와 마니푸라 사이에 있다. 그렇다면 그것이 당분간 우리의 진리이다. 그것들이 우리의 이상이고 확신이다. 만약에 당신이 그 차크라에 산다면, 거기에도 개성화가 충분히 있다. 만약에 당신이 비슈다 그 너머까지 간다면, 그것은 인위적일 뿐이다. 왜냐하면 당신이 살아야 하는 이 세상을 벗어나 있기 때문이다. 당신도 잘 알다시피, 비슈다의 정의와 의미는 당신의 의식적인 자아의 존재를 부정한다. 왜냐하면 비슈다에서 당신은 신에 의해 생각되어지기 때문이다. 아나하타에서 당신은 신을 생각하거나 신을 보지만, 비슈다에서는 신이 당신을 보고 당신은 신의 생각에 지나지 않는다. 지금 만약에 자신이 신의 생각에 지나지 않는다고 단언할 만큼 대담한 사람이 있다면, 그는 꽤 훌륭한 사람임에 틀림없다. 나는 살아 있는 존재가 상상 속이 아니고 실제로 그렇게 믿을 수 있을지 의문스럽다. 인간 존재인 한, 사람은 자신의 자유를 지키는 것이 한층 더 중요하다. 아시다시피, 아나하타 단계는 결코 끝나지 않는다. 아나하타의 심리를 성취해야한다는 과제를 우리는 지금도 안고 있다. 당신은 "나는 지금 화가 많이 나 있어. 나는 지금 아주 슬퍼. 나는 지금 기분이 좋지 않아."라는 식으로 말할 수 있는 단계에 이르기 위해서도 엄청난 노력을 기울여야 한다.

여기서 우리 환자의 환상으로 돌아가자. 사지(四肢)가 땅 속으로 자라고 있는 남자는 희생된 아니무스의 파생물이다. 우리는 그가 진짜 사람의 형태로 반드시 다시 나타나야 한다고 말했다. 아니마가 희생될 때, 아니마의 이전 존재의 피 흐르는 유해 외에 남은 것이 아무것도 없을 때, 아니마가 진짜 여자로 나타나는 것과 똑같다. 그렇다면 이것은 육체 안에 있는 남자이고 일반적인 인간 존재이다. 그런데 이 남자는 무의식에 아주 깊이 빠져 있기 때문에 자신의 환상을 땅으로부터 분리시키지 못한다. 그것은 꽤 특징적인 현상이다. 왜냐하면 매우 젊은 남자는 반드시 자신의 목표를 눈에 보이는 세상 안에, 말하자면 지위와 돈과 가족 등에 둬야 하기 때문이다. 환상 속의 남자는 그녀가 자신을 땅에서 떼어내면 자신이 피를 흘리며 죽게 될 것이라고 말한다. 이것은 그의 피, 즉 그의 생명의 물질이 전적으로 땅의 것들과 연결되어 있다는 뜻이다. 그는 땅으로부터 떨어지기를 원하지 않으며 땅과 결합된 상태에 있기를 원한다. 환상은 이렇게 이어진다.

> 나는 칼로 땅과 결합되어 있던 그를 끊었다. 그는 얼굴을 앞으로 처박으며 쓰러졌다. 잘린 그의 팔과 다리에서 피가 쏟아졌다. 나는 무서웠다. 나는 피로 흙을 반죽해서 피가 흐르고 있는 몸통을 위해 팔과 다리를 만들었다. 그러자 그가 똑바로 일어서서 두 손을 들었다. 이어 손과 그의 입에서 불이 뿜어져 나왔다. 그는 앞으로 걸었다. 그림자 같은 형태들이 땅에서 솟아나와 그의 뒤를 따랐다. 그가 걸음을 멈추었다. 나는 그에게 "길을 비켜 줘. 그들이 살 수 있도록. 나는 아래로 내려가야 해."라고 말했다. 그때 베일이 아래로 내려지면서 그가 나의 시야에서 사라졌다. 나는 홀로 서 있었다.

이 환상의 나머지는 여자의 마음이 갖고 있는 가장 소중한 장치 중 하나인 그 유명한 플롯으로 여겨질 수 있다. 아시다시피, 여자의 정신은 대체로 완전히 사용되지 않는다. 그래서 늙은 남편[85]이 지중해를 돌고 있을 때의 페넬로페처럼, 여자들은 직물을, 말하자면 플롯을 짠다. 그런데 여자들은 솜씨가 너무나 서툰 나머지 하루 종일 짠 직물을 매일 밤 풀고 다시 시작해야 한다. 여자의 정신을 낮게 보는 것이 아니다. 남자의 정신도 다 사용되지 않을 경우에 거의 똑같다. 게다가, 남자들은 자신만의 특별한 장치들을 갖고 있는 아

....
85 그리스 신화에 나오는 오디세우스를 말한다.

니마를 두고 있다. 그러나 여자의 무의식적인 정신은 영원히 플롯을 짜고 있으며, 그 플롯은 책임이라는 관점에서 보면 매우 비도덕적이다. 따라서 자연적인 여자는 언제나 이런 것들을 어둠 속에 묻어두는 쪽을 선호한다. 또 그런 여자는 진실을 두 시간 동안도 말하지 못한다. 그러니 24시간 진실을 말하는 문제에 대해서는 말할 필요도 없다. 왜냐하면 모든 것이 숨어 있어야 하기 때문이다. 그래서 대체로 여자들은 매우 순진하고 이런 플롯에 대해서는 아무것도 모른다. 그러나 그럼에도 그것들은 거기에 있으며, 당연히 여자들은 분석 과정에 그런 것들을 자각하도록 훈련을 받는다.

이 특별한 공상은 매우 훌륭하며, 최고의 공상 중 하나에 속한다. 그녀는 남자를 위해서 발과 손을, 말하자면 행동과 관점을 만든다. 그는 똑바로 서고 당연히 예언자가 되고 기적을 행하는 존재가 된다. 그의 입에서 신의 말이 화염방사기의 불처럼 터져나온다. 그것은 평범한 여자가 평범한 아이를 가질 때 떠올리는 공상과 비슷하다. 그녀는 아이가 아마 메시아나 어쨌든 매우 위대한 인간이 되는 그런 공상을 품고 있다. 그러나 플롯이 이 경우에 과녁을 완전히 빗나갔다. 왜냐하면 그녀가 결국엔 다시 홀로 서 있었기 때문이다. 거기서도 일종의 선교사 같은 정신이 탐지되는데, 이 정신은 언제나 다소 위험하다. 왜냐하면 그것이 전체 모험에 특별한 열성을 더하기 때문이다. 선교사의 정신이야말로 우리 시대에 아주 부적절하다. 우리는 위대한 성인을 더 이상 갖고 있지 않다. 위대한 성인으로 여겨지는 것은 특별한 자산이 아니다. 왜냐하면 우리가 그것이 잘못되었고 과도하고 따라서 이롭지 않다는 것을 알고 있기 때문이다. 성인이 되려고 노력하는 것이 그릇된 종류의 쾌락주의와 투사로 이어지고 있으며, 모두가 자신에게 유리한 쪽이 아니라 자신의 이웃에게 부담을 지우는 쪽으로 자신의 짐을 벗고 있다. 따라서 해결해야 하는 많은 과제들이 해결되지 않은 상태로 남아 있고, 모두가 임무와 책임을 다른 사람에게로 넘기고 있다. 사람들은 자신의 어려움을 위대한 성인, 즉 살아 있는 신에게로 넘기고 있다. 오늘날 그것은 국가이다. 만약에 자신의 힘으로 살아가지 못하는 사람이 있으면, 국가가 그 사람을 돌봐줘야 한다. 일들이 그런 식으로 지속되는 것은 불가능하다. 그런 식의 접근은 단지 재앙으로 이어질 뿐이다. 왜냐하면 모두가 자기 외의 모두에게 매달리게 되고 아무도 스스로 일어서려고 하지 않을 것이기 때문이다.

그렇듯 우리 환자가 보다 낮은 세상을 극복하기 위해 펼치는 첫 번째 노력은 단지 플롯을 짜는 데서 그치고 있다. 거기엔 세상에 실제로 미칠 효과는 전혀 그려지지 않고 있다. 그런 공상은 어떤 상황을 놓고 연습하는 것처럼, 일을 미리 예상하는 성격을 지닌다. 당분간 그것이 길잡이 생각의 역할을 할 것이다. 그런데 그 생각이 종말을 맞는다. 그녀는 자신이 아직 현실에 도달하지 않았다는 것을 깨닫는다. 그래서 그녀는 다시 아래로 내려가는 문제에 직면한다. 그리고 장막이 그녀를 가로막고, 그녀는 다시 이전처럼 홀로이다.

다음 공상의 시작 부분은 이 공상의 연장이다. 그녀는 이렇게 말한다.

나는 장막들에 둘러싸인 채 서 있었다. (완전한 고립이며, 더욱이 그녀의 시야를 막는 장막에 가려져 있다.) 나는 위를 올려다보았다. 내가 걸어 내려온 많은 계단이 보였다. 나는 아래를 내려다보았다. 거기서도 아래로, 아래로 계단이 이어지고 있었다.

아래로 이어지는 수많은 계단은 무엇을 암시하는가?

그녀는 아직도 하늘 어딘가에 있거나, 이미지들의 세계에 있다. 그래서 그녀는 "나는 어둠 속으로 내려가기 시작했다."고 말한다. 그리고 그녀는 그 길이 어디로 향하고 있는지를 모르고 있다. 만약에 그녀가 내려가는 이유를 깨달았다면, 그녀는 아마 공중에 있지도 않았을 것이다. 사실 그녀는 아마 자신이 공중 높은 곳에 있다는 것조차 깨닫지 못하고 있다. 반대로, 그녀는 자신이 특별히 현실적이라고 생각하면서 자신의 플롯을 대단히 실용적인 가설로 여기고 있다가 그것이 제대로 작동하지 않자 꽤 놀란다. 이어 그녀는 "바위들 사이에서 컴컴한 구멍이 보였다."고 말한다. 이 구멍은 무엇을 의미하는가? 꿈에 등장하는 이미지의 세부사항까지 세밀하게 파고드는 것이 유익할 때가 가끔 있다. 당신 자신이 그 상황에 처해 있다고 상상해 보라. 당신 혼자 헤아릴 길 없는 어둠 속으로 계단들을 내려가다가 갑자기 바위에 난 구멍을 본다고 가정해 보라.

그런 종류의 입구는 언제나 분명한 어떤 장소를 말한다. 아마 사람이 들어갈 수 있도록 인간이 만든 장소일 것이다. 그 구멍 뒤로 어떤 명확한 사실 또는 모험이 있다고 확신해도 좋다. 아니면 그녀가 분명한 어떤 상황에 접근하고 있다고 봐도 좋다. 그녀는 이렇게 말한다. "주위에 일정한 형체가 없는 인간 형태들이 널브러져 있었다. 나는 계단 위에 섰다." 여기서 다시 형체가 없는 인간의 형태들이 곳곳에 누워 있다. 이것은 무엇을 암시하는가?

사람들의 실제 그림자가 형체가 없듯이, 그 그림자들은 언제나 다양한 모양으로 변화할 것이다. 심리적인 그림자도 결국엔 마찬가지이지만, 지금 나는 심리적 그림자에 대해 말하고 있지 않다. 물리적인 그림자도 뒤틀리며 언제나 모양을 바꾼다. 그렇듯 그림자의 자연스런 조건은 형태가 없는 불명료함이다. 그리고 생명력이 없는 이 불명료한 형상들이 땅바닥에 누워 있다는 사실은 무엇을 암시하는가? 아시다시피, 그녀의 과제는 개성화이다. 그녀는 에베레스트 산 정상에서 개성화를 추구하지 못한다. 에베레스트 산에서 내려오는 것은 꽤 긴 과정이다. 아래로 내려오면서, 그녀는 자연히 인간의 주거지에 접근하고, 거기서 그녀는 관계를 맺어야 할 인간 존재들을 발견할 것이다. 지금 그녀가 그런 관계를 맺지 않았으므로, 그녀에게 인간 존재들은 생명이 없고 추하며 리비도가 없고 형체가 없는 형태로 보인다. 그녀는 아직 관계성을 통해서 자신만의 세상을 창조하지 못하고 있다.

아시다시피, 당신이 세상의 형태를 결정하거나 세상에 참여하지 않는 한, 세상은 추하고, 형체가 없고, 그림자처럼 보인다. 그런 당신에게 세상은 그림자 같은 하데스(망자의 나라)처럼 보이기 마련이다. 예를 들어, 정신병을 앓는 환자들이 특히 정신분열증이 시작되는 초기에 세상을 지각하는 것을 유심히 관찰해 보라. 그 단계에선 환자의 리비도가 세상으로부터 거의 완전히 철수하고, 따라서 무의식에 엄청난 범람이 일어난다. 그때 환자에게 가장 먼저 나타나는 징후 중 하나가 그들의 눈이 세상의 장엄과 찬란함을 보는 시력을 잃는다는 점이다. 모든 것이 끔찍할 만큼 추해 보인다. 타인들도 왜곡된 모습으로 보이고 귀신이나 악마처럼 보인다. 경우에 따라서 타인들이 마치 죽은 자의 해골을 갖고 있는 것처럼 보이기도 한다. 그런 현상이 나타나는 것은 환자들의 감정이 철수해 버렸기 때문이다.

그리 오래 되지 않은 일인데, 스물 한 살짜리 소녀를 치료한 적이 있다. 언제나 자연을 사랑하던 소녀였다. 그녀는 스키를 즐겼고, 산 위의 눈과 햇살의 아름다움을 제대로 평가할 줄 알았다. 당시에 그녀가 불만을 토로했던 유일한 징후는 그 모든 것이 그녀에게 더 이상 아름답게 보이지 않다는 점이었다. 그녀는 그 같은 사실에 꽤 놀라는 눈치였다. 그녀는 모든 것이 그 전과 똑같다는 것을 알고 있었지만, 그녀는 그 모든 것에 더 이상 예전처럼 반응하지 못했다. 그녀는 자연의 아름다움을 지각하기는커녕 언제나 사람들이 자신을 해치려고 음모를 꾸미고 있다는 두려움에 시달렸다. 그녀는 사람들의 표정과 말에 대해 늘 걱정했다. 아무개 부인은 나에 대해 무슨 말을 할까, 하는 식이었다. 그녀는 사람들이 정말로 서로 머리를 맞대고 그녀에 대해 불쾌한 말을 지어내는 것은 아닌가 하고 의심했다. 길을 걷다가 거리에서 어떤 외침을 듣는 것과 비슷한 상황이었다. 그녀는 확실히 알지는 못해도 그런 수군거림이 있을 것 같다는 느낌이 들었다. 아래층에 사는 사람들이 왠지 그녀에게 우스꽝스런 표정을 지어 보이는 것 같았다. 이것이 피해망상의 시작이다. 그런 상황에서 사람은 자신이 그들을 사랑하지 않고 미워하고 있다는 것을 깨닫지 못한다. 그 사람은 그 같은 사실을 깨닫지 못하고 있기 때문에, 증오를 다른 사람들에게로 투사하며 타인들이 자기를 혐오하며 박해하고 있다고 단정한다. 어떤 사람이 아무도 자기를 사랑하지 않는다고 말할 때, 그것은 자기 외의 모든 사람을 미워하고 있는 사람의 예이다. 당연히 아무도 그 사람을 사랑하지 않게 된다. 이유는 그가 사람들에게 증오의 반응을 보이고 있기 때문이다. 그렇듯 세상으로부터 리비도를 거의 완전히 철수하면 사물들이 활기를 잃고 추한 상태가 되는데, 여기에 표현되고 있는 것이 바로 그런 상태이다. 이 여자는 다정한 가족이나 친구들 사이로 들어가지 않고 예전에 살았던 삶들의 잔해로 가득한 어떤 음침한 곳으로 내려가고 있다. 그야말로 그곳은 하데스이다. 그녀는 이렇게 말한다.

> 나는 생각했다. "이 집단으로 내려가면 안 돼. 너무 추하고, 형체도 없고 형태도 없어." 그런 식으로 주저하다가 나는 땅바닥에 누워 있는 인간들의 몸에서 하얀 뱀들이 나오는 것을 보았다.

당신이 지금 시체들이 흩어져 있는 동굴 안에 있는데, 시체들에서 갑자기 하얀 뱀들이 나오고 있다고 상상해 보라. 하얀 뱀들은 다소 의문스런 존재이다. 지하에 묻혀 있는 것들은 색깔을 전혀 갖고 있지 않다. 지하 저장고에 보관되어 있는 감자에서 나는 싹처럼. 그런 감자 싹은 오히려 혐오감을 일으킨다. 아니면 뱀들은 시신에서 나오는 벌레와 비슷하다. 이것 또한 분명히 기분 좋은 생각은 아니다. 그런 식으로 기어나오는 사물들에 생각이 미치면 자기도 모르게 몸이 떨리며 오싹해진다. 그리고 그녀는 "소름 끼치는 벨벳 같은 느낌의 뱀들이 내 주위에서 몸을 뒤틀었다."고 말한다. 그런 징그러운 벌레들의 벨벳 같은 느낌은 확실히 유쾌한 것이 아니다. 그렇다면 이것은 거의 의인화된 증오나 두려움이다. 그럼에도 중요한 사실은 우리가 시신들이 생기를 완전히 잃었다고 생각하고 있음에도 그것들이 지금 어떤 생명을 발달시키고 있다는 점이다. 시신들로부터 나오고 있는 생명력에 주목할 필요가 있다.

뱀들은 모든 나라의 전설에 등장한다. 뱀들은 대체로 죽은 자의 영혼을 나타낸다. 말하자면 정령의 뱀들이다. 아프리카에서는 주술사가 모든 것을 알고 있으면서 비밀을 말해주는 악령의 뱀들을 갖고 있는 것으로 여겨진다. 그 뱀들은 주술사의 생명을 보호하며 주술사의 뒤를 따르고 있다. 뱀들은 주술사의 오두막 주위에 살고 있으며, 모두가 그 뱀들을 무서워한다. 그것은 위대한 의사인 아이스쿨라피오스(Aesculapius)의 영혼의 뱀과 비슷하다. 죽은 사람의 무덤 위에서 뱀을 본다면, 사람들은 그것이 그 사람의 영혼이라고 생각한다. 옛날의 그리스 영웅들은 뱀의 영혼을 갖고 있는 것으로 여겨졌다. 아테네의 아크로폴리스에 있는 건축물 에레크테이온 밑에 어떤 뱀의 지하실이 있었는데, 그 흔적은 지금도 볼 수 있다. 그리스 신화 속의 영웅 에레크테오스가 거기서 뱀의 형태로 살았다는 전설이 내려오고 있다. 또 아크로폴리스의 건설자인 케크롭스(Cecrops)[86]도 바위에서 뱀의 형태로 살았던 것으로 전해지며, 그는 형이상학적인 형태의 뱀의 모습을 하고 있었다. 그리고 세월의 흐름을 나타내는 긴 리본 또는 뱀에 대해 말한 적이 있다. 그런 뱀은 형이상학적인 형태의 인간의 삶을 나타낸다. 시간을 하나의 확장으로 이해한다면, 삶은 하나의 긴 뱀이다. 그렇듯 뱀은 어떤 영혼의 존재라는 특성을 갖고 있다.

지금 당신은 세상이나 인간 존재들로부터 모든 생명을 철수시킬 수 있다. 또 인간 세상 전체를 시체들의 더미로 고려할 수도 있

---

86 기원전 16세기 고대 아테네의 전설적인 왕.

다. 그러나 당신은 인간 존재들이 삶을 영위하고 있고 인간성과 영혼을 포함하고 있다는 사실을 폐기하지는 못한다. 그래서 내가 말한 바와 같이, 사람이 박해 당한다는 생각을 품게 된다. 잘 아시다시피, 그녀가 그 육체들로부터 모든 생명을 철수시켰다는 사실 때문에, 그녀는 완전히 분리되어 있다. 그녀는 살아 있는 육체이고 또 자아의식을 갖고 있으면서도 그 육체들에게 생명력을 부여하길 거부하고 있으며, 따라서 그 육체들 속에 들어 있는 생명이 그녀를 박해한다. 왜냐하면 모든 인간 존재와 모든 동물, 존재하는 모든 것에겐 그럴 권리가 있기 때문이다. 거기에는 어떤 특별한 생명이 있으며, 당신이 원하든 원하지 않든 상관없이 그 생명이 당신을 붙잡고 당신으로부터 무엇인가를 빼앗는다. 정신분열증을 앓는 사람들은 인간 존재들에게 박해 당하고 있다는 생각을 가질 뿐만 아니라 물건에게도, 예를 들어 가구에게도 박해 당하고 있다고 생각한다.

　나에게는 무생물의 한 대상에 지나지 않는 이 의자도 나의 무의식에는 무생물이 아니다. 그것도 나에게 말을 거는 영혼을 갖고 있으며, 정신분열증을 앓는 사람에게는 의자가 살아 있고 목소리를 갖고 있는 것으로 다가온다. 만약에 내가 위대한 예언가 스베덴보리(Emanuel Swedenborg)[87]를 닮았는데 이 방에 혼자 한참 동안 있으면, 이 테이블 안에 있는 목소리들이 나에게 말을 걸 것이고, 이 방의 모든 것은 정신을 갖게 될 것이다. 스베덴보리는 그 같은 사실을 몰랐기 때문에 정확히 그런 식으로 말하지 않았지만, 그는 자신이 듣는 목소리가 언제나 방 안에 있는 물체들에 대해 말하고 있고 그것들과 연결되어 있다는 것이 아주 재미있다고 말했다. 그래서

....
87　스웨덴의 신학자(1688-1772)로 신비주의에 관심이 많았다.

어떤 책과 그림 등에 대한 말이 너무 많아 방안의 분위기가 숨이 막힐 정도가 되면, 그는 그냥 그 방을 나와 다른 방으로 갔다. 그러면 새로운 방의 모든 것은 한 동안 조용하지만, 분명히 정령들이 그 방의 대상들과도 친하게 되었다. 그러나 정령들이 언급할 것이 전혀 없는 한, 말하자면 그가 미지의 대상들에게 둘러싸여 있을 때면, 정령들은 그에게 말을 걸지 못했다.

그렇다면 사람이 한 동안 어느 방에 어떤 사람들이나 대상들과 함께 있을 때, 그 사람은 그 사람들이나 대상들과 친숙해지고, 그 사람들이나 대상들은 습관적인 것이 되고, 그런 상태에서 그 사람은 그 사람들이나 대상들과 어떤 관계를 확립한다고 할 수 있다. 무생물일 때조차도 그런 관계가 형성된다. 그리고 그 관계는 일방적인 관계가 아니다. 그것들이 대답을 하기 때문이다. 마치 그것들이 그 사람에게 말을 거는 것처럼 보인다.

그래서 정신분열증 환자들은 대상들을 갖고 아주 특이한 짓을 한다. 예를 들면, 정신분열증 환자들은 대상을 건드려야만 한다. 둥근 탁자나 창틀을 손가락으로 느껴야 하고, 모든 선을 손으로 건드려야 하고, 대상에 있는 모든 선을 다 느껴야 하는 것이다. 왜냐하면 선들이 다 건드려지지 않을 경우에 건드려지지 않은 선들이 마음의 상처를 입게 되기 때문이다. 다른 선들 쪽에서 "당신은 아주 잔인해! 우리도 만져주길 원한단 말이야!"라는 목소리가 들리는 것이다. 대상들이 어떤 권리를 갖고 있기 때문에, 모든 대상을 그런 식으로 건드려 줘야 한다. 그래서 어떤 환자가 대상들과 관계를 지나치게 깊이 맺게 되면, 그 환자는 대상들 때문에 쉽게 소진해 버린다. 길에서 당신을 지나치는 모든 사람과 모든 택시, 심지어 버스까지도 환자로부터 무엇인가를 빼앗아 가는 것처럼 보인다. 왜냐하면 그것들이 어떤 권리를 주장하기 때문이다. 그리고 그 대상은 그런 특이한 '신비적 참여' 때문에 환자를 피곤하게 만든다. 원시인이 "나의 카누는 살아 있지만 당신의 카누는 죽었어."라는 식으로 말하도록 만드는 것이 바로 그것이다. 이 원시인이 관계를 맺고 있는 카누는 생명력으로 가득한데, 아마 그 카누가 아마 그의 카누일 것이다.

정신분열증 환자는 완전히 죽은 세상에 둘러싸여 있다면 꽤 만족할 것이다. 그러나 세상은 그런 식으로 있을 수 없으며, 대상들 속의 생명력이 환자의 뒤를 쫓는다. 다른 것들이 주장하기 시작할 때, 정신분열증 환자는 전혀 아무것도 주장하지 않는다. 그래서 여기서 우리 환자가 겪고 있는 완전한 고립은 이롭지 않다. 그녀는 어떤 유형의 영혼의 뱀에, 말하자면 다른 인간 존재들의 침침한 생명력에 둘러싸여 있으며, 그 뱀은 벨벳 같은 기분 나쁜 느낌을 주며 그녀에게 서서히 다가오고 있다.

이 장면이 당신에게 초(超)심리학의 어떤 신기한 현상을 떠올리게 할 것 같다. 초심리학에 관심이 있는 사람들은 인간의 육체에서 뱀처럼 생긴 형태들이 나오는 것을 본다. '심령체'(心靈體)는 꼭 하얀 벌레처럼 생겼다. 사진으로 찍으면, 그것은 소름 끼치는 벌레처럼 보이고 뱀의 감촉을 가졌다. 사람들은 그것이 주는 이상한 느낌을 묘사했다. 부드러우면서도 단단하고, 고무처럼 뼈가 전혀 없는 뱀 껍질의 느낌과 비슷하다고 한다. 테오도르 플루누아(Théodore Flournoy)가 언젠가 자신이 만졌던 어떤 손에 대해 나에게 묘사해 주었다. 그것은 손 같지 않았으며, 손가락도 3개뿐이고 단단한 소시지 같았다. 그것은 인간의 감촉이 아니었다. 손에 뼈가 전혀 없었으며, 단단하면서도 부드러웠다. 플루누아가 그 손을 잡자, 손은 그의 손아귀 안에서 점점 녹았다. 그것이 그에게 강렬한 인상을 남겼다. 손이 실제로 녹아서 그 성격을 변화시키고, 점점 얇아지다가 마침내 아무것도 남지 않게 되는 것이 너무나 인상적이었다. 이런 것들은 우리가 설명하지 못하는 기이한 현상들이다.

내가 심령체에 대해 듣기 오래 전인 세계대전 전에, 어떤 환자가 매우 특이한 꿈을 꾸었다. 정신분열증 경계선 상에 있던 환자로 리비도 철수 현상을 심하게 보이고 있었다. 그런 경우에 그 사람의 내면에서, 죽어 있는 사물들이 비정상적인 생명력을 갖는 복제(duplication) 현상이 일어날 수 있다. 그러나 그녀의 꿈에서는 이런 생명력의 복제를 대상으로 투사하는 일은 일어나지 않고 그 대신에 생명력의 복제가 그녀의 육체에서 일어났다. 그녀는 거품 같은 하얀색 덩어리가 자신의 목에서 나와서 점차적으로 얼굴 형태를 갖춰가는 꿈을 꾸었다. 슈렌크-노트칭(Schrenck-Notzing)[88]의 책에 실린 사진과 아주 비슷한 형태였다. 그녀는 그런 것을 본 적이 없었다. 당시엔 그런 것들이 알려지지 않았기 때문이다. 그러나 바로 그 주에 나는 그런 종류의 출판물을 처음 받았다. 나는 그 꿈을 심리적으로만 이해할 수 있었다. 그것이 초심리학과 어떤 관계가 있다고 생각하지 않았지만, 그 꿈은 나에게 아주 강한 인상을 남겼다. 그 전에 꿈에서 그와 비슷한 것들을 보았기 때문에, 나는 그것이 전형적인 꿈임에 틀림없다고 생각했다. 경계선 상에 있는 예술가들의 작품에서, 예를 들면 피카소의 작품에서, 당신은 형태들의

....
88　칼 융과 함께 실험 연구를 하기도 했던 독일 정신과의사(1862-1929).

복제가 있는 이런 특이한 형상들을 볼 수 있다. 아마 머리가 엉뚱한 곳에 튀어나와 있을 것이다. 그것도 똑같은 현상이다. 그 형상에서 뱀도 나올 수 있다.

사실, 정신분열증 환자들의 경우에, 뱀 같은 존재로서 정말 위대한 신비인 쿤달리니가 심령체와 같은 방식으로 막대기 형태로 외면화될 수 있다. 나는 정신분열증을 앓던 여자 농부를 통해 그것을 관찰할 수 있었다. 어느 누구도 그런 것에 대해 조금도 생각하지 않던 1906년의 일이다. 그 여자 환자는 병이 시작되는 단계에 어떤 뱀이 갑자기 자신의 등을 지나 머리 위를 거쳐 앞이마까지 기어 올라와서 거기서 크게 찢어지는, 바꿔 말하면 뱀이 그녀의 이마에서 입을 쩍 벌리는 꿈을 꾸었다고 했다. 그리고 몇 년 뒤에 나는 미트라의 형상을 알게 되었다. 뱀에 감겨 있는, 사자 머리의 그 신 말이다. 그 신을 감고 있는 뱀은 나의 여자 환자의 꿈에 나타난 것과 똑같이 신의 머리 위로 오고 있다. 이것은 주변으로부터 지나치게 많은 리비도를 철수한 까닭에 뭔가 잘못될 때 나타나는 뱀 같은 존재를, 말하자면 육체에 고유한 생명력을 심리적으로 구체화한 것이다. 그렇다면 내가 말한 바와 같이, 그것은 꿈들에 나타날 수 있다. 나는 집에 갇혀 지내던 또 다른 여자 환자를 기억하고 있다. 이 환자는 자신이 어떤 나무 아래에 서 있는데 돌연 바람이 불어 나무를 흔드는 바람에 수만 개의 애벌레들이 그녀 위로 떨어져 순식간에 그녀의 옷을 먹어치워 버린 탓에 발가벗은 몸이 애벌레로 뒤덮이는 그런 꿈을 꾸었다.

벌레나 뱀이나 달팽이로 뒤덮이는 꿈은 모두 똑같다. 그것은 언제나 주변을 지나칠 만큼 멀리하는 사람들의 문제이다. 다시 말하면 자신 외에도 저마다 각자의 권리에 따라 살고 있는 다른 인간 존재들이 있다는 것을 자각하지 못하는 사람들의 문제라는 말이다. 그런 사람들은 철저히 자기 본위로 사는 탓에 자기들만큼 이기적으로 살 권리를 가진 다른 사람들도 있다는 사실을 깨닫지 못하는, 극도로 주관적인 사람들이다. 그런 사람들의 꿈에서 대상들의 영혼들이 대단히 혐오스런 방식으로, 심령체 같은 형태로, 벨벳처럼 미끈미끈한 점액질 형태로 그들 위로 떨어진다. 그리고 그런 사람들이 현실로 돌아갈 때, 그들은 가장 먼저 자신이 가장 강하게 저항하는 그 노선에 따라 욕망을 발달시키게 된다. 그들은 달팽이들만큼 혐오스런 다른 사람들에 관해 성적 공상을 품는다. 그것은 그들이 철수했거나 다른 사람들에게 절대로 줄 수 없었던 리비도에 대해 지불하는 대가이다.

이 환상들에 대한 강의는 더 이상 지속되지 못했다. 강의에 참석한 사람들이 니체의 '차라투스트라'(『칼 융, 차라투스트라를 분석하다』라는 제목으로 번역 소개되었다/옮긴이)에 관한 강의를 더 원했기 때문이다. 당시에 니체의 '차라투스트라'에 새롭게 관심을 갖게 된 이유는 아마 유럽에서 점점 고조되고 있던 정치적 긴장 때문이었을 것이다. 우리 환자의 환상을 계속 추적했다면, 환자가 명백한 외부 현실에 점진적으로 다시 적응해가는 과정을 볼 수 있었을 것이다. 그녀의 무의식의 전체 경험은 이 외부 현실과 부합해야 한다. 늘 그렇듯, 내면의 이미지들의 세계는 뒤로 물러나면서 눈에 보이지 않을 정도로 아득히 먼 곳까지 돌아간다. 말하자면 이미지의 세계가 해결 불가능할 것 같던 문제들의 압박 때문에 폭발하기 직전 상태에 있던 지점으로 되돌아간다는 뜻이다. 처음에 그 폭발은 범람 같았다. 이어서 물이 빠지고 나자, 거기에 비옥한 퇴적물이 남았다. 이 퇴적물 안에서 그 전까지 불가능할 것 같던 생명이 성장할 수 있었다. 적어도 무의식의 그런 경험은 영혼에 오래 지속되는 흔적을 남기고 영혼이 아득히 먼 곳으로 물러났던 것에 대한 자각을, 절대로 지워지지 않는 그런 자각을 남긴다.

칼 구스타프 융